Schmitz · Lorey · Harder

Berufsrecht und Haftung der Wirtschaftsprüfer

Stellen Sie dieses Buch jetzt in Ihre „digitale Bibliothek“ in der NWB Datenbank und nutzen Sie Ihre Vorteile:

- Ob am Arbeitsplatz, zu Hause oder unterwegs: Die Online-Version dieses Buches können Sie jederzeit und überall da nutzen, wo Sie Zugang zu einem mit dem Internet verbundenen PC haben.
- Die praktischen Recherchefunktionen der NWB Datenbank erleichtern Ihnen die gezielte Suche nach bestimmten Inhalten und Fragestellungen.
- Die Anlage Ihrer persönlichen „digitalen Bibliothek“ und deren Nutzung in der NWB Datenbank online ist kostenlos. Sie müssen dazu nicht Abonnent der Datenbank sein.

Ihr Freischaltcode: BMOLERHJDPAJXCFNVBKRGC

Schmitz/L./H., Berufsrecht und Haftung der Wirtschaftsprüfer

So einfach geht’s:

1. Rufen Sie im Internet die Seite **www.nwb.de/go/online-buch** auf.
2. Geben Sie Ihren Freischaltcode in Großbuchstaben ein und folgen Sie dem Anmeldedialog.
3. Fertig!

Alternativ können Sie auch den Barcode direkt mit der **NWB Mobile** App einscannen und so Ihr Produkt freischalten! Die NWB Mobile App gibt es für iOS, Android und Windows Phone!

Die NWB Datenbank – alle digitalen Inhalte aus unserem Verlagsprogramm in einem System.

www.nwb.de

NWB Wirtschaftsprüfung

Berufsrecht und Haftung der Wirtschaftsprüfer

Praxishandbuch und Nachschlagewerk

- Kommentierung
- Praxistipps
- Schaubilder

Von
WP/StB RA Dr. Bernhard Schmitz
WP/StB Dipl.-Kffr. Petra Lorey
RA Richard Harder

2. Auflage

ISBN 978-3-482-**64602**-7

2. Auflage 2016

Satz: Griebsch & Rochol Druck GmbH, Hamm
Druck: CPI books, Ulm

VORWORT

Die WPO wurde durch das Abschlussprüferaufsichtsreformgesetz (APAReG) in vielen Punkten geändert. Die Wirtschaftsprüferkammer (WPK) spricht von der „größten Reform seit Jahrzehnten". Die Gesetzesänderungen wurden von der EU durch die Richtlinie 2014/56/EU vom 16. April 2014 initiiert. Sie ändert und modernisiert die Abschlussprüferrichtlinie 2006/43/EG. Durch das APAReG wurde die Änderungsrichtlinie in deutsches Recht umgesetzt. Die neue Fassung der WPO ist im Juni 2016 in Kraft getreten.

Neben dem APAReG wurde ein zweites Gesetz, das Abschlussprüfungsreformgesetz (AReG) erlassen. Es setzt die prüfungsbezogenen Vorgaben der Abschlussprüferrichtlinie in deutsches Recht um. Die Änderungen erfolgten hauptsächlich im HGB, aber auch im AktG, GmbHG und im GenG.

Das Europäische Parlament und der Rat haben neben der Richtlinie 2014/56/EU die Verordnung (EU) 537/2014 erlassen, mit der in den EU-Mitgliedsstaaten unmittelbar geltendes Recht gesetzt wurde. Die Verordnung betrifft die Vorschriften der WPO nicht direkt. Sie regelt die Besonderheiten bei der Prüfung von Unternehmen von öffentlichem Interesse (PIE) und wirkt sich damit aber indirekt auch auf Regelungen der WPO aus, so z. B. bei der Qualitätssicherung bei Prüfern von PIE-Mandaten.

Die neue Abschlussprüferrichtlinie, die Verordnung (EU) 537/2014, das APAReG und das AReG haben erheblichen Einfluss auf das Berufsrecht der Wirtschaftsprüfer. Es wurde in vielen Punkten verändert. Neue Themen in der 2. Auflage des Buchs sind deshalb u. a.:

- Das neue Aufsichtssystem über Wirtschaftsprüfer durch die WPK und die Abschlussprüferaufsichtsstelle (APAS);
- die Neuregelung des Qualitätssicherungssystems;
- wichtige Änderungen bei der Qualitätskontrolle und bei den Inspektionen (vormals anlassunabhängige Sonderuntersuchungen);
- völlige Neuregelung der bisherigen Berufsgerichtsbarkeit; die WPK ist für alle Berufspflichtverletzungen zuständig, die Berufsgerichte sind nur noch Rechtsmittelinstanzen;
- für vereidigte Buchprüfer (vBP) wurde eine verkürzte Übergangsprüfung zum WP wiedereröffnet.

Das Buch wurde deshalb in diesen Themengebieten völlig neu konzipiert und an die geänderte Rechtslage angepasst. Ohne die genaue und ständige Beachtung des Berufsrechts kann der Wirtschaftsprüfer seinen Beruf heute nicht mehr ausüben. Hält er sich nicht daran, fällt das spätestens bei den Qualitätskontrollen und Inspektionen auf und kann dann zu Ermittlungen und Sanktionen der WPK oder der APAS führen. Das bisher geltende Verwertungsverbot für Berufspflichtverletzungen (Firewall), die bei Qualitätskontrollen festgestellt werden, ist mit der Neufassung der WPO weggefallen. Das Berufsrecht der Wirtschaftsprüfer ist aktueller denn je zuvor.

Die gesetzlichen Regelungen für die Haftung der Wirtschaftsprüfer und steuerlichen Berater sind überschaubar. Umso wichtiger ist die zur Haftung ergangene Rechtsprechung der für Wirtschaftsprüfer und Steuerberater zuständigen III. und IX. Zivilsenate des BGH, die fortlaufend die in den jeweiligen Tätigkeitsbereichen bestehenden Pflichten konkretisieren und abgrenzen. Insbesondere im Bereich der Tätigkeit von Wirtschaftsprüfern in Anlagemodellen dürfte die Entwicklung noch nicht abgeschlossen sein. Die Kenntnis der Haftungsrechtsprechung ist zwingend erforderlich, damit der Wirtschaftsprüfer seine Tätigkeit an dieser ausrichten und haftungsträchtige Situationen erkennen und vermeiden kann. Kapitel XIV wurde vor diesem Hintergrund überarbeitet und aktualisiert.

Hamburg/Bonn, im September 2016 *Dr. Bernhard Schmitz* *Petra Lorey* *Richard Harder*

INHALTSVERZEICHNIS

ABBILDUNGSVERZEICHNIS

ABKÜRZUNGSVERZEICHNIS

a. F.	alte Fassung
AAB	Augsburger Aktienbank
AktG	Aktiengesetz
AktG	Aktiengesetz
APAK	Abschlussprüferaufsichtskommission
APAReG	Abschlussprüferaufsichtsreformgesetz
APAS	Abschlussprüferaufsichtsstelle
APAS-EinrichtungsG	Abschlussprüferaufsichtsstelle-Einrichtungsgesetz
ArbPlSchG	Gesetz über den Schutz des Arbeitsplatzes bei Einberufung zum Wehrdienst
AReG	Abschlussprüfungsreformgesetz
Bafa	Bundesamt für Wirtschaft und Ausfuhrkontrolle
BaFin	Bundesanstalt für Finanzdienstleistungsaufsicht
BARefG	Berufsaufsichtsreformgesetz
BauR	Baurecht (Zeitschrift)
BB	Betriebsberater, Zeitschrift für Recht, Steuern und Wirtschaft
BErzGG	Gesetz zum Erziehungsgeld und zur Elternzeit
BGHZ	Entscheidungen des EGH in Zivilsachen
BMJ	Bundesministerium der Justiz
BMWi	Bundesministerium für Wirtschaft und Technologie
BPG	Buchprüfungsgesellschaft
BRAK-Mitt.	BRAK-Mitteilungen, Berufsrecht und Berufspolitik (Zeitschrift)
BRAO	Bundesrechtsanwaltsordnung
BS WP/vBP	Satzung der Wirtschaftsprüferkammer über die Rechte und Pflichten bei der Ausübung der Berufe des Wirtschaftsprüfers und des vereidigten Buchprüfers
BT-Drucks.	Bundestagsdrucksache
DB	Der Betrieb (Zeitschrift)
DIHT	Deutscher Industrie- und Handelstag
DL-InfoV	Dienstleistungs-Informationspflichten-Verordnung
DPR	Deutsche Prüfstelle für Rechnungslegung
DRSC	Deutsche Rechnungslegungs Standards Committee e.V.
DStR	Deutsches Steuerrecht (Zeitschrift)
DVStB	Verordnung zur Durchführung der Vorschriften über Steuerberater, Steuerbevollmächtigte und Steuerberatungsgesellschaften
EEG	Erneuerbare-Energien-Gesetz
EU-VO	Verordnung der Europäischen Union
EWIV	Europäische wirtschaftliche Interessenvereinigung
FamFR	Familienrecht und Familienverfahrensrecht (Zeitschrift)
GenG	Genossenschaftsgesetz
GesR	GesundheitsRecht (Zeitschrift)
GeWO	Gewerbeordnung

GI/GI aktuell	Informationen für wirtschaftsprüfende, rechts- und steuerberatende Berufe (Zeitschrift)
GmbHG	Gesetz betreffend die Gesellschaften mit beschränkter Haftung
GwG	Geldwäschebekämpfungsgesetz
GWR	Gesellschafts- und Wirtschaftsrecht (Zeitschrift)
HGB	Handelsgesetzbuch
i. d. F.	in der Fassung
i. S.	im Sinne
i.V. m.	in Verbindung mit
IDW	Institut der Wirtschaftsprüfer
IFAC	International Federation of Accountants
InsO	Insolvenzordnung
InvStG	Investmentsteuergesetz
JVEG	Justizvergütungs- und -Entschädigungsgesetz
KfQK	Kommission für Qualitätskontrolle der Wirtschaftsprüferkammer
KGaA	Kommanditgesellschaft auf Aktien
KWG	Kreditwesengesetz
LG	Landgericht
LLP	Limited Liability Partnership
MaBV	Makler- und Bauträgerverordnung
MDR	Monatsschrift für Deutsches Recht (Zeitschrift)
n. F.	neue Fassung
NJW-RR	Neue Juristische Wochenschrift-Rechtsprechungs-Report
NZG	Neue Zeitschrift für Gesellschaftsrecht
NZI	Neue Zeitschrift für das Recht der Insolvenz und Sanierung
PartG mbB	Partnerschaftsgesellschaft mit beschränkter Berufshaftung
PartG	Gesetz über die politischen Parteien
PartG	Partnerschaftsgesellschaft
PartGG	Gesetz über Partnerschaftsgesellschaften Angehöriger Freier Berufe
PIE	Unternehmen von öffentlichem Interesse (Public Interest Entities)
PrfQK	Prüfer für Qualitätskontrolle
PublG	Gesetz über die Rechnungslegung von bestimmten Unternehmen und Konzernen
QK	Qualitätskontrolle
QS	Qualitätssicherungssystem
RA	Rechtsanwalt
RDG	Rechtsdienstleistungsgesetz
RVG	Rechtsanwaltsvergütungsgesetz
SE	Europäische Gesellschaft
SfQ	Satzung für Qualitätskontrolle
SGB IV	Viertes Buch Sozialgesetzbuch – Gemeinsame Vorschriften für die Sozialversicherung
StB	Steuerberater
StBerG	Steuerberatungsgesetz
Stbg	Die Steuerberatung (Zeitschrift)
StBG	Steuerberatungsgesellschaft
StBGebV	Steuerberatergebührenverordnung

StBK	Steuerberaterkammer
StBv	Steuerbevollmächtigte[r]
StGB	Strafgesetzbuch
SU	Sonderuntersuchung
TMG	Telemediengesetz
UWG	Gesetz gegen den unlauteren Wettbewerb
vBP	vereidigigter Buchprüfer
VermAnlG	Vermögensanlagengesetz
VermVerkProspV	Vermögensanlagen-Verkaufsprospektverordnung
VerpackV	Verordnung über die Vermeidung und Verwertung von Verpackungsabfällen
VersR	Versicherungsrecht – Zeitschrift für Versicherungsrecht, Haftungs- und Schadensrecht
VVG	Versicherungsvertragsgesetz
VwGO	Verwaltungsgerichtsordnung
VwKostG	Verwaltungskostengesetz
VwVfG	Verwaltungsverfahrensgesetz
WiPrPrüfV	Wirtschaftsprüferprüfungsverordnung
WM	Wertpapiermitteilungen, Zeitschrift für das Bankrecht, Kapitalmarktrecht und Gesellschaftsrecht
WP	Wirtschaftsprüfer
WPAnrV	Wirtschaftsprüfungsexamens-Anrechnungsverordnung
WPBHV	Wirtschaftsprüfer-Berufshaftpflichtversicherungsverordnung
WPG	Wirtschaftsprüfungsgesellschaft
WpHG	Wertpapierhandelsgesetz
WpÜG	Wertpapiererwerbs- und Übernahmegesetz
z. B.	zum Beispiel
ZIP	Zeitschrift für Wirtschaftsrecht

I. Grundlagen des Berufsrechts

1. Wirtschaftsprüfer und Wirtschaftsprüfungsgesellschaften (§ 1 WPO)

1.1 Allgemeines

Wirtschaftsprüfer und Wirtschaftsprüferinnen (Berufsangehörige) sind Personen, die als solche öffentlich bestellt sind (§ 1 Abs. 1 Satz 1 WPO). Die Bestellung setzt den Nachweis der persönlichen und fachlichen Eignung im Zulassungs- und staatlichen Prüfungsverfahren voraus (§ 1 Abs. 1 Satz 2 WPO)[1]. Das Berufsgesetz der Wirtschaftsprüfer, die WPO, geht zunächst von dieser formellen Definition aus. Sodann wird die Tätigkeit des Wirtschaftsprüfers in § 2 WPO wie folgt beschrieben:

Wirtschaftsprüfer haben gem. § 2 Abs. 1 WPO die berufliche Aufgabe, betriebswirtschaftliche Prüfungen, insbesondere solche von Jahresabschlüssen wirtschaftlicher Unternehmen, durchzuführen und Bestätigungsvermerke über die Vornahme und das Ergebnis solcher Prüfungen zu erteilen. Die Wirtschaftsprüfer haben sich selbst ein Leitbild gegeben.[2] Die ersten Sätze lauten wie folgt:

„Wirtschaftsprüfer oder Wirtschaftsprüferinnen (WP), vereidigte Buchprüfer und Buchprüferinnen (vBP) üben einen freien Beruf aus. Sie erbringen auf der Grundlage ihrer besonderen fachlichen Qualifikation und ihrer beruflichen Sorgfaltspflichten Leistungen unabhängig, persönlich und eigenverantwortlich für ihre Auftraggeber und im Interesse der Öffentlichkeit. Dabei unterliegen sie umfassenden gesetzlichen Verschwiegenheitspflichten."

Neben den Kernaufgaben sind Wirtschaftsprüfer befugt, bestimmte weitere Tätigkeiten, wie z. B. die steuerliche Beratung auszuüben.

1.2 Freier Beruf

Die Ausübung eines freien Berufs charakterisiert die Tätigkeit des WP. Die WPO enthält keine Definition des freien Berufs. Auch in anderen Gesetzen findet sich keine deutsche für alle Rechtsgebiete allgemeingültige Begriffsbestimmung.[3] Auf europäischer Ebene gibt es in der Richtlinie 2005/36 EG über die gegenseitige Anerkennung von Berufsqualifikationen eine gesetzliche Definition.[4] Freiberufler werden danach aufgrund einschlägiger Berufsqualifikation persönlich, in verantwortungsbewusster Weise und fachlich unabhängig tätig. Sie erbringen für ihre Kunden und die Allgemeinheit geistige und planerische Dienstleitungen. Das Berufsrecht der WP entspricht mit der WPO diesen Merkmalen. Die §§ 5 bis 34 WPO regeln die Voraussetzungen für den Berufszugang und die formellen Voraussetzungen für die Berufsausübung. Die Rechte und Pflichten der Berufsangehörigen sowie die Formen einer gemeinsamen Berufsaus-

---

1 Am 1. 1. 2016 gab es 14.389 Wirtschaftsprüfer; www.wpk.de > Organisation > WPK-Statistiken Jan 2016 (Abruf 17. 3. 2016).

2 WPK Magazin 4/2010 S. 28 (Entwurf) und 3/2012 S. 26 (Beschlussfassung durch den Beirat der WPK).

3 BGH vom 16. 3. 2000, BGHZ 144, 86, 89, DB 2000 S. 2519.

4 ABL. L. 255/22 vom 30. 9. 2005 S. 22, Zugang online über www.eur-lex.europa.eu (Abruf 2. 1. 2013).

übung finden sich in den §§ 43 bis 56 (unter anderem Eigenverantwortlichkeit, Unabhängigkeit und Unparteilichkeit).

1.3 Berufliche Aufgaben

Wirtschaftsprüfer haben die **berufliche Aufgabe**, betriebswirtschaftliche Prüfungen, insbesondere gesetzlich vorgeschriebene Jahresabschlussprüfungen durchzuführen und Bestätigungsvermerke über die Vornahme und das Ergebnis solcher Prüfungen zu erteilen (§ 2 Abs. 1 WPO i. V. m. § 316 HGB). Daneben sind sie befugt, weitere mit ihrem Beruf vereinbare Tätigkeiten auszuüben, wie z. B. die Steuerberatung oder die Beratung in wirtschaftlichen Angelegenheiten (§ 2 Abs. 2 und 3 WPO).

Die in § 2 Abs. 1 WPO definierte Aufgabe, Jahresabschlussprüfungen durchzuführen und Bestätigungsvermerke über das Prüfungsergebnis zu erteilen, ist ein Grund für die öffentliche Bestellung der WP. Diese erfolgt durch die WPK als Körperschaft des öffentlichen Rechts (§§ 4 Abs. 2, 15 WPO).

1.4 Wirtschaftsprüfungsgesellschaften

Bei Wirtschaftsprüfungsgesellschaften (WPG) tritt an die Stelle der öffentlichen Bestellung die Anerkennung durch die WPK.[5] Wirtschaftsprüfungsgesellschaften können in jeder Gesellschaftsform nach deutschem Recht oder nach dem Recht eines EU- oder EWR-Mitgliedstaates errichtet und nach Maßgabe der Vorschriften der WPO anerkannt werden (§ 27 WPO[6]). In dieser Gesetzesfassung liegt eine weitestgehende Liberalisierung bei der Rechtsformwahl. Das Gesetz verlangt aber, dass die WPG verantwortlich von Wirtschaftsprüfern geführt sein muss (§ 1 Abs. 3 Satz 2 WPO). Die dafür geltenden Voraussetzungen sind im Einzelnen in § 28 WPO geregelt. Sie sind im Anerkennungsverfahren von der WPK zu prüfen.

1.5 EU- und EWR-Abschlussprüfungsgesellschaften

Mit dem Abschlussprüferaufsichtsreformgesetz (APAReG)[7] wurden in einem Achten Teil der WPO neue Vorschriften zu EU- und EWR-Abschlussprüfungsgesellschaften eingefügt, die sich mit deren Prüfungstätigkeit, ihrer Registrierung und Überwachung in Deutschland befassen.

Nach Art. 3a der Abschlussprüferrichtlinie[8] ist eine Prüfungsgesellschaft mit Zulassung in einem Mitgliedstaat berechtigt, unter bestimmten Voraussetzungen Abschlussprüfungen in einem anderen Mitgliedstaat durchzuführen. Die Umsetzung dieser Bestimmung der Richtlinie erfolgt in § 131 WPO. Eine EU- oder EWR-Abschlussprüfungsgesellschaft darf unter der Bezeichnung ihres Herkunftslandes in Deutschland Abschlussprüfungen nach § 316 HGB durchführen, wenn der

5 Nach der Mitgliederstatistik der WPK gab es am 1. 1. 2016 2.890 Wirtschaftsprüfungsgesellschaften; www.wpk.de > Organisation > WPK-Statistiken Jan 2016 (Abruf 17. 3. 2016).

6 Durch § 27 WPO in der Fassung des APAReG ist eine Erweiterung der Rechtsformwahl auf alle Gesellschafsformen der EU/EWR-Mitgliedstaaten erfolgt.

7 Das APAReG wurde am 5. 4. 2016 im Bundesgesetzblatt verkündet (BGBl. Teil I, S. 518 ff.). Es ist am 17. 6. 2016 in Kraft getreten und enthält Vorschriften für EU/EWR-Abschlussprüfungsgesellschaften in §§ 131 bis 131b WPO.

8 Richtlinie 2014/56/EU des Europäischen Parlaments und des Rates vom 16. 4. 2014 zur Änderung der Richtlinie 2006/43/EG über Abschlussprüfungen von Jahresabschlüssen und konsolidierten Abschlüssen, Amtsblatt der Europäischen Union L 158/196 ff.

für die jeweilige Prüfung verantwortliche Prüfungspartner i. S. des § 319a Abs. 1 Satz 4 und Abs. 2 Satz 2 HGB, nach den Vorschriften der WPO als Wirtschaftsprüfer zugelassen ist. Die EU- oder EWR-Abschlussprüfungsgesellschaft muss sich nach § 131a WPO registrieren lassen.

Erklärtes Ziel des europäischen Gesetzgebers war es, Hindernisse für die Erbringung von Prüfungsdienstleistungen zu beseitigen und zur Integration des Binnenmarktes für Abschlussprüfungen beizutragen.[9] Das ist in den entsprechenden Vorschriften der WPO für Deutschland umgesetzt worden.

2. Vereidigte Buchprüfer und Buchprüfungsgesellschaften (§§ 128 bis 130 WPO)

Die WPO regelt erst in den Vorschriften §§ 128 bis 130 WPO die Rechtsverhältnisse der vereidigten Buchprüfer (vBP) und Buchprüfungsgesellschaften (BPG). Vereidigter Buchprüfer ist, wer nach der WPO als solcher anerkannt oder bestellt ist. Buchprüfungsgesellschaften sind die nach den Vorschriften der WPO anerkannten Buchprüfungsgesellschaften (§ 128 Abs. 1 WPO). vBP und BPG sind Mitglieder der Wirtschaftprüferkammer (§ 128 Abs. 3 WPO). Der Zugang zum Beruf des vereidigten Buchprüfers wurde durch die 5. WPO-Novelle im Jahre 2004 geschlossen.[10]

Vereidigte Buchprüfer haben die Aufgabe, Prüfungen auf dem Gebiet des betrieblichen Rechnungswesens, insbesondere Buch- und Bilanzprüfungen, durchzuführen. Sie können über das Ergebnis der Prüfung Prüfungsvermerke erteilen. Zu den Prüfungsvermerken gehören auch Bestätigungen und Feststellungen, die vereidigte Buchprüfer aufgrund gesetzlicher Vorschriften vornehmen. Zu den beruflichen Aufgaben des vBP gehört es insbesondere, die Prüfungen des Jahresabschlusses von mittelgroßen Kapitalgesellschaften und Personengesellschaften (insbesondere GmbH & Co. KG) i. S. v. § 264a HGB nach § 316 Abs. 1 HGB durchzuführen (§ 129 Abs. 1 WPO). Die Definition der mittelgroßen Gesellschaft findet sich in § 267 Abs. 2 HGB.

Vereidigte Buchprüfer können ihre Mandanten steuerlich beraten und vertreten (§ 129 Abs. 2 WPO). Sie können auf dem Gebiet des betrieblichen Rechnungswesens als Sachverständige auftreten, ihre Auftraggeber wirtschaftlich beraten und fremde Interessen wahren. Sie können auch eine treuhänderische Verwaltung übernehmen (§ 129 Abs. 3 WPO).

Fast alle Vorschriften der WPO finden auf vereidigte Buchprüfer und Buchprüfungsgesellschaften entsprechende Anwendung (§ 130 WPO). Da die WPO selbst – abgesehen von §§ 128 bis 130 WPO – nur von Wirtschaftsprüfern oder von Berufsangehörigen spricht, ist es vertretbar, bei der Behandlung der §§ 1 bis 127 WPO ebenfalls nur vom „WP" zu sprechen und den vBP nicht extra zu erwähnen. Dies geschieht auch aus Gründen der Verständlichkeit des Textes.

Vereidigte Buchprüfer konnten für einen befristeten Zeitraum nach § 13a alter Fassung WPO eine Prüfung zum WP in verkürzter Form ablegen. Der Antrag auf Zulassung zu dieser Prüfung musste spätestens bis zum 31. 12. 2007 gestellt, die Prüfung bis zum 31. 12. 2009 abgelegt sein. Mit der Neufassung des § 13a WPO durch das APAReG[11] wurde ab dem 17. 6. 2016 für vereidigte

9 So lautet die amtliche Begründung im Regierungsentwurf zum neuen § 131 WPO in der Fassung des APAReG; BT-Drucks. 18/6282 vom 8. 10. 2015.

10 Am 1. 1. 2016 gab es 2.953 vereidigte Buchprüfer und 102 Buchprüfungsgesellschaften; www.wpk.de > Organisation > WPK-Statisitiken Januar 2016 (Abruf 17. 3. 2016).

11 APAReG = Abschlussprüferaufsichtsreformgesetz, Referentenentwurf vom 13. 5. 2015.

Buchprüfer erneut die Möglichkeit geschaffen, eine verkürzte Übergangsprüfung zum Wirtschaftsprüfer abzulegen. Ziel ist die endgültige Zusammenführung der Prüferberufe in einem Berufsstand.

3. Entwicklung des Berufs und rechtliche Grundlagen

3.1 Entstehung des WP-Berufs

Vorläufer des WP waren die internen Revisoren und die sich daraus entwickelnden freiberuflich tätigen Revisoren im 19. Jahrhundert. Um 1900 entstanden die ersten Treuhandgesellschaften zum Zwecke der Prüfung und Beratung von Großunternehmen.[12] Die Weltwirtschaftskrise der 30er Jahre des 20. Jahrhunderts führte zur Pflichtprüfung. Im Jahre 1931 wurde im Verordnungswege die Abschlussprüfung für Aktiengesellschaften eingeführt, die durch unabhängige und qualifizierte Prüfer zu erfolgen hatte. Dies waren öffentlich bestellte WP und zugelassene WPG. Zugleich wurden der Zugang zum WP-Beruf, das Prüfungsverfahren, die Berufsgrundsätze und die Berufsgerichtsbarkeit geregelt.[13] Dieses Berufsrecht galt bis 1945. Danach gab es in den einzelnen Ländern Neuregelungen, die auf den bisherigen Regelungen aufbauten, aber zu einer Zersplitterung des Berufsrechts führten. Am 1. 11. 1961 trat nach einer zehnjährigen Diskussion die bundeseinheitlich geltende Wirtschaftsprüferordnung (WPO) in Kraft. Sie baute auf der Idee der beruflichen Selbstverwaltung auf. Die Fachaufsicht wurde nicht durch eine öffentliche Behörde, sondern durch die neu errichtete Wirtschaftsprüferkammer ausgeübt.[14]

3.2 Rechtliche Grundlagen

3.2.1 Grundgesetz und Regelung der Berufsausübung

Nach Art. 12 Abs. 1 Satz 1 GG haben alle Deutschen das Recht, Beruf, Arbeitsplatz und Ausbildungsstelle frei zu wählen. Die Berufsausübung kann gem. Art. 12 Abs. 1 Satz 2 GG durch Gesetz oder aufgrund eines Gesetzes geregelt werden. Es ist verfassungsrechtlich erlaubt, dass ein Gesetz nicht nur die Berufsausübung selbst, sondern auch den Zugang zu dem Beruf regelt.[15] Damit wird die freie Wahl des Berufs in einem gewissen Umfang eingeschränkt. Das ist nur in einem bestimmten Rahmen möglich. Die Regelung des Zugangs zum Beruf ist zulässig, wenn die Regelung der Berufsausübung selbst nicht ausreicht, besonders wichtige Gemeinschaftsgüter geschützt werden müssen und der Grundsatz der Verhältnismäßigkeit gewahrt wird.[16] Die WPO gehört zu den Gesetzen, die diese Voraussetzungen erfüllen und in denen zu Recht nicht nur die Ausübung des Berufs selbst, sondern auch der Zugang zum Beruf geregelt ist. Vor der Bestellung als WP muss das WP-Examen erfolgreich abgelegt werden.

12 Vgl. *IDW* (Hrsg.), WP Handbuch 2012, Band I, 14. Aufl., Düsseldorf 2012, S. 2.

13 Es galt die Ländervereinbarung über Grundsätze für die öffentliche Bestellung der WP, die als Anlage zur 1. Verordnung vom 15. 12. 1931 zur Durchführung der aktienrechtlichen Vorschriften beigefügt war (RGBl 1931 I S. 760 f). Letztere Verordnung beruht ihrerseits auf der Verordnung des Reichspräsidenten über Aktienrecht, Bankaufsicht und über eine Steueramnestie vom 19. 1. 1931 (RGBl I S. 493).

14 Vgl. Veröffentlichung der WPK, „50 Jahre Berufliche Selbstverwaltung im öffentlichen Interesse", 2011, S. 21.

15 Vgl. BVerfG vom 11. 6. 1958, BVerfGE 7, 377 („Apothekerurteil"); BVerfG vom 3. 6. 2004, NJW 2004 S. 2890; BVerfGE 69, 209 vom 12. 3. 1985 (StB-Prüfung).

16 Vgl. *Scholz*, in: Maunz/Dürig, Grundgesetz, Loseblatt-Kommentar, 76. Aufl., München 2016, Art. 12 Rn. 335.

Der Begriff Gesetz meint ein förmliches durch die Legislative beschlossenes Gesetz. Regelungen aufgrund eines Gesetzes können durch Verordnung oder Satzung erfolgen. Sie bedürfen immer einer förmlichen Ermächtigungsgrundlage durch das Gesetz. Die einschneidenden Regelungen und Einschränkungen beim Zugang zum Beruf und für die Berufsausübung müssen durch ein Gesetz, also für den Beruf des Wirtschaftsprüfers durch die WPO erfolgen (statusbildende Regelungen).[17] Die übrigen weniger tiefgreifenden Ausübungsregelungen können auch einem Dritten überlassen werden wie z. B. einer öffentlich-rechtlichen Berufskammer.[18] Dementsprechend können nicht statusbildende Regelungen im Beruf des WP durch die WPK erfolgen.

3.2.2 Die Wirtschaftsprüferordnung (WPO)

Die WPO ist das zentrale Gesetz, das den Zugang zum WP-Beruf und die Ausübung regelt.

In den Jahren von 1945 bis 1961 gab es noch kein bundeseinheitliches Berufsrecht für den WP. Vielmehr bestanden in den einzelnen Ländern neue Regelungen, die die „Ländervereinbarung über Grundsätze für die öffentliche Bestellung zum WP" von 1931 ablösten. Diese Bestimmungen wurden mit dem Inkrafttreten der WPO am 1. 11. 1961 aufgehoben.[19] Seitdem gilt die WPO als bundeseinheitliches Berufsgesetz.

Wichtige Änderungen

Die WPO wurde immer wieder geändert und ergänzt. Es erfolgten u. a. folgende wesentliche Änderungen:

1975 1. WPO-Novelle

Änderung berufsgerichtlicher Verfahrensvorschriften; Änderungen beim WP-Examen; Verjährung von Schadensersatzansprüchen

1985 Neue Regelungen durch das Bilanzrichtliniengesetz (BiRiliG)

Zulassung zum WP-Examen; Anerkennung von WPG; Berufsregister; Wiedereröffnung des Zugangs zum Beruf des vBP

1990 2. WPO-Novelle

Einbeziehung der neuen Bundesländer in die WPO; wechselseitige Anerkennung der Berufsqualifikationen im EG-Bereich

1995 3. WPO-Novelle

Übernahme der bisher im BiRiliG enthaltenen Vorschriften in eine förmliche Berufssatzung der WPK (§ 57 Abs. 3, 4 WPO)

2001 4. WPO-Novelle

Einführung eines Systems der externen Qualitätssicherung; Bestellungen von WP und Anerkennung von WPG ab 1. 1. 2002 durch die WPK

---

17 Vgl. *Scholz*, in: Maunz/Dürig, Grundgesetz, Loseblatt-Kommentar, 76. Aufl., München 2016, Art. 12 Rn. 323; *Maxl*, in: WPO Kommentar, 2. Aufl., Düsseldorf 2013, Einleitung Rn. 9 ff.

18 BVerfG vom 14. 7. 1987, BVerfGE 76, 171 ff. (185) und BVerfG vom 8. 4. 1998, BVerfGE 98, 49 ff. (60 f.); *Maxl*, in: WPO Kommentar, 2. Aufl., Düsseldorf 2013, Einleitung Rn. 11.

19 Vgl. *Maxl*, in: WPO Kommentar, 2. Aufl., Düsseldorf 2013, Einleitung Rn. 65 f.

2004 5. WPO-Novelle: Examensreform

Einführung eines bundeseinheitlichen Wirtschaftsprüferexamens; Zusammenführung der Prüferberufe durch Schließung des Zugangs zum vereidigten Buchprüfer; Reform der Berufsaufsicht

2005 6. WPO-Novelle: „Abschlussprüferaufsichtsgesetz"

Einführung einer öffentlichen fachbezogenen Aufsicht über die WPK und den Berufsstand durch die mit Berufsfremden besetzte Abschlussprüferaufsichtskommission (APAK)[20]; kein Vorrang des strafgerichtlichen vor dem berufsgerichtlichen Verfahren mehr; Erweiterung des Sanktionskatalogs bei Berufspflichtverletzungen

2007 7. WPO-Novelle: „Berufsaufsichtsreformgesetz"[21]

Stärkung der Berufsaufsicht; Umsetzung der im Jahre 2006 in Kraft getretenen EU-Abschlussprüferrichtlinie, soweit das Berufsrecht des Abschlussprüfers betroffen ist; Einführung anlassunabhängiger Sonderuntersuchungen bei den Prüferpraxen, die Abschlussprüfungen bei Unternehmen von öffentlichem Interesse nach § 319a HGB vornehmen

2010 Viertes Gesetz zur Änderung der WPO: Einführung von Briefwahlen zur Wahl der Beiratsmitglieder der WPK und die daraus folgende Umgestaltung der WP-Versammlung[22]

2015/2016

Im Dezember 2015 wurde das Abschlussprüferaufsichtsreformgesetz (APAReG) im Bundestag verabschiedet. Das Gesetz setzt die EU-Reform der Abschlussprüfung um, die viele Jahre lang heftig diskutiert wurde. Das Gesetz ist am 17. 6. 2016 in Kraft getreten. Es enthält die Neufassung einer Vielzahl von Vorschriften der WPO. Als Kernbestandteile werden vor allem berufs- und aufsichtsrechtliche Teile der EU-Reform geregelt. Basis dieser Reform ist die Änderungsrichtlinie 2014/56/EU und die Verordnung (EU) Nr. 537/2014. Der Präsident der WPK *Ziegler* stellte fest: „Mit dem 17. Juni kommt die Zeitenwende für die öffentliche Aufsicht".[23] Beim Bundesamt für Wirtschaft und Ausfuhrkontrolle ist eine Abschlussprüferaufsichtsstelle (APAS) eingerichtet. Die seit 2005 für die öffentliche fachbezogene Aufsicht zuständige Abschlussprüferaufsichtskommission (APAK) ist aufgelöst.

Die Selbstverwaltung des Berufsstandes in der WPK bleibt innerhalb der europäischen Vorgaben weitestgehend erhalten. Die Berufsaufsicht über alle Wirtschaftsprüfer und Wirtschaftsprüfungsgesellschaften, die gesetzlich vorgeschriebene Abschlussprüfungen bei Unternehmen von öffentlichem Interesse durchführen („PIE"-Prüfer),[24] wird in diesem Tätigkeitsgebiet von der Abschlussprüferaufsichtsstelle ausgeübt. Im Rahmen ihrer übrigen Tätigkeiten unterstehen die „PIE-Prüfer" aber der Berufsaufsicht der WPK wie auch alle anderen Praxen. Es wurden noch eine ganze Reihe weiterer Änderungen in der WPO vorgenommen, wie z. B. die Neuordnung der Berufsgerichtsbarkeit, die als reine Rechtmittelinstanz ausgestaltet wurde.

20 Vgl. dazu *Schmidt/Kaiser*, WPK Magazin 3/2004 S. 38 ff.

21 Das Gesetz trat am 7. 9. 2007 in Kraft (vgl. dazu *Weidmann*, WPK Magazin 3/2007 S. 55 ff.).

22 Vgl. dazu WPK Magazin, Sonderheft vom 11. 2. 2011.

23 *Ziegler*, WPK Magazin 1/2016 S. 5.

24 „PIE" = *Public Interest Entities*.

Neben dem APAReG gilt ergänzend das Abschlussprüfungsreformgesetz (AReG).[25] Der Deutsche Bundestag hat am 17. 3. 2016 das Abschlussprüfungsreformgesetz (AReG) in zweiter und dritter Lesung verabschiedet. Es setzt die prüfungsbezogenen Vorschriften der Abschlussprüferrichtlinie (RL 2014/56/EU) um und führt die (unmittelbar anwendbare) Abschlussprüferverordnung (EU Nr. 537/2014) aus. Es hat Auswirkungen auf verschiedene deutsche Gesetze, so z. B. auf das HGB, das AktG und das PublG. Die WPK hat den Regierungsentwurf in ihrer Stellungnahme vom 28. 1. 2016 als „geeigneten Vorschlag zur Umsetzung der prüfungsbezogenen Regelungen der EU-Vorgaben zur Abschlussprüfung" bezeichnet.[26] Die Neufassung der WPO durch das APAReG sowie die Änderung weiterer Gesetze durch das AReG traten am 17. 6. 2016 in Kraft.

Übersicht zum Inhalt der WPO

Das umfangreiche und umfassende Berufsrecht des WP ist hauptsächlich in der WPO geregelt. Ein Berufsgesetz wie die WPO muss folgende Regelungsbereiche enthalten:

- Zugang zum Beruf und Berufsexamen
- Rechte und Pflichten (Berufsgrundsätze)
- Organisation des Berufs
- Berufsaufsicht

Die WPO enthält 10 verschiedene Teile, in denen jeweils die Regelungen eines Teilbereichs zusammengefasst sind. Im Überblick sind dies die folgenden Teile:

- Allgemeine Vorschriften (§§ 1–4b WPO)
- Vorraussetzungen für die Berufsausübung (§§ 5–42 WPO)
- Rechte und Pflichten der WP (§§ 43–56 WPO)
- Organisation des Berufs (§§ 57–61 WPO)
- Berufsaufsicht (§§ 61a–71 WPO)
- Berufsgerichtsbarkeit (§§ 71a–127 WPO)
- Vereidigte Buchprüfer (vBP) und Buchprüfungsgesellschaften (§§ 128–130 WPO)
- EU- und EWR-Abschlussprüfungsgesellschaften (§ 131–131b WPO)
- Eignungsprüfung als WP (§§ 131g–131m WPO)
- Straf- und Bußgeldvorschriften (§§ 132–133e WPO)
- Übergangs- und Schlussvorschriften (§§ 134–141 WPO)

3.2.3 Durchführungsverordnungen zur WPO

Zur WPO wurde eine Reihe von Durchführungsverordnungen erlassen. Verordnungsgeber ist das Bundesministerium für Wirtschaft und Technologie. Die wichtigsten Verordnungen sind

- die Wirtschaftsprüferprüfungsverordnung (WiPrPrüfV)
  (Ermächtigungsgrundlage ist § 14 WPO),

25 BGBl. Teil I, S. 1142 ff.

26 Stellungnahme der WPK online abrufbar unter: http://go.nwb.de/qnq9w.

- die Wirtschaftsprüfungsexamens-Anrechnungsverordnung (WPAnrV) (Ermächtigungsgrundlage sind § 8a Abs. 3 WPO und § 13b Satz 3 WPO) und
- die Verordnung über die Berufshaftpflichtversicherung (WPBHV).[27] Die Bestimmungen wurden in die Neufassung der Berufssatzung vom 21. 6. 2016 übernommen.

3.2.4 Satzungen

Die WPK hat durch Beschluss ihres Beirats verschiedene Satzungen erlassen. Als Körperschaft des öffentlichen Rechts besitzt die WPK originäre Satzungsautonomie. Die Mitglieder der WPK regeln eigenverantwortlich die sie selbst betreffenden Angelegenheit, für die sie sachkundig sind.[28] Zum Erlass von Satzungen bedarf es gesetzlicher Ermächtigungsgrundlagen:

- Berufssatzung (BS WP/vBP) (Satzungsermächtigung in § 57 Abs. 4 WPO; Neufassung vom 21. 6. 2016)
- Satzung zur Organisation und Verwaltung der WPK (Satzung WPK) (Satzungsermächtigung in § 60 Abs. 1 WPO; Beschlussfassung durch den Beirat)
- Satzung für Qualitätskontrolle (SfQ) (Satzungsermächtigung in § 57c WPO; Neufassung vom 21. 6. 2016)

Die Berufssatzung und die Satzung für Qualitätskontrolle wurden im Hinblick auf das APAReG neu gefasst. Die Beschlussfassung des Beirats zu beiden Satzungen erfolgte am 21. 6. 2016. Die Satzungen sind im September 2016 in Kraft getreten.

3.2.5 VO 1/2006

Die VO 1/2006 ist eine gemeinsame Stellungnahme der WPK und des IDW zu den „Anforderungen an die Qualitätssicherung in der WP-Praxis". Diese „Verordnung" hat keinen Normcharakter. Sie begründet aber eine Selbstbindung der WPK. Wer sich an die Regeln der VO 1/2006 hält, kann von der WPK im Rahmen der Berufsaufsicht nicht belangt werden.[29] Die WPK plant, die VO 1/2006 zu überarbeiten und neu zu fassen.

3.2.6 Europäische Abschlussprüferrichtlinie

3.2.6.1 Europäische Abschlussprüferrichtlinie von 2006

Das Europäische Recht hat für WP und WPG immer größere Bedeutung gewonnen. So enthält bereits die Europäische Abschlussprüferrichtlinie vom 17. 5. 2006 den Rahmen für die nationalen Regelungen der Mitgliedstaaten zur

- Ausbildung und Zulassung von gesetzlichen Abschlussprüfern
- Registrierung, zu den Berufspflichten, zur Berufsaufsicht und Qualitätskontrolle
- Errichtung einer vom Berufsstand unabhängigen öffentlichen Aufsicht
- Einführung verbindlicher internationaler Standards on Auditing (ISA).

---

27 Die Verordnung ist inzwischen (2007) aufgehoben worden, galt aber bis zu deren Implementierung in die Berufssatzung weiter (§ 137 WPO). Das ist in der Neufassung der Berufssatzung vom 21. 6. 2016 geschehen.

28 Vgl. *Geithner*, in: WPO Kommentar, 2. Aufl., Düsseldorf 2013, § 60 Rn. 1 mit Hinweis auf BVerGE 111, 191 ff.

29 Vgl. *Maxl*, in: WPO Kommentar, 2. Aufl., Düsseldorf 2013, Einleitung Rn. 56, 57.

Die Richtlinie ist im Juni 2006 in Kraft getreten.[30] Sie wurde in Deutschland durch die 6. und 7. WPO-Novelle umgesetzt. Die noch verbleibenden Anforderungen der Abschlussprüferrichtlinie wurden durch das Bilanzrechtsmodernisierungsgesetz (BilMoG) vom 25. 5. 2009 geregelt. Ein Punkt wurde allerdings noch nicht umgesetzt:

Die Abschlussprüferrichtlinie sieht die unmittelbare Anwendung der ISA, d. h. internationaler Prüfungsnormen durch die Berufsangehörigen in den EU-Mitgliedstaaten vor. Diejenigen ISA, die in den EU-Mitgliedstaaten verbindlich sein sollen, müssen erst in einem besonderen Verfahren (*adoption*) angenommen werden. Für diese ISA ist die Veröffentlichung einer verbindlichen deutschen Fassung im EU-Amtsblatt vorgesehen. An der „*adoption*" und der Umsetzung in nationales Recht fehlt es noch. Erst danach erhalten die ISA künftig Gesetzeskraft und sind dann verbindlich für alle Abschlussprüfer.[31]

3.2.6.2 EU-Reform der Abschlussprüfung von 2014

Die lange geplante Europäische Reform der Abschlussprüfung wurde von 2010 bis 2014 ausführlich und leidenschaftlich diskutiert. Die verschiedenen Vorschläge und Gestaltungen fanden schließlich ihren Niederschlag in der Richtlinie 2014/56/EU des Europäischen Parlaments und des Rates vom 16. 4. 2014 zur Änderung der Richtlinie 2006/43/EG über Abschlussprüfungen von Jahresabschlüssen und konsolidierten Abschlüssen und in der Verordnung (EU) Nr. 537/2014.

Die Richtlinie dient der Verbesserung des Binnenmarktes für gesetzliche Abschlussprüfungen. Sie musste von den Mitgliedstaaten in nationales Recht umgesetzt werden. Das ist in Deutschland durch das Abschlussprüferaufsichtsreformgesetz (APAReG) geschehen. Dieses Gesetz enthält die Änderungen der WPO, die durch die Richtlinie erforderlich wurden.

Die Verordnung (EU) Nr. 537/2014 betrifft allein Unternehmen von öffentlichem Interesse nach § 319a Abs. 1 Satz 1 HGB. Sie soll die Qualität von Abschlussprüfungen bei Unternehmen von öffentlichem Interesse verbessern. Sie hat unmittelbare Geltung in allen EU-Staaten.

Die Umsetzung der Richtlinie im deutschen Recht durch Änderungen der WPO erfolgte durch das APAReG. Die durch die VO (EU) 537/2014 notwendigen Anpassungen in verschiedenen deutschen Gesetzen erfolgten durch das AReG. Die Neuregelungen des AReG betreffen sowohl Unternehmen von öffentlichem Interesse (*Public Interest Entities*, PIE), als auch Unternehmen, die nicht zu dieser Kategorie gehören (Non-PIE).

30 Richtlinie 2006/43/EG des Europäischen Parlaments und des Rates.

31 Vgl. *IDW* (Hrsg.), WP Handbuch 2012, Band I, 14. Aufl., Düsseldorf 2012, S. 3010.

II. Das Berufsbild des Wirtschaftsprüfers und seine Tätigkeit

1. Das Berufsbild (§ 2 WPO)

1.1 Allgemeines

Die berufliche Aufgabe des WP ist es, betriebswirtschaftliche Prüfungen, insbesondere gesetzliche Jahresabschlussprüfungen, durchzuführen und Bestätigungsvermerke über die Vornahme und das Ergebnis solcher Prüfungen zu erteilen (§ 2 Abs. 1 WPO). Dies ist der Kernbereich, der dem WP zugewiesen ist. Daneben steht ihm die Befugnis zu, Steuerberatung und weitere mit dem Berufsbild des WP vereinbare Tätigkeiten auszuüben. WP ist, wer als solcher gem. § 15 WPO bestellt ist. WPG bedürfen der Anerkennung. Der WP übt einen freien Beruf und kein Gewerbe aus (§ 1 Abs. 2 WPO). Das Berufsbild umfasst im Einzelnen die folgenden Tätigkeiten:

- Durchführung betriebswirtschaftlicher Prüfungen (§ 2 Abs. 1 WPO)
- Durchführung von freiwilligen Prüfungen und Sonderprüfungen
- Steuerberatung (§ 2 Abs. 2 WPO)
- Wirtschafts- und Unternehmensberatung (§ 2 Abs. 3 Nr. 2 WPO)
- Gutachter- und Sachverständigentätigkeit in allen Bereichen der wirtschaftlichen Betriebsführung (§ 2 Abs. 3 Nr. 1 WPO)
- Treuhandtätigkeit (§ 2 Abs. 3 Nr. 3 WPO)
- Rechtsberatung, soweit diese als Nebenleistung mit der Erledigung der Aufgaben des WP in unmittelbarem Zusammenhang steht und diese Aufgaben ohne die Rechtsberatung nicht sachgemäß erledigt werden können (§ 5 Nr. 1 RDG).

Die Tätigkeit des WP verlangt ein hohes Maß an Berufsethos, insbesondere Unabhängigkeit, Gewissenhaftigkeit, Verschwiegenheit und Eigenverantwortlichkeit (§ 43 Abs. 1 WPO).

1.2 Prüfungstätigkeit als Kernaufgabe

WP führen als ihre Kernaufgabe betriebswirtschaftliche Prüfungen durch, insbesondere gesetzlich vorgeschriebene Jahresabschlussprüfungen als Vorbehaltsaufgabe. Dazu gehören die Prüfung von Jahresabschlüssen und Lageberichten, sowie Konzernabschlüssen und Konzernlageberichten und die Erteilung von Bestätigungsvermerken über die Vornahme und das Ergebnis dieser Prüfungen. Dazu gehören ferner Prüfungen von Unternehmen eines bestimmten Wirtschaftszweigs (z. B. Kreditinstitute, Versicherungen). Umfasst werden auch Prüfungen von Jahres- und Konzernabschlüssen, die nach international anerkannten Rechnungslegungsgrundsätzen aufgestellt sind.[32]

Zu nennen sind ferner **Sonderprüfungen** wie z. B.:
Kreditwürdigkeitsprüfung, Unterschlagungsprüfung, Makler- und Bauträgerprüfung, Mittelverwendungsprüfung, Sanierungsprüfung, Prüfung von Kapitalerhöhungen/Sacheinlagen, Gründungsprüfung, Prüfung von Umwandlung und Verschmelzung, Prospektprüfung.

32 Eine Zusammenstellung von gesetzlichen Bestimmungen, die Prüfungen vorschreiben, enthält *IDW* (Hrsg.), WP Handbuch, Band I, Düsseldorf 2012, Kapitel D.

Die Prüfungstätigkeit umfasst auch freiwillige Jahresabschlussprüfungen. In diesem Zusammenhang ist die Unterscheidung zwischen Pflichtprüfungen und freiwilligen Prüfungen von Bedeutung.

Pflichtprüfungen sind solche Prüfungen, die aufgrund bundes- oder landesgesetzlicher Regelungen vorgeschrieben sind. Dazu gehören z. B. Jahresabschlussprüfungen von Kapitalgesellschaften gem. § 316 Abs. 1 HGB, Pflichtprüfungen von Wirtschaftsbetrieben der öffentlichen Hand, Versicherungsunternehmen, Kreditinstituten und Finanzdienstleistungsunternehmen. Pflichtprüfungen sind eine **Vorbehaltsaufgabe** des WP, wenn die Prüfung nur durch einen WP oder vBP durchgeführt werden darf. Zentrale Vorbehaltsaufgabe ist die Prüfung des Jahresabschlusses und des Lageberichts von Kapitalgesellschaften, die nicht kleine i. S. v. § 267 Abs. 1 HGB sind (§ 319 Abs. 1 Satz 1 i. V. m. § 316 HGB).[33]

Freiwillige Prüfungen beruhen im Gegensatz dazu nicht auf einer gesetzlichen Anordnung. So kann z. B. der Gesellschaftsvertrag einer kleinen GmbH die Prüfung des Jahresabschlusses durch einen WP vorsehen. Ferner regelt § 65 Bundeshaushaltsordnung (BHO), dass der Bund sich an nicht prüfungspflichtigen Unternehmen unter anderem nur beteiligen darf, wenn gewährleistet ist, dass der Jahresabschluss und der Lagebericht in entsprechender Anwendung der Vorschriften des Dritten Buches des HGB für große Kapitalgesellschaften aufgestellt und geprüft werden. Auch hier handelt es sich um freiwillige Prüfungen.

1.3 Weitere Tätigkeitsgebiete

Neben seiner Kernaufgabe hat der WP die Befugnis weitere Tätigkeiten auszuüben, die ebenfalls sein Berufsbild prägen (§ 2 Abs. 2 und 3 WPO). Dazu gehört **die Steuerberatung** in ihrer ganzen Bandbreite:[34]

- Erstellung von Steuerbilanzen und Steuererklärungen
- Vertretung gegenüber den Finanzbehörden und vor den Finanzgerichten
- Steuergestaltungsberatung im Bereich des nationalen Steuerrechts
- Vertragsgestaltungen unter steuerlichen Gesichtspunkten oder dem Aspekt der Minimierung der Steuerbelastung
- Gestaltungsberatung im Bereich des internationalen Steuerrechts

die Gutachter-/ und Sachverständigentätigkeit auf den Gebieten der wirtschaftlichen Betriebsführung (z. B. Unternehmensbewertungen oder Gerichtsgutachten);

die Wirtschafts-/Unternehmensberatung:

- Existenzgründungsberatung
- Organisationsberatung
- Aufbau und Gestaltung von Berichts- und Informationssystemen
- Finanz- und Liquiditätsplanung
- Bilanz- und Erfolgsanalysen
- Beratung bei Überschuldung, Erstellung von Sanierungskonzepten

33 Vgl. Wollburg, in: WPO Kommentar, 2. Aufl., Düsseldorf 2013, § 2 Rn. 10.

34 Vgl. Website der WPK: http://go.nwb.de/cn5gc (Abruf 15. 4. 2016).

- Analyse, Ausbau und Gestaltung von Kostenrechnungssystemen
- Buchhaltungsservice (Erstellung von Finanz- und Lohnbuchhaltung)

die Treuhandtätigkeit, aber nur in Verbindung mit der WP-Tätigkeit auf gesetzlicher oder rechtsgeschäftlicher Grundlage[35], und zwar:

- die Verwaltung fremden Vermögens (z. B. von Gesellschafterrechten und Gesellschaftsanteilen und Kreditsicherheiten)
- die Tätigkeit als Testamentsvollstrecker, Nachlass- oder Insolvenzverwalter, Nachlasspfleger oder Liquidator.

2. Zulässige und mit dem WP-Beruf vereinbare Tätigkeiten (§ 43a Abs. 1 und 2 WPO)

2.1 Allgemeines

In § 43a Abs. 1 und 2 WPO wird auf die originäre WP-Tätigkeit gem. § 2 WPO Bezug genommen. Bestimmte Tätigkeiten sind mit dem Beruf des WP nicht vereinbar (§ 43a Abs. 3 WPO). Darauf wird noch einzugehen sein. Um eine zuverlässige Abgrenzung zu diesen nicht erlaubten Tätigkeiten zu gewährleisten, enthält § 43a Abs. 2 WPO einen Katalog der für Wirtschaftsprüfer zulässigen Tätigkeiten und aller sonstigen Tätigkeiten, die mit dem WP-Beruf vereinbar sind. Die Aufzählung des Gesetzes stellt eine abschließende Regelung dar.

Wer als WP tätig werden wollte, musste nach früherem Recht (vor der Neufassung des § 43a WPO durch das APAReG) für bestimmte mit dem WP-Beruf damals nur vereinbare Tätigkeiten wenigstens formal eine eigene Praxis zum Berufsregister anmelden und den entsprechenden Versicherungsschutz nachweisen. Das galt z. B. für den WP, der ausschließlich als Geschäftsführer einer Steuerberatungsgesellschaft oder als Angestellter der Wirtschaftsprüferkammer tätig war.

Da sich das Berufsbild des Wirtschaftsprüfers in den letzten Jahrzenten erheblich erweitert hat, wurde der Katalog der zulässigen Tätigkeiten in § 43a Abs. 1 WPO durch das APAReG ausgedehnt, insbesondere um die Tätigkeiten, die wegen ihrer besonderen Nähe zur Berufsausübung inzwischen auch wirtschaftsprüfertypisch sind. So können WP als Angestellte der Wirtschaftsprüferkammer jetzt tätig sein, ohne formal eine eigenen Praxis gründen und den entsprechenden Versicherungsschutz nachzuweisen zu müssen.[36] Diese berufstypischen Tätigkeiten sind also ohne Weiteres zulässig und nicht nur mit dem Beruf des WP vereinbar. Das wird nachfolgend näher erläutert.

2.2 Ohne Weiteres zulässige Tätigkeiten

Außer der Prüfungstätigkeit als Kernaufgabe und den weiteren Haupttätigkeiten des WP gem. § 2 WPO sind die in § 43a Abs. 1 Nr. 4 ff. WPO aufgeführten Tätigkeiten für den WP-Beruf berufstypisch und damit ohne weiteres zulässig. Es handelt sich überwiegend um Angestellten-

35 Vgl. IDW (Hrsg.), WP Handbuch 2012, Band I, 14. Aufl., Düsseldorf 2012, S. 8.

36 Begründung zu § 43a WPO in der Fassung des APAReG; vgl. BT-Drucks. 18/6281.

tätigkeiten bei bestimmten dem WP-Beruf nahestehenden Gesellschaften, Organisationen und Einrichtungen. Hier seien beispielhaft genannt die Tätigkeit von Berufsangehörigen als:

- Vorstand oder Geschäftsführer einer Buchprüfungsgesellschaft, Rechtsanwaltsgesellschaft oder Steuerberatungsgesellschaft,
- Angestellter der WPK oder des Bundesamtes für Wirtschaft und Ausfuhrkontrolle, soweit es sich um eine Tätigkeit bei der Abschlussprüferaufsichtsstelle handelt,
- Angestellter beim DRSC (Deutsches Rechnungslegungs Standards Committee e.V.) oder bei der DPR (Deutsche Prüfstelle für Rechnungslegung – *Enforcement*), Einrichtungen nach § 342 Abs. 1 und § 342b Abs. 1 HGB,
- Angestellter der Bundesanstalt für Finanzdienstleistungsaufsicht, wenn es sich um eine Tätigkeit nach Abschnitt 11 des WPHG oder zur Vorbereitung, Durchführung und Analyse von Prüfungen bei einem von einer Aufsichtsbehörde beaufsichtigten Unternehmen handelt.

Alle diese und die weiteren in § 43a Abs. 1 WPO aufgezählten Tätigkeiten sind den Berufsangehörigen ohne Weiteres erlaubt und zählen zu den berufstypischen Tätigkeiten. Die Gründung einer eigenen WP-Praxis neben einer dieser Tätigkeiten verlangt das Gesetz nicht.

2.3 Mit dem WP-Beruf vereinbare Tätigkeiten

Neben den nach § 43a Abs. 1 Nr. 4 ff. WPO ohne Weiteres zulässigen Tätigkeiten, gibt es solche, die nach § 43a Abs. 2 WPO mit dem Beruf des WP lediglich vereinbar sind:

- Die Ausübung eines freien Berufs auf den Gebieten der Technik, des Rechtswesens (z. B. RA, StB, Patentanwalt) sowie eines Berufs, mit dem die gemeinsame Berufsausübung i. S. des § 44b zulässig ist (z. B. Apotheker)
- die Tätigkeit als Lehrer oder wissenschaftlicher Mitarbeiter an wissenschaftlichen Instituten oder Hochschulen,
- die Tätigkeit als Geschäftsführer einer Europäischen wirtschaftlichen Interessenvereinigung, deren Mitglieder ausschließlich Personen sind, mit denen die gemeinsame Berufsausübung i. S. des § 44b zulässig ist,
- die Durchführung von Lehr- und Vortragsveranstaltungen zur Vorbereitung auf die Prüfungen zum WP, zum vereidigten Buchprüfer oder zum StB sowie zur Fortbildung der Mitglieder der WPK und
- die freie schriftstellerische, wissenschaftliche und künstlerische Tätigkeit sowie die freie Vortragstätigkeit.

2.4 Unvereinbare Tätigkeiten

2.4.1 Allgemeines

Unvereinbar mit dem Beruf des WP sind nach § 43a Abs. 3 WPO:

- gewerbliche Tätigkeiten;
- Tätigkeiten in einem Anstellungsverhältnis mit Ausnahme der in § 43a Abs. 1 und 2 WPO genannten Fälle (siehe dazu oben die Abschn. 2.2 und 2.3);

- Tätigkeiten in einem Beamtenverhältnis oder einem nicht ehrenamtlich ausgeübten Richterverhältnis mit Ausnahme des in § 43a Abs. 2 Nr. 2 WPO genannten Falls;[37] § 44a WPO bleibt unberührt.

Nachfolgend wird auf die den Berufsangehörigen nicht erlaubten gewerblichen Tätigkeiten sowie die erlaubten und nicht erlaubten Anstellungsverhältnisse näher eingegangen. In diesen beiden Bereichen ergeben sich für den Beruf des WP bedeutsame Abgrenzungsfragen.

2.4.2 Unzulässige gewerbliche Tätigkeit

2.4.2.1 Begründung des Verbots

Das Verbot einer **gewerblichen Tätigkeit** in § 43a Abs. 3 Nr. 1 WPO soll die Unabhängigkeit und die Unparteilichkeit des WP sowie das öffentliche Vertrauen in seine Tätigkeit unterstützen. Wird eine gewerbliche Tätigkeit ausgeübt, dann reicht die darin liegende abstrakte Gefährdung für sich genommen aus, um eine mit dem Beruf des WP unvereinbare Tätigkeit anzunehmen. Es ist also im Einzelfall nicht zu prüfen, ob die gewerbliche Tätigkeit des WP zu Interessenkollisionen führt, die seine Unabhängigkeit und Unparteilichkeit beeinträchtigen können.

2.4.2.2 Unerlaubte Tätigkeiten

Zu den für WP nicht erlaubten gewerblichen Tätigkeiten zählen der Betrieb eines kaufmännischen Einzelunternehmens, die Tätigkeit als Geschäftsführer einer gewerblichen Kapitalgesellschaft – auch als nur faktischer Geschäftsführer –, sowie die Stellung des persönlich haftenden Gesellschafters einer OHG oder KG. Auf die Nachhaltigkeit der Tätigkeit kommt es nicht an. Auch eine nur einmalige Tätigkeit verstößt gegen das Verbot des § 43a Abs. 3 Nr. 1 WPO.

BEISPIELE ► Ein WP, der in einer Kapitalgesellschaft als Geschäftsführer tätig ist, deren Unternehmensgegenstand Treuhandgeschäfte sind, verstößt gegen das Verbot gewerblicher Tätigkeit nach § 43a Abs. 3 Nr. 1 WPO, wenn die Gesellschaft nicht zugleich auch als WPG anerkannt ist.[38]

Bereits die Eintragung als Organ einer gewerblichen Gesellschaft im Handelsregister ist unzulässig und kann den Widerruf der Bestellung rechtfertigen.[39] Die bloße Beteiligung an einer gewerblichen Kapitalgesellschaft stellt keine gewerbliche Tätigkeit dar.

Eine Kooperation mit Gewerbetreibenden ist für sich genommen nicht verboten. Diese ist grundsätzlich zulässig.[40] Sie kann aber im Einzelfall bei einer entsprechenden Ausgestaltung gegen den Grundsatz der Unabhängigkeit oder Eigenverantwortlichkeit verstoßen. So wäre z. B. die Führung einer WP-Praxis in gemeinsamen Räumen mit einem Gewerbetreibenden unzulässig.[41]

Bei der Schaltung von Stellenanzeigen für Mandanten durch einen Berufsangehörigen ist zwischen der unzulässigen Arbeitsvermittlung (gewerbliche Tätigkeit) und der zulässigen Personalberatung (Beratung in betriebswirtschaftlichen Angelegenheiten) zu unterscheiden. Die Mitwirkung bei der Suche und Auswahl geeigneter Personen bei der Besetzung von offenen Führungspositionen ist zulässig. Der Anzeigentext sollte so abgefasst sein, dass nicht der Eindruck einer gewerblichen Tätigkeit entsteht. Die WPK hat

37 Tätigkeit als Geschäftsführer einer Europäischen wirtschaftlichen Interessenvereinigung, deren Mitglieder ausschließlich Personen sind, mit denen eine gemeinsame Berufsausübung nach § 44b WPO zulässig ist.

38 Vgl. WPK Magazin 3/2004 S. 27.

39 VG Berlin vom 30. 8. 2007, WPK Magazin 4/2007 S. 69 f.

40 Vgl. *Amberg*, in: WPO Kommentar, Düsseldorf 2008, § 43a Rn. 77.

41 LG Düsseldorf vom 24. 7. 2003, DStRE 2004 S. 430.

in dieser Angelegenheit einen berufsrechtlich unbedenklichen Textvorschlag erarbeitet und veröffentlicht.[42]

Provisionsgeschäfte, z. B. für die Vermittlung von Beteiligungen (Fonds) an Mandanten oder die Durchführung von Seminarveranstaltungen gegen Entgelt, an denen jedermann teilnehmen kann, stellen eine nicht erlaubte gewerbliche Tätigkeit dar.[43]

2.4.2.3 Abgrenzungsfragen

Die **Verwaltung eigenen Vermögens** ist nicht als gewerbliche Tätigkeit zu werten. Im Ausnahmefall kann daraus aber eine gewerbliche Tätigkeit erwachsen. Dabei sind nicht etwa steuerliche Kriterien maßgebend. Im Steuerrecht wird bereits bei dem Verkauf von mehr als drei Objekten innerhalb eines bestimmten zeitlichen Zusammenhangs ein gewerblicher Grundstückshandel angenommen.[44] Derartige Grundsätze gelten im Bereich von § 43a Abs. 3 WPO nicht. Maßgebend sind vielmehr handelsrechtliche Begriffe. Allerdings kennt das Handelsrecht keine gesetzliche Definition des (Handels-)Gewerbes. Dennoch gibt es gewisse Merkmale, nach denen ein Umschlagen der eigenen Vermögensverwaltung in eine gewerbliche Tätigkeit anzunehmen ist. Einzelpersonen können ihr Vermögen einem Gewerbe vergleichbar verwalten. Dafür sind die Kriterien, die das Gesetz in § 105 Abs. 2 HGB aufstellt, von Bedeutung. Eine OHG, die eigenes Vermögen verwaltet, kann nur dann im Handelsregister eingetragen werden, wenn diese Verwaltung einem Gewerbe vergleichbar ist. Dazu gehört eine **selbständige planmäßig auf Dauer angelegte Tätigkeit mit Gewinnerzielungsabsicht** oder jedenfalls eine **wirtschaftliche Tätigkeit am Markt**. Dazu gehören auch die geschäftsmäßige Führung nach **betriebswirtschaftlichen Grundsätzen** und die damit verbundene **Organisation**.[45] Zu letzterer gehören unter anderem Büro und Buchhaltung.[46] Ist also eine umfangreiche eigene Vermögensverwaltung derartig organisiert, kann von einer gewerblichen Tätigkeit gesprochen werden, die dem WP untersagt ist.

Eine **Beratung** der Mandanten **zur Wertpapieranlage** gehört zu den Berufsaufgaben des WP. Eine mit dem Beruf nicht vereinbare gewerbliche Tätigkeit liegt aber vor, wenn der WP von seinem Mandanten einen umfassenden Entscheidungsspielraum bei der Anlage und Verwaltung des Vermögens erhält.[47]

Die bloße **Beteiligung am Kapital einer Gesellschaft** als Aktionär, GmbH-Gesellschafter oder Kommanditist ist unproblematisch und unterliegt nicht dem Verbot der gewerblichen Betätigung.[48]

Die WPK hält die (Neben-)Tätigkeit eines Berufsangehörigen als selbständiger Tierarzt mit dem Beruf des WP für vereinbar, da der Tierarzt ein sozietätsfähiger Beruf i. S. v. § 44b Abs. 1 WPO ist.[49]

---

42 Vgl. WPK Magazin 4/2010 S. 43.

43 Vgl. *IDW* (Hrsg.), WP Handbuch 2012, Band I, 14. Aufl., Düsseldorf 2012, S. 13 f.; BverfG vom 21. 11. 1995, DB 1996 S. 89 (allgemein zugängliche Aus- und Fortbildungsveranstaltungen).

44 BFH vom 30. 9. 2010, BStBl 2011 II S. 645.

45 Vgl. *Hopt*, in: Baumbach/Hopt, HGB, § 1 Rn. 12 und 16.

46 So auch *Uhlmann*, in: WPO Kommentar, 2. Aufl., Düsseldorf 2013, § 43a Rn. 87.

47 Vgl. WPK Magazin 2/2011 S. 28.

48 Vgl. *IDW* (Hrsg.), WP Handbuch 2012, Band I, 14. Aufl., Düsseldorf 2012, S. 14.

49 Vgl. Verlautbarung der WPK, WPK Magazin 1/2014 S. 26.

3. Erlaubte, vereinbarte und nicht erlaubte Angestelltenverhältnisse (§ 43a WPO)

3.1 Allgemeines

WP können ihren Beruf auch in einem Angestelltenverhältnis ausüben. Nicht jedes Angestelltenverhältnis aber ist zulässig. Die erlaubten Tätigkeiten zählt das Gesetz in § 43a Abs. 1 und 2 WPO im Einzelnen auf. Damit hat das Gesetz die gesetzlich zulässigen Angestelltenverhältnisse klar und abschließend geregelt. Bei den Tätigkeiten nach § 43a Abs. 1 WPO handelt es sich um die originär dem WP erlaubten Formen der Berufsausübung. Die in § 43a Abs. 2 WPO genannten Tätigkeiten sind dagegen mit dem Beruf des WP lediglich vereinbar. Berufsangehörige dürfen gem. § 43a Abs. 3 Nr. 2 WPO keine Tätigkeit aufgrund eines mit dem WP-Beruf unvereinbaren Anstellungsvertrags ausüben.

3.2 Erlaubte Anstellungsverhältnisse

Als Kerntätigkeit eines nicht selbständig tätigen WP fällt unter § 43a Abs. 1 Nr. 3 WPO die Tätigkeit als zeichnungsberechtigter Angestellter

- bei einem WP oder einer WPG,
- bei Personengesellschaften nach § 44b Abs. 1,[50]
- bei EU- oder EWR-Abschlussprüfern und Abschlussprüfungsgesellschaften oder
- bei genossenschaftlichen Prüfungsverbänden und Prüfungsstellen für Sparkassen- und Giroverbände oder überörtlichen Prüfungseinrichtungen für Körperschaften und Anstalten des öffentlichen Rechts.

Gleichgestellt ist die Tätigkeit des WP als gesetzlicher oder zeichnungsberechtigter Vertreter bei den genannten Personen, Gesellschaften und Einrichtungen.

Ohne Weiteres erlaubt sind eine Reihe von weiteren Tätigkeiten als gesetzlicher Vertreter oder Angestellter bei bestimmten in § 43a Abs. 1 Nr. 4 bis 10 WPO aufgezählten Gesellschaften und Institutionen, z. B. als Angestellter der WP. Sie zählen ebenfalls zu den originären Tätigkeiten eines WP.[51]

3.3 Mit dem WP-Beruf vereinbare Anstellungsverhältnisse

Mit dem Beruf des WP lediglich vereinbar sind nach § 43a Abs. 2 WPO die folgenden Anstellungstätigkeiten:

- die Tätigkeit als Lehrer oder wissenschaftlicher Mitarbeiter an wissenschaftlichen Instituten oder Hochschulen (Nr. 2),
- die Tätigkeit als Geschäftsführer einer Europäischen wirtschaftlichen Interessenvereinigung (EWIV), deren Mitglieder ausschließlich Personen sind, mit denen die gemeinsame Berufsausübung i. S. des § 44b WPO zulässig ist.

---

50 Das sind seit der Geltung des APAReG alle Formen von Personengesellschaften: Sozietät, OH, KG, GmbH & CoKG, Partnerschaftsgesellschaft.

51 Vgl. dazu Kapitel 4.3.

Die EWIV ist die erste europäische Gesellschaftsform und dient in erster Linie der grenzüberschreitenden Kooperation kleiner und mittlerer Unternehmen. Rechtsgrundlage für die EWIV ist die europäische EWIV-VO vom 25. 7. 1985, die in den Mitgliedsstaaten unmittelbar gilt. Sie darf nur Hilfstätigkeiten für ihre Mitglieder ausüben und nicht in eigener Gewinnerzielungsabsicht tätig werden. Der Mitgliederkreis muss grenzüberschreitend sein. Ein WP darf Geschäftsführer einer EWIV sein, wenn die Mitglieder ausschließlich Personen sind, mit denen eine gemeinsame Berufsausübung i. S. des § 44b WPO zulässig ist. Eine große praktische Bedeutung hat sie bisher nicht erlangt.

3.4 Öffentliche Ämter

Der WP kann nach § 44a WPO bestimmte **öffentliche Ämter** übernehmen, ohne seine Bestellung zu verlieren. Er darf aber seinen Beruf als WP nicht ausüben, es sei denn, er nimmt die ihm übertragenen Aufgaben ehrenamtlich wahr. Dazu gehören öffentlich-rechtliche Dienstverhältnisse als Wahlbeamter auf Zeit, wenn er die ihm übertragene Aufgabe ehrenamtlich ausübt. Zu den Wahlbeamten gehören insbesondere die von den kommunalen Vertretungskörperschaften gewählten leitenden Beamten der Gemeinden und Gemeindeverbände.[52] Entsprechendes gilt für die Eingehung von öffentlich-rechtlichen Amtsverhältnissen. Dazu gehören z. B. die Mitglieder der Bundesregierung und der Landesregierungen.[53] Die WPK kann auf Antrag einen Vertreter bestellen oder dem WP gestatten, den Beruf selbst auszuüben, wenn die Einhaltung der allgemeinen Berufspflichten dadurch nicht gefährdet ist (§ 44a Satz 2 WPO).

3.5 Nicht erlaubte Anstellungsverhältnisse

Anstellungsverhältnisse mit Berufsfremden dürfen WP nicht eingehen (§ 43a Abs. 3 Satz 1 Nr. 2 WPO). Das Verbot gilt insbesondere für jede Angestelltentätigkeit in gewerblichen Unternehmen, z. B. für die Anstellung als Geschäftsführer bei einer Unternehmensberatungsgesellschaft[54] oder bei einem hochschulnahen Institut in der Rechtsform einer GmbH[55]. Erlaubt sind nur die in § 43a Abs. 1 und 2 WPO genannten Anstellungsverhältnisse.

Das Verbot für alle übrigen Anstellungsverhältnisse hängt nicht ab von der Form der vertraglichen Vereinbarung. Es kommt allein auf die inhaltliche Ausgestaltung an. Auch faktische Anstellungsverhältnisse bei gewerblichen Unternehmen sind deshalb ausgeschlossen.[56] Nach den gleichen Kriterien ist auch eine freie Mitarbeit zu beurteilen. Das Verbot soll die Unabhängigkeit des WP stärken. Die WPK kann Ausnahmen von dem Verbot zulassen (§ 43a Abs. 3 Satz 2 und 3 WPO). Das kann z. B. dann geschehen, wenn eine treuhänderische Verwaltung in Form eines Anstellungsverhältnisses erfolgen soll. Man wird eine zeitliche Begrenzung fordern müssen.[57]

52 Vgl. *Teckemeyer*, in: WPO Kommentar, 2. Aufl., Düsseldorf 2013, §§ 44a Rn. 3 ff.

53 Vgl. *Teckemeyer*, in: WPO Kommentar, 2. Aufl., Düsseldorf 2013, §§ 44a Rn. 5 ff.

54 BGH vom 4. 3. 1996, DB 1996 S. 1509.

55 Vgl. WPK Magazin 1/2009 S. 26.

56 Vgl. *Uhlmann*, in: WPO Kommentar, 2. Aufl., Düsseldorf 2013, § 43a Rn. 96.

57 Vgl. *Uhlmann*, in: WPO Kommentar, 2. Aufl., Düsseldorf 2013, § 43a Rn. 103 mit Hinweis auf *WPK*, WPK Mitteilungen 1999 S. 32.

3.6 Änderungen durch das APAReG

Vor der Änderung durch das APAReG waren einem WP auch Angestelltenverhältnisse bei sozietätsfähigen Personen wie z. B. vBP, RA, StB und bei entsprechenden Berufsgesellschaften untersagt.[58] Eine Ausnahme galt nur für die Stellung als gesetzlicher Vertreter einer BPG, StbG oder Rechtsanwaltsgesellschaft. Unzulässig waren außerdem Anstellungsverhältnisse bei einer einfachen Partnerschaftsgesellschaft, also einer Partnerschaft, die nicht als WPG anerkannt ist.[59] Die WPK bewertete eine solche Anstellung bei einer einfachen Partnerschaftsgesellschaft als unvereinbare Tätigkeit, die den Widerruf der Bestellung zur Folge haben müsse.

Mit § 43a Abs. 1 Nr. 3 WPO i. d. F. des APAReG hat sich die Rechtslage entscheidend geändert. Ohne Weiteres erlaubt sind nämlich Anstellungsverhältnisse bei Personengesellschaften nach § 44b Abs. 1 WPO. Zu den „Personengesellschaften" gehören folgende Rechtsformen: Sozietät (= BGB-Gesellschaft), OHG, KG, GmbH & Co. KG und die Partnerschaftsgesellschaft.

In diesen Gesellschaftsformen dürfen Berufsangehörige mit anderen Freiberuflern ihren Beruf ausüben, vorausgesetzt dass die Mitgesellschafter einer Berufsaufsicht im Geltungsbereich der WPO unterliegen und ein Zeugnisverweigerungsrecht nach § 53 Abs. 1 Satz 1 Nr. 3 StPO haben. Damit ist eine gemeinsame Berufsausübung nicht auf Mitgesellschafter beschränkt, die WP sind. Vielmehr können sie auch anderen freien Berufen angehören. Dazu gehören z. B. StB, vereidigte Buchprüfer, RA, aber auch Ingenieure und Patentanwälte. Entgegen der früheren Regelung können Berufsangehörige bei diesen Personengesellschaften, an denen WP als Gesellschafter beteiligt sind, im Angestelltenverhältnis tätig werden, also auch bei interprofessionellen Gesellschaften. Der Wortlaut des § 44b Abs. 1 WPO verbietet aber ein Anstellungsverhältnis bei einer anderen freiberuflichen Personengesellschaft, die nur aus Nicht-WP besteht. Die Vorschrift setzt also die Beteiligung von WP an der Gesellschaft voraus.

BEISPIELE ▸ WP Schulze kann Angestellter bei einer einfachen Partnerschaft sein, die aus WP und StB besteht. Er darf aber kein Anstellungsverhältnis eingehen bei einer Sozietät, deren Gesellschafter nur RAe und StB sind.

3.7 Beamtenverhältnisse

Eine Tätigkeit in einem Beamtenverhältnis oder einem nicht ehrenamtlich ausgeübten Richterverhältnis darf der WP nicht ausüben. Eine Ausnahme gilt nur für die Tätigkeit als wissenschaftlicher Mitarbeiter an wissenschaftlichen Instituten oder Hochschulen (§ 43a Abs. 2 Nr. 2 WPO). Etwas anderes gilt bei öffentlich-rechtlichen Dienst- oder Amtsverhältnissen (vgl. dazu Abschn. 3.4).

58 Vgl. *IDW* (Hrsg.), WP Handbuch 2012, Band I, 14. Aufl., Düsseldorf 2012, S. 15.
59 Vgl. WPK Magazin 1/2012 S. 29 ff.

4. Rechtsberatung durch den Wirtschaftsprüfer (§ 5 Abs. 1 RDG)[60]

4.1 Allgemeines

Das Rechtsdienstleistungsgesetz (RDG) regelt seit dem 1. 7. 2008 in Deutschland die Befugnis, außergerichtliche Rechtsdienstleistungen zu erbringen. Nach § 5 Abs. 1 RDG sind Rechtsdienstleistungen im Zusammenhang mit einer anderen Tätigkeit erlaubt, wenn sie als **Nebenleistung** zum Berufs- und Tätigkeitsbild gehören. Der WP kann also in Angelegenheiten, mit denen er beruflich befasst ist, auch die Rechtsberatung übernehmen, soweit diese als Nebenleistung zu seinem Berufs- und Tätigkeitsbild gehört. Eine allgemeine, von einem konkreten Mandat losgelöste Rechtsberatung, ist demnach ausschließlich dem RA vorbehalten und dem WP verwehrt. Insbesondere im Bereich der steuerlichen und wirtschaftlichen Beratung wird für den WP häufig der Grenzbereich zur Rechtsberatung tangiert und kann dann zu einer erlaubten Rechtsberatung führen.

Bei der Auftragserteilung ist zu beachten: Will ein Mandant z. B. seinem steuerlichen Berater einen über die steuerliche Beratung hinausgehenden Auftrag erteilen, so muss er dies klar und eindeutig zum Ausdruck bringen. Nur wenn der WP/StB erkennen kann, dass der Mandant eine über die berufsspezifische Fragestellungen hinausgehende Beratung und Betreuung verlangt, kann aufgrund Stillschweigens des WP/StB eine entsprechende konkludente Beauftragung in Betracht kommen.[61] Entsprechendes gilt für die Beratung in wirtschaftlichen Angelegenheiten.[62]

4.2 Abgrenzung zwischen zulässiger und nicht erlaubter Rechtsberatung

Die Abgrenzung zwischen zulässiger und unzulässiger Rechtsberatung kann im Einzelfall auch unter der Geltung des RDG schwierig sein. Zur Abgrenzung ist auf den Kern und Schwerpunkt der Tätigkeit abzustellen. Es ist danach zu fragen, ob die Tätigkeit überwiegend auf wirtschaftlichem Gebiet liegt und die Wahrnehmung wirtschaftlicher Belange bezweckt, oder ob die rechtliche Seite der Angelegenheit im Vordergrund steht und es wesentlich um die Klärung rechtlicher Verhältnisse geht.[63] Eine gesonderte Vergütung spricht gegen das Vorliegen einer bloßen Nebenleistung. Grundsätzlich dürfen WP **keine vollständigen Verträge**, gleich welcher Art, für ihre Mandanten entwerfen. In der Rechtsprechung wurde der Entwurf einer Scheidungs- und Trennungsvereinbarung[64], eines Darlehensvertrags[65] und eines Treuhandvertrags[66] durch StB und WP als unzulässige Rechtsberatung gewertet. Das neue RDG ändert daran nichts.[67] Die Besorgung fremder Rechtsangelegenheiten ist nicht deswegen erlaubt, weil der Handelnde sich

60 Literaturhinweise: *IDW* (Hrsg.), WP Handbuch 2012, Band I, 14. Aufl., Düsseldorf 2012, S. 8 ff.; *Wollburg/Precht*, WPK Magazin 3/2008 S. 46 ff.; *Karl*, DB 2006 S. 991 ff.

61 Vgl. OLG Zweibrücken vom 10. 2. 2006 – 2 U 3/05, OLGR Zweibrücken 2006 S. 611.

62 Vgl. BGH vom 19. 4. 2012 – III ZR 224/10, WM 2012 S. 954, für den Fall eines umfassenden Mandates unter Einschluss der Beratung zu einer beabsichtigten Fusion zweier Gesellschaften; OLG Celle vom 6. 4. 2011 – 3 U 190/10, für den Fall der Beratung zu einer möglichen Insolvenz.

63 BGH vom 16. 12. 2002, DB 2003 S. 268.

64 OLG Düsseldorf vom 30. 10. 2007, WM 2008 S. 750.

65 BGH 5. 6. 1985, NJW 1986 S. 1050 (Rechtsberatung durch steuerlichen Berater).

66 BGH vom 1. 2. 2007, DB 2007 S. 513.

67 Vgl. WPK Magazin 3/2005 S. 35.

dabei der Hilfe eines RA bedient.[68] Eine Wirtschafts- oder Steuerberatungsgesellschaft ist also nicht allein deswegen zur allgemeinen Rechtsberatung befugt, weil sie im Innenverhältnis die entsprechenden Aufgaben einem angestellten RA überträgt.

Demgegenüber dürfte es zulässig sein, wenn der WP **Standardverträge** mit dem Hinweis versehen erstellt, dass eine rechtliche Beratung mit einem RA erfolgen soll, bevor der Vertrag abgeschlossen bzw. geändert wird.[69]

Im Rahmen seiner eingeschränkten Beratungsaufgabe bei **Gesellschaftsverträgen** hat der WP vor allem für eine steuerrechtlich möglichst günstige Gestaltung der gesellschaftsrechtlichen Beziehungen zu sorgen. Entscheidend ist, dass es sich bei einer solchen Tätigkeit immer um eine **Hilfstätigkeit** im Rahmen einer im Vordergrund stehenden wirtschaftsberatenden oder -besorgenden Tätigkeit handelt.[70]

Sofern der Kern der Problematik im steuerlichen oder wirtschaftlichen Bereich liegt, kann der WP im Zusammenhang mit der wirtschaftlichen Beratung (§ 2 Abs. 3 Nr. 2 WPO) auch zulässigerweise Verträge ausfertigen. Auf der anderen Seite muss der WP oder StB, wenn die von ihm angeratene steuerliche Gestaltung auch zivil- und gesellschaftsrechtliche Auswirkungen hat, den Mandanten an einen geeigneten RA zur weiteren Prüfung verweisen, wenn er diese nicht überblickt.[71]

BEISPIELE für erlaubte Rechtsberatung

Rangrücktritts- und Besserungserklärungen, Darlehensverzicht gegen Genussrechte oder Fertigung eines Vertragsentwurfs, der eine Unternehmensumwandlung zum Gegenstand hat, gelten als erlaubte Rechtsberatung.[72] Erlaubt ist auch die Mitwirkung bei der Abfassung eines Unternehmenskaufvertrags durch den WP.[73]

Das Aufdecken rechtswidriger oder rechtlich unzweckmäßiger Tatbestände und das Aufzeigen rechtlicher Lösungsmöglichkeiten sind mit § 5 Abs. 1 RDG vereinbar. Die Verwirklichung der aufgezeigten Lösungsmöglichkeiten, also der Entwurf neuer Verträge oder die Durchführung von Gestaltungen fällt jedoch nicht mehr darunter, soweit nicht ausnahmsweise ein unmittelbarer wirtschaftlicher Zusammenhang mit der WP-Tätigkeit besteht und die Rechtsberatung eine Nebenleistung derselben darstellt.

Mit dem Berufs- und Tätigkeitsbild des WP hängt die **Sanierungsberatung** unmittelbar zusammen, die auch Verhandlungen über den Forderungserlass mit Gläubigern umfasst.[74]

Die **Fördermittelberatung**, Haus- und Wohnungsverwaltung sowie Testamentsvollstreckung gelten als erlaubte Nebenleistungen (§ 5 Abs. 2 RDG).

68 BGH vom 29. 7. 2009 – I ZR 166/06, NJW 2009 S. 3242, DB 2009 S. 2262.

69 So auch *Henssler/Deckenbrock*, DB 2008 S. 41 ff.; zur Rechtsberatungsbefugnis einer gemischten Sozietät vgl. *Posegga*, DStR 2011 S. 1155 f. (Anmerkung zu BGH, Urteil vom 26. 1. 2006 – IX ZR 225/04).

70 Vgl. dazu WPK Mitt. 2002, S. 285.

71 BGH vom 12. 2. 2004 – IX ZR 246/02, WM 2004 S. 2034.

72 Umwandlung: *Karl*, DB 2006 S. 991; *IDW* (Hrsg.), WP Handbuch 2012, Band I, 14. Aufl., Düsseldorf 2012, S. 9.

73 OLG Hamburg vom 5. 4. 1989, WPK Mitt. 1990 S. 44; *IDW* (Hrsg.), WP Handbuch 2012, Band I, 14. Aufl., Düsseldorf 2012, S. 9.

74 Vgl. *IDW* (Hrsg.), WP Handbuch 2012, Band I, 14. Aufl., Düsseldorf 2012, S. 9; BGH vom 4. 11. 1987 – IV a ZR 158/86, DStR 1988 S. 398, NJW 1988 S. 561.

4.3 Rechtsfolgen bei unerlaubter Rechtsberatung

Bei unerlaubter Rechtsberatung liegt ein Verstoß gegen § 5 Abs. 1 RDG vor. Der Vertrag ist seinem ganzen Umfang nach gem. § 134 BGB unwirksam und nichtig. Ein Honoraranspruch besteht grundsätzlich nicht.[75]

Zu beachten ist, dass die mögliche Nichtigkeit des Vertrags nicht etwa zu einer Reduzierung der Pflichten des Beraters führt. Vielmehr wird sich der Berater am Maßstab eines RA messen lassen müssen.[76] Wird seine Beratungstätigkeit diesem Maßstab nicht gerecht, haftet er für etwaige Fehler. Er muss seinem Vertragspartner nach § 280 BGB – trotz Nichtigkeit des Vertrags gem. § 134 BGB – dem Grunde nach Schadensersatz für den dadurch eingetretenen Schaden leisten.

Das Honorar kann vom Mandanten zurückgefordert bzw. nicht durchgesetzt werden.[77] Jedoch kann dem WP bei fehlerhafter Beratung ein Anspruch auf Wertersatz für bereits geleistete Dienste aus ungerechtfertigter Bereicherung zustehen.[78] Hat der WP seine Leistung bereits einwandfrei erbracht, kann dem Bereicherungsanspruch auf Rückzahlung der ohne Rechtsgrund geleisteten Entlohnung der Einwand unzulässiger Rechtsausübung entgegenstehen.[79]

PRAXISTIPP

Tangiert das Mandat Bereiche, deren Prüfung allein dem RA vorbehalten ist, empfiehlt sich der Hinweis an den Mandanten, dass eine Prüfung insoweit nicht erfolgen wird. Zusätzlich ist der Berater verpflichtet, den Mandanten an einen geeigneten RA zu verweisen. Unterbleiben entsprechende Hinweise, kann beim Mandanten die Erwartungshaltung bestehen, ein konkreter Sachverhalt würde umfassend von seinem Berater geprüft. Wenn der Berater dieser Erwartungshaltung nicht entgegenwirkt, besteht die Gefahr einer erheblichen Haftungserweiterung.

5. Besonderheit: Abkühlungsphase bei Wechsel zu einem Mandanten von öffentlichem Interesse (§ 43 Abs. 3 WPO)

Wer Abschlussprüfer eines kapitalmarktorientierten Unternehmens i. S. des § 319a Abs. 1 Satz 1 HGB war oder als verantwortlicher Prüfungspartner i. S. des § 319a Abs. 1 Satz 4, Abs. 2 Satz 2 HGB bei der Abschlussprüfung eines solchen Unternehmens mitgewirkt hat, darf dort innerhalb von zwei Jahren nach der Beendigung der Prüfungstätigkeit keine wichtige Führungstätigkeit ausüben und nicht Mitglied des Prüfungsausschusses, des Aufsichtsrats oder des Verwaltungsrats sein (§ 43 Abs. 3 Satz 1 WPO).

Eine Abkühlungsphase allerdings von nur einem Jahr gilt nach § 43 Abs. 3 Satz 2 WPO

1. für Personen, die als Abschlussprüfer oder verantwortliche Prüfungspartner gesetzliche Abschlussprüfungen eines sonstigen Unternehmens[80] durchgeführt haben.

75 Nur in Ausnahmefällen, wenn dem WP z. B. der Verstoß gegen das RDG nicht bewusst war, bejaht der BGH (17. 2. 2000 – IX ZR 50/98, DB 2000 S. 1459) einen Vergütungsanspruch aus § 812 BGB.

76 OLG Naumburg vom 12. 7. 2005 – 1 U 8/05, DStRE 2006 S. 383.

77 BGH vom 1. 1. 2007 – III ZR 281/05, DB 2007 S. 513.

78 BGH vom 3. 7. 2008 – III ZR 260/07, WM 2008 S. 1609, NJW 2008 S. 3069.

79 BGH vom 1. 2. 2007 – III ZR 281/05, DB 2007 S. 513.

80 Das heißt: Das geprüfte Unternehmen ist kein „PIE“- Mandat.

2. für Partner und Mitarbeiter eines Abschlussprüfers, die zwar nicht selbst als Abschlussprüfer oder verantwortliche Prüfungspartner tätig, aber unmittelbar am Prüfungsauftrag beteiligt waren und die als WP, vBP oder EU/EWR-Abschlussprüfer zugelassen sind, und

3. für alle anderen Berufsangehörigen, vBP oder EU/EWR-Abschlussprüfer, deren Leistungen der Abschlussprüfer des Unternehmens in Anspruch nehmen oder kontrollieren kann und die unmittelbar am Prüfungsauftrag beteiligt waren.

Diese sehr umfassende und differenzierte Regelung enthält eine Reihe von unbestimmten Rechtsbegriffen, deren Auslegung und Anwendung in der Praxis noch zu Schwierigkeiten führen dürfte.

III. WP-Examen, Bestellung zum WP, Erlöschen, Rücknahme und Widerruf der Bestellung

1. Organisation des Zulassungs- und Prüfungsverfahrens zum WP-Examen (§§ 5–7 WPO)

Die Bestellung zum WP setzt den Nachweis der fachlichen und persönlichen Eignung im Zulassungs- und Prüfungsverfahren voraus. Für die Zulassung und das WP-Examen ist die WPK zuständig (§ 5 Abs. 1 WPO). Der Antrag auf Zulassung zur Prüfung ist schriftlich oder in elektronischer Form zu stellen (§ 7 WPO i.V. m. §§ 126, 126a BGB).

Im Rahmen ihrer Aufgaben im Bereich des WP-Examens und der Eignungsprüfung (§ 131g WPO) hat die WPK eine **Prüfungsstelle** eingerichtet, die als selbständige Verwaltungseinheit zuständig für das WP-Examen ist. Diese wird von einem Verwaltungsleiter geleitet, der die Befähigung zum Richteramt haben muss. Die Prüfungsstelle ist unabhängig und demnach bei der Erfüllung ihrer Aufgaben an Weisungen nicht gebunden.

Sie kann bei der Durchführung ihrer Aufgaben die Landesgeschäftsstellen der WPK mit einbeziehen (§ 5 Abs. 3 WPO).[81] Diese sind zuständig für das Zulassungsverfahren und die Organisation der schriftlichen und mündlichen Prüfungen. Sie unterliegen bei dieser Tätigkeit nur den Weisungen der Prüfungsstelle und nicht auch der übrigen Organe der WPK.

Die Prüfungsstelle unterstützt die **Aufgabenkommission**, die **Prüfungskommission** und die **Widerspruchskommission** (§ 5 Abs. 4 WPO). Die Aufgabenkommission entwirft die Prüfungsaufgaben der schriftlichen Prüfung und entscheidet über die bei der Prüfung zulässigen Hilfsmittel (§ 8 WiPrPrüfV). Vor der Prüfungskommission wird das WP-Examen abgelegt (§ 12 WPO). Die Widerspruchskommission entscheidet über Widersprüche gegen Bescheide im Zulassungs- und Prüfungsverfahren (§§ 68 ff. VwGO). Sie ist personell identisch mit der Aufgabenkommission (§ 9 WiPrPrüfV).

Die Prüfungsstelle hat daneben im Wesentlichen die folgenden ihr eigenen Aufgaben:

- Entscheidung über die Zulassung zum WP-Examen und zur Eignungsprüfung;
- Erteilung einer verbindlichen Auskunft über die Erfüllung der Voraussetzungen für die Zulassung zur Prüfung (§ 6 WPO);
- Feststellung der Anrechnung von Leistungen auf das WP-Examen und die Erteilung von Bestätigungen darüber (§ 9 Abs. 1 WPAnrV);
- Rücknahme und Widerruf der Zulassung;
- Bestimmung der Prüfer für die schriftliche und mündliche Prüfung;
- Bestimmung der Themen für den Vortrag in der mündlichen Prüfung auf Vorschlag eines Mitglieds der Prüfungskommission (§ 2 Abs. 5 Satz 1 WiPrPrüfV);
- Entscheidung über die entschuldigte Nichtteilnahme an der Prüfung (§ 21 Abs. 2 Satz 3 WiPrPrüfV) und über den Ausschluss von der Prüfung bei erheblichen Verstößen gegen die Prüfungsordnung;
- Erstattung eines jährlichen Berichts über das Wirtschaftsprüferexamen.[82]

81 Vgl. Fünfte WPO-Novelle, WPK Mitt. 2003 S. 29 ff. sowie *Schmidt/Kaiser*, WPK Mitt. 2003 S. 150 ff. sowie den Überblick in WPK-Mitt. 2003 S. 252 ff.

82 Vgl. Bericht der Prüfungsstelle für das WP-Examen bei der WPK, WPK Magazin 2/2015 S. 20 ff.

2. Zulassungsverfahren (§§ 8, 8a, 9, 13b WPO)

2.1 Allgemeines[83]

Die Voraussetzungen für die Zulassung zur Prüfung ergeben sich aus den §§ 8 und 9 WPO. Die Einzelheiten des Prüfungsverfahrens sind aufgrund der Ermächtigung in § 14 WPO in der **Wirtschaftsprüferprüfungsverordnung (WiPrPrüfV)** geregelt. In § 1 WiPrüfV sind die dem Antrag auf Zulassung zur Prüfung beizufügenden Anlagen aufgeführt. Die Zulassungsvoraussetzungen stehen in Wechselwirkung mit der Vorbildung des Bewerbers. Diese entscheidet über den Umfang der Prüfung, das heißt über die maßgebenden Prüfungsgebiete. Sie umfassen nach § 4 WiPrüfV:

- Wirtschaftliches Prüfungswesen, Unternehmensbewertung und Berufsrecht
- Angewandte Betriebswirtschaftslehre, Volkswirtschaftslehre
- Wirtschaftsrecht
- Steuerrecht

Diese Prüfungsgebiete gelten für die Vollprüfung. In bestimmten Fällen können Bewerber aber auf Antrag eine Prüfung in verkürzter Form ablegen:

- Bei **StB**, die die Prüfung als StB bestanden haben, entfällt die schriftliche und mündliche Prüfung im Steuerrecht (§ 13 WPO);
- bei Absolventen eines zur Ausbildung von WP besonders **geeigneten Studiengangs** ersetzen Leistungsnachweise der Hochschule die entsprechenden Prüfungen im WP-Examen (§ 8a Abs. 1 und 2 WPO);
- bei Bewerbern, die im Rahmen einer Hochschulausbildung **gleichwertige Prüfungsleistungen** auf den Gebieten BWL, VWL oder Wirtschaftsrecht erbracht haben, entfällt die schriftliche und mündliche Prüfung auf dem entsprechenden Prüfungsgebiet (§ 13b WPO)

Die Voraussetzungen für die verkürzten Prüfungen nach § 8a und § 13b WPO sind im Einzelnen in der Wirtschaftsprüfungsexamens-Anrechnungsverordnung (WPAnrV) geregelt.

2.2 Zulassung zum Regelexamen

Unter dem Regelexamen wird hier die Ableistung der Vollprüfung oder die nach § 13 WPO für StB verkürzte Prüfung verstanden.[84] Bei Steuerberatern, die die Prüfung als StB bestanden haben, entfällt die schriftliche und mündliche Prüfung im Steuerrecht. Der Antrag auf Zulassung ist schriftlich oder in elektronischer Form an die Prüfungsstelle der WPK zu richten (§ 7 WPO). Diese entscheidet über die Zulassung zur Prüfung (§ 5 Abs. 1 WPO). Voraussetzung für die Zulassung sind einerseits eine bestimmte Vorbildung und andererseits eine praktische Ausbildung und Prüfungstätigkeit.

83 Hinweis: Die WPK hat eine Broschüre zum Wirtschaftsprüferberuf, zu den Wegen dorthin und zum Wirtschaftsprüferexamen herausgegeben, vgl. http://go.nwb.de/peooo (Abruf 19. 4. 2016).

84 Im Jahr 2014 haben 57,2 % der Teilnehmer das Wirtschaftsprüfungsexamen bestanden, 15,1 % haben die Ergänzungsprüfung erreicht; vgl. http://go.nwb.de/jjll4 (Abruf 19. 4. 2016). Die Prozentzahl der Teilnehmer nach § 8a WPO betrug bei dem WP-Examen II/2014 9,6 % und derjenigen nach § 13b WPO 1,9 %; siehe WPK Magazin 1/2015 S. 12, 14 ff.

2.2.1 Vorbildung (§ 8 WPO)

Die Zulassung setzt grundsätzlich den Abschluss einer Hochschulausbildung voraus (§ 8 Abs. 1 WPO). Alle Hochschulausbildungen sind gleichgestellt. Wurde die Berufsausbildung im Ausland abgeschlossen, so muss das Abschlusszeugnis gleichwertig sein (§ 8 Abs. 3 WPO).

Das Gesetz kennt aber Ausnahmen von der akademischen Vorbildung. Das Hochschulstudium ist nach § 8 Abs. 2 Nr. 1 und 2 WPO bei langjähriger Bewährung des Bewerbers unter bestimmten Voraussetzungen entbehrlich (so z. B. bei mindestens 10-jähriger Tätigkeit in einer WP/vBP-Praxis oder bei einer WPG/BPG; ferner bei mindestens 5-jähriger Ausübung des Berufs eines vBP oder StB).

2.2.2 Praktische Ausbildung und Prüfungstätigkeit (§ 9 WPO)

Erforderlich ist nach abgeschlossener Hochschulausbildung eine für die Ausübung des Berufs genügende praktische Ausbildung, insbesondere eine wenigstens **3-jährige** Tätigkeit bei einem WP, vBP, einer WPG, BPG, Prüfungsverband oder bei einer überörtlichen Prüfungseinrichtung für Körperschaften oder Anstalten des öffentlichen Rechts. Beträgt die Regelstudienzeit der Hochschulausbildung weniger als 8 Semester, verlängert sich die Tätigkeit auf 4 Jahre (§ 9 Abs. 1 WPO).

Mindestens 2 Jahre von dieser Tätigkeit müssen Bewerber **bei einem WP** oder einer WPG (vBP/BPG) bzw. einem Prüfungsverband überwiegend (mindestens 55 Wochen) an Abschlussprüfungen und bei der Abfassung von Prüfungsberichten mitgewirkt haben (§ 9 Abs. 2 und 3 WPO). Diese Tätigkeit kann nicht in der eigenen Praxis absolviert werden.[85] Ausreichend ist eine Prüfungstätigkeit bei einem EU/EWR-Abschlussprüfer oder einer EU/EWR-Abschlussprüfungsgesellschaft.

Auf die Tätigkeit nach § 9 Abs. 1 WPO können bestimmte andere Tätigkeiten nach § 9 Abs. 5 WPO bis zu einem Jahr angerechnet werden. Dazu gehört z. B. die Tätigkeit als StB, Revisor in einem größeren Unternehmen, als Mitarbeiter bei der WPK oder einem Prüfungsverband.

Die zeitlichen Voraussetzungen für die Zulassung zum WP-Examen sind der WPK detailliert und schlüssig nachzuweisen. Der WP, bei dem der Kandidat die Tätigkeit abgeleistet hat, hat darüber eine Bescheinigung auszustellen.[86]

Für Bewerber, die einen nach § 8a WPO anerkannten Hochschulausbildungsgang abgeschlossen haben, gelten die oben genannten Voraussetzungen nicht (§ 9 Abs. 6 WPO). Sie können ohne Nachweis einer Tätigkeit bereits zu einem früheren Zeitpunkt zur Prüfung zugelassen werden.

2.3 Zulassung bei Examen in verkürzter Form

StB[87] können die Prüfung in verkürzter Form ohne das Fach Steuerrecht ablegen (§ 13 WPO). Das WP-Examen kann außerdem in zwei Sonderfällen nach § 8a (besondere Studiengänge) und § 13b WPO (gleichwertige Prüfungsleistungen) in verkürzter Form abgelegt werden. Einzelheiten regelt die Wirtschaftsprüferexamens-Anrechnungsverordnung (WPAnrV).

85 Vgl. *IDW* (Hrsg.), WP Handbuch 2012, Band I, 14. Aufl., Düsseldorf 2012, S. 18.

86 Vgl. *IDW* (Hrsg.), WP Handbuch 2012, Band I, 14. Aufl., Düsseldorf 2012, S. 18.

87 Es reicht aus, wenn der Bewerber die Prüfung als StB bestanden hat.

2.3.1 Besondere Studiengänge (§ 8a WPO)

In § 8a WPO ist ein zusätzlicher Ausbildungsweg zum WP vorgesehen, wenn besondere Studiengänge an Hochschulen absolviert werden, die in § 8a Abs. 1 WPO beschrieben sind. Es muss sich um Masterstudiengänge handeln, die zur Ausbildung von WP besonders geeignet sind. Näheres zur Anerkennung solcher Studiengänge regelt die WPAnrV in den §§ 1 bis 6. Die in Betracht kommenden Studiengänge müssen nach der WPAnrV besonders akkreditiert werden. Die Anerkennungsgrundlagen für diese Akkreditierung finden sich in § 2 WPAnrV. Das Verfahren der Akkreditierung ist in § 5 WPAnrV geregelt.[88] Im Jahre 2015 haben 70 Kandidaten an der nach § 8a WPO verkürzten Prüfung teilgenommen.[89]

Die Studiengänge müssen im Wesentlichen die Gebiete umfassen, die in § 4 WiPrPrüfV beschrieben sind (§ 8a Abs. 1 Nr. 1 WPO). Das sind:

- Wirtschaftliches Prüfungswesen, Unternehmensbewertung und Berufsrecht
- Angewandte Betriebswirtschaftslehre, Volkswirtschaftslehre
- Wirtschaftsrecht
- Steuerrecht

Die Studiengänge müssen mit einer Hochschulprüfung oder einer staatlichen Prüfung abschließen (§ 8a Abs. 1 Nr. 2 WPO).

Die Prüfungen zum Prüfungsabschluss müssen nach Inhalt, Form und Umfang einer Prüfung im WP-Examen entsprechen (§ 8a Abs. 1. Nr. 3 WPO).

Der Gang der Ausbildung gestaltet sich wie folgt:

Vor Beginn der Masterstudiengänge muss ein **Bachelorstudium** absolviert werden.

Nach dessen Abschluss ist als erste Ausbildungsphase eine **Praxiszeit von sechs Monaten**[90] in der Wirtschaftsprüfung abzuleisten (§ 3 Nr. 1 WPAnrV).

Daran schließt sich nach einer Zugangsprüfung ein vier Semester umfassendes **Masterstudium** an (§ 3 Nr. 3 WPAnrV).

Die **Masterabschlussarbeit** muss in dem Prüfungsgebiet „Wirtschaftliches Prüfungswesen, Unternehmensbewertung und Berufsrecht" geschrieben werden (§ 3 Nr. 4 WPAnRV).

Das **WP-Examen** kann bereits unmittelbar nach dem Masterstudium absolviert werden. Das Examen wird in verkürzter Form abgelegt, nämlich verkürzt um die Prüfungsgebiete „Angewandte Betriebswirtschaftslehre, Volkswirtschaft" und „Wirtschaftsrecht". Das WP-Examen vor der Prüfungskommission beschränkt sich auf den Kurzvortrag sowie die schriftlichen und mündlichen Prüfungen in den Prüfungsgebieten „Wirtschaftliches Prüfungswesen, Unternehmensbewertung und Berufsrecht" sowie „Steuerrecht" (§ 6 Abs. 3 WPAnrV). Da die Bewerber nach Abschluss des Masterstudiums auf einem hohen Wissensstand sind, schließen sie das WP-Examen überwiegend kurz nach dem Masterabschluss an. Zum WP können sie sich dann aber nicht sofort bestellen lassen, da die Bestellung eine mindestens dreijährige Berufspraxis voraussetzt (§ 15 Satz 5 i.V.m. § 9 Abs. 1 und 6 Satz 2 WPO). Dabei muss auch die nach § 9 Abs. 2 WPO erfor-

88 Im Jahr 2015 verfügten sieben Hochschulen über eine Anerkennung nach § 8a WPO, WPK Magazin 2/2015 S. 20 f.

89 WPK Magazin 2/2016 S. 21 ff.

90 Von dieser sechsmonatigen Tätigkeit sind drei Monate als Prüfungstätigkeit nach § 9 Abs. 2 WPO zu erbringen.

derliche zweijährige Prüfungstätigkeit geleistet werden. Die praktische Tätigkeit nach Abschluss des Bachelorstudiums ist anrechnungsfähig.[91]

2.3.2 Gleichwertige Prüfungsleistungen (§ 13b WPO)

Nach § 13b WPO kann das WP-Examen ferner dann verkürzt abgelegt werden, wenn im Rahmen einer Hochschulausbildung Prüfungsleistungen erbracht werden, die hinsichtlich Inhalt, Form und Umfang den Anforderungen der Prüfungsgebiete „Angewandte Betriebswirtschaftslehre, Volkswirtschaftslehre" oder „Wirtschaftsrecht" dem WP-Examen gleichwertig sind. Diese Prüfungsleistungen werden auf das WP-Examen angerechnet (§ 7 Abs. 1 WPAnrV).

Die Prüfungsstelle bei der WPK entscheidet darüber, bei welchen Hochschulen diese Voraussetzungen gegeben sind. Die Voraussetzungen und das Verfahren sind in §§ 7 und 8 WPAnrV geregelt. Die WPK bestätigt nach der Prüfung den betreffenden Hochschulen und Universitäten die Gleichwertigkeit der Prüfungsleistungen. Das Verfahren für die Anrechnung der erbrachten Prüfungsleistungen auf das WP-Examen finden sich in § 9 WPAnrV.[92]

Im Unterschied zu den besonderen Studiengängen nach § 8a WPO können WP-Kandidaten, die gleichwertige Prüfungsleistungen ihrer Hochschule nachweisen können, nicht bereits nach dem Hochschulabschluss das WP-Examen ablegen. Zunächst muss die Prüfungstätigkeit nach § 9 WPO abgeleistet werden. Andererseits darf der erfolgreiche Studienabschluss zum Zeitpunkt der Antragstellung auf Zulassung zum WP-Examen nicht länger als sechs Jahre zurückliegen (§ 9 Abs. 2 Satz 2 WPAnrV). An der nach § 13b WPO verkürzten Prüfung haben bei den Examen im Jahr 2015 15 Kandidaten teilgenommen.[93]

2.3.3 Vereidigte Buchprüfer

Der Neuzugang zum Beruf des vereidigten Buchprüfers wurde mit der fünften WPO-Novelle 2004 endgültig geschlossen. Bis zum 31. 12. 2009 war eine „Übergangsprüfung" zum WP möglich. Nach der Neufassung des § 13a WPO durch das APAReG können vereidigte Buchprüfer die Prüfung zum Wirtschaftsprüfer ab Mitte 2016 wieder in verkürzter Form ablegen. Der Gesetzgeber möchte mit der erneuten Öffnung dieser Möglichkeit die Einheit des Berufsstandes fördern.

3. WP-Examen (§§ 12–14a WPO)

Das WP-Examen ist ein staatliches Examen. Es gilt eine bundesweite Zuständigkeit der WPK (§ 5 Abs. 1 WPO). Bei der WPK besteht als selbständige Verwaltungseinheit die Prüfungsstelle für das Wirtschaftsprüferexamen (Prüfungsstelle).

Die Prüfung wird vor der Prüfungskommission abgelegt (§ 12 Abs. 1 WPO). Die Mitglieder der **Prüfungskommission** bewerten die Aufsichtsarbeiten und nehmen die mündliche Prüfung ab. Sie werden auf Vorschlag des Vorstands der WPK mit Zustimmung des Bundesministeriums für Wirtschaft und Technologie vom Beirat der WPK benannt. Die Prüfungskommission wird gebil-

91 Vgl. *Tüffers/Bauch*, in: WPO Kommentar, 2. Aufl., Düsseldorf 2013, § 9 Rn. 7, 30.

92 Anfang 2012 war acht Hochschulen von der Prüfungsstelle bestätigt worden, dass ihre Prüfungen denen des WP-Examens gleichwertig sind, vgl. WPK Magazin 2/2012 S. 25 f.

93 WPK Magazin 2/2016 S. 21 ff.

det aus Vertretern der für die Wirtschaft zuständigen oder anderer oberster Landesbehörden als Vorsitzende, aus Hochschullehrern der Betriebswirtschaftslehre, aus Mitgliedern mit der Befähigung zum Richteramt, aus Vertretern der Finanzverwaltung, aus Vertretern der Wirtschaft und von Wirtschaftsprüfern.[94] Die Aufgaben für die Aufsichtsarbeiten werden durch eine **Aufgabenkommission** erarbeitet (§ 8 WiPrPrüfV). Die Mitglieder der Aufgabenkommission werden auf Vorschlag des Vorstands der WPK und mit Zustimmung des Bundesministeriums für Wirtschaft und Technologie berufen.

Die **Grundzüge des Prüfungsverfahrens** sind in §§ 12–14a WPO normiert. Die Einzelheiten regelt die gem. § 14 WPO erlassene WiPrPrüfV. Die Prüfungsgebiete sind in § 4 WiPrüfV geregelt und werden vom IDW/WPK-Arbeitskreis im Einzelnen näher konkretisiert.[95]

Die Prüfung gliedert sich in einen schriftlichen und einen mündlichen Teil. Der schriftlichen Prüfung kommt ein besonderes Gewicht zu.[96] Wer in der schriftlichen Prüfung nicht mindestens die Gesamtnote 5,00 erreicht, hat nicht bestanden. Die Prüfungsgesamtnote muss mindestens 4,00 betragen (§ 18 WiPrPrüfV). Das Gewicht der schriftlichen zur mündlichen Prüfung beträgt 60:40. Wer die Gesamtnote von mindestens 4,00 erreicht, aber auf einem oder mehreren Prüfungsgebieten eine schlechter bewertete Leistung erbracht hat, muss eine Ergänzungsprüfung ablegen (§ 19 Abs. 1 WiPrPrüfV). Wer die Prüfungsgesamtnote 4,0 nicht erreicht, aber nur auf einem Prüfungsgebiet eine schlechter bewertete Leistung als 4,00 erbracht hat, muss auf diesem Gebiet eine Ergänzungsprüfung ablegen (§ 19 Abs. 2 WiPrPrüfV).

Eine **Anfechtung der Prüfungsentscheidungen** ist nach Durchführung des Widerspruchsverfahrens möglich. Über den Widerspruch gegen Bescheide, die entweder im Zulassungs- oder Prüfungsverfahren ergangen sind, entscheidet die Widerspruchskommission. Diese besteht aus den Mitgliedern der Aufgabenkommission (§ 9 WiPrPrüfV). Gegen den Widerspruchsbescheid ist der Rechtsweg zu den Verwaltungsgerichten gegeben.[97] Zuständig sind das Verwaltungsgericht Berlin und das Oberverwaltungsgericht Berlin-Brandenburg.

Nachfolgend sind die Zugangswege zum WP-Examen in einem Schaubild zusammengefasst:

94 Vgl. WPK Magazin 2/2011 S. 16, 19 und § 2 Abs. 1 WiPrüfV.

95 Vgl. Website der WPK: http://go.nwb.de/ymq1o (Abruf 19. 4. 2016).

96 Die bundeseinheitlichen Klausurthemen der zurückliegenden Prüfungen sind auf der Website der WPK veröffentlicht: http://go.nwb.de/b6dst (Abruf 19. 4. 2016).

97 Zu den Grenzen einer gerichtlichen Überprüfung vgl. BVerfG in WPK-Mitt. 1999, S. 75 ff.

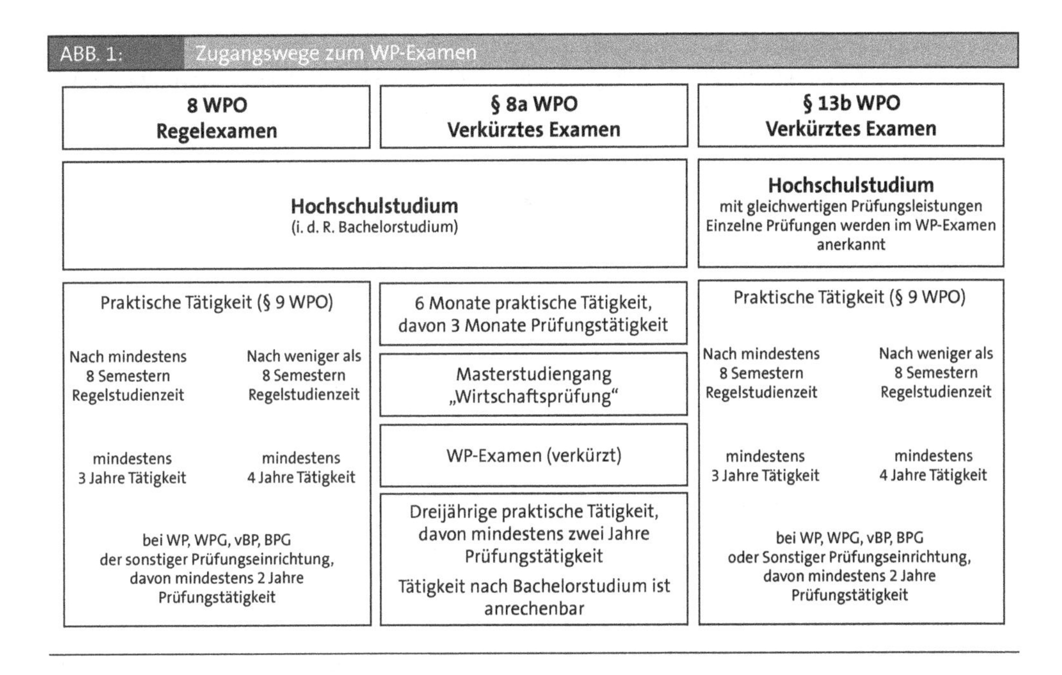

ABB. 1: Zugangswege zum WP-Examen

4. Eignungsprüfung als WP (§§ 131g und 131h WPO)

Neben den beschriebenen Zugangswegen zum WP besteht für Personen, die in bestimmten ausländischen Staaten ein Diplom als Abschlussprüfer erworben haben, die Möglichkeit, eine Eignungsprüfung abzulegen, um die Berufsqualifikation als WP zu erwerben. Sie müssen dazu bei der WPK einen Antrag stellen.

Zur Eignungsprüfung können nach § 131g Abs. 1 WPO Staatsangehörige eines Mitgliedstaates der Europäischen Gemeinschaften oder eines anderen Vertragsstaates des Abkommens über den Europäischen Wirtschaftsraum oder der Schweiz zugelassen werden. Sie müssen in einem der genannten Staaten ein Diplom erlangt haben, aus dem hervorgeht, dass sie über die beruflichen Voraussetzungen zur Pflichtprüfung von Jahresabschlüssen verfügen. Das Diplom muss den Voraussetzungen des Art. 1 Buchstabe a der Europäischen Hochschuldiplom-Richtlinie[98] entsprechen.

Die Prüfung besteht aus einer schriftlichen und einer mündlichen Prüfung. Die Prüfungsgebiete der schriftlichen Prüfung sind in § 27 Abs. 1 WiPrPrüfV beschrieben und umfassen Wirtschaftsrecht und Steuerrecht. Prüfungswesen ist nicht Prüfungsgegenstand. Der Bewerber hat sein Wissen auf diesem Gebiet bereits mit der Erlangung des Diploms in seinem Herkunftsland nachgewiesen. Die Fächer der mündlichen Prüfung betreffen bestimmte Schwerpunkte des „Wirtschaftlichen Prüfungswesens“, „Berufsrecht des WP“ und ein Wahlfach, wie z. B. Steuerrecht oder Insolvenzrecht (§ 27 Abs. 2 WiPrPrüfV).

98 Richtlinie Nr. 89/48 EWG des Rates vom 21. 12. 1988, AblL 19 vom 24. 1. 1989.

Bei erfolgreicher Ablegung der Eignungsprüfung wird der Bewerber auf Antrag als WP bestellt (§ 131k WPO). Es gelten die gleichen Regeln wie bei der Bestellung anderer Bewerber als WP nach Ablegung des WP-Examens.

5. Bestellung als WP (§§ 15–17 WPO)

5.1 Allgemeines

Nach bestandener Prüfung wird der Bewerber auf Antrag von der WPK als WP bestellt. Er erhält darüber eine Urkunde (§ 15 Abs. 1 Satz 1 WPO). Voraussetzung für die Bestellung zum WP ist die persönliche und fachliche Eignung für eine ordnungsgemäße Berufsausübung.[99] Die WPO setzt die persönliche und fachliche Eignung grundsätzlich voraus. Geregelt werden nur die Gründe für eine Versagung der Bestellung. Über die Versagung entscheidet die WPK (§ 16 Abs. 3 WPO).

Versagungsgründe für die Bestellung sind nach § 16 Abs. 1 WPO:

- Fehlen des Nachweises der nach § 54 Abs. 1 WPO notwendigen Berufshaftpflichtversicherung (§ 16 Abs. 1 Nr. 3 WPO);
- Fehlen der persönlichen Eignung (§ 16 Abs. 1 Nr. 1, 2, 4 und 5 WPO);
- Ausübung einer mit dem WP-Beruf unvereinbaren oder nicht genehmigungsfähigen Tätigkeit (§ 16 Abs. 1 Nr. 6 WPO);
- Bewerber oder Bewerberin lebt nicht in geordneten wirtschaftlichen Verhältnissen (§ 16 Abs. 1 Nr. 7 WPO).

5.2 Fehlen der persönlichen Eignung

Das Fehlen der persönlichen Eignung ist nur in den bestimmten im Gesetz aufgezählten Gründen (§ 16 Abs. 1 Nr. 1 WPO) anzunehmen, die in der Praxis sehr selten vorkommen, nämlich:

- Verwirkung eines Grundrechts auf Entscheidung des Bundesverfassungsgerichts;
- Fehlen der Fähigkeit zur Bekleidung öffentlicher Ämter aufgrund strafrechtlicher Verurteilung;
- Verhalten des Bewerbers, das seinen Ausschluss aus dem Berufsstand rechtfertigen würde;
- Unfähigkeit den Beruf nicht nur vorübergehend ordnungsgemäß auszuüben und zwar aus gesundheitlichen oder anderen Gründen.

Soll die Bestellung nach § 16 Abs. 1 Nr. 5 WPO versagt werden, weil der Bewerber wegen gesundheitlicher oder anderer Gründe nicht in der Lage sei, den Beruf ordnungsgemäß auszuüben, kann die WPK dem Bewerber erforderlichenfalls aufgeben, innerhalb bestimmter Frist ein ärztliches Gutachten über den Gesundheitszustand vorzulegen. Gegen diese Anordnung kann der Bewerber nach § 16a Abs. 2 Satz 2 WPO innerhalb eines Monats Antrag auf gerichtliche Entscheidung stellen.

99 Vgl. *Schwoy*, in: WPO Kommentar, 2. Aufl., Düsseldorf 2013, § 16 Rn. 1 unter Hinweis auf BT-Drucks. 3/201 S. 45.

5.3 Mit dem WP-Beruf unvereinbare oder nicht genehmigungsfähige Tätigkeit

Eine nicht mit dem Beruf vereinbare Tätigkeit liegt vor, wenn es an der in § 43 Abs. 1 Satz 1 WPO gebotenen Eigenverantwortlichkeit fehlt oder eine mit dem WP-Beruf unvereinbare Tätigkeit (§ 43 Abs. 2 Satz 1 WPO i.V.m. § 43a Abs. 3 WPO) ausgeübt wird. Entsprechendes gilt, wenn der WP eine nicht nach § 43a Abs. 3 Satz 2 oder 3 oder nach § 44a WPO genehmigungsfähige Tätigkeit ausübt.

5.4 Nicht geordnete wirtschaftliche Verhältnisse

Nicht geordnete wirtschaftliche Verhältnisse liegen eindeutig bei Eintritt eines Vermögensverfalls vor. Davon ist auszugehen, wenn das Insolvenzverfahren über das Vermögen des Bewerbers eröffnet wurde, wenn das Insolvenzverfahren infolge Masseunzulänglichkeit eingestellt wurde oder wenn der Bewerber wegen Abgabe einer eidesstattlichen Versicherung in das Schuldnerverzeichnis eingetragen wurde. Kann der Bewerber nachweisen, dass die der eidesstattlichen Versicherung zugrundeliegende Forderung inzwischen getilgt wurde oder dass der Schuldner mit den Gläubigern Vereinbarungen getroffen hat, die erwarten lassen, dass es zu keinen weiteren Vollstreckungsmaßnahmen mehr kommt, kann nicht mehr von einem Vermögensverfall ausgegangen werden.[100] Ungeordnete wirtschaftliche Verhältnisse können aber auch ohne Vermögensverfall dann vorliegen, wenn der Bewerber auf absehbare Zeit nicht in der Lage ist, seine finanziellen Verpflichtungen zu erfüllen. Indiz dafür sind erfolglose Vollstreckungsmaßnahmen gegen den Erwerber.[101] Die Eröffnung des Insolvenzverfahrens ist also keine notwendige Voraussetzung für die Annahme nicht geordneter wirtschaftlicher Verhältnisse. Hat der Bewerber mit den Schuldnern Ratenzahlungen oder sonstige Tilgungsvereinbarungen getroffen, die erwarten lassen, dass er seine Schulden in absehbarer Zeit begleichen wird, dann kann nicht mehr von ungeordneten wirtschaftlichen Verhältnissen ausgegangen werden.[102]

5.5 Besorgnis künftiger Nichteignung

Nach § 16 Abs. 2 WPO kann die Bestellung zum WP versagt werden, wenn der Bewerber sich so verhalten hat, dass die Besorgnis besteht, er werde den Berufspflichten als WP nicht genügen. Davon ist z. B. auszugehen, wenn der Bewerber wegen Wirtschafts- und Vermögensdelikten verurteilt worden ist.[103]

5.6 Bestellungsverfahren

Die Bestellung erfolgt, wenn keine Versagungsgründe vorliegen, auf Antrag (§ 15 WPO) durch Aushändigung einer von der WPK ausgestellten Urkunde. Zuständig sind die Landesgeschäftsstellen der WPK. Voraussetzung für die Bestellung ist, dass der WP gem. § 43a Abs. 1 WPO seinen Beruf selbständig in eigener Praxis oder in gemeinsamer Berufsausübung gem. § 44b WPO

---

100 BFH vom 6. 6. 2000, HFR 2000 S. 741; vgl. *Schwoy*, in: WPO Kommentar, 2. Aufl., Düsseldorf 2013, § 16 Rn. 26.

101 BGH vom 26. 11. 2002, NJW 2003 S. 577; WPK Magazin 3/2013 S. 40.

102 BVerwG vom 17. 8. 2005 – 6 C 15.04, NJW 2005 S. 3795; vgl. *Fölsing*, DStR 2006 S. 1427 ff.

103 Vgl. *Schwoy*, in: WPO Kommentar, 2. Aufl., Düsseldorf 2013, § 16 Rn. 31.

oder als zeichnungsberechtigter gesetzlicher Vertreter oder Angestellter (§ 43a Abs. 2 WPO) ausübt.

Vor Aushändigung der Bestellungsurkunde ist der Berufseid vor der WPK zu leisten (§ 17 WPO). Der Eid kann mit oder ohne religiöse Beteuerung geleistet werden. Er lautet:

„Ich schwöre, dass ich die Pflichten eines Wirtschaftsprüfers verantwortungsbewusst und sorgfältig erfüllen, insbesondere Verschwiegenheit bewahren und Prüfungsberichte und Gutachten gewissenhaft und unparteiisch erstatten werde, so wahr mir Gott helfe."

Wird die Bestellung nicht innerhalb von fünf Jahren nach bestandener Prüfung beantragt, dann kann die WPK im Einzelfall anordnen, dass sich der Bewerber der erneuten Prüfung oder Teilen derselben zu unterziehen hat (§ 15 Satz 4 i.V. m. § 23 Abs. 2 und 3 WPO).

6. Beurlaubung

Wenn ein bestellter WP vorübergehend eine Tätigkeit außerhalb des Berufs aufnimmt oder den Beruf des WP aufgrund besonderer Umstände nicht ausüben will, kann er sich nach Maßgabe des § 46 WPO beurlauben lassen, ohne auf die Bestellung sofort verzichten zu müssen. Während der Zeit der Beurlaubung darf die Tätigkeit als WP nicht ausgeübt werden. Während der Beurlaubung erlischt die Befugnis, die Berufsbezeichnung WP zu führen. Die Beurlaubung soll zunächst nur für ein Jahr gewährt und jeweils höchstens für ein Jahr verlängert werden. Die Gesamtzeit der Beurlaubung soll fünf aufeinanderfolgende Jahre nicht überschreiten (§ 46 Abs. 2 WPO). Endet die Beurlaubung, lebt die Bestellung als WP wieder auf. Die Berufsbezeichnung WP muss wieder geführt, eine berufliche Niederlassung (§ 3 WPO) muss begründet und die Berufshaftpflichtversicherung abgeschlossen werden, wenn der Beruf nicht ausschließlich als Angestellter ausgeübt wird. Ein Merkblatt der WPK informiert über die Voraussetzungen und das Verfahren der Beurlaubung.[104]

7. Erlöschen, Rücknahme und Widerruf der Bestellung (§§ 19–20a WPO)

7.1 Erlöschen der Bestellung

Gem. § 19 Abs. 1 WPO erlischt die Bestellung durch Tod, Verzicht oder rechtskräftige Ausschließung aus dem Beruf.

Der WP kann jederzeit uneingeschränkt auf seine Bestellung verzichten. Der Verzicht ist eine einseitige empfangsbedürftige Willenserklärung. Er muss gem. § 19 Abs. 2 WPO schriftlich oder in elektronischer Form (§§ 126, 126a BGB) gegenüber der WPK erfolgen. Erforderlich ist eine handschriftliche Unterzeichnung der Erklärung. Gültig ist der Verzicht per E-Mail, wenn die E-Mail mit einer qualifizierten elektronischen Signatur nach dem Signaturgesetz versehen ist. Der Verzicht wird gem. § 130 BGB mit Zugang bei der WPK wirksam, es sei denn, es geht gleichzeitig oder vorher ein Widerruf der Verzichtserklärung zu.[105] Es handelt sich um eine einseitige

104 Website der WPK: http://go.nwb.de/dlmte (Abruf 19. 4. 2016).

105 Vgl. *Uhlmann*, in: WPO Kommentar, 2. Aufl., Düsseldorf 2013, § 19 Rn. 5.

rechtsgestaltende Willenserklärung, die als solche bedingungsfeindlich ist. Der Verzicht kann nicht rückwirkend, sondern nur für die Zukunft erklärt werden.

Die Bestellung zum WP erlischt ferner, wenn der WP im Rahmen einer berufsgerichtlichen Maßnahme nach § 68 Abs. 1 Nr. 6 WPO aus dem Beruf ausgeschlossen wird. Der Ausschluss aus dem Beruf ist die härteste der nach § 68 WPO möglichen Maßnahmen. Im Zeitpunkt der formellen Rechtskraft des Ausschlusses erlischt die Bestellung.

Mit dem Erlöschen der Bestellung erlöschen auch sämtliche beruflichen Rechte und Pflichten des WP. Es endet auch seine Mitgliedschaft in der WPK. Die Berufsbezeichnung „Wirtschaftsprüfer" darf nicht mehr geführt werden. Etwaige berufsgerichtliche Verfahren sind nach § 103 Abs. 3 Nr. 1 WPO einzustellen.

7.2 Rücknahme und Widerruf der Bestellung

7.2.1 Rücknahme

Die Bestellung ist nach § 20 Abs. 1 WPO zurückzunehmen, wenn nachträglich Tatsachen bekannt werden, bei deren Kenntnis die Bestellung hätte versagt werden müssen. Damit sind solche Tatsachen gemeint, die nach § 16 Abs. 1 WPO zwingend zum Versagen der Bestellung hätten führen müssen. Diese Tatsachen müssen nachträglich bekannt werden. Kenntnis oder Kennenmüssen dieser Tatsachen bei der Bestellung schließt eine spätere Rücknahme aus.[106] Die Rücknahme der Bestellung wirkt nur für die Zukunft. Über die Rücknahme und den Widerruf der Bestellung entscheidet die WPK (§ 21 WPO).

Liegen die Voraussetzungen für eine Rücknahme deshalb nicht vor, weil die Tatsachen bei der Bestellung bekannt waren, aber unrichtig gewürdigt wurden, dann kommt unter Umständen eine Rücknahme nach § 48 VwVfG in Betracht.[107]

7.2.2 Widerruf

Die rechtmäßige Bestellung ist nach § 20 Abs. 2 WPO zu widerrufen, wenn nach der Bestellung Tatsachen eintreten, die eine fachliche oder persönliche Eignung des Berufsangehörigen infrage stellen und eine ordnungsgemäße Berufsausübung nicht erwarten lassen. Die Widerrufsgründe sind in § 20 Abs. 2 WPO abschließend aufgezählt.

Dies sind im Wesentlichen dieselben Gründe, die bei einer Neubestellung zu einer Versagung der Bestellung gem. § 16 Abs. 1 WPO führen würden (siehe oben Abschn. 5.1 ff.), nämlich:

- Fehlen einer eigenverantwortlichen Tätigkeit oder Ausübung einer Tätigkeit, die mit dem Beruf des WP nicht vereinbar oder die nicht genehmigt ist;
- Verlust der Fähigkeit zur Bekleidung öffentlicher Ämter;
- Gesundheitliche oder andere Gründe;
- Nichtunterhalten eines Versicherungsschutzes nach § 54 Abs. 1 WPO oder dessen mehrfache Unterbrechung;
- nicht geordnete wirtschaftliche Verhältnisse;

106 BVerwG vom 19. 12. 1984 – Gr. Sen. 1 und 2.84, NJW 1985 S. 819.

107 BT-Drucks. 15/1241 S. 34; vgl. *Uhlmann*, in: WPO Kommentar, 2. Aufl., Düsseldorf 2013, § 20 Rn. 10.

- Nichtunterhaltung einer beruflichen Niederlassung;
- Verwirkung eines Grundrechts.

Zur Erläuterung einzelner Widerrufsgründe wird auf die Ausführungen unter dem vorstehenden Abschn. 5 zu den Gründen für eine Versagung der Bestellung zum WP verwiesen. Ergänzend sei hier aber auf einige Besonderheiten eingegangen.

Übt der WP **keine eigenverantwortliche** oder eine **Tätigkeit** aus, die mit dem Beruf nach § 43 Abs. 2 Satz 1 oder § 43a Abs. 3 WPO unvereinbar ist, dann hat die WPK die Bestellung zu widerrufen. Entsprechendes gilt, wenn der Berufsangehörige eine Tätigkeit ausübt, die von der WPK nicht nach § 43a Abs. 3 Satz 2 und 3 oder nach § 44a Satz 2 WPO genehmigt ist. Die WPK kann aber von dem Widerruf absehen, wenn anzunehmen ist, dass der WP künftig eigenverantwortlich tätig sein oder die unvereinbare Tätigkeit dauernd aufgeben wird. Entsprechendes gilt bei Fehlen einer Haftpflichtversicherung, wenn anzunehmen ist, dass der WP diese künftig laufend unterhalten wird. Dem WP kann hierfür eine angemessene Frist gesetzt werden. Lässt er diese fruchtlos verstreichen, hat die WPK die Bestellung zu widerrufen (§ 20 Abs. 4 WPO).

In § 20 Abs. 2 Nr. 3 WPO können **neben den gesundheitlichen auch „andere Gründe"** zum Widerruf der Bestellung führen. Darunter werden persönlichkeitsbezogene Gründe, insbesondere die fehlende fachliche Eignung oder die fehlende erforderliche Sorgfalt und Gewissenhaftigkeit verstanden.[108] Mit Rücksicht auf den Schutz der Berufsfreiheit in Art. 12 GG kommt der Widerruf der Bestellung wegen fehlender fachlicher Eignung oder Gewissenhaftigkeit nur bei einer schwerwiegenden Gefährdung der Interessen der Mandanten oder Dritter in Betracht.[109] In der Praxis wird in solchen Fällen wohl in erster Linie ein berufsgerichtliches Verfahren eingeleitet werden, das in schwerwiegenden Fällen auch zum Ausschluss des WP aus dem Beruf führen kann (§ 68 Abs. 1 Nr. 6 WPO). Es erscheint äußerst zweifelhaft, ob die WPK in solchen Fällen unabhängig von dem berufsgerichtlichen Verfahren dazu berechtigt ist, einen Widerruf der Bestellung wegen fehlender fachlicher Eignung oder fehlender Gewissenhaftigkeit auszusprechen.

Nach § 3 Abs. 1 Satz 1 WPO sind Berufsangehörige verpflichtet, unmittelbar nach der Bestellung ein **berufliche Niederlassung** zu begründen und zu unterhalten. Das gilt für selbständig tätige ebenso wie für angestellte WP. Berufliche Niederlassung eines Berufsangehörigen ist die Praxis, von der aus er seinen Beruf überwiegend ausübt (§ 3 Abs. 1 Satz 2 WPO). Das gilt auch für WP im Anstellungsverhältnis. Gemeint ist hier die Praxis seines Arbeitgebers. Wird eine berufliche Niederlassung nicht begründet oder später aufgegeben, muss die WPK die Bestellung widerrufen. Dabei hat die WPK kein Ermessen. Wenn ein Berufsangehöriger seine berufliche Tätigkeit aus Altersgründen nicht mehr ausüben will und keine Niederlassung hat, muss er nach § 19 Abs. 1 WPO auf seine Bestellung verzichten, wenn er einen Widerruf durch die WPK vermeiden will.

Wird der nach § 54 Abs. 1 WPO **notwendige Versicherungsschutz** nicht unterhalten, dann ist dies eine Berufspflichtverletzung, die zu einem Widerruf der Bestellung zwingt. Die Mindestversicherungssumme muss für den einzelnen Versicherungsfall den in § 323 Abs. 2 Satz 1 bezeichneten Umfang haben. Das sind 1 Mio. €. Dieser Betrag muss unlimitiert zur Verfügung stehen

108 Vgl. *Uhlmann*, in: WPO Kommentar, 2. Aufl., Düsseldorf 2013, § 20 Rn. 33.

109 *Uhlmann*, in: WPO Kommentar, 2. Aufl., Düsseldorf 2013, § 20 Rn. 34, hält den Begriff „andere Gründe" für problematisch, erwartet aber eine verfassungskonforme Auslegung durch die Rechtsprechung.

(§ 54 Abs. 4 WPO). Der Berufsangehörige unterhält den notwendigen Versicherungsschutz nicht, wenn er entweder keine Berufshaftpflichtversicherung abschließt oder diese nicht aufrechterhält oder wenn die Versicherung den Mindestversicherungsschutz nicht gewährt. Hat der Berufsangehörige den Versicherungsschutz innerhalb der letzten fünf Jahre wiederholt mit nennenswerter Dauer nicht aufrechterhalten und ist diese Unterbrechung auch zukünftig zu befürchten, dann hat die WPK die Bestellung zu widerrufen. Im letzteren Fall hat die WPK also zu beurteilen, ob die Versäumnisse der Vergangenheit auch in Zukunft zu erwarten sind. Das gilt selbst dann, wenn aktuell ein Versicherungsschutz unterhalten wird. Das Verhalten des Berufsangehörigen in der Vergangenheit ist ein Indiz dafür, dass er sich auch in Zukunft nicht gesetzeskonform verhalten wird.

Wenn ein Widerruf wegen **nicht geordneter wirtschaftlicher Verhältnisse** (§ 20 Abs. 2 Nr. 5 WPO) erfolgen soll, dann kann die WPK von dem Widerruf absehen, wenn ihr nachgewiesen wird, dass durch die nicht geordneten wirtschaftlichen Verhältnisse die Interessen Dritter nicht gefährdet sind (§ 20 Abs. 4 Satz 4 WPO). Diese Voraussetzungen erfordern es, dass die Interessengefährdung mit hinreichender Sicherheit ausgeschlossen werden kann, weil sie so fern liegt, dass sie ohne Bedenken außer Betracht gelassen werden kann.[110] Diese hohen Anforderungen führen in der Praxis dazu, dass nur in extrem gelagerten Ausnahmefällen von einem Widerruf der Bestellung abgesehen werden kann.[111]

7.2.3 Verfahrensfragen

Die WPK ist für die Durchführung des Rücknahme- und Widerrufsverfahrens zuständig (§ 21 WPO).

Nach § 20 Abs. 3 WPO besteht für Berufsangehörige gegenüber der WPK eine **Anzeigepflicht** für den Fall, dass sie eine unvereinbare Tätigkeit nach § 43a Abs. 3 Satz 1 oder § 44a Satz 1 WPO ausüben. Diese Anzeigepflicht soll es der WPK ermöglichen, Kenntnis von Sachverhalten zu erhalten, die möglicherweise einen Widerruf der Bestellung zur Folge haben. Unterlässt der WP eine an sich gebotene Mitteilung, so ist darin eine Berufspflichtverletzung zu sehen die berufsaufsichtsrechtliche Maßnahmen nach sich ziehen kann.

Die Rücknahme und der Widerruf der Bestellung ist ein Verwaltungsakt, der nach § 41 WPO von dem WP direkt mit der **Anfechtungsklage** beim Verwaltungsgericht angegriffen werden kann. Die Durchführung eines Widerspruchsverfahrens entfällt demnach.

Wegen der einschneidenden Folgen eines Widerrufs wird dieser nicht bereits mit seiner Bekanntgabe, sondern erst mit der Rechtskraft wirksam.[112] Die Rechtskraft kann frühestens mit dem Ablauf der einmonatigen Frist bis zu Erhebung der Anfechtungsklage (§ 74 Abs. 1 Satz 2 VwGO) eintreten. Bis dahin kann der WP seinen Beruf weiter ungehindert ausüben.

Erhebt der WP gegen den Widerruf der Bestellung die Anfechtungsklage, hat diese nach § 80 Abs. 1 VwGO **aufschiebende Wirkung**. Das gilt nach § 20 Abs. 7 Satz 2 WPO dann nicht, wenn der Widerruf auf das Fehlen der vorgeschriebenen Berufshaftpflichtversicherung gestützt wird. In diesem Fall hat also der Gesetzgeber die sofortige Vollziehung zwingend angeordnet.

110 BVerwG vom 17. 8. 2005 – 6 C 15.04, NJW 2005 S. 3795; BGH vom 25. 6. 2007 – AnwZ (B) 101/05, DStR 2007 S. 2183.

111 Vgl. *Uhlmann*, in: WPO Kommentar, 2. Aufl., Düsseldorf 2013, § 20 Rn. 63.

112 Vgl. *Uhlmann*, in: WPO Kommentar, 2. Aufl., Düsseldorf 2013, § 20 Rn. 106.

Unter bestimmten Voraussetzungen kann die WPK gem. § 80 Abs. 2 Nr. 4 VwGO die **sofortige Vollziehung** des Widerrufs auch in anderen Fällen als dem Fehlen einer Haftpflichtversicherung anordnen. Es muss bereits vor Abschluss des Hauptverfahrens ein überwiegend öffentliches Interesse an einer Präventivmaßnahme zur Abwehr konkreter Gefahren für wichtige Gemeinschaftsgüter erforderlich sein.[113] Im Rahmen des Widerrufs der Bestellung des WP bedeutet dies, dass ohne sofortige Vollziehung konkrete Gefahren für Mandanten oder Dritte bestehen.[114] Die WPK hat bei der Entscheidung über eine sofortige Vollziehung abzuwägen zwischen dem öffentlichen Vollzugsinteresse einerseits und dem Aussetzungsinteresse des WP an einer weiteren Berufsausübung. Nach der Rechtsprechung des BVerwG[115] überwiegt bei der gebotenen Interessenabwägung das Vollzugsinteresse, wenn die Klage aller Voraussicht keinen Erfolg haben wird und die Interessen des Mandanten oder Dritter konkret gefährdet sind. Es müssen konkrete Gefahren für wichtige Gemeinschaftsgüter bestehen. Der Grundsatz der Verhältnismäßigkeit ist zu beachten. Das wurde z. B. bejaht, wenn gegen einen WP wegen der Nichtabführung von Lohnsteuer und Sozialversicherungsbeiträgen ermittelt wird, er wiederholt Mandantengelder veruntreut hat oder solche „hinter dem Rücken" des Insolvenzverwalters entgegennimmt.[116]

Wird die sofortige Vollziehung des Widerrufs der Bestellung ausgesprochen, ordnet das Gesetz in § 20 Abs. 7 Satz 1 WPO die Rechtsfolgen eines Berufsverbotes an. Mit dem Verweis auf § 116 Abs. 2 bis 4 WPO wird dem WP verboten, seinen Beruf auszuüben. Diese zusätzliche Rechtsfolge soll eine weitere Tätigkeit des Berufsangehörigen verhindern. Die WPK kann gem. § 121 WPO für den WP einen Vertreter bestellen.

Mit der Bestandkraft des Verfahrens über den Widerruf, in dem die Bestellung aufgehoben wird, erlöschen sämtliche Rechte und Pflichten des WP. Er hat seine Bestellungsurkunde zurückzugeben (§ 52 VerwVfG). Wenn die Gründe für den Widerruf der Bestellung nachträglich wegfallen, kann der ehemalige Berufsangehörige nach § 23 Abs. 1 Nr. 3 WPO seine Wiederbestellung beantragen.

8. Wiederbestellung (§ 23 WPO)

Ein ehemaliger WP kann unter den Voraussetzungen des § 23 WPO wieder zum WP bestellt werden. Das Gesetz zählt abschließend drei Gründe für eine Wiederbestellung auf:

- Die Bestellung war durch Verzicht nach § 19 Abs. 1 Nr. 2 WPO erloschen.
- Die Bestellung war durch rechtskräftige Ausschließung aus dem Beruf nach § 19 Abs. 1 Nr. 3 WPO erloschen und diese Ausschließung ist im Gnadenwege aufgehoben oder seit der rechtskräftigen Ausschließung sind mindestens acht Jahre verstrichen.
- Die Bestellung ist zurückgenommen oder widerrufen worden und die Gründe, die für die Rücknahme oder den Widerruf maßgebend gewesen sind, bestehen nicht mehr.

Wird eine Wiederbestellung beantragt, ist eine **erneute Prüfung** grundsätzlich nicht erforderlich (§ 23 Abs. 2 WPO). Die WPK kann im Einzelfall anordnen, dass sich der Bewerber der Prüfung oder Teilen derselben zu unterziehen hat, wenn die pflichtgemäße Ausübung des Berufes sonst

113 BVerfG vom 2. 3. 1977 – 1 BvR 124/76, BVerfGE 44, 105, NJW1977 S. 892.

114 BGH vom 24. 9. 2001 – AnwZ (B) 34/01, NJW-RR 2002 S. 1718.

115 BVerwG vom 29. 4. 1974 – IV C 21.74, NJW 1974 S. 1294; BVerfG vom 24. 10. 2003 – 1 BvR 1594/03, NJW 2003 S. 3118.

116 Vgl. *Uhlmann*, in: WPO Kommentar, 2. Aufl., Düsseldorf 2013, § 20 Rn. 114 mit weiteren Angaben.

nicht gewährleistet ist. Im Hinblick auf die Regelung in § 15 Satz 4 WPO sieht die WPK dann regelmäßig von einer Prüfung ab, wenn die Wiederbestellung innerhalb von fünf Jahren nach Erlöschen der Bestellung beantragt wird. Erfolgt ein Antrag auf Wiederbestellung nach diesem Zeitraum, dann prüft die WPK, ob der Bewerber sich nochmals der Prüfung oder von Teilen derselben zu unterziehen hat. Die WPK kann auch Fortbildungsmaßnahmen anordnen. Bei der darauf gerichtete Ermessenentscheidung der WPK wird es darauf ankommen, wie lange die berufliche Tätigkeit als WP zurückliegt, wie lange sie ausgeübt wurde, ob der Bewerber eine berufsfremde oder eine berufsnahe Tätigkeit ausgeübt und ob er nachweislich an Fortbildungsmaßnahmen teilgenommen hat.[117]

Das Wiederbestellungsverfahren richtet sich nach den gleichen Grundsätzen wie das Bestellungsverfahren. Die Wiederbestellung ist zu versagen, wenn die Voraussetzungen für die Wiederbestellung unter sinngemäßer Anwendung des § 16 WPO (Versagung der Bestellung) nicht vorliegen (§ 23 Abs. 3 WPO).[118]

9. Praxisabwickler (§ 55c WPO)

Durch das APAReG wurde das Institut des Praxisabwicklers eingeführt, eine Einrichtung, die man in den Berufsrechten der StB und RA seit Langem kennt. Ist ein Berufsangehöriger oder eine Berufsangehörige verstorben, kann die WPK einen anderen Berufsangehörigen oder eine andere Berufsangehörige zum Abwickler der Praxis bestellen. Ein Abwickler kann auch für die Praxis früherer Berufsangehöriger bestellt werden, deren Bestellung erloschen, zurückgenommen oder widerrufen worden ist. Die Bestellung erstreckt sich nicht auf Aufträge zur Durchführung gesetzlich vorgeschriebener Abschlussprüfungen nach § 316 HGB.

117 Vgl. *Uhlmann*, in: WPO Kommentar, 2. Aufl., Düsseldorf 2013, § 23 Rn. 18.
118 Die WPK hat zur Wiederbestellung ein Merkblatt herausgegeben: http://go.nwb.de/5vr1y (Abruf 19. 4. 2016).

IV. Formen der Berufsausübung

1. Allgemeines

Die Vorschrift des § 43a Abs. 1 WPO regelt, in welcher Form und in welchen Funktionen der Beruf des WP ausgeübt werden kann. Sie gehört zu den Kernvorschriften der WPO. Nach bisheriger Rechtslage musste ein WP seinen Beruf grundsätzlich in einer originären Berufsausübungsform des § 43a Abs. 1 a. F. WPO ausüben. Erfasst wurden im Wesentlichen nur die Kerntätigkeiten des WP. Da sich nach überwiegender Auffassung das Berufsbild des WP in den letzten Jahrzenten deutlich verändert hat, wurde der Katalog originärer Berufsausübung in § 43a Abs. 1 WPO durch das Abschlussprüferaufsichtsreformgesetz (APAReG) erheblich erweitert.

Dabei wurden die bisher nach § 43a Abs. 2 a. F. WPO „nur" zulässigen Tätigkeiten nunmehr als originäre Tätigkeiten in Abs. 1 aufgenommen, die wegen ihrer besonderen Nähe zur Berufsausübung inzwischen auch wirtschaftsprüfertypisch sind. Das sind z. B. Tätigkeiten als Angestellter bei der WPK, bei der BaFin (Bundesanstalt für Finanzdienstleistungsaufsicht), bei der DPR (Deutsche Prüfstelle für Rechnungslegung) oder des DRSC (Deutsches Rechnungslegungs Standards Committee e.V.). WP, die eine Tätigkeit nach § 43a Abs. 1 Nr. 4 bis 10 WPO ausüben (z. B. als Angestellter bei der WPK), sind nun anders als bisher nicht mehr verpflichtet, aus formalen Gründen eine eigene Praxis zu unterhalten und eine Berufshaftpflichtversicherung nachzuweisen.

Berufsangehörige üben nach § 43a Abs. 1 WPO ihren Beruf hauptsächlich in folgender Weise aus:

- Als selbständige WP in eigener Praxis;
- in gemeinsamer Berufsausübung in Personengesellschaften gem. § 44b WPO;
- als Vorstandsmitglieder, Geschäftsführer, persönlich haftende oder nach dem Partnerschaftsgesetz verbundene Personen einer BPG oder WPG;
- als zeichnungsberechtigte Vertreter oder Angestellte bei Berufsangehörigen, WPG und Personengesellschaften nach § 44b Abs. 1 WPO, EU- oder EWR-Abschlussprüfern, EU- oder EWR-Abschlussprüfungsgesellschaften, bestimmten Prüfungsverbänden und überörtlichen Prüfungseinrichtungen.

Des Weiteren können sie tätig werden als gesetzliche Vertreter oder Angestellte bei bestimmten anderen Rechtsträgern gem. § 43a Abs. 1 Nr. 4 bis 10 WPO (vgl. dazu Kap. IV Abschn. 3).

2. Selbständig tätige WP (§§ 43a Abs. 1, 44b WPO; § 21 BS WP/vBP)

Die selbständige Tätigkeit ist gekennzeichnet durch das Unternehmerrisiko. Selbständige Tätigkeit eines WP ist die Berufsausübung **in eigener Praxis** und die gemeinsame Berufsausübung in Personengesellschaften (§§ 43a, 44b WPO).

2.1 Selbständigkeit in eigener Praxis

Ein WP wird selbständig **in eigener Praxis** tätig, wenn er im eigenen Namen und auf eigene Rechnung tätig wird. Er ist Weisungen nicht unterworfen. Im Sinne der WPO ist nur selbständig tätig, wer eine eigene Praxis unterhält. Besondere Praxisräume werden von der WPO nicht verlangt. Die Berufstätigkeit kann auch in der eigenen Wohnung ausgeübt werden. Der WP muss umgekehrt seinen Wohnsitz nicht am Ort der Praxis nehmen.[119]

Eine selbständige Berufsausübung ist auch gegeben, wenn ein WP in **freier Mitarbeit** tätig wird. Eine freie Mitarbeit unterscheidet sich von einem Angestelltenverhältnis im Wesentlichen dadurch, dass keine feste Vergütung gezahlt wird, sondern eine Vergütung nach Zeitaufwand oder zu einem bestimmten Stundensatz erfolgt, keine ständige Anwesenheitspflicht herrscht und Freiheit von Weisungen in zeitlicher und fachlicher Hinsicht besteht.[120] Zu beachten sind die Vorschriften zur Abgrenzung von scheinselbständigen Arbeitnehmern und arbeitnehmerähnlichen Selbständigen (§ 7 Abs. 1 Satz 2 SGB IV). Es darf keine Eingliederung in die Organisation des Arbeitgebers erfolgt sein und es muss die Möglichkeit bestehen, die Arbeitsleistungen auch Dritten anbieten zu können.

Wer als WP eine **Angestelltentätigkeit bei einem WP oder einer WPG aufgibt** und nicht anderswo umgehend fortsetzt, wird nach Auffassung der WPK zwingend als selbständiger WP in eigener Praxis tätig, da § 43a Abs. 1 WPO nur selbständig und unselbständig tätige WP kennt. Der aus dem Angestelltenverhältnis ausgeschiedene WP muss eine berufliche Niederlassung (§ 3 Abs. 1 WPO) und das Bestehen einer Berufshaftpflichtversicherung (§ 54 Abs. 1 WPO) nachweisen, sonst droht der Widerruf der Bestellung. Entsprechendes gilt für einen arbeitslosen WP, der den Titel behalten will.[121]

2.2 Gemeinsame Berufsausübung in Personengesellschaften gem. § 44b WPO

2.2.1 Allgemeines

Nach § 44b Abs. 1 WPO i. d. F. des APAReG kann der WP seinen Beruf in einer Personengesellschaft ausüben. Zu den Personengesellschaften zählen die OHG, die KG, auch in der Rechtsform der GmbH & Co. KG, die Partnerschaftsgesellschaft und die Gesellschaft bürgerlichen Rechts (Sozietät). Mitgesellschafter können natürliche Personen (z. B. WP), juristische Personen (z. B. GmbH als WPG) oder Personengesellschaften (z. B. KG als WPG) sein. Die gemeinsame Berufsausübung beschränkt sich nicht nur auf WP und WPG. Vielmehr können WP ihren Beruf mit allen Gesellschaftern und Gesellschaften ausüben, soweit sie nur der Berufsaufsicht einer Berufskammer eines freien Berufes im Geltungsbereich der WPO unterliegen und ein Zeugnisverweigerungsrecht nach § 53 Abs. 1 Satz 1 Nr. 3 der Strafprozessordnung haben. In diesen Fällen spricht man von gemischten Sozietäten oder gemischten Personengesellschaften.

Nach § 44b Abs. 1 a. F. WPO konnten WP nach früherem Recht ihren Beruf „nur" in Gesellschaften bürgerlichen Rechts (Sozietäten) ausüben.[122] Weitere Gesellschaftsformen waren in der WPO vor der Änderung durch das APAReG nicht vorgesehen. Nur bei Wirtschaftsprüfungsgesellschaften war und ist nach § 27 WPO eine Vielzahl anderer Rechtsformen möglich. Andererseits waren aber andere Rechtsformen für die gemeinsame Berufsausübung nicht ausdrücklich untersagt. Anerkannt war demnach die Berufsausübung des WP in Partnerschaftsgesellschaften

---

119 Vgl. *IDW* (Hrsg.), WP Handbuch 2012, Band I, 14. Aufl., Düsseldorf 2012, S. 49.

120 Vgl. *Teckemeyer*, in: WPO Kommentar, 2. Aufl., Düsseldorf 2013, § 43a Rn. 6.

121 Vgl. *Teckemeyer*, in: WPO Kommentar, 2. Aufl., Düsseldorf 2013, § 43a, Rn. 9 f.

122 Für eine gemeinsame Berufsausübung war daneben nur noch die PartG anerkannt.

(PartG), auch wenn sie nicht als Wirtschaftsprüfungsgesellschaften organisiert und anerkannt waren (sog. einfache Partnerschaften).[123] Diese Zeit ist vorbei.

Die Änderungen in § 44b WPO dienen der Klarstellung, dass es für die Form der gemeinsamen Berufsausübung keine berufsrechtlichen Beschränkungen für die Wahl der Rechtsform mehr gibt. Dies entspricht der Regelung im Berufsrecht der StB in § 56 Abs. 1 StBerG.[124] Die in § 44b Abs. 1 WPO genannte gemeinsame Berufsausübung in Personengesellschaften betrifft solche, die nicht nach § 27 Abs. 1 WPO als WPG anerkannt sind. Mit der Neufassung des § 44b Abs. 1 WPO durch das APAReG wurden vielfältige Möglichkeiten der beruflichen Zusammenarbeit des WP auch außerhalb von Wirtschaftsprüfungsgesellschaften eröffnet. So können Berufsangehörige miteinander in einer KG oder GmbH & Co. KG ihren Beruf ausüben, ohne dass diese Gesellschaft als WPG anerkannt ist.

Andere Formen der beruflichen Zusammenarbeit sind die Kooperation, die Bürogemeinschaft, das Netzwerk und die EWIV. Sie sind in der WPO nicht ausdrücklich geregelt. In der WPO finden sich nur einzelne Hinweise, so z. B. in § 38 Nr. 2c WPO auf das Netzwerk. Aber auch diese Formen der Zusammenarbeit fallen unter den umfassenden Begriff der Personengesellschaft gem. § 44b Abs. 1 WPO, da sie zivilrechtlich als GbR einzustufen sind.

Am intensivsten ist die berufliche Zusammenarbeit in der Sozietät und in der Partnerschaftsgesellschaft, während Kooperation, Bürogemeinschaft, Netzwerk und EWIV losere Verbindungen darstellen. Bei der gemeinschaftlichen Berufsausübung in der Sozietät handelt es sich um eine originäre selbständige Tätigkeit in eigener Praxis i. S. v. § 43a Abs. 1 WPO. Die Sozietät wird gleichsam als die Summe der einzelnen Praxen der beteiligten Sozien angesehen.[125] Entsprechendes muss nach der Neufassung des § 44b Abs. 1 WPO durch das APAReG auch für die nunmehr mögliche Zusammenarbeit in anderen Personengesellschaften, wie z. B. einer Kommanditgesellschaft gelten. Nachfolgend werden die Sozietät und die Partnerschaftsgesellschaft als die häufigsten Formen beruflicher Zusammenarbeit mit ihren besonderen Problemfeldern in knapper Form behandelt. Die berufsrechtlichen Voraussetzungen und Gestaltungsformen gelten aber analog auch für die berufliche Zusammenarbeit in anderen Personengesellschaften.

2.2.2 Gesellschaftsrechtliche Grundlagen der Sozietät

Selbständig tätige WP wählen für eine gemeinsame Berufsausübung bisher am häufigsten die Rechtsform der Sozietät. Die Sozietät unterliegt als Gesellschaft bürgerlichen Rechts zivilrechtlich den Vorschriften der §§ 705 ff. BGB. Danach ist die GbR durch den Zusammenschluss von mindestens zwei Personen gekennzeichnet, die sich gegenseitig zur Förderung eines gemeinsamen Zwecks verpflichten. Wie dies geschieht, ist in dem Gesellschaftsvertrag zu bestimmen. Insbesondere sind die gemeinsamen Beiträge zu leisten (§ 705 BGB).

Das Gesetz schreibt keine besondere Form für den **Gesellschaftsvertrag** vor. Der Vertrag kann also auch mündlich oder konkludent abgeschlossen werden. Er bedarf nur dann einer Form, wenn er ein formbedürftiges Leistungsversprechen enthält, wie z. B. Einbringung eines Grundstücks, wofür nach § 311b Abs. 1 BGB die notarielle Beurkundung vorgeschrieben ist.

123 Für die PartG findet sich sonst in der WPO nur eine beiläufige Erwähnung in § 54 Abs. 1 WPO.

124 So die Begründung zu der Gesetzesänderung im Referentenentwurf des APAReG; BT-Drucks. 18/6282, S. 78.

125 Vgl. *IDW* (Hrsg.), WP Handbuch 2012, Band I, 14. Aufl., Düsseldorf 2012, S. 49; WPK Magazin 1/2012 S. 29 f.

Gerade aber für die Eingehung einer Sozietät unter Freiberuflern ist der Abschluss eines schriftlichen Sozietätsvertrags dringend zu empfehlen. Er ist in der Praxis auch üblich. Die gesetzlichen Vorschriften des BGB sind für eine gedeihliche Zusammenarbeit der Sozien nicht ausreichend. Der Vertrag sollte insbesondere die folgenden Regelungen enthalten:

- Zweck, Name und Sitz der Gesellschaft[126]
- Grundsätze der gemeinsamen Berufsausübung
- Beiträge der Gesellschafter
- Geschäftsführung und Vertretung
- Gesellschafterbeschlüsse und Stimmrecht
- Arbeitseinsatz, Vertretung bei Urlaub und Krankheit
- Gewinn- und Verlustbeteiligung, Entnahmeregelungen
- Tätigkeitsvergütungen (falls gewollt)
- Wettbewerbsverbote vor und nach dem Ausscheiden, Nebentätigkeiten
- Voraussetzungen für Vertragsänderungen
- Ausscheiden, Abfindung, Auseinandersetzungsvereinbarungen

Aus dem Gesellschaftsvertrag ergeben sich die Rechtsbeziehungen der Gesellschafter untereinander (das Innenverhältnis). Ergänzend gelten die Vorschriften des BGB.

Die **Beiträge** der Gesellschafter können bestehen in Geldzahlungen, der Übereignung von beweglichen Sachen und Grundstücken, der Übertragung von Rechten und Rechtsverhältnissen, der Gestattung des Gebrauchs von Sachen zur Nutzung durch die Gesellschaft und der Erbringung von Dienstleistungen. Die Hauptbeiträge der Gesellschafter in einer Sozietät werden regelmäßig darin bestehen, dass jeder Sozius seine Arbeitskraft zur Verfügung stellt. Daneben werden in der Praxis auch Geldeinlagen vereinbart (wie z. B. die Einlagen zur Auffüllung eines festen Kapitalkontos für jeden Gesellschafter) oder die Übertragung von Mandaten auf die Sozietät bei deren Begründung oder bei Eintritt eines Gesellschafters.

Zur **Geschäftsführung** sind die Gesellschafter nach § 709 BGB gemeinschaftlich berechtigt und verpflichtet. Häufig wird anstelle der gesetzlichen Regelung für jeden Gesellschafter Alleingeschäftsführungsbefugnis vereinbart. Regelmäßig werden aber bestimmte Arten von Geschäften, z. B. solche, die über den gewöhnlichen Betrieb der Sozietät hinausgehen, davon ausgenommen. Sie bedürfen eines Gesellschafterbeschlusses. Die Geschäftsführung betrifft die Betätigung der Gesellschafter für die Gesellschaft im Innenverhältnis.

Demgegenüber betrifft die **Vertretungsbefugnis** die nach außen gerichtete Tätigkeit der Gesellschafter, bei der es um den Abschluss von Rechtsgeschäften geht. Soweit einem Gesellschafter nach dem Gesellschaftsvertrag die Geschäftsführungsbefugnis zusteht, ist er zur Vertretung der Gesellschaft berechtigt (§ 714 BGB).

Mit der Gründung der Sozietät entsteht ein Sondervermögen, das **Gesellschaftsvermögen**. Dazu gehört alles, was die Gesellschafter als Beiträge geleistet haben, und die Gegenstände, die für die Gesellschaft durch die Geschäftsführung erworben worden sind (§ 718 Abs. 1 BGB). Das Ge-

126 Beim Zweck der Gesellschaft sind die gesetzlich und beruflich zulässigen Tätigkeiten von WP i. S. v. § 2 i. V. m. § 43a Abs. 4 WPO aufzunehmen.

sellschaftsvermögen ist Gesamthandsvermögen. Es steht den Gesellschaftern zur gesamten Hand derart zu, dass ein einzelner Gesellschafter über seinen Anteil am Gesellschaftsvermögen und auch an den einzelnen dazu gehörenden Gegenständen nicht frei verfügen kann. Über das Gesellschaftsvermögen im Ganzen und über die einzelnen Gegenstände können die Gesellschafter nur gemeinsam verfügen (§ 719 BGB).

Über die **Rechtsnatur** der GbR wurde früher viel diskutiert. Heute wird die GbR allgemein als rechtsfähig anerkannt.[127] Sie ist insoweit mit der OHG vergleichbar. Nicht ihre Gesellschafter, sondern die Gesellschaft selbst ist Trägerin von Rechten und Pflichten Die GbR kann Rechtsgeschäfte im eigenen Namen abschließen und ist vor Gericht parteifähig, kann also als Klägerin und Beklagte auftreten. Für das Verwaltungsverfahren und das Verfahren vor den Verwaltungsgerichten gelten diese Grundsätze entsprechend.[128]

Die Frage der **Haftung** für die Verbindlichkeiten der Gesellschaft aus Rechtsgeschäften gegenüber Dritten wird in den Vorschriften der §§ 705 ff. BGB nicht angesprochen. Nach allgemeiner Ansicht haften aber neben der Gesellschaft selbst auch ihre Gesellschafter akzessorisch. Es sind grundsätzlich die für die Haftung des OHG-Gesellschafter geltenden Grundsätze (§§ 128-130 HGB) auch auf die Haftung des GbR-Gesellschafters anwendbar. Danach kann der Gesellschaftsgläubiger für eine von der GbR geschuldete Leistung den Gesellschafter persönlich in Anspruch nehmen. Dieser haftet mit seinem ganzen Vermögen unbegrenzt. Diese Haftungsgrundsätze gelten nicht nur für Ansprüche aus Vertrag, sondern auch für solche aus Gesetz, z. B. für Ansprüche aus unerlaubter Handlung eines Gesellschafters (§ 823 ff. BGB).[129]

2.2.3 Berufsrechtliche Regelungen

2.2.3.1 Berufsrechtlich erlaubte Gestaltungsformen bei Personengesellschaften

Die nachfolgenden Gestaltungsformen galten bis zum 17. 6. 2016, dem Inkrafttreten des APAReG· nur für die Sozietät. Seit der Geltung des APAReG betreffen sie auch die Zusammenarbeit in anderen Personengesellschaften. Die WPO ermöglicht in § 44b Abs. 1 und 2 WPO für Sozietäten und alle anderen freiberuflichen Personengesellschaften weitgehende Gestaltungsmöglichkeiten. Erlaubt sind

- örtliche und überörtliche Personengesellschaften;
- Personengesellschaften mit anderen Freiberuflern;
- Personengesellschaften nicht nur mit natürlichen Personen, sondern auch mit bestimmten anderen freiberuflichen Personengesellschaften und juristischen Personen;
- Personengesellschaften mit Angehörigen (natürlichen Personen und Gesellschaften) ausländischer Staaten unter besonderen Voraussetzungen.

Überörtliche Personengesellschaften können an verschiedenen Orten innerhalb einer Stadt oder überregional begründet werden. **Juristische Personen und andere Personengesellschaften** können Gesellschafter einer Personengesellschaft sein, wenn diese der Berufsaufsicht einer Berufskammer eines freien Berufs im Geltungsbereich der WPO unterliegen (§ 44b Abs. 1 Satz 1 WPO).

127 Grundsatzurteil des BGH vom 29. 1. 2001 – II ZR 331/100, DB 2001 S. 423.

128 VGH Hessen vom 23. 1. 1997 – 4 TG 4829/96, NJW 1997 S. 1938 (zur Bauherrengemeinschaft).

129 BGH vom 3. 5. 2007 – IX ZR 218/05, DB 2007 S. 1746; WPK Magazin 4/2007 S. 72.

Juristischen Personen steht zwar kein Zeugnisverweigerungsrecht zu, das Gesetz geht aber stillschweigend davon aus, dass die vertretungsberechtigten Organmitglieder oder Gesellschafter ein Zeugnisverweigerungsrecht haben.[130]

2.2.3.2 Besonderheiten bei gemischten Personengesellschaften

Die Auswahl an Freiberuflern, mit denen eine sog. **gemischte Personengesellschaft** gebildet werden kann, betrifft nicht nur WP, vBP, RA, StB und Steuerbevollmächtigte. Nach dem Gesetz sind Zusammenschlüsse z. B. auch mit Ärzten, Apothekern und Psychiatern möglich. Gesellschaftsfähig sind nämlich alle Freiberufler, die der Berufsaufsicht einer Berufskammer unterliegen und die ein Zeugnisverweigerungsrecht nach § 53 Abs. 1 Satz 1 Nr. 3 StPO haben. Personengesellschaften dürfen allerdings nicht mit Notaren eingegangen werden. Mit Anwalts-Notaren ist eine Personengesellschaft nur in Bezug auf die anwaltliche Berufsausübung erlaubt (§ 44b Abs. 1 Satz 2 WPO). In gemischten Personengesellschaften, bei denen nicht alle Gesellschafter WP sind, müssen diese befugt bleiben, Aufträge auf gesetzlich vorgeschriebene Abschlussprüfungen nach § 316 HGB durchzuführen. Das war vor Inkrafttreten des APAReG ausdrücklich in § 43a Abs. 2 Satz 1 a. F. WPO geregelt. In die Neufassung des § 43a WPO wurde diese Bestimmung nicht wieder aufgenommen, versteht sich aber von selbst vor dem Hintergrund des Berufsgrundsatzes der Eigenverantwortlichkeit und Unabhängigkeit.

In einer gemischten Personengesellschaft darf ein WP seinen Beruf nur dann ausüben, wenn er bei Aufnahme einer solchen Tätigkeit der WPK nachweist, dass ihm auch bei gesamtschuldnerischer Inanspruchnahme der nach § 54 WPO vorgeschriebene **Versicherungsschutz** für jeden Versicherungsfall uneingeschränkt zur Verfügung steht (§ 44b Abs. 4 WPO). Der WP muss also dafür sorgen, dass ihm seine Mindestdeckung von einer Million Euro (§ 54 Abs. 1 Satz 2 WPO) ohne jede Einschränkung von dem Haftpflichtversicherer zugesagt ist. Das ist insbesondere dann von Bedeutung, wenn ein WP als Gesamtschuldner für berufliche Fehler seiner Mitgesellschafter, die nicht WP sind, haftbar gemacht wird. Für diejenigen Gesellschafter, die nicht WP sind, gilt dies nicht. Sie können jeweils die geringeren Deckungssummen z. B. für RA oder StB in Anspruch nehmen. Empfehlenswert ist aber, dass alle Gesellschafter einer gemischten Personengesellschaft die höheren für den WP geltenden Deckungssummen mit dem Haftpflichtversicherer vereinbaren.

Wenn ein WP in einer gemischten Sozietät tätig ist, kann die Gefahr einer **unzulässigen Einflussnahme** durch seine Mitgesellschafter bestehen, insbesondere dann, wenn der WP sich innerhalb der Gesellschaft in der Minderheit befindet. Kann der WP seinen Berufspflichten wegen des Verhaltens eines Mitgesellschafters nicht mehr uneingeschränkt nachkommen, muss er gem. § 44b Abs. 5 WPO die berufliche Zusammenarbeit unverzüglich beenden. Diese Verpflichtung gilt für alle Formen der gemeinsamen Berufsausübung.

2.2.3.3 Schein- oder Außengesellschaft

Die Berufsausübung ist auch in Form einer **Schein- oder besser Außengesellschaft** erlaubt.[131] Die Außengesellschaft wird in § 44b Abs. 6 WPO erwähnt und der echten Personengesellschaft

130 Vgl. *Schnepel*, in: WPO Kommentar, 2. Aufl., Düsseldorf 2013, § 44b Rn. 34 für die Sozietät.
131 Vgl. WPK- Mitt. 2003 S. 240 und § 44b Abs. 6 WPO.

gleichgestellt. Eine Außengesellschaft liegt u. a. vor, wenn eine bereits bestehende Gesellschaft weitere Angestellte oder freie Mitarbeiter als Gesellschafter nach außen kundmacht. Diese Kundmachung erfolgt z. B. auf Briefbogen, Stempeln und Anzeigen. Im Innenverhältnis werden dagegen für den Außengesellschafter zivilrechtlich nicht die Regeln des Gesellschaftsvertrags angewandt. Nur nach außen besteht der Rechtsschein einer Gesellschaft.[132] Eine Außengesellschaft ist auch gegeben, wenn eine echte Gesellschaft nicht besteht und im Innenverhältnis keine gesellschaftsrechtlichen Regeln gelten, aber nach außen ein gemeinschaftlicher Auftritt als Personengesellschaft erfolgt.[133] Die Außengesellschaft ist nach § 38 Nr. 1e WPO ebenso wie alle späteren Veränderungen zum Berufsregister anzuzeigen.

Die zivilrechtliche Zulässigkeit einer solchen Außengesellschaft hat die Rechtsprechung bestätigt.[134] Die Außengesellschaft unterliegt nach außen den für echte Sozietäten geltenden Rechtsregeln. Das gilt auch für die Haftung. Im Gesellschaftsvertrag müssen die Kompetenzen der eigenständigen Mandatsannahme und die Verpflichtung zur wechselseitigen Vertretung geregelt werden. In § 44b Abs. 6 WPO ist durch den Verweis auf die Absätze 4 und 5 der Vorschrift sichergestellt, dass die berufsrechtlichen Vorgaben, die für echte Gesellschafter gelten, auch für Außen- oder Scheingesellschafter zutreffen. Sie müssen der WPK gegenüber nachweisen, dass Ihnen auch bei gesamtschuldnerischer Inanspruchnahme der nach § 54 WPO vorgeschriebene Versicherungsschutz für jeden Versicherungsfall uneingeschränkt zur Verfügung steht. WP sind auch als Außengesellschafter verpflichtet, die Berufsausübung in der Außengesellschaft unverzüglich zu beenden, wenn sie aufgrund des Verhaltens eines Mitglieds der Gesellschaft ihren beruflichen Pflichten nicht mehr uneingeschränkt nachkommen können (§ 44b Abs. 5 und 6 WPO).

PRAXISTIPP

Soll ein angestellter Berufsangehöriger auf dem Briefbogen erscheinen, aber der Anschein einer Außengesellschaft vermieden werden, können die Namen und Berufsbezeichnungen dort mit dem Zusatz „im Angestelltenverhältnis" oder „freier Mitarbeiter" versehen werden.[135]

2.2.3.4 Gemeinsame Berufsausübung mit Personen ausländischer Staaten

Eine gemeinsame Berufsausübung mit natürlichen und juristischen Personen sowie mit Personengesellschaften **ausländischer Staaten** im Geltungsbereich der WPO ist erlaubt, wenn diese in einem ausländischen Staat als sachverständige Prüfer ermächtigt oder bestellt sind (§ 44b Abs. 2 WPO). Weiter ist aber erforderlich, dass die Voraussetzungen für die Ermächtigung oder Bestellung den Vorschriften der WPO im Wesentlichen entsprechen und sie in dem ausländischen Staat ihren Beruf gemeinsam mit WP ausüben dürfen. Eine Sozietät oder andere Personengesellschaft kann ferner mit RA, Patentanwälten und StB anderer Staaten eingegangen werden, wenn diese einen nach Ausbildung und Befugnissen der entsprechenden deutschen Berufsgesetze[136] vergleichbaren Beruf ausüben. Ferner müssen diese ausländischen Berufsangehö-

132 BGH vom 16. 4. 2008 – VIII 230/07, NJW 2008 S. 2330.

133 OVG Berlin-Brandenburg vom 23. 2. 2012, WPK Magazin 2/2012 S. 48 f.

134 BGH WPK-Mitt. 2001 S. 72; BGH vom 12. 7. 2012 – AnwZ (Bfrg) 37/11, AnwBl 2012 S. 840 ff.

135 Vgl. zu den verheerenden Haftungsfolgen für Scheinsozien *Juretzek*, DStR 2011 S. 2068 (Anmerkung zu BGH, Urteil vom 21. 7. 2011 – IV ZR 42/10, DStR 2011 S. 2067).

136 BRAO, StBerG und Patentanwaltsordnung.

rigen das Recht haben, mit Rechtsanwälten, Patentanwälten oder Steuerberatern in Deutschland ihren Beruf gemeinsam ausüben zu dürfen.

2.2.3.5 Einsichtsrecht der WPK in die Verträge der gemeinsamen Berufsausübung

Gem. § 44b Abs. 3 WPO hat die WPK das **Recht auf Einsichtnahme** in die Verträge der gemeinsamen Berufsausübung. Erforderliche Auskünfte sind auf Verlangen zu erteilen. Dadurch soll die Überprüfbarkeit der Einhaltung der vorgeschriebenen berufsrechtlichen Beschränkungen durch die WPK sichergestellt werden. Dies betrifft insbesondere bei gemischten Personengesellschaften den Vorbehalt für WP, Aufträge auf gesetzlich vorgeschriebene Jahresabschlussprüfungen nach § 316 HGB durchführen zu können.

2.3 Andere Formen der beruflichen Zusammenarbeit

2.3.1 Kooperationen

Von einer Kooperation spricht man, wenn die Kooperationspartner im Einzelfall oder dauerhaft in bestimmter Weise zusammenarbeiten, wobei aber jeder Kooperationspartner seinen Beruf für sich ausübt.[137] Eine gemeinsame Berufsausübung liegt also nicht vor. Gleichwohl gelten auch im Rahmen einer Kooperation die Berufspflichten.[138]

Die Zusammenarbeit in einer Kooperation kann z. B. die gegenseitige Empfehlung oder die Zusammenarbeit bei bestimmten Aufträgen zum Inhalt haben, um das jeweilige Fachwissen des anderen Partners zu nutzen. Kooperationen finden in der Praxis häufig zwischen Angehörigen unterschiedlicher Berufe statt.

In der WPO und auch sonst ist die Kooperation nicht geregelt. Ihre Zulässigkeit ist aber anerkannt. Fraglich ist, ob die Kooperation nur mit Gesellschaftern i. S. v. § 44b Abs. 1 und 2 WPO zulässig ist oder ob auch mit anderen Berufsgruppen kooperiert werden darf. Überwiegend wird kein sachlicher Grund gesehen, die Kooperation auf Personengesellschaften gem. § 44b WPO zu beschränken. Es werden z. B. Kooperationen mit Unternehmensberatern, Architekten oder Ingenieuren bejaht.[139] Dem ist zuzustimmen. Der Berufsangehörige hat bei Kooperationen aber darauf zu achten, dass er seinen Berufspflichten zur Unabhängigkeit, Eigenverantwortlichkeit und Verschwiegenheit nachkommt. Eine Kooperation darf auch nicht zu einer gewerblichen Tätigkeit des WP führen.

Auf Kooperationen darf der WP hinweisen und sie auch auf dem Briefbogen kundmachen. Diese Kundmachung darf allerdings nicht den missverständlichen Eindruck einer beruflichen Zusammenarbeit erwecken. Ein gemeinsamer Briefbogen oder eine Nennung der Kooperationspartner im Kopf des Briefbogens sind deshalb nicht erlaubt. Sie würde eine Irreführung des Rechtsverkehrs bedeuten und ggf. auch zur Haftung nach den Grundsätzen einer Schein- der Außengesellschaft führen. Berufsrechtlich nicht zu beanstanden ist ein von den Angaben der Praxisinhaber deutlich getrennter Hinweis in der Fußleiste oder in der rechten Randseite des Briefbogens z. B. mit den Worten „in Kooperation mit...".[140] Voraussetzung dafür ist eine dauerhaft vorlie-

137 Vgl. *Schnepel*, in: WPO Kommentar, 2. Aufl., Düsseldorf 2013, § 44b Rn. 48.

138 Vgl. *IDW* (Hrsg.), WP Handbuch 2012, Band I, 14. Aufl., Düsseldorf 2012, S. 53.

139 *Schnepel*, in: WPO Kommentar, 2. Aufl., Düsseldorf 2013, § 44b Rn. 49; BGH vom 25. 7. 2005 – AnwZ (B) 42/04, NJW 2005 S. 2692 (Kooperation mit Architekt).

140 WPK in WPK-Mitt. 1999 S. 87.

gende Kooperation. Ist diese nur projektbezogen, darf auf die Kooperation lediglich im zeitlichen und sachlichen Zusammenhang mit dem Projekt hingewiesen werden.

2.3.2 Bürogemeinschaft

Bürogemeinschaften sind nicht auf eine berufliche Zusammenarbeit gerichtet, sondern allein auf die gemeinsame Nutzung personeller und sachlicher Ressourcen. Die Betreuung der Mandate bleibt getrennt und erfolgt von jedem der Partner in eigener Verantwortung und auf eigene Rechnung. Die Bürogemeinschaft ist eine GbR, deren Zweck auf die gemeinsame Miete der Praxisräume, die Nutzung der Büroeinrichtung und ggf. auf die Beschäftigung von Arbeitnehmern (z. B. im Sekretariat) gerichtet ist.

Der WP muss als Partner einer Bürogemeinschaft die Einhaltung seiner Berufspflichten sicherstellen, nämlich seine Unabhängigkeit, die Eigenverantwortlichkeit und insbesondere die Verschwiegenheitspflicht. Dazu gehört auch die getrennte Aufbewahrung der Akten der Partner einer Bürogemeinschaft, so dass sie nur dem Partner und dessen Mitarbeitern zugänglich sind, der die betreffenden Mandate betreut.

Das Bestehen einer Bürogemeinschaft darf kundgemacht werden, auch auf dem Briefbogen der jeweiligen Partner der Gemeinschaft. Dabei muss unmissverständlich deutlich werden, dass keine gemeinsame Berufsausübung vorliegt. Ein Hinweis auf dem Briefbogen in ähnlicher Form und an ähnlicher Stelle wie im Falle der Kooperation ist unschädlich.[141]

2.3.3 Partnerschaftsgesellschaft

2.3.3.1 Allgemeines

Die Rechtsform der Partnerschaftsgesellschaft wurde 1995 speziell für die freien Berufe geschaffen. Sie gehört zu den Personengesellschaften und wird deshalb von der Regelung in § 44b WPO erfasst. Freiberufler können sich in einer Partnerschaftsgesellschaft zur gemeinsamen Berufsausübung zusammenschließen. Angehörige einer Partnerschaft können nur natürliche Personen sein (§ 1 Abs. 1 Satz 3 PartGG). WP können Partner in einer Partnerschaftsgesellschaft sein (§ 44b Abs. 1 WPO), nicht aber eine WPG, eine andere juristische Person oder eine Personengesellschaft. In der Mitgliederstatistik der WPK sind nur die Partnerschaftsgesellschaften aufgeführt, die sich als WPG haben anerkennen lassen.

Am Stichtag 1. 7. 2015 waren in der Mitgliederstatistik der WPK lediglich 126 Gesellschaften, davon 110 als Partnerschaftsgesellschaften mit beschränkter Berufshaftung (PartGmbB) als WPG registriert Es ist davon auszugehen, dass eine größere Anzahl von einfachen Partnerschaftsgesellschaften existiert. Am 1. 7. 2015 gab es 3.982 selbständig tätige WP in eigener Praxis. In dieser Zahl enthalten sind die Berufsangehörigen, die in Sozietäten und einfachen Partnerschaften tätig sind. Nach der Berufsstatistik der Bundessteuerberaterkammer gab es zum Vergleich am 1. 1. 2015 insgesamt 2.137 Steuerberaterpraxen in der Rechtsform der Partnerschaftsgesellschaft entsprechend § 3 Nr. 2 StBerG.[142]

---

141 Vgl. *Schnepel*, in: WPO Kommentar, 2. Aufl., Düsseldorf 2013, § 44b Rn. 55.

142 Berufsstatistik 2014 der BStBK.

2.3.3.2 Gesellschaftsrechtliche Grundlagen

Rechtsgrundlage ist das Gesetz über Partnerschaftsgesellschaften (**PartGG**). Partner können nur Angehörige der Freien Berufe sein. Das Gesetz zählt in § 1 Abs. 2 Satz 2 PartGG die dazugehörigen Freien Berufe auf. Dazu gehören auch WP, StB und RA. Das PartGG erlaubt auch den Zusammenschluss von unterschiedlichen freien Berufen, was aber unter dem Vorbehalt des jeweiligen Berufsrechts steht (§ 1 Abs. 3 PartGG). Die Berufsausübung kann in berufsrechtlichen Vorschriften (z. B. der WPO) ausgeschlossen oder von weiteren Voraussetzungen abhängig gemacht werden (§ 1 Abs. 3 PartGG).

Auf die Partnerschaft finden, soweit das PartGG nichts anderes regelt, die Vorschriften des **BGB** über die GbR Anwendung (§ 1 Abs. 4 PartGG). Ihrer Struktur nach entspricht die Partnerschaft aber der OHG, wobei der wesentliche Unterschied darin besteht, dass die Partnerschaft kein Handelsgewerbe ausübt. Kraft Einzelverweisung finden wichtige Bestimmungen des **HGB** über die OHG Anwendung.

Der **Gesellschaftsvertrag** ist schriftlich abzuschließen und muss zwingende Vertragsbestandteile enthalten (§ 3 Abs. 1 und 2 PartGG). Die Partnerschaft entsteht mit dem Abschluss des schriftlichen Gesellschaftsvertrags. Nach außen wird sie erst mit Eintragung in das Partnerschaftsregister wirksam (§ 7 Abs. 1 PartGG).

Die Partnerschaft muss einen **Namen** führen. Dieser muss nach § 2 PartGG den Namen wenigstens eines der Partner, den Zusatz „und Partner" oder „Partnerschaft" sowie die Berufsbezeichnungen aller in der Partnerschaft vertretenen Berufe enthalten. Die Namen anderer Personen als der Partner dürfen nicht in den Namen der Partnerschaft aufgenommen werden (§ 2 Abs. 1 PartGG). Der Name eines ausgeschiedenen Partners kann fortgeführt werden, wenn dieser seine Zustimmung erteilt (§ 2 Abs. 2 PartGG i.V.m. § 24 Abs. 2 HGB). Die Partnerschaft kann nur einen **Sitz** haben. Überörtliche Partnerschaften sind ausgeschlossen.

Die Partnerschaft ist **rechtsfähig** und kann Trägerin von Rechten und Pflichten sein (§ 7 Abs. 2 PartGG i.V.m. § 124 HGB). Aufträge werden der Partnerschaft und nicht den einzelnen Partnern erteilt.

Die **Vertretung** der Partnerschaft ist in § 7 Abs. 3 PartGG geregelt und entspricht weitgehend der OHG, denn es wird auf die §§ 125 Abs. 1, 2 und 4 sowie auf die §§ 126 und 127 HGB verwiesen. Danach besteht grundsätzlich Einzelvertretungsmacht jedes Partners.

Die **Haftung** der Partnerschaft und ihrer Partner enthält Besonderheiten. Für die Verbindlichkeiten der Partnerschaft haftet diese selbst (§ 7 Abs. 2 PartGG i.V.m. § 124 HGB). Daneben haften grundsätzlich alle Partner persönlich und unbeschränkt als Gesamtschuldner (§ 8 Abs. 1 PartGG).

Für Ansprüche aus **fehlerhafter Berufsausübung** ist die Haftung auf denjenigen Partner beschränkt, der innerhalb der Partnerschaft die beruflichen Leistungen erbracht und das Mandat bearbeitet hat. Ausgenommen sind Bearbeitungsbeiträge von untergeordneter Bedeutung (§ 8 Abs. 2 PartGG).

Nach § 8 Abs. 3 PartGG kann die Haftung durch Gesetz für Ansprüche aus Schäden wegen fehlerhafter Berufsausübung auf einen bestimmten Höchstbetrag beschränkt werden, wenn zugleich eine Pflicht zum Abschluss einer Berufshaftpflichtversicherung der Partner oder der Partnerschaft begründet wird. Für den WP vergleiche dazu § 54a Abs. 1 WPO. Danach kann die Haftung durch schriftliche Vereinbarung im Einzelfall auf die Mindesthöhe der Deckungssumme (1 Mio. €) oder durch vorformulierte Vertragsbedingungen auf den vierfachen Betrag der Mindesthöhe der Deckungssumme (4 Mio. €) beschränkt werden.

2.3.3.3 Partnerschaftsgesellschaft mit beschränkter Berufshaftung

Seit 2013 besteht die Möglichkeit, eine Partnerschaftsgesellschaft als Partnerschaft mit beschränkter Berufshaftung (PartGmbB) auszugestalten (§ 8 Abs. 4 PartGG). Die Grundform der Partnerschaftsgesellschaft, wie sie das Gesetz seit 1995 vorsieht, blieb daneben erhalten.[143] Die neue Gestaltungsmöglichkeit sollte der ausländischen Rechtsform der *Limited Liability Partnership* (LLP) ein konkurrenzfähiges deutsches Gesellschaftsmodell entgegensetzen. Die LLP wurde insbesondere von deutschen Großkanzleien im Rechtsanwaltsbereich verwendet.

Die Haftung der PartGmbB ist nach § 8 Abs. 4 PartGG für Berufsfehler auf das Vermögen der Partnerschaft beschränkt. Die gesetzliche Haftungsbeschränkung auf das Gesellschaftsvermögen der Partnerschaftsgesellschaft gilt nur für Haftungsfälle aufgrund beruflicher Fehler, d. h. sie gilt nicht für alle sonstigen Verbindlichkeiten, wie z. B. aus Darlehen, aus Miet- oder Arbeitsverträgen.

Die Regelungen zur Berufshaftpflichtversicherung bei PartGmbB sind den jeweiligen Berufsgesetzen vorbehalten. Daraus ergeben sich insbesondere für die vielen interprofessionellen Partnerschaftsgesellschaften Probleme, zumal vorgesehen ist, dass für die PartGmbB unter Beteiligung von Rechtsanwälten die hohe Versicherungssumme von 2,5 Mio. € pro Partner erforderlich ist. Sind weniger als vier Rechtsanwälte beteiligt, gilt eine vierfache Maximierung, d. h. eine Versicherungssumme von 10 Mio. €. Das kann auch für die Partner, die StB oder WP sind, zu erheblichen Steigerungen der Versicherungssummen und Prämien führen (vgl. dazu Abschn. 2.3.3.5).

2.3.3.4 Berufsrechtliche Besonderheiten bei der einfachen Partnerschaftsgesellschaft

„Einfache Partnerschaftsgesellschaft"

Berufsrechtlich ist zwischen einer Partnerschaftsgesellschaft, die gem. § 27 WPO als WPG anerkannt ist, und der sog. einfachen Partnerschaft, die keine Anerkennung als Berufsgesellschaft besitzt, zu unterscheiden. Diese Unterscheidung gilt sowohl für die „normale" Partnerschaft wie auch für die Partnerschaft mit beschränkter Berufshaftung. Die Tätigkeit als WP ist in beiden Ausgestaltungsvarianten erlaubt.

Nach § 1 Abs. 3 PartGG können die Berufsgesetze die Berufsausübung in der Rechtsform der Partnerschaftsgesellschaft von besonderen Voraussetzungen abhängig machen. Die WPO enthält für die Partnerschaft – von gelegentlichen Erwähnungen abgesehen (vgl. §§ 43a Abs. 2, 38 Nr. 1g WPO) – allerdings keine besonderen Regelungen. Da die PartG eine Personengesellschaft ist, gilt für sie **§ 44b WPO**.

Für die Partnerschaft gibt es wie bei anderen Personengesellschaften z. B. die Möglichkeit einer **Außen- und Scheinpartnerschaft** (§ 44b Abs. 6 WPO). Dabei sind Partner, die im Innenverhältnis

143 Vgl. *Schmitz*, WP Praxis 2014 S. 122 ff.

nicht wie Partner behandelt werden, im Außenverhältnis den Partnern in jeder Hinsicht gleichgestellt. Das gilt insbesondere auch für die Frage der Haftung.[144]

Berufsausübung des WP in der Partnerschaft

Seit der Gesetzesänderung in § 43a Abs. 1 WPO durch das APAReG ist die gemeinsame Berufsausübung in einer sog. einfachen Partnerschaft als originäre Berufsausübung einzustufen und nicht – wie vorher – als eine lediglich nach § 43a Abs. 2 WPO erlaubte Tätigkeit.[145] Die Durchführung von gesetzlichen Vorbehaltsaufgaben war im Rahmen der lediglich erlaubten Tätigkeiten nicht zulässig.[146] Das führte in der Praxis zu nicht unerheblichen Schwierigkeiten und Widersprüchen. Die Gesetzesänderung hat hier Abhilfe geschaffen und die berufsrechtliche Sonderrolle der PartG beendet. Sie ist eine Personengesellschaft i. S. d. § 44b Abs. 1 WPO und begründet damit für den WP eine Tätigkeit als selbständige und originäre Berufsausübung.

2.3.3.5 Berufshaftpflichtversicherung bei gemeinsamer Berufsausübung in einer Personengesellschaft

Berufsangehörige, die ihren Beruf nach § 43a Abs. 1 Nr. 1 WPO ausüben, sind verpflichtet, eine Berufshaftpflichtversicherung zur Deckung der sich aus ihrer Berufstätigkeit ergebenden Haftpflichtgefahren für Vermögensschäden zu unterhalten (§ 54 Abs. 1 Satz 1 WPO). Diese Pflicht haben selbständig tätige WP, die in eigener Praxis oder gemeinsam in einer Personengesellschaft ihren Beruf ausüben. Versicherungspflichtig ist der einzelne WP, nicht also die Personengesellschaft, in der er tätig ist. Die Versicherung muss auch solche Vermögensschäden abdecken, für die ein Berufsangehöriger nach § 278 BGB für seine Erfüllungsgehilfen oder nach § 831 BGB für seine Verrichtungsgehilfen einzustehen hat (§ 54 Abs. 1 Satz 3 WPO).

Eine Besonderheit gilt für die Partnerschaftsgesellschaft mit beschränkter Berufshaftung. Sie ist als solche versicherungspflichtig. Die Berufshaftpflichtversicherung einer PartGmbB nach § 8 Abs. 4 des PartGG, die nicht selbst als WPG zugelassen ist, muss die Haftpflichtgefahren für Vermögensschäden decken, die sich aus ihrer Berufstätigkeit nach §§ 2 oder 129 WPO ergeben (§ 54 Abs. 1 Satz 2 WPO). Die Verweisung berücksichtigt die Vielfalt der von WP und vereidigten Buchprüfern wahrgenommenen Tätigkeiten und umfasst nicht nur die Vorbehaltsaufgaben, sondern auch die anderen in den §§ 2 und 129 WPO genannten Aufgabenbereiche, also z. B. auch die Steuerberatung (§ 2 Abs. 2 WPO).[147]

Zu den einzelnen weiteren Regelungen und Erfordernissen der Berufshaftpflichtversicherung vgl. Kap. VI Abschn. 4.

2.3.3.6 Angaben auf Geschäftsbriefen bei Personengesellschaften und PartG

Für die **Angaben auf Geschäftsbriefen** der Partnerschaft und der Personengesellschaften des Handelsrechts gilt § 125a Abs. 1 Satz 1 und Abs. 2 HGB (für PartG i. V. m. § 7 Abs. 5 PartGG). Im Einzelnen sind anzugeben:

- Rechtsform und Sitz der Gesellschaft;

144 Vgl. *Schnepel*, in: WPO Kommentar, 2. Aufl., Düsseldorf 2013, § 44b Rn. 44, 47; OLG München, NJW RR 2001 S. 1358.

145 Zur alten Rechtslage vgl. *Schnepel*, in: WPO Kommentar, 2. Aufl., Düsseldorf 2013, § 44b Rn. 45 ff.; WPK Magazin 1/2012 S. 29.

146 *Schnepel*, in: WPO Kommentar, 2. Aufl., Düsseldorf 2013, § 44b Rn. 46, spricht zur alten Rechtlage von einer Regelungslücke.

147 Begründung im Referentenentwurf des APAReG, dort Buchstabe B zu Nummer 35, BT-Drucks. 18/6282, S. 80.

- das Registergericht und die Nummer, unter der die Gesellschaft im Handelsregister eingetragen ist.

§ 125a HGB gilt auch für die KG, bei der ein Kommanditist eine natürliche Person ist, nicht jedoch der persönlich haftende Gesellschafter (GmbH & Co. KG). Die nach § 125a Abs. 1 Satz 2 HGB für die Gesellschafter vorgeschriebenen Angaben müssen nur für die persönlich haftenden Gesellschafter, nicht jedoch für die Kommanditisten gemacht werden. Bei handelsrechtlichen Personengesellschaften ist nach Handelsrecht die Nennung der einzelnen Gesellschafter auf dem Briefbogen nicht erforderlich. Werden sie aber, was üblich ist, auf dem Briefbogen aufgeführt, so müssen alle Mitgesellschafter mit ihren Berufsbezeichnungen genannt werden. Dies entspricht dem Gebot einer sachlichen Kundmachung und dem Verbot der Irreführung des Rechtsverkehrs. Sie brauchen nicht als Partner bezeichnet werden.[148] Werden ohne Unterscheidung weitere in der Personengesellschaft tätige Personen, ohne Gesellschafter zu sein, auf den Geschäftsbriefen genannt, so haben diese haftungsrechtlich die Stellung von Scheingesellschaftern.

Bei gemeinsamer Berufsausübung in einer Sozietät, also einer BGB-Gesellschaft, müssen die Sozietätsmitglieder nach den Bestimmungen des Berufsrechts unter ihren Namen und Berufsbezeichnungen auftreten. Alle Sozietätsmitglieder sind mit ihren Berufsbezeichnungen auf dem Briefbogen gesondert aufzuführen (§ 21 Abs. 1 und 3 BS WP/vBP).

Seit dem Inkrafttreten des APAReG ist es Berufsangehörigen möglich, ihren Beruf gemeinsam nicht nur in Sozietäten und Partnerschaftsgesellschaften, sondern in der Rechtsform jeder Personengesellschaft auszuüben. Damit sind in § 44b Abs. 1 WPO offensichtlich nur solche Personengesellschaften gemeint, die nicht nach § 27 Abs. 1 WPO als WPG anerkannt sind. Für diese bestehen besondere Formen der Kundbarmachung (vgl. § 22 BS WP/vBP). Für die gemeinsame Berufsausübung in Personengesellschaften nach § 44b Abs. 1 WPO wird man dagegen berufsrechtlich die gleichen Angaben auf dem Briefbogen fordern müssen wie sie für Sozietäten gelten (§ 21 BS WP/vBP). Eine Anpassung der neuen Berufssatzung in diesem Punkt erscheint sinnvoll. Danach müssen dann alle Gesellschafter bei gemeinsamer Berufsausübung in einer Personengesellschaft unter ihrem Namen und ihren Berufsbezeichnungen auftreten.

3. Anstellungsverhältnisse (§§ 43a Abs. 1 und 2, 45 WPO)

3.1 Anstellungsverhältnisse nach § 43a Abs. 1 Nr. 3 WPO

Berufsangehörige können gem. § 43a Abs. 1 Nr. 3 WPO als zeichnungsberechtigte Vertreter oder als zeichnungsberechtigte Angestellte tätig werden. Dabei handelt es sich um originäre Berufsausübungen. Diese Tätigkeit kann erfolgen bei

- Berufsangehörigen;
- Wirtschaftsprüfungsgesellschaften;
- Personengesellschaften nach § 44b Abs. 1 WPO;
- EU- oder EWR-Abschlussprüfern/EU- oder EWR-Abschlussprüfungsgesellschaften;
- genossenschaftlichen Prüfungsverbänden;
- Prüfungsstellen von Sparkassen- und Giroverbänden oder

148 Vgl. WPK Magazin 1/2012 S. 29 ff., 31.

- überörtlichen Prüfungseinrichtungen für Körperschaften und Anstalten des öffentlichen Rechts.

Die Tätigkeit im Anstellungsverhältnis setzt voraus, dass der WP zeichnungsberechtigt und bei der Unterzeichnung von Prüfungsberichten und Gutachten nicht weisungsgebunden ist (§ 44 Abs. 1 WPO). Berufsangehörige sollen als Angestellte von WPG zu Prokuristen bestellt werden (§ 45 WPO).

Es handelt sich im Rahmen des § 43a Abs. 1 Nr. 3 WPO um eine abschließende Aufzählung. Unzulässig sind deshalb z. B. ein Anstellungsverhältnis bei einem Nur-Steuerberater oder Nur-Rechtsanwalt, wie auch die einfache Anstellung bei einer Steuerberatungs- oder Rechtsanwaltsgesellschaft.

In manchen Fällen ist die Abgrenzung des Angestelltenverhältnisses von der selbständigen Tätigkeit von Bedeutung. Für ein Anstellungsverhältnis sprechen die Weisungsbefugnis des Arbeitgebers und die Eingliederung in die betriebliche Organisation.[149] Ein weiteres Merkmal für das Vorliegen eines Anstellungsverhältnisses ist das Direktionsrecht des Arbeitgebers: Dieser kann den Inhalt, die Zeit, Dauer und Ort sowie die sonstigen Umstände der Tätigkeit bestimmen.[150] Auch wenn der Vertrag mit einem WP von einer selbständigen Mitarbeit ausgeht, die tatsächliche Vertragsgestaltung aber die Merkmale eines Arbeitsverhältnisses aufweist und damit auf ein persönliches Abhängigkeitsverhältnis hindeutet, kann darin ein Beschäftigungsverhältnis zu sehen sein. Entscheidend sind die Umstände des Einzelfalls. Bei der Deutschen Rentenversicherung können die Beteiligten eine schriftliche Entscheidung darüber anfordern, ob ein Beschäftigungsverhältnis vorliegt (vgl. § 7a SGB IV).

3.2 Anstellungsverhältnisse nach § 43a Abs. 1 Nr. 4 ff. WPO

Die folgenden Anstellungsverhältnisse dürfen Berufsangehörige nach § 43a Nr. 4 ff. WPO ohne Weiteres eingehen. Sie sind originäre Berufsausübungsformen. Es handelt sich um die Tätigkeit als:

- Vorstandsmitglied oder geschäftsführende Person einer Buchprüfungsgesellschaft, einer Rechtsanwaltsgesellschaft oder Steuerberatungsgesellschaft (Nr. 4);
- zeichnungsberechtigter Angestellter oder zeichnungsberechtigte Vertreter bei einem Angehörigen eines ausländischen Prüferberufs oder einer ausländischen Prüfungsgesellschaft (Nr. 5);
- gesetzlicher Vertreter oder als Mitglied des zur gesetzlichen Vertretung berufenen Organs einer ausländischen Prüfungsgesellschaft (Nr. 5);
- Vertreter oder als Mitglied des zur gesetzlichen Vertretung berufenen Organs einer ausländischen Rechtsberatungsgesellschaft oder Steuerberatungsgesellschaft, wenn die Voraussetzungen für deren Berufsausübung den Vorschriften der Bundesrechtsanwaltsordnung oder des Steuerberatungsgesetzes im Wesentlichen entsprechen (Nr. 6);
- Angestellter der WPK (Nr. 7);

149 Vgl. IDW (Hrsg.), WP Handbuch 2012, Band I, 14. Aufl., Düsseldorf 2012, S. 55 mit Hinweis auf BAG vom 15. 12. 1999, DB 2000 S. 1618.

150 BGH vom 21. 1. 2003, NJW-RR 2003 S. 773; 25. 6. 2002 – X ZR 83/00, NJW 2002 S. 3317 f.

- Angestellter des Amtes für Wirtschaft und Ausfuhrkontrolle, soweit es sich um eine Tätigkeit bei der Abschlussprüferaufsichtsstelle handelt (Nr. 8);
- Angestellter beim DRSC, bei der DPR, beides Einrichtungen nach § 342 Abs. 1 und § 342b Abs. 1 HGB (Nr. 9a und b);
- Angestellter einer nichtgewerblichen Personenvereinigung, deren Mitglieder Berufsangehörige bzw. WPG, vBP, BPG oder Personengesellschaften i. S. von § 44b Abs. 2 Satz 1 WPO sind, deren ausschließlicher Zweck die Vertretung beruflicher Belange der WP und vBP ist und in der WP, WPG, vBP oder BPG die Mehrheit haben (Nr. 9c);
- Angestellter der BAFin, wenn es sich um eine Tätigkeit nach § 11 des WPJG oder zur Durchführung und Analyse von Prüfungen bei einem von einer Aufsichtsbehörde beaufsichtigten Unternehmen handelt (Nr. 10a und b);
- Angestellter eines Prüfungsverbands nach § 26 Abs. 2 des KWG (Nr. 11).

3.3 Zeichnungsberechtigung für angestellten WP bei einem Berufsangehörigen oder einer Personengesellschaft

Angestellte WP müssen zeichnungsberechtigt und eigenverantwortlich tätig sein. Ihnen dürfen keine Weisungen erteilt werden, die sie verpflichten, Prüfungsberichte und Gutachten auch dann zu unterzeichnen, wenn ihr Inhalt sich nicht mit ihrer Überzeugung deckt (§ 44 Abs. 1 Satz 1 WPO). Ein angestellter WP ist zeichnungsberechtigt, wenn er das Recht hat, seinen Arbeitgeber zu vertreten. Der Umfang der Vertretungsmacht ist im Gesetz allerdings nicht umschrieben. Ein umfassendes Vertretungsrecht im zivilrechtlichen Sinn ist aus berufsrechtlichen Gründen nicht erforderlich.

Je nach der Art des Anstellungsverhältnisses ist ein umfassendes Zeichnungsrecht auch berufsrechtlich nicht möglich. Bei einem in eigener Praxis tätigen WP oder bei gemeinsamer Berufsausübung in einer Personengesellschaft nach § 44b WPO geht der Prüfungsauftrag für gesetzlich vorgeschriebenen Abschlussprüfungen an den Einzel-WP oder an die in der Personengesellschaft tätigen WP (Arbeitgeber).[151] Eine Personengesellschaft, die nicht als WPG anerkannt ist, z. B. eine Sozietät, kann als solche nicht zum gesetzlichen Abschlussprüfer bestellt werden. Das gilt sowohl für die interprofessionelle wie auch für die ausschließlich aus WP bestehende Personengesellschaft.[152] Die beauftragten WP allein sind die Abschlussprüfer i. S. des § 322 HGB und sie allein haben das Recht und die Pflicht, den Bestätigungsvermerk zu unterzeichnen.[153] Der angestellte WP ist zu einer Unterzeichnung nicht berechtigt.

Zivilrechtlich ist allerdings anerkannt, dass der Auftrag zur Durchführung einer gesetzlichen Abschlussprüfung nicht den einzelnen WP-Gesellschaftern, sondern der Personengesellschaft selbst erteilt wird. Die Wahl und Bestellung des gesetzlichen Abschlussprüfers bezieht sich im Hinblick auf den eindeutigen Wortlaut des § 319 Abs. 1 Satz 1 und 2 HGB aber nur auf diejenigen Gesellschafter, die zur Durchführung von gesetzlichen Abschlussprüfungen befugt sind.[154]

151 BGH, Urteil vom 10. 5 2012 – X ZR 125/10, DB 2012 S. 2270; WPK Magazin 4/2012 S. 44.

152 Vgl. *Schnepel*, in: WPO Kommentar, 2. Aufl., Düsseldorf 2013, § 32 Rn. 6 und § 44b Rn. 17, jeweils für die Sozietät.

153 Vgl. *Teckemeyer*, in: WPO Kommentar, 2. Aufl., Düsseldorf 2013, § 43a Rn. 18.

154 Vgl. WPK Magazin 4/2012 S. 44 ff. im Hinblick auf das Urteil des BGH vom 10. 5. 2012; siehe auch die vorige Fußnote.

Allerdings ist eine sog. Beizeichnung durch Unterschrift des an der Prüfungsdurchführung beteiligten WP erlaubt, wenn dessen Funktion (z. B. „Prüfungsleiter") genannt wird und eine räumliche Trennung von der Unterschrift des beauftragen WP (Arbeitgeber) erfolgt.[155] In der Praxis dürfte aber von einer solchen Beizeichnung nur in geringem Maße Gebraucht gemacht werden. Anders mag es bei der Unterzeichnung von Gutachten sein. Hier ist eine Mitunterzeichnung des angestellten WP als bevollmächtigter Vertreter neben dem Arbeitgeber durchaus möglich.

Die Art und Weise des Zeichnungsrechts des angestellten WP wird der Arbeitgeber regeln. Rechtlich kommt für den angestellten WP nur ein alleiniges oder gemeinsames Zeichnungsrecht in Betracht, soweit das Berufsrecht nicht eine Vertretung überhaupt ausschließt (so beim Bestätigungsvermerk).

3.4 Besonderheiten der Anstellung bei gemischter Personengesellschaft

Berufsangehörige dürfen ihren Beruf mit Personengesellschaften i. S. des § 44b Abs. 1 WPO ausüben. An einer solchen Personengesellschaft können sich auch andere Freiberufler beteiligen. Man spricht dann von einer gemischten Personengesellschaft. Will ein WP mit einer gemischten Personengesellschaft ein Anstellungsverhältnis eingehen, an der neben WP z. B. auch StB oder RA Gesellschafter beteiligt sind, dann ist das berufsrechtlich erlaubt. Sind Nicht-WP beteiligt, bedarf es aber der Erklärung, dass der angestellte WP ausschließlich den arbeitsrechtlichen Weisungen der WP Gesellschafter unterliegt.[156]

BEISPIEL ▸ Ein WP kann, anders als vor Inkrafttreten des APAReG, auch mit einer einfachen Partnerschaftsgesellschaft ein Anstellungsverhältnis eingehen. Die Partnerschaftsgesellschaft gehört ebenso wie OHG und KG zu den Personengesellschaften i. S. des § 44b Abs. 1 WPO, an denen sich WP in originärer Berufsausübung beteiligen und bei denen WP als Angestellte tätig sein können.

3.5 Tätigkeit als zeichnungsberechtigter Angestellter bei einer WPG

WP dürfen ihren Beruf nach § 43a Abs. 1 WPO auch als Angestellte bei einer WPG ausüben. Sie müssen ihren Beruf auch im Angestelltenverhältnis eigenverantwortlich ausüben können. Deshalb müssen sie zeichnungsberechtigt sein. Darunter ist eine Vertretungsbefugnis zu verstehen, die aber vom Gesetz nicht näher umschrieben ist. Der Umfang des Vertretungsrechts des angestellten WP richtet sich nach den jeweiligen Regelungen, die in der betreffenden WPG mit den Angestellten WP getroffen wurden. Die bei einer WPG angestellten Berufsangehörigen sollen gem. § 45 WPO die Rechtsstellung von Prokuristen haben. Diese Sollvorschrift wird von den meisten WPG beachtet und praktiziert. Auch das stärkt ihre Eigenverantwortlichkeit.

Wird der Prüfungsauftrag einer WPG erteilt, ist die Gesellschaft Abschlussprüfer und hat den Bestätigungsvermerk zu erteilen. Die Unterzeichnung hat durch die gesetzlichen Vertreter zu erfolgen und kann aber auch durch rechtsgeschäftlich bevollmächtigte Angestellte vorgenommen werden, die WP sind. Als zeichnungsberechtigter Angestellter einer WPG ist ein WP also auch zur Unterzeichnung von Bestätigungsvermerken berechtigt, soweit nicht in der Satzung der WPG oder in Absprache mit dem WP anderweitige Regelungen getroffen wurden. Der für

155 Vgl. *Schnepel*, in: WPO Kommentar, 2. Aufl., Düsseldorf 2013, § 32 Rn. 5.

156 Vgl. WPK Magazin 1/2012 S. 29 ff. für die originäre Berufsausübung in einer Sozietät; anders *Teckemeyer*, in: WPO Kommentar, 2. Aufl., Düsseldorf 2013, § 43a Rn. 20, der den Abschluss des Angestelltenverhältnisses nur mit den WP Gesellschaftern verlangt.

die Auftragsdurchführung verantwortliche WP muss in jedem Fall (mit)unterzeichnen (§ 44 Abs. 1 BS WP/vBP).

Die vorstehenden Ausführungen geltend entsprechend für die Anstellung eines WP bei einer EU- oder EWR-Abschlussprüfungsgesellschaft.

3.6 Tätigkeit als zeichnungsberechtigter Vertreter eines WP oder einer Personengesellschaft

Einen WP als zeichnungsberechtigten Vertreter eines anderen WP findet man nur in Ausnahmefällen, so z. B. bei Abwesenheit des WP im Urlaub oder im Krankheitsfall. Der Vertreter eines WP ist kein Angestellter, sondern ein Berufskollege, der mit der Vertretung in der Praxis beauftragt wird. Bei gesetzlichen Abschlussprüfungen gibt es keine Vertretungsmöglichkeit, da der Prüfungsauftrag dem WP höchstpersönlich erteilt wird. Deshalb beschränkt sich die Tätigkeit des Vertreters auf die allgemeine Praxisvertretung im Rahmen der übrigen Aufgaben des WP.[157] Inhalt und Umfang der Vertreterstellung müssen im Übrigen zwischen dem WP und dessen Vertreter geregelt werden, da das Gesetz keine Vorgaben macht. Die Zeichnungsberechtigung sollte vom Inhaber der Praxis so umfassend ausgestaltet sein, dass ein ordnungsgemäßer Betrieb der Praxis während der Abwesenheit oder Verhinderung des Inhabers gewährleistet ist. Bei der Unterzeichnung muss die Stellung als Vertreter deutlich gemacht werden, damit ein irreführender Eindruck vermieden wird.[158]

Wird die Praxis nicht als Einzelpraxis sondern als Sozietät oder in Form einer anderen Personengesellschaft i. S. des § 44b Abs. 1 WPO geführt, werden i. d. R. die anderen Gesellschafter die Vertretung eines abwesenden Kollegen übernehmen, so dass es keines zeichnungsberechtigten Vertreters von außen bedarf. Anders ist die Lage unter Umständen bei einer gemischten Personengesellschaft, bei der nur einen WP als Mitgesellschafter tätig ist. Hier kommt eine Praxisvertretung in Betracht, wenn die anstehenden Aufgaben nicht von Mitgesellschaftern übernommen werden können. Auch hier gilt die Regel: Gesetzliche Abschlussprüfungen dürfen nur von dem damit beauftragten WP und nicht durch den Praxisvertreter durchgeführt werden.

Die vorstehenden Ausführungen gelten entsprechend für die Bestellung eines zeichnungsberechtigten Vertreters bei EU- oder EWR-Abschlussprüfern.

3.7 Tätigkeit als zeichnungsberechtigter Vertreter einer WPG

Eine zeichnungsberechtigte Vertretung bei einer WPG ist im Grunde nicht anders ausgestaltet als diejenige bei einem WP oder einer Personengesellschaft i. S. von § 44b Abs. 1 WPO. Eine WPG wird durch ihre gesetzlichen Vertreter als Organe der Gesellschaft geführt. Der oder die gesetzliche(n) Vertreter einer WPG sind das verantwortliche Leitungsorgan der WPG i. S. des § 1 Abs. 3 WPO. Gesetzliche Vertreter einer WPG in der Rechtsform der AG oder GmbH sind als Vorstandsmitglieder und Geschäftsführer Organ und zugleich Angestellte dieser Gesellschaften. Gesetzliche Vertreter von WPG in der Rechtsform der OHG, KG oder PartG sind zwar keine Angestellten, aber Organe und gesetzliche Vertreter dieser Gesellschaften (vgl. § 125 und § 170 HGB; § 7

157 Vgl. *Teckemeyer,* in: WPO Kommentar, 2. Aufl., Düsseldorf 2013, § 43a Rn. 21.

158 Anderer Auffassung *Schleip,* in: WPO Kommentar, 2. Aufl., Düsseldorf 2013, § 44 Rn. 10: Es sei keine Kennzeichnung des Vertretungsverhältnisses erforderlich.

Abs. 3 PartGG i.V.m. § 125 HGB). Als solche unterliegen sie der Kontrolle der Gesellschafterversammlung.

Bei einer WPG wird es nur in seltenen Fällen zu einer Vertretung der Leitungsorgane (z. B. Geschäftsführer, Vorstand) kommen. Sind mehrere gesetzliche Vertreter vorhanden werden sie sich bei Abwesenheit gegenseitig vertreten. Die Vertretung kann außerdem auch durch einen angestellten WP erfolgen. Nur in sehr kleinen WPG mit nur einem WP als Geschäftsführer und ohne angestellte Berufsangehörige kann sich Notwendigkeit ergeben, einen Praxisvertreter von außen zu holen. Bei einer WPG kann der zeichnungsberechtigte Vertreter auch bei Abschlussprüfungen tätig werden, weil das Mandat nicht einer bestimmten natürlichen Person, sondern der WPG als Berufsgesellschaft erteilt wurde. Ein Verstoß gegen den Grundsatz der Eigenverantwortlichkeit kann hier durch die Mitwirkung eines Praxisvertreters nicht gesehen werden.

Die vorstehenden Ausführungen gelten entsprechend für die Bestellung eines zeichnungsberechtigten Vertreters bei EU- oder EWR-Abschlussprüfungsgesellschaften.

3.8 Die Tätigkeit als zeichnungsberechtigter Vertreter oder zeichnungsberechtigter Angestellter bei sonstigen Prüfungseinrichtungen

Ein WP darf auch bei genossenschaftlichen Prüfungsverbänden, Prüfungsstellen von Sparkassen- und Giroverbänden oder überörtlichen Prüfungseinrichtungen für Körperschaften und Anstalten des öffentlichen Rechts seinen Beruf ausüben (§ 43a Abs. 1 Nr. 3 WPO). Diese Einrichtungen führen gesetzlich vorgeschriebene Prüfungen durch.

Genossenschaften müssen sich gem. § 53 GenG von einem genossenschaftlichen Prüfungsverband prüfen lassen. Prüfungsgegenstand sind die wirtschaftlichen Verhältnisse und die Ordnungsmäßigkeit der Geschäftsführung. Dazu gehört nach § 53 Abs. 2 GenG auch die Jahresabschlussprüfung. Die Prüfungsaufgaben von Prüfungsstellen von Sparkassen- und Giroverbänden sind landesgesetzlich geregelt. Die Prüfungsstellen führen Prüfungen bei den Mitgliedssparkassen durch. Die Aufgaben überörtlicher Prüfungseinrichtungen für Körperschaften und Anstalten des öffentlichen Rechts sind landesgesetzlich gesondert geregelt.

Bei den genannten Einrichtungen dürfen WP als zeichnungsberechtigte Vertreter oder zeichnungsberechtigte Angestellte tätig sein. Die vorstehenden Ausführen gelten entsprechend.

3.9 Tätigkeit als zeichnungsberechtigter Vertreter oder zeichnungsberechtigter Angestellter bei ausländischen Prüfern, Prüfungsgesellschaften oder ausländischen berufsnahen Gesellschaften

3.9.1 Tätigkeit bei ausländischen Prüfern oder Prüfungsgesellschaften

Nach § 43a Abs. 1 Nr. 5 WPO dürfen WP zeichnungsberechtigte Vertreter oder zeichnungsberechtigte Angestellte bei einem Angehörigen eines ausländischen Prüferberufs oder einer ausländischen Prüfungsgesellschaft sein, wenn das ausländische Berufsrecht der WPO im Wesentlichen entspricht. Gemeint sind damit die Prüferberufe in Drittstaaten. Die Tätigkeit bei EU- oder EWR-Abschlussprüfern und EU- oder EWR-Abschlussprüfungsgesellschaften ist in § 43a Abs. 1 Nr. 3 WPO geregelt und der Tätigkeit bei deutschen WP oder WPG vollen Umfangs gleichgestellt. Bei Prüferberufen von Drittstaaten ist die Vergleichbarkeit mit dem deutschen Berufsrecht möglicherweise fraglich. Hier sollte man sich mit der WPK abstimmen.[159] Sie führt kontinuierlich neue Überprüfungen zur Gleichwertigkeit der Berufsrechte durch.[160] Der Berufsangehörige muss befugt bleiben, seine Vorbehaltsaufgaben in Deutschland auszuüben.

Unter den gleichen Voraussetzungen kann ein WP als gesetzlicher Vertreter oder Mitglied des zur gesetzlichen Vertretung berufenen Organs einer ausländischen Prüfungsgesellschaft tätig werden.

3.9.2 Tätigkeit bei ausländischen berufsnahen Gesellschaften

Der WP darf eine unselbständige berufliche Tätigkeit bei ausländischen berufsnahen Gesellschaften ausüben. Das sind ausländische Steuerberatungsgesellschaften oder Rechtsanwaltsgesellschaften Er darf diese Tätigkeit aber nur als Vorstandsmitglied oder Geschäftsführer oder als organschaftlicher Vertreter der Gesellschaft übernehmen. Er muss außerdem befugt sein, seine Vorbehaltsaufgaben als WP wahrzunehmen.

4. Berufsbezeichnung „Wirtschaftsprüfer“ (§ 18 WPO)

4.1 Allgemeines

Für alle Berufsangehörigen besteht die Verpflichtung zur Führung der Bezeichnung „Wirtschaftsprüfer/in“ im beruflichen Verkehr, d. h. bei allen Tätigkeiten, zu denen sie aufgrund der WP-Qualifikation befugt sind (§ 18 Abs. 1 Satz 1 und 2 WPO).[161] Das gilt gleichermaßen für selbständige WP, für WP als Angestellte oder für WP als gesetzliche Vertreter. Letztere haben, auch wenn sie als gesetzliche Vertreter einer StBG tätig sind, den WP-Titel zu führen.[162] Besonderheiten bestehen abhängig davon, ob der WP als Einzel-WP oder in einer Sozietät oder Partnerschaft tätig ist.

4.2 Einzel-WP

4.2.1 Vorbehaltsbereich

Wird ein Berufsangehöriger im Rahmen gesetzlich vorgeschriebener Prüfungen tätig, bei denen seine Befugnisse ausschließlich auf der WP-Qualifikation beruhen und die Verwendung des Berufssiegels vorgeschrieben ist, so darf er nur die Berufsbezeichnung „Wirtschaftsprüfer/in“ führen (§ 18 Abs. 1 Satz 3 WPO). Durch diese Beschränkung auf die Bezeichnung „Wirtschaftsprüfer/in“ wird die besondere öffentliche Funktion des WP bei seinen Vorbehaltsaufgaben hervorgehoben. Weitere Berufsbezeichnungen wie z. B. Steuerberater und Rechtsanwalt dürfen nicht geführt werden. Ausnahmsweise kann aber zusätzlich mit einem amtlich verliehenen ausländischen Prüfertitel unterzeichnet werden.

159 Vgl. WPK Magazin 4/2009 S. 44.
160 Vgl. WPK Magazin 4/2013 S. 32.
161 Vgl. *IDW* (Hrsg.), WP Handbuch 2012, Band I, 14. Aufl., Düsseldorf 2012, S. 57.
162 Vgl. *IDW* (Hrsg.), WP Handbuch 2012, Band I, 14. Aufl., Düsseldorf 2012, S. 57.

Neben der Berufsbezeichnung dürfen akademische Grade und Titel und Zusätze, die auf eine staatlich verliehene Graduierung hinweisen, geführt werden. Dazu zählen z. B. der Doktortitel und die Bezeichnung Dipl.-Kfm. (§ 18 Abs. 2 Satz 1 WPO).

4.2.2 Sonstiger beruflicher Verkehr

Auch im sonstigen beruflichen Verkehr hat der Berufsangehörige die Bezeichnung Wirtschaftsprüfer/in zu führen. Amtsbezeichnungen und Berufsbezeichnungen sind zusätzlich gestattet, wenn sie amtlich verliehen worden sind und es sich um Bezeichnungen für eine Tätigkeit handelt, die neben der der Wirtschaftsprüfung ausgeübt werden darf (§§ 18 Abs. 2 Satz 2, 43a WPO). Eine solche Amtsbezeichnung ist z. B. die Bezeichnung „Professor“. Als Berufsbezeichnung sind z. B. gemeint die Bezeichnungen StB, RA und Rechtsbeistand.

Fachgebietsbezeichnungen dürfen nur geführt werden, wenn sie gesetzlich zugelassen sind (argumentum ex § 18 Abs. 2 Satz 2, 2. Halbsatz WPO). Außerdem sind auch in anderen Staaten zu Recht geführte Berufsbezeichnungen für die Tätigkeit als gesetzlicher Abschlussprüfer oder für eine Tätigkeit, die neben der Tätigkeit als WP ausgeübt werden darf, gestattet. Dazu gehören z. B. die Bezeichnungen *„Chartered/Certified Accountant“* (Großbritannien), *„Revisore Contabile“* (Italien) oder *„Certified Public Accountant“* (USA) (§ 18 Abs. 2 Satz 3 WPO).

Der Hinweis auf die öffentliche Bestellung als **Sachverständiger** ist erlaubt (Beispiel: Sachverständiger für Unternehmensbewertung). Wird ein WP als Insolvenzverwalter oder in vergleichbaren Funktionen tätig, so darf er im Rahmen solcher Tätigkeiten neben dem Namen und der Berufsbezeichnung eine entsprechende Kennzeichnung führen.[163]

Registrierten **Prüfern für Qualitätskontrolle** gestattet die WPK die Kundmachung diese Status neben der Berufsbezeichnung Wirtschaftsprüfer. Zur Klarstellung ist dabei ein Zusatz wie z. B. *„Prüfer für Qualitätskontrolle nach § 57a Abs. 3 WPO“* hinzuzufügen.[164] Der Hinweis ist erlaubt, obwohl es sich nicht um eine Berufsbezeichnung handelt.

4.2.3 Ausnahmen

Auf die Berufsbezeichnung „Wirtschaftsprüfer“ kann ausnahmsweise verzichtet werden, wenn der WP zugleich StB oder RA ist und einer Sozietät allein als StB oder RA angehört. Er kann damit den Abschluss einer Zusatzversicherung nach § 44b Abs. 4 WPO vermeiden. Daneben muss der WP aber in einer nach § 43a Abs. 1 WPO genannten Berufsausübungsform tätig sein. Auch ein angestellter WP, der daneben als selbständiger StB tätig ist, muss den WP-Titel nicht führen und braucht sich dann auch nur als StB versichern. Dieses Prinzip der Trennung der Berufe geht auf eine Entscheidung des Bundesverwaltungsgerichts und des Bundesgerichtshofs zurück[165] und wird auch von der WPK anerkannt.[166] Wichtig ist dabei, dass der Berufsträger bei seiner Tätigkeit als StB oder RA unmissverständlich klarstellt, dass er insoweit nicht auch als WP tätig ist. Der

163 Das folgt aus der weggefallenen Regelung in § 13a Abs. 2 BS WP/vBP alter Fassung; sie gilt sinngemäß weiter.

164 Vgl. WPK Magazin 2/2005 S. 22 mit Formulierungsbeispielen.

165 Zu den Ausnahmen aufgrund der Urteile des BVerwG vom 22. 8. 2000 (WPK-Mitt. 2001 S. 70 ff.) und des BGH vom 12. 10. 2004 (WPK Magazin 1/2005 S. 48) vgl. *Teckemeyer*, in: WPO Kommentar, 2. Aufl., Düsseldorf 2013, § 18 Rn. 15.

166 Vgl. *Schnepel*, in: WPO Kommentar, 2. Aufl., Düsseldorf 2013, vor §§ 43 ff. Rn. 18 ff.; *Maxl*, in: WPO Kommentar, 2. Aufl., Düsseldorf 2013, Einleitung Rn. 138 ff.

Titel Wirtschaftsprüfer darf auf dem Briefbogen nicht geführt werden. Ein Hinweis auf eine gesonderte Berufsausübung als WP (z. B. in der Fußleiste des Briefbogens) ist dagegen zulässig.[167]

Unter bestimmten Voraussetzungen kann die Berufsbezeichnung Wirtschaftsprüfer nach dem Verzicht auf die Bestellung (wegen hohen Alters etc.) weitergeführt werden (§ 18 Abs. 4 WPO).[168]

4.3 Personengesellschaften

Bei gemeinsamer Berufsausübung in einer Personengesellschaft müssen die Berufsangehörigen jeweils unter ihren Namen und Berufsbezeichnungen auftreten.[169]

4.3.1 Sozieät und andere Personengesellschaften

Personengesellschaften i. S. des § 44b Abs. 1 WPO haben die firmenrechtlichen Vorgaben des Handelsrechts zu beachten, sofern es sich um eine OHG oder KG bzw. GmbH & Co KG handelt (z. B. § 19 HGB). Die Regelung in § 21 Abs. 1 BS WP/vBP, wonach die Gesellschafter bei Sozietäten unter ihren Namen und Berufsbezeichnungen auftreten müssen, gilt entsprechend auch für Personengesellschaften. Alternativ darf auch eine firmen- oder namenähnliche Kurzbezeichnung geführt werden, bei der nicht alle Gesellschafter genannt werden (Beispiel: Meier und Scholz, ggf. mit dem Zusatz OHG oder KG) (§ 21 Abs. 2 BS WP/vBP). Zulässig ist nur eine einheitliche Kurzbezeichnung. Es dürfen alle Qualifikationen aufgeführt werden, die in der Personengesellschaft insgesamt vorkommen (Beispiel: WP, StB, RA). Jedoch müssen alle Gesellschafter auf dem Briefbogen an anderer Stelle mit ihren persönlichen Berufsqualifikationen aufgeführt werden, soweit dies nicht technisch unmöglich ist. Bei überörtlichen Personengesellschaften muss eindeutig erkennbar sein, wo der jeweilige Gesellschafter seine berufliche Niederlassung hat (§ 21 Abs. 3 BS WP/vBP).

Wird ein Sozius, der WP ist, im Vorbehaltsbereich tätig, dann darf er Erklärungen nur unter der Berufsbezeichnung Wirtschaftsprüfer unterzeichnen. Die Sozietät als solche darf in diesem Fall nicht in die Erklärung einbezogen werden, da sie selbst derartige Erklärungen nicht abgeben darf. Das gilt selbst dann, wenn die Sozietät ausschließlich aus WP besteht.[170]

4.3.2 Sonderfall einfache Partnerschaftsgesellschaft

Der Zusatz „Partnerschaft" oder „und Partner" ist allein **Partnerschaftsgesellschaften** vorbehalten (§ 11 PartGG). Altgesellschaften, „die nicht Partnerschaftsgesellschaften" sind und am 1. 7. 1995 bestanden haben, dürfen den Zusatz „und Partner" weiterführen, müssen aber die Rechtsform (z. B. GbR) ausdrücklich angeben (§ 11 Satz 3 PartGG).

Bei „einfachen" Partnerschaften, die nicht als WPG anerkannt sind, gilt das Gleiche wie das zu den übrigen Personengesellschaften Gesagte, wenn ein Partner als WP im Vorbehaltsbereich tätig ist und in diesem Zusammenhang Erklärungen abgibt. Er muss die Berufsbezeichnung „Wirtschaftsprüfer/in" verwenden. Der Name der Partnerschaft darf im Bestätigungsvermerk nicht erscheinen.

167 Vgl. *Schnepel*, in: WPO Kommentar, 2. Aufl., Düsseldorf 2013, vor § 43 Rn. 20.

168 Vgl. dazu WPK Magazin 2/2008 S. 25.

169 Für die Sozietät vgl. § 21 BS WP/vBP.

170 Vgl. WPK Magazin 4/2012 S. 44, Personengesellschaft ist Auftraggeberin, nicht aber gesetzliche Abschlussprüferin.

5. Wirtschaftsprüfungsgesellschaften (§§ 27–34 WPO; §§ 22 BS WP/vBP)

5.1 Allgemeines

WP können ihren Beruf auch in Wirtschaftsprüfungsgesellschaften ausüben und sich in solchen zusammenschließen. Wirtschaftsprüfungsgesellschaften haben in der Berufsausübung eine große Bedeutung. Die Anzahl der WPG hat seit Inkrafttreten der WPO im Jahr 1961 von Jahr zu Jahr zugenommen. Von ursprünglich 196 WPG im November 1961 ist bis zum 1. Januar 2016 ein Anstieg auf 2890 Gesellschaften zu verzeichnen. Zum gleichen Zeitpunkt gab es 102 Buchprüfungsgesellschaften. Die Mehrzahl der Berufsangehörigen ist – zumindest auch – in einer WPG tätig. [171]

Wirtschaftsprüfungsgesellschaften sind selbst Träger der in der WPO niedergelegten Rechte und Pflichten (§ 56 WPO). Sie bedürfen der Anerkennung durch die WPK (§ 1 Abs. 3 WPO).[172] Die Anerkennung ist von einer ganzen Reihe von gesetzlichen Voraussetzungen abhängig. Das Berufsrecht greift mit seinen detaillierten Regelungen in großem Umfang in das Gesellschaftsrecht ein. Die berufsrechtlichen Vorschriften zur WPG sind sehr differenziert und teilweise recht kompliziert.

Die wirtschaftliche Situation auf dem Prüfungsmarkt bewirkt eine zunehmende Konzentration im Bereich der großen Gesellschaften. Nach der von dem Marktforschungs- und Beratungsunternehmen Lünendonk, Kaufbeuren, herausgegebenen Lünendonk-Liste[173] ist der Umsatz der größten 25 Wirtschaftsprüfungsgesellschaften im Jahr 2014 um 6,1 Prozent gewachsen, zum Teil auch durch Übernahmen von Konkurrenten. Viele mittelständische Wirtschaftsprüfungsgesellschaften stehen unter Wachstumsdruck. Die EU-Reform der Abschlussprüfung hat den Trend zu weiterer Konzentration der Wirtschaftsprüfungsgesellschaften nicht gestoppt. Die in Art. 17 der Verordnung EU 537/2014 niedergelegten Fristen zur externen Rotation sind entgegen der ursprünglichen Intention der Brüsseler Behörde so weit gefasst, dass sie keinen negativen Einfluss auf die Bindung der TOP-Wirtschaftsprüfungsgesellschaften an ihre großen „PIE-Mandate" haben. Erklärtermaßen steigern diese Gesellschaften ihre Umsätze auch durch gezieltes Akquirieren mittelständischer Mandate.[174] Die mittelgroßen und kleinen Wirtschaftsprüfungsgesellschaften werden es zunehmend schwerer haben, sich im Markt zu behaupten.

5.2 Zulässige Rechtsformen

Wirtschaftsprüfungsgesellschaften können gem. § 27 Abs. 1 WPO gegründet und anerkannt werden als

- Europäische Gesellschaften (SE),
- Gesellschaften nach deutschem Recht oder
- Gesellschaften in einer nach dem Recht eines Mitgliedsstaats der EU oder eines Vertragsstaats des EWR zulässigen Rechtsform.

---

171 Vgl. Mitgliederstatistik der WPK Stand 1. 1. 2016: http://go.nwb.de/vuwg1 (Abruf 2. 5. 2016).

172 Zur Gründung einer WPG vgl. die Merkblätter der WPK und die Musterverträge für die Errichtung einer WPG in verschiedenen Rechtsformen: http://go.nwb.de/3m38g (Abruf 2. 5. 2016).

173 Vgl. Presseinformation Lünendonk vom 16. 7. 2015: http://go.nwb.de/i6jsj (Abruf 2. 5. 2016).

174 Vgl. z. B. Website KPMG: Der Leistungskatalog bietet speziell Dienstleistungen für Familienunternehmen an und es gibt einen Bereichsvorstand für Familienunternehmen (Abruf 18. 3. 2016).

Es bestehen damit in Deutschland und im EU- oder EWR Wirtschaftsraum weder national noch international Einschränkungen für die Wahl der Rechtsform einer WPG. Zunächst können alle Gesellschaftsformen deutschen Rechts gewählt werden, also die AG, GmbH, KGaA, OHG, KG, GmbH & Co KG, die Partnerschaftsgesellschaft (PartG) und auch die Sozietät als BGB-Gesellschaft. Die Rechtsform der Europäischen Gesellschaft wird nur von großen Marktteilnehmern gewählt werden. Gründungsgesellschafter einer Europäischen Gesellschaft (SE) können nur mehrere juristische Personen sein, die ihren Sitz und ihre Hauptverwaltung in verschiedenen Mitgliedstaaten der EU haben. Sie können sich durch Verschmelzung zu einer SE zusammenschließen. Das Mindestkapital beträgt 120.000,00 €.

WPG können auch in anderen Rechtsformen gegründet und geführt werden, nämlich in den Rechtsformen aller anderen EU-/EWR Staaten. Für sie gelten selbstverständlich auch die Vorschriften der WPO, wie für jede andere WPG. Die Gleichstellung von Gesellschaftsformen auch der anderen EU- oder EWR-Staaten mit den deutschen Gesellschaftsformen macht deutlich, dass europäische Wettbewerber nicht benachteiligt werden dürfen. Es können seit dem 17. 6. 2016 Gesellschaften in allen europäischen Rechtsformen und damit auch mit Sitz im EU-/EWR-Ausland eine Anerkennung als WPG erhalten.[175] Davon erfasst sind auch schon bestehende EU-/EWR-Abschlussprüfungsgesellschaften.

Offene Handelsgesellschaften und Kommanditgesellschaften können als WPG anerkannt werden, wenn sie wegen ihrer Treuhandtätigkeit als Handelsgesellschaften in das Handelsregister eingetragen worden sind (§ 27 Abs. 2 WPO). Bei OHG, KG und GmbH & Co. KG ist also Voraussetzung, dass Geschäftsgegenstand neben der Führung einer WPG auch die Treuhandtätigkeit ist. Damit betreiben die Gesellschafter ein Gewerbe nach § 1 HGB und können im Handelsregister eingetragen werden. Trotz der Eintragung üben auch die als WPG anerkannten OHG und KG eine freiberufliche Tätigkeit i. S. der WPO aus.

5.3 Verantwortliche Führung der WPG

Die Anerkennung als WPG ist an bestimmte berufsrechtliche Kriterien geknüpft, die im Fünften Abschnitt der WPO in den §§ 27 bis 34 geregelt sind. Die Voraussetzungen für die Anerkennung finden sich insbesondere in § 28 WPO. Sie beziehen sich auf die gesetzliche Vertretung und die Gesellschafterstruktur. Grundvoraussetzung für die Anerkennung ist gem. § 1 Abs. 3 Satz 2 WPO, dass eine WPG von WP verantwortlich geführt wird. Dies bedeutet, dass wenigstens einer der gesetzlichen Vertreter als WP in Deutschland zugelassen ist und zur verantwortlichen Führung der WPG in der Lage sein muss.[176] Die weitgehende Gleichstellung der EU/EWR-Abschlussprüfer mit WP bei der gesetzlichen Vertretung in § 28 WPO geht also nicht so weit, dass WPG auch verantwortlich durch EU-/EWR-Abschlussprüfer geführt werden dürfen.

Eine verantwortliche Führung setzt voraus, dass die Vertreter der WPG in beruflichen Angelegenheiten bei ihren Entscheidungen und ihrem Handeln von Weisungen und der Zustimmung dritter Personen frei sein müssen. So entscheiden z. B. über die Annahme oder Ablehnung von

175 Vgl. WPK Magazin 1/2016 S. 40.

176 Vgl. *Timmer*, in: WPO Kommentar, 2. Aufl., Düsseldorf 2013, § 1 Rn. 36.

beruflichen Aufträgen oder über Honoraransprüche allein die verantwortlichen WP. Das gilt auch bei Personalentscheidungen. Bei der Einstellung der Mitarbeiter vertritt die WPK deshalb die Auffassung, dass erst ab der Gruppe der leitenden Mitarbeiter die Zustimmung der Gesellschafter oder eines anderen Gesellschaftergremiums vorgesehen werden darf; dabei orientieren sich die maßgeblichen Gehaltsgrenzen in etwa an der Obergrenze für die Beitragsbemessung in der Rentenversicherung. Bei Mietverträgen über Praxisräume oder Maschinen etc. gilt nach Auffassung der WPK, dass bis zu einer jährlichen Belastung in Höhe des halben Stammkapitals eine Zustimmung Dritter nicht zulässig ist; entsprechendes soll bei der entgeltlichen Anschaffung von Büromaschinen, Büromöbeln etc. gelten.[177]

Die verantwortliche Führung der WPG im Bereich der Abschlussprüfung wird durch § 44 Abs. 1 Satz 3 WPO unterstützt: Anteilseigner einer WPG und Mitglieder der Verwaltungs-, Leitungs- und Aufsichtsorgane dieser oder einer verbundenen WPG dürfen auf die Durchführung von Abschlussprüfungen nicht in einer Weise Einfluss nehmen, die die Unabhängigkeit der verantwortlichen Berufsangehörigen beeinträchtigt. In die gleiche Richtung geht auch § 32 WPO. Nach dieser Vorschrift dürfen Bestätigungsvermerke, die WPG erteilen, nur von WP unterzeichnet werden. Von vBP dürfen diese unterzeichnet werden, soweit diese befugt sind, Bestätigungsvermerke zu erteilen. EU- oder EWR-Abschlussprüfer haben nicht das Recht zur Unterzeichnung von Bestätigungsvermerken.

Wenn unter den gesetzlichen Vertretern nur ein verantwortlicher WP vorhanden ist, dann hat dies zur Konsequenz, dass ihm Einzelvertretungsmacht erteilt sein muss. EU- oder EWR-Abschlussprüfer sind in die verantwortliche Führung durch WP eingebunden. Sie können auch gesetzliche Vertreter einer WPG sein.

BEISPIEL Können drei EU-Abschlussprüfer (z. B. *Chartered Accountants* (UK)) allein die gesetzliche Vertretung einer WPG übernehmen? Das ist nicht zulässig, da gem. § 1 Abs. 3 WPO wenigstens ein in Deutschland bestellter WP die verantwortliche Leitung der Gesellschaft innehaben muss. Eine verantwortliche Führung nur durch EU- oder EWR-Abschlussprüfer kennt das Gesetz nicht.

Problematisch ist die gesetzliche Regelung in folgendem Sonderfall: Hat die Gesellschaft nur zwei gesetzliche Vertreter, so muss einer von ihnen Berufsangehöriger oder EU- oder EWR-Abschlussprüfer sein (§ 28 Abs. 1 Satz 3 WPO). Das würde bedeuten, dass eine WPG z. B. einen EU-Abschlussprüfer und einen StB als gesetzliche Vertreter haben könnte. Das ist nach § 1 Abs. 3 WPO nicht erlaubt. Die grundsätzliche Gleichstellung des WP mit EU- oder EWR-Abschlussprüfern in der WPO bedeutet nicht, dass diese allein die verantwortliche Führung einer WPG übernehmen können. Eine solche Führung der WPG ohne wenigstens einen WP sieht § 1 Abs. 3 WPO nicht vor.[178] Deshalb besteht in der Regelung des § 28 Abs. 1 Satz 3 WPO ein eklatanter Widerspruch zu der Grundregel des § 1 Abs. 3 Satz 2 WPO. Abgesehen davon, dass diese Gestaltung wohl nur geringe praktische Bedeutung gewinnen wird, muss ihr Wortlaut als verunglückt angesehen werden. Man wird auch in diesem Fall davon ausgehen müssen, dass ein EU- oder EWR-Abschlussprüfer die Gesellschaft nicht verantwortliche führen kann.

177 Vgl. Merkblatt der WPK unter: http://go.nwb.de/fw95z (Abruf 2. 5. 2016).

178 Vgl. *Timmer*, in: WPO Kommentar, 2. Aufl., Düsseldorf 2013, § 28 Rn. 14; ebenso WPK: http://go.nwb.de/pqoqx, Merkblatt Tz. I., 2 (Abruf 2. 5. 2016).

5.4 Gesetzliche Vertretung

5.4.1 Die gesetzlichen Vertreter einer WPG

Bei einer WPG in der Rechtsform der AG oder GmbH sind die Vorstände oder Geschäftsführer die gesetzlichen Vertreter. Wenn eine WPG die Rechtsform einer Personengesellschaft hat, dann haben die persönlich haftenden Gesellschaft die Rechtsstellung von gesetzlichen Vertretern (vgl. für die OHG § 125 Abs. 1 HGB). Bei einer Partnerschaftsgesellschaft, die als WPG anerkannt ist, sind dies die Partner.

WP sind die „geborenen" gesetzlichen Vertreter einer WPG in der Rechtsform der AG oder GmbH. Ihnen gleichgestellt sind EU- oder EWR-Abschlussprüfer. Neben WP können auch andere Berufsgruppen gesetzliche Vertreter einer WPG sein. Nach § 28 Abs. 2 Satz 1 WPO sind **neben WP und EU- oder EWR-Abschlussprüfern** – oder auch neben EU- oder EWR-Abschlussprüfungsgesellschaften – auch vBP, StB und RA berechtigt, gesetzliche Vertreter von WPG zu sein. Dieselbe Berechtigung kann die WPK nach § 28 Abs. 2 Satz 2 WPO **besonders befähigten Personen**, die nicht WP, vBP oder StB oder RA sind und einen mit dem Beruf des WP vereinbaren Beruf ausüben, auf Antrag erteilen. Dabei soll die Erteilung einer Ausnahmegenehmigung die Möglichkeit zur Einbeziehung berufsstandsfremden Fachwissens eröffnen, wozu fachlich erwünschte Quereinsteiger zählen. Hier kommen Berufe auf den Gebieten der Technik und des Rechtswesens in Betracht, wie z. B. Patentanwälte, Informatiker, Biotechnologen und Ingenieure. Das OVG Brandenburg bestätigte die Ablehnung einer Ausnahmegenehmigung für einen Diplomkaufmann, der zunächst Aktienanalyst und sodann bei einer WPG tätig war. Es fehle am berufsfremden Fachwissen.[179]

Bei der Beteiligung von Nicht-WP an der gesetzlichen Vertretung einer WPG ist das Gebot der verantwortlichen Führung durch WP zu beachten. Es wird konkretisiert durch die §§ 27 ff., insbesondere durch § 28 Abs. 1 Satz 1WPO.[180] Danach muss die Mehrheit der gesetzlichen Vertreter einer WPG WP oder EU- oder EWR-Abschlussprüfer sein.

5.4.2 Sonderfall 1: WPG oder EU- oder EWR-Abschlussprüfungsgesellschaft als gesetzliche Vertreter

Persönlich haftende Gesellschafter einer WPG in der Rechtsform einer Personengesellschaft können auch WPG und EU- und EWR-Abschlussprüfungsgesellschaften sein (§ 28 Abs. 1 Satz 2 WPO). Damit haben diese Gesellschaften zugleich die Eigenschaft von gesetzlichen Vertretern.

Es bestehen also mindestens zwei Berufsgesellschaften, nämlich einerseits die WPG in der Rechtsform der OHG, KG oder Sozietät und andererseits die WPG oder die EU-oder EWR-Abschlussprüfungsgesellschaft, die die Rechtsstellung des persönlich haftenden Gesellschafters übernimmt. Mit dieser Ausgestaltung ist auch die Rechtskonstruktion einer GmbH & Co. KG für WPG zulässig.[181]

179 OVG Brandenburg vom 10. 5. 2011, WPK Magazin 3/2011 S. 41 f.

180 Vgl. *Timmer*, in: WPO Kommentar, 2. Aufl., Düsseldorf 2013, § 1 Rn. 38.

181 Vgl. *Timmer*, in: WPO Kommentar, 2. Aufl., Düsseldorf 2013, § 28 Rn. 16.

5.4.3 Sonderfall 2: Ausländische Prüferberufe als gesetzliche Vertreter

Nach § 28 Abs. 3 Satz 1 WPO kann die WPK genehmigen, dass Personen, die in einem Drittstaat als sachverständige Prüfer oder Prüferinnen ermächtigt oder bestellt sind, neben Berufsangehörigen und EU- oder EWR-Abschlussprüfern gesetzliche Vertreter von WPG sein können, wenn die Voraussetzungen für ihre Ermächtigung oder Bestellung den Vorschriften der WPO im Wesentlichen entsprechen. Mit Ausnahmegenehmigung der WPK können auch RA, Patentanwälte und StB anderer Staaten gesetzliche Vertreter einer WPG sein, wenn sie einen nach Ausbildung und Befugnissen der deutschen Berufsqualifikation vergleichbaren Beruf ausüben (§ 28 Abs. 3 Satz 3 WPO).

5.4.4 Residenzpflicht

Zur Erfüllung der Residenzpflicht muss mindestens ein gesetzlicher Vertreter gem. § 28 Abs. 1 Satz 1 bis 3 WPO, also ein WP, eine WPG, ein EU- oder EWR-Abschlussprüfer bzw. eine EU- oder EWR-Abschlussprüfungsgesellschaft, seine/ihre berufliche Niederlassung am Sitz der Gesellschaft haben (§ 28 Abs. 1 Satz 4 WPO). Der Sitz ergibt sich aus dem Gesellschaftsvertrag. Der gesetzliche Vertreter muss in derselben politischen Gemeinde residieren wie die WPG. Entscheidend ist bei natürlichen Personen die berufliche Tätigkeit und nicht deren Wohnsitz.

5.4.5 Umfang der Pflichten von WPG und von Nicht-WP als gesetzliche Vertreter

Wenn die WPO von den Rechten und Pflichten spricht, dann werden im Gesetz immer nur „Wirtschaftsprüfer" angesprochen (z. B. in § 43a WPO). Denselben Berufspflichten, die für Berufsangehörige gelten, unterliegen aber auch WPG. Das wird in § 56 Abs. 1 WPO klargestellt. Sie dürfen also z. B. keine gewerbliche Tätigkeit ausüben. Auch die **Nicht-WP**, die in einer WPG Vorstandsmitglieder, Geschäftsführer oder persönlich haftende Gesellschafter sind, unterliegen gem. § 56 Abs. 1 WPO den **Berufspflichten** wie WP. Sie sind auch **Mitglieder der WPK** (§ 58 Abs. 1 WPO) und haben dieser gegenüber die gleichen Rechte und Pflichten wie WP.

Ein Nicht-WP darf eine WPG nach außen rechtsgeschäftlich vertreten. Ihm kann auch Einzelvertretungsmacht erteilt werden.[182] Eine Vertretung der WPG durch Nicht-WP ist jedoch ausgeschlossen in Fällen der gesetzlich vorgeschriebenen Prüfung von Jahresabschlüssen und Konzernabschlüssen. Dies ist eine Vorbehaltsaufgabe des WP. Diese Jahresabschlüsse sind allein von Wirtschaftsprüfern zu unterzeichnen (§ 32 WPO). Bei mittelgroßen Gesellschaften können auch vertretungsberechtigte vBP den Bestätigungsvermerk unterzeichnen. Entsprechendes gilt für sonstige Erklärungen im Rahmen von Tätigkeiten, die den Berufsangehörigen gesetzlich vorbehalten sind.

Die Anzahl der gesetzlichen Vertreter von WPG und BPG, die nicht WP oder vBP sind, belief sich nach der Mitgliederstatistik der WPK am 1. 1. 2016 auf 938 Personen.[183]

182 Vgl. *Wollburg*, in: WPO Kommentar, 2. Aufl., Düsseldorf 2013, § 1 Rn. 41.

183 WPK Mitgliederstatistik Stand 1. 1. 2016: http://go.nwb.de/vd4nu (Abruf 2. 5. 2016).

5.5 Gesellschafter

5.5.1 Kreis der Gesellschafter

Das Gesetz sieht einen beschränkten Gesellschafterkreis vor. Durch die Kapitalbindungsregelungen soll sichergestellt werden, dass die Mehrheit der Anteile in der Hand des Prüferberufs bleibt.[184] Die zulässigen Gesellschafter sind in § 28 Abs. 4 Satz 1 Nr. 1 und 1a WPO abschließend aufgezählt. Es handelt sich um einen detaillierten Katalog. Das Gesetz muss alle Gestaltungsmöglichkeiten erfassen und ist deshalb nicht sehr übersichtlich. Gesellschafter einer WPG können sein:

- Berufsangehörige und Wirtschaftsprüfungsgesellschaften,
- EU- oder EWR-Abschlussprüfer und EU- oder EWR-Abschlussprüfungsgesellschaften,
- Angehöriger weiterer **freier Berufe**: vBP, StB, StBv und RA;
- Personen, mit denen nach § 44b Abs. 2 WPO eine **gemeinsame Berufsausübung** zulässig ist,[185]
- Personen, deren Tätigkeit als Vorstandsmitglied, Geschäftsführer, persönlich haftender Gesellschafter oder Partner nach § 28 Abs. 2 WPO genehmigt worden ist, nämlich **besonders befähigte Personen** i. S. v. § 28 Abs. 2 Satz 2 WPO;
- Angehörige ausländischer Prüfungsberufe (**Drittstaatsprüfer**), und zwar als natürliche oder juristische Personen oder als Personengesellschaft, sowie RA, Patentanwälte und StB anderer Staaten i. S. v. § 28 Abs. 3 WPO, deren Tätigkeit nach dieser Vorschrift genehmigt worden ist. Diese Personen müssen einen mit dem Beruf des WP vereinbaren Beruf ausüben.

WP oder EU/EWR-Abschlussprüfer sowie WPG oder EU/EWR-Abschlussprüfungsgesellschaften können nicht nur mehrheitlich, sondern ausschließlich Gesellschafter einer WPG sein.[186] Auf der Beteiligungsebene sind EU/EWR-Abschlussprüfer bzw. EU/EWR-Abschlussprüfungsgesellschaften den WP und WPG völlig gleichgestellt.

Die Gesellschafterfähigkeit von Personen, die nicht WP oder nicht EU- oder EWR-Abschlussprüfer sind, setzt grundsätzlich die Tätigkeit dieser Personen in der Gesellschaft voraus. **Mindestens die Hälfte** der oben genannten Personen, die nicht WP sind, müssen **in der Gesellschaft tätig** sein (§ 28 Abs. 4 Satz 1 Nr. 1a WPO). Sofern diese Personen keine Stellung als gesetzliche Vertreter der WPG einnehmen, sind mit ihnen Anstellungsverträge als Nachweis der Tätigkeit abzuschließen. Dies gilt auch dann, wenn Prokura erteilt werden soll.[187]

Bei WPG in der Rechtsform von Kapitalgesellschaften, KG und KG aA darf von den oben genannten Personen, die zulässigerweise Gesellschafter, aber nicht WP oder nicht EU- oder EWR-Abschlussprüfer sind, und die nicht in der Gesellschaft tätig sind, nur **weniger als ein Viertel der Anteile** am Nennkapital oder ein Viertel der Kommanditeinlagen gehalten werden. Das Gesetz spricht von einer einfachen Minderheitenbeteiligung (§ 28 Abs. 4 Satz 1 Nr. 3a WPO).

184 Vgl. *Timmer*, in: WPO Kommentar, 2. Aufl., Düsseldorf 2013, § 28 Rn. 48.

185 Sonstige Freiberufler wie z. B. Patentanwälte oder Ingenieure (§ 44b Abs. 1 WPO), Prüfungsgesellschaften aus Drittstaaten (§ 44b Abs. 2 WPO).

186 Vgl. WPK Magazin 1/2007 S. 6.

187 Vgl. WPK Merkblatt zur Gründung von Berufsgesellschaften: http://go.nwb.de/xqsi1, Tz. I., 5 (Abruf 2. 5. 2016).

BEISPIEL Eine WPG in der Rechtsform der GmbH hat ein Stammkapital von 50.000 €. Die in der Gesellschaft nicht tätigen Gesellschafter, die nicht WP oder EU-/EWR-Abschlussprüfer sind, dürfen am Stammkapital insgesamt nur weniger als 12.500 € halten.

Haben sich Berufsangehörige i. S. v. § 28 Abs. 4 Satz 1 Nr. 1 WPO[188] zu einer GbR zusammengeschlossen, deren Zweck ausschließlich das Halten von Anteilen an einer WPG ist, so werden ihnen die Anteile an der WPG im Verhältnis ihrer Beteiligung an der GbR zugerechnet (§ 28 Abs. 4 Satz 2 WPO).

5.5.2 Mehrheitserfordernisse

Bei WPG in der Rechtsform von Kapitalgesellschaften muss die Mehrheit der Anteile WP oder WPG[189], EU- oder EWR-Abschlussprüfern oder EU- oder EWR-Abschlussprüfungsgesellschaften gehören (§ 28 Abs. 4 Satz 1 Nr. 3 WPO).

Entsprechendes gilt für **Kommanditgesellschaften** (§ 28 Abs. 4 Satz 1 Nr. 4 WPO). Bei ihnen muss die Mehrheit der im Handelsregister eingetragenen Kommanditeinlagen von WP, EU- oder EWR-Abschlussprüfern oder WPG oder EU- oder EWR- Abschlussprüfungsgesellschaften gehalten werden.

Das Gesetz erwähnt nicht die WPG in der Rechtsform der **OHG**, der **Partnerschaftsgesellschaft und der Sozietät**. Hier kann aber nichts anderes gelten als bei den vom Gesetz ausdrücklich genannten Gesellschaftsformen. Deshalb ist das Mehrheitsgebot in entsprechender Anwendung des § 28 Abs. 4 Satz 1 Nr. 3 und 4 WPO von der WPG in der Rechtsform der OHG oder Partnerschaftsgesellschaft zu beachten. Allerdings ist bei Partnerschaftsgesellschaften die Beteiligung von WPG ausgeschlossen (§ 1 Abs. 1 Satz 3 PartGG).[190] Partner können nur natürliche Personen sein, die Freiberufler sind.

5.5.3 Stimmrecht

Das Mehrheitsgebot gilt auch für die **Stimmrechte** (§ 28 Abs. 4 Satz 1 Nr. 5 WPO). Nach dem Gesetz müssen WP, WPG, EU- oder EWR-Abschlussprüfern oder EU- oder EWR-Abschlussprüfungsgesellschaften zusammen die Mehrheit der Stimmrechte der Aktionäre, der Kommanditaktionäre, der Gesellschafter einer GmbH oder Kommanditisten zustehen.

Der Wortlaut des § 28 Abs. 4 Satz 1 Nr. 5 WPO nennt nicht die WPG in der Rechtform der **OHG**, der **Partnerschaftsgesellschaft und der Sozietät**. Das Gesetz unterstellt offenbar, dass in diesen Gesellschaften entsprechend der gesetzlichen Regelung eine Mehrheit nach Köpfen für die oben genannten Berufsangehörigen besteht. Das ist indes in den meisten Fällen nicht der Fall, da in Gesellschaftsverträgen das Stimmrecht regelmäßig nach der Höhe der Beteiligung am Gesellschaftskapital vereinbart wird. Ist das der Fall, ist in jedem Fall das in § 28 Abs. 4 Satz 1 Nr. 5 WPO vorgeschriebene Mehrheitsgebot auf die WPG in der Rechtsform der OHG, der Partnerschaftsgesellschaft und der Sozietät entsprechend anzuwenden.[191]

---

188 Das sind WP, WPG, EU-/EWR-Abschlussprüfer und EU-/EWR-Abschlussprüfungsgesellschaften.

189 Sie müssen die Voraussetzungen des § 28 Abs. 4 WPG erfüllen, also Gesellschaften sein, die als WPG anerkannt sind.

190 Vgl. den Mustervertrag der WPK: http://go.nwb.de/xqsi1; dort wird in § 6 Abs. 2 folgender Wortlaut empfohlen: „Die Mehrheit der Partner müssen Berufsangehörige sein". Dabei geht die WPK offenbar von einer Beteiligung nach Köpfen aus. Das ist unbefriedigend, weil das in der Praxis nicht üblich ist.

191 Vgl. *Timmer*, in: WPO Kommentar, 2. Aufl. Düsseldorf 2013, § 28 Rn. 75.

In Gesellschaftsverträgen ist immer die **Mehrheit** zugunsten der oben genannten Gesellschafter für Beschlüsse der Gesellschafterversammlung **sicherzustellen.** Die WPK empfiehlt in ihrem Mustervertrag einer WPG in Gestalt einer Partnerschaftsgesellschaft eine Aufspaltung des Stimmrechts:

„Beschlussfassungen bedürfen der mehrheitlichen Zustimmung der Partner mit Ausnahme der Angelegenheiten, die unter dem Berufsrechtsvorbehalt der Berufsangehörigen fallen bzw./und die Eigenverantwortlichkeit gemäß § 1 Abs. 3 WPO in Zweifel stellen; hier genügt die Zustimmung des bzw. aller Partner, die Berufsangehörige sind."[192]

Eine generelle Stimmrechtsmehrheit für Berufsangehörige und EU- oder EWR-Abschlussprüfer wird von der WPK nicht verlangt. Das ist unbefriedigend, weil die den Berufsangehörigen vorbehaltenen Beschlussgegenstände nicht genügend bestimmt oder bestimmbar sind. Außerdem kommt die den EU/EWR-Abschlussprüfern zustehende Gleichstellung mit den Berufsangehörigen zu kurz.

5.6 Weitere Anerkennungsvoraussetzungen

Die Anerkennung als WPG ist noch von einer Reihe weiterer Voraussetzungen abhängig.

5.6.1 Verbot des Haltens von Anteilen für Rechnung eines Dritten

Das Verbot des Haltens von Anteilen an einer WPG für Rechnung eines Dritten in § 28 Abs. 4 Satz 1 Nr. 2 WPO soll die Umgehung der Kapitalbindungsvorschriften verhindern. Wird dagegen verstoßen, kann die Gesellschaft als WPG nicht anerkannt werden. Es sind verschiedene Gestaltungsmöglichkeiten denkbar, um das Verbot zu unterlaufen, auf die im Folgenden eingegangen wird.

5.6.1.1 Treuhandverhältnis

Für Rechnung eines Dritten werden Anteile an einer WPG unerlaubt gehalten, wenn ein **Treuhänder** Anteile für eine andere Person, den Treugeber hält. Der Treuhänder ist zwar zivilrechtlich Gesellschafter, nimmt aber im Auftrage des Treugebers und nach seinen Weisungen die Rechte aus dem Gesellschaftsanteil wahr. Dazu gehört auch das Stimmrecht. Darin liegt ein eindeutiger Verstoß gegen das Verbot. Die Anerkennung der Gesellschaft als WPG ist bei einem Verstoß gegen das Verbot zu widerrufen. Allerdings ist § 28 Abs. 4 Satz 1 Nr. 2 WPO nicht als Verbotsgesetz i. S. des § 134 BGB zu werten, so dass die Treuhandabrede bürgerlichrechtlich wirksam ist. Sie stellt aber berufsrechtlich eine Verletzung des Gebots zur gewissenhaften Berufsausübung (§ 43 Abs. 1 Satz 1 WPO) dar, so dass eine Verfolgung im Rahmen der Berufsaufsicht erfolgen wird.[193]

---

192 Vgl. den Mustervertrag der WPK: http://go.nwb.de/vsv0n (Abruf 3. 5. 2016); dort § 7 Satz 2.

193 So *Timmer* ausdrücklich, in: WPO Kommentar, Düsseldorf 2008, § 28 Rn. 57; in der 2. Aufl., Düsseldorf 2013, § 28 Rn. 63 wird bei einem Verstoß nur die Konsequenz eines Widerrufs als WPG ausgesprochen, was aber in der Sache nichts anderes bedeuten dürfte.

5.6.1.2 Nießbrauch

Wird einem Dritten von einem Gesellschafter an seinem Gesellschaftsanteil an einer WPG ein Nießbrauch bestellt, dann kann darin ein Verstoß gegen das Verbot des § 28 Abs. 4 Satz 1 Nr. 2 WPO liegen. Eine solche Nießbrauchsbestellung ist nach §§ 1069, 1030 BGB möglich. Gegenstand des Nießbrauchs können nach § 1068 BGB auch Rechte sein. Zu diesen Rechten gehören auch Gesellschaftsanteile. Das gilt sowohl für die Bestellung des Nießbrauchs an Anteilen einer Kapital- als auch an Anteilen an einer Personengesellschaft. Bei Personengesellschaften ist die Nießbrauchsbestellung nur zulässig, wenn der Gesellschaftsvertrag dies erlaubt oder alle Gesellschafter zustimmen.

Dem Nießbraucher an Aktien und GmbH-Anteilen steht der Gewinnanteil aus dem Gesellschaftsverhältnis zu. Ihm kann auch die Verwaltung übertragen werden. Dann ist er im Zweifel verfügungsbefugt. Dies würde bedeuten, dass er ermächtigt wäre, den Gesellschaftsanteil zu veräußern oder zu belasten. Das Stimmrecht aber verbleibt beim Aktionär oder Gesellschafter.[194]

Der Nießbrauch an Anteilen an einer Personengesellschaft erstreckt sich auf den Gewinnanteil und auf das Auseinandersetzungsguthaben. Die Gesellschafterrechte sind zwischen dem Nießbraucher und dem Gesellschafter aufgeteilt. Die Verwaltungsrechte verbleiben nicht insgesamt dem Gesellschafter, sondern verteilen sich zwischen dem Gesellschafter und dem Nießbraucher. Dem Gesellschafter verbleiben Rechte und Angelegenheiten, die zu den Grundlagengeschäften gehören. Der Nießbraucher hat die Geschäftsführung und die Stimmrechte in laufenden Angelegenheiten.[195]

Problematisch ist insbesondere der Nießbrauch an einem Anteil an einer **Personengesellschaft**, da der Nießbraucher die Geschäftsführung und das Stimmrecht in laufenden Angelegenheiten innehat. Ist der Nießbraucher zudem ein Nicht-WP, kann dadurch ggf. das Mehrheitserfordernis nach § 28 Abs. 4 Satz 1 Nr. 5 WPO unterlaufen werden. Sofern jedoch der Nießbraucher mit dem Gesellschafter vereinbart, dass das Stimmrecht beim Gesellschafter verbleibt, ist die Vereinbarung berufsrechtlich vertretbar.[196]

Beim Nießbrauch an einer **Kapitalgesellschaft** bleibt das Stimmrecht beim Gesellschafter. Deshalb ist eine Nießbrauchsbestellung auch hier grundsätzlich vertretbar. Wird zwischen Nießbraucher und Gesellschafter allerdings vereinbart, dass der Gesellschafter nach den Weisungen des Nießbrauchers abzustimmen habe und wird dem Nießbraucher die Verwaltung des Gesellschaftsanteils übertragen, liegt darin ein verbotenes Halten des Anteils für Rechnung eines Dritten.

Die Bestellung des Nießbrauchs richtet sich gem. § 1069 Abs. 1 BGB nach den Vorschriften für die Übertragung des Gesellschaftsanteils. Deshalb ist bei der Bestellung des Nießbrauchs am Gesellschaftsanteil einer WPG in der Rechtsform der AG, KGaA und GmbH gem. § 28 Abs. 5 WPO die **Zustimmung** der Gesellschaft einzuholen.

194 Vgl. *Bassenge*, in: Palandt (Hrsg.), BGB, § 1068 Rn. 4.
195 Vgl. *Hopt*, in: Baumbach/Hopt (Hrsg.), HGB, § 105 Rn. 46.
196 Vgl. *Timmer*, in: WPO Kommentar, 2. Aufl., Düsseldorf 2013, § 28 Rn. 67.

5.6.1.3 Andere Gewinnbeteiligungen

Als Beteiligungen Dritter am Gewinn kommen die Unterbeteiligung und partiarische Rechtsverhältnisse in Betracht.

Die **Unterbeteiligung** an einem Gesellschaftsanteil ist eine Innengesellschaft in der Rechtsform der GbR. Grundsätzlich berührt die Unterbeteiligung die Rechtsstellung des (Haupt-)Gesellschafters und der Mitgesellschafter nicht.[197] Der Unterbeteiligte hat deshalb normalerweise keinen Einfluss auf das Stimmrecht des (Haupt-)Gesellschafters. Bei dieser Ausprägung wird die Unterbeteiligung berufsrechtlich für unbedenklich angesehen.[198] Anders ist es aber, wenn dem Unterbeteiligten gegenüber dem (Haupt-)Gesellschafter hinsichtlich des Stimmrechts und der Verwaltung des Anteils Weisungsrechte bestehen. Dadurch wird dem Unterbeteiligten Einfluss auf das Rechtsverhältnis zwischen dem Gesellschafter und der Gesellschaft (WPG) eingeräumt, was nach § 28 Abs. 4 Satz 1 Nr. 2 WPO nicht gestattet ist.

Bei **partiarischen Rechtsverhältnissen**, insbesondere bei partiarischen Darlehen, hat der Vertragspartner nur ein Recht auf eine zumeist erfolgsabhängige Verzinsung, besitzt aber keinerlei Einfluss auf die Geschäftspolitik der Gesellschaft. Berufsrechtlich liegt in dem Abschluss eines solchen Vertrags kein Verstoß gegen § 28 Abs. 4 Satz 1 Nr. 2 WPO.

5.6.2 Stimmrechtsvollmacht

Der Gesellschafter übt sein Stimmrecht in erster Line in eigener Person aus. Möglich ist aber die Stimmabgabe durch einen Bevollmächtigten. Nach § 28 Abs. 4 Satz 1 Nr. 6 WPO ist für diesen Fall im Gesellschaftsvertrag zu regeln, dass zur Ausübung von Gesellschafterrechten nur Gesellschafter bevollmächtigt werden dürfen, die WP oder EU- oder EWR-Abschlussprüfer sind. Damit soll sichergestellt werden, dass Nichtgesellschafter und Berufsfremde die Kapitalbindungsvorschriften und die Mehrheitsregelungen beim Stimmrecht nicht unterlaufen können.

Mit dem Begriff „Ausübung von Gesellschafterrechten“ wird das Stimmrecht bei Gesellschafterbeschlüssen, die Teilnahme an Gesellschafterversammlungen sowie das Auskunfts- und Einsichtsrecht umfasst (§§ 131 f. AktG, § 51a GmbHG, §§ 118, 166 HGB). Das ist bei der Formulierung im Gesellschaftsvertrag zu beachten.

5.6.3 Besonderheiten bei Kapitalgesellschaften

Die nachfolgend aufgezeigten Besonderheiten sind der WPK bei der Antragstellung für die Anerkennung der Gesellschaft als WPG nachzuweisen.

5.6.3.1 Aktiengesellschaften und Kommanditgesellschaften auf Aktien

Bei diesen Gesellschaften müssen die Aktien auf den Namen lauten. Die Übertragung muss an die Zustimmung der Gesellschaft gebunden sein (§ 28 Abs. 5 Sätze 1 und 2 WPO). Es handelt sich also um vinkulierte Namensaktien (§ 68 Abs. 1 und 2 AktG) und damit um Wertpapiere, die durch *Indossament* übertragen werden.

197 Vgl. *Baumbach/Hopt*, HGB, § 105 Rn. 38, 40.

198 Vgl. *Timmer*, in: WPO Kommentar, 2. Aufl., Düsseldorf 2013, § 28 Rn. 68.

5.6.3.2 Gesellschaften mit beschränkter Haftung

Hier ist im Gesellschaftsvertrag zu regeln, dass Gesellschaftsanteile nur mit Zustimmung der Gesellschaft übertragen werden dürfen (§ 28 Abs. 5 Satz 2 und 3 WPO). Diese wird von dem Geschäftsführer erteilt. Er hat bei der Erteilung der Zustimmung die berufsrechtlichen Vorschriften zu beachten. Der Gesellschaftsvertrag kann unabhängig davon vorsehen, dass Anteilsübertragungen auch der Zustimmung der übrigen Gesellschafter bedürfen.

Bei Wirtschaftsprüfungsgesellschaften in der Rechtsform der GmbH muss das Stammkapital mindestens 25.000 € betragen. Dieses Mindestkapital muss eingezahlt sein.[199] Bei Gründung einer als WPG anzuerkennenden GmbH reicht also entgegen § 7 Abs. 2 GmbHG die Einzahlung der Hälfte des gesetzlichen Mindeststammkapitals nicht aus. Die Regelung in § 28 Abs. 6 Satz 1 WPO geht dem GmbH-Recht vor.

5.6.4 Kapitalnachweis

Bei Aktiengesellschaften, KG auf Aktien und GmbH ist der WPK bei der Antragstellung nachzuweisen, dass der Wert der einzelnen Vermögensgegenstände abzüglich der Schulden mindestens dem gesetzlichen Mindestbetrag des Grund- oder Stammkapitals entspricht (§ 28 Abs. 6 Satz 2 WPO). Diese Regelung umfasst dem Wortlaut entsprechend auch Sachgründungen. Hier ist der Nachweis durch Vorlage des Sachgründungsberichts oder durch Vorlage einer zeitnahen Zwischenbilanz zu erbringen. Maßgebender Zeitpunkt für den Kapitalnachweis ist der Zeitpunkt der Antragstellung bei der WPK und der Eintragung ins Handelsregister.

5.6.5 Berufshaftpflichtversicherung

Die Anerkennung als WPG ist davon abhängig, dass der WPK eine vorläufige Deckungszusage auf den Antrag zum Abschluss einer Berufshaftpflichtversicherung (§ 54 WPO) nachgewiesen wird (§ 28 Abs. 7 WPO). Der WPK ist später der Abschluss der Versicherung nachzureichen.[200]

5.7 Anerkennungsverfahren (§ 29 WPO)

5.7.1 Zuständigkeit und Verfahren vor der offiziellen Antragstellung

Der Antrag auf Anerkennung als WPG ist gem. § 29 Abs. 1 WPO bei der WPK Hauptgeschäftsstelle in Berlin zustellen. Die WPK empfiehlt, vor der notariellen Beurkundung des Gesellschaftsvertrags mit ihr eine Abstimmung vorzunehmen.

Dabei wird von der WPK vorab geprüft, ob die vorgesehene Firmierung zulässig ist und sich gegenüber den Namen bereits bestehender WPG genügend unterscheidet und ob gegen den vorgesehenen Gesellschaftsvertrag keine berufsrechtlichen Bedenken bestehen. Die WPK ist ferner darüber zu informieren,

- welche Anschrift die Gesellschaft haben wird;
- welcher WP oder EU- oder EWR-Abschlussprüfer als Geschäftsführer seinen Berufssitz am Sitz der Gesellschaft haben wird;

199 Vgl. WPK Merkblatt zur Errichtung WPG: http://go.nwb.de/xqsi1, Tz. I, 6 (Abruf 3. 5. 2016).

200 Argumentum ex § 34 Abs. 1 Nr. 2 WPO; *Timmer*, in: WPO Kommentar, 2. Aufl. Düsseldorf 2013, § 28 Rn. 96.

- wie sich der Kreis der Gesellschafter mit den jeweiligen Stammeinlagen oder sonstigen Gesellschaftsanteilen zusammensetzt;
- wie die Gesellschafter, die nicht WP oder EU- oder EWR-Abschlussprüfer sind, in der Gesellschaft tätig sein werden.

Die WPK nimmt hinsichtlich der Firmierung eine Abstimmung mit der örtlich zuständigen Industrie- und Handelskammer vor. Diese wird vom Registergericht vor der Eintragung der Gesellschaft in das Handelsregister zum Firmennamen ebenfalls gehört.[201]

5.7.2 Offizieller Antrag

Umfang und Inhalt des Antrags ergeben sich aus §§ 28 und 29 WPO. Die WPK kann als Nachweis der Anerkennungsvoraussetzungen geeignete Belege, Ausfertigungen oder öffentlich beglaubigte Abschriften anfordern (§ 29 Abs. 2 WPO). Sie hat dazu ein Merkblatt verfasst. Dem Antrag auf Anerkennung als WPG, z. B. in der Rechtsform der GmbH, sind demgemäß beizufügen:[202]

- eine Ausfertigung oder öffentlich beglaubigte Abschrift der Satzung/des Gesellschaftsvertrags und sonstiger geeigneter Belege;
- ein Nachweis über den Abschluss einer ausreichenden Berufshaftpflichtversicherung (vorläufige Deckungszusage des Berufshaftpflichtversicherers, §§ 28 Abs. 7, 54 WPO);
- ein Nachweis der Einzahlung des Mindestkapitals (§ 28 Abs. 6 WPO);
  - bei einer Bargründung ist der Nachweis der Einzahlung des Mindestkapitals durch Vorlage einer Bankbestätigung im Original zu erbringen;
  - bei Leistung von Sacheinlagen der Sachgründungsbericht (§ 5 Abs. 4 Satz 2 GmbHG);
  - bei bereits bestehenden Gesellschaften (z. B. Vorratsgesellschaften) ein Zwischenabschluss, aus dem ersichtlich ist, dass der Wert der einzelnen Vermögensgegenstände abzüglich Schulden mindestens dem gesetzlichen Mindestbetrag des Stammkapitals entspricht (§ 28 Abs. 6 Satz 2 WPO);
- eine Erklärung eines jeden Gesellschafter, dass er die Anteile an der WPG nicht für Rechnung eines Dritten hält (§ 28 Abs. 4 Nr. 2 WPO);
- Anstellungsverträge der in der Gesellschaft tätigen Gesellschafter (vBP, StB, RA, StBv etc.), die keine Organstellung innehaben. Für WP und EU- oder EWR-Abschlussprüfer ist die Vorlage eines Anstellungsvertrags nicht erforderlich;
- Bescheinigungen ausländischer Berufsorganisationen bezüglich der Zulassung/Anerkennung der EU- oder EWR-Abschlussprüfer und EU- oder EWR-Abschlussprüfungsgesellschaften.

Die WPK erhebt im Anerkennungsverfahren gem. § 61 Abs. 2 WPO i.V. m. § 3 Abs. 3 Nr. 1 der Gebührenordnung der WPK eine Gebühr. Sie erteilt über die Anerkennung der Gesellschaft als WPG eine Urkunde (§ 29 Abs. 3 WPO).

---

201 Vgl. WPK Merkblätter zur Gründung von Berufsgesellschaften http://go.nwb.de/xqsi1 (Abruf 3. 5. 2016).
202 Vgl. WPK Merkblatt zur Anerkennung als WPG: http://go.nwb.de/xqsi1 (Abruf 3. 5. 2016).

5.7.3 Gesellschaftsvertrag

Wichtiger Bestandteil des Anerkennungsverfahrens ist die Prüfung des Gesellschaftsvertrags oder der Satzung auf die Vereinbarkeit mit den berufsrechtlichen Vorschriften der WPO. Der Vertrag oder sie Satzung ist der WPK als Ausfertigung oder in Form einer öffentlich beglaubigten Abschrift zur Prüfung einzureichen.

5.7.3.1 Form des Gesellschaftsvertrags

Der Gesellschaftsvertrag ist für die WPG in der Rechtsform der AG und der GmbH notariell zu beurkunden (§§ 23 Abs. 1, 280 Abs. 1 AktG; § 2 Abs. 1 GmbHG). Für die WPG in der Rechtsform der Partnerschaftsgesellschaft genügt die Schriftform (§ 3 Abs. 1 PartGG). Hat die WPG die Rechtsform der OHG, KG oder Sozietät, ist nach HGB keine besondere Form vorgeschrieben. Aus § 29 Abs. 2 WPO ergibt sich aber die Erforderlichkeit eines schriftlichen Gesellschaftsvertrags, der der WPK zumindest in der Form einer öffentlich beglaubigten Abschrift vorzulegen ist.

5.7.3.2 Inhalt des Gesellschaftsvertrags

Neben dem nach dem jeweiligen Gesellschaftsrecht notwendigen Vertragsinhalt[203] sind bestimmte berufsrechtliche Regelungen zwingend in den Vertrag aufzunehmen. Die WPK hat auf ihrer Webseite Vertragsmuster für die Rechtsformen der GmbH, PartG und KG veröffentlicht, die insbesondere die berufsrechtlichen Vorschriften berücksichtigen.[204] Zu nennen sind insbesondere die folgenden Punkte:

- Als Gegenstand der Gesellschaft sind die gesetzlich und berufsrechtlich zulässigen Tätigkeiten gem. § 2 WPO in den Vertrag aufzunehmen.
- Im Vertrag müssen Regelungen enthalten sein, die die verantwortliche Führung der Gesellschaft durch WP sicherstellen (§ 1 Abs. 3 WPO).
- Es muss eine Klausel in den Vertrag aufgenommen werden, dass zur Ausübung von Gesellschafterrechten nur Gesellschafter bevollmächtigt werden können, die WP oder EU- oder EWR-Abschlussprüfer sind (§ 28 Abs. 4 Satz 1 Nr. 6 WPO).
- Bei WPG in der Rechtsform der AG oder GmbH ist zu regeln, dass zur Übertragung von Anteilen die Zustimmung der Gesellschaft erforderlich ist (§ 28 Abs. 5 WPO).

Neben diesen berufsrechtlichen Besonderheiten wird eine Reihe von sinnvollen Regelungen empfohlen, so z. B. die Aufnahme von Klauseln zu Verschwiegenheitspflicht oder Wettbewerbsabreden, die die Zeit nach dem Ausscheiden eines Gesellschafters oder gesetzlichen Vertreters betreffen.[205] Eine nachvertragliche Wettbewerbsklausel sollte so abgefasst sein, dass sie den Anforderungen der Rechtsprechung des BGH[206] entspricht. Es muss für das Wettbewerbsverbot ein schutzwürdiges Interesse des Berechtigten vorliegen. Der örtliche, zeitliche und gegenständliche Rahmen des Wettbewerbsverbots muss angemessen sein. Die Schutzfrist darf i. d. R. zwei Jahre nicht überschreiten.

203 Vgl. für die AG § 23 Abs. 2 AktG; für die GmbH § 3 Abs. 1 GmbHG; für die PartG § 3 Abs. 2 PartGG.

204 Siehe WPK Vertragsmuster: http://go.nwb.de/xqsi1 (Abruf 3. 5. 2016).

205 Vgl. *Timmer*, in: WPO Kommentar, 2. Aufl., Düsseldorf 2013, § 29 Rn. 12.

206 BGH, NJW vom 18. 7. 2005 – II ZR 159/03, DB 2005 S. 2129; BGH vom 30. 11. 2009 – II ZR 208/08, DB 2010 S. 323.

5.7.4 Unbedenklichkeitsbescheinigung und Anerkennungsurkunde

Die Anerkennung als WPG kann nur nach Eintragung der Gesellschaft im Handelsregister erfolgen. Für die Eintragung im Handelsregister erteilt die WPK dem Registergericht eine Unbedenklichkeitsbescheinigung des Firmenbestandteils „Wirtschaftprüfungsgesellschaft". Die WPK stellt die Bescheinigung aus, wenn sie zu der Überzeugung gelangt, dass alle Anerkennungsvoraussetzungen als WPG vorliegen. Diese Bescheinigung ist nach dem Wegfall von § 8 Abs. 1 Nr. 6 GmbHG für die Eintragung einer WPG in der Rechtsform der GmbH im Handelsregister keine Eintragungsvoraussetzung mehr. Es obliegt allein der WPK als Aufsichtsbehörde, über die Genehmigung der Gesellschaft zu wachen. Erst nach der Eintragung der WPG im Handelsregister, die der WPK durch beglaubigten Handelsregisterauszug nachzuweisen ist, wird deshalb die Anerkennungsurkunde ausgestellt.[207]

5.8 Meldepflicht bei Änderung von Satzung oder Gesellschaftsvertrag (§ 30 WPO)

Nach § 30 Satz 1 WPO ist jede Änderung des Gesellschaftsvertrags oder der Satzung oder in der Person der gesetzlichen Vertreter der WPK unverzüglich (ohne schuldhaftes Zögern) anzuzeigen. Die WPK kann als Nachweis der Änderungen geeignete Belege, Ausfertigungen oder öffentlich beglaubigte Abschriften anfordern. Wird die Änderung im Handelsregister oder Partnerschaftsregister eingetragen, ist eine öffentlich beglaubigte Abschrift der Eintragung nachzureichen (§ 30 Satz 2 und 3 WPO). Satzungsänderungen müssen bei der AG und bei der GmbH beurkundet werden (§ 23 Abs. 1 AktG; § 2 Abs. 1 GmbHG).

Bei **Partnerschaftsgesellschaften** bedürfen Änderungen des Gesellschaftsvertrags keiner notariellen Beurkundung. Die Schriftform ist ausreichend (§ 3 Abs. 1 PartGG). Der WPK ist also die schriftliche Änderung praktischer Weise im Original einzureichen. Bei der OHG, KG oder Sozietät schreibt das HGB für die Abfassung des Gesellschaftsvertrags keine Form vor. Der Vertrag einer OHG oder KG kann auch mündlich abgeschlossen und geändert werden. Das gilt aber nicht für eine WPG in der Rechtsform der OHG, KG oder Sozietät. Aus § 29 Abs. 2 WPO ergibt sich, dass der Gesellschaftsvertrag und damit auch die Änderungen schriftlich abzufassen sind, sonst können der WPK die Änderungen nicht nachgewiesen werden. Die Änderungen des Gesellschaftsvertrags sollten der WPK im Original eingereicht werden.

Eine Änderungsanzeige an die WPK ist nicht nur bei Änderungen des Gesellschaftsvertrags, sondern auch bei jeder Änderung in der Person der gesetzlichen Vertreter vorzunehmen. Es gelten die oben genannten Formvorschriften. Bei einer AG oder GmbH betrifft dies Änderungen im Vorstand oder in der Geschäftsführung. Bei einer OHG, KG oder Sozietät sind die Aufnahme oder das Ausscheiden von Gesellschaftern anzuzeigen.

5.9 Bezeichnung „Wirtschaftsprüfungsgesellschaft" (§ 31 WPO)

Für die Firmierung von Wirtschaftsprüfungsgesellschaften gelten zunächst die handels- und gesellschaftsrechtlichen Vorschriften (vgl. z. B. §§ 17 ff. HGB und § 4 GmbHG). Daneben sind die berufsrechtlichen Besonderheiten und Spezialregelungen zu beachten.

207 Vgl. WPK Merkblatt zur Errichtung WPG: http://go.nwb.de/xqsi1 (Abruf 3. 5. 2016).

Die von der WPK anerkannte Gesellschaft ist nach § 31 Satz 1 WPO verpflichtet, die Bezeichnung „Wirtschaftsprüfungsgesellschaft" in die Firma oder den Namen aufzunehmen und im beruflichen Verkehr zu führen. Damit ist diese Bezeichnung auch Bestandteil der Satzung oder des Gesellschaftsvertrags. Die WPO trägt in § 31 Satz 2 WPO den Besonderheiten der Namensgebung einer Partnerschaftsgesellschaft Rechnung. Auch diese hat die Bezeichnung „Wirtschaftsprüfungsgesellschaft" zu führen, wenn sie als WPG anerkannt wurde. In diesem Fall entfällt die an sich nach § 2 Abs. 1 PartGG bestehende Pflicht, die Berufsbezeichnung aller in der Partnerschaft vertretenen Berufe in den Namen aufzunehmen.

In § 22 BS WP/vBP hat die WPK über die Bestimmungen der WPO hinaus spezielle Regeln über die Art und Weise der Firmierung bei einer WPG aufgestellt.

Die Bezeichnung „Wirtschaftsprüfungsgesellschaft" ist **nach der Rechtsformbezeichnung** in die Firmierung oder in den Namen der Berufsgesellschaft aufzunehmen. Bei einer GmbH hat die Firma z. B. so zu lauten: „Lehmann und Meier GmbH Wirtschaftsprüfungsgesellschaft". Durch diese Art, die Bezeichnung „Wirtschaftsprüfungsgesellschaft" zu führen, wird deutlich gemacht, dass hier eine berufsrechtliche Sonderform der jeweiligen Gesellschaftsform vorliegt. Wortverbindungen mit anderen Firmierungs- oder Namensbestandteilen sind unzulässig (§ 22 Abs. 1 Satz 2 BS WP/vBP). Unzulässig ist daher eine Firmierung „Wirtschaftsprüfungs- und Steuerberatungsgesellschaft" oder „Wirtschaftprüfungsgesellschaft mbH".

Vor ihrer Anerkennung darf die Bezeichnung „Wirtschaftsprüfungsgesellschaft" noch nicht geführt werden, auch nicht, wenn der Firma der Zusatz i. G. beigefügt wird.[208] Eine WPG liegt eben erst mit ihrer Anerkennung vor.

Die Firmierung oder der Name einer WPG darf gem. § 22 Abs. 2 BS WP/vBP **keine Hinweise** auf unvereinbare Tätigkeiten enthalten. Es verbietet sich auch der Hinweis auf berufsfremde Unternehmen und Unternehmensgruppen. Durch solche Hinweise könnte eine Nähe zu bestimmten oder zu einer bestimmten Art von Auftraggebern suggeriert werden. Das aber würde gegen den Grundsatz der Unabhängigkeit verstoßen. Der Firmenname soll in jeder Hinsicht die Neutralität wahren, zu der der Berufsstand verpflichtet ist.

In die Firmierung oder den Namen von WPG dürfen bei Personenfirmen nur Namen von Personen aufgenommen werden, die die Voraussetzungen des § 28 Abs. 4 Satz 1 Nr. 1 WPO erfüllen und Gesellschafter sind. Das sind im wesentlichen Berufsangehörige, WPG, EU- oder EWR-Abschlussprüfer, EU- oder EWR-Abschlussprüfungsgesellschaften, vBP, StB, StBv, RA oder Personen, mit denen nach § 44b Abs. 2 WPO eine gemeinsame Berufsausübung zulässig ist. Es ist aber zu beachten, dass die Namen von Personen, die WP, EU- oder EWR-Abschlussprüfer, WPG und EU- oder EWR-Prüfungsgesellschaften sind, die Mehrheit der in die Firmen- oder Namensbezeichnung aufgenommenen Namen darstellen müssen. Anders ist es, wenn die Firmierung oder der Name nur aus zwei Gesellschafternamen besteht. Hier reicht Parität aus. Es muss aber der Name eines WP, EU- oder EWR-Abschlussprüfers, einer WPG oder EU- oder EWR-Abschlussprüfungsgesellschaft verwendet werden So war es in der „alten" bis zum 17. 6. 2016 geltenden Berufssatzung in § 29 Abs. 3 Satz 2 BS WP/vBP geregelt. In der neuen Satzung fehlt eine entspre-

208 Vgl. *Timmer*, in: WPO Kommentar, 2. Aufl., Düsseldorf 2013, § 31 Rn. 5; LG Berlin vom 10. 4. 2012, WPK Magazin 3/2012, S. 64 f.

chende Regelung. Man wird jedoch annehmen müssen, dass nach dem Grundsatz der Transparenz und der Firmenwahrheit heute nichts anderes gilt.

BEISPIEL ▸ WP Schulze gründet mit StB Meier und RA Lehmann eine WPG. Sie möchten wie folgt firmieren: „Schulze, Meier und Lehmann GmbH Wirtschaftsprüfungsgesellschaft". Das ist unzulässig. Die Namen der Nicht-WP überwiegen hier zahlenmäßig den Namen des WP. Zulässig wäre aber „Schulze und Meier GmbH WPG" oder „Schulze und Lehmann GmbH WPG".

5.10 Erlöschen, Rücknahme und Widerruf der Anerkennung (§§ 33, 34 WPO)

In § 33 WPO ist das Erlöschen und in § 34 WPO sind die Rücknahme und der Widerruf der Anerkennung als WPG geregelt.

5.10.1 Erlöschen

Die Anerkennung erlischt mit der Auflösung der Gesellschaft oder durch Verzicht auf die Anerkennung. Die Auflösung erfolgt i. d. R. durch Liquidationsbeschluss[209], aber auch durch ein rechtskräftiges die Auflösung aussprechendes Urteil nach Erhebung der Auflösungsklage oder durch die Eröffnung des Insolvenzverfahrens über das Vermögen einer WPG. Bei einer WPG in der Rechtsform der Personengesellschaft, die aus zwei Gesellschaftern besteht, führt der Wegfall eines der Gesellschafter ebenfalls zur Auflösung der Gesellschaft. Ein Auflösungsgrund ist auch in der Verschmelzung einer WPG auf eine andere WPG zu sehen.[210]

Die Auflösung der Gesellschaft ist der WPK unverzüglich anzuzeigen (§ 33 Abs. 2 Satz 2 WPO). Nach dem Auflösungsbeschluss wird die WPG noch abgewickelt. Da aber die Auflösung bereits mit dem Auflösungsbeschluss eingetreten ist, darf die Bezeichnung „Wirtschaftsprüfungsgesellschaft" ab sofort nicht mehr geführt werden.

Für das Erlöschen der Gesellschaft durch Verzicht gilt Entsprechendes wie beim Verzicht auf die Bestellung als WP (vgl. dazu oben Kapitel III, Ziffer 7). Der Verzicht ist durch wenigstens einen der gesetzlichen Vertreter der WPK schriftlich zu erklären und anzuzeigen. Die Anerkennung erlischt mit dem Zugang der Verzichtserklärung. Ab diesem Zeitpunkt darf die Bezeichnung „Wirtschaftsprüfungsgesellschaft" nicht mehr geführt werden. Die Gesellschaft muss ihren Geschäftsgegenstand ändern.

5.10.2 Rücknahme und Widerruf

Die Regelungen in § 34 WPO entsprechen im Wesentlichen denen für natürliche Personen in § 20 WPO.

Die Rücknahme der Anerkennung ist auszusprechen, wenn die Anerkennung als WPG zu Unrecht erfolgt war, die Anerkennung also in Kenntnis der wahren Umstände nicht hätte erteilt werden dürfen (§ 34 Abs. 1 Nr. 2 WPO). Die Anerkennung ist zu widerrufen, wenn die Voraussetzungen für die Anerkennung nachträglich fortfallen, es sei denn die Gesellschaft führt den dem Gesetz entsprechenden Zustand innerhalb der von der WPK gesetzten Frist herbei.[211] Entsprechendes gilt auch für den Fall, dass eine Rücknahme ausgesprochen werden muss.

---

209 Vgl. z. B. § 60 Abs. 1 Nr. 2 GmbHG; § 131 Abs. 1 Nr. 2 HGB; § 9 Abs. 1 PartGG.

210 Vgl. *Timmer*, in: WPO Kommentar, 2. Aufl., Düsseldorf 2013, § 33 Rn. 5 f.

211 Siehe zu Einzelheiten § 34 Abs. 1 Nr. 2 WPO.

Ein Widerruf der Anerkennung hat auch zu erfolgen, wenn die **Bestellung** des gesetzlichen Vertreters oder persönlich haftenden Gesellschafters als WP **zurückgenommen** oder widerrufen wurde (§ 34 Abs. 1 Nr. 1 WPO). Das gilt nicht, wenn die Geschäftsführungs- oder Vertretungsbefugnis dieser Person unverzüglich widerrufen oder entzogen wird. Entsprechendes gilt, wenn die Berufszugehörigkeit der übrigen nicht als WP bestellten weiteren gesetzlichen Vertreter zurückgenommen oder widerrufen wurde.[212]

Ein Widerruf der Anerkennung hat nach § 34 Abs. 1 Nr. 3 WPO auch zu erfolgen, wenn ein gesetzlicher Vertreter oder persönlich haftender Vertreter durch eine unanfechtbare Entscheidung **aus dem Beruf ausgeschlossen** ist oder einer sonst in § 28 Abs. 2 Satz 1, 2 und Abs. 3 WPO genannten Person die Eignung zur Vertretung und Geschäftsführung einer WPG aberkannt wird. Zur Vermeidung dieser Rechtsfolge kann den betreffenden Personen die Vertretungs- und Geschäftsführungsbefugnis unverzüglich widerrufen oder entzogen werden.

Die WPK hat nach § 34 Abs. 1 Nr. 2 WPO auf Antrag eine angemessene Frist zu bestimmen, in der die Anerkennungsvoraussetzungen wiederhergestellt werden können. Der Gesellschaft soll die Möglichkeit gegeben werden, die Anerkennung zu behalten. Dadurch werden unbillige Härten vermieden.

Schließlich ist die Anerkennung zu widerrufen, wenn die WPG in nicht geordnete wirtschaftliche Verhältnisse, insbesondere in **Vermögensverfall** geraten ist, es sei denn, dass die Interessen der Auftraggeber oder anderer Personen nicht gefährdet sind (§ 34 Abs. 2 WPO). Vermögensverfall tritt ein, wenn z. B. der Geschäftsführer einer WPG in der Rechtsform der GmbH die eidesstattliche Versicherung für die Gesellschaft abgegeben hat oder die liquiden Mittel der Gesellschaft so knapp sind, dass die Gesellschaft auf absehbare Zeit ihre finanziellen Verpflichtungen nicht erfüllen kann. Davon ist auszugehen, wenn fruchtlose Zwangsvollstreckungen sich häufen.[213] Die Eröffnung des Insolvenzverfahrens dagegen führt zur Auflösung der Gesellschaft und damit nach § 33 WPO zum Erlöschen der Anerkennung.

5.10.3 Altgesellschaften

Wirtschaftsprüfungsgesellschaften, die vor dem 1. 1. 1986 bestanden und bei denen die Kapitalbindung nicht den neuen Bestimmungen der WPO entspricht, haben Bestandsschutz und bleiben anerkannt (§ 134a Abs. 2 WPO). Für die Beseitigung der Kapitalbindung Berufsfremder besteht bei Altgesellschaften kein genereller Anpassungszwang. Ändert sich aber nach dem 31. 12. 1987 der Bestand der Gesellschafter oder das Verhältnis ihrer Beteiligungen oder Stimmrechte, so sind die Kapitalbindungsvorschriften des § 28 Abs. 4 WPO zu beachten. Geschieht das nicht, ist die Anerkennung zu widerrufen (§ 134a Abs. 2 WPO). Die Vorschrift des § 34 Abs. 1 Nr. 2 WPO ist entsprechend anzuwenden.

212 Vgl. *Timmer*, in: WPO Kommentar, 2. Aufl., Düsseldorf 2013, § 34 Rn. 8.

213 Vgl. *Timmer*, in: WPO Kommentar, 2. Aufl., Düsseldorf 2013, § 34 Rn. 18; BVerwG vom 17. 8. 2005 – 6 C 15.04, NJW 2002 S. 3795 und WPK Magazin 1/2006 S. 48.

6. Berufliche Niederlassungen und Zweigniederlassungen (§§ 3, 47 WPO)

6.1 Berufliche Niederlassungen (§ 3 WPO)

6.1.1 Allgemeines

Berufsangehörige müssen unmittelbar nach der Bestellung eine berufliche Niederlassung begründen und eine solche unterhalten. Die Niederlassung kann in Deutschland oder im Ausland unterhalten werden. Es wird hierbei nicht unterschieden zwischen selbständig tätigen und angestellten WP. Wird eine berufliche Niederlassung außerhalb der EU, der EWR-Staaten und der Schweiz unterhalten, so erfordert dies eine zustellungsfähige Anschrift im Inland (§ 3 Abs. 1 Satz 1, 2. Halbsatz WPO).

Berufliche Niederlassung eines Berufsangehörigen ist die Praxis, von der aus er seinen Beruf überwiegend ausübt (§ 3 Abs. 1 Satz 2 WPO). Damit sind sowohl die berufliche Niederlassung des selbständig tätigen wie auch die des ausschließlich angestellten WP gemeint. Letzterer hat seine berufliche Niederlassung in der Praxis seines Arbeitgebers.

Jede organisatorisch selbständige Einheit begründet eine Niederlassung oder Zweigniederlassung i. S. der §§ 3 und 47 WPO. Jede Kundmachung einer beruflichen Anschrift begründet das Bestehen einer organisatorisch selbständigen Einheit.

6.1.2 Berufliche Niederlassung eines selbständigen Berufsangehörigen

Der selbständig tätige Berufsangehörige muss eine berufliche Niederlassung begründen und unterhalten. Merkmal der Niederlassung ist das Bestehen einer organisatorisch selbständigen Einheit. Diese wird durch Kundbarmachung einer beruflichen Anschrift begründet. Besondere weitere Merkmale für das Bestehen einer Niederlassung schreibt das Gesetz nicht vor. Jedoch ist man sich einig darüber, dass eine berufliche Niederlassung wenigstens die folgenden Voraussetzungen erfordert:[214]

Sie muss **Mittelpunkt der Berufstätigkeit** des WP sein. Unterhält der Einzel- WP zwei verschiedene Büros, darf er nur das Büro kundmachen, in dem er überwiegend tätig ist.

Die Niederlassung muss **publikumsfähig** sein. Den Mandanten muss eine persönliche Kontaktaufnahme in der beruflichen Niederlassung ermöglicht werden. Dies kann auch der Fall sein, wenn die Praxis in der Privatwohnung unterhalten wird.

Der WP darf (zahlenmäßig) nur eine (Haupt-)Niederlassung haben. Mehrere berufliche Anschriften können aber eine organisatorisch selbständige Einheit bilden, wenn sie in engem örtlichen Zusammenhang stehen und die unter den Anschriften angebotenen Dienstleistungen unter einheitlicher Leitung erbracht werden. Die Kundbarmachung mehrerer beruflicher Anschriften für eine organisatorische Einheit ist nur zulässig, soweit dies für den Publikumsverkehr erforderlich ist. Ausgelagerte Archive und Büros, die dem Publikumsverkehr nicht zugänglich sind, dürfen nicht kundgemacht werden.[215]

---

214 Vgl. *Teckemeyer*, in: WPO Kommentar, 2. Aufl., Düsseldorf 2013, § 3 Rn. 12.
215 Vgl. dazu WPK-Mitt. 2002 S. 2 ff.

6.1.3 Personengesellschaften

Die selbständige Berufsausübung als Gesellschafter in einer Sozietät oder sonstigen Personengesellschaft i. S. des § 44b Abs. 1 WPO steht der selbständigen Tätigkeit in eigener Praxis gleich.[216] Das für die Praxis des selbständigen Einzel-WP Gesagte gilt grundsätzlich auch für die berufliche Niederlassung in einer Personengesellschaft. Keine Unterschiede ergeben sich, wenn alle Gesellschafter an derselben Anschrift tätig werden. Möglich ist aber auch die überörtliche Personengesellschaft. Wird eine oder werden mehrere Gesellschafter von verschiedenen Anschriften aus tätig, müssen sie von diesen Orten aus für die Gesellschaft tätig werden. Es muss deutlich und unmissverständlich sein, wo welcher Gesellschafter seine berufliche Niederlassung hat.[217]

6.1.4 Angestellte Wirtschaftsprüfer

Berufliche Niederlassung eines ausschließlich nach § 43a Abs. 1 WPO angestellten WP ist die Praxis, von der aus er seinen Beruf überwiegend ausübt (§ 3 Abs. 1 Satz 2 WPO). Weitere Voraussetzungen werden für die Begründung und die Aufrechterhaltung der beruflichen Niederlassung nicht gefordert. Bei dem Angestellten einer WPG wird dessen Niederlassung i. d. R. die Haupt- oder eine Zweigniederlassung seines Arbeitgebers sein, je nach dem wo er tätig wird. Zur Berufsausübung gehören alle im Angestelltenverhältnis ausgeübten Tätigkeiten eines WP. Entsprechendes gilt für die gesetzlichen Vertreter eines WP oder einer WPG.

Ruht das Angestelltenverhältnis, wie z. B. bei Ableistung einer Wehrübung (§ 1 Abs. 1 ArbPlSchG) oder Inanspruchnahme der Elternzeit[218], ist dies unschädlich. Die berufliche Niederlassung wird dadurch nicht berührt. Anders ist dies nach der Auffassung WPK im Fall der Arbeitslosigkeit eines WP. Die Niederlassungsfiktion des § 3 Abs. 1 Satz 3 WPO gelte hier nicht mehr. Deshalb müsse der arbeitslose WP eine eigene Niederlassung begründen und unterhalten.[219] Diese rein formale Sicht führt zu nicht annehmbaren Ergebnissen.

6.1.5 Wirtschafsprüfungsgesellschaften

Bei Wirtschaftsprüfungsgesellschaften ist Sitz der Hauptniederlassung der Verwaltungssitz der Gesellschaft (§ 3 Abs. 2 WPO). Dies entspricht dem Begriff der beruflichen Niederlassung eines selbständigen WP. Der Sitz der Gesellschaft wird in dem jeweiligen Gesellschaftsvertrag bestimmt (z. B. § 4a GmbHG oder § 5 AktG). Bei der OHG oder KG wird der Sitz der Gesellschaft spätestens bei der Anmeldung zum Handelsregister festgelegt (§ 106 Abs. 2 Nr. 2, § 161 Abs. 2 HGB).

Bei einer WPG muss mindestens ein WP, EU- oder EWR-Abschlussprüfer, der Mitglied des Vorstandes, Geschäftsführer oder persönlich haftender Gesellschafter ist, seine berufliche Niederlassung am Sitz der Gesellschaft haben (§ 28 Abs. 1 Satz 4 WPO). Persönlich haftende Gesellschafter einer WPG in der Rechtsform einer Personengesellschaft[220] können auch andere WPG,

216 BT-Drucks. 12/5685 S. 19; § 44b Abs. 1 WPO.

217 BGH vom 23. 9. 1992, WPK-Mitt. 1993 S. 34 ff.

218 Nach § 1 ArbPlSchG ruht das Arbeitsverhältnis, im BEEG wird das Ruhen vorausgesetzt; *Teckemeyer*, in: WPO Kommentar, 2. Aufl., Düsseldorf 2013, § 3 Rn. 31.

219 Vgl. *Teckemeyer*, in: WPO Kommentar, 2. Aufl., Düsseldorf 2013, § 3 Rn. 33 f.

220 Ausgenommen sind aber PartG oder PartGmbB.

EU- oder EWR-Abschlussprüfungsgesellschaften sein. In diesem Fall reicht es, wenn diese ihren Sitz am Sitz der Gesellschaft haben.

Wird der Sitz verlegt, muss der Gesellschaftsvertrag insoweit geändert und die Sitzverlegung beim Handelsregister oder Partnerschaftsregister angemeldet und dem Berufsregister mitgeteilt werden.[221] Mit der Sitzverlegung gehen auch die beruflichen Niederlassungen der angestellten WP auf den neuen Sitz der WPG über.

6.2 Zweigniederlassungen (§§ 3 Abs. 3, 47 WPO)

Berufsangehörige und WPG dürfen Zweigniederlassungen begründen (§ 3 Abs. 3 WPO). Dabei sind die Bestimmungen der WPO, insbesondere § 47 WPO zu beachten.

Eine Zweigniederlassung liegt vor, wenn

- die Berufstätigkeit auch **außerhalb der Räume der Hauptniederlassung** ausgeübt wird,
- die Zweigniederlassung nach außen **selbständig tätig** wird und
- sie mit **Betriebsmitteln** ausgestattet ist, die eine selbständige Ausübung der Berufstätigkeit ermöglicht.

Jede organisatorische selbständige Einheit, in der ein WP, eine Sozietät oder eine WPG tätig wird, begründet eine Niederlassung oder Zweigniederlassung.

Zweigniederlassungen müssen jeweils von wenigstens einem WP, EU- oder EWR-Abschlussprüfer geleitet werden, der seine berufliche Niederlassung am Ort der Zweigniederlassung hat (§ 47 Satz 1 WPO). Entsprechendes gilt für Zweigniederlassungen von WPG, EU- oder EWR-Abschlussprüfungsgesellschaften. Der Leiter einer Zweigniederlassung muss nicht unbedingt angestellter WP sein, sondern kann auch ein selbständiger WP am Ort der Zweigniederlassung sein. Er darf aber nicht nur pro forma tätig werden, sondern muss in der Lage sein, die fachliche und berufliche Verantwortung zu übernehmen.[222] Für Zweigniederlassungen von in eigener Praxis tätigen Berufsangehörigen kann die WPK Ausnahmen zulassen (§ 47 Satz 2 WPO). Dabei sind der WPK allerdings enge Grenzen gesetzt.[223] So könnte z. B. im Wege der Ausnahme die Zeit zwischen dem Ausscheiden des Leiters der Zweigniederlassung und dem Eintritt eines neuen Leiters überbrückt werden. Dauerhafte Befreiungen sind nicht möglich.

221 Bei GmbH und AktG wird die Sitzverlegung erst mit Eintragung im Handelsregister wirksam (§§ 54 Abs. 3 GmbHG, 181 Abs. 1, 3 AktG); Berufsregister: § 40 Abs. 2 WPO.

222 Vgl. *Teckemeyer*, in: WPO Kommentar, 2. Aufl., Düsseldorf 2013, § 47 Rn. 7.

223 BVerwG vom 22. 8. 2000 – 1 C 6.00, WPK-Mitt. 2001 S. 69 ff.

V. Kernberufspflichten (§ 43 WPO; §§ 1 ff. und 28 ff. BS WP/vBP)

1. Allgemeines

Die Berufspflichten der WP und vBP gehören zum Kernbereich der WPO.

Die **wesentlichen Berufspflichten** sind gem. § 43 Abs. 1 WPO:

- Unabhängigkeit
- Unbefangenheit
- Kritische Grundhaltungen bei Abschlussprüfungen
- Unparteilichkeit
- Verschwiegenheit
- Gewissenhaftigkeit
- Eigenverantwortlichkeit

Die von der WPK erlassene Berufssatzung (BS) konkretisiert einzelne dieser Berufspflichten und zwar für folgende Bereiche:

- Teil 1: §§ 1–22 Allgemeine Berufspflichten
- Teil 3: §§ 28–44 Besondere Berufspflichten bei der Durchführung von Prüfungen und der Erstattung von Gutachten
- Teil 4: §§ 45–63 Berufspflichten zur Qualitätssicherung

Weitere Vorgaben finden sich in der gemeinsamen Stellungnahme der WPK und des IDW: Anforderungen an die Qualitätssicherung in der Wirtschaftsprüferpraxis.[224] Danach hat die WP-Praxis Regelungen einzuführen, mit denen die Einhaltung der allgemeinen Berufspflichten hinreichend sichergestellt ist.

2. Unabhängigkeit (§ 43 Abs. 1 Satz 1 WPO; § 2 BS WP/vBP)

2.1 Begriff der Unabhängigkeit

Der WP muss frei von Bindungen und Einflüssen sein, die seine Unabhängigkeit und Unbefangenheit beeinträchtigen können. Unabhängig ist, wer frei von Bindungen die berufliche **Entscheidungsfreiheit** ausüben kann.

Unabhängigkeit betrifft sowohl die **Eigeninteressen** des WP als auch die **wirtschaftliche Unabhängigkeit.** Eigeninteressen ergeben sich aus geschäftlichen, finanziellen oder persönlichen Beziehungen zu Mandanten. Wirtschaftliche Unabhängigkeit ist Grundlage des unabhängigen Handelns. So ist bei ungeordneten wirtschaftlichen Verhältnissen die Bestellung zum WP zu widerrufen (§ 20 Abs. 2 Nr. 5 WPO). Eine Anstellung im außerberuflichen Bereich ist verboten (§ 43a Abs. 3 Nr. 2 WPO). Die persönliche und wirtschaftliche Unabhängigkeit ist gegenüber jedermann zu wahren.

224 VO 1/2006 unter Ziff. 4.1.

Der **Unabhängigkeitsgrundsatz** ist in den §§ 319 ff. HGB für den Fall der gesetzlichen Abschlussprüfungen konkretisiert. Die Vorschriften gelten auch für freiwillige Abschlussprüfungen, bei denen ein Bestätigungsvermerk erteilt wird (§ 31 Abs. 1 Satz 2 BS WP/vBP).

Der WP hat als Abschlussprüfer seine Unabhängigkeit im Prüfungsbericht zu bestätigen (§ 321 Abs. 4a HGB). Die Bestätigung bezieht sich auf gesetzliche und berufsrechtliche Regelungen. Sie soll die Unabhängigkeit während der gesamten Zeit der Auftragsabwicklung umfassen und ist im Prüfungsbericht in den Prüfungsauftrag aufzunehmen.[225] Der WP ist zu einer besonderen Dokumentation derjenigen Maßnahmen verpflichtet, die sich auf die Prüfung der Unabhängigkeit beziehen. Die Dokumentation erfolgt in den Arbeitspapieren (§ 51b Abs. 5 Nr. 1 WPO).

2.2 Stärkung der Unabhängigkeit

§ 318 Abs. 1 Satz 5 HGB dient der Stärkung der Unabhängigkeit. Danach kann der Widerruf eines Prüfungsauftrages nicht erfolgen, bevor ein anderer Prüfer gem. § 318 Abs. 3 HGB bestellt worden ist. Der Abschlussprüfer selbst kann den Prüfungsauftrag nur aus wichtigem Grund kündigen (§ 318 Abs. 6 HGB). Meinungsverschiedenheiten über die Erteilung des Bestätigungsvermerks stellen keinen wichtigen Grund dar. Nach § 318 Abs. 8 HGB ist die WPK im Falle der Kündigung oder des Widerrufs des Prüfungsauftrags unverzüglich und schriftlich begründet zu unterrichten. Die WPK überprüft die Rechtmäßigkeit der Beendigung des Prüfungsauftrags. Um disziplinarrechtliche und schadensersatzrechtliche Folgen einer Kündigung bei Fehlen der gesetzlichen Voraussetzungen zu vermeiden, sollte sich der WP rechtzeitig mit der WPK abstimmen.

Wird ein neuer Prüfer bestellt, hat der bisherige dem neuen Abschlussprüfer auf schriftliche Anfrage über das Ergebnis der bisherigen Prüfung zu berichten. Dies gilt darüber hinaus für alle Fälle des Prüfungswechsels, also auch für den Fall, in dem nach regulärer Beendigung des Prüfungsauftrags für das Folgejahr ein anderer Abschlussprüfer bestellt wird. I. d. R. dürften wohl die Übersendung des Prüfungsberichts und – soweit erforderlich – eine zusätzliche Erläuterung ausreichen. Bei vorzeitigem Prüferwechsel können weitere Auskünfte von Bedeutung sein.[226]

2.3 Verstöße und Verbote

Verboten sind:

- die Vereinbarung von Erfolgshonoraren (§ 55a Abs. 1 Satz 1 und Abs. 2 WPO). Ausnahmen gelten bei Beratung in wirtschaftlichen Angelegenheiten gem. § 2 Abs. 2 Nr. 1 WPO und bei Hilfeleistung in Steuersachen in Einzelfällen unter besonderen weiteren Voraussetzungen (§ 55a WPO);
- die Zahlung von Provisionen für die Vermittlung von Mandaten (§ 2 Abs. 2 Nr. 4 BS WP/vBP);
- die Übernahme von Mandantenrisiken wie z. B. Bürgschaften (§ 2 Abs. 2 Nr. 5 BS WP/vBP);
- die Annahme von Versorgungsbezügen von Auftraggebern (§ 2 Abs. 2 Nr. 6 BS WP/vBP);
- die Vereinbarung unangemessener Pauschalhonorare (§ 55a WPO);
- die Verknüpfung eines Honorars für gesetzlich vorgeschriebene Abschlussprüfungen an weitere Bedingungen (§ 2 Abs. 2 Nr. 2 BS WP/vBP).

225 IDW PS 450 Rz. 23a.

226 Vgl. DB Beilage 5/2009 S. 94.

Folgende Fälle wurden in den letzten Jahren im Rahmen der **Berufsgerichtsbarkeit** entschieden:

Die gleichzeitige Jahresabschlussprüfung einer höherklassigen Fußball GmbH & Co. KG und das Sponsoring dieser Gesellschaft als Regionalpartner stellt keine Verletzung der Unabhängigkeit dar.[227]

Die Beteiligung an einer Fonds KG und die gleichzeitige Erstellung des Jahresabschlusses mit Plausibilitätsbeurteilung ist ein Verstoß gegen die unabhängige Berufsausübung und die Pflicht zur unbefangenen Berufsausübung.[228] Das Wirtschaftsprüferhandbuch vertritt dagegen die Auffassung, dass die unwesentliche Beteiligung an Fonds mit wechselndem Bestand ist aufgrund der fehlenden Einflussmöglichkeiten nicht als Verstoß gegen die Unabhängigkeit angesehen wird.[229]

2.4 Regelungen zur Unabhängigkeit in der WP-Praxis

Welche Regelungen in der WP-Praxis zur Gewährleistung der Unabhängigkeit zu treffen sind, ergibt sich im Einzelnen aus § 55b WPO.

Im Rahmen des Qualitätssicherungssystems hat der WP bzw. die Praxisleitung dafür zu sorgen, dass ein System aufgebaut wird, das sicherstellt, dass die allgemeinen Berufspflichten des WP, der Mitarbeiter und sonstigen mit der Abwicklung von Aufträgen befassten Personen eingehalten werden. Das interne Qualitätssicherungssystem soll in einem angemessenen Verhältnis zum Umfang und zur Komplexität der beruflichen Tätigkeit stehen (§ 55b Abs. 1 Satz 2 WPO), d. h. der Verhältnismäßigkeitsgrundsatz bzw. die Skalierbarkeit sind gesetzlich fixiert. So muss ein System eingerichtet werden, welches die Verantwortung für die Untersuchung und Lösung von Fragen der Unabhängigkeit und deren Gefährdung sicherstellt und das dokumentiert wird. Für mögliche Gefährdungen sind Maßnahmen zu ergreifen, die diese beseitigen oder soweit abschwächen, dass sie als unwesentlich einzustufen sind. Hier kommen Disziplinarmaßnahmen sowie Fortbildungsmaßnahmen zur zukünftigen Vermeidung in Betracht.

Für die persönliche Einhaltung der Unabhängigkeit ist mindestens einmal jährlich von allen WP und allen Mitarbeitern, die bei betriebswirtschaftlichen Prüfungen eingesetzt werden, eine schriftliche Erklärung zu der finanziellen, persönlichen oder kapitalmäßigen Bindung einzuholen.

3. Unbefangenheit (§§ 43 Abs. 1, 49 WPO; §§ 29 ff. BS WP/vBP; VO 1/2006 Ziff. 4.1.)

3.1 Allgemeines

Bei der Unbefangenheit handelt es sich um eine Berufspflicht bei der Durchführung von betriebswirtschaftlichen Prüfungen und der Erstattung von Gutachten. Der WP hat seine Tätigkeit bei Besorgnis der Befangenheit zu versagen (§ 49 2. Altern. WPO). Die Berufssatzung regelt in §§ 29–36 BS WP/vBP Näheres. Unbefangen ist, wer sich sein Urteil unbeeinflusst von unsachge-

227 Vgl. WPK-Magazin 1/2012 S. 34.

228 Vgl. WPK Magazin 4/2011 S. 42.

229 Vgl. *IDW* (Hrsg.), WP Handbuch 2012, Band I, 14. Aufl., Düsseldorf 2012, A Rn. 283.

mäßen Erwägungen bildet. Die Unbefangenheit kann durch Eigeninteressen (§ 32 BS WP/vBP), Selbstprüfung (§ 33 BS WP/vBP), Interessenvertretung (§ 34 BS WP/vBP) sowie persönliche Vertrautheit (§ 35 BS WP/vBP) und Einschüchterung (§ 36 BS WP/vBP) gefährdet werden.

3.2 Besorgnis der Befangenheit bei Abschlussprüfungen

Eine besondere Ausprägung des Grundsatzes der Unbefangenheit findet sich in § 319 Abs. 2 HGB. Ein WP ist als Abschlussprüfer ausgeschlossen, wenn Gründe vorliegen, insbesondere Beziehungen geschäftlicher, finanzieller oder persönlicher Art, nach denen die Besorgnis der Befangenheit besteht.

Die Generalklausel des § 319 Abs. 2 HGB wird in § 319 Abs. 3, § 319a und § 319b HGB näher konkretisiert. Dabei handelt es sich um unwiderlegliche gesetzliche Vermutungen. Der WP ist bei der Abschlussprüfung nach § 319 Abs. 3 HGB als Abschlussprüfer bei fünf Fallkonstellationen ausgeschlossen:

(1) Direkte oder indirekte Beteiligung an der zu prüfenden Gesellschaft

(2) Personelle Verflechtung mit der zu prüfenden Gesellschaft

(3) Selbstprüfungsverbot bei Mitwirkung an Buchführung oder Aufstellung des Jahresabschlusses und bei spezieller Beratungstätigkeit

(4) Beschäftigung einer unter Nr. 1–3 fallenden Person

(5) Wesentliche Honorarbezüge

In § 319a HGB sind besondere Ausschlussgründe bei Unternehmen von öffentlichem Interesse geregelt. Die Ausschlussgründe gelten gem. § 319b HGB für alle Mitglieder eines Netzwerkes.

Der WP ist berechtigt durch Schutzmaßnahmen und deren Dokumentation die Gefährdung der Unbefangenheit soweit abzuschwächen, dass ein sachverständiger Dritter die Gefährdung insgesamt als unwesentlich beurteilt (§ 30 BS WP/vBP). Schutzmaßnahmen sind:

1. Erörterung mit Aufsichtsgremien des Auftraggebers;
2. Erörterungen mit Aufsichtstellen außerhalb des Unternehmens;
3. Interne Transparenzregelungen;
4. Einschaltung von weiteren sachverständigen Personen;
5. Beratung mit Kollegen die Erfahrung im Bereich der Beurteilung der Unabhängigkeit haben;
6. Einrichtung von organisatorischen Firewalls.

3.2.1 Selbstprüfungsverbot (§ 33 BS WP/vBP)

Der WP ist nach § 319 Abs. 3 Nr. 3 HGB als Abschlussprüfer ausgeschlossen bei:

- Führung der Bücher oder Aufstellung des zu prüfenden Jahresabschlusses
- Durchführung der internen Revision in verantwortlicher Position
- Erbringung von Unternehmensleitungs- oder Finanzdienstleistungen oder
- Erbringung von eigenständigen versicherungsmathematischen oder Bewertungsleistungen, die sich auf den zu prüfenden Jahresabschluss nicht nur unwesentlich auswirken.

Abschlussprüfung und Beratung desselben Mandanten sind im Übrigen vereinbar.

Das HGB schränkt die sog. prüfungsnahe Beratung grundsätzlich nicht ein. Unschädliche Beratung liegt vor, solange der Abschlussprüfer sich darauf beschränkt, Handlungsmöglichkeiten und ihre Konsequenzen aufzuzeigen. Die Entscheidung muss dem Mandanten vorbehalten bleiben. Der Rat des WP darf nur Entscheidungshilfe sein. Der WP darf nicht anstelle des Mandanten eine unternehmerische Entscheidung treffen. Eine Selbstprüfung liegt vor, wenn der WP einen Sachverhalt bei der Prüfung zu beurteilen hat, an dessen Entstehung er selbst unmittelbar beteiligt war und dieser Sachverhalt für die Prüfung nicht von untergeordneter Bedeutung ist. Es kommt auf die Mitwirkung bei der Entstehung an. Bestimmte Beratungsleistungen sind nach § 319 Abs. 3 Nr. 3 HGB verboten. Einwirkungen des Abschlussprüfers zur Mängelbeseitigung im vorgelegten Jahresabschluss und zur Richtigstellung der Buchführung und Rechnungslegung sind erlaubt. Sie sind Teil seiner Prüfungsaufgabe. Die Abschlussprüfung erschöpft sich gerade nicht in einer retrospektiven Richtigkeitskontrolle, sondern soll auch prospektiv auf eine ordnungsgemäße Rechnungslegung hinwirken.[230]

Eine unzulässige Mitwirkung liegt dagegen vor, wenn der Abschlussprüfer einen lückenhaften oder unbrauchbaren Entwurf des Jahresabschlusses zu einem testierfähigen Jahresabschluss macht.[231]

Die Grenze liegt beim vollständigen Führen der Bücher oder bei der Erstellung des Jahresabschlusses. Wobei die Erstellung des Vorjahresabschlusses bei Erstprüfung als zulässig angesehen wird[232], soweit die Erstellung des Vorjahresabschlusses und die Prüfung des Jahresabschlusses nicht zeitlich nebeneinander erfolgen. Unzulässig ist die Erstellung des Anhangs, des Lageberichts, das Führen des Anlageverzeichnisses, die Berechnung von Rückstellungen, die Erstellung der Kapitalflussrechnung oder des EK Spiegels oder die Durchführung der Vorratsinventur.[233]

Die Erstellung eines in einen Konzernabschluss eingebundenen Jahresabschlusses eines Tochterunternehmens von dem Konzernabschlussprüfer des Mutterunternehmens ist ein Ausschlussgrund gem. § 319 Abs. 3 Satz 1 Nr. 3a HGB. Der Konzernabschlussprüfer hat gem. § 317 Abs. 3 Satz 2 HGB sämtliche in den Konzernabschluss einbezogenen Jahresabschlüsse, die von einem anderen WP geprüft wurden, zu überprüfen und dies zu dokumentieren. Soweit er den Jahresabschluss selbst erstellt hätte, würde er seine Tätigkeit und sein Zahlenwerk unmittelbar prüfen. Gleiches gilt für Jahresabschlüsse, die ein Netzwerkpartner erstellt hat.[234]

Die Erstellung der Lohn- und Gehaltsbuchhaltung wird unterschiedlich beurteilt. Nach Auffassung der WPK stellt sie im Regelfall keinen Verstoß dar. Hierzu muss der Mandant oder dessen Mitarbeiter inhaltlich verantwortlich bleiben, d. h. der WP führt nur technische Arbeiten und Dienstleistungen wie Lohnabrechnung, Eingaben, Versendung von Mitteilungen etc. durch[235]

230 Vgl. *Schwandtner*, DStR 2002 S. 323.

231 OLG Hamm, DStR 2009 S. 1978.

232 Vgl. *Hennig/Precht*, in: WPO Kommentar, 2. Aufl., Düsseldorf 2013, § 49 Rn. 52–57.

233 Vgl. *Schmidt/Nagel*, in: Beck'scher Bilanz-Kommentar, 10. Aufl., München 2016, § 319 Rn. 50.

234 Vgl. WPK Magazin 3/2010 S. 37.

235 Vgl. WPK Magazin 3/2009 S. 36 f.

und erbringt keine eigenständige gedankliche Arbeit.[236] Kritischer wird dies im WP Handbuch 2012, Band I, A Rn. 294 und von *Förschle/Schmidt* im Beck'schen Bilanz-Kommentar, § 319 Rn. 50 gesehen. Die Übernahme der gesamten Lohn- und Gehaltsbuchhaltung geht nach dieser Auffassung über die technische Hilfestellung hinaus und unterliegt dem Selbstprüfungsverbot. Sachgerecht erscheint es, die Abgrenzung dort vorzunehmen, wo die Lohn- und Gehaltsabrechnung als wesentlicher Geschäftsprozess in der Prüfungsplanung erkannt wird; die Übernahme von Teilbereichen der Lohn- und Gehaltsbuchführung, z. B. der leitenden Angestellten, widerspräche dann nicht dem Selbstprüfungsverbot.

Bei MaBV Prüfungen darf der Prüfer die Finanzbuchhaltung und den Jahresabschluss erstellen, da diese nicht Prüfungsgegenstand sind.[237] Auch kann der WP gleichzeitig Gründungsprüfer gem. § 33 AktG oder Mittelverwendungskontrolleur sein oder gleichzeitig *due-diligence* Aufträge durchführen.

Nicht zulässige Bewertungsleistungen mit Auswirkung auf den zu prüfenden Jahresabschluss sind vor allem bei der Bewertung von Beteiligungen differenziert zu beurteilen. Die Aufteilung des für ein Unternehmen gezahlten Kaufpreises auf einzelne Vermögensgegenstände und Schulden durch den WP ist nicht zulässig.[238] Eine Unterstützung bei der Aufteilung in Bezug auf die Erläuterung von Methoden und Diskussion von Zweifelsfragen ist zulässig.

Bewertungsleistungen für zur Veräußerung bestimmte Beteiligungen sind zulässig. Dagegen sind Bewertungsleistungen für zu erwerbende Beteiligungen dann nicht zulässig, wenn der Wert des Gutachtens dem Kaufpreis entspricht.[239]

Bewertungsleistungen im Rahmen von Umwandlungen oder Verschmelzungen führen i. d. R. nicht zur Besorgnis der Befangenheit, da sich die Ergebnisse der Bewertungsleistungen nicht unmittelbar im zu prüfenden Jahresabschluss wiederfinden.

Nicht vereinbar ist die Tätigkeit als Datenschutzbeauftragter des Mandanten.[240]

Nicht vereinbar ist auch die Prüfung des Jahresabschlusses einer GmbH & Co. KG wenn ein Sozius oder ehemaliger Sozius in der Komplementär GmbH Mitglied im Beirat ist und dieser die Aufgabe der Überwachung der Geschäftsführung hat.[241]

Die Prüfung nach § 41 Abs. 2 des Erneuerbare-Energie-Gesetzes (EEG) ist nicht vereinbar mit der handelsrechtlichen Erstellung des Jahresabschlusses.[242]

Die Abschlussprüfung bleibt mit der gerichtlichen Vertretung von Mandanten vereinbar.

Steuerberatungsleistungen sind grundsätzlich erlaubt. Bei Prüfung von Unternehmen von öffentlichem Interesse bestehen besondere Anforderungen gem. § 319a HGB.

---

236 Vgl. *Hennig/Precht*, in: WPO Kommentar, 2. Aufl., Düsseldorf 2013, § 49 Rn. 50.

237 Vgl. *IDW* (Hrsg.), WP Handbuch 2012, Band I, 14. Aufl., Düsseldorf 2012, A Rn. 296.

238 Vgl. *Hennig/Precht*, in: WPO Kommentar, 2. Aufl., Düsseldorf 2013, § 49 Rn. 73.

239 Vgl. *Hennig/Precht*, in: WPO Kommentar, 2. Aufl., Düsseldorf 2013, § 49 Rn. 71 f.

240 Vgl. *IDW* (Hrsg.), WP Handbuch 2012, Band I, 14. Aufl., Düsseldorf 2012, A Rn. 298.

241 Vgl. WPK Magazin 2/2010 S. 42 ff.

242 Vgl. WPK Magazin 3/2012 S. 45.

3.2.2 Wesentliche Honorarbezüge

Nach § 319 Abs. 3 Nr. 5 HGB darf der Honoraranteil eines Mandanten in den letzten 5 Jahren durchschnittlich nicht höher sein als 30 % der Gesamthonorareinnahmen des WP aus seiner beruflichen Tätigkeit; bei der Prüfung kapitalmarktorientierter Unternehmen beträgt die Umsatzgrenze nur noch 15 %.

3.2.3 Persönliche Vertrautheit (§ 29 Abs. 4 Nr. 4, § 35 BS WP/vBP)

Neben geschäftlichen und finanziellen Beziehungen können nach § 319 Abs. 2 HGB auch Beziehungen persönlicher Art Besorgnis der Befangenheit begründen. Verwandtschaftliche und persönliche Beziehungen können die unabhängige Urteilsbildung des WP beeinflussen. § 35 BS WP/vBP regelt die persönlichen Beziehungen zu dem Mandanten, den Mitgliedern der Unternehmensleitung und Personen, die auf den Prüfungsgegenstand Einfluss haben. Der Personenkreis umfasst Ehegatten, Lebenspartner und Verwandte in gerader Linie des WP, Personen mit denen der WP mindestens seit einem Jahr in einem Haushalt lebt, Personen mit denen der WP gemeinsam den Beruf ausübt oder ausgeübt hat oder Personen mit denen der WP in einem Netzwerk verbunden ist.[243] Der Kreis der Personen in § 29 Abs. 4 Nr. 4 BS WP/vBP ist enger als der der Angehörigen in § 15 AO. Hierdurch soll der Personenkreis besser erfassbar sein. Wechseln Mitarbeiter vom WP zum prüfenden Mandanten ist die Stellung des Mitarbeiter beim WP (z. B. als verantwortlicher WP) und die Stellung beim Mandanten (z. B. leitende Position im Rechnungswesen) und der Zeitraum seit dem Wechsel, bei der Beurteilung ob eine persönliche Vertrautheit besteht zu berücksichtigen.[244]

3.2.4 Besonderheiten bei der Prüfung bei Unternehmen von öffentlichem Interesse (§ 319a HGB)

Die europäische Reform zur Abschlussprüfung wurde mit der Neufassung der Achten Richtlinie 2014/56/EU und der Verordnung (EU) Nr. 537/2014 (kurz: VO EU) für die Prüfung von Unternehmen im öffentlichen Interesse (oder *Public Interest Entities*, kurz: PIE) umgesetzt. Die veränderte Achte Richtlinie muss bis zum 17. 6. 2016 ins deutsche Gesetz transferiert werden und die Verordnung gilt automatisch für sämtliche PIE-Unternehmen ab dem 17. 6. 2016. Der Bundestag hat am 17. 3. 2016 die Umsetzung der Prüfungsbezogenen Regelungen der Richtlinie (Abschlussprüfungsreformgesetz – AReG) verabschiedet.

Zukünftig werden für Prüfer von PIE-Unternehmen nicht nur in § 319a HGB besondere Anforderungen geregelt, sondern es gelten die Regelungen der Verordnung Nr. 537/2014 direkt. Durch das AReG werden nur bestimmte Anpassungen ins deutsche Recht übernommen.

PIE-Unternehmen sind kapitalmarktorientierte Unternehmen i. S. des § 264d HGB, die CRR-Kreditinstitute i. S. des § 1 Abs. 3d Satz 1 des Kreditwesengesetz und Versicherungsunternehmen. Im Gegensatz zu Kreditinstituten sind alle Versicherungsunternehmen unabhängig von ihrer Größe PIE.

In Art. 5 der VO EU ist das Verbot von Nichtprüfungsleistungen beim jeweiligen Prüfungsmandat geregelt. Diese sog. Blacklist unterteilt sich in zwei Gruppen. Die einen Leistungen sind per

243 Vgl. *IDW* (Hrsg.), WP Handbuch 2012, Band I, 14. Aufl., Düsseldorf 2012, A Rn. 313.

244 Vgl. *Hennig/Precht*, in: WPO Kommentar, 2. Aufl., Düsseldorf 2013, § 49 Rn. 89–91.

se verboten für den Abschlussprüfer und die anderen Leistungen können im Rahmen von Mitgliedstaatenwahlrechten unter der Voraussetzung, dass die Leistungen keinen direkten Einfluss oder nur unwesentliche Auswirkungen auf den geprüften Abschluss haben und dem Prüfungsausschuss des Mandanten mitgeteilt werden bzw. dieser Richtlinien hierzu erlassen hat und somit die Unabhängigkeit weiterhin gewährleistet ist, erlaubt werden.

Vollständig ausgeschlossen sind die folgenden Leistungen:

- Teilnahme an der Führung des Unternehmens;
- Buchhaltung und Erstellung von Unterlagen der Rechnungslegung und von Abschlüssen;
- Lohn- und Gehaltsabrechnungen;
- juristische Leistungen im Zusammenhang mit allgemeiner Beratung, Verhandlungen im Namen des geprüften Unternehmens und Vermittlungstätigkeiten in Bezug auf die Beilegung von Rechtstreitigkeiten;
- die interne Revision;
- Leistungen im Zusammenhang mit der Finanzierung, der Kapitalstruktur und -ausstattung sowie Anlagenstrategie des geprüften Unternehmens;
- Werbung für den Handel mit oder Zeichnung von Aktien des geprüften Unternehmens;
- Personaldienstleistungen in Bezug auf Mitglieder der Unternehmensleitung, Aufbau der Organisationstruktur und Kostenkontrolle.

Die Leistungen die im Rahmen von Mitgliedstaatenwahlrechten ausgenommen werden können (Art. 5 Abs. 2 VO EU) sind:

- Erbringung von Steuerberatungsleistungen und hier insbesondere die Erstellung von Steuererklärungen, Ermittlung von staatlichen Beihilfen und steuerlichen Anreizen, Unterstützung bei Steuerprüfungen, Berechnung der direkten und indirekten Steuern sowie latenter Steuern und die Erbringung von Steuerberatungsleistungen;
- Gestaltung und Umsetzung interner Kontroll- oder Risikomanagementverfahren die bei der Erstellung und/oder Kontrolle von Finanzinformationen zum Einsatz kommen;
- Bewertungsleistungen im Bereich Versicherungsmathematik und Unterstützung bei Rechtsstreitigkeiten.

In § 319a Abs. 1 Nr. 2 und 3 HGB sind die Steuerberatungsleistungen und Bewertungsleistungen die sich einzeln oder zusammen auf den zu prüfenden Jahresabschluss unmittelbar und nicht nur unwesentlich auswirken erlaubt. Der Prüfungsausschuss des Unternehmens hat diesen Steuerberatungsleistungen vorab zuzustimmen (§ 319a Abs. 3 HGB). Weitergehende Einschränkungen der Nichtprüfungsleistungen sind gem.VO EU möglich, aber vom deutschen Gesetzgeber derzeit nicht geplant.

Die Regelung des § 319a Abs. 1 Nr. 1 HGB, die die Unabhängigkeit des Abschlussprüfers dann nicht mehr als gegeben ansieht, wenn der Abschlussprüfer aus dem Mandant und dessen Beteiligungsunternehmen mehr als 15 % seiner Gesamteinnahmen in den letzten fünf Jahren erzielt hat, bleibt bestehen.

Bei der Prüfung von Unternehmen im öffentlichen Interesse besteht die Verpflichtung zur **internen Rotation**. Nach höchstens 7 Jahren als Abschlussprüfer muss ein interner Prüferwechsel erfolgen. Nach anschließender Wartezeit von 2 Jahren kann der bisherige WP die Prüfung wieder durchführen (§ 319a Abs. 1 Nr. 4 HGB). Die Wartezeit erhöht sich nach Art. 17 Abs. 7 VO EU auf drei Jahre. Entsprechendes gilt bei Wirtschaftsprüfungsgesellschaften, wenn sie bei der Prüfung des Unternehmens einen WP beschäftigen, der als verantwortlicher Prüfungspartner nicht selbst Abschlussprüfer sein dürfte (§ 319a Abs. 1 Satz 4 HGB).

Eine Erweiterung der Rotationspflicht besteht bei der Prüfung eines Konzernabschlusses, wenn die Muttergesellschaft ein Unternehmen von öffentlichem Interesse ist. In diesem Fall gilt als verantwortlicher Prüfungspartner auch derjenige, der für die Prüfung eines bedeutenden Tochterunternehmens in sieben oder mehr Fällen als vorrangig verantwortlich bestimmt worden ist (§ 319 Abs. 2 Satz 2 HGB). Bedeutend in diesem Sinne ist ein Tochterunternehmen, wenn es zu mehr als 20 % zum Konzernumsatz beiträgt oder mehr als 20 % des Konzernvermögens hält. Der Einsatz des WP in einem anderen Tochterunternehmen hindert die Abschlussprüfung der Konzernmutter durch die WPG nicht.

BEISPIEL ▸ Durch ein unterjährig begonnenes und im Folgejahr abgeschlossenes Insolvenzverfahren hatten sich bei einem geprüften börsennotierten Unternehmen zwei Rumpfgeschäftsjahre pro Kalenderjahr ergeben (vgl. § 155 Abs. 2 Satz 1 InsO). Der Linksunterzeichnende des Bestätigungsvermerks im letzten Rumpfgeschäftsjahr hatte bereits die Bestätigungsvermerke in den fünf vorangegangenen Geschäftsjahren unterzeichnet. Er war der Auffassung, dass für die Frage der internen Rotation eine Zählung nach Kalenderjahren zu erfolgen habe. Die WPK dagegen vertritt zu Recht die Auffassung, dass bei einer untypischen Häufung von Geschäftsjahren, wie sie hier gegeben ist, eine Zählung nach Fällen maßgebend sei. Die Rotation soll eine Betriebsblindheit des Abschlussprüfers verhindern. Diese tritt nicht durch reinen Zeitablauf, sondern durch häufige kontinuierliche Befassung mit ähnlichen Rechen- bzw. Berichtswerken des geprüften Unternehmens ein.[245]

Zusätzlich regelt Art. 17 VO EU die Mehrjahresbestellung, d. h. die Anzahl der Jahresabschlussprüfungen, die der WP bei PIE durchführen darf. Die Mindestbestelldauer beträgt ein Jahr. Diese kann gem. VO EU verlängert werden, ist aber im AReG nicht vorgesehen. Die Gesamtbestelldauer beträgt zehn Jahre. Diese kann durch die Ausübung von Mitgliedstaatenwahlrechten verlängert werden. Nach § 318 Abs. 1a HGB (AReG) wurde, das Wahlrecht wie folgt ausgeübt: Die Höchstbestelldauer verlängert sich um weitere zehn Jahre, wenn der Auftrag im 11. Jahr ausgeschrieben wird. Soweit mehrere WP bzw. Wirtschaftsprüfungsgesellschaften bestellt werden (sog. *Joint Audit*), verlängert sich die Höchstdauer auf weitere 14 Jahre. Insgesamt kann ein Mandat 20 bzw. 24 Jahre lang im Rahmen der Abschlussprüfung betreut werden. Die Übergangsbestimmungen sind in Art. 41 VO EU geregelt und sehen im Wesentlichen Übergangszeiten von sechs bzw. neun Jahren vor.

Wechselt ein verantwortlicher WP zu einem Unternehmen von öffentlichem Interesse, so darf dieser gem. § 43 Abs. 3 WPO keine wichtige Führungstätigkeit innerhalb der ersten zwei Jahre ausüben (*Cooling-off-Periode*). Der Beginn der zwei Jahres Frist ist der Zeitpunkt der Erteilung des Bestätigungsvermerkes.[246]

Bei Prüfungen von mittelgroßen und großen Kapitalgesellschaften besteht ferner eine Angabepflicht zum Prüfungshonorar und für das berechnete Gesamthonorar des Geschäftsjahres des Abschlussprüfers im Anhang gem. § 285 Nr. 17 HGB. Entsprechendes gilt grundsätzlich auch für die Angabe des Honorars bei mittelgroßen Kapitalgesellschaften. Soweit diese die Angaben

245 Vgl. WPK Magazin 2/2011 S. 30.
246 Vgl. *IDW* (Hrsg.), WP Handbuch 2012, Band I, 14. Aufl., Düsseldorf 2012, A Rn. 343.

nicht machen, sind sie verpflichtet, diese der WPK auf deren schriftliche Anforderung zu übermitteln (§ 288 Abs. 2 HGB).

Bei Verstoß gegen die Ausschlussgründe nach §§ 319 Abs. 3 und 319a HGB ergeben sich folgende Rechtsfolgen: Der Prüfungsauftrag ist nach § 134 BGB i.V.m. § 334 Abs. 2 HGB (Ordnungswidrigkeit) nichtig. Als Folge davon hat der Abschlussprüfer seine Vergütung zurückzuerstatten, bzw. hat keinen Anspruch darauf. Dennoch bleibt der geprüfte Jahresabschluss wirksam.[247]

3.2.5 Besonderheiten bei Vorhandensein eines Netzwerks

Ausgeschlossen ist ein Abschlussprüfer, wenn ein Mitglied seines Netzwerks seinerseits einen Ausschlussgrund nach § 319 Abs. 3 Satz 1 Nr. 3 oder § 319a Abs. 1 Satz 1 Nr. 2 oder 3 HGB erfüllt (§ 319b Abs. 1 Satz 2 HGB). Die genannten Vorschriften betreffen sämtlich das Selbstprüfungsverbot. In anderen Fällen des § 319 HGB, die nicht das Selbstprüfungsverbot betreffen, besteht ein Ausschlussgrund nur dann, wenn das Netzwerkmitglied auf das Ergebnis der Abschlussprüfung Einfluss nehmen kann (vgl. dazu auch § 29 Abs. 4 Satz 2 BS WP/vBP). Netzwerke sind als Information für den interessierten Rechts- und Geschäftsverkehr im Berufsregister zu erfassen.[248]

Ein Netzwerk liegt dann vor, wenn Personen bei ihrer Berufsausübung zur Verfolgung gemeinsamer wirtschaftlicher Interessen für eine gewisse Dauer zusammenwirken (§ 319 Abs. 1 Satz 3 HGB). Auf die rechtliche Ausgestaltung kommt es also nicht an. Beispiele für das Vorliegen eines Netzwerks sind:

- Gewinn- und Kostenteilung
- gemeinsames Eigentum
- gemeinsame Kontrolle der Geschäftsführung
- gemeinsame Gesamtstrategie
- gemeinsame Qualitätssicherungsmaßnahmen und -verfahren
- gemeinsame Nutzung fachlicher Ressourcen
- gemeinsamer Außenauftritt unter einer bestimmten Marke

Die Merkmale führen nur dann zu einem Netzwerk, wenn sie für die Berufsausübung kennzeichnend sind[249] und eine gewisse Intensität erreicht haben, wobei das Vorliegen von nur einem Merkmal für das Bestehen eines Netzwerkes genügt.[250] Der gemeinsame Außenauftritt unter einer bestimmten Marke ist dann erfüllt, wenn sich ein prägender Namensbestandteil des Zusammenschlusses in der Firma von Mitgliedsgesellschaften wiederfindet oder ein gemeinsames Logo verwendet wird.[251]

Die Mitgliedschaft in Berufsverbänden wie IDW, WPnet oder Genossenschaften wie die DATEV eG begründen kein Netzwerk. Auch eine Bürogemeinschaft, die personelle und sachliche Ge-

247 BGH NJW 92, 2021, WPK-Mitt 95 S. 180 f.
248 Vgl. WPK Magazin 2/2010 S. 31.
249 Vgl. *Schnepel*, NWB 2009 S. 1091.
250 Vgl. WPK Magazin 4/2009 S. 23.
251 Vgl. WPK Magazin 2/2010 S. 31.

meinsamkeiten regelt, aber keine fachlichen gemeinsamen Tätigkeiten beinhaltet, stellt kein Netzwerk dar.[252]

3.3 Besorgnis der Befangenheit bei Beratungen

Das Gebot der Unbefangenheit gilt auch für die Beratungstätigkeit, wenngleich das Risiko weitaus geringer ist als bei der Abschlussprüfung. Der WP hat als Berater häufig Parteiinteressen zu vertreten. Keine Unbefangenheit liegt z. B. beim Empfang von Provisionen oder Sondervorteilen vor. Gleiches gilt auch bei Interessenkollisionen (§ 53 WPO; § 3 BS WP/vBP) – es besteht das Verbot der Vertretung bei widerstreitenden Interessen. WP dürfen nicht tätig werden, wenn sie einen anderen Auftraggeber in derselben Sache im widerstreitenden Interesse beraten oder vertreten haben. WP dürfen im Übrigen mehrere Auftraggeber in derselben Sache nur beraten oder vertreten, wenn ihnen ein gemeinsamer Auftrag erteilt ist oder alle Auftraggeber einverstanden sind.

Bei ursprünglich gleicher Interessenlage kann im Lauf der Beratungstätigkeit ein Interessenwiderstreit entstehen (z. B. Auflösung einer Gesellschaft, Streit zwischen Gesellschaft und Gesellschaftern). Daraus kann sich die Notwendigkeit einer Mandatsbeendigung ergeben.

HINWEIS

Der WP darf im Rahmen eines Beratungsauftrages bei der Suche und Auswahl von geeigneten Personen für die Besetzung offener Stellen auf Führungsebene beim Mandanten mitwirken und dazu Anzeigen schalten aus deren Text die Beratungstätigkeit für einen Mandanten hervorgeht.[253]

4. Kritische Grundhaltung (§ 43 Abs. 4 WPO, § 37 BS WP/vBP)

WP haben Prüfungen und die Erstellung von Gutachten mit einer kritischen Grundhaltung zu planen und durchzuführen. So sind während der gesamten Prüfung die Glaubwürdigkeit, die Angemessenheit und die Verlässlichkeit der erlangten Prüfungsnachweise kritisch zu hinterfragen. Dies soll insbesondere bei der prüferischen Beurteilung der Schätzungen des Managements in Bezug auf Zeitwertangaben, Wertermittlung von Vermögenswerten und Rückstellungen (siehe Art. 21 Abs. 2 EU RL), also in allen Prüfungsgebieten, die das Ergebnis bzw. die Ergebniskennzahlen des Jahresabschlusses betreffen, beachtet werden. Gemäß Regierungsbegründung ist die kritische Grundhaltung eine zentrale Voraussetzung für die Qualität der Jahresabschlussprüfung. Die kritische Grundhaltung betrifft die grundsätzliche innere Einstellung des WP, Dinge zu hinterfragen und auf Gegebenheiten zu achten, die auf mögliche, durch Betrug oder Irrtümer bedingte wesentliche falsche Darstellungen hindeuten könnten. Sie ermöglicht dem WP mögliche Unregelmäßigkeiten aufzudecken und angemessene Schlussfolgerungen zu treffen. Es ist keine neuer Berufsgrundsatz, bisher war dieser nur nicht gesetzlich normiert.

5. Unparteilichkeit (§ 43 Abs. 1 Satz 2 WPO; § 28 BS WP/vBP)

Nach § 43 Abs. 1 Satz 2 WPO hat sich der WP bei der Prüfungstätigkeit und der Erstattung von Gutachten unparteiisch zu verhalten, d. h. er darf keinen der Beteiligten benachteiligen oder be-

252 Vgl. *Schnepel*, in: WPO Kommentar, 2. Aufl., Düsseldorf 2013, § 44b Rn. 55.
253 Vgl. WPK Magazin 4/2010 S. 43.

vorzugen. Dies verpflichtet den WP in seiner Funktion als Prüfer und Gutachter zu unbedingter Neutralität. Bei widerstreitenden Interessen hat er neutral abzuwägen und darf nicht die Interessen einer Partei verfolgen. Diese Neutralität muss im Prüfungsbericht und im Gutachten zum Ausdruck kommen. Wesentliche Sachverhalte müssen genannt werden. Die fachliche Würdigung der ermittelten Fakten muss nachvollziehbar sein und darf nicht durch Sonderinteressen beeinflusst werden.

Bei der Erstellung eines „Parteigutachtens" mit argumentativer Funktion, muss dies in der Bezeichnung der Auftrags und der Darstellung des Ergebnisses deutlich zum Ausdruck kommen. Der Begriff „Gutachten" darf nicht verwendet werden (§ 28 Abs. 2 BS WP/vBP).

Die von der WP-Praxis zu treffenden Regelungen zur Gewährleistung der Unparteilichkeit ergeben sich aus der VO 1/2006 unter Ziff. 4.1.1. und den Erläuterungen zur BS/vBP.

6. Verschwiegenheit (§ 43 Abs. 1 Satz 1 WPO; §§ 10 BS WP/vBP)

Die Verschwiegenheit ist ein Fundament des Vertrauens, das dem WP entgegengebracht wird. Dementsprechend ist der Grundsatz der Verschwiegenheit nicht nur durch das Berufsrecht, sondern auch durch das Zivilrecht (§ 323 Abs. 1 HGB) und das Strafrecht (§ 203 StGB) sowie durch eine Vielzahl spezialgesetzlicher Regelungen vorgeschrieben und abgesichert.

Der Grundsatz der Verschwiegenheit gilt für jede Art der Berufsausübung, also auch im Anstellungsverhältnis. Die Gehilfen und Mitarbeiter sind zur Verschwiegenheit zu verpflichten (§ 50 WPO).

6.1 Betroffener Personenkreis

Bei Sozietäten oder Partnerschaftsgesellschaften kann sich die Frage stellen, ob innerhalb der Sozietät oder Partnerschaft die Verschwiegenheit zu gewährleisten ist. Bei einem Beratungsmandat sind i. d. R. alle Partner als beauftragt anzusehen[254], so dass sie als informationsberechtigt gelten. Abweichendes gilt, wenn das Mandat erkennbar auf einen Partner beschränkt ist. Bei einem Prüfungsauftrag, der einer gemischten Sozietät erteilt wird, ist gegenüber den Nicht-WP-Sozien (Partnern) Verschwiegenheit zu wahren, soweit sie nicht mit der Erledigung der Prüfung befasst werden und die Praxisorganisation nicht zu einer Offenbarung einzelner Umstände führt, mit der der Auftraggeber im Zweifel einverstanden sein dürfte.

Die vom WP eingesetzten Mitarbeiter dürfen im notwendigen Rahmen unterrichtet werden bzw. Kenntnisse aus dem Auftrag erlangen. Bei einer WPG hat der gesetzliche Vertreter zu entscheiden, wer für die Durchführung des Auftrages eingesetzt wird und dementsprechend unterrichtet werden darf.

Die Verschwiegenheitspflicht besteht auch gegenüber verbundenen Wirtschaftsprüfungsgesellschaften bzw. dort tätigen und in der Abwicklung des Mandats nicht einbezogenen Personen, sowie den Mitgliedern eines Netzwerkes. Ausgenommen sind Informationen, die der Netzwerkpartner benötigt, um seine Unabhängigkeit zu prüfen.[255]

254 BGH WM 90, 188 zitiert in WPK Mitt. 90 S. 91.

255 Vgl. *IDW* (Hrsg.), WP Handbuch 2012, Band I, 14. Aufl., Düsseldorf 2012, A Rn. 349.

In der WP-Praxis sind Regelungen einzuführen, die die Einhaltung der Verschwiegenheitspflicht gewährleisten (§ 10 Abs. 2 BS WP/vBP und VO 1/2006 Ziff. 4.1.2.). Dazu gehören z. B. die schriftliche Verschwiegenheitsverpflichtung der Mitarbeiter und Regelungen zum Schutz der Arbeitspapiere gegen unbefugten Zugriff.

6.2 Inhalt und Umfang

Alle Umstände und Tatsachen, die der WP bei seiner Berufstätigkeit erfahren hat und die ihm anvertraut werden, dürfen nicht unbefugt offenbart werden (§ 10 BS WP/vBP). Dazu sind die erforderlichen Vorkehrungen zu treffen. Die Verschwiegenheit ist zeitlich unbegrenzt und gilt gegenüber jedermann, auch gegenüber Berufskollegen. Sie betrifft alle Tatsachen und Informationen, die das Mandatsverhältnis selbst betreffen und zu wem ein Mandat besteht. Der WP darf keine Namen von Mandanten an Dritte weitergeben. Bei der Beauftragung von Dritten, seien es freie Mitarbeiter oder Dienstleister, hat der WP diese zur Verschwiegenheit zu verpflichten.[256]

Die Pflicht zur Verschwiegenheit verbietet dem WP auch, Insiderkenntnisse für sich oder andere auszunutzen (§ 10 BS WP/vBP). Ein Verbot von Insidergeschäften enthält auch § 14 Wertpapierhandelsgesetz, welcher bei einer börsennotierten Kapitalgesellschaft gilt. Auch strafbares Verhalten des Mandanten darf den Strafverfolgungsbehörden grundsätzlich nicht mitgeteilt werden (Ausnahmen: Geplante Kapitalverbrechen und Verstöße gegen das Geldwäsche Gesetz).

Die Verschwiegenheitspflicht besteht auch im prozessualen Bereich (§ 53 StPO; § 83 Nr. 6 ZPO; § 385 AO). Hier hat der Berufsangehörige ein Zeugnisverweigerungsrecht, auf das er sich im Regelfall zu berufen hat. Gegenstände, auf die sich das Zeugnisverweigerungsrecht des WP bezieht, unterliegen nicht der Beschlagnahme (§ 97 Abs. 1 Nr. 3 StPO). Durch die Verpflichtung zur Verschwiegenheit ist der WP gehalten, die Beschlagnahme sowohl seiner Akten als auch ihm anvertrauter Unterlagen im Rahmen des Möglichen zu verhindern.

Beachte, dass nach § 55 Abs. 3 WPO die Abtretung von Honoraransprüchen ohne Zustimmung des Mandanten unzulässig und damit grundsätzlich unwirksam ist. Eine Ausnahme gilt dann, wenn die Forderung rechtskräftig festgestellt ist. Dann kann die Forderung auch ohne Zustimmung des Auftraggebers abgetreten werden. Eine Abtretung von Forderungen an ein Inkassobüro gilt als unzulässig.[257]

Im Rahmen einer Praxisveräußerung besteht ebenfalls Verschwiegenheitspflicht und zwar auch dann, wenn der Mandantenstamm von einer Berufsgesellschaft auf eine andere, die unter derselben Leitung steht, übertragen wird. Hier ist § 55 Abs. 3 WPO zu beachten, falls gleichzeitig Honoraransprüche abgetreten werden sollen. Bei der Übertragung der Praxis ist i. d. R. die Zustimmung der Auftraggeber zum Mandatsübergang erforderlich. Die Verschwiegenheitspflicht besteht nicht, wenn der Käufer zuvor als Angestellter tätig oder als Sozietätspartner vorher in die Sozietät eingetreten war.[258]

256 Vgl. *Maxl*, in: WPO Kommentar, 2. Aufl., Düsseldorf 2013, § 43 Rn. 148.

257 Vgl. *IDW* (Hrsg.), WP Handbuch 2012, Band I, 14. Aufl., Düsseldorf 2012, A Rn. 377.

258 Vgl. *IDW* (Hrsg.), WP Handbuch 2012, Band I, 14. Aufl., Düsseldorf 2012, A Rn. 380.

6.3 Ausnahmen von der Verschwiegenheitspflicht

Nach § 320 Abs. 3 Satz 2 HGB hat der Konzernabschlussprüfer gegenüber dem Abschlussprüfer der Mutter- und Tochterunternehmen einen Auskunfts- und Herausgabeanspruch hinsichtlich der zu einzelnen Punkten ggf. erforderlichen Nachweise. Einen Anspruch auf die Herausgabe sämtlicher Arbeitspapiere des WP besteht nicht. In sämtliche Arbeitspapiere sollte nur nach Abgabe einer sog. Haftungsfreistellung (*Hold Harmless Letter*) Einsicht gewährt werden.[259] Diese Ausnahme von der Verschwiegenheitspflicht gilt nur auf nationaler Ebene, nicht aber im Verhältnis zu ausländischen Konzernabschlussprüfern. Hier muss also eine Entbindung der Verschwiegenheitspflicht durch den Mandanten erfolgen.[260]

Eine weitere gesetzliche Durchbrechung der Verschwiegenheitspflicht ist in § 57b Abs. 3 WPO für den Qualitätskontrollprüfer im Rahmen seiner Prüfung vorgesehen.

Die Verpflichtung zur Verschwiegenheit entfällt, wenn der WP wirksam von ihr entbunden worden ist. Erfolgt die Entbindung im Rahmen eines gerichtlichen Verfahrens, so muss der WP als Zeuge aussagen (§ 53 Abs. 2 StPO; § 85 Abs. 2 ZPO; § 102 Abs. 3 AO). Ein Aussageverweigerungsrecht aus persönlichen Gründen (z. B. als Angehöriger gem. § 52 Abs. 1 Nr. 3 StPO) bleibt unberührt.

In der Wahrnehmung eigener berechtigter Interessen liegt keine Verletzung der Verschwiegenheitspflicht. So können z. B. Honorare eingeklagt werden, ohne dass darin eine Verletzung der Verschwiegenheitspflicht zu sehen ist. Das Gleiche gilt im Falle von Regress- oder Strafverfahren gegen einen WP sowie in berufsaufsichtlichen Verfahren.[261]

6.4 Geldwäschebekämpfungsgesetz (GwG): Interne Sicherungsmaßnahmen

Gem. § 11 Abs. 3 GwG wird das Verschwiegenheitsgebot durchbrochen. Der WP hat danach in bestimmten Fällen eine Verdachtsanzeige zu erstatten. Die WPK hat hierzu einen Anwendungshinweis erlassen.[262]

Die WPK hat gem. § 9 Abs. 4 Satz 2 GwG angeordnet, dass in WP-Praxen interne Sicherungsvorkehrungen zur Bekämpfung von Geldwäsche und Terrorismusfinanzierung zu treffen sind. Die Sicherungsvorkehrungen betreffen die Entwicklung und Aktualisierung von geschäfts- und kundenbezogenen Sicherungssystemen und Kontrollen, die Unterrichtung der Beschäftigten und Maßnahmen zur Prüfung der Zuverlässigkeit der Beschäftigten. Die Tätigkeit in beruflichen Einheiten bis zu einer Gesamtkopfzahl von 10 Berufsträgern (bei Berufsgesellschaften bis zu einer entsprechenden Größe) ist allerdings von diesen Anordnungen befreit.[263] Nicht befreit sind solche WP, die mehr als 50 % ihres Gesamtumsatzes aus Treuhandtätigkeiten erzielen, da Treuhandtätigkeiten besonders anfällig für Geldwäsche oder Terrorismusfinanzierung sind. WP die mit mehr als 30 Berufsangehörigen oder Berufsträgern sozietätsfähiger Berufe gem. § 44b Abs. 1 WPO tätig sind, haben einen Geldwäschebeauftragten zu bestellen.[264]

259 Vgl. *IDW* (Hrsg.), WP Handbuch 2012, Band I, 14. Aufl., Düsseldorf 2012, A Rn. 361.

260 Vgl. im Einzelnen WPK Magazin 3/2005 S. 30.

261 Vgl. *IDW* (Hrsg.), WP Handbuch 2012, Band I, 14. Aufl., Düsseldorf 2012, A Rn. 373.

262 Website der WPK: http://go.nwb.de/zxm3d (Abruf 30. 11. 2015); vgl. auch Kapitel VI, Ziffer 9.

263 Vgl. WPK Magazin 2/2012 S. 30.

264 Vgl. WPK Magazin 2/2012 S. 32.

7. Gewissenhaftigkeit (§ 43 Abs. 1 Satz 1 WPO; § 323 Abs. 1 HGB; §§ 4 ff. BS WP/vBP)

7.1 Übernahme von Mandaten

Der WP ist zur gewissenhaften Berufsausübung verpflichtet. Das beginnt bereits bei der Übernahme des Mandates. Mandate dürfen nur übernommen werden, wenn der WP über die erforderliche Sachkunde und die zur Bearbeitung erforderliche Zeit verfügt (§ 4 Abs. 2 BS WP/vBP). Die Aufträge müssen ordnungsgemäß durchgeführt und zeitgerecht erledigt werden. Dies ist durch eine Gesamtplanung sowie durch weitere organisatorische Maßnahmen sicherzustellen (vgl. dazu auch § 4 Abs. 3 BS; VO 1/2006 Ziff. 4.4.).

Die erforderliche Sachkunde setzt Kenntnisse und Erfahrungen voraus. Nimmt ein WP einen Auftrag ohne die erforderliche Sachkunde an und unterläuft ihm bei der Abarbeitung ein Fehler, der auf mangelnder Sachkunde oder Fortbildung beruht, so liegt eine Sorgfaltspflichtverletzung vor.[265]

7.2 Einstellung und Fortbildung von Mitarbeitern (§ 7 BS WP/vBP)

Zur gewissenhaften Berufsausübung gehört es auch, bei der Einstellung von Mitarbeitern deren fachliche und persönliche Eignung zu prüfen, sie über die Berufspflichten zu unterrichten und für eine angemessene praktische und theoretische Aus- und Fortbildung zu sorgen (§ 7 BS; VO 1/2006 Ziff. 4.3). Der WP hat seine Mitarbeiter in angemessenen Abstand fachlich zu beurteilen; üblich sind hier Jahresgespräche.

7.3 Beachtung fachlicher Regeln

Nach § 4 Abs. 1 BS WP/vBP hat der WP die fachlichen Regeln zu beachten. Dies sind:

- Grundsätze ordnungsmäßiger Buchführung (GOB);
- die Verlautbarungen des DRSC (Standards);
- die von den Fachgremien des IDW verabschiedeten Prüfungsstandards (IDW PS) und Stellungnahmen zur Rechnungslegung (IDW RS) sowie
- die Prüfungs- und Rechnungslegungshinweise (IDW PH und IDW RH).

Nach Annahme der „ISA" durch die EU und nach Umsetzung der 8. EU-Richtlinie durch den nationalen Gesetzgeber werden die ISA ebenfalls für den WP verbindliche Regelungen darstellen. Bei freiwilliger Anwendung der ISA hat der WP bereits heute diese vollumfänglich zu beachten.

Von den vorgenannten fachlichen Regeln soll und darf der WP ohne gewichtige Gründe nicht abweichen. Er hat zu prüfen, ob die Grundsätze eines Standards oder eines Hinweises in dem von ihm zu bearbeitenden Fall anzuwenden sind. Beachtet der Abschlussprüfer ohne gewichtige Gründe die Grundsätze eines Standards oder Hinweises nicht, so muss er damit rechnen, dass dies zu seinem Nachteil – und zwar sowohl zivil- als auch berufsrechtlich – ausgelegt werden kann.[266] Allerdings ist zu beachten, dass diese fachlichen Regeln sich nicht als konkrete Weisun-

265 Vgl. *Oeltze*, in: WPO Kommentar, 2. Aufl., Düsseldorf 2013, § 43 Rn. 60.

266 Vgl. *IDW* (Hrsg.), WP Handbuch 2012, Band I, 14. Aufl., Düsseldorf 2012, A Rn. 385.

gen für die Rechtsanwendung im Einzelfall darstellen. Die eigene fachliche Meinung und Überzeugung des Berufsangehörigen steht an erster Stelle. Wäre es anders, so wäre die Eigenverantwortlichkeit des WP erheblich beeinträchtigt.

7.4 Verpflichtung zur Fortbildung

Der Grundsatz der Gewissenhaftigkeit enthält auch die Verpflichtung sich fortzubilden (§ 43 Abs. 2 Satz 4 WPO). Die Art und Weise der Fortbildung ist den (einzelnen) Berufsangehörigen nicht im Einzelnen vorgeschrieben. Die Fortbildung hat in einem Umfang zu erfolgen, der die fachliche Kompetenz des WP erhält und sicherstellt, dass er den gesetzlichen Aufgaben gerecht wird (§ 5 Abs. 1 BS WP/vBP). Die Fortbildungspflicht wird hinsichtlich Art, Umfang und Nachweis in § 5 der Berufssatzung umschrieben.

Die Fortbildungspflichten werden erfüllt durch Teilnahme an Fortbildungsmaßnahmen als Hörer oder als Dozent sowie durch Selbststudium. Fortbildungsmaßnahmen sind Vorträge, Seminare, Diskussionsgruppen oder ähnliche Veranstaltungen. Unerheblich ist, ob sie durch Dritte oder durch die Praxis selbst organisiert sind. Es reicht aus, wenn sie nur Mitarbeitern der Praxis zugänglich sind. Die schriftstellerische Facharbeit, die Dozententätigkeit an Hochschulen und die Tätigkeit in Fachgremien, ist diesen Maßnahmen gleichgestellt. Die Fortbildung muss sich auf die in §§ 2, 129 WPO genannten Tätigkeiten beziehen (z. B. Durchführung betriebswirtschaftlicher Prüfungen, Steuerberatung, Beratung in wirtschaftlichen Angelegenheiten). Sie soll einen Umfang von 40 Stunden jährlich nicht unterschreiten. Hiervon müssen 20 Stunden auf die Teilnahme an Fachveranstaltungen entfallen. Die Teilnahme ist für Nachweiszwecke zu dokumentieren.

HINWEIS

In der Elternzeit eines WP wird es als ausreichend angesehen, wenn die 20 Stunden Fachveranstaltungen nachgewiesen werden.[267]

Die Fortbildung soll ihren Schwerpunkt in der ausgeübten oder beabsichtigten Berufstätigkeit des WP haben. Für PrfQK gelten besondere Fortbildungsverpflichtungen gem. § 6 SfQ.

Die Fortbildungsverpflichtungen werden im Rahmen der Qualitätskontrolle, der anlassunabhängigen Sonderuntersuchungen und bei Anhaltspunkten gegen Verstöße im Rahmen der regulären Berufsaufsicht durch die WPK überprüft.[268]

7.5 Interne Qualitätssicherung

Die Maßnahmen zur Sicherung der Qualität der Berufsarbeit sind eine Ausprägung des Grundsatzes der Gewissenhaftigkeit. Diese sind nicht auf den fachlichen Bereich beschränkt, sondern umfassen auch die Praxisorganisation.

Nach § 55b WPO sind WP und WPG verpflichtet, Regelungen zu schaffen, die zur Einhaltung der Berufspflichten erforderlich sind, sowie deren Anwendung zu überwachen und durchzusetzen. Die Vorschrift wird durch Vorschriften der Berufssatzung WP (BS) ergänzt. Die Berufssatzung enthält in den §§ 45–63 nähere Bestimmungen zur internen Qualitätssicherung für den Bereich

267 Vgl. WPK Magazin 3/2011 S. 35.

268 Vgl. *Schnepel*, NWB 2007 S. 3811.

der Prüfungstätigkeit (§ 2 Abs. 1 WPO). Sie verlangt insbesondere eine sachgerechte Prüfungsplanung (§ 38 BS WP/vBP) und Prüfungsanweisungen an die Mitarbeiter (§ 39 Abs. 2 BS WP/vBP) sowie die Nachschau (§ 63 BS WP/vBP).

Durch das APAReG wurde § 55b WPO vollständig neu gefasst, so dass über die Grundsätze in Abs. 1 nun in Abs. 2–4 detaillierte Anforderungen geregelt sind.

Die näheren bisherigen Anforderungen an die Qualitätssicherung sind in der Berufssatzung und der gemeinsam vom IDW und der WPK herausgegebenen VO 1/2006 enthalten. Darin werden die einzelnen Bereiche der Qualitätssicherung erläutert, für welche in der WP-Praxis Regelungen zu treffen sind. Die Grundsätze der VO 1/2006 gelten weiter, auch wenn Teilbereiche aufgrund gesetzlicher Vorgaben nicht mehr anzuwenden sind. Das sind im Überblick folgende Regelungsbereiche:

- Allgemeine Praxisorganisation (§§ 50–62 BS WP/vBP)
- Auftragsabwicklung (§§ 45–48 BS WP/vBP)
- Nachschau (§ 49 BS WP/vBP)

Die Anforderungen an das Qualitätssicherungssystem einer WP Praxis werden in Kapitel VII näher erläutert.

Die Sicherung der Berufspflicht der Gewissenhaftigkeit bei betriebswirtschaftlichen Prüfungen und der Auftragsabwicklung ist vor allem durch die Berichtskritik, die auftragsbegleitende Qualitätssicherung und die Nachschau geregelt.

Bei Abschlussprüfungen nach § 316 HGB muss der auftragsverantwortliche WP ausgehend vom Risiko des Prüfungsmandats (Art, Branche, Komplexität) entscheiden, welche auftragsbezogene **Maßnahmen der Qualitätssicherung** eingesetzt werden. Eine grundsätzliche Verpflichtung zur **Berichtskritik** (§ 48 Abs. 1 BS WP/vBP) besteht nun bei gesetzlichen Abschlussprüfungen nicht mehr, ist aber ein wichtiges Instrument der Qualitätssicherung. Die Berichtskritik erfordert keine erneute „Vollprüfung". Sie bezieht sich vielmehr auf die Frage, ob die für den Prüfungsbericht geltenden fachlichen Regeln eingehalten sind. Daneben umfasst sie eine Plausibilitätsprüfung der im Prüfungsbericht dargestellten Prüfungshandlungen und -feststellungen. Im Regelfall bedarf es keiner eigenen Prüfungshandlungen des Kritikers. Der Berichtskritiker darf an der Erstellung des Prüfungsberichtes nicht mitgewirkt haben und an der Durchführung der Prüfung nicht wesentlich beteiligt sein (§ 48 Abs. 2 BS WP/vBP). Die Berichtskritik und die Beurteilung, dass die Berichtskritik aufgrund des Auftrags nicht notwendig ist, ist zu dokumentieren.

Der Mitunterzeichnung des Prüfungsberichts als solche steht dem Tätigwerden des Mitunterzeichners als Berichtskritiker nicht entgegen, soweit die Voraussetzungen des § 46 Abs. 1 BS WP/vBP im Übrigen vorliegen.[269] Sämtliche Unterzeichner des Bestätigungsvermerks und des Prüfungsberichts, tragen die Verantwortung für die geleistete Arbeit.

Neben der Berichtskritik kommt auch eine **auftragsbegleitende Qualitätssicherung** in Frage. Aus § 48 Abs. 3 BS WP/vBP ergibt sich, dass eine Pflicht zur auftragsbegleitenden Qualitätssicherung nur bei der Abschlussprüfung eines Unternehmens von öffentlichem Interesse besteht, nicht aber bei der Prüfung anderer Unternehmen. Der WP muss Kriterien festlegen bei welchen risikobehafteten Prüfungen nach § 316 HBG er einen auftragsbegleitenden Qualitätssicherer hin-

269 Vgl. WPK Magazin 2/2006 S. 35.

zuzieht. Der bei einer Einzelpraxis ggf. hinzuzuziehende externe auftragsbegleitende Qualitätssicherer muss nicht die Qualifikation als WP/vBP haben, sollte aber ausreichende fachliche und persönliche Kenntnisse besitzen.

Die **Nachschau** nach § 55b Abs. 3 WPO und § 63 BS WP/vBP ist ein Vergleich der Anforderungen an eine gewissenhafte Organisation der WP-Praxis und Abwicklung von Prüfungsaufträgen mit der tatsächlichen Praxis-Organisation und der Abwicklung einzelner Prüfungsaufträge (Soll-Ist-Vergleich). Dabei müssen Art und Umfang der Nachschau in einem angemessenen Verhältnis zu Art und Umfang der abgewickelten Prüfungsaufträge stehen. Es sind zumindest die Grundsätze und Verfahren für die Abschlussprüfung, für die Fortbildung, Anleitung und Kontrolle der Mitarbeiter einmal jährlich zu bewerten. Die Nachschau sollte bis 2016 innerhalb eines Zeitraums von etwa 3 Jahren durchgeführt werden und hatte alle in der WP-Praxis tätigen WP/vBP zu erfassen. Die Nachschau hat ab dem 17. 6. 2016 einmal jährlich stattzufinden und ist zu dokumentieren.

Für die Nachschau in einer WP-Einzelpraxis stehen drei unterschiedliche Wege offen:

- Es können dafür qualifizierte Mitarbeiter eingesetzt werden, die nicht zwingend selbst Berufsträger sein müssen.
- Es besteht die Möglichkeit eine Selbstvergewisserung vorzunehmen.
- Der Berufsangehörige kann einem Berufskollegen den Auftrag erteilen, für ihn eine interne Nachschau nach §§ 7, 33 BS WP/vBP durchzuführen.[270]

Die Ergebnisse der Bewertung, die vorgeschlagenen Maßnahmen und die Verstöße gegen Berufspflichten sind zu dokumentieren.

7.6 Fremde Vermögenswerte

Beim Umgang mit fremden Vermögenswerten schreibt § 9 BS WP/vBP besondere Sorgfalt vor. Fremdes Vermögen ist getrennt vom eigenen Vermögen des WP zu verwalten, entweder auf Anderkonten oder auf einem Konto im Namen des Mandanten. Zur Deckung eigener Konten (Honorare, Vorschüsse und Auslagenersatz) dürfen Fremdgelder nur verwendet werden, wenn der WP hierzu ausdrücklich ermächtigt ist. Durchlaufende fremde Gelder sind unverzüglich an den Empfangsberechtigten weiterzuleiten.

7.7 Nachvollziehbarkeit von Prüfungsfeststellungen und Gutachten

Bei Prüfung und Gutachten müssen alle wesentlichen Feststellungen dargelegt werden und nachvollziehbar sein. Es ist mitzuteilen, ob es sich um eigene Feststellungen oder übernommene Angaben handelt (§ 41 BS WP/vBP).

7.8 Handakten, Arbeitspapiere, Redepflicht

Es besteht die Verpflichtung zur Anlage von Handakten und Arbeitspapieren (§ 51b WPO; vgl. auch Kapitel VI, Ziffer 5). Die Aufbewahrungspflicht beträgt 10 Jahre (§ 51b Abs. 2 WPO). Zu den Handakten gehören alle Schriftstücke, die der WP aus Anlass seiner beruflichen Tätigkeit vom oder für den Auftraggeber erhalten hat. Die Handakten sind dem Mandanten auf Wunsch he-

270 Vgl. „Interne Nachschau durch externe Dritte", WPK Magazin 1/2004 S. 25 f. und 3/2004 S. 28 f.

rauszugeben. Nicht zu den herausgabepflichtigen Handakten zählt der Briefwechsel zwischen WP und seinem Mandanten sowie die zu internen Zwecken gefertigten Arbeitspapiere (§ 51b Abs. 4 WPO). Bei gesetzlichen Abschlussprüfungen hat der WP eine Handakte anzulegen und spätestens 60 Tage nach Erteilung des Bestätigungsvermerks zu schließen (§ 51b Abs. 5 WPO).

Bei vorzeitiger Beendigung der Durchführung gesetzlicher oder sonstiger Prüfungsaufträge besteht die Pflicht zur Unterrichtung über das bisherige Prüfungsergebnis. Bei gesetzlichen Pflichtprüfungen gilt dies auch dann, wenn der Auftrag aus wichtigem Grund gekündigt wird (§ 318 Abs. 6 HGB; § 42 BS WP/vBP).

Auch die Redepflicht nach § 321 Abs. 2 HGB stellt einen Ausfluss der Pflicht zur Gewissenhaftigkeit dar.

7.9 Vergütung und Pauschalhonorare

Der WP hat bei der Vereinbarung und Abrechnung dafür zu sorgen, dass durch eine angemessene Honorargestaltung des jeweiligen Auftrags die Qualität der beruflichen Arbeit sichergestellt ist (§ 43 Abs. 1 BS WP/vBP). Besteht die Vermutung von Dumpinghonoraren, ist der WPK auf Verlangen nachzuweisen, dass für die Prüfung eine angemessene Zeit aufgewandt und qualifiziertes Personal eingesetzt wurde.

Prüfungshonorare dürfen nur als Pauschalhonorare vereinbart werden, wenn diese angemessen sind und wenn festgestellt wird, dass bei Eintritt nicht vorhersehbarer Umstände, die zu einer erheblichen Erhöhung des Prüfungsaufwandes führen, das Honorar entsprechend zu erhöhen ist (Öffnungsklausel; § 43 Abs. 2 BS WP/vBP). Die Höhe des Honorars darf keinen Einfluss auf die Intensität der Prüfungstätigkeit haben.

Bei mittelgroßen und großen Kapitalgesellschaften ist gem. § 285 Satz 1 Nr. 17 HGB das Honorar für die Abschlussprüfung, andere Bestätigungsleistungen, Steuerberatungsleistungen und sonstige Leistungen des Abschlussprüfers im Anhang anzugeben. Bei mittelgroßen Kapitalgesellschaften, die die Angabe nicht machen, müssen die Angaben auf schriftlicher Anforderung an die WPK gem. § 288 Abs. 2 HGB übermittelt werden.

7.10 Rechtsfolgen bei Verletzung des Gewissenhaftigkeitsgebots

Nicht jede geringe oder mittlere Schuld im Rahmen der Berufsausübung, die zum Schadensersatz führt, stellt gleichzeitig auch eine Verletzung des beruflichen Gewissenhaftigkeitsgebots dar. Nur bei Vorliegen einer schweren Schuld ist ein berufsgerichtliches Verfahren einzuleiten.[271]

BEISPIEL ▸ Es gehört zur Pflicht der gewissenhaften und eigenverantwortlichen Berufsausübung, einen formell und materiell zutreffenden Prüfungsbericht vorzulegen. Die Vorlage eines unbrauchbaren Prüfungsberichts (Unterschrift und Testat fehlen) stellt eine schwere Berufspflichtverletzung (§ 43 WPO) dar.

---

271 Siehe auch Kapitel IX, Ziffer 3 und § 63 Abs. 1 WPO.

8. Eigenverantwortlichkeit (§§ 43 Abs. 1, 44 WPO; §§ 12 ff. BS WP/vBP)

Der WP hat seinen Beruf eigenverantwortlich auszuüben. Er hat sein Handeln in eigener Verantwortung zu bestimmen, sich selbst ein Urteil zu bilden und seine Entscheidungen selbst zu treffen. Es ist nicht erlaubt, berufliche Tätigkeiten zu übernehmen, wenn die geforderte berufliche Verantwortung nicht getragen werden kann oder nicht getragen werden soll (§ 12 BS WP/vBP).

8.1 Eigenverantwortlichkeit und Organisation der Praxis

Bei Mehrfach-Funktionen, z. B. in eigener Praxis und als Geschäftsführer in der WPG, hat der WP darauf zu achten, dass jede Funktion tatsächlich wahrgenommen werden kann. I. d. R. ist das nur gewährleistet, wenn eigene Praxis und Gesellschaft eine örtlich und organisatorische Einheit bilden (§ 12 Abs. 2 BS WP/vBP).

Bei der Praxisorganisation muss der WP in der Lage sein, die Tätigkeit von Mitarbeitern derart zu überblicken und zu beurteilen, dass er sich eine auf Kenntnissen beruhende, eigene Überzeugung bilden kann (§ 13 BS WP/vBP). Dies führt zur Begrenzung der Praxisgröße. Mit dem Gebot der Eigenverantwortlichkeit ist es vereinbar, sich bei der Erledigung beruflicher Aufgaben der Mithilfe von fachlich vorgebildeten Mitarbeitern zu bedienen. Allerdings muss der WP als Berufsträger an der praktischen Arbeit in ausreichendem Umfang selbst teilnehmen. Letztlich muss die Tätigkeit immer noch den „Stempel der Persönlichkeit" des WP tragen.[272] I. d. R. dürfen pro WP nur eine begrenzte Anzahl qualifizierter Mitarbeiter (Prüfer, Berichtskritiker, Berater) tätig sein.

Die Eigenverantwortlichkeit eines angestellten WP ist nicht davon abhängig, ob diesem Prokura erteilt wurde. § 45 WPO ist nur eine Soll Vorschrift.

HINWEIS

Der Mitunterzeichner eines Bestätigungsvermerks hat die gleiche berufliche Verantwortung wie der verantwortliche WP. Hieraus ergibt sich die Verpflichtung, sich über alle wesentlichen Prüfungshandlungen und -entscheidungen zu informieren.[273]

8.2 Gemeinsame Berufsausübung mit Nicht-WP

Im Rahmen der gemeinsamen Berufsausübung mit Nicht-WP (§ 44b Abs. 1 WPO) hat der WP darauf zu achten, dass er hinsichtlich der Entscheidung, Aufträge zur Durchführung gesetzlich vorgeschriebener Prüfungen anzunehmen, nicht von der Zustimmung seiner Sozien/Partner abhängig sein darf. Darin läge ein Eingriff in die Eigenverantwortlichkeit. Nicht erforderlich ist dagegen, dass das Honorar aus dieser Tätigkeit ausschließlich dem WP zufließt. Es ist durchaus denkbar, dass die Einnahmen aufgrund interner Gewinnverteilungsabreden allen Mitgliedern des beruflichen Zusammenschlusses zustehen.

272 *IDW* (Hrsg.), WP Handbuch 2012, Band I, 14. Aufl., Düsseldorf 2012, A Rn. 394.
273 Vgl. *Schnepel*, in: WPO Kommentar, 2. Aufl., Düsseldorf 2013, § 32 Rn. 23.

9. Berufswürdiges Verhalten (§ 43 Abs. 2 WPO; §§ 14 BS WP/vBP)

Der WP hat sich innerhalb wie außerhalb seiner beruflichen Tätigkeit berufswürdig zu verhalten. Die Berufssatzung enthält in den §§ 14 einige Verhaltensregeln, die den allgemein geltenden Gesetzeswortlaut näher ausgestalten.

9.1 Sachlichkeitsgebot

Aus der Verpflichtung zu berufswürdigem Verhalten wird auch die Pflicht abgeleitet, sich sachlich zu äußern (§ 14 Abs. 1 BS WP/vBP). Das Sachlichkeitsgebot ist verletzt, wenn ein WP sich in beruflichen Angelegenheiten beleidigend oder herabsetzend äußert oder bewusst die Unwahrheit verbreitet.

9.2 Verpflichtung zur Unterrichtung des Mandanten über Gesetzesverstöße

WP sind verpflichtet ihre Mandanten auf Gesetzesverstöße, die sie bei der Wahrnehmung ihrer Aufgaben festgestellt haben, aufmerksam zu machen (§ 14 Abs. 2 BS WP/vBP). Es ist nicht Aufgabe des WP gezielt nach solchen Verstößen zu forschen. Die Unterrichtungspflicht gilt nicht für jeden kleinen Gesetzesverstoß, sondern kommt erst bei erheblichen Gesetzesverstößen zum Tragen (Begründung zu § 14 BS WP/vBP). Die Art und Weise der Unterrichtung ist nicht festgelegt; bei mündlicher Unterrichtung ist eine Dokumentation in der Handakte sinnvoll. Im Rahmen von betriebswirtschaftlichen Prüfungen besteht die Redepflicht gem. § 321 Abs. 1 Satz 3 HGB im Prüfungsbericht.

9.3 Vermeidung pflichtwidrigen Verhaltens

Wie sich von selbst versteht, darf der WP bei Ausübung seiner Tätigkeit nicht selbst oder als Gehilfe die Strafgesetze verletzen (§ 49 WPO).

9.4 Verbot des Erfolgshonorars bei gesetzlichen Abschlussprüfungen

§ 55a Abs. 1 WPO verbietet Erfolgshonorare bei gesetzlich vorgeschriebenen Jahresabschlussprüfungen. Ein Erfolgshonorar liegt vor, wenn das Entstehen des Honoraranspruchs vom Eintritt eines bestimmten Erfolgs, also einer Bedingung abhängig ist. Entsprechendes gilt, wenn ein Teil des Erfolges als Honorar ausbedungen wird. Durch ein solches Honorar wird im Regelfall Befangenheit oder wenigstens die Besorgnis der Befangenheit begründet.

Dagegen sind erfolgsbezogene Vergütungen für Beratungstätigkeiten in wirtschaftlichen Angelegenheiten zulässig.

Verboten ist ferner Provisionszahlungen oder sonstige Vorteile für die Auftragsvermittlung anzunehmen oder selbst zu gewähren. Dies umfasst auch versteckte Vergütungen wie Gewährung von Geschenken und Gutscheinen für zukünftige Beratung.[274]

Zuwendungen von oder an Mandanten sind nur erlaubt, wenn sie offensichtlich unbedeutend sind und Entscheidungen nicht beeinflussen können (§ 14 Abs. 3 BS WP/vBP).

274 Vgl. WPK Magazin 4/2006 S. 58.

9.5 Pflichten gegenüber anderen WP

Nach § 16 BS WP/vBP darf ein WP bei der Übernahme einer Praxis oder Teilpraxis gegen Entgelt die Notlage eines Kollegen oder dessen Erben nicht ausnutzen.

Der WP darf die Mitarbeiter eines anderen WP nicht abwerben. Ferner besteht ein Abwerbverbot für Mandate bei Wechsel des Arbeitgebers oder bei der Gründung einer Praxis.

9.6 Mandantenschutzklauseln

9.6.1 Wettbewerbsabreden mit Mitarbeitern

Mandats- oder Mandantenschutzklauseln sind Wettbewerbsverbote i. S. von §§ 74 ff. HGB. Mandatsschutzvereinbarungen mit Angestellten sind demnach nur gültig, wenn sie schriftlich erfolgen (§ 74 Abs. 1 HGB) und ohne Bedingungen vereinbart werden. Eine unzulässige Bedingung liegt allerdings nicht vor, wenn der Arbeitgeber sich vorbehalten hat, den Umfang des Verbots vor Beendigung des Dienstverhältnisses zu konkretisieren. Solche Vereinbarungen sind nur wirksam, wenn gleichzeitig eine Karenzentschädigung in gesetzlich vorgeschriebener Mindesthöhe (50 % der zuletzt bezogenen vertragsmäßigen Leistungen) zugesagt wird (§§ 74 Abs. 2, 74b HGB). Der mit den Angestellten vereinbarte Mandatsschutz darf die Dauer von 2 Jahren nicht übersteigen.

9.6.2 Wettbewerbsabreden mit Mitgesellschaftern/-Geschäftsführern

Wettbewerbsabreden bzw. Mandantenschutzvereinbarungen zwischen den Mitgliedern einer Sozietät oder mit gesetzlichen Vertretern von Wirtschaftsprüfungsgesellschaften sind auch ohne Karenzentschädigung gültig. Es ist jedoch darauf zu achten, dass diese Wettbewerbsverbote, die für den Fall des Ausscheidens des Sozius bzw. des gesetzlichen Vertreters der WPG gelten, gegenständlich, örtlich und zeitlich beschränkt sind.[275] Sie dürfen sich nicht als faktische Berufsverbote auswirken, sonst sind sie nach § 138 BGB nichtig. Sie können wirksam nur für einen Zeitraum von höchstens zwei Jahren vereinbart werden. Zulässig sind also z. B. Mandantenschutzklauseln, wonach ein ausgeschiedener Gesellschafter die Mandanten seiner ehemaligen Praxis für bis zu zwei Jahre nicht beraten darf.

Auch hinsichtlich der räumlichen Ausdehnung bestehen Grenzen. Ein sittenwidriges, gegen § 138 BGB verstoßendes Wettbewerbsverbot ist z. B. gegeben, wenn im Rahmen einer nachvertraglichen Wettbewerbsabrede dem ausscheidenden Gesellschafter einer GbR auferlegt wird, im Umkreis von 30 km vom Sitz der Praxis keinerlei konkurrierende Tätigkeit auszuüben.

Wird dem ausscheidenden Sozius die Übernahme von Mandanten gegen Vergütung gestattet, so verstößt dies nicht gegen § 55 Abs. 2 WPO, da kein Fall der Vermittlung von Aufträgen vorliegt. Zivilrechtlich kommt es für die Wirksamkeit einer derartigen Abrede auf die Höhe der vereinbarten Vergütung an. Soll der Sozius eine Entschädigung in Höhe eines durchschnittlichen Jahreshonorars zahlen, so ist dies unwirksam, da die Mandatsübernahme dadurch – jedenfalls auf absehbare Zeit – wirtschaftlich sinnlos ist. In der Literatur wird eine Honorarbeteiligung von 25 % über maximal vier Jahre als zulässiger Richtwert angesehen.

275 BGH, Urteil vom 18. 7. 2005 – II ZR 159/03, DB 2005 S. 2129; BGH, Urteil vom 29. 9. 2003 – II ZR 59/2, DB 2003 S. 2699.

Die vorgenannten Beschränkungen gelten auch im Fall der Praxisveräußerung.

9.6.3 Geltungserhaltende Reduktion

Ein nachvertragliches Wettbewerbsverbot mit Mitgesellschaftern oder Geschäftsführern, welches die zeitlichen Grenzen (zwei Jahre) überschreitet, kann im Wege der sog. geltungserhaltenden Reduktion (analog § 139 BGB) auf das noch vertretbare Maß zurückgeführt werden.[276] Anders sieht dies die Rechtsprechung bei gegenständlichem Übermaß (z. B. die hohe Entschädigung bei Mandatsübernahme). Hier scheidet eine geltungserhaltende Reduktion aus und die gesamte Vereinbarung ist nichtig.

9.7 Ausbildung des Berufsnachwuchses und der Mitarbeiter

Nach § 17 BS WP/vBP ist der WP gehalten, an der Ausbildung des Berufsnachwuchses im Rahmen seiner Möglichkeiten mitzuwirken. Es handelt sich hier um ein allgemeines Gebot, dass sich nicht in der Verpflichtung zum Abschluss von Anstellungs- oder Ausbildungsverhältnissen konkretisieren lässt. In dem neuen § 43 Abs. 5 und 6 WPO ist die Verpflichtung des WP geregelt, bei der Durchführung von Abschlussprüfungen nur Personal mit den notwendigen Kenntnissen und Fähigkeiten einzusetzen. Dies kann nur über eine angemessene Fortbildung erreicht werden.

9.8 Berufswürdiges Verhalten bei Auftragsübernahme

Bei Übernahme eines Mandates von einem Kollegen ist kollegiales Verhalten geboten. Dies ist nach der ersatzlosen Streichung des § 52 WPO durch das BARefG nicht mehr in der WPO geregelt. Es ergibt sich aber aus der Verpflichtung bei allen Tätigkeiten das Ansehen des Berufes nicht zu schädigen. Ob der andere WP zu unterrichten ist, ist anhand der generellen Verschwiegenheitspflicht zu prüfen. Eine gegenteilige Anweisung des Mandanten hat Vorrang. Nach § 42 BS WP/vBP kann bei vorzeitiger Kündigung von Prüfungsaufträgen der Mandatsnachfolger schriftlich Informationen über die Beendigung und den Stand der Prüfung anfordern.

In § 16 Abs. 3 BS WP/vBP ist im Übrigen das Verbot einer Abwerbung von Mandanten niedergelegt.

276 BGH, Urteil vom 18. 7. 2005 – II ZR 159/03, DB 2005 S. 2129.

VI. Besondere Berufspflichten

1. Allgemeines

Neben den Kernpflichten des WP, die in § 43 WPO niedergelegt sind und den wesentlichen Pflichtenkreis erfassen, gibt es eine Reihe weiterer Berufspflichten, die in verschiedenen Vorschriften der WPO geregelt sind und hier als „Besondere Berufspflichten" bezeichnet werden. Im Überblick betreffen diese Pflichten die folgenden Bereiche:

- Siegelführung (§ 48 WPO; §§ 19, 20 BS WP/vBP)
- Erteilung und Unterzeichnung von Betätigungsvermerken (§ 32 WPO; § 44 BS WP/vBP)
- Berufshaftpflichtversicherung (§ 54 WPO; §§ 23–27 BS WP/vBP)
- Handakten (§ 51b WPO)
- Berufsregister (§§ 37–39 WPO)
- Werbung (§ 52 WPO)
- Honorar (§§ 55, 55a WPO; § 43 BS WP/vBP)
- Geldwäschebekämpfung (§ 2 Abs. 1 Nr. 8 GwG)
- Verhalten bei Durchsuchungen und in Beschlagnahmefällen

2. Siegelführung (§ 48 WPO; §§ 19, 20 BS WP/vBP)

2.1 Allgemeines

WP und WPG sind verpflichtet, ein Siegel zu benutzen, wenn sie Erklärungen abgeben, die den Berufsangehörigen gesetzlich vorbehalten sind. Mit der Befugnis, ein Siegel zu führen, hebt der Gesetzgeber die besondere öffentliche Funktion des WP im Bereich gesetzlich vorgeschriebener Prüfungen hervor. Zur Siegelführung berechtigt sind ausschließlich WP und vBP sowie WPG und BPG.

Die Siegelführung ist in § 48 WPO und § 19 BS WP/vBP geregelt. Die Gestaltung des Siegels ist in § 20 BS genau beschrieben. In einer Anlage zu § 20 BS WP/vBP sind die Berufssiegel nach Form und Größe mit ihren weiteren Bestandteilen abgebildet. Die Gestaltung des Siegels muss dem Muster in der Anlage entsprechen. Zur Verwendung sind Prägesiegel aus Metall, Siegelmarken und Farbdruckstempel aus Metall oder Gummi zugelassen. In der WPK bestehen Bestrebungen, die Möglichkeit eines elektronischen Siegels einzuführen.

Andere Berufsbezeichnungen als „Wirtschaftsprüfer/in" dürfen bei selbständig tätigen WP in das Siegel nicht aufgenommen werden. Akademische Grade oder Titel sind erlaubt. WPG müssen die vollständige Firmenbezeichnung mit dem Bestandteil „Wirtschaftsprüfungsgesellschaft" im äußeren Ring des Siegels angeben. Zweigniederlassungen von WP oder WPG können gesonderte Siegel verwenden, in denen der Zusatz „Zweigniederlassung" enthalten ist. Gemeinschaftliche Siegel, z. B. in einer Personengesellschaft, die nicht als WPG anerkannt ist, dürfen nicht geführt werden.[277]

277 Vgl. *IDW* (Hrsg.), WP Handbuch 2012, Band I, 14. Aufl., Düsseldorf 2012, S. 57.

2.2 Verpflichtung zur Siegelführung

2.2.1 Vorbehaltsaufgabe

Für WP und WPG besteht eine Verpflichtung zur Siegelführung bei Erklärungen, die Wirtschaftsprüfern gesetzlich vorbehalten sind (§ 48 WPO), z. B. bei Bestätigungsvermerken nach §§ 316 Abs. 1, 319 Abs. 1 Satz 2 HGB. Die Verpflichtung betrifft also nur Prüfungen und andere Aufträge,[278] die für den WP **Vorbehaltsaufgaben** darstellen. Jahresabschlussprüfungen nach §§ 316 ff. HGB bilden hierbei den Kernbereich. Zu siegeln sind der nach § 322 HGB zu erteilende Bestätigungsvermerk und auch der nach § 321 HGB gesetzlich vorgeschriebene Prüfungsbericht.

Um eine Vorbehaltsaufgabe handelt es sich eindeutig, wenn in der betreffenden gesetzlichen Vorschrift ausdrücklich nur WP/vBP oder Berufsgesellschaften die Befugnis zur Prüfung zugewiesen wird. Das gilt auch bei solchen gesetzlich vorbehaltenen Erklärungen, denen eine nicht gesetzlich vorbehaltene Tätigkeit zugrunde liegt (§ 19 Abs. 1 Satz 2 BS WP/vBP). Diese Bestimmung in der Berufssatzung stellt klar, dass die Pflicht zur Siegelführung bei gesetzlich vorbehaltenen Prüfungen auch dann besteht, wenn die Prüfung als solche gesetzlich nicht vorgeschrieben ist. Damit ist z. B. die prüferische Durchsicht des nach § 37w WpHG von bestimmten Inlandsemittenten verpflichtend aufzustellenden Halbjahresfinanzberichts gemeint, der nach dem Gesetz nicht vorgeschrieben ist. Entscheidet sich das Unternehmen, einen solchen Bericht zu erstellen, dann ist die prüferische Durchsicht nach § 37w Abs. 5 Satz 2 WpHG WP vorbehalten. Eine gesetzliche Vorbehaltsaufgabe ist damit gegeben.[279]

Die WPK hat den engen Begriff der Vorbehaltsaufgabe wie folgt erweitert: Eine Vorbehaltsaufgabe ist auch dann gegeben, wenn im Gesetz neben WP/vBP auch bestimmte andere Organisationen als prüfungsbefugt genannt werden, denen für bestimmte Spezialbereiche eine dem WP/vBP vergleichbare Prüfungskompetenz zugebilligt wird. Dies gilt für diejenigen Organisationen, bei denen der WP/vPB seinen Beruf nach § 43a Abs. 1 WPO originär ausüben kann. Dazu gehören Prüfungsverbände, Prüfungsstellen von Sparkassen und Giroverbänden sowie überörtliche Prüfungsstellen für Körperschaften und Anstalten des öffentlichen Rechts.[280]

2.2.2 Konsequenzen für Prüfungen nach der MaBV und anderen Gesetzen

Diese Auffassung der WPK von der erweiterten Vorbehaltsaufgabe führt im Bereich der Prüfungen nach der Makler- und Bauträgerverordnung (MaBV) zu folgenden Schlussfolgerungen:

Die Gewerbetreibenden i. S. des § 34c Abs. 1 Satz 1 Nr. 3 der Gewerbeordnung (GewO) sind gem. § 16 Abs. 1 Satz 1 MaBV prüfungspflichtig. Das sind Bauträger und Baubetreuer. Als geeignete Prüfer werden in § 16 Abs. 3 Satz 1 MaBV neben WP/vBP und den entsprechenden Berufsgesellschaften ausschließlich Prüfungsverbände genannt. Diese Prüfungen sind deshalb als **siegelungspflichtige Vorbehaltsaufgaben** einzustufen.[281]

Bei den anlassbezogene Prüfungen gem. § 16 Abs. 2 MaBV, die bei Immobilien- und Kreditmaklern durchgeführt werden, handelt es sich dagegen nicht um Vorbehaltsaufgaben, da diese Prü-

278 Z. B. bei Prüfung des Halbjahresfinanzberichts gem. § 37w Abs. 5 Satz 2 WpHG.

279 Vgl. die Begründung zu § 18 BS WP/vBP, abgedruckt in der Anlage zur Berufssatzung.

280 Vgl. WPK Magazin 3/2008 S. 32 f.

281 Vgl. WPK Magazin 3/2008 S. 32 f.; WPK Praxishinweise zur Siegelführung: http://go.nwb.de/bng5c (Abruf 3. 5. 2016).

fungen nach § 16 Abs. 3 Satz 2 MaBV auch von anderen fachkundigen Personen durchgeführt werden können.

In entsprechender Weise ist auch bei anderen gesetzlichen Prüfungen zu verfahren, wenn außer WP/vBP auch Prüfungsverbände als Prüfer zugelassen sind. Zu den Vorbehaltsaufgaben mit Siegelungspflicht gehören z. B. die Jahresabschlussprüfung von Kreditinstituten, die Sparkassen sind (§ 340k Abs. 3 HGB), und die Prüfung der Einhaltung der in § 36 Abs. 1 Satz 1 WpHG genannten Pflichten bei Kreditinstituten, die einem genossenschaftlichen Prüfungsverband angehören oder durch die Prüfstelle eines Sparkassen- und Giroverbandes geprüft werden (§ 36 Abs. 1 WpHG).[282]

Für die Prüfung von Finanzanlagevermittlern nach § 24 FinVermV gilt Folgendes: Da neben WP/vBP, WPG/BPG und Prüfungsverbänden „auch andere Personen, die öffentlich bestellt und zugelassen worden sind und die aufgrund ihrer Vorbildung und Erfahrung in der Lage sind, eine ordnungsgemäße Prüfung in dem jeweiligen Gewerbebetrieb durchzuführen ...", als Prüfer beauftragt werden können (§ 24 Abs. 4 FinVermV), ist die Prüfung keine Vorbehaltsaufgabe.[283]

2.2.3 Siegelführung bei der Prüfung von Stiftungen

Die Prüfung der Jahresrechnung/des Jahresberichts gehört nicht zu den Vorbehaltsaufgaben des WP, da nach sämtlichen länderspezifischen Stiftungsgesetzen die Verwaltungen im Bereich der Stiftungsaufsicht selbst zur Durchführung der Prüfung befugt sind. In den Landesgesetzen ist eine Prüfung durch WP/vBP und Prüfungsverbände nur zur Erleichterung der Eigenprüfung vorgesehen. Demnach besteht auch keine Siegelungspflicht. Selbstverständlich kann das Siegel freiwillig verwendet werden.[284]

2.2.4 Prüfung von Verpackungsverwertungssystemen

Bei Verpackungsverwertungssystemen wie z. B. „Grüner Punkt" sind zwei verschiedene Arten von Prüfungen vorgeschrieben. Nach § 6 Abs. 3 Satz 2 VerpackV i. V. m. Anhang I Nr. 3 Abs. 3 Satz 2 VerpackV hat der Betreiber eines Verpackungsverwertungssystems gegenüber der Antragsbehörde bestimmte Nachweise durch Testat eines WP über die Einbringung von Verkaufsverpackungen in sein System zu erbringen. Da in dem Gesetz ausschließlich das Testat eines WP erwähnt wird, handelt es sich um eine Vorbehaltsaufgabe. Es besteht eine Pflicht zur Siegelführung.[285]

Außerdem haben Unternehmen, die Verkaufsverpackungen in Verkehr bringen, eine Vollständigkeitserklärung für sämtliche von ihnen mit Waren befüllten Verkaufsverpackungen abzugeben, die sie im vorangegangenen Kalenderjahr in Verkehr gebracht haben (§ 10 Abs. 1 VerpackV). Die Vollständigkeitserklärung muss von einem WP/vBP, StB oder unabhängigen Sachverständigen geprüft worden sein. Da hier noch weitere Berufsgruppen zur Prüfung berechtigt sind, liegt keine Vorbehaltsaufgabe vor. Es besteht keine Siegelungspflicht.

---

282 Vgl. WPK Magazin 3/2008 S. 32 f.

283 Vgl. WPK Praxishinweise zur Siegelführung: http://go.nwb.de/bng5c (Abruf 3. 5. 2016).

284 Vgl. WPK Magazin 3/2009 S. 33; WPK Praxishinweise zur Siegelführung: http://go.nwb.de/bng5c (Abruf 3. 5. 2016), vgl. dort zu einer Ausnahme bei der Prüfung von kommunalen Stiftungen in Mecklenburg-Vorpommern unter bestimmten Voraussetzungen.

285 Vgl. WPK Magazin 3/2008 S. 40; vgl. Anhang I Nr. 3 Abs. 3 Satz 2 VerpackV.

2.2.5 Prüfungsverbände

Zur Siegelführung durch genossenschaftliche Prüfungsverbände und Prüfstellen von Sparkassen und Giroverbänden vgl. WPK Magazin 2/2007 S. 6.

2.3 Freiwillige Siegelführung

Geben WP Erklärungen über Prüfungsergebnisse ab oder erstatten Gutachten außerhalb des Vorbehaltsbereichs, besteht eine **Befugnis** zur Siegelführung (§ 48 Abs. 1 Satz 2 WPO). Das gilt insbesondere in folgenden Fällen:

- Erklärungen über das Ergebnis nicht gesetzlich vorgeschriebener Prüfungen, insbesondere bei freiwilligen Abschlussprüfungen;
- Bescheinigungen, soweit sie Erklärungen über Prüfungsergebnisse enthalten; dazu gehört auch die Erstellung von Jahresabschlüssen, da sie immer auch Prüfungshandlungen enthält (Plausibilitätsprüfung);
- Erstattung von Gutachten, wenn diese dem in § 20 Abs. 1 BS WP/vBP näher ausgeführten Begriffsinhalt entsprechen.[286] Der WP muss als unparteilicher Gutachter tätig werden. „Parteigutachten“ dürfen nicht gesiegelt werden.

Wird bei betriebswirtschaftlichen Prüfungen, die nicht gesiegelt werden müssen, das Berufssiegel freiwillig geführt, so wurden auch sie vor dem 17. 6. 2016 von der Qualitätskontrolle erfasst (§ 57a Abs. 2 Satz 2 WPO).[287] Diese Regelung ist in dem durch das APAReG geänderten § 57a WPO nicht mehr enthalten. Der Qualitätskontrolle unterliegen ausschließlich gesetzliche Abschlussprüfungen nach § 316 HGB und solche betriebswirtschaftlichen Prüfungen, die von der BaFin beauftragt werden (§ 57a Abs. 2 Satz 2 WPO).

Auch bei Erklärungen aufgrund gesetzlicher Vorschriften braucht kein Siegel geführt werden, soweit es sich nicht um Vorbehaltsaufgaben für WP/vBP handelt. Hier kann auf das Siegel verzichtet werden (z. B. bei Prüfungen nach § 16 Abs. 2 MaBV).

Keine Siegelungspflicht besteht auch bei einer **freiwilligen Abschlussprüfung** (z. B. bei einer kleinen Kapitalgesellschaft), und zwar selbst dann, wenn nicht lediglich eine Bescheinigung, sondern ein „Bestätigungsvermerk“ erteilt wird, der dem gesetzlichen Betätigungsvermerk in § 322 HGB nachgebildet ist. Das gilt auch, wenn die Prüfung in Anlehnung an die Vorschriften des HGB durchgeführt wird.[288] Im Bereich der freiwilligen Abschlussprüfungen gibt es keine gesetzlichen Regelungen, die eine Prüfung durch einen WP/vBP vorschreiben oder zumindest die Tätigkeit dem WP/vBP vorbehalten. Das Prüfungsergebnis beruht also nicht auf einer gesetzlichen Regelung.

2.4 Verbot der Siegelführung

Ein Verbot der Siegelführung besteht für WP im privaten und beratenden Bereich, insbesondere im Bereich Steuerberatung und betriebswirtschaftliche Beratung (§ 19 Abs. 3 BS WP/vBP). Wird

286 Vgl. *Schnepel*, in: WPO Kommentar, Düsseldorf 2008, § 48 Rn. 18.

287 Siehe § 57a Abs. 2 Satz 2 a. F. WPO zur alten Rechtslage; vgl. WPK Magazin 1/2006 S. 20 f. und 44 ff.; siehe auch WPK Praxishinweise zur Siegelführung: http://go.nwb.de/bng5c (Abruf 3. 5. 2016).

288 Vgl. WPK Magazin 4/2009 S. 43; WPK Praxishinweise zur Siegelführung: http://go.nwb.de/bng5c (Abruf 3. 5. 2016).

eine freiwillige Abschlussprüfung bei einer WPG ausschließlich von angestellten Steuerberatern durchgeführt und unterzeichnen diese das Prüfungsergebnis, darf das Siegel nicht verwendet werden. Das ergibt sich aus § 44 Abs. 2 BS WP/vBP, wonach bei freiwilligen Prüfungen der Prüfungsvermerk von mindestens einem WP unterzeichnet sein muss, sofern das Siegel verwendet wird.

2.5 Verbot der Verwendung von Rundstempeln

Die Verwendung von Siegelimitaten und Rundstempeln ist verboten (§ 19 Abs. 4 BS WP/vBP). Das gilt auch dann, wenn der WP gleichzeitig StB ist. Es soll jede Verwechslungsmöglichkeit mit dem Berufssiegel vermieden werden.

Das Verbot, Rundstempel zu verwenden, greift aber nicht soweit der WP erlaubter maßen nur unter einer anderen Berufsbezeichnung auftritt, z. B. als StB. Es gilt dann der Grundsatz der „Trennung der Berufe“[289]. Das Verbot, Rundstempel zu verwenden, gilt nicht für reine Steuerberatungsgesellschaften, die den Rundstempel der Gesellschaft verwenden, und bei denen ein WP Geschäftsführer ist.[290]

2.6 Siegelführung bei WPG und bei gemeinsamer Berufsausübung in einer Personengesellschaft gem. § 44b Abs. 1 WPO

Ebenso wie ein WP ist eine WPG als solche zur Siegelführung berechtigt und verpflichtet. Anders verhält es sich bei gemeinsamer Berufsausübung in einer Personengesellschaft i. S. des § 44b Abs. 1 WPO, die nicht als WPG anerkannt ist. Sie darf kein Siegel erteilen. Auch ein gemeinschaftliches Siegel der Gesellschafter scheidet aus. Eine Personengesellschaft kann zwar zivilrechtlich Aufträge entgegennehmen, sie kann aber selbst kein Siegel führen, da sie in § 48 Abs. 1 WPO nicht genannt ist. Lässt sich aus dem Auftragsverhältnis schließen, dass nicht die Personengesellschaft als solche, sondern ein oder mehrere Gesellschafter als WP persönlich beauftragt werden sollen, dann können sie ihr privates Siegel verwenden.[291] Das gilt auch bei einer nur aus WP bestehende Personengesellschaft, erst recht aber auch für eine interprofessionelle Personengesellschaft. Wird ein Prüfungsauftrag für eine gesetzliche Abschlussprüfung z. B. einer gemischten Sozietät erteilt, dann ist nach der Rechtsprechung des BGH[292] zwar die Sozietät als GbR Auftragnehmerin und haftende Vertragspartnerin. Die Wahl und Bestellung als gesetzlicher Abschlussprüfer bezieht sich hingegen aufgrund des Wortlauts des § 319 Abs. 1 Satz 1 und 2 HGB formal weiterhin nur auf diejenigen Sozien, die zur Durchführung einer gesetzlichen Abschlussprüfung befugt sind. Das sind die Sozien mit einer Qualifikation als WP. Diese WP-Sozien können ihr persönliches Siegel benutzen.

289 Vgl. *IDW* (Hrsg.), WP Handbuch 2012, Band I, 14. Aufl., Düsseldorf 2012, S. 57; *Schnepel*, in: WPO Kommentar, 2. Aufl., Düsseldorf 2013, § 48 Rn. 27.

290 Vgl. *Schnepel*, in: WPO Kommentar, 2. Aufl., Düsseldorf 2013, § 48 Rn. 27.

291 Vgl. *Schnepel*, in: WPO Kommentar, 2. Aufl., Düsseldorf 2013, § 48 Rn. 8 für die Sozietät.

292 BGH, Urteil vom 10. 5. 2012 – IX ZR 125/10, DB 2012 S. 2270, WPK Magazin 3/2012 S. 65; vgl. auch WPK Magazin 4/2012 S. 44 f.

3. Erteilung und Unterzeichnung von Bestätigungsvermerken (§ 32 WPO; § 44 BS WP/vBP)

3.1 Allgemeines

Siegelführung und Unterzeichnung von Bestätigungsvermerken sind eng miteinander verbunden. Die Erteilung von Bestätigungsvermerken ist nach der gesetzlichen Regelung nicht ausdrücklich auf WP beschränkt. Tatsächlich ist aber bei Abschlussprüfungen die Erteilung von Bestätigungsvermerken im HGB nur durch WP oder vBP vorgesehen (§ 322 i.V.m. § 319 Abs. 1 HGB). Das aber ist keine abschließende Regelung, wonach die Erteilung von Bestätigungsvermerken WP vorbehalten wäre. Letzteres trifft nur zu auf Bestätigungsvermerke bei gesetzlich vorgeschriebenen Abschlussprüfungen. Deshalb kann auch nichts dagegen eingewandt werden, wenn StB „Bestätigungsvermerke" erteilen, soweit es nicht um Vorbehaltsaufgaben der WP geht.[293]

Ein Bestätigungsvermerk darf nur unter ganz bestimmten weiteren Voraussetzungen und mit einem konkreten Inhalt erteilt werden. In diesem Buch geht es um das Berufsrecht des WP. Deshalb werden hier nicht die Inhalte und Bestandteile des Bestätigungsvermerks und auch nicht die materiellen Voraussetzungen für seine Erteilung erörtert.[294] Es geht vielmehr um die Frage, unter welchen formellen Voraussetzungen der WP einen Bestätigungsvermerk erteilen und unterzeichnen darf. Hierbei ist zu unterscheiden zwischen der Vorbehaltstätigkeit des WP und seiner nicht dem gesetzlichen Vorbehalt unterliegenden Tätigkeit.

3.2 Vorbehaltsbereich

3.2.1 Allgemeines

Die WPO enthält zur Erteilung von Bestätigungsvermerken in § 32 WPO nur Vorgaben für die Unterzeichnung von Bestätigungsvermerken bei WPG. Die Unterzeichnung im Bereich von Personengesellschaften i. S. des § 44b Abs. 1 WPO wird in der WPO nicht angesprochen. Dies bedeutet aber nicht, dass hier eine Regelungslücke vorliegt. Insbesondere aus dem Berufsgrundsatz zur eigenverantwortlichen Berufsausübung in § 44 Abs. 1 WPO lassen sich die Erfordernisse zur Unterzeichnung der Bestätigungsvermerke eindeutig ableiten.

3.2.2 Bestätigungsvermerke von Einzel-WP und bei Personengesellschaften i. S. des § 44b Abs. 1 WPO

Gesetzlich vorgeschriebene Bestätigungsvermerke, die dem WP/vBP-Vorbehalt unterliegen, sind von Einzelwirtschaftsprüfern oder im Rahmen ihrer Zuständigkeit auch von vBP abzugeben und zu unterschreiben. Dies folgt bei Abschlussprüfungen bereits aus § 322 Abs. 7 Satz 1 HGB. Danach hat der Abschlussprüfer den Bestätigungsvermerk zu unterzeichnen. Entsprechendes gilt

293 Vgl. WPK Magazin 4/2009 S. 43 f.; WPK Praxishinweise zur Siegelführung: http://go.nwb.de/bng5c (Siegelführung bei freiwilliger Abschlussprüfung) (Abruf 3. 5. 2016).

294 Vgl. dazu *IDW* (Hrsg.), WP Handbuch 2012, Band I, 14. Aufl., Düsseldorf 2012, S. 2083 ff., 2187 ff., 2199 ff.

nach § 321 Abs. 5 Satz 1 HGB für die Unterzeichnung des Prüfungsberichts. Es handelt sich um eine höchstpersönliche Pflicht. Eine Vertretung ist nicht zulässig.[295]

Wird ein Einzel-WP mit der Abschlussprüfung beauftragt, so hat er den Auftrag eigenverantwortlich bis zum Ende durchzuführen und das Ergebnis der Prüfung in einem eigenhändig unterzeichneten Bestätigungsvermerk zusammenzufassen. Bei ihm angestellte WP dürfen nicht mit unterzeichnen.[296]

Bei gemeinsamer Berufsausübung in Personengesellschaften (§ 44b Abs. 1 WPO) werden Prüfungsaufträge nach der Rechtsprechung des BGH der Gesellschaft als Auftragnehmerin erteilt.[297] Bei interprofessionellen Personengesellschaften gilt aber: Die Wahl und die Bestellung zum Abschlussprüfer bezieht sich aufgrund des eindeutigen Wortlauts des § 319 Abs. 1 Satz 1 und 2 HGB formal nur auf diejenigen Gesellschafter, die zur Durchführung von gesetzlichen Abschlussprüfungen befugt sind. Dementsprechend haben in einer Personengesellschaft, die nicht als WPG anerkannt ist, der oder die für die Prüfung verantwortlichen WP den Betätigungsvermerk zu erteilen und zu unterzeichnen.[298] Der Name der Personengesellschaft darf im Bestätigungsvermerk neben den Namen der unterzeichnenden WP nicht erwähnt werden.[299] Wird ein bestimmter WP, der Gesellschafter einer Personengesellschaft ist, persönlich zum Abschlussprüfer bestellt, darf keiner der Mitgesellschafter – auch wenn er WP ist – mit unterzeichnen.

3.2.3 Bestätigungsvermerke von WPG

Bei einer WPG wird diese als solche mit der Abschlussprüfung beauftragt. Sie wird durch ihre Geschäftsführer, Vorstandsmitglieder oder sonstigen gesetzlichen Vertreter vertreten. Für die Erteilung und Unterzeichnung des Bestätigungsvermerks sind deshalb in erster Linie die Organe der Gesellschaft zuständig. Unterzeichnen dürfen nur WP oder auch vBP, soweit diese gesetzlich befugt sind, Bestätigungsvermerke zu erteilen (§ 32 WPO). Es ist jedoch anerkannt, dass auch andere angestellte WP, denen lediglich rechtsgeschäftliche Vertretungsmacht erteilt wurde (Prokuristen, Handlungsbevollmächtigte oder sonstige Bevollmächtigte), zur Unterzeichnung des Bestätigungsvermerks berechtigt sind.[300] Dabei müssen diese angestellten WP keinen Zusatz über die Art und Weise ihrer Vertretungsmacht hinzufügen.[301] In jedem Fall muss aber (auch) der für die Auftragsdurchführung verantwortliche WP (§ 24a Abs. 2 BS WP/vBP) den gesetzlich vorgeschriebenen Bestätigungsvermerk und den dazugehörigen Prüfungsbericht unterzeichnen (§ 44 Abs. 1 BS WP/vBP).

Die Erteilung von Bestätigungsvermerken bei gesetzlich vorgeschriebenen Abschlussprüfungen kann auch durch EU/EWR-Abschlussprüfungsgesellschaften erfolgen. Diese dürfen nämlich un-

295 Vgl. „Unterzeichnung von Bestätigungsvermerken bei Pflichtprüfungen durch WP/vBP, Berufsgesellschaften und Prüfungsverbänden", WPK Magazin 3/2006 S 21.

296 Vgl. *Schnepel*, in: WPO Kommentar, 2. Aufl., Düsseldorf 2013, § 32 Rn. 3.

297 BGH, Urteil vom 10. 5. 2012 – IX ZR 125/10, DB 2012 S. 2270, WPK Magazin 3/2012 S. 65; vgl. dazu WPK Magazin 4/2012 S. 44 f.

298 Vgl. *Schnepel*, in: WPO Kommentar, 2. Aufl., Düsseldorf 2013, § 32 Rn. 6 zur Sozietät; BGH, Urteil vom 10. 5. 2012 – IX ZR 125/10, WPK Magazin 3/2012 S. 65; die Haftung aller Sozien einer interprofessionellen Sozietät wird dadurch, dass ein Auftrag den Vorbehaltsbereich einer Berufsgruppe betrifft, nicht ausgeschlossen.

299 Vgl. WPK Magazin 4/2012 S. 44 f.

300 Vgl. *Schnepel*, in: WPO Kommentar, 2. Aufl., Düsseldorf 2013, § 32 Rn. 7 f.

301 Vgl. WPK Magazin 1/2011 S. 35 f.

ter der Berufsbezeichnung ihres Herkunftsstaats Abschlussprüfungen nach § 316 HGB durchführen, wenn der für die jeweilige Prüfung verantwortliche Prüfungspartner i. S. des § 319a Abs. 1 Satz 4 und Abs. 2 Satz 2 HGB in Deutschland als WP zugelassen ist (§ 131 WPO). Dieser muss den Bestätigungsvermerk in jedem Fall als verantwortlicher Prüfungspartner (mit) unterzeichnen.

3.2.4 Verantwortlichkeit des Mitunterzeichners bei einer WPG

Wird der Bestätigungsvermerk einer WPG neben dem verantwortlichen WP von einem zweiten WP unterzeichnet, dann trägt der Mitunterzeichner eine eigene Verantwortung. Er muss sich mit den wesentlichen Punkten des Auftrags und der Auftragsdurchführung befassen. Er hat sich über die grundlegenden Inhalte des Prüfungsergebnisses, den Prüfungsablauf und über wichtige prüfungsrelevante Fragen zu informieren und sich dazu von dem verantwortlichen WP berichten zu lassen. Man muss von ihm auch verlangen, dass er den Prüfungsbericht kritisch liest.[302] Da dies zu den Berufspflichten des Mitunterzeichners gehört, ist zu empfehlen, dass dieser die Art und den Umfang seiner Tätigkeit schriftlich dokumentiert.

BEISPIEL Eine WPG betreute zwei § 319a HGB-Mandate. Die maßgeblichen Bestätigungsvermerke im Rahmen der Jahresabschlussprüfung eines der Mandanten wurden von dem verantwortlichen WP und einem weiteren WP, der an der Prüfung nicht teilgenommen hatte, unterzeichnet. Im Rahmen einer anlassunabhängigen Sonderuntersuchung (§ 62b WPO a. F.) wurden unter anderem folgende Feststellungen getroffen:[303]

- ungenügende Umsetzung des risikoorientierten Prüfungsansatzes im Bereich der Vorratsbewertung;
- unzureichende Werthaltigkeitsprüfung einer Beteiligung im HGB-Abschluss sowie des Firmenwert im IFRS-Konzernabschluss;
- Nichtberücksichtigung eines zukünftigen unsicheren Ereignisses bei der Bewertung einer Verbindlichkeit;
- unzureichende Prüfung der Fortführungsannahme.

Die WPK leitete ein Berufsaufsichtsverfahren zunächst gegen den für die Prüfung verantwortlichen WP und dann auch gegen den mitunterzeichnenden WP ein. Aufgrund der Gesamtwürdigung wurde von der WPK gegen beide WP eine Rüge verbunden mit einer Geldbuße ausgesprochen. Zudem hielt die Vorstandsabteilung der WPK auch eine Rüge gegenüber dem auftragsbegleitenden Qualitätssicherer, ebenfalls verbunden mit einer Geldbuße, für erforderlich.

Die WPK macht deutlich, dass nicht nur der auftragsverantwortliche WP, sondern auch der Mitunterzeichner die volle berufliche Verantwortung mit trägt. Der nicht an der Prüfung selbst beteiligte Mitunterzeichner muss sich intensiv über alle wesentlichen Prüfungshandlungen und -ergebnisse informieren und zwar mittels Durchsicht der Arbeitspapiere und/oder Befragung des Prüfungsteams. Das gilt erst Recht auch für den auftragsbegleitenden Qualitätssicherer.

3.2.5 Keine Mitunterzeichnung durch Nicht-WP

Eine Mitunterzeichnung Dritter, die nicht WP sind, ist im Vorbehaltsbereich unzulässig. Die Erbringung einer Tätigkeit durch einen WP im Vorbehaltsbereich ist eine höchstpersönliche. Zulässig ist jedoch eine sog. „Beizeichnung“, d. h. die Nennung an der Prüfungsdurchführung beteiligter Dritter und deren Unterschrift, wenn und soweit durch eine Funktionsbezeichnung (z. B. als „Prüfungsleiter, „Mitarbeiter“) und räumliche Trennung geltend gemacht wird, dass der oder die

302 Vgl. *Gelhausen*, WPK Magazin 4/2007 S. 58 ff.

303 Vgl. „Der praktische Fall“ in WPK Magazin 4/2012 S. 42 f.

Benannten nicht Miturheber der Erklärung sind. Ein die Vertretung andeutender Zusatz ist unzulässig. Der Beizeichnende braucht nicht WP zu sein.[304] Bei der Wiedergabe von Bestätigungsvermerken, etwa zwecks Veröffentlichung im Bundesanzeiger oder Einreichung im Handelsregister, dürfen nur die beauftragten WP unterzeichnen.

3.3 Prüfungsvermerke außerhalb des Vorbehaltsbereichs

Nach § 44 Abs. 2 BS WP/vBP sind Prüfungsvermerke und Prüfungsberichte bei Prüfungsaufträgen, die nicht dem WP/vBP vorbehalten sind, bei denen aber das Siegel verwendet wird, von mindestens einem WP/vBP zu unterzeichnen. Dasselbe gilt für eine Personengesellschaft, an der Nicht-WP/vBP beteiligt sind, wenn die Gesellschaft mit der Prüfung beauftragt worden ist. Für Gutachten gilt die vorstehende Regelung entsprechend. Wird das Siegel in solchen Fällen nicht verwendet, muss nicht zwingend ein WP unterzeichnen. Entsprechendes gilt bei freiwilligen Abschlussprüfungen, bei denen das Siegel nicht verwendet wird.

BEISPIEL ▸ Ein Unternehmenswertgutachten wird von einer WPG erstellt. Eine WPG führt eine freiwillige Abschlussprüfung durch. Es wird das Siegel verwendet und es unterschreiben jeweils ein WP und ein StB.

Wird das Siegel erlaubter maßen nicht geführt (z. B. bei freiwilligen Abschlussprüfungen), so ist es in Ordnung, wenn Prüfungsvermerke und Prüfungsberichte bei Prüfungen nach § 2 Abs. 1 WPO nicht von mindestens einem WP oder vBP unterzeichnet werden. Es kann also in einer gemischten Sozietät auch ein StB allein unterzeichnen.[305] Gesetzliche vorgeschriebene Prüfungen, die nicht Vorbehaltsaufgaben des WP sind (z. B. aktienrechtliche Gründungs- oder Sonderprüfungen, §§ 33, 143 AktG) müssen nicht gesiegelt werden. In diesem Fall muss kein WP unterzeichnen. Es kann z. B. auch ein in der Praxis tätiger StB unterschreiben. Anders ist es, wenn freiwillig das Siegel verwendet wird. Dann muss zwingend mindestens ein WP unterzeichnen.

4. Berufshaftpflichtversicherung (§ 54 WPO; § 23–27 BS WP/vBP)

4.1 Allgemeines zur Versicherung und Versicherungspflicht

Die Bestimmungen zur Berufshaftpflichtversicherung in § 54 WPO wurden durch das APAReG neu gefasst. Der Regelungsinhalt wurde weitgehend beibehalten, jedoch in etlichen Punkten ergänzt und präzisiert. In Ergänzung zur WPO wurden in der Berufshaftpflichtversicherungsverordnung (WPBHV) bestimmte Einzelheiten geregelt. Die Verordnung enthielt Bestimmungen zu Abschluss, Ausgestaltung und zu Haftungsausschlüssen im Versicherungsvertrag. Geregelt waren ferner der Nachweis der Versicherungspflicht und die Überwachungspflicht durch die WPK. Für die WPK gilt eine Ermächtigung, die Reglungen der WPBHV in die Berufssatzung zu übernehmen. Das ist in der neuen Berufssatzung in den §§ 23–27 BS WP/vBP geschehen. Einige der Bestimmungen dieser Verordnung wurden jedoch im Zuge der Neufassung des § 54 WPO durch das APAReG in das Gesetz übernommen.[306]

Berufsangehörige, die ihren Beruf nach § 43a Abs. 1 Nr. 1 WPO ausüben, und WPG sind verpflichtet, eine Berufshaftpflichtversicherung zur Deckung der sich aus ihrer Berufstätigkeit ergebenden Haftpflichtgefahren für Vermögensschäden zu unterhalten (§ 54 Abs. 1 Satz 1WPO). Be-

304 Vgl. WPK Magazin 1/2004 S. 27.

305 Vgl. WPK Magazin 3/2005 S. 23; 1/2006 S. 44, 46.

306 So entspricht die Regelung in § 54 Abs. 1 Satz 1 dem § 3 Abs. 1 WPBHV und in § 54 Abs. 4 Satz 2 WPO der Regelung in § 2 Abs. 2 WPBHV.

rufsangehörige üben ihren Beruf nach § 43a Abs. 1 WPO aus, wenn sie selbständig in eigener Praxis oder in gemeinsamer Berufsausübung in einer Personengesellschaft tätig sind.

Berufsangehörige und WPG tragen ein erhöhtes Haftungsrisiko. Zum Schutz von Auftraggebern und Dritten ist deshalb das Bestehen einer Haftpflichtversicherung von eminenter Bedeutung. Gleichzeitig fördert die Versicherung die Unabhängigkeit des WP und dient seiner finanziellen Absicherung. Sie wird in der WPO und in der Verordnung über die Berufshaftpflicht der WP (WPBHV) ausführlich geregelt.

Der Abschluss und das Unterhalten einer Berufshaftpflichtversicherung i. S. des § 54 WPO ist eine Berufspflicht. Die Versicherungspflicht beginnt mit der Begründung einer selbständigen beruflichen Niederlassung und endet mit dem Erlöschen der Bestellung. Bei einer WPG beginnt die Versicherungspflicht mit der Anerkennung und endet mit dem Erlöschen der Anerkennung. Die Versicherungspflicht besteht unabhängig davon, ob der Berufsangehörige oder die WPG tatsächlich aktiv Prüfungen durchführen.

Die Einhaltung der Versicherungspflicht wird von der WPK überwacht. Das Gesetz knüpft an das Fehlen einer Haftpflichtversicherung strenge Konsequenzen. Eine Bestellung zum WP ist ohne Nachweis der Versicherung nicht möglich (§ 16 Abs. 1 Nr. 3 WPO). In der Praxis verlangt die WPK nur eine auf den Berufsangehörigen ausgestellte Versicherungsbestätigung, ohne nachzuprüfen, ob ein eigenständiger Versicherungsvertrag abgeschlossen wurde. Dem Regelungsziel des durch das APAReG neugefassten § 54 WPO wird das gerecht.[307]

Unterhält der Berufsangehörige keine Haftpflichtversicherung und wird das Fehlen einer solchen Versicherung nicht behoben, so führt dies notwendigerweise zum Widerruf der Bestellung (§ 20 Abs. 2 Nr. 4 WPO und § 34 Abs. 1 Nr. 2 WPO). Die WPK kann Dritten auf Antrag Auskunft über die Berufshaftpflicht eines WP erteilen, soweit dies für die Geltendmachung von Schadensersatzansprüchen erforderlich ist (§ 54 Abs. 2 WPO).

4.2 Gegenstand des Versicherungsvertrags und Grenzen des Versicherungsschutzes

4.2.1 Gegenstand

Die Berufshaftpflichtversicherung deckt die Haftpflichtgefahren für Vermögensschaden ab, die sich aus der Berufstätigkeit ergeben. Die Vermögensschäden müssen schuldhaft verursacht worden sein. Die Versicherung muss sich auch auf solche Vermögensschäden erstrecken, für die ein Berufsangehöriger nach den §§ 278 oder 831 BGB einzustehen hat (Haftung für Erfüllungs- und Verrichtungsgehilfen). Der Versicherungsschutz umfasst auch die Kosten, die zur Abwehr insbesondere nicht berechtigter Schadensersatzansprüche entstehen. Die Allgemeinen Versicherungsbedingungen und der Versicherungsvertrag regeln im Einzelnen den Umfang des Versicherungsschutzes.

Vom Versicherungsschutz umfasst werden alle Tätigkeiten, die WP oder vBP gem. §§ 2, 43a Abs. 4 Nr. 8, 129 WPO ausüben. Die Berufshaftpflichtversicherung deckt also nicht nur die Vorbehaltstätigkeit ab, sondern die ganze dem WP erlaubte berufliche Tätigkeit. Darüber hinaus erstreckt sich die Versicherung auch auf verschiedene weitere Tätigkeiten, die mit dem Beruf

307 Vgl. Begründung des Referentenentwurfs zum APAReG, dort Buchstabe B, zu Nummer 35, BT-Drucks. 18/6282, S. 80.

des WP vereinbar sind, wie z. B. die Tätigkeiten als Insolvenzverwalter, Treuhänder, Testamentsvollstrecker, Schiedsrichter und Schiedsgutachter.[308] Alle Tätigkeiten, die mit dem Beruf des WP nicht vereinbar sind, sind nicht versichert.

Es ist umstritten, ob der Versicherungsschutz auch die Haftung des WP aufgrund einer Prospektprüfung oder einer Prospektberatung umfasst. Wegen der von der Rechtsprechung in bestimmten Fällen angenommenen verschuldensunabhängigen Haftung des WP aufgrund seiner Garantenstellung wird dies von den Versicherern zum Teil abgelehnt.[309] Jedenfalls wird man aber den Versicherungsschutz wegen einer schuldhaft fehlerhaften Prospektprüfung nicht versagen können.[310]

4.2.2 Grenzen

Der Versicherungsschutz umfasst nur eine Haftung bei fahrlässiger Schadensverursachung, nicht dagegen bei vorsätzlichem Handeln (§ 103 VVG). Auch grob fahrlässiges Verhalten ist mitversichert. Nach den allgemeinen Versicherungsbedingungen kann der Versicherungsschutz aber auch bei bestimmten grobfahrlässigen Pflichtverletzungen entfallen. In den Versicherungsbedingungen ist durchgehend der Deckungsausschluss der wissentlichen Pflichtverletzung vereinbart. Diese Regelung ist zulässig. Anders als beim Vorsatz bezieht sich die Wissentlichkeit nicht auf die Schadenfolge, sondern nur auf die Pflichtverletzung. Insofern kann der Versicherungsschutz ausnahmsweise auch bei grober Fahrlässigkeit entfallen, nämlich dann, wenn die Pflichtverletzung vorsätzlich/wissentlich erfolgt, aber darauf vertraut wird, dass diese folgenlos bleibt.

Der vertragliche Umfang des Versicherungsschutzes ergibt sich aus der Risikobeschreibung des mit dem Versicherer abgeschlossenen Vertrags. Vielfach üblich ist eine Begrenzung des Versicherungsschutzes auf eine Jahreshöchstleistung. Dabei besteht bei einer Häufung von Versicherungsfällen aber die Gefahr, dass die Jahreshöchstleistung nicht ausreicht, alle Schäden abzudecken, so dass der WP insoweit mit seinem persönlichen Vermögen einzustehen hat.[311]

Bei Eintritt eines Schadensfalles hat der WP den Haftpflichtversicherer unverzüglich zu unterrichten, Auskunft zu geben und bei der Schadensabwehr mitzuwirken.

Übersteigt ein Schaden die Versicherungssumme, so hat der WP den darüber hinausgehenden Betrag dem Geschädigten selbst zu ersetzen.

4.3 Personenkreis

Die Versicherungspflicht besteht für jeden WP unabhängig von der Form der selbständigen Ausübung des Berufs, ganz gleich, ob diese in eigener Praxis oder in gemeinsamer Berufsausübung erfolgt.[312] Von Berufsangehörigen geführte Personengesellschaften, wie z. B. die Sozietät oder die Partnerschaftsgesellschaft, sind als solche nicht versicherungspflichtig, wenn sie nicht als Berufsgesellschaft anerkannt sind. Jeder Gesellschafter muss selbst für den Abschluss der Berufshaftpflichtversicherung sorgen.[313] Das hat sich auch durch das APAReG nicht geändert.

308 Vgl. *Maxl*, in: WPO Kommentar, 2. Aufl., Düsseldorf 2013, § 54 Rn. 28.

309 Vgl. *Hartmann/Schwope*, WPK-Mitt. 1993 S. 48 ff.

310 Vgl. *Pohl*, WPK-Mitt. 2001 S. 98 und *Maxl*, in: WPO Kommentar, 2. Aufl., Düsseldorf 2013, § 54 Rn. 30.

311 Vgl. *IDW* (Hrsg.), WP Handbuch 2012, Band I, 14. Aufl., Düsseldorf 2012, S. 61.

312 Vgl. *Maxl*, in: WPO Kommentar, 2. Aufl., Düsseldorf 2013, § 54 Rn. 35.

313 Vgl. WPK Magazin 1/2007 S. 22.

Als Wirtschaftsprüfungsgesellschaften oder Buchprüfungsgesellschaften zugelassene Gesellschaften sind als solche versicherungspflichtig. Der Versicherungsschutz erstreckt sich regelmäßig auf alle in der Gesellschaft tätigen Angestellten, Geschäftsführer und Vorstandsmitglieder. Die Versicherungspflicht ist nicht davon abhängig, ob die WPG oder BpG eine tatsächliche Geschäftstätigkeit ausübt oder z. B. nur als Holdinggesellschaft oder Mantelgesellschaft fungiert.[314]

Eine Besonderheit besteht bei der Partnerschaftsgesellschaft mit beschränkter Berufshaftung (PartGmbB) nach § 8 Abs. 4 PartGG, auch wenn sie nicht als WPG anerkannt ist. Die PartGmbB muss eine eigene Berufshaftpflichtversicherung abschließen. Diese muss Haftpflichtgefahren für Vermögensschäden decken, die sich aus der Berufstätigkeit nach § 2 WPO ergeben (§ 54 Abs. 1 Satz 2 WPO). Damit sind nicht nur Haftungsgefahren aus Vorbehaltsaufgaben, sondern auch aus den anderen Tätigkeiten gem. § 2 WPO abgedeckt, wie z. B. die Steuerberatung. Weiterhin muss jeder Berufsangehörige seine eigene Haftpflichtversicherung unterhalten.[315]

Bei einer Tätigkeit des WP im Angestelltenverhältnis besteht keine Pflicht zum Abschluss einer eigenen Berufshaftpflichtversicherung.[316] Er ist über die Berufshaftpflichtversicherung seines Arbeitgebers mitversichert (§ 102 Abs. 1 VVG). Sind WP neben ihrer Angestelltentätigkeit auch selbständig tätig, benötigen sie eine Berufshaftpflichtversicherung. Wer als WP in freier Mitarbeit tätig ist, unterhält eine eigene Praxis und ist insoweit versicherungspflichtig. Ein angestellter WP, der bei seinem Arbeitnehmer kündigt und zunächst zwei Monate Urlaub machen möchte, um danach als freier Mitarbeiter eines WP zu arbeiten, benötigt eine eigene Berufshaftpflichtversicherung bereits ab dem Zeitpunkt seines Ausscheidens. Der WP gilt von diesem Zeitpunkt an als selbständig und muss sich sofort selbständig versichern.[317]

Auch der arbeitslose WP ist versicherungspflichtig. Nach Auffassung der WPK ist nämlich der arbeitslose Berufsangehörige verpflichtet, eine berufliche Niederlassung zu unterhalten. Unerheblich sei, ob er beruflich tätig wird oder nicht.[318] Dabei handelt es sich um ein äußerst unbefriedigendes Ergebnis. Zuzustimmen ist vielmehr der Gegenmeinung, wonach ein bisher im Angestelltenverhältnis tätiger WP nicht mit dem Eintritt in die Arbeitslosigkeit selbständig wird. In diesem Fall besteht für den arbeitslosen WP solange keine Pflicht eine Berufshaftpflichtversicherung abzuschließen, wie er nicht während der Arbeitslosigkeit beruflich tätig wird.[319]

314 Vgl. *Maxl*, in: WPO Kommentar, 2. Aufl., Düsseldorf 2013, § 54 Rn. 18.

315 Vgl. *Bauer*, BRAK Mitteilungen 5/2013 S. 202.

316 Vgl. WPK-Mitt. 1995 S. 86.

317 Vgl. WPK Magazin 2/2007 S. 30; 1/2006 S. 30.

318 Vgl. *Maxl*, in: WPO Kommentar, 2. Aufl., Düsseldorf 2013, § 54 Rn. 17; diese Konsequenz lässt sich nur mit formalen Argumenten begründen und ist äußerst unbefriedigend.

319 Vgl. *IDW* (Hrsg.), WP Handbuch 2012, Band I, 14. Aufl., Düsseldorf 2012, S. 60 unter Hinweis auf BVerfG vom 28. 3. 2002 – 1 BvR 1082/00.

4.4 Mindestversicherungssumme und Umfang des Versicherungsschutzes

Die Mindestversicherungssumme für den einzelnen Versicherungsfall muss den in § 323 Abs. 2 Satz 1 HGB bezeichneten Umfang haben. Sie beläuft sich demnach auf 1 Mio. € pro Versicherungsfall ohne jährliche Begrenzung (§ 54 Abs. 4 WPO). Die Vereinbarung eines Selbstbehalts bis zu 1 vom Hundert der Mindestversicherungssumme ist zulässig.

Der Versicherungsvertrag muss vorsehen, dass Versicherungsschutz für jede einzelne während der Geltung des Versicherungsvertrags begangene Pflichtverletzung zu gewähren ist, die gesetzliche Haftpflichtansprüche privatrechtlichen Inhalts gegen den Versicherungsnehmer zur Folge haben könnte (§ 54 Abs. 2 Satz 1 WPO).

Der Umfang des Versicherungsschutzes für den einzelnen Versicherungsfall kann durch den Versicherungsvertrag in bestimmtem Umfang eingegrenzt werden. Dazu sieht die WPO in § 54 Abs. 2 WPO die folgenden detaillierten Regelungsmöglichkeiten vor:

Der Versicherungsvertrag kann vorsehen, dass die Versicherungssumme den Höchstbetrag der dem Versicherer in jedem einzelnen Schadensfall obliegenden Leistung darstellt, und zwar mit der Maßgabe, dass nur eine einmalige Leistung der Versicherungssumme in Frage kommt (§ 54 Abs. 2 Satz 2 WPO)

1. gegenüber mehreren entschädigungspflichtigen Personen, auf welche sich der Versicherungsschutz erstreckt,
2. bezüglich eines aus mehreren Pflichtverletzungen stammenden einheitlichen Schadens,
3. bezüglich sämtlicher Folgen einer Pflichtverletzung ohne Rücksicht darauf, ob Schäden in einem oder in mehreren aufeinanderfolgenden Jahren entstanden sind.

Im Fall der vorstehenden Nummer 3 gilt mehrfaches auf gleicher oder gleichartiger Fehlerquelle beruhendes Tun oder Unterlassen als einheitliche Pflichtverletzung, wenn die betreffenden Angelegenheiten miteinander in rechtlichem oder wirtschaftlichem Zusammenhang stehen. In diesem Fall kann die Leistung des Versicherers auf das Fünffache der Mindestversicherungssumme nach § 54 Abs. 4 Satz 1 WPO begrenzt werden, soweit es sich nicht um gesetzlich vorgeschriebene Pflichtprüfungen handelt (§ 54 Abs. 2 Satz 3 und 4 WPO).

In bestimmten Fällen kann der Versicherungsschutz ausgeschlossen werden, insbesondere für Ersatzansprüche wegen wissentlicher Pflichtverletzung (§ 54 Abs. 3 WPO).

Nach § 27 BS WP/vBP soll die Berufshaftpflichtversicherung über den Mindestfall hinausgehen, wenn Art und Umfang der Haftungsrisiken dies erfordern. Ob und in welchem Umfang eine Höherversicherung erfolgen soll, hat der WP eigenverantwortlich selbst zu entscheiden.

Eine Pflicht zur Erhöhung der Mindestversicherungssumme auf das Vierfache (4 Mio. €) tritt ein, wenn der WP gem. § 54a Abs. 1 Nr. 2 WPO durch Allgemeine Auftragsbedingungen den Anspruch des Auftraggebers auf Ersatz eines fahrlässig verursachten Schadens beschränken will.[320] Eine solche höhere Versicherung muss dauerhaft unterhalten werden. Die WPK empfiehlt aus Gründen der Sicherheit, dabei stets die WP-Auftragsbedingungen zu verwenden, auch wenn der Auftrag sich ausschließlich auf eine steuerliche Beratung bezieht.[321]

320 Einzelheiten siehe in WPK-Mitt. 1999 S. 78 ff.

321 Vgl. WPK Magazin 1/2006 S. 34 f.

Für eine freiwillige Höherversicherung ist eine Beschränkung der Jahreshöchstleistung zulässig. Ob damit allerdings alle Risiken der Praxis abgedeckt sind, muss der WP im Rahmen seiner Eigenverantwortlichkeit entscheiden.

4.5 Besonderheiten bei interprofessionellen Personengesellschaften und PartGmbB

Bei einer gemeinsamen Berufsausübung in einer **interprofessionellen Personengesellschaft** (z. B. Sozietät zwischen WP, StB und RA) bestehen für die verschiedenen freien Berufe grundsätzlich unterschiedliche Mindestversicherungssummen nach den jeweiligen Berufsgesetzen. Für StB z. B. beträgt die Mindestversicherungssumme 250.000,00 € (§ 67 Abs. 1 StBerG, § 52 Abs. 1 DVStB), für WP aber 1.000.000,00 €. Können entsprechende Versicherungsverträge mit unterschiedlich hohen Deckungssummen abgeschlossen werden oder müssen alle Gesellschafter (auch Nicht-WP) eine Berufshaftpflichtversicherung mit den höheren Mindestdeckungssummen der WPO abschließen und aufrecht erhalten? Letzteres ist entbehrlich, wenn der WP der WPK durch Erklärung seines Haftpflichtversicherers nachweist, dass seine Deckungssumme nicht gekürzt wird, wenn er nicht wegen eigener beruflicher Fehler, sondern wegen solcher seiner Mitgesellschafter als Gesamtschuldner in Anspruch genommen wird. In diesem Fall brauchen sich die Mitgesellschafter, die nicht WP sind, nur in der Höhe versichern, die nach der für sie jeweils geltenden Berufsordnung erforderlich ist (§ 44b Abs. 4 WPO). Diese Voraussetzungen gelten für den WP auch bei Vorliegen einer Scheinsozietät oder Scheinpersonengesellschaft.[322]

Bei einer einfachen PartGmbB, die nur aus Partnern besteht, die WP sind, ergibt sich die Versicherungspflicht und die Mindestversicherungssumme allein aus § 54 WPO. Die Versicherung muss die Haftpflichtgefahren für Vermögensschäden decken, die sich aus der Wirtschaftsprüfertätigkeit i. S. der §§ 2 bzw. 129 WPO ergeben (Vorbehaltsaufgaben und alle weiteren Tätigkeiten des WP). Es gilt die allgemeine Mindestversicherungssumme für den einzelnen Versicherungsfall von 1 Mio. € gem. § 54 Abs. 4 WPO, die unbegrenzt häufig pro Jahr („unmaximiert") zur Verfügung stehen muss. In der PartGmbB ist gem. § 8 Abs. 4 Satz 1 PartGG gegenüber den Gläubigern eine Haftung für aus fehlerhafter Berufsausübung entstehende Schäden auf das Gesellschaftsvermögen beschränkt. Eine persönliche Haftung des einzelnen Partners ist ausgeschlossen. In der PartGmbB haftet für berufliche Fehler nur die Gesellschaft selbst. Bei weiteren Partnern, die nicht WP sind und anderen freien Berufen angehören, wie z .B. StB und RA, sind auch die Anforderungen aus deren Berufsrechten zu beachten. Dabei sind die Anforderungen des strengsten Berufsrechts maßgebend.[323] Nach der BRAO werden bei Beteiligung von Rechtsanwälten an einer PartGmbB deutlich höhere Deckungssummen gefordert, nämlich 2,5 Mio. € für jeden Versicherungsfall bei maximal vierfacher Jahreshöchstleistung (§ 51a BRAO). Dabei ist die Mindestdeckungssumme von 2,5 Mio. € zu vervielfachen mit der Anzahl der RA, die Partner sind, mindestens ist jedoch die vierfache Mindestversicherungssumme abzudecken, also 10 Mio. €. Diese Deckungssumme ist zu versichern. Innerhalb dieser Deckungssumme muss aber nach § 54 Abs. 2 Satz 1 WPO eine Mindestversicherungssumme für jeden Versicherungsfall von 1 Mio. € unmaximiert zur Verfügung stehen. Insoweit ist die WPO das strengere Berufs-

322 Vgl. OVG Berlin-Brandenburg vom 23. 2. 2012, WPK Magazin 2/2012 S. 48.

323 Vgl. die Begründung zu § 8 Abs. 4 PartGG, BT-Drucks. 17/13944, S. 15 linke Spalte.

recht. Dementsprechend hoch ist dann die Mindestversicherungssumme. Das führt bei der gemischten PartGmbB im Ergebnis zu einer Erhöhung der Versicherungsprämien.

BEISPIEL ▸ **Fall 1**

Ein WP und ein RA üben ihren Beruf gemeinsam in einer PartGmbB aus. Die Mindestversicherungssumme, die nach § 54 Abs. 4 WPO für jeden Versicherungsfall unmaximiert zur Verfügung stehen muss, beläuft sich auf 1 Mio. €. Ferner müssen nach § 51a Abs. 2 BRAO 2,5 Mio. € pro Partner zur Verfügung stehen, mindestens muss die Versicherung jedoch Schäden bis zur vierfachen Höhe abdecken, also bis zu 10 Mio. € pro Jahr. Im Beispiel sind zwei Partner vorhanden. Es müssen demnach 1 Mio. € unmaximiert für jeden Versicherungsfall, mindestens jedoch 10 Mio. € maximiert (begrenzt) für alle Versicherungsfälle in einem Versicherungsjahr zur Verfügung stehen.

Liegen in einem Jahr elf Schäden von jeweils 1 Mio. € vor, dann sind diese im Gesamtbetrag von 11 Mio. € vollen Umfangs vom Versicherungsschutz umfasst, da Einzelschäden bis zu 1 Mio. € in unbegrenzter Höhe pro Jahr versichert sind.

Sind dagegen im nächsten Jahr drei Schäden von jeweils 4 Mio. € eingetreten, ist also insgesamt ein Schaden von 12 Mio. € entstanden, dann sind für die drei Schäden jeweils 1 Mio. € pro Einzelfall und darüber hinaus weitere 7 Mio. € bis zum Erreichen der Mindestversicherungssumme von insgesamt 10 Mio. €, also insgesamt (nur) 10 Mio. € von der Haftpflichtversicherung zu ersetzen. Für den darüber hinausgehenden Schaden haftet die PartGmbB, nicht aber ihre Partner persönlich.

Fall 2

Wenn der WP sich mit einem StB zu einer PartGmbB zusammenschließt, dann verlangt § 67 Abs. 2 StBerG i. V. m. § 52 Abs. 4 DVStB eine Mindestversicherungssumme von 1 Mio. €, die jedoch zur Abdeckung aller Schäden mindestens vierfach pro Jahr, also bis zu 4 Mio. € zur Verfügung stehen muss. Nach § 54 Abs. 4 WPO muss davon pro Versicherungsfall mindestens 1 Mio. € unmaximiert versichert sein.

Sind in einem Jahr sechs einzelne Schäden in Höhe von jeweils 1 Mio. € eingetreten, ist insgesamt also ein Schaden von 6 Mio. €, entstanden, dann ist dieser Betrag von der Versicherung vollen Umfangs zu ersetzen, da nach § 54 Abs. 4 WPO pro Einzelfall 1 Mio. € unbegrenzt zur Verfügung stehen.

Haben sich im nächsten Jahr zwei Schäden von jeweils 3 Mio €. ergeben, ist insgesamt also ein Schaden von 6 Mio. € entstanden, sind 4 Mio. € zu ersetzen. Die Schadensersatzleistung nach § 67 Abs. 2 StBerG (i. V. m. § 52 Abs. 4 DVStB) beläuft sich unabhängig von der Höhe des Schadens im Einzelfall auf insgesamt 4 Mio. € pro Versicherungsjahr. Dieser Betrag steht also nicht unmaximiert zur Verfügung. Die Versicherung hat also 4 Mio. € zu übernehmen, und zwar auch dann, wenn es nur um zwei Schadensfälle geht.

4.6 Aufgaben der Wirtschaftsprüferkammer

Die WPK trifft im Rahmen der Berufssatzung die näheren Bestimmungen über den Vertragsinhalt, den Versicherungsnachweis, das Anzeigeverfahren und die Überwachung der Versicherungspflicht (§ 54 Abs. 6 WPO). Neben den anderen Befugnissen ist die Überwachung der Versicherungspflicht eine wichtige Aufgabe der WPK, die sie unter bestimmten Voraussetzungen zum Widerruf der Bestellung zwingt (§ 20 Abs. 2 Nr. 4 WPO).

Die WPK erteilt Dritten zur Geltendmachung von Schadensersatzansprüchen auf Antrag Auskunft über den Namen, die Adresse und die Versicherungsnummer der Berufshaftpflichtversicherung der Berufsangehörigen, der Wirtschaftsprüfungsgesellschaften oder Partnerschaften mit beschränkter Berufshaftung, soweit diese kein überwiegendes schutzwürdiges Interesse an der Nichterteilung der Auskunft haben (§ 54 Abs. 5 WPO).

4.7 Gesetzliche und vertragliche Begrenzung von Ersatzansprüchen

4.7.1 Gesetzliche Haftungsbeschränkung

Für Abschlussprüfungen nach §§ 316 ff. HGB besteht nach § 323 Abs. 2 HGB eine gesetzliche Haftungsbegrenzung von 1 Mio. € (Satz 1). Bei der Prüfung von Unternehmen, deren Aktien zum Handel am regulierten Markt zugelassen sind, beträgt die Begrenzung der Haftung 4 Mio. € (Satz 2). Weitere gesetzliche Haftungsbeschränkungen gelten für andere Tätigkeiten nur, wenn ausdrücklich auf § 323 Abs. 2 HGB hingewiesen wird. Das ist z. B. der Fall bei der Gründungsprüfung nach § 49 AktG und bei der Verschmelzungsprüfung nach § 11 Abs. 2 UmwG. Wenn eine gesetzliche Haftungsbegrenzung gilt, dann darf davon durch Vereinbarungen mit den Auftraggebern nicht abgewichen werden (§ 16 BS WP/vBP).

4.7.2 Vertragliche Haftungsbeschränkung

4.7.2.1 Die verschiedenen Möglichkeiten

Soweit keine gesetzliche Haftungsbegrenzung gilt, haftet der WP grundsätzlich unbeschränkt. In § 54a Abs. 1 WPO wird den Berufsangehörigen aber die Möglichkeit eingeräumt, mit ihren Auftraggebern eine Haftungsbegrenzung zu vereinbaren. Dort heißt es:

„Der Anspruch der Auftraggeber aus den zwischen ihnen und den Berufsangehörigen bestehenden Vertragsverhältnissen auf Ersatz eines fahrlässig verursachten Schadens kann beschränkt werden.

1. durch schriftliche Vereinbarung im Einzelfall bis zur Mindesthöhe der Deckungssumme nach § 54 Abs. 4 Satz 1 WPO oder
2. durch vorformulierte Vertragsbedingungen auf den vierfachen Betrag der Mindesthöhe der Deckungssumme nach § 54 Abs. 4 Satz 1 WPO, wenn insoweit Versicherungsschutz besteht.“

Nach dieser Vorschrift ist eine Beschränkung der Haftung der Höhe nach in zweifacher Weise möglich. Daneben sieht § 54a Abs. 2 WPO eine Beschränkung der Haftung auf einzelne namentlich bezeichnete Mitglieder einer Personengesellschaft vor, die die vertragliche Leistung erbringen sollen. Diese Beschränkung kann durch vorformulierte Vertragsbedingungen erfolgen.

4.7.2.2 Höhenmäßige Beschränkung

Haftungsbeschränkungen können also durch Individualvereinbarung oder durch vorformulierte Vertragsbedingungen erfolgen. Letztere sind Allgemeine Auftragsbedingungen (AAB), die vom Berufsstand allgemein verwendet werden. Bei einer Individualvereinbarung darf der WP seine Haftung auf nicht weniger als 1 Mio. € begrenzen. In AAB beträgt die Mindestgrenze 4 Mio. €. In dieser Höhe muss bei der Versicherung eine Deckung vorliegen. Bis zur Höhe von 1 Mio. € muss der Versicherungsschutz unmaximiert sein, d. h. der Versicherungsschutz muss für jede einzelne Pflichtverletzung während der Geltung des Versicherungsvertrags zur Verfügung stehen (§ 54 Abs. 2 Satz 1 WPO). Wird eine Deckung in Höhe von 4 Mio. vereinbart, muss die Deckung bis zu 1 Mio. € unmaximiert sein. Das gilt aber nicht für die darüber hinausgehenden 3 Mio €. Insoweit kann eine Beschränkung der Jahreshöchstleistung vereinbart werden. Ist die Jahreshöchstleistung allerdings durch Schadensfälle aufgezehrt, ist nach Auffassung der WPK die Haftungsbeschränkung für jeden weiteren Schadensfall unwirksam, da die Versicherungssumme nicht mehr zur Verfügung steht.[324]

4.7.2.3 Beschränkung nur für fahrlässige Pflichtverletzungen

Die Haftungsbeschränkung nach § 54a Abs. 2 WPO durch AAB bezieht sich nicht auf vorsätzliches sondern nur auf fahrlässiges Handeln (§ 54a Abs. 1 WPO und § 276 Abs. 3 BGB). Das muss in der Haftungsbegrenzung deutlich zum Ausdruck kommen. Aus der Entstehungsgeschichte des § 54a WPO ergibt sich, dass sich die Haftungsbeschränkung auch auf grobe Fahrlässigkeit erstreckt.[325] Das wird durch eine Entscheidung der LG Hamburg bestritten.[326] Der § 54a Abs. 1 WPO sei § 52 Abs. 1 Nr. 2 BRAO nachgebildet. Es sei unstrittig, dass Rechtsanwälte ihre Haftung nur für einfache Fahrlässigkeit durch AAB beschränken können. Es sei nicht verständlich, weshalb für WP und RA ein unterschiedlicher Haftungsmaßstab gelten sollte. Die Entscheidung ist nicht rechtskräftig. Verschiedene Stimmen in der Literatur sprechen sich gegen die Auffassung des LG Hamburg aus.[327]

4.7.2.4 Beschränkung durch Individualvereinbarung

Die Haftungsbeschränkung kann durch Individualvereinbarung oder durch AAB erfolgen. Eine Individualvereinbarung muss im Einzelnen ausgehandelt werden (§ 305 Abs. 1 Satz 3 BGB). Hier kann die Haftung auf 1 Mio. € beschränkt werden. An die Vereinbarung hat die Rechtsprechung hohe Anforderungen gestellt. Dem Mandanten müssen die Risiken dargestellt und Alternativen (z. B. Höherversicherung) angeboten werden, damit er eine „informierte" Entscheidung fällen kann.[328] Es muss ein ausführliches Risikogespräch mit dem Mandanten stattgefunden haben. Hierbei muss der ungefähre potenzielle Schaden ausdrücklich angesprochen worden. Das ist zu dokumentieren. Musterformulierungen sollten nicht verwendet werden. Es besteht also für Individualvereinbarungen ein hohes Wirksamkeitsrisiko.

4.7.2.5 Beschränkung durch AAB

Die Haftungsbegrenzung durch AGB ist der rechtlich einfachere und sicherere Weg. Es können z. B. die „Allgemeinen Auftragsbedingungen für Wirtschaftsprüfer und Wirtschaftsprüfungsgesellschaften vom 1. Januar 2002" verwendet werden, die vom IDW herausgegeben im Beruf üblicherweise verwendet werden. Die zur Kontrolle von Allgemeinen Geschäfts- oder Auftragsbedingungen geltenden Vorschriften des BGB (§§ 305 bis 310 BGB) legen strenge Kriterien für deren Inhalt und Grenzen an. Deswegen ist davon abzuraten, diese selbst zu formulieren.

Die Einbeziehung von AAB in einen Vertrag setzt voraus, dass sie rechtzeitig, spätestens bei Vertragsabschluss vereinbart werden. Ferner muss der Vertragspartner ausdrücklich auf die Verwendung der AAB hingewiesen werden. Er muss die Möglichkeit der Kenntnisnahme der AAB

324 Vgl. WPK Praxishinweise Haftungsbegrenzung: http://go.nwb.de/hckir (Abruf 10. 5. 2016); zu Einzelheiten siehe WPK-Mitt. 1998 S. 306 (307).

325 Vgl. WPK Praxishinweise Haftungsbegrenzung: http://go.nwb.de/hckir (Abruf 10. 5. 2016); § 54a WPO ist als lex specialis anzusehen, so dass § 309 Nr. 7b BGB hier nicht anwendbar ist.

326 LG Hamburg, Urteil vom 12. 6. 2013 – 309 O 425/08, WPK Magazin 4/2015 S. 67 ff.

327 Vgl. *Regierer/Michels*, WP Praxis 2015 S. 153 ff.; vgl. ferner die Literaturangaben in WPK Magazin 4/2015 S. 69, 70.

328 Ständige Rechtsprechung des BGH; vgl. z. B. BGH NJW 2000 S. 1110.

vor Abschluss des Vertrags haben.[329] Bei Privatleuten als Mandanten wird man ihm die Bedingungen persönlich aushändigen oder zusenden. Bei Kaufleuten und Personen, die beruflich häufiger mit AAB oder AGB zu tun haben, genüg der Hinweis auf die Einbeziehung der AGB. Der Vertragspartner mag sie dann anfordern. Aus Gründen der Beweissicherung sollten die AAB dem Mandanten jedoch in jedem Fall mit einem Angebotsschreiben vor Vertragsabschluss übersandt werden.

HINWEIS

Nimmt der WP einen Auftrag, z. B. zur Erstellung eines Jahresabschlusses an, dann muss er dem Vertragspartner die Einbeziehung der AAB rechtzeitig vor der Annahme des Auftrags mitteilen und ihm auch die Möglichkeit geben, von den AAB Kenntnis zu erlangen. Dazu genügt wie bei Kaufleuten als Auftraggebern der Hinweis auf die Verwendung der AAB. Sicherer ist die Übersendung der Bedingungen an den Mandanten. Wird die Verwendung der AAB nicht ausdrücklich vereinbart, werden sie aber bei Auslieferung des Bilanzberichts diesem beigeheftet, dann ist das zu spät. Die AAB werden nicht Vertragsinhalt. Damit ist auch eine in den AAB vereinbarte Haftungsbeschränkung unwirksam.

5. Handakten (§ 51b WPO)

5.1 Pflicht zur Führung von Handakten und Arbeitspapieren

Die Regelungen über das Führen von Handakten und von Arbeitspapieren in § 51b WPO sind durch das APAReG überarbeitet, ergänzt und präzisiert worden. Die Vorschrift wurde vollständig neu gefasst. Der bisherige Regelungsinhalt ist weitgehend bestehen geblieben. Die Aufbewahrungsfristen für Handakten wurden gesetzlich neu geregelt. Der neue § 51b Abs. 5 WPO regelt die Vorgaben zur Prüfungsakte, die bisher in § 51b Abs. 4 Satz 2 a. F. WPO enthalten waren. Sie wurden erheblich ausgebaut.

Berufsangehörige müssen durch Anlegung von Handakten ein zutreffendes Bild über die von ihm entfaltete Tätigkeit geben können (§ 51b Abs. 1 Satz 1 WPO). Die Handakten sind für jeden Mandanten anzulegen und müssen ein Spiegelbild des Mandatsverhältnisses sein.[330] Die Aktenführung hat klar und übersichtlich zu sein. Für einen fachkundigen Dritten müssen die Auftragserteilung, die Auftragsabwicklung und die Beendigung des Mandats verständlich aus den Unterlagen nachvollziehbar sein. Zu den Handakten gehören sämtliche Unterlagen, die für das Mandatsverhältnis von Bedeutung sind. Die Handakten, insbesondere die Prüfungsakte, sind für die Nachprüfung der ordnungsmäßigen Mandatsabwicklung von entscheidender Bedeutung.[331] Im Rahmen der Berufsaufsicht hat die WPK ein Recht auf Vorlage der Handakten (§ 62 Abs. 1 Satz 2 WPO). Entsprechende Rechte auf Vorlage der Handakten hat die APAS bei der Durchführung von Inspektionen (vormals anlassunabhängigen Sonderuntersuchungen, § 62b Abs. 2 WPO).

Soweit sich Berufsangehörige zum Führen von Handakten der elektronischen Datenverarbeitung bedienen, gelten die Bestimmungen des § 51b Abs. 1 bis 6 WPO zur Handakte entsprechend (§ 51b Abs. 7 Satz 1 WPO). In anderen Gesetzen getroffene Regelungen über die Pflichten zur Aufbewahrung von Geschäftsunterlagen bleiben unberührt.

329 BGH vom 11. 11. 2009 – VIII ZR 12/08, NJW 2010 S. 864 – R 12/08; BGH vom 24. 10. 2002 – I ZR 104/00, NJW RR 2003 S. 754, 755.

330 Vgl. BT-Drucks. 12/5685, S. 28 mit Hinweis auf eine entsprechende Begründung zur Neufassung des § 50 BRAO.

331 IDW PS 460 Tz. 7 für die Handakten.

Die ordnungsgemäße Führung der Handakten ist eine Berufspflicht, deren Verletzung im Rahmen der Berufsaufsicht geahndet werden kann.[332]

5.2 Zweifacher Begriff der Handakten

5.2.1 Allgemeines

Die WPO verwendet einen zweifachen Begriff der Handakten. Neben der umfassenden Begriffsbestimmung der Handakten für die Dokumentation der gesamten mandatsbezogenen Tätigkeit des WP in § 51b Abs. 1 WPO, findet sich in § 51b Abs. 4 Satz 1 WPO ein enger Begriff der Handakten. Dieser umfasst nur diejenigen Schriftstücke, die Berufsangehörige aus Anlass ihrer beruflichen Tätigkeit von ihren Auftraggebern oder für diese erhalten haben.

5.2.2 Handakten im weiteren Sinne

Zu den **Handakten im weiteren Sinne** des § 51b Abs. 1 WPO gehören insbesondere sämtliche vom Auftraggeber erhaltenen Unterlagen und Urkunden (z. B. Buchhaltungsbelege und Bankkonten), die von dritter Seite dem WP für das Mandat direkt übermittelten Schriftstücke (z. B. Steuerbescheide), sämtliche Arbeitsergebnisse des WP (z. B. Jahresabschlüsse und Steuererklärungen), alle Aktennotizen und Gesprächsprotokolle, der Schriftverkehr zwischen Mandant und WP, und die internen Arbeitspapiere (die Prüfungsakte) des WP.[333]

Berufsrechtlich ist die Prüfungsakte von besonderer Bedeutung. Zu ihr gehören „...alle Aufzeichnungen und Unterlagen, die der Abschlussprüfer im Zusammenhang mit der Abschlussprüfung selbst erstellt, sowie alle Schriftstücke und Unterlagen, die er von dem geprüften Unternehmen oder von Dritten als Ergänzung seiner eigenen Unterlagen zum Verbleib erhält“[334]. Die Aufbewahrungsdauer der Handakten im weiteren Sinne ist in der WPO nicht geregelt. Jedenfalls sind die Unterlagen für ausstehende Qualitätskontrollen (§§ 57a ff. WPO) und Inspektionen (§ 62b WPO) zur Verfügung zu halten. Im Übrigen sind die im HGB und der AO geregelten Aufbewahrungsfristen zu beachten. Im Rahmen seiner Eigenverantwortung sollte der WP das Risiko einer Inanspruchnahme auf Schadenersatz im Rahmen seiner beruflichen Haftpflicht bedenken. Im Falle der Vernichtung von Unterlagen könnte er in Beweisnot geraten.[335]

5.2.3 Handakten im engeren Sinne

Der Begriff der Handakten i. S. des § 51b Abs. 4 WPO ist vom Gesetzgeber sehr viel enger gefasst worden. Dazu gehören nur die Schriftstücke, die Berufsangehörige aus Anlass ihrer beruflichen Tätigkeit von ihren Auftraggebern oder für diese erhalten haben. Sie unterliegen der zehnjährigen Aufbewahrungsfrist (§ 51b Abs. 2 Satz 1 WPO) und sind den Mandanten auf Verlangen innerhalb dieser Frist herauszugeben.

332 Vgl. *Krauß*, in: WPO Kommentar, 2. Aufl., Düsseldorf 2013, § 51b Rn. 10.

333 Vgl. *Pulte*, NWB 2007 S. 1779: dort findet sich eine alphabetische Liste der maßgeblichen Aufzeichnungen und Belege; *Krauß*, in: WPO Kommentar, 2. Aufl., Düsseldorf 2013, § 51b Rn. 4; die Dokumentationspflicht ist ein Ausfluss des Prinzips der Gewissenhaftigkeit.

334 IDW PS 460 Tz. 1, FN-IDW 2008 S. 178, (FN-IDW 2009 S. 533 f.); in dem Prüfungsstandard werden die Arbeitspapiere nach Form, Inhalt und Funktion erläutert.

335 Vgl. *IDW* (Hrsg.), WP Handbuch 2012, Band I, 14. Aufl., Düsseldorf 2012, S. 63.

Nicht zu den Handakten im engeren Sinne gehören der Briefwechsel zwischen den Berufsangehörigen und ihren Auftraggebern, die Schriftstücke, die die Auftraggeber bereits in Urschrift oder Abschrift erhalten haben, sowie die zu internen Zwecken gefertigten Arbeitspapiere. Diese Unterlagen brauchen Berufsangehörige nicht an ihre Auftraggeber herauszugeben.

Zu den Handakten im engeren Sinn gehört auch nicht das vertraglich geschuldete Arbeitsergebnis (z. B. der erstellte Jahresabschluss oder die über DATEV erstellte Buchhaltung). Das Arbeitsergebnis zählt nicht zu den im Rahmen seiner Tätigkeit vom WP erhaltenen Schriftstücken. Es ist Teil der vertraglich geschuldeten Leitung und nur gegen Honorarzahlung herauszugeben.[336]

5.2.4 Besondere Bestimmungen für die Prüfungsakte (Arbeitspapiere)

Die Vorgaben für die Anlage und den Inhalt der Prüfungsakte wurden durch das APAReG präzisiert und erweitert. Die Bestimmungen sind umfassend und begründen weitgehende Dokumentationspflichten.

Bei gesetzlichen Abschlussprüfungen nach § 316 HGB ist für jede Abschlussprüfung eine Handakte nach § 51b Abs. 1 WPO (Prüfungsakte) anzulegen, die spätestens 60 Tage nach Unterzeichnung des Bestätigungsvermerks i. S. der §§ 322 und 322a HGB zu schließen ist. Berufsangehörige haben nach § 51b Abs. 5 Satz 2 WPO in der Prüfungsakte Folgendes zu dokumentieren:

1. Angaben zu Erfüllung der Anforderungen an ihre Unabhängigkeit i. S. des § 319 Abs. 2 bis 5 und des § 319a HGB, Angaben zu gefährdenden Umständen und zur Ergreifung von Schutzmaßnahmen;
2. Angaben darüber, ob sie über die Zeit, das Personal und die sonstigen Mittel verfügen, die nach § 43 Abs. 5 WPO zur angemessenen Durchführung der Abschlussprüfung erforderlich sind;
3. Angaben über eingeholten Rat externer Sachverständiger, die entsprechende Anfragen und die erhaltenen Antworten.

Wirtschaftsprüfungsgesellschaften haben den verantwortlichen **Prüfungspartner** zu benennen und zu dokumentieren, dass dieser nach dem Zweiten oder dem Neunten Teil der WPO zugelassen ist (§ 51b Abs. 5 Satz 3 WPO).

Bei gesetzlichen Abschlussprüfungen von **Unternehmen im öffentlichen Interesse** nach § 319a HGB bleiben außerhalb der WPO die Dokumentationspflichten nach Art. 6 bis 8 und die Aufbewahrungspflicht nach Art. 15 der Verordnung (EU) Nr. 537/2014 in ihrer jeweils geltenden Fassung unberührt[337] (§ 51b Abs. 5 Satz 5 WPO).

Die Berufsangehörigen haben alle Informationen und Unterlagen aufzubewahren, die zur Begründung des **Bestätigungsvermerks** i. S. der §§ 322 und 322a HGB, des Prüfungsberichts i. S. des § 321 HGB oder zur Kontrolle der Einhaltung von Berufspflichten von Bedeutung sind oder die schriftliche Beschwerden über die Durchführung der Abschlussprüfungen beinhalten (§ 51b Abs. 5 Satz 4 WPO).

336 BGH vom 11. 3. 2004 – IX ZR 178/03, DStR 2004 S. 1397: der BGH begründet seine Auffassung unter Anwendung der §§ 675, 667 BGB.

337 VO (U) Nr. 537/2014 des Europäischen Parlaments und des Rates vom 16. 4. 2014 über spezifische Anforderungen an die Abschlussprüfung bei Unternehmen von öffentlichem Interesse und zur Aufhebung des Beschlusses 2005/909/EG der Kommission (ABl. L 158 vom 27. 5. 2014, S. 77).

Berufsangehörige, die eine **Konzernabschlussprüfung** durchführen, haben der WPK auf deren schriftliche oder elektronische Aufforderung die Unterlagen über die Arbeit von Drittstaatsprüfern und Drittstaatsprüfungsgesellschaften, die in den Konzernabschluss einbezogene Tochterunternehmen prüfen, zu übergeben (§ 51b Abs. 6 WPO). Das gilt nicht, wenn der Drittstaatsprüfer nach § 134 Abs. 1 WPO eingetragen ist oder eine Vereinbarung zur Zusammenarbeit gem. § 57 Abs. 9 Satz 5 Nr. 3 WPO besteht. Erhält der Berufsangehörige keinen Zugang zu den erwähnten Unterlagen, hat er gegenüber der WPK seine Bemühungen zur Erlangung der Unterlagen und die Hindernisse zu dokumentieren, und der WPK auf Verlangen die Gründe dafür mitzuteilen.

5.3 Aufbewahrungspflicht

5.3.1 Handakten im engeren Sinn

Die Handakten im engeren Sinn sind nach § 51b Abs. 2 Satz 1 WPO für die Dauer von zehn Jahren nach Beendigung des Auftrags aufzubewahren. Dazu gehören nur solche Schriftstücke, die Berufsangehörige aus Anlass ihrer beruflichen Tätigkeit von ihren Auftraggebern oder für diese erhalten haben. Dazu gehört nicht der Briefwechsel zwischen den Berufsangehörigen und ihren Auftraggebern, die Schriftstücke, die die Auftraggeber bereits in Urschrift oder Abschrift erhalten haben und auch nicht die zu internen Zwecken gefertigten Arbeitspapiere.

Die Aufbewahrungsfrist nach § 51b Abs. 2 Satz 1 WPO beginnt mit der Beendigung des Auftrags. Für Werkverträge, wie z. B. die Prüfung des Jahresabschlusses oder die Erstellung eines Gutachtens, ist der Auftrag mit der Abnahme des Werks (§ 640 BGB) beendet. Bei Dauerauftragsverhältnissen wird man jeweils auf die Erledigung einzelner Teilaufgaben abzustellen haben.[338]

Berufsangehörige können die Aufbewahrungsfrist durch Individualvereinbarung abkürzen.[339] Sie können ihre Auftraggeber aber auch auffordern, die Handakten in Empfang zu nehmen. Kommen diese der Aufforderung binnen sechs Monaten nicht nach, dann erlischt die Aufbewahrungspflicht (§ 51b Abs. 2 Satz 2 WPO).

Nach Ablauf der Aufbewahrungsfrist können die Berufsangehörigen die Akten vernichten. Davon ausgenommen sind vermögenswerte Unterlagen, wie z. B. Schuldtitel oder Originalurkunden, ebenso wie Grundschuldbriefe und Vertragsurkunden. Geschäftsunterlagen des Mandanten, für die nach § 147 AO oder § 257 HGB Aufbewahrungspflichten fortbestehen, dürfen ebenfalls nicht vernichtet werden. Sie sind dem Mandanten auszuhändigen.[340]

5.3.2 Handakten im weiteren Sinn

Für die Handakten im weiteren Sinn macht die WPO keine Vorgaben für die Dauer der Aufbewahrung. Das gilt insbesondere auch für die Prüfungsakte. Die Dauer der Aufbewahrung richtet sich nach den Umständen des Einzelfalls. Die Arbeitspapiere dienen ggf. der späteren

338 Vgl. *Krauß*, in: WPO Kommentar, 2. Aufl., Düsseldorf 2013, § 51b Rn. 26.

339 Wegen des Verbots in § 307 BGB (unangemessene Benachteiligung) ist eine Verkürzung der Frist in Allgemeinen Auftragsbedingungen abzulehnen; vgl. *Feuerich/Weyland/Vossebürger*, BRAO, § 50 Rn. 9.

340 Vgl. *Feuerich/Weyland/Vossebürger*, BRAO, § 50 Rn. 16; *Krauß*, in: WPO Kommentar, 2. Aufl., Düsseldorf 2013, § 51b Rn. 31.

Beweisführung.[341] Der WP hat die Arbeitspapiere im Qualitätskontrollverfahren und bei Inspektionen vorzulegen. Daraus kann sich eine Aufbewahrungspflicht von bis zu sechs Jahren ergeben. In den Allgemeinen Auftragsbedingungen wird für die Aufbewahrung der Arbeitspapiere i. d. R. eine Aufbewahrungsfrist von zehn Jahren vereinbart. In Art. 15 der Verordnung (EU) Nr. 537/2014 ist bei der Prüfung von Unternehmen im öffentlichen Interesse eine Aufbewahrungsfrist für bestimmte wichtige Unterlagen, die zu den Arbeitspapieren gehören, von mindestens fünf Jahren festgelegt.

5.4 Herausgabepflicht

Die Auftraggeber können von den Berufsangehörigen die Herausgabe der Handakten im engeren Sinne verlangen. Das folgt aus dem zivilrechtlichen Vertragsverhältnis mit dem WP. Dieses ist je nach Aufgabenstellung regelmäßig als Geschäftsbesorgungsvertrag mit Werkvertrags- oder Dienstleistungscharakter zu qualifizieren (§ 675 BGB i. V. m. §§ 611 ff., 631 ff. BGB). Die Herausgabepflicht ergibt sich bei beiden Vertragsverhältnissen aus §§ 675, 667 BGB i. V. m. § 51b WPO. Danach muss der WP alles was er zur Ausführung des Mandats erhält und was er durch die Geschäftsbesorgung erlangt hat, auf Verlangen herausgeben. Dieser Anspruch wird durch § 51b Abs. 4 WPO dahingehend konkretisiert, dass nur die Handakten im engeren Sinne herauszugeben sind. Die Herausgabe kann noch vor der Beendigung des Mandatsverhältnisses verlangt werden.

Das dem Auftraggeber geschuldete Arbeitsergebnis (z. B. Jahresabschluss, Gutachten) gehört nicht zu den Schriftstücken, die der WP in Ausführung des Auftrags erlangt. Es ist vielmehr die vertraglich vereinbarte Leistung, die er schuldrechtlich als Erfüllung des Vertrags dem Mandanten gegenüber zu erbringen und an ihn herauszugeben hat. Dies hat gem. § 320 BGB Zug um Zug gegen die Zahlung des Honorars zu geschehen.[342]

5.5 Zurückbehaltungsrecht

Verlangen die Auftraggeber die Herausgabe der Handakten, können die Berufsangehörigen die Herausgabe verweigern, bis sie wegen ihrer Vergütung und Auslagen befriedigt sind. Sie haben also ein gesetzliches Zurückbehaltungsrecht (§ 51b Abs. 3 Satz 1 WPO). Die Honorarforderungen müssen fällig sein und mit dem Auftrag, dessen Handakten herausverlangt werden, in sachlichem Zusammenhang stehen. Honorarforderungen aus anderen Aufträgen berechtigen nicht zur Ausübung des Zurückbehaltungsrechts.[343]

Die Geltendmachung des Zurückbehaltungsrechts ist ausgeschlossen, wenn die Vorenthaltung der Handakten oder einzelner Schriftstücke den Umständen nach unangemessen wäre (§ 51b Abs. 3 Satz 2 WPO). Das kann der Fall sein, wenn die ausstehende Honorarforderung unverhältnismäßig gering ist, wenn für die Honorarforderung eine ausreichende Sicherheit besteht oder wenn die Honorarforderung in hohem Grade streitig ist und ein langwieriges Verfahren zu deren Durchsetzung zu erwarten ist.[344]

---

341 IDW PS 460 Tz. 32.

342 BGH vom 11. 3. 2004 – IX ZR 178/03, DStR 2004 S. 1397.

343 BGH vom 3. 7. 1997 – IX ZR 244/96, NJW 1997 S. 2944.

344 Vgl. *Krauß*, in: WPO Kommentar, 2. Aufl., Düsseldorf 2013, § 51b Rn. 54; *Kuhls*, Steuerberatungsgesetz, § 66 Rn. 32.

Wenn bei seinem Mandanten eine Betriebsprüfung stattfindet, ist der WP zur Herausgabe der Unterlagen, die er für den Mandanten verwahrt, an das Finanzamt verpflichtet (§§ 93, 94, 104 AO). Da dies eine öffentlich-rechtliche Mitwirkungspflicht ist, kann der WP sich insoweit auf ein Zurückbehaltungsrecht nicht berufen.[345] Die Vorlagepflicht erstreckt sich nur auf die Handakten im engeren Sinne. Die Unterlagen hat das Finanzamt an den WP zurückzugeben.[346]

6. Berufsregister (§§ 37–39 WPO)

6.1 Allgemeines

Bei der WPK wird ein Berufsregister in elektronischer Form für WP und Wirtschaftsprüfungsgesellschaften geführt (§ 37 Abs. 1 Satz 1 WPO). Dieses ist öffentlich, d. h. über das Internet zugänglich (§ 37 Abs. 1 Satz 3 WPO). Alle einzutragenden Berufsangehörigen und Wirtschaftsprüfungsgesellschaften erhalten eine Registernummer (§ 37 Abs. 1 Satz 2 WPO). Das Berufsregister ist dazu da, der Öffentlichkeit sämtliche Informationen über die beruflichen Verhältnisse eines WP und über die gesellschaftsrechtlichen und beruflichen Verhältnisse einer WPG zu geben.

Eintragungen und Löschungen im Berufsregister werden von der WPK von Amts wegen unverzüglich vorgenommen (§ 40 Abs. 1 WPO). Für die Mitglieder der WPK besteht eine Mitteilungspflicht. Sie müssen alle Tatsachen melden, die für eine Eintragung, Veränderung oder eine Löschung erforderlich sind. Die Mitteilungen sind unverzüglich vorzunehmen und zwar in einer den §§ 126, 126a BGB entsprechenden Form[347] (§ 40 Abs. 2 WPO).

Die Eintragungen im Berufsregister haben keine konstitutive Wirkung und begründen anders als Eintragungen im Handelsregister keinen „öffentlichen Glauben“. Es besteht zwar der erste Anschein der Richtigkeit der Eintragung; für die Vermutung der Richtigkeit der Eintragungen müsste eine gesetzliche Regelung bestehen, die aber fehlt.[348]

6.2 Mitgliederverzeichnis

Die WPK kann nach § 37 Abs. 2 WPO neben dem Berufsregister ein Mitgliederverzeichnis veröffentlichen, was seit vielen Jahren geschieht. In dem Mitgliederverzeichnis können neben den nach § 38 WPO eintragungspflichtigen auch freiwillige Angaben der Berufsangehörigen und WPG enthalten sein. Die Erhebung über § 38 WPO hinausgehender freiwilliger Angaben der Berufsangehörigen und der Berufsgesellschaften ist gem. § 37 Abs. 2 WPO zulässig. Die freiwillige Angaben werden in einem elektronischen Mitgliederverzeichnis veröffentlicht. Das Mitglied ist von der WPK auf sein Widerspruchsrecht hinzuweisen (§ 37 Abs. 3 WPO).

6.3 Eintragungspflichtige Tatsachen

Zunächst sind im Berufsregister einleitend die für alle Berufsangehörigen und WPG verantwortlichen Stellen für die Zulassung, die Qualitätskontrolle, die Berufsaufsicht und die öffentliche

345 Vgl. die Hinweise der Bundessteuerberaterkammer, Berufsrechtliches Handbuch, Abschnitt 5.2.5.

346 Vgl. *Krauß*, in: WPO Kommentar, Düsseldorf 2008, § 51b Rn. 59.

347 D. h. schriftlich oder in elektronischer Form mit qualifizierter Signatur.

348 Vgl. *Teckemeyer*, in: WPO Kommentar, 2. Aufl., Düsseldorf 2013, § 37 Rn. 9 unter Hinweis auf VG Düsseldorf vom 24. 3. 2003 – 23 K 1351/01.

Aufsicht nach § 66a WPO mit Bezeichnungen und Anschriften einzutragen (§ 38 Satz 1 WPO). Das sind die WPK, die Kommission für Qualitätskontrolle und die Abschlussprüferaufsichtsstelle (APAS). Dann folgt das eigentliche Berufsregister.

6.3.1 Wirtschaftsprüfer (§ 38 Nr. 1 WPO)

Einzutragen sind die persönlichen und beruflichen Verhältnisse für jeden Berufsangehörigen neben seiner jeweiligen Registernummer. Die Einzelheiten regelt § 38 Satz 1 Nr. 1a–m WPO. Einzutragen sind u. a.:

- Name, Vorname, Geburtstag, Geburtsort;
- Tag der Bestellung und die Behörde, die die Bestellung vorgenommen hat;
- Datum der Begründung der beruflichen Niederlassung und deren Anschrift;
- bei Einbindung des Berufsangehörigen in ein **Netzwerk** Namen, Firmen der anderen Mitglieder des Netzwerks und der mit diesen durch gemeinsames Eigentum, gemeinsame Kontrolle oder gemeinsame Geschäftsführung verbundenen Unternehmen oder ein Hinweis darauf, wo diese Angaben öffentlich zugänglich sind;
- Art der beruflichen Tätigkeit nach § 43a Abs. 1 WPO unter Angabe der Praxis (z. B. als Selbständiger, Angestellter, als geschäftsführende Person in einer WPG);
- Name, Vorname, Berufe oder Firma und die Anschriften der beruflichen Niederlassungen der **Mitglieder einer Personengesellschaft** i. S. des § 44b WPO und Name oder Firma der Personengesellschaft; dies gilt entsprechend im Falle der Kundmachung einer Personengesellschaft, auch wenn die Voraussetzungen nach § 44b Abs. 1 Satz 1 und Abs. 2 WPO nicht vorliegen;[349]
- Firma, Anschrift, Internetadresse und Registernummer der **Prüfungsgesellschaft**, bei welcher der Berufsangehörige **angestellt** oder in anderer Weise tätig ist oder der er oder sie als Partner oder Partnerin angehört oder in ähnlicher Weise verbunden ist;
- Anzeige der Tätigkeit als **gesetzlicher Abschlussprüfer** nach § 57a Abs. 1 Satz 2 WPO;
- Registrierung als Prüfer für Qualitätskontrolle;
- alle Registrierungen bei zuständigen Stellen anderer Staaten;
- berufsaufsichtlich festgesetzte Tätigkeits- und Berufsverbote;
- die sofort vollziehbare Aufhebung der Bestellung unter Angabe des Datums;
- die Beurlaubung;
- alle Änderungen zu den meisten der obigen Angaben.

6.3.2 Wirtschaftsprüfungsgesellschaften (§ 38 Nr. 2 WPO)

Nach § 38 Nr. 2–3 WPO sind die Daten und Verhältnisse der WPG mit den sie betreffenden speziellen Besonderheiten im Berufsregister einzutragen. Dazu gehören insbesondere die folgenden Angaben:

- Name, Firma und Rechtsform;
- Tag der Anerkennung als WPG und Angabe der anerkennenden Behörde;

349 Mit Letzterem ist die Scheingesellschaft gemeint, die nach außen wie eine echte Personengesellschaft auftritt.

- Anschrift und Kontaktdaten, Internetadresse und Netzwerk mit den betreffenden Angaben;
- Gesellschaftsrechtliche Verhältnisse und gesetzliche Vertreter;
- Namen und Geschäftsadressen der im Namen der WPG tätigen WP;
- Anzeige der Tätigkeit als gesetzlicher Abschlussprüfer nach § 57a Abs. 1 Satz 2 WPO;
- Registrierung als Prüfer für Qualitätskontrolle nach § 57a Abs. 3 WPO;
- alle Registrierungen bei Stellen anderer Staaten;
- berufsaufsichtlich festgesetzte Berufs- oder Tätigkeitsverbote;
- die sofort vollziehbare Aufhebung der Anerkennung unter Angabe des Datums;
- alle Änderungen zu einem Teil den obigen Angaben.

Wirtschaftsprüfungsgesellschaften sollten beachten, dass sie dem Berufsregister jede Veränderung der gesetzlichen Vertretung und im Gesellschafterbereich unverzüglich anzuzeigen haben. Diese Tatsachen können für die Fortexistenz der WPG von Bedeutung sein.

6.3.3 Anzeige der Tätigkeit als gesetzlicher Abschlussprüfer (§ 57a Abs. 1 Satz 2)

Bis zum 17. 6. 2016 war es nach § 319 Abs. 1 Satz 3 a. F. HGB für die Durchführung von Abschlussprüfungen erforderlich, dass der Abschlussprüfer eine wirksame Bescheinigung für die Teilnahme an der Qualitätskontrolle nach § 57a a. F. WPO vorweisen konnte. Dieses System, das als bürokratisch empfunden wurde, hat das APAReG abgeschafft und durch ein Anzeigeverfahren ersetzt. Die Berufsangehörigen haben sich wie bisher einer Qualitätskontrolle zu unterziehen, wenn sie gesetzlich vorgeschriebene Abschlussprüfungen nach § 316 HGB durchführen. Sie haben dies spätestens zwei Wochen nach Annahme des Prüfungsauftrags der WPK anzuzeigen. Mit der Anzeige sind Art und Umfang der beabsichtigten Tätigkeit mitzuteilen. Diese Anzeige wird im Berufsregister eingetragen (§ 38 Abs. 1 Nr. 1 Buchstabe h WPO). Mit dieser Anzeige sollte zugleich die Erteilung eines Registerauszugs aus dem Berufsregister beantragt werden, um wirksam als gesetzlicher Abschlussprüfer bestellt werden zu können.[350]

6.3.4 Zweigniederlassungen (§ 38 Nr. 3 WPO)

Im Berufsregister sind alle Zweigniederlassungen von Wirtschaftsprüfern und Wirtschaftsprüfungsgesellschaften mit Name, Anschrift und Niederlassungsleiter einzutragen.

6.3.5 EU/EWR Abschlussprüfungsgesellschaften (§§ 38 Nr. 4, 131 Nr. 2 und 3 WPO)

Im Geltungsbereich der WPO tätige EU/EWR-Abschlussprüfungsgesellschaften haben die gleichen Angaben zu machen wie WPG nach § 38 Nr. 2 und 3 WPO (§ 38 Nr. 4 WPO). Einzutragen sind nur Niederlassungen, die im Geltungsbereich der WPO tätig werden.

6.3.6 Drittstaatsprüfer und Drittstaatsprüfungsgesellschaften (§§ 38 Nr. 5, 134 WPO)

Es besteht auch eine Registrierungspflicht für Drittstaatsprüfer und Drittstaatsprüfungsgesellschaften. Diese haben die § 38 Nr. 1 bis 3 WPO entsprechenden Angaben zu machen.

---

350 Vgl. *Riese/Veidt/Clauß*, Qualitätskontrolle – alter Wein in neuen Schläuchen? (Teil 1), WPK Magazin 1/2016 S. 33, 34.

6.4 Löschung

Eintragungen im Berufsregister sind zu löschen, wenn die Vorraussetzungen dafür nicht mehr gegeben sind. Die Löschungsgründe sind in § 39 WPO aufgeführt. Dazu gehören das Erlöschen der Bestellung oder die Rücknahme und der Widerruf der Bestellung als WP. Entsprechendes gilt für WPG, wenn die Anerkennung erloschen, zurückgenommen oder widerrufen ist. Zweigniederlassungen sind zu löschen, wenn sie aufgehoben wurden oder nicht mehr von einem WP geleitet werden.

Für den Fall, dass der Widerruf der Bestellung als WP oder der Anerkennung als WPG mit Rechtmitteln angefochten wird, kann unter den Voraussetzungen des § 80 Abs. 2 Nr. 4 VwGO die sofortige Vollziehung angeordnet werden. Das führt zu einem (vorläufigen) Berufsverbot. Mit Zugang des Widerrufsbescheids ist folglich auch eine Löschung vorzunehmen. Die Löschung erfolgt vorübergehend bis zur rechtskräftigen Entscheidung über die Rechtmäßigkeit des Widerrufs (§ 39 Abs. 2 WPO). Wird der Widerruf der Bestellung oder der Anerkennung vom Gericht aufgehoben, hat die Eintragung erneut zu erfolgen, ansonsten bleibt es bei der Löschung.

EU-/EWR-Abschlussprüfungsgesellschaften gem. § 131 WPO sind zu löschen, wenn die Zulassung der Prüfungsgesellschaft in dem Herkunftsmitgliedstaat erloschen oder unanfechtbar zurückgenommen, widerrufen oder in sonstiger Weise aufgehoben wurde oder wenn die Prüfungsgesellschaft nicht mehr in diesem Mitgliedstaat registriert ist.

Sind die Voraussetzungen der Tätigkeit als gesetzlicher Abschlussprüfer nach § 57a Abs. 1 Satz 2 WPO oder die Registrierung als Prüfer für Qualitätskontrolle nach § 57a Abs. 3 WPO nicht mehr gegeben, dann hat eine Löschung dieser Angaben zu erfolgen (§ 39 Abs. 2 WPO). Die Berufsangehörigen haben ihre Auftraggeber ggf. während eines laufenden Mandats unverzüglich über die Löschung der Eintragung im Berufsregister zu informieren.

6.5 Register für Prüfungsverbände und Prüfungsstellen (§ 40a WPO)

Bei der WPK wird in Ergänzung zum öffentlichen Berufsregister gem. § 40a WPO ein Register für die genossenschaftlichen Prüfungsverbände geführt, die Abschlussprüfungen i. S. des § 53 Abs. 2 GenG, des § 340k Abs. 2 Satz 1 HGB oder des Art. 25 Abs. 1 Satz 1 EGHGB durchführen. Das Register erfasst auch die Prüfungsstellen der Sparkassen- und Giroverbände.[351] Es ist auf der Website der WPK einsehbar. Die Einzelheiten der Eintragung, Änderung und Löschung sind in § 40a WPO geregelt.

7. Werbung (§ 52 WPO)

7.1 Allgemeines

Mit der Siebten WPO-Novelle 2007 wurde die Werbung durch WP vollends liberalisiert. Werbung ist zulässig, es sei denn, sie ist unlauter. Damit richten sich die Grenzen zulässiger Werbung allein nach dem Gesetz gegen unlauteren Wettbewerb.[352] Auch bei Freiberuflern ist es grundsätzlich unzulässig, mit Werbeverboten in den Wettbewerb einzugreifen.[353]

351 Vgl. WPK Magazin 4/2011 S. 29.

352 Vgl. WPK Magazin 2/2007 S. 24 ff.

353 BVerfG vom 28. 2. 2003 – 1 BvR189/03, BRAK-Mitt. 2003 S. 127.

Werbung ist dem WP erlaubt. Dennoch sind die Grenzen zu beachten, die durch das Wettbewerbsrecht gezogen sind. Die WPK hat sich zu Werbemöglichkeiten der WP/vBP nach der Siebten WPO Novelle geäußert.[354] Diese Stellungnahme soll die notwendige Sicherheit bei der Planung und Umsetzung von Werbemaßnahmen geben und die Grenzen der erlaubten Werbung aufzeigen.

Bei der Werbegestaltung haben WP ausschließlich die Vorschriften des allgemeinen Wettbewerbsrechts (UWG) zu beachten. Der Begriff „unlauter" entspricht dem des § 3 UWG.[355] Es ist dem WP/vBP demnach unbenommen, unter Zuhilfenahme üblicher Werbemittel und Werbeträger auf sich aufmerksam zu machen, solange nicht gegen geltendes Wettbewerbsrecht verstoßen wird.[356] Unlautere geschäftliche Handlungen sind unzulässig, wenn sie geeignet sind, die Interessen von Mitwettbewerbern, Verbrauchern oder sonstigen Marktteilnehmern spürbar zu beeinträchtigen. Irreführende Werbung ist nach § 5 und § 5a UWG unlauter und damit wettbewerbswidrig. Die Werbeinhalte müssen wahrhaftig sein. Sie können dabei auch plakativ sein und müssen auch nicht unbedingt sachlich sein. Werbung ist aber nicht mehr wahrhaftig, wenn sie irreführend ist.[357]

7.2 Werbeträger

Kein Medium ist als Werbeträger ausgeschlossen.[358] So kann z. B. geworben werden im Fernsehen, im Hörfunk, in der Presse, mit Broschüren, auf Handzetteln, auf Fahrzeugen, auf Trikots und im Internet. In Betracht kommen auch das Sponsoring und die Durchführung von eigenen Fachveranstaltungen. Gegen die Verwendung von „Logos" und anderen Firmenzeichen bestehen keine Bedenken.

7.2.1 Pressewerbung[359]

Zeitungsanzeigen, auch ganzseitige oder Anzeigen innerhalb von redaktionellen Texten, sind zulässig. Sie müssen jedoch als Anzeige eindeutig erkennbar und vom redaktionellen Text eindeutig abgegrenzt sein. Erlaubt sind auch Presseberichterstattungen über Berufsangehörige. Auf Fragen von Journalisten müssen sachliche und zutreffende Antworten gegeben wird. Das gilt auch für Angaben über Mitarbeiter und Umsatz.

7.2.2 Internetwerbung und E-Mails[360]

Werbung im Internet auf einer Homepage oder durch Online-Anzeigen ist zulässig. Die Gestaltung der Homepage unterliegt keinen wesentlichen Beschränkungen, soweit keine irreführenden Angaben gemacht werden. Untersagt ist aber die Werbung auf den Internetseiten gewerblicher Unternehmen unter dem Gesichtspunkt der irreführenden Werbung, wenn der Eindruck einer verfestigten Kooperation erweckt wird. Gemeinsame Anzeigen sind zwar nicht grundsätz-

354 Vgl. WPK Magazin 2/2007 S. 24 f.
355 Vgl. WPK Magazin 2/2007 S. 24 f.
356 Vgl. WPK Praxishinweise Kundmachung/Werbung: http://go.nwb.de/skhjl (Abruf 17. 5. 2016).
357 Vgl. *Precht*, in: WPO Kommentar, 2. Aufl., Düsseldorf 2013, § 52 Rn. 25.
358 Vgl. WPK Magazin 4/2004 S. 26 f.
359 Vgl. WPK Magazin 2/2007 S. 24 f.
360 Vgl. WPK Magazin 2/2007 S. 24 f.

lich verboten; die Werbeinhalte müssen aber deutlich erkennbar dem Internetauftritt des WP zugeordnet werden können.

Für Dienstleistungsanbieter im Internet ist § 5 Abs. 1 Telemediengesetz (TMG) zu beachten, wonach eine ganze Reihe von Angaben in den Interntauftritt aufzunehmen sind. Ergänzend gelten die Bestimmungen der Dienstleistungs-Informationspflichten-Verordnung (DL-InfoV).[361] Werden die Vorschriften ignoriert, kann darin eine wettbewerbswidrige Handlung gesehen werden.

Die Angaben und Informationen sind praktischerweise im **Impressum** zusammenzufassen. Nach § 5 TMG müssen auf der Internetseite vom Berufsangehörigen leicht erkennbar folgende Angaben gemacht werden:

- Name, Anschrift, unter der er niedergelassen ist, bei juristischen Personen die Rechtsform und Vertretungsbefugnis
- Telefonnummer, Faxnummer und E-Mail-Adresse
- Die zuständige Aufsichtsbehörde, hier also die WPK
- Bei Berufsgesellschaften das Handelsregistergericht und die Registriernummer
- Die gesetzliche Berufsbezeichnung
- Angabe der berufsrechtlichen Regelungen und Angaben dazu, wie diese zugänglich sind, z. B. durch Hinweis auf die Homepage der WPK
- Umsatzsteuer-Identifikationsnummer (§ 27a UStG) bzw. Wirtschafts-Identifikationsnummer (§ 139c AO)

Im E-Mailverkehr ist darauf zu achten, dass hier die Pflichtangaben für Geschäftsbriefe nunmehr auch für alle geschäftlichen E-Mails gelten (vgl. z. B. § 37a Abs. 1 Satz 1 HGB).

7.2.3 Sponsoring[362]

Der Hinweis auf die Unterstützung einer Kultur- oder Sportveranstaltung ist zulässig. Das gilt auch dann, wenn der WP der einzige oder auch der namensgebende Sponsor ist. Ebenfalls unbedenklich ist eine Anzeige in einer Veranstaltungsbroschüre. Der Eindruck einer unangemessenen Verflechtung mit dem Veranstalter ist zu vermeiden.

7.2.4 Fachveranstaltungen

Eigene Fachveranstaltungen und entsprechende Hinweise darauf, auch durch Zeitungsanzeigen, sind grundsätzlich erlaubt. Wenn dabei für die Kosten der Verpflegung und eines Gastredners ein Kostenbeitrag verlangt wird, ist dies unschädlich. Für einen dem Veranstalter zugehörigen Vortragenden darf kein Entgelt verlangt werden, weil darin ein gewerbliches Handeln zu sehen wäre.[363]

Eine finanzielle oder organisatorische Beteiligung an Fachveranstaltungen gewerblicher Unternehmer sowie der Hinweis hierauf sind grundsätzlich erlaubt. Dabei ist aber das Verbot gewerblicher Tätigkeit zu beachten. Der WP darf also nicht als Mitveranstalter der gewerblichen Anbieter auftreten oder sich faktisch so verhalten.

361 Vgl. WPK Praxishinweise Informationspflichten (E-Mails/Internet): http://go.nwb.de/ohlfj (Abruf 17. 5. 2016).

362 Vgl. WPK Magazin 2/2007 S. 24 f.

363 Vgl. WPK-Mitt. 1996 S. 116 f.; *Teckemeyer*, in: WPO Kommentar, 2. Aufl., Düsseldorf 2013, § 43a, Fn. 123.

7.2.5 Herantreten an Nichtmandanten[364]

Die unaufgeforderte Werbung gegenüber Nichtmandanten z. B. durch Briefwerbung ist zulässig. Die Pflichtangaben für Briefbögen sind einzuhalten. Es gilt aber auch hier das Wahrheitsgebot. Der Adressatenkreis darf nicht getäuscht werden. Unwahrheiten oder zur Täuschung geeignete Aussagen können das wirtschaftliche Verhalten des Adressaten beeinflussen und einen Mitwettbewerber schädigen. In einem solchen Fall liegt eine irreführende Werbung i. S.v. § 5 UWG vor.

Eine unaufgeforderte Werbung durch Telefon, Telefax und E-Mail ist ohne ausdrückliche Einwilligung des Empfängers unzulässig (§ 7 Abs. 2 und 3 UWG).

7.3 Werbeinhalte

7.3.1 Darstellung der Kanzlei

Die Information über die eigene Kanzlei in Broschüren, Anzeigen oder auf einer Homepage ist eine der häufigsten Formen der Werbung, die man bei WP-Praxen vorfindet. Es sind alle Informationen erlaubt, soweit sie wahrhaftig und nicht irreführend sind. Zulässig sind auch die Imagewerbung und die Verwendung von Slogans in Form von plakativen Werbeaussagen. Unlauter wäre aber die Inanspruchnahme eines angeblichen Alleinstellungsanspruchs durch nicht nachprüfbare Tatsachenbehauptungen. Die Verwendung von Logos ist zulässig. Die optische Gestaltung muss aber so gehalten sein, dass keine Gefahr einer Irreführung des Rechtsverkehrs besteht.[365] So ist z. B. die Verwendung ausschließlich eines „§"-Zeichens durch einen WP irreführend, da damit in der Öffentlichkeit der Eindruck einen vorwiegend rechtsberatenden Tätigkeit entsteht.[366]

7.3.2 Dienstleitungsangebot und Honorargestaltung

Keine Probleme ergeben sich bei der Beschreibung des Dienstleistungsangebots. Neben der Information über die Fachgebiete können auch Hinweise auf die Betreuung bestimmter Branchen im Mandantenkreis erfolgen (z. B. Bauunternehmen, Spediteure oder gemeinnützige Körperschaften). Es sind auch Hinweise auf die Betreuung bestimmter Mandanten erlaubt, z. B. in einer Referenzliste. Grundsätzlich müssen die Mandanten dazu ihr Einverständnis gegeben haben. Anders ist dies bei der Veröffentlichung einer Referenzliste über durchgeführte Pflichtprüfungen, da hier wegen der handelsrechtlichen Offenlegungspflicht keine Bedenken gegen die Nennung dieser Mandate bestehen.[367]

Auch die Darstellung der Honorargestaltung ist erlaubt. Dabei wird die Grenze zum unlauteren Wettbewerb aber dann überschritten, wenn Lockvogelangebote gemacht werden oder die Honorargestaltung irreführend ist.

364 Vgl. WPK Magazin 2/2007 S. 24 f.

365 Vgl. WPK Magazin 2/2007 S. 24 f.

366 OVG Lüneburg vom 8. 12. 2005 – 8 LB 50/03, NJW 2006 S. 3799 ff.

367 Vgl. *Precht*, in: WPO Kommentar, 2. Aufl., Düsseldorf 2013, § 52 Rn. 32.

7.3.3 Spezialisierungshinweise und Kundbarmachung im System der Qualitätskontrolle

WP dürfen nur **Fachgebietsbezeichnungen** führen, die gesetzlich zugelassen sind. Hinweise auf eine öffentliche Bestellung als Sachverständiger sind zulässig (argumentum ex § 18 Abs. 2 Satz 2, zweiter Halbsatz WPO). Dazu gehören bei Mehrfachbändern z. B. auch Hinweise auf im gesetzlich geregelten Verfahren erworbene Fachanwaltsqualifikationen.[368]

Eine Kundbarmachung als **Prüfer im System der Qualitätskontrolle** (§ 57a Abs. 3 WPO) ist erlaubt, darf aber nicht irreführend sein. Die WPK hat dazu Grundsätze und Formulierungsvorschläge entwickelt:[369]

Die Formulierung des Hinweises auf die Registrierung als **Prüfer für Qualitätskontrolle** muss dem Rechtsverkehr deutlich machen, in welchem Zusammenhang diese Tätigkeit steht. Erforderlich ist daher ein Hinweis entweder auf das System der Qualitätskontrolle der WPK oder (zumindest) auf § 57a Abs. 3 WPO als maßgebliche Vorschrift für die Registrierung. Ohne einen derartigen Hinweis ist die Kundmachung zu allgemein und damit letztlich irreführend. Zulässig sind demnach etwa Formulierungen wie:

- „registriert als Prüfer im System der Qualitätskontrolle der Wirtschaftsprüferkammer (oder WPK)"
- „Registrierter Prüfer im System der Qualitätskontrolle der Wirtschaftsprüferkammer (oder WPK)"
- „Prüfer für Qualitätskontrolle im System der Qualitätskontrolle der Wirtschaftsprüferkammer (oder WPK)"
- „Prüfer für Qualitätskontrolle nach § 57a Abs. 3 WPO"
- „Prüfer für Qualitätskontrolle (§ 57a Abs. 3 WPO)"

Nicht zulässig sind hingegen z. B. folgende Formulierungen:

- „Prüfer für Qualitätskontrolle"
- „Qualitätskontrollprüfer"
- oder gar „Qualitätsprüfer"

Auf eine **Teilnahme am Qualitätskontrollverfahren** und auf die Erteilung einer Teilnahmebescheinigung darf hingewiesen werden. Zum besseren Verständnis dürfen dazu auch Erläuterungen gegeben werden.

8. Honorar (§§ 55, 55a WPO; § 43 BS WP/vBP)

8.1 Bemessung der Vergütung bei fehlender Gebührenordnung

8.1.1 Allgemeines

Im Gegensatz zu den detaillierten Regelungen im Rechtanwaltsvergütungsgesetz (RVG) und in der Steuerberatergebührenverordnung (StBGebV) ist die Vergütung für die Leistungen der Wirtschaftsprüfer nicht in einer verbindlichen Honorarordnung geregelt. WP können also ihr Hono-

368 Vgl. *Precht*, in: WPO Kommentar, 2. Aufl., Düsseldorf 2013, § 52 Rn. 27.

369 Vgl. WPK Praxishinweise Kundmachung/Werbung: http://go.nwb.de/skhjl (Abruf 17. 5. 2016).

rar frei verhandeln und ausgestalten. Sie sind dabei nur an die Beschränkungen in §§ 55, 55a WPO und in § 43 BS WP/vBP gebunden.

Im Frühjahr 2012 hatte die WPK den Erlass einer verbindlichen Gebührenordnung für gesetzliche Abschlussprüfungen vorgeschlagen. Begründet wurde dies mit dem nach Meinung der WPK zu beobachtenden Preisverfall im Bereich der gesetzlich vorgeschriebenen Abschlussprüfung. Die damaligen Bestrebungen fanden aber in den Gesetzgebungsgremien keinen Widerhall. Daraufhin gab es Bestrebungen, eine „**qualitätssichernde Entgeltregelung**" einzuführen. Damit soll ein zeitlich angemessener Prüfungsaufwand erreicht werden. In Abhängigkeit von unternehmensspezifischen Faktoren und getrennt nach dem Einsatz von WP und anderen Fachkräften soll ein Mindeststundenaufwand für Abschlussprüfungen vorgegeben werden. Es geht hier um ein reines **Mengengerüst**, in die Honorargestaltung soll nicht eingegriffen werde.[370] Aber auch dieser Vorstoß führte nicht zum Erfolg. Das liegt wohl daran, dass sich die einzelnen Kriterien einer solchen Bestrebung auf Grund der vielen Unwägbarkeiten wohl kaum in einer praktikablen und eindeutigen Gesetzesfassung zusammenfügen lassen.

8.1.2 Rechtliche Grundlagen der Vergütung

Es gilt der Grundsatz der privatautonomen Honorargestaltung. Berufsangehörige können die Vergütung frei aushandeln und dabei ihre Eigenkalkulation berücksichtigen.[371]

Ist der **WP gleichzeitig StB**, ist er als solcher verpflichtet, nach der Steuerberatervergütungsverordnung (StBVV) abzurechnen, soweit es sich um Tätigkeiten handelt, die in § 33 StBerG geregelt sind (Beratung und Vertretung in Steuersachen).[372]

Der **„Nur"-WP** kann aber seinerseits mit seinem Mandanten vereinbaren, dass seine Leistungen im Bereich der Steuerberatung nach der StBVV abgerechnet werden. Fehlt eine Honorarvereinbarung, so ist nach § 612 Abs. 2 (Dienstvertrag) und nach § 632 Abs. 2 BGB (Werkvertrag) „bei dem Bestehen einer Taxe die taxmäßige Vergütung ...als vereinbart anzusehen". Die StBVV wird man in diesem Fall als Taxe anzusehen und anzuwenden haben.[373] In steuerlichen Angelegenheiten kann der „Nur"-WP also nicht nach Stundensätzen abrechnen, wenn er mit seinem Mandanten keine Honorarvereinbarung getroffen hat.

Für die **Vergütung der übrigen Leistungen**, die in § 33 StBerG nicht erwähnt sind, besteht demnach keine Taxe. Das gilt z. B. für die Vergütung einer Abschlussprüfung, wenn eine Honorarvereinbarung fehlt. Hier ist nach § 612 Abs. 2 und § 632 Abs. 2 BGB die „übliche Vergütung" als vereinbart anzusehen. Wenn es aber auch an einer „Üblichkeit" fehlt, bestimmt sich die Höhe der Vergütung gem. §§ 315, 316 BGB nach billigem Ermessen. Es ist zweifelhaft, ob bei der Honorarfindung für die Abschlussprüfung z. B. „übliche" WP-Stundensätze angenommen werden können.

370 Vgl. WPK Magazin 2/2012 S. 17 und 3/2012 S. 23.

371 Vgl. *Goltz*, in: WPO Kommentar, 2. Aufl., Düsseldorf 2013, § 55 Rn. 6 f.

372 Vgl. *Goltz*, in: WPO Kommentar, 2. Aufl., Düsseldorf 2013, § 55 Rn. 8; *IDW* (Hrsg.), WP Handbuch 2012, Band I, 14. Aufl., Düsseldorf 2012, S. 217 mit Hinweisen auf die Rechtsprechung und das abweichende Urteil des KG Berlin, 14. 9. 2009, WPK Magazin 1/2010 S. 35.

373 Vgl. *Goltz*, in: WPO Kommentar, 2. Aufl., Düsseldorf 2013, § 55 Rn. 10; OLG Düsseldorf, WPK-Mitt. 1989 S. 87; a. A. KG Berlin vom 14. 9. 2009, WPK Magazin 1/2010 S. 35 ff.; vgl. auch *Schmitz*, WP Praxis 2016 S. 47 ff.

Die von der WPK in mehrjährigem Turnus durchgeführten **Honorarumfragen** mögen einen gewissen Anhaltspunkt geben. Die letzte Honorarumfrage wurde im Jahr 2015 durchgeführt. Aus der Veröffentlichung der Ergebnisse lässt sich Folgendes ableiten:[374] Für Abschlussprüfungen wurden von den Befragten zu 43,1 % Zeithonorare, zu 50,5 % Pauschalhonorare und zu 6,4 % Wertgebühren als Abrechnungsgrundlage vereinbart. Die Verwendung von Pauschalhonoraren mag im Berufsstand neben dem Zeithonorar „üblich" sein. Daraus kann man zur Höhe der Vergütung aber nichts „Übliches" ableiten. Allenfalls aus der Verwendung von Zeithonoraren könnte sich eine übliche Vergütung als Bemessungsgrundlage für die Vergütung anderer Abschlussprüfungen bestimmen lassen. Die Stundensätze für Abschlussprüfungen unterschieden sich nach den Ergebnissen der WPK-Umfrage bei der Abrechnung nach Zeithonorar zunächst danach, ob ein einheitlicher Stundensatz (**unabhängig** von der Qualifikation des Leistungserbringers) oder differenzierte Stundensätze (**abhängig** von der Qualifikation des Leistungserbringers) der Honorargestaltung zugrunde gelegt wurden. Zu der ersten Variante bekannten sich 37,1 % und zur zweiten Variante 62,9 % der Befragten.

Die Stundensätze, die in der Honorarumfrage abgegeben sind, weisen eine erhebliche Bandbreite auf. Schließlich muss man darauf hinweisen, dass nur 7,8 % des Mitgliederbestands sich an der Honorarumfrage beteiligt haben; die weit überwiegende Anzahl aller Antworten von Praxen bis zu zehn Mitarbeitern und einem Jahresumsatz bis zu 1,2 Mio. €.[375] Damit führte die Honorarumfrage nicht zu einem für den Berufsstand repräsentativen Ergebnis. Im Ergebnis ist festzustellen, dass sich aus den Ergebnissen der Honorarumfrage keine „übliche Vergütung" für die Durchführung von Abschlussprüfungen ableiten lässt, weil sich zu wenige Berufsangehörige daran beteiligt haben, und weil die Honorargestaltungen nach der Art der Abrechnung und der Höhe der verwendeten Stundensätze bei Zeithonoraren zu unterschiedlich sind.

Für die **Pflichtprüfungen gemeindlicher Betriebe** gaben die meisten Bundesländer bis zum Jahre 2006 Gebührensätze pro Stunde als Empfehlung in Form von Verwaltungserlassen heraus, die mit der WPK abgestimmt wurden. Diese Praxis wurde aber aufgegeben, da die öffentlichen Unternehmen zunehmend Festpreisangebote erwarteten. Daher kommt es seitdem zu Honorarvereinbarungen, die in freier Form verhandelt werden können.[376]

Die **Erstellung von Gutachten** als gerichtlich bestellter Sachverständiger oder für die Verwaltungsbehörden erfolgt nicht auf vertraglicher Basis, sondern im Rahmen eines öffentlichrechtlichen Verhältnisses. Die Vergütung für derartige Gutachten ist im Justizvergütungs- und -Entschädigungsgesetz (JVEG) geregelt.[377]

374 Vgl. WPK Magazin 4/2015 S. 18 ff.

375 Vgl. WPK Magazin 4/2015 S. 18 ff.

376 Vgl. *IDW* (Hrsg.), WP Handbuch 2012, Band I, 14. Aufl., Düsseldorf 2012, S. 216; vgl. auch Website der WPK: www.wpk.de > Service Center > Honorare Pflichtprüfung kommunaler Eigenbetriebe (Abruf 30. 1. 2013). Nur in Mecklenburg-Vorpommern werden noch Stundensätze vorgegeben; vgl. dazu WPK Magazin 4/2015 S. 45 ff. und 2/2016 S. 44 f.

377 Vgl. *IDW* (Hrsg.), WP Handbuch 2012, Band I, 14. Aufl., Düsseldorf 2012, S. 217 f. mit einem kurzen Überblick über die Art und Weise der Vergütung im JVEG.

8.2 Erfolgshonorar (§§ 55 und 55a WPO)

8.2.1 Verbot des Erfolgshonorars

Dem WP ist die Vereinbarung einer erfolgsabhängigen Vergütung untersagt (§ 55 Abs. 1 Satz 1 WPO). Die Vergütung darf also nicht vom Ergebnis der Tätigkeit als WP abhängig gemacht werden. Dieses Verbot gilt

- für die Durchführung betriebswirtschaftlicher **Prüfungen** (§ 2 Abs. 1 WPO);
- für die Tätigkeit als **Sachverständiger** auf den Gebieten der wirtschaftlichen Betriebsführung (§ 2 Abs. 3 Nr. 1 WPO);
- für die **treuhänderische Verwaltung** (§ 2 Abs. 3 Nr. 3 WPO);
- für die Beratung und Vertretung **in steuerlichen Angelegenheiten** nach § 2 Abs. 2 WPO, soweit § 55a WPO nichts anderes bestimmt.

Diese Regelung in der WPO wird verstärkt durch Art. 4 Abs. 1 Satz 1 der Verordnung (EU) Nr. 537/2014: „Honorare für die Durchführung von Abschlussprüfungen bei Unternehmen von öffentlichem Interesse dürfen nicht ergebnisabhängig sein." Das Verbot des Erfolgshonorars soll die Unabhängigkeit des Abschlussprüfers stärken.

8.2.2 Ausnahmen

Das Verbot gilt nicht für die **Beratung und Interessenwahrung** in wirtschaftlichen Angelegenheiten (§ 2 Abs. 3 Nr. 2 WPO). Hier ist die Vereinbarung eines Erfolgshonorars erlaubt, da das Gesetz diese Tätigkeit von dem Verbot ausnimmt.

Für die **Hilfeleistung in Steuersachen** eröffnet § 55a WPO in den dort geregelten Fällen die Möglichkeit, ein Erfolgshonorar zu vereinbaren.[378] Grundsätzlich gilt auch im Bereich der Steuerberatung ein Verbot des Erfolgshonorars (§ 55a Abs. 1 WPO). Nach § 55a Abs. 2 WPO ergibt sich die folgende Ausnahme:

„Ein Erfolgshonorar darf nur für den Einzelfall und nur dann vereinbart werden, wenn der Auftraggeber aufgrund seiner wirtschaftlichen Verhältnisse bei verständiger Betrachtung ohne die Vereinbarung eines Erfolgshonorars von der Rechtsverfolgung abgehalten würde."

Erforderlich ist also das Vorliegen eines **Einzelfalls**. Den besonderen Umständen der konkret vorliegenden Angelegenheit muss Rechnung getragen werden. Die steuerliche Beratung darf also nicht generell gegen ein Erfolgshonorar erbracht werden.

Ferner darf ein Erfolgshonorar nur vereinbart werden, wenn der Auftraggeber aufgrund seiner wirtschaftlichen Verhältnisse bei verständiger Betrachtung **ohne die Vereinbarung** eines solchen **von der Rechtsverfolgung abgehalten** würde. Hier kommt es besonders auf die Umstände des Einzelfalls an.

Die WPK führt in einer Stellungnahme aus:

„Nach Auffassung des Rechtsausschusses des Bundestages müsse die „verständige Betrachtung" der Angelegenheit vielmehr dazu führen, dass nicht nur die wirtschaftlichen Verhältnisse, sondern auch die finanziellen Risiken und deren Bewertung durch den Mandanten bei der Ent-

378 Vgl. WPK Magazin 3/2008 S. 36 f.

scheidung über die Zulässigkeit der Vereinbarung eines Erfolgshonorars zu berücksichtigen sind.

Danach kann die Vereinbarung eines Erfolgshonorars zum Beispiel auch dann zulässig sein, wenn ein mittelständisches Unternehmen einen mit Risiken behafteten, streitwertintensiven Prozess führen will (BT-Drucks. 16/8916, S. 17)."[379]

Die Vereinbarung des Erfolgshonorars bedarf der **Textform.**[380] Sie muss als Vergütungsvereinbarung oder in vergleichbarer Weise bezeichnet werden, von anderen Vereinbarungen mit Ausnahme der Auftragserteilung deutlich abgesetzt und darf nicht in der Vollmacht enthalten sein (§ 55a Abs. 3 WPO).

Die Vereinbarung muss ferner die **wesentlichen Gründe** angeben, die für die Bemessung des Erfolgshonorars bestimmend sind. Schließlich ist darauf hinzuweisen, dass die Zahlung der Gerichtskosten und die Kosten anderer Beteiligter nicht durch den WP getragen werden (§ 55a Abs. 1 Satz 2 und Abs. 4 Satz 2 WPO). Das nämlich schließt das Gesetz aus. Wird die im Gesetz bestimmte Form nicht genau eingehalten, ist die Vereinbarung unwirksam und der WP erhält nur eine Vergütung nach den Vorschriften des bürgerlichen Rechts (§ 55a Abs. 5 WPO).

8.3 Verknüpfung der Vergütung mit weiteren Bedingungen und zusätzlichen Leistungen

Die Vergütung für gesetzlich vorgeschriebene Abschlussprüfungen darf nicht an weitere Bedingungen geknüpft sein und sie darf auch nicht von der Erbringung zusätzlicher Leistungen für das geprüfte Unternehmen bestimmt sein (§ 55 Abs. 1 Satz 3 WPO). Dadurch soll die Unabhängigkeit des Abschlussprüfers geschützt werden.

Das gilt entsprechend für die Vergütung oder Leistungsbewertung von Personen, die an der Abschlussprüfung beteiligt sind oder auf andere Weise in der Lage sind, das Ergebnis der Abschlussprüfung zu beeinflussen(§ 55 Abs. 1 Satz 4 WPO). Dieser Satz wurde durch das APAReG eingefügt. Er geht sehr weit und dient der Umsetzung der Vorgabe in Art. 24a Abs. 1 der Abschlussprüferrichtlinie. Danach dürfen die Einnahmen, die der Abschlussprüfer bzw. die Prüfungsgesellschaft aus der Erbringung von Nichtprüfungsleistungen an das geprüfte Unternehmen erzielt, kein Teil der Leistungsbewertung und der Vergütung von Personen sein, die an der Abschlussprüfung beteiligt oder in der Lage sind, das Ergebnis der Abschlussprüfung zu beeinflussen.[381]

8.3.1 Weitere Bedingungen

Bei der Vereinbarung des Honorars ist nicht jede weitere Bedingung unzulässig. So ist z. B. in § 43 Abs. 2 BS WP/vBP bei Vereinbarung eines Pauschalhonorars vorgeschrieben, dass festgehalten wird, dass die Möglichkeit einer Erhöhung des Honorars besteht, wenn für den Prüfer nicht vorhersehbare Umstände im Bereich des Auftraggebers eintreten, die zu einer erheblichen Erhöhung des Prüfungsaufwands führen (sog. **Öffnungsklausel**).

379 Vgl. WPK Magazin 3/2008 S. 36 f.

380 Telefax oder E-Mail genügen (§ 126b BGB).

381 So die Begründung in der BT-Drucks. 18/6282, S. 81 zu Nr. 37 (§ 55 WPO).

Es sollen auch Bedingungen zulässig sein, die die **Höhe des Honorars** von bestimmten Umständen der Auftragserledigung abhängig machen. Dazu gehöre z. B. die Auftragsdurchführung durch eine bestimmte Person (z. B. WP) oder die Vereinbarung eines Honorarnachlasses für eine Erstprüfung oder umgekehrt für Folgeprüfungen. Begründet wird dies damit, dass die Höhe des Prüfungshonorars kein Indiz für eine bestimmte Befangenheit des Abschlussprüfers darstelle, noch sei durch diese Gestaltungen die Unabhängigkeit des WP gefährdet, wenn der Anreiz für eine Wiederbestellung gegeben werde.[382] Es ist zweifelhaft, ob diese Argumentation ohne jede Einschränkung aufrechterhalten werden kann.

8.3.2 Zusätzliche Leistungen

Das Prüfungshonorar darf nicht von zusätzlichen Leistungen abhängig oder bestimmt sein. Damit sind insbesondere Beratungsleistungen gemeint, die als „**Quersubventionierung**" für ein unangemessenes Prüfungshonorar dienen können. Die gesetzliche Abschlussprüfung soll „nicht zum Abfallprodukt sonstiger lukrativer Beratungstätigkeiten degenerieren"[383]. Dabei ist es gleichgültig, ob das Verknüpfungsverbot ausdrücklich oder stillschweigend verletzt wird.

8.4 Erhebliches Missverhältnis zwischen erbrachter Leistung und vereinbarter Vergütung

Besteht zwischen der erbrachten Leistung und der vereinbarten Vergütung ein erhebliches Missverhältnis, muss der WPK oder der Abschlussprüferaufsichtsstelle auf Verlangen nachgewiesen werden können, dass für die Prüfung eine angemessene Zeit aufgewandt und qualifiziertes Personal eingesetzt wurde (§55 Abs. 1 Satz 5 WPO). Diese Regelung ist auf gesetzlich vorgeschriebene Abschlussprüfungen beschränkt, wie sich aus dem sprachlichen Zusammenhang mit dem unmittelbar vorausgehenden § 55 Abs. 1 Satz 3 und 4 WPO ergibt. Ob ein erhebliches Missverhältnis vorliegt, kann nur anhand der betriebswirtschaftlichen Daten (Planung, interne Kosten, Rentabilität) in jedem Einzelfall ermittelt werden. Hat die WPK Anhaltspunkte für das Bestehen eines solchen Missverhältnisses (z. B. bei erheblichem Honorarrückgang gegenüber der Vorprüfung), muss der WP nachweisen, dass ein Missverhältnis im konkreten Fall nicht vorliegt.

Ein Ansatzpunkt für die Überprüfung des WP-Honorars ergibt sich für die WPK aus § 285 Nr. 17 HGB. Danach ist im Anhang das Prüfungshonorar anzugeben. Mittelgroße Kapitalgesellschaften sind zu dieser Anhangsangabe nicht verpflichtet, müssen aber der WPK auf schriftliche Anforderung hin das Prüfungshonorar offenlegen (§ 288 Abs. 2 Satz 3 HGB).[384]

Wenn die Feststellung eines Preisverfalls im Bereich der gesetzlich vorgeschriebenen Abschlussprüfungen der WPK richtig ist,[385] liegt es nahe, dass in der Praxis Verstöße gegen das Verbot des § 55 Abs. 1 Satz 4 WPO vorkommen, die Vorschrift aber keine genügende Handhabe darstellt, dem Übel abzuhelfen.

382 Vgl. *Goltz*, in: WPO Kommentar, 2. Aufl., Düsseldorf 2013, § 55a Rn. 21.

383 Vgl. *Goltz*, in: WPO Kommentar, 2. Aufl., Düsseldorf 2013, § 55a Rn. 29.

384 Vgl. dazu WPK Magazin 4/2009 S. 45.

385 Vgl. WPK Magazin 1/2012 S. 6 ff. und 2/2012 S. 17.

8.5 Provisionen für die Vermittlung von Aufträgen

Die **entgeltliche Vermittlung** von Aufträgen gegen Provisionszahlung ist nach § 55 Abs. 2 WPO verboten.[386] Das Verbot ist nicht auf den Bereich der gesetzlich vorgeschriebenen Abschlussprüfung beschränkt, sondern umfasst den gesamten Tätigkeitsbereich des WP. Betroffen sind Provisionszahlungen an Berufskollegen oder sonstige Dritte. Es macht keinen Unterschied, ob die Provision als Teil des vereinnahmten Honorars oder als fester Betrag gezahlt wird.[387] Das Gesetz verbietet auch sonstige Vorteile wie z. B. Geschenke oder kostenlose künftige Beratungsleistungen.[388] Auch der Verkauf von Einzelmandaten durch Berufsangehörige wird von dem Verbot erfasst.

Ausgenommen und erlaubt sind die Übernahme einer WP- oder Steuerberaterpraxis im Ganzen oder einer selbständigen Teilpraxis.[389] Darin liegt nicht die entgeltliche Übertragung von Einzelmandaten. Vielmehr wird die Praxis oder Teilpraxis jeweils als übertragbarer Vermögenswert veräußert. Wird eine „Teilpraxis" verkauft, kann darin der unzulässige Verkauf von Einzelmandaten liegen, wenn diese Mandate keinen abtrennbaren selbständigen Bereich der Gesamtpraxis darstellen.

Nicht von dem Vermittlungsverbot betroffen ist die unentgeltliche Vermittlung von Aufträgen.[390] Dies ergibt sich bereits aus dem Wortlaut der Vorschrift.

8.6 Abtretung von Vergütungsforderungen

Das Gesetz unterscheidet die Abtretung an Berufskollegen einschließlich Abtretung an andere Freiberufler und die Abtretung an Dritte.

Die Abtretung von Vergütungsforderungen oder die Übertragung ihrer Einziehung an Berufsangehörige, Berufsgesellschaften oder an Berufsausübungsgemeinschaften ist erlaubt und zwar auch ohne Zustimmung des Mandanten; die Abtretungsempfänger sind in gleiche Weise zur Verschwiegenheit verpflichtet wie die beauftragte Person (§ 55 Abs. 3 Satz 1 und 2 WPO). Entsprechendes gilt für die Übertragung an Berufsangehörige anderer freier Berufe, die einer entsprechenden gesetzlichen Verschwiegenheitspflicht unterliegen. Damit ist die Abtretung oder die Übertragung von Honoraransprüchen zur Einziehung an einen WP oder StB, z. B. an einen Praxiserwerber, oder an einen RA ohne Zustimmung des Mandanten zulässig.[391]

Die Abtretung oder Einziehungsermächtigung an andere Personen ist nur bei rechtskräftiger Feststellung der Honorarforderung oder mit Zustimmung des Mandanten zulässig (§ 55 Abs. 3 Satz 3 WPO).

---

386 Ähnliche Regelungen gelten für RA (§ 49b Abs. 3 Satz 1 BRAO) und für StB (§ 9 StBerG).

387 BGHZ 132, 229, 239, Urteil vom 21. 3. 1996 – IX ZR 240/95, DB 1996 S. 1917.

388 Vgl. KG, Urteil vom 8. 6. 2006 – 1 WiO 1/05, WPK Magazin 4/2006 S. 58.

389 BGH vom 13. 10. 1976 – IV ZR 104/74, StB 1977 S. 13; vgl. *Goltz*, in: WPO Kommentar, 2. Aufl., Düsseldorf 2013, § 55 Rn. 45; § 28 Abs. 1 Berufsordnung der Steuerberaterkammer.

390 Vgl. *Goltz*, in: WPO Kommentar, 2. Aufl., Düsseldorf 2013, § 55 Rn. 46.

391 Vgl. *IDW* (Hrsg.), WP Handbuch 2012, Band I, 14. Aufl., Düsseldorf 2012, S. 92.

8.7 Rechtsfolgen bei Verbotsverstößen

8.7.1 Zivilrechtliche Folgen

Die in § 55 WPO ausgesprochenen Verbote führen nach § 134 BGB zur Nichtigkeit des Rechtsgeschäfts.[392] Nichtig ist also nach § 55 WPO die

- Vereinbarung von Erfolgshonoraren;
- Vereinbarung von Provisionszahlungen;
- Abtretung von Vergütungsforderungen an berufsfremde Dritte vor rechtkräftiger Feststellung oder ohne Zustimmung des Mandanten.

Nach § 139 BGB erfasst die Nichtigkeit das gesamte Rechtsgeschäft, wenn nicht anzunehmen ist, dass es auch ohne den nichtigen Teil vorgenommen sein würde. Bei Vereinbarung eines verbotenen **Erfolgshonorars** ist also grundsätzlich die gesamte Beauftragung unwirksam. I. d. R. wird aber anzunehmen sein, dass die Vertragsparteien das Auftragsverhältnis selbst unabhängig von der Nichtigkeit des Erfolgshonorars aufrechterhalten wollen. Die Vergütung des WP richtet sich dann nach den Vorschriften bürgerlichen Rechts.[393] Werden unzulässigerweise **Provisionen** für Mandatsvermittlungen vereinbart, so kann der Vermittler wegen der Nichtigkeit des Vertrags keine Zahlung verlangen. Die unzulässige **Abtretung** von Vergütungsforderungen ist unwirksam. Der „Abtretungsempfänger" kann keine Zahlung verlangen.

Ist ein Erfolgshonorar bereits verbotswidrig an den WP gezahlt worden, so kann der Mandant grundsätzlich Rückzahlung nach den Vorschriften über die ungerechtfertigte Bereicherung verlangen, da der Empfänger (WP) gegen ein gesetzliches Verbot verstoßen hat (§ 812 i.V. m. § 817 Satz 1 BGB). Zu beachten ist aber § 817 Satz 2 BGB: Die Rückforderung ist ausgeschlossen, wenn dem Leistenden gleichfalls ein solcher Verstoß zu Last fällt.

Da sich das Verbot des **Erfolgshonorars** eindeutig nur an den WP richtet, wird er seinem Mandanten § 817 Satz 2 BGB jedoch nicht erfolgreich entgegenhalten können.[394] Er muss den empfangenen Teil des Erfolgshonorars, der über seinen gesetzlichen Gebührenanspruch hinausgeht, an den Mandanten herausgeben.

8.7.2 Berufsrechtliche Folgen

Der Verstoß gegen die in §§ 55 und 55a WPO geregelten Verbote stellt eine Berufspflichtverletzung dar. Die WPK wird den Fall im Rahmen ihrer Berufsaufsicht untersuchen und ggf. eine berufsaufsichtliche Maßnahme verhängen (§§ 57 Abs. 2 Nr. 4, 68 WPO).

392 KG vom 11. 4. 1988 – 24 U 6583/87, Anw. Bl. 1988 S. 482, NJW 1989 S. 2893.

393 BGH vom 23. 10. 2003 – IX ZR 270/02, NJW 2004 S. 1169.

394 OLG Düsseldorf vom 26. 9. 2006 – I – 24 U 196/4, Anw. Bl. 2008 S. 211; vgl. *Goltz*, in: WPO Kommentar, 2. Aufl., Düsseldorf 2013, § 55a Rn. 16 ff.

9. Geldwäschebekämpfung (§ 2 Abs. 1 Nr. 8 GwG)

9.1 Allgemeines

Der Berufsstand der WP/vBP ist durch das Geldwäschegesetz (GwG)[395] neben anderen ebenfalls einbezogenen Berufen wie z. B. Rechtsanwälten, Notaren und Steuerberatern in die Bekämpfung der Geldwäsche eingebunden (§ 2 Abs. 1 Nr. 8 GwG). Dem WP obliegen dabei gem. § 3 Abs. 1 GwG eine Reihe von Sorgfaltspflichten. Diese Pflichten sind auf risikoorientierter Basis zu erfüllen (so die Empfehlung der *Financial Action Task Force on Money Laundering, FATF*)[396]. Sie sind also je nach dem einem Sachverhalt innewohnenden Risiko einer Geldwäsche abwägend wahrzunehmen. Der Umfang der von der WP-Praxis getroffenen Maßnahmen muss dem Risiko angemessen sein.

Die WPK hat die ihr gesetzlich eingeräumten Befugnisse im Rahmen der Geldwäschebekämpfung wahrzunehmen (§ 57 Abs. 2 Nr. 17 WPO). Zur Erfüllung dieser Aufgabe hat sie für ihre Mitglieder zum Pflichtenkreis des Geldwäschegesetzes ausführliche Auslegungs- und Anwendungshinweise herausgegeben[397], die auch Grundlage der folgenden kurzen Zusammenfassung sind. Ebenso hat das IDW mit einem Praxishinweis Empfehlungen für die Ausgestaltung interner Sicherungsmaßnahmen zur Geldwäscheprävention in der WP-Praxis herausgegeben.[398] In der Anlage zu diesem Praxishinweis wird ein Beispiel für die Gliederung einer Gefährdungsanalyse und die Erscheinungsformen der Geldwäsche und Terrorismusfinanzierung dargestellt.

9.2 Gefährdungstatbestände und Pflichtenkreis

Illegale Geldwäsche kann in verschiedenen Phasen auftreten. Das IDW[399] unterscheidet in seinem Praxishinweis die folgenden typischen Tatbestände und Geschehensabläufe:

Phase 1: Placement

Legal erlangtes Bargeld wird in den regulären Geldkreislauf eingeschleust (z. B. durch Umtausch von Bargeld in Buchgeld bei Banken oder durch den Erwerb hochwertiger Güter).

Phase 2: Layering

Die Spuren der illegalen Gelder werden durch eine Vielzahl von Finanztransaktionen so verwischt, dass der Weg des Geldes nicht mehr nachvollziehbar ist (z. B. durch Überweisungen ins Ausland, auf „Treuhandkonten" oder an Briefkastenfirmen).

Phase 3: Integration

Es erfolgt eine Einschleusung der gewaschenen Gelder und Vermögensgegenstände zurück in den legalen Finanzkreislauf (z. B. durch Vermischung mit legal erworbenen Mitteln).

Um die Geldwäsche zu verhindern legt das Gesetz dem WP Pflichten auf. Diese beziehen sich gem. § 3 Abs. 1 GwG u. a. auf

395 Letzte Änderung durch das Gesetz zur Optimierung der Geldwäscheprävention vom 22. 12. 2011 (BGBl. I S. 2959).

396 Die FATF ist im Auftrag der G7 Staaten eingesetzt mit dem Auftrag, die Methoden der Geldwäsche zu analysieren und Maßnahmen zu deren Bekämpfung zu entwickeln.

397 Vgl. WPK Praxishinweise Geldwäschebekämpfung: http://go.nwb.de/qeb5s (Abruf 17. 5. 2016).

398 IDW Fachnachrichten 2012 S. 527 ff. (Praxishinweis 2/2012).

399 IDW Fachnachrichten 2012 S. 527 ff.

- die Identifizierung des Vertragspartners;
- Einholung von Informationen über den Zweck und die angestrebte Art der Geschäftsbeziehung, soweit sich diese nicht bereits zweifelsfrei aus der Geschäftsbeziehung ergeben;
- Aufklärung, ob der Vertragspartner für einen wirtschaftlich Berechtigten handelt und ggf. dessen Identifizierung; dies schließt in Fällen, in denen der Vertragspartner keine natürliche Person ist, die Pflicht mit ein, die Eigentums- und Kontrollstruktur des Vertragspartners mit angemessenen Mitteln in Erfahrung zu bringen;
- Überprüfung, ob der Mandant seiner eigenen Pflicht zur Offenlegung nachkommt, ob er die Geschäftsbeziehung oder die Transaktion für einen wirtschaftlich Berechtigten begründen, fortsetzen oder durchführen will (§ 4 Abs. 6 Satz 2 GwG);
- kontinuierliche Überwachung der Geschäftsbeziehung auf Verdachtsmomente, die eine Geldwäsche begründen könnten.

Die vorstehend genannten Pflichten sind gem. § 3 Abs. 2 GwG anzuwenden bei

- Begründung der Geschäftsbeziehung;
- Durchführung einer **außerhalb** der Geschäftsbeziehung anfallenden Transaktion von 15 T€ oder mehr;
- Feststellung von Tatsachen, die auf Geldwäsche oder Terrorismusfinanzierung schließen lassen;
- Zweifeln, ob die Angaben zur Identität des Mandanten oder wirtschaftlich Berechtigten zutreffend sind.

Liegen die Voraussetzungen des § 3 Abs. 2 Satz 1 GwG vor, trifft den Berufsangehörigen die Pflicht, seinen Mandanten nach Maßgabe des § 4 Abs. 3 und 4 GwG zu identifizieren (§ 3 Abs. 1 Nr. 1 GwG).

Die Identifizierung erfolgt

- bei **natürlichen Personen** durch Vorlage eines amtlichen Ausweises, der ein Lichtbild des Inhabers enthält und mit dem die Pass- und Ausweispflicht im Inland erfüllt wird;
- bei **juristischen Personen oder Personengesellschaften** anhand eines Auszugs aus dem Handels- oder Genossenschaftsregister oder einem vergleichbaren amtlichen Register oder Verzeichnis, der Gründungsdokumente oder gleichwertiger beweiskräftiger Dokumente oder durch Einsichtnahme in die Register- oder Verzeichnisdaten.

Bei der Identifizierung des **wirtschaftlich Berechtigten** (§ 3 Abs. 1 Nr. 3 GwG) reicht es für den Fall, dass der Mandant nicht für eigene Rechnung handelt, nach dessen Angabe Name und Anschrift des wirtschaftlich Berechtigten festzustellen. Der WP braucht keine eigenen Ermittlungen anzustellen.

PRAXISTIPP

Bei neu begründeten Mandatsverhältnissen sollte in das Auftragsschreiben ein Passus aufgenommen werden, im welchem auf die Pflicht des WP zur Identifizierung nach dem Geldwäschegesetz (GwG) hingewiesen wird und der Mandant aufgefordert wird, die hierfür erforderlichen Unterlagen und Informationen zur Verfügung zu stellen.

Das Gesetz nennt eine Reihe von Sachverhalten, bei deren Vorliegen vereinfachte Sorgfaltspflichten vorliegen, so z. B. bei Transaktionen von oder zugunsten von und bei Begründung von

Geschäftsbeziehungen mit börsennotierten Gesellschaften. In den aufgezählten Fällen ist nach der Wertung des Gesetzgebers nur ein geringes Risiko gegeben (§ 5 Abs. 2 GwG).

Andererseits gibt es aber bei bestimmten Fallkonstellationen auch verstärkte Sorgfaltspflichten, wenn es z. B. um politisch exponierte Personen oder um persönlich nicht anwesende Vertragspartner oder um zweifelhafte bzw. ungewöhnliche Transaktionen geht (§ 6 Abs. 2 GwG). Diese Fälle verpflichten den WP, die Sachverhalte zu untersuchen und auf Risiken hin zu beurteilen.

Ein Verpflichteter kann zur Erfüllung der Sorgfaltspflichten nach § 3 Abs. 1 Nr. 1 bis 3 GwG auf Dritte zurückgreifen. Die Verantwortung für die Erfüllung der Sorgfaltspflichten verbleibt aber bei dem Verpflichteten (§ 7 Abs. 1 GwG).

9.3 Dokumentations- und Aufbewahrungspflichten

Die Erfüllung der Sorgfaltspflichten ist aufzuzeichnen und mindestens fünf Jahre lang aufzubewahren (§ 8 Abs. 1 GwG). Die Dokumentationen können auch auf einem Bild- oder Datenträger gespeichert werden.

9.4 Organisation und Verfahren der WP-Praxis zur Verhinderung von Geldwäsche

Die WPK hat gem. § 9 Abs. 4 und 5 GwG die folgenden internen Sicherungsmaßnahmen für WP-Praxen angeordnet:

Soweit in der beruflichen Einheit mehr als zehn WP/vBP oder Angehörige sozietätsfähiger Berufe tätig sind, besteht gem. § 9 Abs. 1 Satz 1 GwG die Pflicht, angemessene interne Sicherungsmaßnahmen zu treffen. Praxen oder Wirtschaftsprüfungsgesellschaften, die weniger als zehn Berufsangehörige oder Berufsträger haben, sind also von den internen Sicherungsmaßnahmen nicht betroffen. Ziel der Maßnahmen ist es, zu verhindern, dass die Praxis zur Geldwäsche und zur Terrorismusfinanzierung missbraucht werden kann. Zu den Sicherungsmaßnahmen gehören:

- Entwicklung und Aktualisierung angemessener geschäfts- und kundenbezogener Sicherungssysteme und Kontrollen zur Verhinderung der Geldwäsche und der Terrorismusfinanzierung. Dies kann z. B. geschehen durch
  - Erstellung einer praxisinternen Richtlinie zur Umsetzung der Pflichten nach dem Geldwäschegesetz;
  - Herausgabe von Handlungsanweisungen, Merkblättern und Checklisten an die Mitarbeiter;
  - Erstellung eines mandantenbezogenen Risikoprofils, Identifizierung besonderer Risiken;
  - Einführung eines Risikomanagementsystems.
- Unterrichtung der Mitarbeiter über Typologien und aktuelle Methoden der Geldwäsche
- Geeignete risikoorientierte Maßnahmen zur Prüfung der Zuverlässigkeit der Beschäftigten (Kenntnis und Beachtung der Pflichten, Meldung von Verdachtsfällen an den Vorgesetzten)

Es besteht keine gesetzliche Verpflichtung, einen **Geldwäschebeauftragten** zu bestellen. Der Vorstand der WPK hat aber aufgrund seiner Befugnis gem. § 9 Abs. 4 Satz 1 GwG eine Anordnung zur Bestellung eines Geldwäschebeauftragten getroffen. Ein solcher ist demnach zu bestellen, wenn in der eigenen Praxis mehr als insgesamt 30 Berufsangehörige oder Berufsträger sozietätsfähiger Berufe gem. § 44b Abs. 1 WPO tätig sind. Entsprechendes gilt für Wirtschaftsprüfungsgesellschaften/Buchprüfungsgesellschaften mit dem Unterschied, dass die Pflichten zu den internen Sicherungsmaßnahmen grundsätzlich die Berufsgesellschaft und nicht die natürlichen Personen des Berufsstandes treffen (§ 9 Abs. 3 Satz 1 GwG i.V. m. § 9 Abs. 1 GwG).

9.5 Meldepflicht bei Verdachtsfällen

Den Berufsangehörigen trifft eine Meldepflicht gegenüber der WPK (§ 11 Abs. 4 GwG), wenn Tatsachen vorliegen, die darauf hindeuten, dass eine Transaktion oder Geschäftsbeziehung im Zusammenhang mit einer Geldwäsche oder Terrorismusfinanzierung steht (§ 11 Abs. 1 GwG). Die Voraussetzungen für eine solche Verdachtsmeldepflicht sind wegen des möglichen Konflikts mit der beruflichen Verschwiegenheitspflicht sorgfältig zu prüfen. Die WPK sollte vom Berufsangehörigen frühzeitig eingebunden werden. Sie hat die Verdachtsmeldung unverzüglich an das Bundeskriminalamt weiterzuleiten.

Gegenüber dem Mandanten und Dritten ist die Verdachtsmeldung oder ein eingeleitetes Ermittlungsverfahren geheim zu halten (§ 12 Abs. 1 GwG). Eine Ausnahme besteht selbstverständlich für eine Mitteilung an staatliche Stellen und an die WPK als zuständige Aufsichtsbehörde.

Soll von dem Berufsangehörigen im Auftrag seines verdächtigten Mandanten eine Finanztransaktion durchgeführt werden, dann ist nach einer Verdachtsmeldung dazu die Genehmigung der Staatsanwaltschaft erforderlich, es sei denn der zweite Werktag nach dem Abgangstag der Meldung ist verstrichen, ohne dass die Staatsanwaltschaft die Durchführung der Transaktion untersagt hat.

Eine Ausnahme von der Meldepflicht gilt dann, wenn dem Geldwäscheverdacht Informationen zugrunde liegen, die Berufsangehörige im Rahmen der Rechtsberatung und der Prozessvertretung des Mandanten erhalten haben (§ 11 Abs. 3 Satz 1 GwG). Diese Ausnahmen gelten auch für WP, wenn sie rechtsberatend tätig werden.[400] Aus der Sicht der WPK ist die prüfungsbegleitende Beratung als Rechtsberatung i. S. der Vorschrift einzuordnen und damit privilegiert.[401]

9.6 Weitere Fragen

9.6.1 Form einer Verdachtsmeldung

Die WPK gibt in ihren Auslegungs- und Anwendungshinweisen zum Geldwäschegesetz Empfehlungen für die formellen Anforderungen an die Verdachtsmeldung.[402]

9.6.2 Sanktionen

Gem. § 17 Abs. 1 GwG stellen Verstöße gegen die dort genannten geldwäscherechtlichen Pflichten Ordnungswidrigkeiten dar. Voraussetzung ist, dass sie vorsätzlich oder leichtfertig begangen werden. Ordnungswidrigkeiten können nach § 17 Abs. 2 GwG mit einer Geldbuße von bis zu

400 Vgl. Beschlussempfehlung des Innenausschusses des Deutschen Bundestages, BT-Drucks. 14/9263, S. 8.

401 Vgl. WPK Praxishinweise Geldwäschebekämpfung: http://go.nwb.de/qeb5s, Auslegungs- und Anwendungshinweise der WPK zum Geldwäschegesetz, S. 29 (Abruf 17. 5. 2016).

402 Vgl. WPK Praxishinweise Geldwäschebekämpfung: http://go.nwb.de/qeb5s, Auslegungs- und Anwendungshinweise der WPK zum Geldwäschegesetz, S. 32 f. (Abruf 17. 5. 2016).

100.000 € geahndet werden. Die einzelnen Tatbestände für diese Ordnungswidrigkeiten ergeben sich aus § 17 Abs. 1 GwG.

9.6.3 Aufsicht

Es ist Aufgabe der WPK, die Erfüllung der nach dem Geldwäschegesetz bestehenden Pflichten durch die Berufsangehörigen zu überwachen (§ 57 Abs. 2 Nr. 17 WPO; § 16 Abs. 1, 2 Nr. 7 GwG). Die WPK kann zu diesem Zweck gem. § 16 Abs. 1 Satz 3 GwG auch Befugnisse im Rahmen der Berufsaufsicht wahrnehmen. Die Überwachung der Pflichten nach dem Geldwäschegesetz nimmt sie im Rahmen der anlassbezogenen Berufsaufsicht war (§ 61a Satz 2 WPO). Dies kann aber im Rahmen der der externen Qualitätskontrolle (§ 57a WPO) geschehen.[403]

10. Verhalten bei Durchsuchungs- und Beschlagnahmefällen

10.1 Allgemeines

Bei strafrechtlichen Ermittlungsverfahren gegen Mandanten des WP erscheinen Beamte der Strafverfolgungsbehörden i. d. R. überraschend in den Praxisräumen des WP, um diese zu durchsuchen und Mandantenunterlagen zu beschlagnahmen, die dann als Beweismittel im Strafverfahren dienen sollen. Für den Berufsangehörigen ist es wichtig zu wissen, wie er sich in solchen Fällen zu verhalten hat. Es geht hier nur um Durchsuchungen und Beschlagnahmen beim WP bei Verdachtsfällen gegenüber seinen Mandanten, nicht also um Fälle, in denen sich die Durchsuchung gegen den WP selbst richtet. Im ersteren Fall liegt nicht eine Durchsuchung beim Beschuldigten (§ 102 StPO), sondern „bei einer anderen Person" (§ 103 StPO) vor.

10.2 Welche Unterlagen sind beim WP beschlagnahmefähig oder -frei?

Die WPK hat „Verhaltenshinweise bei Durchsuchungs- und Beschlagnahmemaßnahmen bei Berufsangehörigen" herausgegeben, auf die hier Bezug genommen und aus denen zitiert wird:[404]

Der Beschlagnahme unterliegen insbesondere:

- Buchhaltungsunterlagen, Grundaufzeichnungen und Belege des Mandanten;
- Unterlagen, die ihrem Zweck nach dazu bestimmt sind, insbesondere der Finanzverwaltung zugänglich gemacht zu werden, z. B. endgültige Bilanzen und Steuererklärungen nebst Anlagen.

Nach § 97 StPO unterliegen der Beschlagnahme nicht:

- schriftliche Mitteilungen zwischen dem Beschuldigten und Personen, die nach § 52 oder § 53 Abs. 1 Nr. 1–3a StPO ein Zeugnisverweigerungsrecht haben (dazu gehören WP, vBP, RA und StB);
- Aufzeichnungen, welche die in § 52 oder § 53 Abs. 1 Nr. 1–3a StPO Genannten über die ihnen vom Beschuldigten anvertrauten Mitteilungen oder über andere Umstände gemacht haben, auf die sich das Zeugnisverweigerungsrecht erstreckt;

---

403 Vgl. WPK Praxishinweise Geldwäschebekämpfung: http://go.nwb.de/qeb5s, Auslegungs- und Anwendungshinweise der WPK zum Geldwäschegesetz, S. 35. (Abruf 17. 5. 2016).

404 Vgl. WPK Praxishinweise Durchsuchung und Beschlagnahme: http://go.nwb.de/2c37s (Abruf 17. 5. 2016).

- andere Gegenstände, einschließlich der ärztlichen Untersuchungsbefunde, auf die sich das Zeugnisverweigerungsrecht der in § 52 und 53 Abs. 1 Nr. 1–3a StPO Genannten erstreckt;
- Prüfungsberichte über einen Jahresabschluss.[405]

Beschlagnahmefrei sind demnach Korrespondenz mit dem Mandanten, Unterlagen, die vom WP zum Zwecke der Auswertung mit Anmerkungen versehen wurden, Handakten und Arbeitspapiere des Berufsangehörigen.

10.3 Vorgehensweise bei Erscheinen von Vollzugsbeamten oder Staatsanwälten

Bei Durchsuchungen und Beschlagnahmen unterliegt der WP der Schweigepflicht. Das besondere Vertrauensverhältnis zwischen dem WP mit seinem Mandanten, die gesetzliche Pflicht zur Verschwiegenheit und das Zeugnisverweigerungsrecht gebieten es, dass der WP eine Position der größtmöglichen Beschlagnahmefreiheit einnimmt.[406] Er sollte also die Durchsuchung der Praxis und die Beschlagnahme von Unterlagen nicht einfach hinnehmen. Er hat bei der Untersuchung die Pflicht, die Interessen seines Mandanten zu vertreten. Die WPK empfiehlt den Berufsangehörigen in ihrem Verhaltenshinweis zu Durchsuchungs- und Beschlagnahmemaßnahmen[407] folgendes Vorgehen:

- Frage nach dem Zweck der Durchsuchung. Der Grund muss nach § 106 Abs. 2 StPO bekannt gegeben werden.
- Dienstausweise zeigen lassen und Personalien notieren.
- Einsicht in den Durchsuchungs- bzw. den Beschlagnahmebeschluss nehmen und auf dessen Bestimmtheit achten.
- Beim Vorwurf Steuerhinterziehung müssen angegeben werden: Tatzeit, Steuerzeitraum, Steuerart, und verdachtsbegründende Tatsachen.
- Prüfen, ob mit der Durchsuchungsanordnung eine Beschlagnahmeanordnung (§ 98 StPO) verbunden worden ist.
- Es darf nur zum Auffinden bestimmter Gegenstände durchsucht werden. Die Gegenstände müssen jeweils bezeichnet sein und müssen beschlagnahmefähig sein.
- Prüfen, ob ein richterlicher Beschluss mit Unterschrift des Richters vorliegt.
- Bei einer Maßnahme aufgrund „Gefahr im Verzug" (ohne richterlichen Beschluss) ist auf die Angabe der konkreten den Tatverdacht begründenden Tatsachen hinzuwirken, außerdem auf Begründung der „Gefahr im Verzuge".
- Namen und Dienstbezeichnung der Steuerfahnder oder Ermittlungsbeamten an Hand von Ausweisen tatsächlich überprüfen und notieren.
- Der Berufsangehörige hat Anspruch auf Anwesenheit bei der Durchsuchung (§ 106 StPO).
- Unverzüglich Kontakt zum Mandanten aufnehmen und diesen fragen, ob Befreiung von der Verschwiegenheitspflicht erteilt wird.

---

405 Vgl. WPK Praxishinweise Durchsuchung und Beschlagnahme: http://go.nwb.de/2c37s (Abruf 17. 5. 2016); OLG Köln vom 7. 5. 1991 – 2 Ws 149/91.

406 Vgl. *Maxl*, in: WPO Kommentar, 2. Aufl., Düsseldorf 2013, § 43 Rn. 144.

407 Vgl. WPK Praxishinweise Durchsuchung und Beschlagnahme: http://go.nwb.de/2c37s (Abruf 17. 5. 2016).

- Zweckmäßigerweise ggf. den eigenen Rechtsanwalt hinzuziehen.
- Wenn keine Entbindungserklärung des Mandanten vorliegt, keine Auskunft zum Mandatsverhältnis geben, Handakten nicht freiwillig herausgeben, sondern beschlagnahmen lassen, Widerspruch gegen die Durchsuchung und die Beschlagnahme erheben und dies im Durchsuchungs- und Beschlagnahmeprotokoll dokumentieren lassen.
- Beschlagnahmefähige Unterlagen können selbst herausgesucht und übergeben werden; der Sicherstellung ist aber in jedem Falle ausdrücklich zu widersprechen; Widerspruch ins Protokoll aufnehmen lassen.
- Auf eine möglichst genaue Liste der beschlagnahmten Gegenstände bestehen (§ 109 StPO); Sicherstellungsverzeichnis aushändigen lassen (§ 107 StPO).
- Bei Durchsuchung durch Vollzugsbeamte ohne Abwesenheit eines Staatsanwalts auf Verschluss und Versiegelung der Unterlagen bestehen.
- Auf Erlaubnis zum Fotokopieren beschlagnahmter Unterlagen bestehen, wenn die Beschlagnahme von Originalurkunden als Beweismittel unentbehrlich ist.

Unterlagen dürfen vom WP also keinesfalls freiwillig übergeben, sondern nur formal über eine offizielle Beschlagnahmehandlung herausgegeben werden. Nach der Durchsuchungs- und Beschlagnahmemaßnahme sollte ein interner Bericht zur Dokumentationszwecken verfasst werden.

PRAXISTIPP

Kommt es zu einer Durchsuchung und Beschlagnahme, sollte der Berufsangehörige Ruhe bewahren, die Praxishinweise der WPK mit ihren Verhaltensregeln zur Hand nehmen und danach vorgehen.[408]

408 Vgl. WPK Praxishinweise Durchsuchung und Beschlagnahme: http://go.nwb.de/2c37s (Abruf 17. 5. 2016).

VII. Das System der Qualitätskontrolle (QK)

1. Grundlagen und Grundsätze

1.1 Allgemeines

Durch die EU-Abschlussprüferreform und die damit notwendigen Anpassungen der WPO und der sonstigen Gesetze, Satzungen und Verordnungen hat sich das System der Qualitätskontrolle in weiten Teilen geändert. Gleichzeitig wurde eine vom Berufsstand unabhängige Abschlussprüferaufsichtsstelle (kurz: APAS) gemäß EU rechtlichen Vorgaben geschaffen. Mit dem derzeit vorliegenden Abschlussprüferaufsichtsreformgesetz (kurz: APAReG) vom 3.12.2015 sind die gesetzlichen Eckpunkte der künftigen Aufsicht vorgegeben. Grundlage dieser sind die notwendigen Änderungen aufgrund der EU Richtlinie 2014/56/EU und der EU Verordnung Nr. 537/2014 über spezifische Anforderungen an Abschlussprüfungen bei Unternehmen von öffentlichem Interesse (*public interest entities*; kurz: PIE), die automatisch für die betroffenen Unternehmen ab dem 17.6.2016 gilt; wobei bestimmte Mitgliedstaatenwahlrechte nur im Rahmen von gesetzlichen Regelungen ausgeübt werden können.

Die wesentlichen Punkte, die das System der Qualitätskontrolle betreffen, sind Folgende:

- Wegfall der Teilnahmebescheinigung und Einführung eines Registrierungsverfahrens;
- Verlängerung des Qualitätskontrollzyklus auf sechs Jahre;
- Risikoanalyse der WPK zur Bestimmung des Kontrollzyklus;
- Gegenstand der Qualitätskontrollprüfung sind nur noch gesetzliche Jahresabschlussprüfungen und Prüfungen die von der BaFin beauftragt wurden;
- Wegfall der Firewall;
- Schaffung einer vom Berufsstand unabhängigen Abschlussprüferaufsichtsstelle für die Berufsaufsicht (kurz: APAS), angesiedelt bei der Bafa (Bundesamt für Wirtschaft und Ausfuhrkontrolle).

Aufgrund dieser gesetzlichen Änderungen sind weitere Änderungen notwendig. So wurde vor allem die Satzung für Qualitätskontrolle und die Berufssatzung der WP/vBP entsprechend angepasst. Die VO 1/2006, die gemeinsame Stellungnahme der WPK und des IDW zu den Anforderungen an die Qualitätssicherung in der Wirtschaftsprüferpraxis, ist entsprechend zu überarbeiten. Hier haben sich seit der Einführung im Jahr 2006 bereits einige Änderungen ergeben, die noch nicht umgesetzt wurden, wie z. B. die Regelung der Nachschau in § 33 BS WP/vBP alt und die zugrundeliegenden internationalen Regelungen (ISQC 1 und ISA 220, Code of ethic). Diese wurden überarbeitet, aber die BS WP/vBP wurde nicht angepasst. Am 21.6.2016 hat der Beirat die BS WP/vBP und die Satzung für Qualitätskontrolle beschlossen.

Im Folgenden wird das System, dessen Grundzüge weiter unverändert gelten, dargestellt und auf die wesentlichen Änderungen hingewiesen, wobei sich die Grundlagen auf den Stand des derzeitigen Gesetzes beziehen und sich durch die Ausgestaltung und Erläuterungen der einzelnen Satzungen noch Konkretisierungen ergeben können.

In § 55b WPO ist die Schaffung, Überwachung und Durchsetzung eines Qualitätssicherungssystems vorgesehen. Um gesetzliche Abschlussprüfungen durchführen zu dürfen, müssen alle WP- und vBP-Praxen eine Bescheinigung über die erfolgreiche Teilnahme an der Qualitätskontrolle vorweisen können bzw. ab dem 17.6.2016 im Berufsregister als Abschlussprüfer eingetragen sein. Eine Pflicht zur Einhaltung strenger Qualitätsmaßstäbe ergibt sich bereits aus den allgemeinen Berufspflichten. Der WP/vBP hat seinen Beruf unabhängig, gewissenhaft, verschwiegen und eigenverantwortlich auszuüben (§ 43 Abs. 1 WPO). Nähere Regelungen zur Qualitätssicherung finden sich in der Berufssatzung und in der Satzung für Qualitätskontrolle. Eine weitere Konkretisierung der Qualitätsanforderungen erfolgt durch die VO 1/2006 „Zur Qualitätssicherung in der WP-Praxis". Sie entspricht den internationalen Standards (ISA 220 und ISQC 1).

1.2 Gründe

Die **externe Qualitätskontrolle** verfolgt rechtspolitisch folgende Ziele:[409]

- Sicherung und Ausbau des öffentlichen Vertrauens in die Arbeit des WP
- Wahrung der berufsständischen Selbstverwaltung
- Anpassung an die internationalen Anforderungen, die an den Beruf des Abschlussprüfers gestellt werden
- Steigerung des Qualitätsbewusstseins auch der Mitarbeiter
- Anregungen der externen Prüfer zur Verbesserung der Organisation und Prozessverbesserung in der geprüften WP-Praxis

1.3 Berufsrechtliche Ziele

Die berufsrechtlichen Ziele der Qualitätskontrolle ergeben sich aus § 57a Abs. 2 Satz 1 WPO:

- Überwachung der Einhaltung von Grundsätzen und Maßnahmen der Qualitätssicherung
- Überwachung der ordnungsmäßigen Durchführung einzelner Aufträge

1.4 Vorschriften zur Qualitätskontrolle

Das System der Qualitätskontrolle ist in §§ 57a–57h WPO geregelt. Die WPK hat eine Satzung für Qualitätskontrolle (SfQ) erlassen, in welcher zu den Vorschriften der WPO konkrete Ausführungsbestimmungen getroffen sind. Sie regelt die Voraussetzung und das Verfahren der Registrierung der Prüfer für Qualitätskontrolle (PrfQK), das Verfahren innerhalb der WPK, die Vorschriften über den Bericht und die speziellen Fortbildungsverpflichtungen für die PrfQK.[410] Außerdem sind in Teil 4 §§ 14–24 zu folgenden wesentlichen Pflichten des WP im Rahmen der Qualitätssicherung bei betriebswirtschaftlichen Prüfungen und der Gutachtenerstellung Regelungen getroffen wurden:

- Berufspflichten bei der Auftragsdurchführung (Auftragsdatei, verantwortlicher WP, Ressourcen, auftragsbezogene Qualitätssicherung und Nachschau);
- Regelungen zu Schaffung eines Qualitätssicherungssystems;
- Prüfungsplanung;
- Auftragsabwicklung;
- Beschwerden und Vorwürfe;

409 Vgl. *Naumann/Hamannt*, WPG 2007 S. 901; *Wiechers*, StuB 2007 S. 687.
410 Vgl. WPK Magazin 4/2005 S. 16 f. und 30.

- Auftragsbezogene Qualitätssicherung durch prozessunabhängige Personen;
- Auslagerung von Prüfungstätigkeiten.

Zur Umsetzung des Systems der Qualitätskontrolle hat das IDW einen Prüfungsstandard und eine Prüfungshilfe erstellt:

- **IDW PS 140**: Die Durchführung von Qualitätskontrollen in der WP-Praxis
- **IDW PH 9.140**: Check-Listen zur Durchführung der Qualitätskontrolle

Die Kommission für Qualitätskontrolle hat Hinweise für die Prüfung der Vollständigkeit des Qualitätskontrollberichts herausgegeben.[411]

Bei WP von PIE werden neben der Prüfung für Qualitätskontrolle die Inspektoren der APAS je nach Anzahl der PIE-Prüfungen jährlich bis zu alle drei Jahre Sonderuntersuchungen (§ 62b WPO) vornehmen. Bei den sog. gemischten Praxen prüfen die Inspektoren das Qualitätskontrollsystem und die PIE-Aufträge. Der PrQK übernimmt die Einschätzung der Inspektoren zum Qualitätskontrollsystem und prüft die Auftragsabwicklung der Prüfungen nach § 319 HGB und der BaFin-Aufträge. Beide, der PrQK und die Inspektoren, geben für ihren Bereich ein Gesamturteil i. S. einer Negativerklärung („keine Sachverhalte bekannt, die für die Annahme sprechen, dass QS-System der Praxis im Einklang mit gesetzlichen oder satzungsmäßigen Anforderung stehen") ab.

2. Die Regelungen im Einzelnen

2.1 Adressaten der Qualitätskontrolle

2.1.1 Wer wird kontrolliert?

Der Qualitätskontrolle unterliegen WP in eigener Praxis und Wirtschaftsprüfungsgesellschaften, wenn sie **gesetzlich vorgeschriebene Abschlussprüfungen** nach § 316 HGB durchführen (§ 57a Abs. 1 Satz 1 WPO).

Für vereidigte Buchprüfer und Buchprüfungsgesellschaften in eigener Praxis gilt dies entsprechend (§ 130 Abs. 3 Satz 1 WPO).

2.1.2 Wie oft wird kontrolliert?

In welchem Rhythmus die Qualitätskontrolle durchzuführen ist, richtet sich nach der Risikoanalyse der Kommission für Qualitätskontrolle (KfQK) bei der WPK. Im Regelfall muss das Qualitätskontrollverfahren alle sechs Jahre überprüft werden. Nimmt ein WP seine berufliche Tätigkeit auf, verkürzt sich der Zeitraum auf drei Jahre. Die Anzeige bei der WPK, dass der WP als Abschlussprüfer tätig sein will, hat spätestens zwei Wochen nach der Annahme eines Auftrags zu erfolgen. Die Risikoanalyse berücksichtigt die Ergebnisse der letzten Qualitätskontrollprüfung, wesentliche Veränderungen der beruflichen Tätigkeit und Erkenntnisse der Berufsaufsicht. Sie erfolgt mit der Auswertung des Qualitätskontrollberichts. Der geprüfte WP erhält dann eine Mitteilung der KfQK, bis wann die nächste Qualitätskontrollprüfung durchgeführt sein soll. Bei

411 Vgl. WPK Magazin 4/2004 S. 12.

Fristende muss der QK-Bericht bei der WPK eingereicht, d. h. die gesamte Qualitätskontrollprüfung durchgeführt worden sein.

2.1.3 Registrierungsverfahren

WP, die gesetzliche Abschlussprüfungen i. S.v. § 316 HGB durchführen wollen, müssen dies spätestens zwei Wochen nach der Auftragsannahme der WPK mitteilen. Die Mitteilung kann schriftlich oder elektronisch erfolgen. Die WPK nimmt dann die Tätigkeit als Abschlussprüfer in das Berufsregister auf. Die Anzeige muss nach § 57a Abs. 1 Satz 2 WPO auch Angaben über die Art und den Umfang der Tätigkeit enthalten. Wesentliche Änderungen von Art und Umfang der Tätigkeit des WP, bzw. der WPG, sind auch der WPK mitzuteilen.[412] Die Mitteilung soll Grundlage der Entscheidung des KfQK über den Kontrollzyklus sein. WP mit gültiger Teilnahmebescheinigung werden automatisch registriert; deren Frist zur erstmaligen Prüfung nach dem neuen System entspricht dem Ende der derzeitigen Teilnahmebescheinigung.

Die bisherige Möglichkeit eine Ausnahmegenehmigung zu beantragen entfällt vollständig. Soweit eine Ausnahmegenehmigung über den 17. 6. 2016 Gültigkeit hat, ist bis zu deren Ablauf eine Qualitätskontrollprüfung vorzunehmen.

2.2 Verpflichtung zur Teilnahme

Es besteht eine Verpflichtung zur Teilnahme nach § 57a WPO. Bei Nichtteilnahme an der Qualitätskontrolle oder bei Widerruf der Registrierung darf keine Pflichtprüfung durchgeführt werden (§ 319 Abs. 2 Satz 2 Nr. 2 HGB). Eine wirksame Registrierung ist also erforderlich um gesetzliche Prüfungen durchzuführen und das Berufssiegel bei gesetzlichen Abschlussprüfungen zu führen.

Die bisher bestehenden Probleme bei Zusammenschlüssen von WP oder WPG haben sich verbessert.

BEISPIEL Wurden zwei Berufsgesellschaften miteinander derart verschmolzen, dass die WPG 1 von der WPG 2 übernommen wird, dann ging die der WPG 1 erteilte Teilnahmebescheinigung nicht auf die WPG 2 über. Hat diese selbst keine Qualitätskontrolle durchführen lassen, konnte sie sich also nicht darauf berufen, mit der Verschmelzung könne sie auf die eigene Qualitätskontrolle verzichten. Um gesetzliche Abschlussprüfungen durchführen zu können, musste sie eine Ausnahmegenehmigung beantragen und die Qualitätskontrolle nachholen lassen.[413]

Nun werden nach § 57a Abs. 1 Satz 3 WPO die wesentlichen Änderungen mit den Auswirkungen auf das Qualitätssicherungssystem der KfQK mitgeteilt und diese entscheidet, ob die Umstrukturierung ein erhöhtes Risikos für die Einhaltung des QSS darstellt und so erheblich ist, dass der Kontrollzyklus verkürzt werden muss.

2.3 Prüfer für Qualitätskontrolle (§§ 57a Abs. 3, 3a, 4 WPO)

Qualitätskontrollprüfungen dürfen nur von registrierten PrfQK durchgeführt werden. Die Voraussetzungen für die Registrierung lassen sich anhand der folgenden Abbildung erkennen:

412 Merkblatt und Musterschreiben der WPK unter www.wpk.de/service-center/qualitaetskontrolle/anzeige.

413 VG Berlin, WPK Magazin 2/2011 S. 41 ff.

ABB. 2: Voraussetzungen für die Registrierung als PrfQK[414]

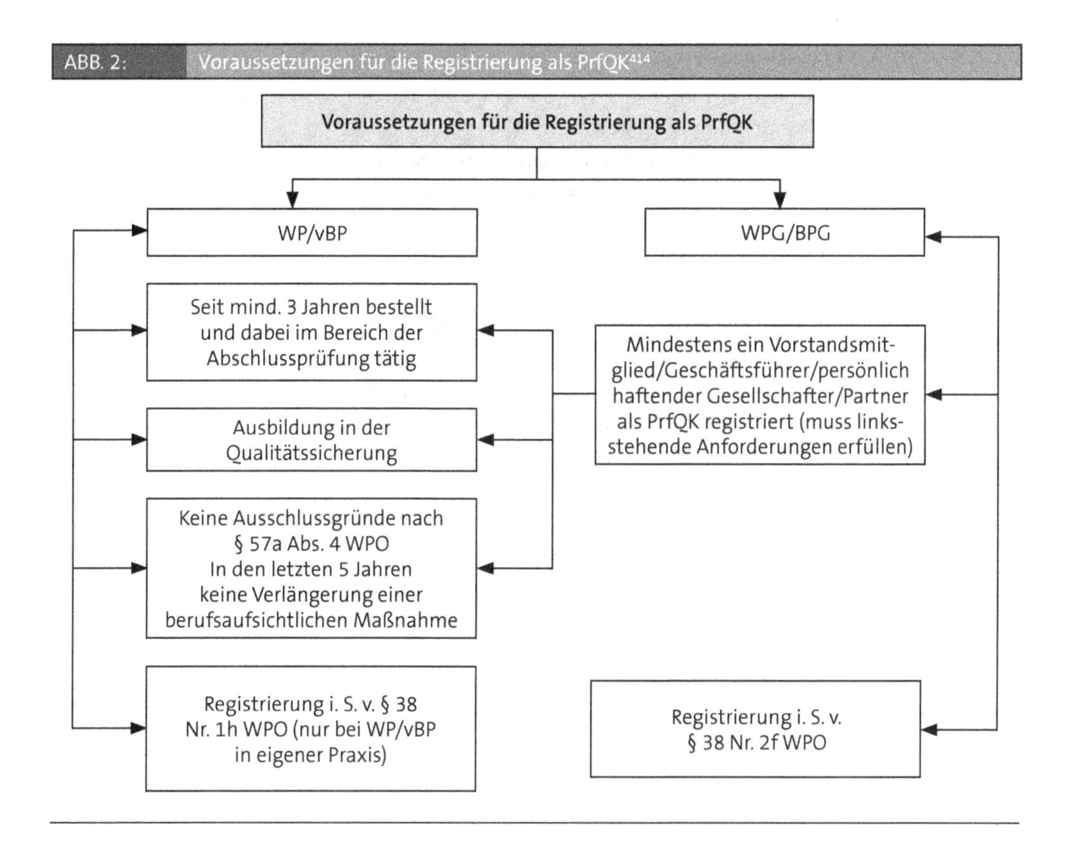

2.3.1 Registrierte WP und Wirtschaftsprüfungsgesellschaften

Die Qualitätskontrollprüfung wird durch bei der WPK registrierte Wirtschaftsprüfer in eigener Praxis oder Wirtschaftsprüfungsgesellschaften („Prüfer für Qualitätskontrolle", PrfQK) durchgeführt (§ 57a Abs. 3 Satz 1 WPO).

Prüfer i. S. des § 57 Abs. 3 WPO können auch vBP und Buchprüfungsgesellschaften sein (§ 130 Abs. 3 Satz 2 WPO; lt. Begründung gilt dies jedoch nur innerhalb des ihnen vorbehaltenen Bereiches, d. h., sie können Prüfer nur bei anderen vBP und Buchprüfungsgesellschaften sein).

2.3.2 Anforderungen an die Prüfer für Qualitätskontrolle

Die Prüfer müssen sich bei der WPK registrieren lassen. Die Registrierung ist an persönliche und fachliche Voraussetzungen geknüpft.

Es können sich WP, die in eigener Praxis tätig sind, WP, die nicht in eigener Praxis tätig sind, und Wirtschaftsprüfungsgesellschaften registrieren lassen. Sie müssen die Voraussetzungen nach § 57a Abs. 3 WPO erfüllen.

414 Schaubild angepasst aus *Sahner/Schulte-Groß/Clauß*, WPK Mitteilungen Sonderheft April 2001 S. 11.

Ein WP ist auf Antrag zu registrieren, wenn er gem. § 57a Abs. 3 WPO:

- Nr. 1: seit mindestens drei Jahren als WP bestellt und dabei in den letzten drei Jahren im Bereich der Abschlussprüfung tätig gewesen ist;
- Nr. 2: über eine spezielle Ausbildung in der Qualitätssicherung verfügt (Teilnahmebescheinigung einer anerkannten Schulungsmaßnahme über 16 Unterrichtseinheiten á 45 Minuten);
- Nr. 3: in den letzten fünf Jahren nicht berufsgerichtlich wegen der Verletzung einer Pflicht nach § 43a Abs. 1 WPO verurteilt worden ist, die seine Eignung als PrfQK ausschließt (§ 57a Abs. 3 Nr. 3 WPO), d. h. Rüge mit Geldbuße oder mehr;
- Nr. 4: nach erstmaliger Registrierung eine spezielle Fortbildung über die Qualitätssicherung nachweisen kann (§§ 20, 21 SfQ). Er hat an speziellen Schulungsmaßnahmen á 24 Unterrichtseinheiten á 45 Minuten innerhalb von 3 Jahren teilzunehmen. Die Tätigkeit als Mitglied der Kommission für Qualitätskontrolle wird erfasst, die Mitarbeit in Fachausschüssen des IDW dagegen nicht.
- Satz 3: Die Registrierung setzt für einen WP in eigener Praxis ferner voraus, dass er als Abschlussprüfer registriert und tätig ist.
- Satz 4: Eine WPG ist auf Antrag zu registrieren, wenn mindestens ein Vorstandsmitglied, Geschäftsführer, persönlich haftender Gesellschafter oder Partner registriert ist und die Gesellschaft die Voraussetzungen nach § 57a Abs. 3 Satz 3 WPO erfüllt.

Wird einer WPG der Auftrag zur Durchführung einer Qualitätskontrolle erteilt, so muss der für die Qualitätskontrolle verantwortliche WP dem Personenkreis nach § 57a Abs. 3 Satz 3 WPO angehören, d. h. Geschäftsführer oder Vorstand sein und nach § 57a Abs. 3 Satz 2 WPO registriert sein.

2.3.3 Unabhängigkeit und Unbefangenheit

Die Unabhängigkeit des PrfQK von der zu prüfenden Wirtschaftsprüferpraxis muss gewährleistet sein. Nach § 57a Abs. 4 WPO gilt: ein WP oder eine WPG darf nicht PrfQK sein, wenn kapitalmäßige, finanzielle oder persönliche Bindungen zum zu prüfenden WP oder zur zu prüfenden WPG bestehen oder sonstige Umstände, welche zur Besorgnis der Befangenheit führen, vorliegen. Ferner sind wechselseitige Prüfungen und Ringprüfungen ausgeschlossen. Auch darf der PrfQK nicht den Jahresabschluss der WPG prüfen (§ 10 Abs. 6 Satz 3 SfQ). Bei gemeinsamen Abschlussprüfungen (*Joint Audits*) ist dies in der Unabhängigkeitserklärung anzugeben; dabei ist der Prozentsatz anzugeben, in welchem Verhältnis das jeweilige anteilige Honorar aus den gemeinsamen Abschlussprüfungen zu dem Gesamtumsatz des PrQK im vergangenen Jahr steht. Der PrfQK darf aufgrund des Selbstprüfungsverbotes nicht bei der Einrichtung des Qualitätssicherungssystems (QS) bei dem zu prüfenden WP oder WPG mitgewirkt haben.

Bei ehemaligen angestellten Wirtschaftsprüfern oder Sozien wird die Bestellung als PrfQK durch die WPK abgelehnt, wenn zwischen dem Ausscheiden aus der WP Praxis und der Bestellung als PrfQK nicht eine dreijährige Abkühlungsphase eingehalten wird, da die Besorgnis der Befangenheit in diesen Fällen besteht.[415]

Die fehlende Unabhängigkeit ist ein schwerwiegender Verstoß, der zum Widerruf der Registrierung durch die Kommission für Qualitätskontrolle gem. § 57a Abs. 3a WPO führen muss.

415 Vgl. WPK Magazin 3/2010 S. 36.

2.3.4 Fortbildung

Der PrfQK hat gem. § 57a Abs. 3a WPO eine besondere Fortbildungspflicht. In § 6 der SfQ ist festgelegt, dass der PrfQK in drei Jahren an wenigsten 24 Unterrichtseinheiten á 45 Minuten einer anerkannten Fortbildungsveranstaltung teilzunehmen hat. Die Fortbildungszeit soll sich über den drei Jahreszeitraum erstrecken. Der Nachweis muss alle drei Jahre gegenüber der Kommission für Qualitätskontrolle erbracht werden. Der erste Nachweis hat drei Jahre nach Registrierung als PrfQK zu erfolgen.[416]

2.3.5 Widerruf der Registrierung als Prüfer für Qualitätskontrolle

Wenn die Voraussetzungen für die Registrierung als PrQK entfallen sind, ist die Registrierung gem. § 57a Abs. 3a WPO und § 5 SfQ zu widerrufen. Dies ist in folgenden Fällen gegeben:

- Die Eintragung als gesetzlicher Abschlussprüfer ist erloschen.
- Der PrQK war in den letzten drei Jahren nicht mehr im Bereich gesetzlicher Abschlussprüfungen tätig.
- Gegen den PrQK wurde eine unanfechtbare berufsaufsichtliche Maßnahme nach § 68 Abs. 1 Satz 2 bis 6 verhängt. Dies sind Rüge mit Geldbuße, Verbot, auf bestimmten Tätigkeitsgebieten für die Dauer von einem bis fünf Jahren tätig zu werden, Verbot § 319a-Prüfungen durchzuführen, Berufsverbot bis zu fünf Jahren oder Ausschließung aus dem Beruf.
- Der PrQK kann keine spezielle Fortbildung in der Qualitätskontrolle nachweisen.

Da viele WP bei der Einführung der Qualitätskontrollprüfung die Fortbildung absolviert haben und dann registriert wurden, in der Folgezeit aber weder als PrQK tätig waren noch die spezielle Fortbildung absolviert haben, wird das Berufsregister nun insoweit bereinigt.

2.4 Auswahl des Prüfers und Vertragsverhältnis zwischen Prüfer und Geprüftem

2.4.1 Auswahl

Der zu Prüfende reicht bei der Kommission für Qualitätskontrolle bis zu drei Vorschläge für mögliche Prüfer ein (§ 8 SfQ). Die Vorschläge sollen mindestens vier Wochen vor der Beauftragung des PrfQK bei der WPK vorzuliegen. Von den Vorschlägen kann die Kommission bei Vorhandensein von Gründen einzelne oder alle ablehnen, was sie binnen vier Wochen mitzuteilen hat, ansonsten gelten die Vorschläge als anerkannt (§ 57a Abs. 6 WPO i.V. m. § 8 SfQ). Die Vier-Wochen-Frist der Kommission beginnt mit dem Vorliegen sämtlicher Unterlagen bei der WPK. Neben den Vorschlägen des WP, haben die vorgeschlagenen PrfQK eine Unabhängigkeitsbestätigung abzugeben (§ 11 SfQ). Die Anlage zu § 11 SfQ enthält ein Muster der Unabhängigkeitsbestätigung. Wird eine gemeinsame Jahresabschlussprüfung vom PrfQK und der zu prüfenden WPG durchgeführt (*Joint Audit*) ist in die Unabhängigkeitsbestätigung dies und das Verhältnis der anteiligen Honorare am Gesamthonorar anzugeben. Bei Ablehnung sämtlicher Vorschläge hat der WP/die WPG das Recht erneut drei Vorschläge einzureichen. In dem Fall der erneuten Ablehnung aller Vorschläge, hat die Kommission für Qualitätskontrolle einen Prüfer zu benennen (§ 57a Abs. 6 Satz 5 WPO). Besteht die Gefahr, dass durch Widerspruch oder Klage gegen die

416 Vgl. WPK Magazin 2/2010 S. 34 f.

Benennung eines PrQK der Qualitätskontrollzyklus überschritten werden könnte, soll die sofortige Vollziehung der Benennung angeordnet werden.

2.4.2 Vertragsverhältnis: Zivilrechtlicher Vertrag

Der PrfQK wird von dem zu prüfenden WP in eigener Praxis oder der WPG beauftragt.

Es besteht ein zivilrechtlicher Vertrag mit eingeschränkten Kündigungsmöglichkeiten. Ein Auftrag zur Durchführung der Qualitätskontrolle kann nur aus wichtigem Grund gekündigt werden (§ 57a Abs. 7 Satz 1 WPO). Als wichtiger Grund ist es nicht anzusehen, wenn Meinungsverschiedenheiten über den Inhalt des Qualitätskontrollberichts bestehen (§ 57a Abs. 7 Satz 2 WPO). Der bisherige Prüfer hat die KfQK über die bisherige Prüfung und die Gründe der Kündigung zu unterrichten.

Die Kosten der Prüfung trägt der Geprüfte.

2.4.3 Ort der Prüfung und Auskunftspflichten

Die QK-Prüfung ist eine betriebswirtschaftliche Prüfung i. S. des § 2 Abs. 1 WPO mit Auskunftspflichten des Geprüften. Ort der Prüfung ist die Praxis des Geprüften (§ 57d WPO).

WP in eigener Praxis, Wirtschaftsprüfungsgesellschaften sowie Personen, die den Beruf gemeinsam mit diesen ausüben, sind verpflichtet, dem Prüfer Zutritt zu den Praxisräumen zu gewähren, Aufklärungen zu geben sowie die verlangten Nachweise vorzulegen, soweit dies für die sorgfältige Prüfung erforderlich ist (§ 57d Satz 1 WPO). Die Mitwirkung kann nicht im Wege des Verwaltungszwanges erzwungen werden (§ 57d Satz 2 WPO).

2.4.4 Verschwiegenheitspflicht

Der PrfQK und seine Gehilfen sind zur Verschwiegenheit verpflichtet (§ 57b Abs. 1 WPO).

Die Verwertung fremder Betriebs- und Geschäftsgeheimnisse ist verboten.

Die Verschwiegenheitspflicht des Geprüften bzgl. der Mandanten ist für Zwecke der Qualitätskontrolle gesetzlich eingeschränkt, soweit dies zur Durchführung der Qualitätskontrolle erforderlich ist (§ 57b Abs. 3 WPO).

2.5 Inhalt und Gegenstand der Qualitätskontrolle

2.5.1 Art der Prüfung

Die QK-Prüfung ist eine betriebswirtschaftliche Prüfung i. S. des § 2 WPO im Rahmen einer Systemprüfung.

Sie dient nach § 57 a Abs. 2 WPO der Überwachung, ob die Grundsätze und Maßnahmen zur Qualitätssicherung nach Maßgabe der gesetzlichen Vorschriften und der Berufssatzung insgesamt und bei der Durchführung einzelner Aufträge eingehalten werden. Sie erstreckt sich auf Abschlussprüfungen nach § 316 HGB und auf betriebswirtschaftliche Prüfungen, die von der BaFin beauftragt wurden. Damit sind Gegenstand der Prüfung gesetzliche Pflichtprüfungen (Einzel- und Konzernabschlussprüfungen) und folgende betriebswirtschaftliche Prüfungen der Bafin:

- § 44 Abs. 1 Satz 2 KWG – Anlasslose Prüfungen bei Kreditinstituten;
- § 306 Abs. 1. Satz 1 Nr. 1 und 2 VAG – Anlasslose Prüfungen von Versicherungen;
- § 16 Abs. 3 GWG – Prüfungen der Einhaltung der Anforderungen des GWG.

Die BaFin-Prüfungen an sich lösen keine Pflicht zur Durchführung einer Qualitätskontrolle aus, sind aber Teil der Grundgesamtheit.

Die QK-Prüfung umfasst die folgenden Prozesse: Auftragsannahme, Planung und Durchführung sowie Berichterstattung.

Im Rahmen der **Auftragsannahme** hat der PrfQK zu prüfen, ob in seiner Person die Anforderungen der Unabhängigkeit und der Unparteilichkeit erfüllt sind und keine Besorgnis der Befangenheit besteht. Des Weiteren hat er zu überprüfen, ob in seiner Person und im eingesetzten Prüfungsteam besondere Erfahrungen und Kenntnisse (z. B. Spezialkenntnisse über Prüfungsaufträge bei Kreditinstituten, Versicherungen, Stiftungen, Krankenhäuser etc.) vorhanden sind.[417]

Der **Auftrag** ist schriftlich zu vereinbaren. Die Vereinbarung sollte auch Regelungen zur zeitlichen Abwicklung, zur Vergütung, zu den Pflichten des Auftraggebers und zum Konkurrenzschutz enthalten.[418]

Für die **Auftragsplanung** und die Durchführung ist der risikoorientierte Prüfungsansatz anzuwenden. Im Rahmen der Auftragsplanung hat der PrfQK vorab Informationen über das QS, inklusive der Auftragsdatei § 316 HGB und BaFin-Aufträge gem. § 51c WPO und § 45 BS WP/vBP, die Entwicklung des QS seit der letzten Qualitätskontrollprüfung, den gesamten Schriftverkehr zur letzten Qualitätskontrollprüfung, den Auflagenerfüllungsbericht, den Schriftverkehr und die Ergebnisse von anlassunabhängigen Sonderuntersuchungen bei Prüfern von § 319a HGB Mandaten einzuholen und auszuwerten. Die Auswertung bezieht sich darauf, ob sich aus den vorgelegten Unterlagen Hinweise auf konkrete bzw. erhöhte Qualitätsrisiken ergeben.[419]

In § 55b Abs. 1 WPO ist nun explizit geregelt, dass das QS-System und damit auch die Qualitätskontrolle in einem angemessenen Verhältnis zum Umfang und zur Komplexität der beruflichen Tätigkeit sein sollen. Hiermit ist der **Verhältnismäßigkeitsgrundsatz** kodifiziert. In § 16 SfQ sind die Grundsätze einer Qualitätskontrolle geregelt und hier wird die besondere Bedeutung der Art, der Anzahl und Komplexität der durchgeführten Prüfungen und die Struktur der zu prüfenden Praxis hervorgehoben. Grundlage ist nicht die rechtliche Struktur der Praxis, sondern die tatsächliche Ausgestaltung mit dem Praxisumfeld (§ 17 Abs. 3 SfQ).

Im Rahmen des risikoorientierten Prüfungsansatzes hat der PrfQK die Prüfung so zu planen und durchzuführen, dass er mit hinreichender Sicherheit beurteilen kann, ob das QS im Einklang mit den gesetzlichen und berufsrechtlichen Anforderungen steht und die Abwicklung von einzelnen Siegelaufträgen ordnungsgemäß erfolgt.

Das Qualitätskontrollrisiko der Prüfung setzt sich aus dem **Qualitätsrisiko** und dem **Entdeckungsrisiko** zusammen.[420] Bei der Bestimmung sind auch die allgemeinen Regelungen zur Wesentlichkeit zu berücksichtigen. Das Qualitätsrisiko besteht darin, dass nicht sämtliche ge-

417 IDW PS 140 Tz. 23–26.

418 IDW PS 140 Tz. 27.

419 IDW PS 140 Tz. 34–41.

420 IDW PS 140 Tz. 34–41.

setzlichen Anforderungen eingehalten sind. Das Entdeckungsrisiko ist die Wahrscheinlichkeit der Nicht-Entdeckung von wesentlichen Fehlern bei der Prüfung. Im ersten Schritt sind die qualitätsgefährdenden Risiken festzustellen und zu analysieren. Diese können sich aus dem Umfeld der Praxis, aus praxisinternen Sachverhalten wie z. B. mangelnde Qualifikation der Mitarbeiter, hohe Fluktuation, ungewöhnlich geringes Stundenvolumen bei der Auftragsabwicklung, uneinheitliche Struktur der WP-Praxis, risikoreiche Aufträge oder Aufträge mit notwendigen Spezialkenntnissen ergeben. Anhaltspunkte für ein erhöhtes allgemeines Qualitätsrisiko können sich auch aus eingeleiteten oder abgeschlossenen Berufsaufsichtsverfahren, geltend gemachten Schadensersatzansprüchen und Erkenntnissen der Enforcementaktivitäten der Deutschen Prüfstelle für Rechnungslegung (DPR) bzw. der Bundesanstalt für Finanzdienstleistungen (BaFin) ergeben. Weitere Risiken können sich aus der Struktur der WP-Praxis ergeben. Bestehen mehrere Organisationseinheiten, hat der PrfQK zu beurteilen, ob für alle Organisationseinheiten das gleiche QS besteht und umgesetzt wird. Hierzu sollten vor Stichprobenauswahl die Ergebnisse der Nachschau ausgewertet werden. Das Augenmerk sollte bei der Stichprobenauswahl auf neu erworbene, neu eingegliederte oder neu gegründete Organisationseinheiten gerichtet werden.

Beruft sich die zu prüfende WP-Praxis bei einem in der Stichprobe ausgewählten Prüfungsauftrag auf die Gefahr einer möglichen Selbstbelastung und werden die Arbeitspapiere nicht vorgelegt, hat der PrfQK alternative Prüfungshandlungen vorzunehmen.[421]

Der PrfQK hat nach § 17 Abs. 4 SfQ eine **Prüfungsstrategie** und ein **Prüfprogramm** zu entwickeln.[422] Dies setzt voraus, dass er und die eingesetzten Mitarbeiter ausreichend Kenntnis über die Geschäftstätigkeit und das rechtliche und wirtschaftliche Umfeld des zu prüfenden WP bzw. der WP-Praxis hat.

Die Prüfung ist auf die Angemessenheit und die Wirksamkeit des internen QS und der Auftragsabwicklung inklusive der Nachschau gerichtet.[423] Es sind hierzu Aufbau- und Funktionsprüfungen durchzuführen. Die Aufbauprüfung beinhaltet die Beurteilung der Ausgestaltung des QS und der internen Kontrollen auf Angemessenheit. Durch die Funktionsprüfung wird die Wirksamkeit des QS anhand einzelner in der Stichprobe festgelegter Aufträge überprüft. Die bei der Prüfung getroffenen Feststellungen sind zu würdigen, ob es sich um eine Einzelfeststellung oder einen Mangel im QS oder Prüfungshemmnisse handelt.

2.5.2 Gegenstand der Prüfung – das Qualitätssicherungssystem (QS)

Das QS ist Gegenstand der Qualitätskontrolle. Deshalb werden die wesentlichen Grundlagen und Regelungen dieses Systems nachfolgend dargestellt.

Die QK erstreckt sich auf die **Praxisorganisation**, die **Abwicklung von Prüfungsaufträgen** und die **Nachschau**.

421 IDW PS 140 Tz. 39.

422 IDW PS 140 Tz. 42–46.

423 Vgl. *IDW* (Hrsg.), WP Handbuch 2012, Band I, 14. Aufl., Düsseldorf 2012, A Tz. 525.

ABB. 3: Gegenstand der Qualitätskontrolle[424]

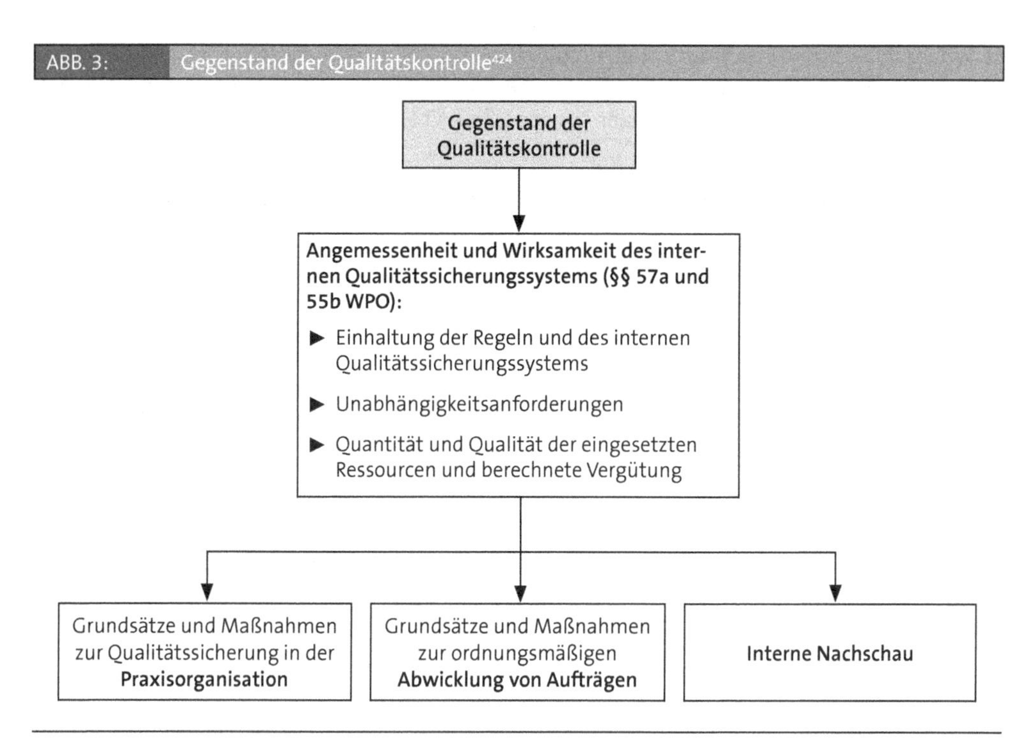

Die QK erstreckt sich nicht nur auf gesetzlich vorgeschriebene Abschlussprüfungen i. S. v. § 316 HGB, sondern auch auf betriebswirtschaftliche Prüfungen, die von der BaFin beauftragt wurden.

Der WP hat nach § 55b WPO und §§ 50 ff. BS WP/vBP ein QS zu schaffen. Verantwortlich dafür ist die Praxisleitung. Dieses QS ist von den spezifischen Gegebenheiten der Praxis und insbesondere von der Art und dem Umfang sowie der Komplexität der durchgeführten Abschlussprüfungen abhängig und an dem Tätigkeitsbereich und den Verhältnissen der WP-Praxis auszurichten. Die getroffenen Regelungen müssen angemessen und wirksam sein. Regelungen sind dann angemessen, wenn sie mit hinreichender Sicherheit gewährleisten, dass Verstöße gegen Berufspflichten verhindert bzw. zeitnah erkannt werden. Kleinere und mittlere WP-Praxen werden eine geringere Differenzierung, Ausgestaltung und Dokumentation der zu treffenden Regelungen benötigen als große WP-Praxen[425] bei einfacher organisatorischer Struktur und geringer Aufgabendelegation. Wirksam ist ein QS dann, wenn es von den beschäftigten WP und Mitarbeitern gekannt und bei der täglichen Arbeit angewandt wird.

Das QS hat gem. VO 1/2006 Tz. 14 folgende Bestandteile zu umfassen:

- das Qualitätsumfeld;
- Feststellung und Einschätzung der qualitätsgefährdenden Risiken;
- Kommunikation und Dokumentation der Regelungen;
- Überwachung der Angemessenheit und Wirksamkeit der Regelungen.

424 Schaubild aus *Sahner/Schulte-Groß/Clauß*, WPK Mitteilungen Sonderheft April 2001 S. 9.

425 Hinweis zur Prüfung eines Qualitätssicherungssystems unter besonderer Berücksichtigung kleiner Praxen, Website der WPK: www.wpk.de/qk/kommisssion-hinweis.asp (Abruf 8. 4. 2016).

Es wird zur besseren Überprüfbarkeit empfohlen, das QS in schriftlicher oder elektronischer Form in einem Organisations- und Qualitätssicherungshandbuch festzuhalten und dieses regelmäßig an neue fachliche Veränderungen anzupassen (VO 1/2006 Tz. 24).

2.5.2.1 Grundsätze und Maßnahmen zur Qualitätssicherung in der Praxisorganisation

Das Qualitätssicherungssystem ist an den beruflichen Tätigkeiten verhältnismäßig auszurichten. Die Mindestregelungen zum Qualitätssichersystem sind in dem neu gefassten § 55b Abs. 2 WPO im sog. „neun Punkte Katalog" zusammengefasst.[426]

1. Der WP hat solide Verwaltungs- und Rechnungslegungsverfahren, interne Qualitätssicherungsmechanismen, wirksame Verfahren zur Risikobewertung sowie wirksame Kontroll- und Sicherheitsvorkehrungen für Datenverarbeitungssysteme zu treffen (Art. 24a Abs. 1, 1b EU-RL). – **IKS des WP und IT System**

2. Der WP hat Vorkehrungen zum Einsatz angemessener und wirksamer Systeme und Verfahren sowie der zur angemessenen Wahrnehmung der Aufgaben erforderlichen Mittel und des dafür erforderlichen Personals zu schaffen. – **Gesamtplanung** (Art. 24a Abs. 1 1h EU-RL)

3. Der WP hat Grundsätze und Verfahren, die die Einhaltung der Anforderungen an die **Eigenverantwortlichkeit** des verantwortlichen Abschlussprüfers nach § 44 Abs. 1 Satz 3 WPO und an die **Unabhängigkeit** nach §§ 319–319b HGB gewährleisten, zu treffen (Art. 24a Abs. 1 1a und e EU-RL).

4. Der WP hat Grundsätze und Verfahren zu schaffen, die sicherstellen, dass Mitarbeiter sowie sonstige unmittelbar an den Prüfungstätigkeiten beteiligte Personen über angemessene Kenntnisse und Erfahrungen für die ihnen zugewiesenen Aufgaben verfügen sowie fortgebildet, angeleitet und kontrolliert werden. – **Mitarbeiterentwicklung** (Art. 24a Abs. 1 1f EU-RL)

5. Der WP hat **Prüfungsakten** gem. § 51b Abs. 5 WPO zu führen (Art. 24a Abs. 1 1c und f EU-RL).

6. Der WP hat organisatorische und administrative Vorkehrung für den Umgang mit Vorfällen, die die ordnungsgemäße Durchführung der Prüfungstätigkeiten beeinträchtigen können, zu treffen und die Dokumentation solcher Vorfälle zu regeln – **Umgang mit Beschwerden und Vorwürfen** (Art. 24a Abs. 1 1f EU-RL)

7. Der WP hat Verfahren einzurichten, die es den Mitarbeitern unter Wahrung der Vertraulichkeit ihrer Identität ermöglichen, potentielle oder tatsächliche Verstöße gegen die EU-VO oder gegen Berufspflichten sowie etwaige strafbare Handlungen oder Ordnungswidrigkeiten innerhalb der Praxis an geeigneter Stelle zu berichten. – **sog. Hinweisgebersystem** (Art. 30e Abs. 3 EU-RL)

8. Der WP hat Grundsätze der Vergütung und Gewinnbeteiligung nach § 55 WPO festzulegen (Art. 24a Abs. 1 1j EU-RL).

9. Der WP hat Grundsätze und Verfahren einzurichten, die gewährleisten, dass im Fall der Auslagerung wichtiger Prüfungstätigkeiten die interne Qualitätssicherung und die Berufsaufsicht nicht beeinträchtigt werden. – **Auslagerung** (Art. 24a Abs. 1 1d EU-RL)

426 Vgl. *Farr*, WPG 2016 S. 251; *Kelm/Schneiß/Schmitz-Herkendel*, WPG 2016 S. 65.

Diese Regelungen waren, bis auf das IT-System als Teil des IKS, das sog. Hinweisgebersystem und die Auslagerung von Prüfungstätigkeiten, bisher Teil der Anforderungen von § 55b WPO, der BS WP/vBP und der VO 1/2006. Je komplexer die Struktur der WP Praxis und je komplexer und risikoreicher die Struktur der abgewickelten Tätigkeiten ist, umso detaillierter muss das QS-System ausgestaltet sein.

Ein angemessenes QS bei Abschlussprüfungen hat gem. § 51 Abs. 1 BS WP/vBP folgende Punkte zu umfassen:

1. Sicherstellung der allgemeinen Berufspflichten
2. Auftragsannahme und -fortführung
3. Vorzeitige Beendigung von Aufträgen
4. Einstellung von Mitarbeitern
5. Aus- und Fortbildung von fachlichen Mitarbeitern
6. Beurteilung von fachlichen Mitarbeitern
7. Gesamtplanung aller Aufträge
8. Organisation der Fachinformationen
9. Prüfungsplanung
10. Auftragsabwicklung und Führung von Prüfungsakten
11. Umgang mit Beschwerden und Vorwürfen
12. Auftragsbezogenen Qualitätssicherung
13. Grundsätze der Vergütung und Gewinnbeteiligung nach § 55 WPO
14. Regelungen zur Auslagerung von wichtigen Prüfungstätigkeiten
15. Nachschau

Das QS muss Regelungen zur Einhaltung der **allgemeinen Berufspflichten** (siehe Kapitel V) in der WP-Praxis enthalten. Diese ergeben sich aus der WPO, der BS WP/vBP und für Abschlussprüfungen aus den §§ 318, 319, 319a und 323 HGB. Die Praxisleitung hat die Verantwortung für das QS und die Unterrichtung der Mitarbeiter.

Es ist insbesondere auf die für die Darstellung des WP bzw. der WP-Tätigkeit in der Öffentlichkeit wichtigen allgemeinen Berufspflichten wie

- Unabhängigkeit, Unparteilichkeit und Vermeidung der Besorgnis der Befangenheit,
- Gewissenhaftigkeit,
- Verschwiegenheit,
- Eigenverantwortlichkeit sowie
- Berufswürdiges Verhalten

einzugehen und Maßnahmen bei Nichteinhaltung wie z. B. Disziplinarmaßnahmen oder besondere Fortbildungsmaßnahmen zu treffen.

Es sind Regelungen zu treffen, dass nur **Aufträge angenommen oder fortgeführt** werden, die in sachlicher, personeller und zeitlicher Hinsicht ordnungsgemäß abgewickelt werden können

(§ 38 Abs. 1 BS WP/vBP; VO 1/2006 Tz. 56). Neben der Zuständigkeit für die Auftragsannahme und Fortführung sind vor allem Regeln zu treffen, die mit hinreichender Sicherheit gewährleisten, dass

- nur Aufträge angenommen werden, nachdem die Pflichten aus dem Geldwäschegesetz erfüllt sind,
- ausreichende Erfahrung und Kompetenz, sowie personelle und zeitliche Ressourcen in der WP-Praxis vorhanden sind,
- die allgemeinen Berufspflichten, insbesondere die Unabhängigkeit eingehalten sind und
- eine Analyse der Integrität des Auftraggebers und der mit dem Auftrag verbundenen Risiken durchgeführt wurde (VO 1/2006 Tz. 58).

Bei der Analyse der Integrität des Auftragsgebers können zum einen allgemein zugängliche Quellen wie Presse und Internet, zum anderen auch spezielle Informationsdienste genutzt oder Gespräche mit den Vorprüfern durchgeführt werden (VO 1/2006, Tz. 60).

Für die Beurteilung der Auftragsrisiken und personellen Ressourcen ist insbesondere festzustellen, ob entsprechend notwendige Fach- und Branchenkenntnisse oder Spezialisten verfügbar sind und genügend Zeit für die Auftragsabwicklung zur Verfügung steht. Gleichzeitig ist zu überprüfen, ob Interessenkonflikte mit bestehenden Mandanten drohen; im Zweifel ist ein Auftrag abzulehnen (VO 1/2006 Tz. 61–63).

Es sind Regelungen zur Information der Praxisleitung oder einer anderen zuständigen Stelle über Sachverhalte und Gründe für eine **vorzeitige Beendigung oder Kündigung** von Aufträgen zu treffen. Die Praxisleitung oder zuständige Stelle hat gemeinsam mit dem verantwortlichen WP über die notwendigen Schritte zu entscheiden. Wird ein Auftrag über eine gesetzliche Abschlussprüfung gem. § 318 Abs. 6 HGB ausnahmsweise vorzeitig beendet, so darf ein Mandatsnachfolger den Auftrag nur annehmen, wenn er sich über die Gründe der Kündigung und das Ergebnis der bisherigen Prüfung hat unterrichten lassen. Hierzu muss der Mandant den Mandatsvorgänger von seiner Verschwiegenheitspflicht befreit haben und der Mandatsvorgänger dem Mandatsnachfolger die schriftliche Kündigung und die Ergebnisse der bisherigen Prüfung vorlegen (§ 42 BS WP/vBP; VO 1/2006, Tz. 66 f.). Erfolgt eine Erläuterung nicht, so hat der WP den Auftrag abzulehnen (§ 42 Abs. 3 Satz 2 BS WP/vBP).

Zudem sind Regelungen zur **Mitarbeiterentwicklung** zu treffen. Diese umfassen bei der Einstellung von Mitarbeitern die fachliche und persönliche Eignung und die Verpflichtung der Mitarbeiter, sich vor Dienstantritt auf die Einhaltung der Vorschriften zur Verschwiegenheit, zum Datenschutz und zu den Insiderregelungen sowie zu den Regelungen des QS schriftlich zu verpflichten (VO 1/2006 Tz. 69 f.). Es ist sicherzustellen, wie die Verpflichtung zur Aus- und Fortbildung des WP nach § 43 Abs. 2 Satz 4 WPO und die angemessene praktische und theoretische Ausbildung des Berufsnachwuchses zu erfolgen hat. Ziel ist die Förderung der fachlichen und persönlichen Kompetenz unter Berücksichtigung der aktuellen und zukünftigen Tätigkeitsbereiche. Die Mitarbeiter sind in angemessenen Abständen zu beurteilen (§ 7 Abs. 3 BS WP/vBP). Die Karriere von fachlichen Mitarbeitern soll maßgeblich von der Qualität der Arbeit und der Beachtung des QS abhängen. Die Beurteilung ist zu dokumentieren. Die WP-Praxis hat den Mitarbeitern ausreichend und rechtzeitige Fachinformationen zur Verfügung zu stellen (§ 55 BS WP/vBP).

Im Rahmen einer **Gesamtplanung aller Aufträge** sind Regelungen gem. § 55 BS WP/vBP zu treffen, die sicherstellen, dass die übernommenen und erwarteten Aufträge ordnungsgemäß und zeitgerecht abgewickelt werden können. Es ist gem. § 51c WPO eine **Auftragsdatei** für gesetzliche Abschlussprüfungen, einschließlich Angaben zu den Auftraggebern der jeweils verantwortlichen Prüfungspartner und zu den für die Abschlussprüfung und für andere Leistungen in Rechnung gestellten Honoraren, zu führen. Dieses Auftraggeberverzeichnis wird je nach Struktur der Abschlussprüfungen ausgestaltet sein und entspricht inhaltlich weitgehend der derzeitigen Siegelliste. Die Gesamtplanung ist nach Art und Umfang an die Gegebenheiten der WP-Praxis anzupassen. Die Gesamtplanung kann auch für jede einzelne Niederlassung erfolgen (VO 1/2006 Tz. 79 f.).

Es sind Regelungen über den **Umgang mit Beschwerden** und Vorwürfen von Mitarbeitern, Mandanten oder Dritten – wenn sich aus ihnen Anhaltspunkte für Verstöße gegen gesetzliche Vorschriften oder fachliche Regelungen ergeben könnten – zu treffen (§ 55 Abs. 1 Nr. 11 BS WP/vBP). Bei Mitarbeitern sollte die Regelung sicherstellen, dass diese ohne Besorgnis vor persönlichen Nachteilen Beschwerden der Praxisleitung zu Kenntnis bringen können. Es empfiehlt sich eine unabhängige Person oder Stelle mit der Untersuchung der Beschwerde und den daraus zu folgenden Maßnahmen zur Beseitigung von Schwächen zu beauftragen (VO 1/2006 Tz. 81–83).

2.5.2.2 Grundsätze und Maßnahmen zur ordnungsmäßigen Abwicklung von Aufträgen

Die Regelung zur Auftragsabwicklung sollten gem. Teil 4 §§ 45–63 BS WP/vBP folgende Bereiche umfassen:

- Organisation der Auftragsabwicklung
- Einhaltung der gesetzlichen und fachlichen Regelungen für die Auftragsabwicklung
- Anleitung des Prüfungsteams
- Einholung von fachlichem Rat (Konsultation)
- Überwachung der Auftragsabwicklung
- Abschließende Durchsicht der Auftragsergebnisse

Zusätzlich müssen nach § 43 Abs. 5 und 6 WPO die Bestimmung, die Auswahl, die aktive Beteiligung des verantwortlichen WP an der Prüfungsdurchführung und der angemessene Ressourceneinsatz bei der Prüfung geregelt werden.

Für jeden Auftrag ist der **auftragsverantwortliche WP/vBP** festzulegen und dem Mandanten am besten im Auftragsbestätigungsschreiben mitzuteilen (§ 46 BS WP/vBP; VO 1/2006 Tz. 84). Der auftragsverantwortliche WP ist für die Organisation der Auftragsabwicklung verantwortlich. Zur Auftragsabwicklung gehört die Auswahl des Prüfungsteams mit ausreichend praktischen Erfahrungen, Verständnis für die fachlichen Regelungen, notwendige Branchenkenntnisse sowie Verständnis für das QS. Der auftragsverantwortliche WP ist auch für die Beurteilung und Dokumentation der Einhaltung der allgemeinen Berufspflichten und hier vor allem für die für die Auftragsabwicklung relevanten Unabhängigkeitsregelungen zuständig. Er hat die Auftragsziele festzulegen. Er kann aber einen Teil der Aufgaben auf andere geeignete Personen delegieren (VO 1/2006 Tz. 84–90). Er muss eine angemessene Zeit für die Auftragsdurchführung aufwenden.

Die WP-Praxis hat Regelungen zu treffen, die mit hinreichender Sicherheit gewährleisten, dass bei der Auftragsabwicklung inklusive Berichterstattung die gesetzlichen Vorschriften und fachlichen Regelungen (dies sind bei Abschlussprüfungen die IDW Prüfungsstandards) beachtet werden. Die Regelungen sollen gewährleisten, dass bei allen Prüfungen eine sachgerechte, zeitliche und personelle Planung des Auftrags erfolgt, dass der verantwortliche WP das Prüfungsteam anleitet und überwacht und dass die Ergebnisse der Prüfung durch den verantwortlichen WP gewürdigt und dokumentiert werden. In regelmäßigen Abständen ist zu überprüfen, ob die getroffenen Regelungen durch geänderte Gesetze, durch Rechtsprechungsänderung oder Änderung der fachlichen Regelungen angepasst werden und bestehende Musterberichte zeitnah aktualisiert werden (VO 1/2006 Tz. 91–94).

Der auftragsverantwortliche WP hat das Prüfungsteam durch **Prüfungsanweisungen** mit seinen Aufgaben vertraut zu machen (§ 46 Abs. 2 BS WP/vBP). Dies erfolgt durch angemessene strukturierte und klar verständliche sowie ausreichend dokumentierte Prüfungsanweisungen, die sicherstellen, dass Prüfungshandlungen sachgerecht vorgenommen werden und ordnungsgemäß Bericht erstattet wird. Diese Regelungen beinhalten Informationen des Prüfungsteams über den Auftrag, die Auftragsdurchführung, das Geschäft des Mandanten, mögliche Prüfungsrisiken und die Verantwortlichkeit der einzelnen Teammitglieder. Der fachliche Austausch zwischen den Teammitgliedern mit unterschiedlichen Erfahrungen soll vom verantwortlichen WP gefördert werden (§§ 47, 54 BS WP/vBP, VO 1/2006 Tz. 95–97).

Bei bedeutsamen Zweifelsfragen sind WP verpflichtet sich internen oder externen fachlichen Rat, soweit es für die pflichtgemäße Beurteilung des Einzelfalls erforderlich ist, einzuholen (§ 39 Abs. 3 BS WP/vBP). Das **Konsultationsverfahren** muss gewährleisten, dass der betreffende Sachverhalt ausreichend vollständig und detailliert der konsultierten Person mitgeteilt und gemeinsam mit den Ergebnissen einschließlich der getroffenen Entscheidungen dokumentiert wurde. Durch die Nutzung des Erfahrungswissens und der fachlichen Kompetenz soll das Risiko von Fehlentscheidungen reduziert werden. Als außenstehende Personen kommen Mitarbeiter von Berufsorganisationen oder Berufskollegen in Betracht (VO 1/2006 Tz. 98–105).

Der auftragsverantwortliche WP hat die Einhaltung der Prüfungsanweisungen laufend zu überwachen (§ 39 Abs. 2 Satz 3 BS WP/vBP). Dies dient dazu, dass sich der verantwortliche WP ein eigenverantwortliches Urteil bilden kann und während der Prüfung den Auftragsfortschritt soweit verfolgen und sicherstellen kann, dass die gesetzlichen und berufsständischen Anforderungen eingehalten werden, alle kritischen Fragen rechtzeitig kommuniziert, die Prüfungsstrategie entsprechend angepasst und notwendige Konsultationen durchgeführt und umgesetzt werden können (VO 1/2006 Tz. 106, 107).

Vor Beendigung des Auftrages und der Auslieferung des Prüfungsberichtes hat der verantwortliche WP eine abschließende Durchsicht der Auftragsergebnisse durchzuführen, um sich eigenverantwortlich ein Urteil über die Einhaltung der gesetzlichen Vorschriften und fachlichen Regelungen zu bilden; dies umfasst auch die auftragsbezogene Qualitätssicherung (§ 39 Abs. 4 BS WP/vBP). Der verantwortliche WP hat die durchgeführten Arbeiten, deren Dokumentation und die geplante Berichterstattung zu würdigen. Soweit Mängel festgestellt werden, sind diese vor Berichtsauslieferung zu beheben. Die abschließende Durchsicht ist mit Umfang und Zeitpunkt zu dokumentieren. Bei Wechsel der Zuständigkeit während eines Auftrages hat der übernehmende WP die bis zum Zeitpunkt des Wechsels durchgeführten Arbeiten durchzusehen (VO 1/2006 Tz. 108–111).

Prüfungsakten sind nach § 51b Abs. 5 WPO spätestens 60 Tage nach Unterzeichnung des Bestätigungsvermerks zu schließen. D. h. die Prüfungsdokumentation ist so abzuschließen, dass nach diesem Zeitraum keine Änderungen mehr vorgenommen werden können.

2.5.2.3 Die auftragsbezogene Maßnahmen zur Qualitätssicherung – Berichtskritik

Die **Berichtskritik** hat sich als ein wesentlicher Bestandteil der Qualitätssicherung der Abschlussprüfung bewährt. Grundsätzlich hat der auftragsverantwortliche WP ausgehend vom Risiko des Prüfungsmandats zu entscheiden, welche auftragsbezogene Maßnahmen zur Qualitätssicherung zu ergreifen sind (§ 48 Abs. 1, 2 BS WP/vBP). I. d. R. ist bei allen Abschlussprüfungen eine Berichtskritik durchzuführen. Nur wenn mit dem Auftrag besonders niedrige Risiken verbunden sind und es in der WP-Praxis ausreichende Regelungen zur Einhaltung der gesetzlichen und fachlichen Regelungen für die Auftragsabwicklung gibt, liegt es im Ausnahmefall im pflichtgemäßen Ermessen des verantwortlichen WP auf eine Berichtskritik zu verzichten (VO 1/2006 Tz. 115). Im Zweifelsfall kann der verantwortliche WP internen oder externen Rat einholen. Im Zweifel sollte eine Berichtskritik durchgeführt werden (VO 1/2006 Tz. 117). Berichtskritik ist eine zusätzliche Maßnahme der Qualitätssicherung und beruht auf dem „Vier-Augen-Prinzip".

Gegenstand der Berichtskritik ist der Entwurf des Berichtes. Der Berichtskritiker prüft, ob die Grundsätze der ordnungsgemäßen Berichterstattung[427] eingehalten worden sind. Es ist zu prüfen, ob die im Prüfungsbericht enthaltenen Informationen mit denen im Abschluss bzw. mit den im zugrundeliegenden Prüfungsgegenstand enthaltenen Informationen im Einklang stehen und in sich widerspruchsfrei sind. Anhand von Plausibilitätsprüfungen hat der Berichtskritiker zu überprüfen, ob die Ausführungen zu den wesentlichen Prüfungshandlungen keine Verstöße gegen gesetzliche Vorschriften oder fachliche Regelungen erkennen lassen und die Ergebnisse, Schlussfolgerungen und Beurteilungen nachvollziehbar sind (VO 1/2006 Tz. 113).

Die WP-Praxis hat Kriterien festzulegen, welche fachlichen und personellen Voraussetzungen der Berichtskritiker haben muss. Er darf nicht der auftragsverantwortliche WP oder eine sonst an der Berichtserstellung oder Prüfungsdurchführung beteiligte Person sein (§ 48 Abs. 2 BS WP/vBP). Der Berichtskritiker kann aber als zweiter WP den Bestätigungsvermerk unterzeichnen.

Die Berichtskritik und ein möglicher Verzicht auf diese sind ausreichend zu dokumentieren (VO 1/2006 Tz. 120).

2.5.2.4 Die auftragsbegleitende Qualitätssicherung – § 319a HGB Mandate (§ 48 Abs. 3 BS WP/vBP)

Bei der Abschlussprüfung von Unternehmen von öffentlichem Interesse nach § 319a HGB ist nach Art. 8 EU-VO (bisher § 24d Abs. 2 Satz 1 BS WP/vBP) eine auftragsbegleitende Qualitätssicherung durchzuführen. Bei Prüfungen nach § 316 HGB liegt muss der WP Kriterien festlegen, in welchen Fällen eine auftragsbegleitende Qualitätssicherung notwendig ist (§ 48 Abs. 1 BS WP/vBP). Diese umfasst alle Phasen der Auftragsabwicklung, von der Planung über die Durchführung bis zur Berichtserstellung einschließlich der Berichtskritik (VO 1/2006 Tz. 126). Der auftragsbegleitende Qualitätssicherer hat bei seiner Tätigkeit vor allem folgende Aspekte zu berücksichtigen (VO 1/2006 Tz. 127):

---

427 IDW PS 450.

- Ist der Berufsgrundsatz der Unabhängigkeit bei der Auftragsannahme bzw. -fortführung beachtet worden?
- Stimmt der Prozess der Auftragsabwicklung mit den Regelungen der Praxis überein?
- Wurden erkannte bedeutsame Risiken bei der Auftragsabwicklung berücksichtigt?
- Entsprach die Konsultation den praxisinternen und berufsrechtlichen Anforderungen und wurden die Ergebnisse entsprechend berücksichtigt?
- Wurden festgestellte Mängel und sonstige Feststellungen beim Prüfungsurteil angemessen berücksichtigt?
- Ist die Berichterstattung ordnungsgemäß?
- Ist die Auftragsabwicklung ordnungsgemäß?

Der Umfang der auftragsbegleitenden Qualitätssicherung hängt von der Art und der Komplexität des Auftrages und den Erfahrungen des Prüfungsteams ab. Es sollen Gespräche mit dem auftragsverantwortlichen WP, die Durchsicht von ausgewählten Arbeitspapieren, bedeutenden Sachverhalten, des Berichtes inklusive der Ergebnisse der Berichtskritik Gegenstand der Tätigkeiten sein (VO 1/2006 Tz. 128).

Der auftragsbegleitende Qualitätssicherer darf nicht an der Durchführung des Auftrages beteiligt sein, er muss fachlich und persönlich geeignet sein (§ 48 Abs. 3 Satz 2 BS WP/vBP) und er muss ausreichende Erfahrung, eine persönliche Autorität und die notwendige Objektivität haben. Soweit in der Praxis keine geeignete Person vorhanden ist, kann eine externe Person beauftragt werden. Es wird sich i. d. R. um einen weiteren WP handeln (VO 1/2006 Tz. 131).

Um die notwendige Objektivität zu gewährleisten, sollte der auftragsbegleitende Qualitätssicherer nicht von dem auftragsverantwortlichen WP bestimmt werden, er sollte nicht in die Auftragsabwicklung einbezogen sein und keine Entscheidungen für das Prüfungsteam treffen (VO 1/2006 Tz. 135).

Der auftragsbegleitende Qualitätssicherer darf den Prüfungsbericht nicht mit unterzeichnen.

Im QS muss geregelt sein, dass ein neuer auftragsbegleitender Qualitätssicherer zu bestimmen ist, wenn der bisherige nicht mehr die Fähigkeit zur objektiven auftragsbegleitenden Durchführung hat (VO 1/2006 Tz. 138).

Der auftragsbegleitende Qualitätssicherer hat seine Tätigkeiten entsprechend den Vorgaben der Praxis zu dokumentieren (VO 1/2006 Tz. 139).

In der WP-Praxis sind Regelungen zur Lösung von Meinungsverschiedenheiten zwischen auftragsverantwortlichem WP und auftragsbegleitendem Qualitätssicher zu treffen (VO 1/2006 Tz. 130).

Gleichzeitig ist festzulegen, in welchen komplexen, risikobehafteten Abschlussprüfungen nach § 319 HGB ein auftragsbegleitender Qualitätssicher mit einzubeziehen ist.

HINWEIS

Plant ein Mandant einen Börsengang oder die Auflage einer Anleihe, ist dies ein Fall für eine freiwillige auftragsbegleitende Qualitätssicherung.

2.5.2.5 Abschluss der Auftragsabwicklung und Archivierung der Arbeitspapiere

In der WP-Praxis sind Regelungen einzuführen die gewährleisten, dass zeitnah nach der Auslieferung der Berichterstattung die Auftragsdokumentation abgeschlossen ist. Bei Abschlussprüfungen sollte dies innerhalb von 60 Tagen nach Erteilung des Bestätigungsvermerkes erfolgt sein (§ 51b Abs. 5 WPO; VO 1/2006 Tz. 144–146).

Aus dem Berufsgrundsatz zur Verschwiegenheit ergibt sich, dass mit den Arbeitspapieren gewissenhaft umzugehen ist und diese sicher und vertraulich, sowie verfügbar aufbewahrt werden müssen. Die Arbeitspapiere müssen vor der pflichtwidrigen Veränderung, der Vernichtung, dem Verlust, der Beschädigung und vor unbefugter Einsichtnahme geschützt werden. Mögliche Vorkehrungen in der WP-Praxis sind: Passwortschutz, Anweisungen an Mitarbeiter, Datensicherungen, Festlegung von Zuständigkeiten und Beschränkung des Zugriffs (VO 1/2006 Tz. 147–151).

Für die Dauer der Aufbewahrungszeit gem. § 51b Abs. 2 WPO sind die Arbeitspapiere sicher zu archivieren. Während der Aufbewahrungszeit müssen sie verfügbar, zugänglich und lesbar gemacht werden können, damit befugten Dritten die Einsicht in die Arbeitspapiere gewährt werden kann.

Die Arbeitspapiere stehen im Eigentum der WP-Praxis. Ob diese Dritten zur Verfügung gestellt werden können, hat die Praxisleitung unter Berücksichtigung der geltenden Rechtsvorschriften (Verschwiegenheitsgrundsatz, Datenschutzbestimmungen, Steuergeheimnis etc.) nach pflichtgemäßem Ermessen zu entscheiden (VO 1/2006 Tz. 152–155).

2.5.2.6 Interne Nachschau

Als weiteres Instrument zur Überwachung der Angemessenheit und Wirksamkeit des QS sind Regelungen für eine interne Nachschau, die nun in § 55b Abs. 3 WPO und § 49 BS WP/vBP geregelt ist, zu treffen. Hierbei haben die WP ihr QS, und davon zumindest die Grundsätze und Verfahren für die Abschlussprüfung, die Fortbildung, die Anleitung und Kontrolle der Mitarbeiter sowie die Handakten, einmal jährlich zu bewerten. Die Nachschau muss auch bei gegebenen Anlass durchgeführt werden. Verantwortlich für die interne Nachschau ist die Praxisleitung, die andere erfahrene Personen damit beauftragen kann. Die mit der internen Nachschau beauftragten Personen dürfen weder an der Auftragsdurchführung noch an der auftragsbegleitenden Qualitätssicherung beteiligt sein. Bei kleinen nicht komplexen WP-Praxen ist eine Selbstvergewisserung möglich. Auch eine Beauftragung von fachlich versierten und erfahrenen externen WP ist möglich.

Es ist für die interne Nachschau eine zeitliche und personelle Nachschauplanung zu erstellen. Die interne Nachschau sollte periodisch einmal jährlich vorgenommen werden; der bis 2016 gültige Zyklus, der 3 Jahre nicht überschreiten sollte, ist nun gesetzlich entfallen. Der IDW PH 9.140 erhält eine Checkliste zur Durchführung der Qualitätskontrolle, die praxisindividuell angepasst werden kann.

Die interne Nachschau umfasst die Elemente des Qualitätssicherungssystems mit der Praxisorganisation und der Auftragsabwicklung. Die Nachschau der Praxisorganisation sollte folgende Punkte umfassen (VO 1/2006 Tz. 162):

- Berücksichtigung von gesetzlichen und berufsständischen Anforderungen im QS
- Einhaltung bzw. Kenntnis über das QS

- jährliche und bei § 319a HGB Mandaten auftragsbezogene Unabhängigkeitsabfrage
- Aus- und Fortbildungsmaßnahmen
- Regelungen zur Annahme, Fortführung und Beendigung von Aufträgen
- Maßnahmen zum Umgang mit Beschwerden und Vorwürfen
- Kommunikation von festgestellten Mängeln an die Praxisleitung
- Korrektur festgestellter Mängel und Umsetzung von Verbesserungsvorschlägen aus früheren Nachschauen

Bei der Nachschau der Abwicklung von Aufträgen ist ein Soll/Ist Vergleich der Anforderungen zur Abwicklung von Aufträgen vorzunehmen. Art und Umfang der Nachschau müssen in einem angemessenen Verhältnis zu den abgewickelten Aufträgen stehen. Die Stichprobe sollte im Rahmen einer Systemprüfung bewusst ausgewählt werden. Die bewusste Auswahl sollte sich an qualitativen Kriterien, wie Komplexität des Auftragsgegenstandes, Größe oder Branche, besondere Haftungsrisiken, öffentliches Interesse, Honorarvolumen und Erst- oder Folgeprüfung, ausrichten. Art und Umfang müssen in einem angemessenen Verhältnis zu sämtlichen abgewickelten Aufträgen stehen. Einige Aufträge sollten auch ohne Vorankündigung durchgeführt werden (VO 1/2006 Tz. 164).

Die Ergebnisse der Nachschau sollten Grundlage für die Fortentwicklung des QS sein. Aufgedeckte Verstöße sind daraufhin zu analysieren, ob es sich um Systemfehler oder um Einzelfälle handelt. Für Systemfehler sollten Verbesserungsvorschläge entwickelt werden. Die festgestellten Mängel und die Verbesserungsvorschläge sind der Praxisleitung mitzuteilen. Sollten Schwächen im System festgestellt werden, die den Grundsatz der Unabhängigkeit betreffen, sollten unverzüglich die Praxisleitung und die zuständige Stelle informiert werden. Aufgedeckte Verstöße, Mängel und Schwächen im Rahmen der Auftragsdurchführung sind dem verantwortlichen WP mitzuteilen.

Die Durchführung und die Ergebnisse der Nachschau sind zu dokumentieren. Über die Nachschau ist nach § 55b Abs. 3 Satz 3 WPO ein Bericht zu erstellen. Dieser hat folgende Bestandteile:

- Bewertung der Ergebnisse;
- Maßnahmen, die bei Mängeln ergriffen oder vorgeschlagen werden;
- Verstöße gegen Berufspflichten und gegen die EU-VO bei § 319a-Mandanten, soweit sie nicht nur geringfügig sind;
- die aus den Verstößen erwachsenen Folgen und die zur Behebung der Verstöße ergriffenen Maßnahmen.

Dieser interne Nachschaubericht ist eine ausschließlich interne Dokumentation, die nur dem Prüfer für Qualitätskontrolle, aber nicht der Kommission für Qualitätskontrolle oder der Abschlussprüferaussichtstelle vorzulegen ist. Bei einer Selbstvergewisserung, die nach § 49 Abs. 4 BS WP/vBP dann möglich ist, wenn in der Praxis kein fachlich und persönlich geeigneter Mitarbeiter zur Verfügung steht, sind auch die Gründe für diese zu dokumentieren (VO 1/2006 Tz. 171).

2.5.2.7 Zusammenfassung

Die einzelnen Arten der Qualitätssicherung bei der Auftragsabwicklung lassen sich wie folgt systematisieren:

ABB. 4: Qualitätssicherung bei der Auftragsabwicklung

laufende Überwachung	abschließende Durchsicht	Berichtskritik	auftragsbegleitende Qualitätssicherung	Nachschau
▲ alle Prüfungen mit Siegel ▲ verantwortlicher WP ▲ alle Phasen der Prüfung ▲ Einhaltung der Prüfungsanweisungen, laufende Überwachung der Mitarbeiter, Verfolgung des Auftragsfortschritts	▲ alle Prüfungen mit Siegel ▲ verantwortlicher WP ▲ vor Beendigung der Prüfung ▲ Grundlage des eigenverantwortlichen Urteils über die Einhaltung der gesetzlichen und fachlichen Vorschriften und Regelungen. Würdigung der Arbeiter, der Dokumentation und geplanten Berichterstattung	▲ alle Prüfungen mit Siegel ▲ anderer WP oder fachlich geeignete Person ▲ vor Übergabe Bericht an Mandant ▲ Plausibilitätsprüfung ob die im Prüfungsbericht enthaltenden Aussagen mit denen im Abschluss im Einklang stehen und sich widerspruchsfrei sind	▲ nur Prüfungen von Unternehmen von öffentlichen Interesse i. S. d. § 319a HBG ▲ verantwortlicher WP oder fachlich geeignete Person ▲ alle Phasen der Prüfung ▲ umfassende Beurteilung der Ordnungsmäßigkeit der Auftragsentwicklung inklusive Bericht und Berichtskritik	▲ Praxisorganisation und alle Prüfungen mit Siegel ▲ Praxisleitung oder fachlich geeignete Person, abteilungs- oder niederlassungsfremd, nicht verantwortlicher WP oder auftragsbegleitender QS ▲ abgeschlossene Aufträge, jährlich ▲ Beurteilung der Praxisorganisation und der Abwicklung einzelner Aufträge

Folgende Mängel am QS System wurden in den Jahren 2006 bis 2015 festgestellt:[428]

- Nicht konsequente Umsetzung des risikoorientierten Prüfungsansatzes (IKS-Prüfung, analytische Prüfungshandlungen, IT-Prüfung)
- Unzureichende Dokumentation von Prüfungshandlungen sowie Regelungen im QS zur auftragsbegleitenden Qualitätssicherung (Berichtskritik und auftragsbegleitende Qualitätssicherung durch ungeeignete Personen bzw. Berichtskritik durch unzulässige Selbstvergewisserung)
- Regelungen zur Unabhängigkeit und Vermeidung der Besorgnis der Befangenheit
- Auftragsannahme/-fortführung bei fehlender Teilnahmebescheinigung
- Beachtung von IFRS Regelungen, fehlende Kenntnisse von IFRS Regelungen
- Wirksamkeit einzelner Regelungen zur Unternehmensfortführung und Beziehungen zu nahestehenden Personen.
- Vereinbarung von Pauschalhonoraren ohne Öffnungsklausel
- Verstöße gegen die Vorschriften zur internen Rotation des auftragsbegleitenden Qualitätssicherers bei § 319a HGB Mandaten
- Fehlende Regelung der Nachschau oder fehlende Durchführung der Nachschau

2.6 Ergebnis und Folgen der Qualitätskontrollen

2.6.1 Grundsatz

Der Prüfer hat nach Abschluss der Prüfungshandlungen einen Qualitätskontrollbericht zu verfassen, der ein Prüfungsurteil zu enthalten hat. Der Adressat des Berichtes ist der geprüfte WP, die geprüfte WP-Praxis und die Kommission für Qualitätskontrolle der WPK (vgl. § 57a Abs. 5, § 57e Abs. 1 Satz 5 Nr. 3 WPO).

2.6.2 Prüfungsurteil und Qualitätskontrollbericht

Die Prüfung ist eine Beurteilung, ob das interne Qualitätssicherungssystem den gesetzlichen und satzungsmäßigen Anforderungen genügt und ob die getroffenen Regelungen zur Qualitätssicherung bei der Durchführung einzelner Aufträge eingehalten werden (§ 57a Abs. 2 WPO). Die Art und Weise der Prüfung ist im Prüfungsstandard IDW PS 140, die Durchführung von Qualitätskontrollen in der WP-Praxis beschrieben. Die Prüfungshilfe IDW PH 9.140 enthält Checklisten zur QK-Prüfung.

Der PrfQK hat das Ergebnis der Qualitätskontrolle in einem Bericht (Qualitätskontrollbericht) zusammenzufassen (§ 57a Abs. 5 Satz 1 WPO). Der Qualitätskontrollbericht ist in der Weise zu verfassen, dass die Kommission für Qualitätskontrolle in angemessener Zeit das Urteil des Prüfers über die Angemessenheit und Wirksamkeit des QS der WP-Praxis nachvollziehen kann und sich ein Urteil über die Durchführung der Prüfung und die Bildung des Urteils des PrfQK bilden kann.[429]

428 Vgl. Tätigkeitsbericht der Kommission für Qualitätskontrolle, Website der WPK: http://go.nwb.de/ofu8w (Abruf 2. 6. 2016).

429 IDW PS 140 Tz. 83.

Der Qualitätskontrollbericht muss (§ 57a Abs. 5 WPO) folgende Inhalte umfassen:

1. Nennung der Kommission für Qualitätskontrolle und des Geprüften als Empfänger;
2. Beschreibung von Gegenstand, Art und Umfang der Prüfung, einschließlich der Beschreibung des QS-Systems nach § 55b WPO;
3. Angabe der Stundenzahl nach Prüfungsart;
4. Zusammensetzung und Qualifikation der PrQK;
5. Beurteilung des Prüfungsergebnisses.

Weitere Regelungen zum Inhalt und zur Vereinheitlichung des Aufbaus kann die SaQK regeln. Ein Qualitätskontrollbericht soll folgende Gliederung aufweisen (§ 25 SaQK):´

1. Adressaten;
2. Auftrag und Auftragsgegenstand;
3. Angaben zur Wirtschaftsprüferpraxis;
4. Beschreibung der wesentlichen Elemente des eingerichteten QS;
5. Art und Umfang der QK;
6. Maßnahmen aufgrund der in der vorangegangenen QK festgestellten Mängel;
7. Beurteilung der Prüfungsfeststellung einschließlich der Prüfungshemmnisse;
8. Empfehlungen zur Beseitigung der festgestellten Mängel;
9. Prüfungsurteil.

Der Qualitätskontrollbericht ist vom PrfQK zu unterzeichnen und zu siegeln.

Er soll der WPK möglichst in elektronischer Form zugesandt werden (§ 57a Abs. 6a WPO).

Das IDW hat eine Arbeitshilfe zur Erstellung von Qualitätskontrollberichten herausgegeben.[430] Die Kommission für Qualitätskontrolle hat ihrerseits Hinweise zum Inhalt und zur Vollständigkeit des Qualitätskontrollberichts veröffentlicht.[431]

2.6.3 Mögliche Prüfungsergebnisse

Sind vom PrfQK keine wesentlichen Mängel im QS oder Prüfungshemmnisse festgestellt worden, hat er in seinem Prüfungsurteil zu erklären, dass keine Sachverhalte bekannt geworden sind, die gegen die Annahme sprechen, dass das in der Prüfungspraxis eingeführte QS im Einklang mit den gesetzlichen und satzungsmäßigen Anforderungen steht und mit hinreichender Sicherheit eine ordnungsgemäße Abwicklung von Prüfungsaufträgen gewährleistet (§ 57a Abs. 5 Satz 4 WPO).

Sind Mängel im QS oder Prüfungshemmnisse festgestellt worden, so hat der PrQK diese zu benennen und Empfehlungen zur Beseitigung der Mängel zu geben. Soweit die festgestellten Mängel wesentlich sind, so hat der PrfQK sein Urteil einzuschränken oder zu versagen. Die Einschränkung oder die Versagung ist zu begründen (§ 57a Abs. 5 Sätze 5 und 6 WPO).

430 IDW FN 5/2008, Beiheft.

431 Siehe Website der WPK: www.wpk.de/qk/kommission-hinweise.asp (Abruf 8. 4. 2016).

Der PrQK hat die Prüfungsergebnisse zu beurteilen. Die Beurteilung erfolgt anhand aller nicht unwesentlichen Feststellungen.

ABB. 5: Beurteilung der Prüfungsfeststellungen

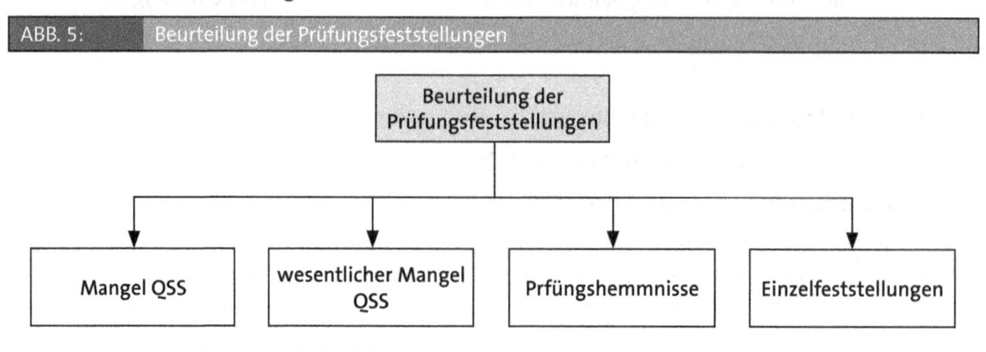

Bei Feststellungen hat der Prüfer im ersten Schritt zu beurteilen, ob es sich um eine Einzelfeststellung, eine Beanstandung des QS oder ein Prüfungshemmnis handelt. Er hat bei Einzelfeststellungen zu beurteilen, ob diese von erheblicher Bedeutung sind. Diese liegen dann vor, wenn bei der Prüfung der Auftragsabwicklung festgestellt wurde, dass in bedeutsamen Prüfungsfeldern keine hinreichende Sicherheit erzielt wurde oder konkrete Anhaltpunkte für wesentliche Fehler in der Rechnungslegung vorliegen. Er hat die Gründe für die Beurteilung als Einzelfeststellung in den Arbeitspapieren zu dokumentieren und bei erheblicher Bedeutung diese in den Bericht aufzunehmen. Bestehen Zweifel an der Abgrenzung, so sind die Gründe und die ergänzenden Prüfungshandlungen und die abschließende Würdigung im Qualitätskontrollbericht darzustellen.[432]

Bei geringfügigen Beanstandungen des QS besteht keine erkennbare Gefahr der Beeinträchtigung der beruflichen Leistungen des WP. Dies ist häufig bei Feststellungen zu formalen Pflichten der Fall. Hier sind die Beanstandungen nur in den Arbeitspapieren zu dokumentieren.[433]

Bei Beanstandungen, die eine Gefahr einer Beeinträchtigung (und zwar nicht nur zu einer entfernten Wahrscheinlichkeit) beinhalten, besteht ein Mangel des QS, über den im Qualitätskontrollbericht zu berichten ist.[434] Gleichzeitig sind Empfehlungen zur Beseitigung des Mangels zu geben.

Ein wesentlicher Mangel liegt vor, wenn ein Teil oder insgesamt die Anforderungen an das QS nicht erfüllt sind. Der wesentliche Mangel kann auch in der Mehrzahl von nicht wesentlichen Mängeln liegen. Der PrfQK hat im Qualitätskontrollbericht die Sachverhalte und die Gründe für die Beurteilung als wesentlichen Mangel darzustellen und Feststellungen, inwieweit die Angemessenheit und die Wirksamkeit des QS betroffen sind, zu treffen. Bei Vorliegen von wesentlichen Mängeln kann er das Prüfungsurteil einschränken oder versagen. Wird ein wesentlicher Mangel festgestellt, der aber vor Beendigung der Prüfung behoben ist, ist das Prüfungsurteil, soweit keine Gefahr für die künftige Prüfungsqualität besteht, nicht einzuschränken oder zu versagen.[435]

432 IDW PS 140 Tz. 97, § 22 SfQ.

433 IDW PS 140 Tz. 99.

434 IDW PS 140 Tz. 100, § 22 Abs. 3 SfQ.

435 IDW PS 140 Tz. 101–103, § 22 Abs. 3 SfQ.

Ein Prüfungshemmnis liegt vor, wenn der Prüfer das QS ganz oder teilweise nicht mit einer angemessenen Sicherheit beurteilen kann. Dies kann der Fall sein, wenn nicht alle Auskünfte und Unterlagen zur Verfügung gestellt werden. Über Prüfungshemmnisse ist so zu berichten, dass die KfQK die Grundlagen für ihre Entscheidungen bekommt (§ 22 Abs. 3 SfQ).

Bei einer Einschränkung des Prüfungsurteils hat der PrfQK Empfehlungen zur Beseitigung der Mängel zu geben (§ 57a Abs. 5 Satz 6 WPO).

Für das Prüfungsurteil gibt es in der Anlage zu § 23 SaQK Formulierungsvorschläge.

2.6.4 Auswertung des Berichts durch die Kommission für Qualitätskontrolle

Nach Abschluss der Prüfung leitet der PrfQK eine Ausfertigung des Qualitätskontrollberichts dem Geprüften und der Kommission für Qualitätskontrolle der WPK unverzüglich zu (§ 57a Abs. 6 Satz 2 WPO). Die WPK wertet den Bericht gem. § 26 SfQ aus und prüft, ob

- die Berichterstattungsgrundsätze eingehalten sind,
- die Feststellungen das Urteil rechtfertigen und
- die QK nicht nach den gesetzlichen Vorschriften, Satzungen und fachlichen Regelungen durchgeführt wurde.

Wurden Prüfungshemmnisse oder wesentliche Mängel festgestellt, so soll die Praxis hierzu Stellung nehmen. Diese Stellungnahme ist in die Auswertung des Berichts mit einzubeziehen.

2.6.5 Maßnahmen der Kommission

Liegen laut Prüfungsbericht Mängel vor, wurden Verletzungen von Berufsrecht festgestellt oder wurde die QK nicht nach den gesetzlichen Bestimmungen durchgeführt, so kann die Kommission nach § 57e Abs. 2 Satz 1 WPO und § 27 BS WP/vBP folgende Maßnahmen treffen:

- Auflagen zur Beseitigung der Mängel;
- anlassabhängige Sonderprüfung
- Löschung der Eintragung als Abschlussprüfer im Berufsregister nach § 57a Abs. 6a WPO

Der WP ist vor Erteilung der Maßnahmen zu hören. Die Nichtbefolgung von Maßnahmen kann durch Zwangsgeld (bis 25.000 €) erzwungen werden (§ 57e Abs. 3 WPO; § 27 Abs. 4 SfQ). Das Zwangsgeld kann wiederholt festgesetzt werden. Gegen Maßnahmen der Kommission ist der Widerspruch möglich und der Verwaltungsrechtsweg eröffnet (§ 57e Abs. 1 Nr. 6 WPO).

Auflagen dienen dazu, fehlende Regelungen zu schaffen oder die Anwendung von bestehenden Regelungen sicherzustellen.[436]

Der Geprüfte hat ihm erteilten Auflagen in der ihm vorgegebenen Frist zu erfüllen und unverzüglich schriftlich darüber zu berichten (§ 57e Abs. 2 WPO). Es ist ein sog. **Auflagenerfüllungsbericht** zu erstellen.[437] Dieser ist unverzüglich nach Erfüllung der Auflage von der WP-Praxis vorzulegen (§ 28 SfQ). Der Erfüllungsbericht muss nachvollziehbar darstellen, dass die WP-Praxis die nach Struktur und Größe angemessenen geeigneten Aktivitäten ergriffen hat und die Ange-

436 Vgl. *Claus*, in: WPO Kommentar, 2. Aufl., Düsseldorf 2013, § 57e Tz. 11.

437 Die Kommission für Qualitätskontrolle hat einen Hinweis zu Erfüllungsberichten unter www.wpk.de/qk/kommission-hinweise.asp herausgegeben (Abruf 8. 4. 2016).

messenheit und/oder Wirksamkeit der getroffenen Maßnahmen gewährleistet ist. Es sind die geschaffenen Regelungen, die Durchsetzung der Regelungen und sämtliche weiteren Überwachungsaktivitäten darzustellen. Der Erfüllungsbericht hat eine Selbsterklärung zu enthalten. Die WP-Praxis kann mit der Überprüfung der Erfüllung einen externen WP beauftragen. Die Selbsterklärung kann aber nur der WP bzw. die WP-Praxis selbst abgeben.

Eine **Sonderprüfung** gem. § 27 Abs. 3 BS WP/vBP kann zur Prüfung von Erfüllung von Auflagen angeordnet werden.[438] Die Anordnung einer Sonderprüfung ist ein intensiver Eingriff in die WP-Praxis und bei der Anordnung sollte der Grundsatz der Verhältnismäßigkeit berücksichtigt werden. Die Kommission kann die Durchführung einer Sonderuntersuchung durch einen anderen PrfQK anordnen (§ 27 Abs. 3 Satz 8 SfQ), der Regelfall ist aber ein Vorschlag der Praxis von bis zu drei PrQK, die mit der Sonderprüfung beauftragt werden sollen.

2.6.6 Löschung der Registrierung

Die Registrierung nach § 38 Nr. 1 WPO ist in den folgenden Fällen zu löschen (§ 57a Abs. 6a WPO):

- wenn die QK nicht innerhalb der von der KfQK vorgegebenen Frist durchgeführt wurde;
- die Unabhängigkeit des PrQK nicht gegeben war, der PrQK nicht als solcher registriert war;
- wesentliche Prüfungshemmnisse festgestellt worden sind oder wesentliche Mängel im QS bestehen, die insgesamt das QS als unangemessen und unwirksam erscheinen lassen.

2.6.7 Rechtsfolgen bei Nichtregistrierung als Abschlussprüfer

Wird ein WP nicht als Abschlussprüfer registriert oder wird die Registrierung gelöscht, führt dies zum Verlust der Berechtigung zur Durchführung von gesetzlichen Abschlussprüfungen (§ 319 Abs. 2 Satz 2 Nr. 2 HGB). Der hierauf gerichtete zivilrechtliche Vertrag wäre nichtig (§ 134 BGB). Ein unter Verstoß gegen diese Regelung geprüfter Jahresabschluss ist trotzdem wirksam.[439]

2.6.8 Unterrichtung des Vorstands der WPK

Die Kommission für Qualitätskontrolle hat den Vorstand der WPK zu unterrichten, wenn ein Widerruf der Bestellung als WP oder der Anerkennung der WPG in Betracht zu ziehen ist. Die Regelung des § 57e Abs. 4 WPO gilt unverändert. Neu ist nun, dass wenn eine Einleitung eines berufsgerichtlichen Verfahrens in Betracht zu ziehen ist, dies die KfQK an die WPK und die dafür zuständige Vorstandsabteilung Berufsaufsicht zu melden hat. Dies bedeutet, dass bei erheblichen Einzelfeststellungen, diese für die Beurteilung ob ein berufsaufsichtsrechtliches Verfahren eröffnet wird, die Informationen weiter über die Einzelfeststellung geleitet werden.

---

438 Vgl. *Claus*, in: WPO Kommentar, 2. Aufl., Düsseldorf 2013, § 57e Tz. 21.

439 Hinweis in der Begründung auf BGH NJW 1992 S. 1148 ff.

2.7 Rahmenbedingungen der Qualitätskontrollen

2.7.1 Einbindung des Systems in die WPK

Das System der QK ist nach § 57 Abs. 2 Nr. 14 WPO Aufgabe der WPK und als solches ist die Kommission für Qualitätskontrolle als eigenständiges Organ in die Organisation der WPK eingebunden.

2.7.2 Verhältnis zur Berufsaufsicht

Bisher war eine strikte organisatorische und personelle Trennung zwischen Qualitätskontrolle und Berufsaufsicht bei der WPK gegeben (§ 7 SfQ alt). Nun gibt es die Verpflichtung gem. § 57e Abs. 4 WPO und damit wurde die bestehende Firewall gesetzlich aufgehoben.

Getrennt von den für die Berufsaufsicht zuständigen Stellen der WPK wurden eingerichtet:

- die Kommission für Qualitätskontrolle (§§ 57e, 59 Abs. 1 Nr. 4 WPO) als Organ der WPK und
- die Abschlussprüferaufsichtsstelle (APAS) als unabhängiges und selbständiges Überwachungsorgan der § 319a-Prüfer und als die öffentliche fachbezogene Aufsicht über die WPK (§ 66a Abs. 1 WPO).

Zur Wahrnehmung ihrer Aufgaben erhält die APAS alle Beratungsunterlagen der Kommission für Qualitätskontrolle und ihrer entscheidungsbefugten Abteilungen. Die APAS kann an den Beratungen der Kommission für Qualitätskontrolle teilnehmen, was auch regelmäßig geschieht.

2.8 Die Gremien für Qualitätskontrolle bei der WPK

2.8.1 Kommission für Qualitätskontrolle § 57e WPO

ABB. 6: Kommission für Qualitätskontrolle

Kommission für Qualitätskontrolle

Zusammensetzung (§ 57e Abs. 1 Satz 1 WPO)	WP und vBP, gewählt auf Vorschlag des Beirates der WPK
Aufgaben (§ 57e Abs. 1 Satz 5 Nr. 1 bis 5 WPO)	► Registrierung der PrfQK ► Risikoanalyse und Anordnung einer QK ► Entgegennahme und Auswertung der Qualitätskontrollberichte ► Entscheidungen über die Rücknahme oder den Widerruf der Registrierung als Prüfer für Qualitätskontrolle
Maßnahmen (§ 57e Abs. 2 und 3 WPO)	► Auflagen zur Beseitigung von Mängeln ► Sonderprüfung bei schwerwiegenden Mängeln ► Entscheidung über die Löschung der Eintragung als gesetzlicher Abschlussprüfer (§ 38 Nr. 1 Buchst. h oder Nr. 2 Buchst. f WPO) ► Zwangsgeld zur Durchsetzung der Maßnahmen
Rechtsmittel (§ 57e Abs. 3 WPO)	Widerspruch und Verwaltungsrechtsweg

2.8.1.1 Allgemeines

Mitglieder der Kommission für Qualitätskontrolle sind WP und vBP, die auf Vorschlag des Vorstands der WPK vom Beirat gewählt werden (§ 57e Abs. 1 Satz 2 WPO). Sie sind unabhängig und nicht weisungsgebunden (§ 57e Abs. 1 Satz 3 WPO) und dürfen nicht Vorstand oder Beiratsmitglied der WPK sein.

2.8.1.2 Aufgaben

Die Kommission für Qualitätskontrolle ist innerhalb der WPK zuständig für alle Angelegenheiten der Qualitätskontrolle i. S.v. § 57a WPO, soweit nicht die APAS zuständig ist (§ 57e Abs. 1 Satz 4 WPO).

Ihr obliegt insbesondere nach § 57e Abs. 1 Satz 5 WPO:

- ► Anordnung zur Durchführung einer QK;
- ► PrfQK nach § 57a Abs. 3 WPO zu registrieren;
- ► Qualitätskontrollberichte entgegenzunehmen und auszuwerten;
- ► Aufsicht über die Prüfer für Qualitätskontrolle;

- über Maßnahmen nach § 57e Abs. 2 und 3 WPO (insbesondere Sanktionen und Zwangsgeld) zu entscheiden; diese können nicht Gegenstand eines berufsgerichtlichen Verfahrens sein (§ 57e Abs. 5 WPO);
- Widersprüche gegen Entscheidungen im Zusammenhang mit der Qualitätskontrolle zu bescheiden (§ 57e Abs. 1 Satz 5 WPO).

Darüber hinaus ist die Kommission für Qualitätskontrolle zuständig für:

- Ausübung des Widerspruchsrechts im Rahmen der Prüferauswahl (§ 57a Abs. 6 Satz 3 WPO);
- Überwachung der speziellen Fortbildungspflicht für die PrfQK (§ 57a Abs. 3 WPO).

Die Kommission für Qualitätskontrolle kann wie die APAS und mit deren Einvernehmen an den Qualitätskontrollen (§ 15 Abs. 1 BS WP/vBP) und hier vor allem an den Schlussbesprechungen teilnehmen und sie kann sich die Arbeitsunterlagen des PrQK vorlegen lassen. Eine beabsichtigte Teilnahme soll der zu prüfenden Praxis so früh wie möglich mitgeteilt werden.

Sie erstellt jährlich einen öffentlichen Tätigkeitsbericht der nach Billigung der APAS auf der Internetseite der WPK veröffentlicht wird.

2.8.2 Überwachung der Qualitätskontrolle durch die APAS (§ 66a WPO)

Für die öffentliche Überwachung der fachbezogenen Aufgaben der WPK und damit der Qualitätskontrolle, ist die Abschlussprüferaufsichtstelle in Deutschland (Abschlussprüferaufsichtsstelle/APAS) zuständig (§ 66a WPO, siehe auch Kapitel X).

Die APAS kann zur Durchführung ihrer Aufgaben die erforderlichen Aufklärungen und Nachweise von der WPK und dem PrfQK verlangen.

Die Mitglieder der APAS haben das Recht, an einer Qualitätskontrolle und den Sitzungen der Kommission für Qualitätskontrolle teilzunehmen. Die APAS ist für die Aufsicht der Prüfer von PIE und damit für die Organisation und Durchführung der anlassunabhängigen Sonderuntersuchungen/Inspektionen zuständig und verantwortlich (§§ 61a Satz 2 Nr. 2, 62b Abs. 1 WPO).

2.9 Haftung der Prüfer: Haftungsbegrenzung

Die Haftsumme ist wie in § 323 Abs. 2 HGB für den PrfQK begrenzt (§ 57b Abs. 4 WPO).

3. Besonderheiten bei Prüfern von Unternehmen im öffentlichen Interesse

3.1 Unternehmen im öffentlichen Interesse (PIE)

Art. 2 Nr. 13 EU RL definiert PIE; demnach sind kapitalmarktorientierte Unternehmen, Kreditinstitute, Versicherungsunternehmen und Unternehmen, die von den Mitgliedstaaten als solche bestimmt werden, PIE. Im AReG wird der Anwendungsbereich für folgende Unternehmen definiert:

- CRR-Kreditinstitute i. S. des § 1 Abs. 3d Satz 1 KWG, d. h. Banken, mit Ausnahmen der Deutschen Bundesbank und der Kreditanstalt für Wiederaufbau (KfW), Sparkassen und Genossenschaftsbanken;

- Versicherungsunternehmen mit folgenden Tätigkeiten: Lebensversicherung sowie Zusatzversicherungen zur Lebensversicherung, Rentenversicherungen und Schadensversicherungen, nicht Sterbekassen, Pensionskassen und Pensionsfonds.

Die PIE-Eigenschaft ist für jede Gesellschaft gesondert zu beurteilen.[440]

Nach Art. 14 der EU-VO besteht für PIE-Prüfer die Verpflichtung eine Liste der geprüften PIE-Mandate zu erstellen und diese der APAS vorzulegen. Die Liste hat pro PIE-Mandat folgende Informationen zu enthalten:

- Einnahmen aus der Abschlussprüfung;
- Einnahmen aus anderen Nichtprüfungsleistungen als solchen nach Art. 5 Abs. 1 EU-VO, die aufgrund von Unionsrecht oder nationalem Recht erforderlich sind.

Die Liste dient der APAS für interne Zwecke und ist kein Bestandteil des Transparenzberichts.

3.2 Der Transparenzbericht

Gem. Art. 13 der EU-Verordnung über spezifische Anforderungen an die Abschlussprüfung bei Unternehmen von öffentlichem Interesse 2005/909/EG (EU-VO) (bisher in § 55c WPO geregelt) sind WP und WPG, die § 319a HGB-Mandate betreuen, jährlich zur Aufstellung eines Transparenzberichts verpflichtet. Dieser ist auf der Internetseite der Praxis zu veröffentlichen. Zweck dieses Berichts ist es, der Öffentlichkeit die Gesellschafts-, Aufsichts- und Qualitätsstruktur des betreffenden WP oder der WPG darzustellen. Auch wird durch diese Veröffentlichungspflicht der Kreis der Prüfer von Unternehmen im öffentlichen Interesse sowohl für die Berufsaufsicht als auch für Dritte bekannt. Zuständig für die § 319a-Prüfer ist ab dem 17. 6. 2016 die APAS, die auch Empfänger des Transparenzberichts ist. Die Transparenzberichte werden von der APAS auf ihre Vollständigkeit und inhaltliche Übereinstimmung mit den Anforderungen der EU-VO überprüft. Dabei wird auch ein Abgleich mit dem Berufsregister und den Qualitätskontrollberichten vorgenommen. Im Rahmen von Sonderuntersuchungen können stichprobenweise die Angaben überprüft werden.[441]

Die Pflichtbestandteile des Berichts sind insbesondere:

- die Beschreibung der Rechtsform und der Eigentumsverhältnisse;
- die Beschreibung der organisatorischen und rechtlichen Struktur des Netzwerks, dem die Praxis ggf. angehört;
- die Beschreibung der Leitungsstruktur der Prüfungsgesellschaft;
- die Beschreibung des internen QS sowie die Erklärung zur Wirksamkeit des QS;
- das Datum der letzten Qualitätskontrollprüfung;
- die Erklärung, mit welchen Maßnahmen die Unabhängigkeitsanforderungen gewahrt werden, und deren interne Überprüfung;
- die Liste der § 319a HGB-Mandate des WP bzw. der WPG;
- die Erklärung, wie die Praxis die geforderte kontinuierliche Fortbildung der WP gewährleistet;

440 EU-Regulierung der Abschlussprüfung, IDW Positionspapier 2016.

441 Vgl. WPK Magazin 1/2009 S. 12.

- Informationen über die Vergütungsgrundlagen der Organmitglieder und leitenden Angestellten;
- Angaben zum Gesamtumsatz des WP oder der WPG, aufgegliedert nach den § 319a-Mandaten, anderen Mandaten, Einnahmen aus zulässigen Nichtprüfungsleistungen für § 319a-Mandate und andere Unternehmen.

Neu sind die Angaben zu den Netzwerkunternehmen: Ab dem 17.6.2016 müssen alle Netzwerkmitglieder namentlich unter Angabe des Landes und ihres Gesamtumsatzes angegeben werden.

Ein Transparenzbericht war bis zum 16.6.2016 bis zum 31.3. des Folgejahres der erstmaligen Durchführung einer Prüfung eines § 319a HGB-Mandates zu erstellen. Nun ist dieser alljährlich spätestens vier Monate nach Abschluss jedes Geschäftsjahres zu erstellen. Hier kann sich eine Berichtslücke für WPG mit abweichendem Wirtschaftsjahr ergeben. Eine Abschlussprüfung ist mit der Erteilung des Bestätigungsvermerkes durchgeführt und abgeschlossen.[442] Auf die Erteilung des Auftrages oder die Durchführung von Prüfungshandlungen kommt es nicht an. So ist auch letztmalig ein Transparenzbericht abzugeben, spätestens vier Monate nach Ende des letzten Geschäftsjahres nach dem letzten Bestätigungsvermerk für ein § 319a HGB-Mandat.

Eine Ausnahmegenehmigung oder Befreiung von der Aufstellung eines Transparenzberichtes gibt es nicht.

Die WPK hat im Januar 2009 einen Katalog von Hinweisen zur Veröffentlichung und Gestaltung von Transparenzberichten im Internet veröffentlicht. Da es zur EU-VO noch keine weitergehenden Hinweise gibt, wird im Folgenden, soweit die EU-VO sich mit der WPO alt überschneidet, dies dargestellt. Die wesentlichen Ausführungen der WPK zu Inhalt und Form werden hier wie folgt zusammengefasst:[443]

3.2.1 Beschreibung der Eigentumsverhältnisse (§ 55c Abs. 1 Nr. 1 WPO alt; Art. 13 Abs. 2a EU-VO)

Nach dem Wortlaut der Vorschrift sind die Eigentumsverhältnisse zu „beschreiben". In § 38 Nr. 2 lit. d) WPO sind für Wirtschaftsprüfungsgesellschaften genaue persönliche Angaben der Gesellschafter zu ihrer Person und zu ihrer Beteiligung anzugeben. Mit der Beschreibung der Eigentumsverhältnisse gem. § 55c Abs. 1 Nr. 1 WPO kam es dem Gesetzgeber nicht darauf an, die Pflichtangaben des Berufsregisters im Transparenzbericht zu wiederholen. Deswegen ist auch die Angabe der Beteiligungen der einzelnen Gesellschafter wie auch die namentliche Nennung der Gesellschafter im Transparenzbericht nicht erforderlich.

Nach Auffassung der WPK muss aber im Transparenzbericht die Struktur der Eigentumsverhältnisse deutlich gemacht werden. Die Gesellschaftergruppen sind ihrem Status nach zu beschreiben.[444] Hinsichtlich des Verhältnisses zwischen den verschiedenen Statusgruppen ist eine prozentuale Quote anzugeben. Ferner ist nach Auffassung der WPK anzugeben, ob es einen Mehrheitsgesellschafter gibt, ob bestimmte Personen oder Gruppen einen beherrschenden Einfluss

442 Vgl. *Pfitzer/Oser*, WPK-Magazin 4/2007 S. 55.

443 Vgl. Website der WPK: http://www.wpk.de/transparenzberichte/hinweise.asp (Abruf 8.4.2016).

444 Berufsangehörige, WPG und Gleichgestellte nach § 28 Abs. 4 Satz 1 Nr. 1 WPO bzw. Gesellschafter gem. § 28 Abs. 4 Satz 1 Nr. 1a WPO.

ausüben können oder ob die Gesellschaft über eine Eigentümerstruktur mit annähernd gleichen Beteiligungshöhen verfügt.

Bei mehrstufigen Eigentumsverhältnissen sind weitere besondere Angaben erforderlich, insbesondere auch Angaben über die natürlichen Personen, die auf der obersten Stufe die Anteile halten.

3.2.2 Beschreibung der Leitungsstruktur bei Wirtschaftsprüfungsgesellschaften (§ 55c Abs. 1 Satz 3 Nr. 1 WPO; Art. 13 Abs. 2c EU-VO)

Auch hier geht es nicht um eine Wiederholung der Pflichteintragungen im Berufsregister, also z. B. die Nennung der Namen, des Berufs und der Anschriften der Mitglieder des zur gesetzlichen Vertretung berufenen Organs einer juristischen Person. Vielmehr hat eine Beschreibung der tatsächlichen Leitungs- und Aufsichtsstruktur unter Nennung der zuständigen Gremien und Darstellung ihrer Zusammensetzung nach beruflicher Qualifikation zu erfolgen. Dabei empfiehlt die WPK auch die namentliche Nennung der Mitglieder. Gibt es innerhalb der Gesellschaft in Bezug auf mandantenbezogene Tätigkeiten organisatorische Differenzierungen (z. B. Wirtschaftsprüfung, Steuerberatung und betriebswirtschaftliche Beratung) und ist die Verantwortung in der Geschäftsführung entsprechend aufgeteilt, ist eine entsprechende Funktionsbeschreibung vorzunehmen, es sei denn die Leitung der verschiedenen Bereiche erfolgt in gemeinsamer Verantwortung.

3.2.3 Die Beschreibung des internen QS und dessen praxisinterne Durchsetzung sowie die Erklärung zur Wirksamkeit des QS

Das interne QS, das i. d. R. in einem Qualitätshandbuch der Praxis hinterlegt ist, ist möglichst vollständig zu beschreiben. Hierbei ist auf sämtliche in der VO 1/2006 in Ziff. 4 genannten Bestandteile des QS und die in § 55b WPO genannten Mindestregelungen eines QS einzugehen. Diese sind:

- Beachtung der allgemeinen Berufspflichten (insb. berufliche Unabhängigkeit, Unparteilichkeit und Vermeidung der Besorgnis der Befangenheit);
- Annahme, Fortführung und vorzeitige Beendigung von Aufträgen;
- Mitarbeiterentwicklung (Einstellung, Aus- und Fortbildung, Beurteilung, Bereitstellung von Fachinformationen);
- Gesamtplanung aller Aufträge;
- Auftragsabwicklung (einschließlich Anleitung des Prüfungsteams, der Einholung von fachlichem Rat, der Überwachung der Auftragsabwicklung und der Beurteilung der Arbeitsergebnisse durch den zuständigen WP) inkl. Dokumentation und Archivierung der Arbeitspapiere;
- auftragsbezogene Qualitätssicherung (Berichtskritik, auftragsbegleitende Qualitätssicherung);
- Regelungen zur Nachschau.

Im Rahmen der stichprobenhaften Überprüfung der Transparenzberichte von der WPK wurden die folgenden Sachverhalte angemerkt und eine Überarbeitung des Transparenzberichtes gefordert:

- fehlende Aussagen über die Konsultation;

- fehlende Aussagen über die unabhängige Stelle für Beschwerden und Vorwürfe;
- fehlende Regelungen über die Fortführung und Beendigung von Aufträgen;
- ungenaue Nennung der Angaben über die Vergütungsstruktur.

3.2.4 Liste der geprüften Unternehmen von öffentlichem Interesse (§ 55c Abs. 1 Satz 2 Nr. 5 WPO; Art. 13 Abs. 2f EU-VO)

Nach dem Wortlaut des Art. 13 Abs. 2f EU-VO muss der Transparenzbericht eine Liste der § 319a-Unternehmen enthalten, bei denen im vorangegangenen Kalenderjahr eine gesetzlich vorgeschriebene Abschlussprüfung durchgeführt wurde. In diese Liste sind nur die Unternehmen aufzunehmen, bei denen im vorangegangenen Kalenderjahr ein Bestätigungsvermerk erteilt wurde. Die WPK empfiehlt zusätzlich zur Firma des Unternehmens auch anzugeben, ob sich die Prüfung auf den Jahresabschluss, den Konzernabschluss oder auf beide bezogen hat.

3.2.5 Angaben zu den Vergütungsgrundlagen der Organmitglieder und leitenden Angestellten (§ 55c Abs. 1 Satz 2 Nr. 7 WPO; Art. 13 Abs. 2i EU-VO)

Die Angabe bezieht sich auf die Organmitglieder und leitenden Angestellten des WP/der WPG, die den Transparenzbericht aufstellen. Nach dem Wortlaut bezieht sich die Pflichtangabe auch auf die Mitglieder eines Aufsichtsorgans (Aufsichtsrat).

Zu den leitenden Angestellten gehören nach § 45 Satz 2 WPO insb. die in der Praxis angestellten WP, auch wenn sie dem Kreis der Gesellschafter oder Partner nicht angehören. Gem. Beschluss des Bundesarbeitsgerichtes vom 29. 6. 2011 (7 ABR 15/10) sind nur WP mit Prokura leitende Angestellte i. S. v. § 45 Satz 2 WPO[445] und nur über deren Vergütungsgrundlagen ist zu berichten.

Nach Sinn und Zweck der gesetzlichen Regelung ist davon auszugehen, dass die Informationen für alle Mitarbeiter darzustellen sind, die im Unternehmen Leitungsfunktionen ausüben, auch wenn es sich nicht um leitende Angestellte im formellen Sinne handelt. Dies betrifft z. B. freie Mitarbeiter mit Prokura, die nach dem Rechtsgedanken des § 45 WPO erfasst sind.

Die Berufssatzung schreibt in § 15 Satz 2 BS WP/vBP dazu folgendes vor: Die in den Transparenzbericht aufzunehmenden Informationen über die Vergütungsgrundlagen der Organmitglieder und leitenden Angestellten (§ 55c Abs. 1 Satz 2 Nr. 7 WPO) sollen erkennen lassen, ob und wie die berufliche Tätigkeit durch finanzielle Anreize beeinflusst wird. Sie müssen Angaben darüber enthalten,

- ob sich die Vergütung in feste und variable Bestandteile einschließlich erfolgsabhängiger Komponenten aufgliedert,
- welcher Anteil der Vergütung auf den variablen Teil entfällt,
- welcher Art die variable Vergütung und die Bemessungsgrundlage hierfür sind.

Bei einer variablen Vergütung sind diejenigen Berechnungsgrundlagen anzugeben, die wesentlichen Einfluss auf die Festsetzung der variablen Vergütung haben. Hierbei kann sich die persönliche Leistung als Anknüpfungspunkt ergeben oder aber davon unabhängig, z. B. bei Gesellschafter-Geschäftsführern, die Beteiligungshöhe. Nach Auffassung der WPK ist es ausreichend, wenn angegeben wird, dass es sich bei der variablen Vergütung um eine „Gewinnbeteiligung im Ver-

445 Vgl. WPK-Magazin 1/2012 S. 9.

hältnis der Anteile“ handelt. Handelt es sich bei einer variablen Vergütung um eine „leistungsabhängige Tantieme“ sind deren allgemeine Berechnungsgrundlagen darzustellen.

3.2.6 Finanzinformationen

Die Angabe der Finanzinformationen soll Aufschluss über die Bedeutung des WP/der WPG auf dem Prüfermarkt geben. Anzugeben waren bis zum 16.6.2016 gem. § 285 Satz 1 Nr. 17 HGB die Gesamthonorare des Kalenderjahres aufgeteilt nach Abschlussprüfungsleistungen, sonstigen Bestätigungsleistungen, Steuerberatungsleistungen und sonstigen Leistungen. Anzugeben ist der Gesamtumsatz und auf welchen Zeitraum sich die Finanzinformationen beziehen. Nun sind Angaben zum Gesamtumsatz, den Einnahmen aus der Abschlussprüfung von PIE und von Unternehmen deren Muttergesellschaft ein PIE ist, Einnahmen aus Abschlussprüfungen anderer Unternehmen, Einnahmen aus zulässigen Nichtprüfungsleistungen bei PIE und Einnahmen aus Nichtprüfungsleistungen für andere Unternehmen zu machen.

3.2.7 Fragen zur Form und zum Verfahren

Gem. Art. 13 Abs. 3 EU-VO (§ 55c Abs. 2 Satz 1 WPO alt) ist der Transparenzbericht in einer den §§ 126, 126a BGB entsprechenden Form zu unterzeichnen. Zu unterzeichnen ist das papierne Original vom WP bzw. der Geschäftsführung, dem Vorstand der WPG.

Im Internet ist eine Wiedergabe des im Original unterzeichneten Transparenzberichts zu veröffentlichen. Dazu kann eine Bilddatei verwendet werden; diese enthält auch die gescannten Namenszüge der Unterschreibenden. Wenn dagegen aus drucktechnischen Gründen ein anderes Layout gewählt wird, ist es nach Auffassung der WPK nicht zu beanstanden, wenn hierin die Unterschrift(en) nicht bildhaft wiedergegeben, sondern an der entsprechenden Stelle nur die Namen der Unterzeichner angegeben werden.

Führen der Berufsbezeichnung

WP haben gem. § 18 Abs. 1 Satz 1 WPO im beruflichen Verkehr die Berufsbezeichnung zu führen. Diese kann bei der Unterschrift unter den Transparenzbericht angegeben werden. Das ist jedoch nicht zwingend, wenn die Berufsbezeichnung des Unterschreibenden bereits an anderer Stelle im Transparenzbericht angegeben wurde, dann genügt die Unterzeichnung mit dem Namen.

Ort der Veröffentlichung

Art. 13 Abs. 1 EU-VO (§ 55c Abs. 1 Satz 1 WPO alt) bestimmt, dass der Transparenzbericht „auf der jeweiligen Internetseite“ der WP-Praxis zu veröffentlichen ist. Er ist im Internetauftritt der Praxis so zu platzieren, dass er unschwer auffindbar ist.[446]

HINWEIS

Die Veröffentlichung im Impressum der Internetseite wird als nicht ausreichend angesehen.

Bei Verbund- oder Netzwerk-Unternehmen besteht die Frage, ob eine Veröffentlichung auf der Internetseite des Verbundes oder Netzwerkes ausreichend ist. Soweit nur eine gemeinsame In-

446 Vgl. WPK Magazin 1/2009 S. 10.

ternetseite für den Verbund oder das Netzwerk besteht und der Name des Netzwerkes Hauptbestandteil des Namens der WPG ist und keine eigenen Internetseiten für die einzelnen Gesellschaften bestehen, wird eine Veröffentlichung auf dieser Seite als ausreichend angesehen.

Die zuständige Aufsicht, d. h. die APAS, ist über die elektronische Veröffentlichung des Transparenzberichts zu unterrichten.

„Betagte" Transparenzberichte

Der Transparenzbericht ist jährlich spätestens vier Monate nach Ende des Geschäftsjahres zu veröffentlichen. Mit Veröffentlichung des neuen Berichts verliert der Vorgänger seine Informationsfunktion. Der alte Bericht konnte deshalb mit der Veröffentlichung des nachfolgenden Berichts aus dem Internet entfernt werden. Gem. Art. 13 Abs. 1 ist nun der Transparenzbericht fünf Jahre ab dem Tag der Veröffentlichung auf der Website verfügbar zu halten. Ein bestehender Transparenzbericht kann geändert werden; dieser geänderte Transparenzbericht ist als solcher zu kennzeichnen und auch zu veröffentlichen. Der geänderte Transparenzbericht ist weiterhin fünf Jahre zu veröffentlichen.

3.2.8 Veröffentlichung von Transparenzberichten bei Sozietäten

Hierfür gelten einige Besonderheiten. So kann für Abschlussprüfer, die in einer WP-Sozietät verbunden sind, auch dann ein einheitlicher Transparenzbericht veröffentlicht werden, wenn nicht jeder Sozius gesetzlicher Abschlussprüfer eines Unternehmens i. S. des § 319a HGB ist. Auch wenn die Sozietät als solche nicht als Prüfungsgesellschaft zugelassen ist und daher den Bericht nicht selbst („für sich") erstellen kann, können doch die Angaben für die in der Sozietät tätigen Abschlussprüfer nach Auffassung der WPK unter der Bezeichnung der Sozietät gemeinsam gemacht werden. Die Angaben sind, soweit erforderlich, den jeweiligen Prüfern individuell zuzuordnen.

3.3 Anlassunabhängige Sonderuntersuchungen/Inspektionen (§ 62b WPO)

3.3.1 Allgemeines

Die anlassunabhängige Sonderuntersuchung (SU) wurde mit der siebten WPO Novelle, die im September 2007 in Kraft getreten ist, eingeführt. § 62b WPO stellt ein berufsaufsichtsrechtliches Instrument dar, das zum Schutz des Kapitalmarktes und seiner Teilnehmer dient.[447] Die Inspektionen werden ab 17. 6. 2016 unabhängig von der WPK von der APAS mit eigenem Personal durchgeführt. Die Inspektionen sind damit ein präventives Element der Berufsaufsicht.

Die Inspektionen betreffen nur WP und WP Praxen, die Unternehmen von öffentlichem Interesse i. S. des § 319a HGB prüfen.

Freiwillig kann eine SU nur unter Mitwirkung des WP und Zustimmung des Mandanten erfolgen. Die SU ersetzt nicht die Qualitätskontrollprüfung nach §§ 57a ff. WPO.

Mit der Einführung der anlassunabhängigen Sonderuntersuchungen hat Deutschland mit den auf internationaler Ebene üblichen Inspektionen bei Abschlussprüfern gleichgezogen.

447 Vgl. *Basse*, in: WPO Kommentar, 2. Aufl., Düsseldorf 2013, § 62b Tz. 2.

3.3.2 Gegenstand der Sonderuntersuchungen

Die Sonderuntersuchungen richten sich auf Berufspflichten, die bei gesetzlich vorgeschriebenen Abschlussprüfungen von Unternehmen im öffentlichen Interesse (§ 319a Abs. 1 Satz 1 HGB) einzuhalten sind. Ein besonderer Fokus der Inspektionen liegt auf der Umsetzung des risikoorientierten Prüfungsansatzes, da es sich hier um den Kernbereich der Prüfungsabwicklung handelt.

Untersucht werden das QS der Praxen und einzelne Aufträge über gesetzliche Abschlussprüfungen von § 319a-Mandaten anhand der Durchsicht von Arbeitspapieren und Prüfungsberichten.[448]

3.3.3 Verfahren

Die WPK hat in Abstimmung mit der APAK eine Verfahrensordnung erlassen, in der neben der Organisation der Sonderuntersuchungen auch die Planung und Durchführung der Untersuchungen sowie die Auswertung vorläufiger Feststellungen geregelt sind. Diese ist bis zum 30. 6. 2016 gültig. Die neu eingerichtete APAS wird höchstwahrscheinlich eine eigenständige Verfahrensordnung entwickeln.

Die Inspektionen werden risikoorientiert in Abhängigkeit von Größe und Komplexität der Praxis- und Mandantenstruktur geplant. Die Auswahl der Sonderuntersuchungen erfolgt aufgrund einer Stichprobenauswahl (Staffelung nach der Anzahl geprüfter Unternehmen von öffentlichem Interesse). Bei Netzwerkzugehörigkeit erfolgt eine Zusammenrechnung der § 319a-Mandate. Die Inspektionen erfolgen grundsätzlich einmal innerhalb von 3 Jahren, bei Abschlussprüfern mit mehr als 25 Mandaten nach § 319a HGB einmal jährlich.

Das Verfahren wird durch eine schriftliche Untersuchungsanordnung eingeleitet. Die WP-Praxis wird aufgefordert, Angaben zur Praxisstruktur, zur Entwicklung der Praxis, zu den Tätigkeitsschwerpunkten und Mandantenstruktur, zu den personellen Ressourcen, zum QS und zu den Mandaten nach § 319a Abs. 1 Satz 1 HGB zu machen. Der Leiter der Sonderuntersuchung legt sodann fest, welche Mandate Gegenstand der SU sein sollen und ob die Prüfung in der Praxis des WP oder bei der APAK durchgeführt werden soll. Die Praxis wird im Laufe der Sonderuntersuchungen zur Angabe von detaillierten Angaben zu den von der SU betroffenen Mandaten aufgefordert. I. d. R. werden der Prüfbericht und die Arbeitspapiere der ausgewählten Mandanten und Jahre angefordert. Der APAS stehen bei der Durchführung von Sonderuntersuchungen die gleichen Ermittlungskompetenzen zur Verfügung wie bei anlassabhängigen Untersuchungen (§ 62 Abs. 2 WPO). Für die geprüften Praxen besteht eine entsprechende Mitwirkungspflicht.

Die Sonderuntersuchungen werden durch eigene Angestellte der APAS durchgeführt (Untersuchungsteams). Die APAS stellt sicher, dass bei den Untersuchungsteams die erforderlichen praktischen Erfahrungen und Kenntnisse vorhanden sind (§ 66a Abs. 8–10 WPO).

3.3.4 Verhältnis zum Qualitätskontrollverfahren

Die Sonderuntersuchungen ersetzen nicht das Qualitätskontrollverfahren nach §§ 57a ff. WPO. Sie erstrecken sich auf Angemessenheit und Wirksamkeit des ganzen QS und auf die Wirksamkeit in Bezug auf die Abschlussprüfungen bei PIE.

448 Arbeitsprogramm der APAS bei BAFA vom Juli 2016.

Erkenntnisse aus der SU können auch den Prüfungsgegenstand des PfQK betreffen und sollten von diesem berücksichtigt werden (§ 62b Abs. 3 WPO). Im Bericht über Art und Umfang der Qualitätskontrolle ist darzulegen, in welchem Umfang Feststellungen aus Sonderuntersuchungen bei der Qualitätskontrolle berücksichtigt wurden.

3.3.5 Ergebnis der Sonderuntersuchung

Das Ergebnis der Sonderuntersuchung enthält eine Aussage über das QS und die Abwicklung der Prüfungsaufträge, die in die Untersuchung einbezogen wurden, nicht also ein Gesamturteil über alle Abschlussprüfungen und die Praxisorganisation der WP-Praxis bei Unternehmen von öffentlichem Interesse. Das vorläufige Ergebnis der Sonderuntersuchungen wird der betroffenen Praxis zugeleitet. Sie hat die Möglichkeit zur Stellungnahme (rechtliches Gehör). Dann gibt der Untersuchungsleiter seine Stellungnahme ab. Die APAS nimmt die berufsrechtliche Würdigung vor und entscheidet über berufsaufsichtliche Maßnahmen. Bis zum 16. 6. 2016 lag die Entscheidung über berufsaufsichtliche Maßnahmen aus Feststellungen aus Sonderuntersuchungen bei der WPK und dort der Vorstandsabteilung Berufsaufsicht.

Ergibt die Sonderuntersuchung keine Verletzung von Berufspflichten, teilt die APAS dies der betreffenden Praxis in einer Schlussfeststellung mit. Wenn Berufspflichtverletzungen festgestellt werden, erteilt die APAS der Praxis die sich daraus ergebenden Hinweise. Die APAS prüft in diesem Fall auch, ob Maßnahmen zur Ahndung getroffen werden müssen. Die Sonderuntersuchung richtet sich an die WP-Praxis als solche, während das Disziplinarverfahren gegen den Praxisinhaber oder den verantwortlichen WP zu führen ist. In Betracht kommen je nach dem Gewicht der Berufspflichtverletzung ein Hinweis, eine Belehrung, eine Rüge oder eine Abgabe an die Berufsgerichtsbarkeit.

VIII. Organisation des Berufs in der WPK (§§ 57, 58–61 WPO)

1. Allgemeines

WP und vBP erfüllen im Bereich der Wirtschaft eine wichtige öffentliche Aufgabe. Der Berufsstand der Wirtschaftprüfer und vereidigten Buchprüfer nimmt deshalb eine besondere Stellung ein. Die Öffentlichkeit erwartet von den Wirtschaftsprüfern ein hohes Maß an unabhängiger und gewissenhafter Arbeit, vor allem im Bereich der von Ihnen durchgeführten gesetzlichen Abschlussprüfungen. Die Anforderungen an den Berufsstand der WP und vBP sind deshalb bezogen auf ihre Berufsgrundsätze besonders hoch. Das erfordert eine wirkungsvolle Berufsaufsicht verbunden mit einer Kontrolle der Qualität der beruflichen Arbeit und besondere Anforderungen an das Wirtschaftsprüferexamen. Die damit verbundenen Aufgaben werden von der WPK wahrgenommen. Die WPK hat im Berufsrecht der WP eine zentrale Funktion und umfangreiche Befugnisse. Daran hat auch die Neuregelung der Prüferaufsicht im APAReG nichts grundsätzlich geändert. Die WPK unterliegt der öffentlichen fachbezogenen Aufsicht durch die Abschlussprüferaufsichtsstelle (§ 66a Abs. 1 WPO), soweit sie Aufgaben nach § 4 Abs. 1 Satz 1 WPO erfüllt. Das aber ist nichts grundlegend Neues. Ab 2005 hatte die bis zum Inkrafttreten des APAReG zuständige Abschlussprüferaufsichtskommission die gleichen Befugnisse.

Allerdings hat die WPK im Bereich der Praxen, die gesetzlich vorgeschriebene Abschlussprüfungen bei Unternehmen von öffentlichem Interesse durchführen, einen Teil der Berufsaufsicht an die Abschlussprüferaufsichtsstelle abgeben müssen. Die WPK hat also nicht in jedem Fall die alleinige Aufsicht über ihre Mitglieder. Berufsangehörige in eigener Praxis und WPG, die gesetzlich vorgeschriebene Abschlussprüfungen bei Unternehmen von öffentlichen Interesse durchführen, sind verpflichtet, sich einer Inspektion nach Art. 26 der Verordnung (EU) Nr. 537/2014 durch die Abschlussprüferaufsichtsstelle zu unterziehen (§ 62b Abs. 1 Satz 1 WPO). Diese kann nach § 66a Abs. 4 Satz 2 und Abs. 6 WPO in ihrem Zuständigkeitsbereich berufsaufsichtliche Maßnahmen verhängen. Damit übt die Abschlussprüferaufsichtsstelle insoweit neben der WPK eine direkte Berufsaufsicht über bestimmte Mitglieder der WPK aus.

Die WPK hat sich – ebenso wie der wirtschaftsprüfende Beruf – selbst ein **Leitbild** gegeben,[449] aus dem hier folgende Kernsätze zitiert werden:

„Die Wirtschaftsprüferkammer ist die vom Gesetzgeber im Jahre 1961 errichtete und mit hoheitlichen Aufgaben betraute bundeseinheitliche Berufsorganisation, deren Mitglieder alle Wirtschaftsprüfer und vereidigten Buchprüfer sind...

Ziel der Wirtschaftsprüferkammer ist es, die Qualität der Berufsausübung ungeachtet der Praxisgröße und Rechtform ihrer Mitglieder zu fördern, sicherzustellen und fortzuentwickeln sowie die beruflichen Belange der Gesamtheit ihrer Mitglieder gegenüber der Öffentlichkeit und der Politik zu wahren. Die Wirtschaftsprüferkammer beachtet dabei auch die Erwartungen des Staates und der Öffentlichkeit. Als Körperschaft des öffentlichen Rechts führt sie die ihr vom Gesetz zugewiesenen Aufgaben aus; sie untersteht der Rechtsaufsicht des Bundeswirtschaftsministeriums...

449 WPK Magazin 3/2012 S. 27; Website der WPK: http://go.nwb.de/89ozd (Abruf 17. 5. 2016).

Die Qualität der Berufsausübung wird im Rahmen der Berufsaufsicht durch Beratung, Kontrollen und Sanktionen gesichert...

Die Wirtschaftsprüferkammer entwickelt und erlässt Regelungen zur Berufsausübung, zur Fortbildung ihrer Mitglieder und fachliche Regeln unter Einbeziehung des gesamten Berufsstandes und der interessierten Öffentlichkeit".

2. Rechtliche Stellung der WPK

Die WPK erfüllt die Aufgaben der beruflichen Selbstverwaltung als Körperschaft des öffentlichen Rechts (§ 4 Abs. 1 und 2 WPO). Als solche wird sie i. d. R. hoheitlich tätig (§ 4 Abs. 2 zweiter HS WPO). Für die Berufsangehörigen besteht Pflichtmitgliedschaft (§ 58 WPO) und Beitragspflicht (§ 61 WPO). Die WPK nimmt die ihr durch Gesetz zugewiesenen Aufgaben wahr (§ 57 WPO). Sitz der WPK ist Berlin. Sie ist bundesweit zuständig und tätig und unterhält sechs Landesgeschäftsstellen in Berlin, Düsseldorf, Frankfurt am Main, Hamburg, München und Stuttgart (§ 4 Abs. 3 WPO).

Als unabhängiges Instrument der Abschlussprüferaufsicht wurde 2005 die Abschlussprüferaufsichtskommission (APAK) geschaffen (§ 66a a. F. WPO). Sie führte bis Juni 2016 eine öffentliche fachbezogene Aufsicht über die WPK, soweit diese gem. § 4 Abs. 1 Satz 1 WPO hoheitliche Aufgaben wahrnimmt. Die APAK war ausschließlich mit Berufsfremden besetzt. Mit der Änderung der WPO durch das APAReG wurde die APAK durch die Abschlussprüferaufsichtsstelle (APAS) abgelöst. Diese ist im Gegensatz zur bisherigen APAK eine staatliche Behörde beim Bundesamt für Wirtschaft und Ausfuhrkontrolle.

Die Rechtsaufsicht über die WPK und über die Abschlussprüferaufsichtsstelle führt das Bundesministerium für Wirtschaft und Energie (BMWi). Es hat darüber zu wachen, dass die WPK und die Abschlussprüferaufsichtsstelle ihre Aufgaben im Rahmen der geltenden Gesetze und Satzungen erfüllen (§ 66 WPO).

3. Mitgliedschaft in der WPK (§ 58 WPO)

3.1 Pflichtmitglieder

Mitglieder der WPK sind nach § 58 Abs. 1 WPO:

- WP, die nach der WPO bestellt sind;
- anerkannte WPG;
- vBP und BPG (§ 128 Abs. 3 WPO);
- Mitglieder des Vorstands und der Geschäftsführung von WPG;
- Mitglieder des Vorstands, nach dem Partnerschaftsgesetz verbundene Personen, Geschäftsführer oder persönlich haftende Gesellschafter von WPG, die nicht WP sind.

Zu den gesetzliche Vertretern von WPG/BPG ohne WP-Bestellung gehören hauptsächlich vBP, StB und RA und auch gesetzliche Vertreter, die keinem freien Beruf angehören und mit einer Ausnahmegenehmigung tätig sind (§ 28 Abs. 2 WPO). Entsprechendes gilt für Drittstaatsprüfer und sonstige Freiberufler aus Drittstaaten die als gesetzliche Vertreter von WPG tätig sind (§ 28 Abs. 3 WPO).

Gesellschafter, die ihren Beruf gemeinsam in einer Personengesellschaft zusammen mit WP ausüben (§ 44b WPO), aber nicht selbst WP oder WPG sind, werden in § 58 Abs. 1 nicht erwähnt. Sie unterliegen deshalb keiner Pflichtmitgliedschaft bei der WPK. Diese Gesellschafter anderer Berufsgruppen sind Mitglieder der für sie zuständigen Berufskammern.

Als Mitglieder des Vorstands oder der Geschäftsführung, als persönlich haftende Gesellschafter von WPG sind auch EU/EWR-Abschlussprüfer und ggf. EU/EWR-Abschlussprüfungsgesellschaften Mitglieder der WPK (§§ 58 Abs. 1, 28 Abs. 1 WPO), sofern sie nicht als solche ohnehin Pflichtmitglieder sind. Das Gesetz beantwortet diese Frage nicht ausdrücklich. Nach § 131b WPO unterliegen sie, soweit sie nach § 131 Satz 1 und Satz 2 WPO tätig sind, den Vorschriften der WPO, insbesondere denjenigen der Berufsaufsicht (§§ 61a bis 71 WPO) und der Berufsgerichtsbarkeit (§§ 71a bis 127 WPO). Hinsichtlich der Inspektionen und sonstiger Qualitätssicherungsprüfungen[450] unterliegen sie der Aufsicht des Herkunftsstaats (§ 131 Satz 2 WPO). Damit sind sie keiner vollständigen Berufsaufsicht nach deutschem Recht unterworfen. Trotzdem wird man auch von einer Pflichtmitgliedschaft in der WPK sprechen können, da die Vorschriften der WPO – und damit auch § 58 WPO – entsprechend anwendbar sind. Die Bereiche, die der Berufsaufsicht des Herkunftsstaates vorbehalten sind, betreffen im Wesentlich den Bereich der APAS und nicht der WPK.

Für beurlaubte Mitglieder ruht die Mitgliedschaft während der Dauer der Beurlaubung (§ 58 Abs. 1 Satz 2). Sie bleiben aber der Berufsgerichtsbarkeit unterworfen.

3.2 Unterrichtung der Mitglieder und Kammerversammlungen

Beirat und Vorstand der WPK erstatten den Mitgliedern jährlich Bericht. Dazu kann die WPK regionale Kammerversammlungen ausrichten. Auf Verlangen des Beirats, oder wenn mindestens ein Zwanzigstel der Mitglieder dies schriftlich unter Angabe des zu behandelnden Gegenstands beantragt, richtet die WPK eine Kammerversammlung aus, zu der alle Mitglieder eingeladen werden (§ 59 Abs. 4 WPO).

4. Aufgaben der WPK im Überblick

Die Aufgaben der WPK ergeben sich aus dem Gesetz. Sie hat die beruflichen Belange der Gesamtheit ihrer Mitglieder zu wahren und die Erfüllung der beruflichen Pflichten zu überwachen (§ 57 Abs. 1 WPO). Dazu gehören nach § 57 Abs. 2 WPO insbesondere:

Nr. 1: **Beratung und Belehrung** der Mitglieder in Fragen der Berufspflichten

Nr. 2 und 3: **Vermittlung** auf Antrag bei Streitigkeiten unter den Mitgliedern und bei Streitigkeiten zwischen den Mitgliedern und ihren Auftraggebern

Nr. 4: **Überwachung** der Erfüllung der Berufspflichten und ggf. die Erteilung von berufsaufsichtlichen Maßnahmen, unbeschadet der Rechte der Abschlussprüferaufsichtsstelle gem. § 66a Abs. 4 Satz 2 und Abs. 6 WPO

Nr. 5: (aufgehoben)

450 I. S. des Art. 29 der Verordnung 2006/43/EG.

Nr. 6: Zur Geltung bringen der **Auffassung der WPK** in allen die Gesamtheit der Mitglieder berührenden Angelegenheiten

Nr. 7: Erstattung von **Gutachten**

Nr. 8: Wahrnehmung der zugewiesenen Aufgaben im Bereich der **Berufsbildung**

Nr. 9: (aufgehoben)

Nr. 10: Förderung der **Fortbildung** der Mitglieder und **Ausbildung** des Berufsnachwuchses

Nr. 11: Einreichung einer Vorschlagsliste der **ehrenamtlichen Beisitzer** bei den Berufsgerichten und Justizverwaltungen

Nr. 12: Führung des **Berufsregisters**

Nr. 13: Schaffung von **Fürsorgeeinrichtungen**

Nr. 14: Durchführung eines **Systems der Qualitätskontrolle**

Nr. 15: **Bestellung** von WP und **Anerkennung** von Wirtschaftsprüfungsgesellschaften[451]

Nr. 16: Einrichtung und Erhaltung einer selbständigen **Prüfungsstelle**

Nr. 17: Wahrnehmung von Aufgaben im Rahmen der **Geldwäschebekämpfung**

Die WPK kann eine Satzung über die Rechte und Pflichten bei der Ausübung des Berufs des WP und des vBP (**Berufssatzung**) erlassen. Die Berufssatzung wird vom Beirat der WPK beschlossen (§ 57 Abs. 3 WPO). Diejenigen Punkte, die in der Berufssatzung geregelt werden können, sind in § 57 Abs. 4 WPO detailliert aufgeführt.

Die WPK leistet anderen der WPK vergleichbaren Stellen in einem Mitgliedstaat der EU oder des EWR in bestimmten Umfang **Amtshilfe**, soweit dies für die Wahrnehmung der Aufgaben der zuständigen Stelle im Einzelfall erforderlich ist (§ 57 Abs. 6 WPO). Die Zuständigkeit der Abschlussprüferaufsichtsstelle nach § 66c Abs. 2 WPO bleibt unberührt. Zur Amtshilfe gehört auch die Übermittlung bestimmter Informationen im erforderlichen Umfang (§ 57 Abs. 7 WPO). Mit entsprechenden Stellen von Drittstaaten arbeitet die WPK in bestimmten Umfang zusammen und ist im erforderlichen Umfang auch zur Übermittlung von Daten berechtigt (§ 57 Abs. 8 und 9 WPO). Auch hier ist von der WPK die Zuständigkeit der Abschlussprüferaufsichtsstelle nach § 66c Abs. 5 WPO zu beachten.

5. Organe der Wirtschaftsprüferkammer und ihre Wahl

Nach § 59 Abs. 1 WPO sind Organe der WPK:

1. der Beirat
2. der Vorstand
3. der Präsident
4. die Kommission für Qualitätskontrolle

451 Bzw. Bestellung von vBP und Anerkennung von BPG.

Daneben besteht bei der WPK die Prüfungsstelle für das WP-Examen als selbständige Verwaltungseinheit, die bei der Erfüllung ihrer Aufgaben an Weisungen nicht gebunden ist. Als Verwaltungseinheit ist die Prüfungsstelle kein eigenes Organ der WPK (§ 5 Abs. 1 WPO).

5.1 Beirat

5.1.1 Funktion und Struktur des Beirats

Der Beirat fungiert als „Parlament" der Berufsangehörigen und trifft wesentliche Verwaltungsentscheidungen.[452] Die Wahl des Beirats erfolgte bis 2010 im Rahmen einer „Wirtschaftsprüferversammlung" (Präsenzwahl). Ab 2011 gilt das Briefwahlverfahren: Die Beiratsmitglieder werden von den Mitgliedern der WPK in unmittelbarer, freier und geheimer Briefwahl gewählt.[453] Die Wahl der Beiratsmitglieder erfolgt getrennt nach Gruppen (WP/WPG und vBP/BPG). Die Amtszeit der Mitglieder des Beirats beträgt regulär vier Jahre (§ 11 Abs. 1 Satz 1 Satzung der WPK), eine Wiederwahl ist zulässig. Zum Mitglied des Beirats und des Vorstandes kann nur gewählt werden, wer persönlich Mitglied in der WPK ist. Der Beirat hat im Juni 2013 eine Wahlordnung der WPK zur Einführung personalisierter Verhältniswahlen verabschiedet.[454] Ziel dieser Regelung ist eine Vertretung aller Segmente des Berufsstandes im Beirat.[455] Der Vorsitzer des Beirats muss WP sein (§ 59 Abs. 2 Satz 4 WPO).

Die Anzahl der Mitglieder des Beirats ist in der WPO nicht festgeschrieben. Sie wird durch die Satzung bestimmt (vgl. § 7 Abs. 2 Satzung der WPK). Dabei spielt auch der Mitgliederproporz zwischen WP und vBP eine Rolle. Die Zusammensetzung des Beirats entspricht dem Verhältnis der Gruppen, denen die stimmberechtigten Mitglieder zuzuordnen sind. Die nach § 8 Abs. 3 der Satzung der WPK in den Vorstand gewählten Beiratsmitglieder schieden nach bisheriger Regelung mit der Beendigung der Wahl des Vorstands für die Dauer ihrer Zugehörigkeit zum Vorstand aus dem Beirat aus. Die Anzahl der Beiratsmitglieder verringerte sich dadurch. Nach der Fassung des § 59 Abs. 2 Satz 3 WPO durch das APAReG ändert sich das bei künftigen Wahlen.[456] Wird der Beirat durch personalisierte Verhältniswahl gewählt,[457] rücken Mitglieder der jeweiligen Listen als Beiratsmitglieder nach. An den Sitzungen des Beirats kann der Vorstand der WPK teilnehmen (§ 7 Abs. 9 Satz 1 der Satzung der WPK).

In der Amtszeit von 2014 bis 2018 wurden 45 WP und 12 vBP in den Beirat gewählt. Aus dem Beirat wurden 13 Mitglieder in den Vorstand der WPK gewählt, wodurch sich nach der im Jahre 2014 noch gültigen Fassung der Satzung der WPK die Anzahl der Beiratsmitglieder entsprechend verringerte. In Zukunft werden stattdessen Beiratsmitglieder nachrücken.

5.1.2 Aufgaben

Die Aufgaben des Beirats sind der WPO und in § 7 Abs. 1 Satzung der WPK zusammengefasst. Der Beirat ist zuständig für die **Wahl** der Mitglieder

452 *Geithner*, in: WPO Kommentar, 2. Aufl., Düsseldorf 2013, § 59 Rn. 6.

453 Näheres zur Wahl des Beirats siehe § 59 Abs. 3 WPO und in der Wahlordnung.

454 Vgl. Website WPK: http://go.nwb.de/l7qaf (Abruf 15. 3. 2016).

455 Vgl. WPK Magazin 3/2012 S. 10 f.

456 So auch die WPK: http://go.nwb.de/dfhdn (Abruf 18. 3. 2016).

457 Dies ist das jetzt geltende Wahlverfahren; vgl. § 59 Abs. 2 Satz 2 und Abs. 3 WPO.

- des Vorstands (§ 59 Abs. 2 Satz 1 WPO);
- der Kommission für Qualitätskontrolle (§ 57e Abs. 1 Satz 2 WPO) auf Vorschlag des Vorstands;
- der Prüfungskommission (§ 3 Abs. 1 Satz 1 WiPrPrüfV) auf Vorschlag des Vorstands und
- der Aufgaben- und Widerspruchskommission (§ 8 Abs. 4 WiPrPrüfV) auf Vorschlag des Vorstands.

Außerdem hat der Beirat u. a. folgende Aufgaben:

- Wahl des Präsidenten (§ 59 Abs. 3 Satz 5 WPO) und seiner zwei Stellvertreter (§ 7 Abs. 1 Nr. 2 Satzung der WPK);
- Feststellung des Wirtschaftsplans der WPK (§ 7 Abs. 1 Nr. 7 Satzung der WPK);
- Genehmigung des Jahresabschlusses (§ 7 Abs. 1 Nr. 8 Satzung der WPK);
- Entgegennahme des Tätigkeitsberichts des Vorstandes (§ 7 Abs. 1 Nr. 9 Satzung der WPK);
- Bestellung des Abschlussprüfers (§ 7 Abs. 1 Nr. 10 Satzung der WPK);
- Entlastung des Vorstands und der Kommission für Qualitätskontrolle;[458]
- Beschlussfassungen über die Berufssatzung, die Satzung für Qualitätskontrolle und die Satzung der WPK (§ 57 Abs. 3 Satz 1; § 57e Abs. 1 Satz 2; § 60 Abs. 1 Satz 1 WPO).

Der Beirat kann außerdem verlangen, dass sich der Vorstand im Rahmen seiner Zuständigkeit mit einem vom Beirat vorgegebenen Thema befasst (§ 7 Abs. 1 Satz 2 Satzung der WPK).

5.2 Vorstand

5.2.1 Funktion und Struktur des Vorstands

Die Leitung der WPK obliegt dem Vorstand. Er wird ehrenamtlich tätig und ist für alle Entscheidungen und Maßnahmen verantwortlich, die nicht ausdrücklich anderen Organen zugewiesen sind. Zu wichtigen Fragen hat der Vorstand den Beirat anzuhören, dem er alljährlich über seine Tätigkeit Bericht erstattet (§ 8 Abs. 1 Satzung der WPK).

Der Vorstand besteht zurzeit[459] aus 13 Mitgliedern. Das Gesetz gibt keine bestimmte Anzahl vor. Die Satzung der WPK regelt deshalb die Anzahl der Vorstandsmitglieder. Der Vorstand wird aus der Mitte der Beiratsmitglieder von diesen gewählt. Der gesamte Beirat wählt einen WP aus dem Kreise der Vorstandsmitglieder zum Präsidenten und zwei weitere Vorstandsmitglieder zu Stellvertretern des Präsidenten (§ 8 Abs. 3 Satzung der WPK). Der Präsident vertritt die WPK gerichtlich und außergerichtlich. Er zeichnet für den Vorstand und hat für eine ordnungsmäßige Führung der Geschäfte zu sorgen. Bei vorübergehender Verhinderung handelt für ihn einer seiner Stellvertreter (§ 8 Abs. 4 Satzung der WPK). Die Amtszeit des Vorstands beträgt vier Jahre (§ 11 Abs. 2 Satzung der WPK).

458 Vgl. *Geithner*, in: WPO Kommentar, 2. Aufl., Düsseldorf 2013, § 59 Rn. 6.
459 Amtszeit 2014 bis 2018.

5.2.2 Vorstandsabteilungen

Der Vorstand kann mehrere Abteilungen bilden, wenn die Satzung es zulässt (§ 59a Abs. 1 Satz 1 WPO). Das ist in § 8 Abs. 7 Satzung der WPK geschehen. Der Vorstand überträgt den Abteilungen die Geschäfte, die sie selbständig führen (§ 59a Abs. 1 Satz 2 WPO). Jede Abteilung muss aus mindestens drei Mitgliedern des Vorstands bestehen. Jedes Vorstandsmitglied kann mehreren Abteilungen angehören. Jede Abteilung wird von einem Abteilungsvorsitzenden geleitet, der auch die Beschlüsse der Abteilung ausfertigt (§ 59a Abs. 2 WPO).

Der Vorstand hat drei Abteilungen gebildet:

- das Präsidium;
- die Abteilung Berufsaufsicht und
- die Abteilung Bestellungen und Widerruf, Register- und Beitragsangelegenheiten.

Das Präsidium entscheidet über einzelne Geschäfte des Vorstands, die ihm durch Beschluss des Vorstands und die Geschäftsordnung für das Präsidium übertragen sind. Es bereitet die Sitzungen des Vorstands vor. Der Vorsitzer des Beirates nimmt an den Sitzungen des Präsidiums mit beratender Stimme teil.

Die Abteilung Berufsaufsicht überwacht die Einhaltung der den Mitgliedern obliegenden Pflichten, berät und belehrt die Mitglieder und ahndet ggf. Pflichtverletzungen durch die Verhängung von berufsaufsichtlichen Maßnahmen (§§ 67, 68 WPO). Die dritte Abteilung ist für Entscheidungen in Rücknahme- und Widerrufsverfahren zuständig, die die Bestellung als WP/vBP oder die Anerkennung als WPG/BPG betreffen.

Die Abteilungen besitzen innerhalb ihrer Zuständigkeit die Rechte und Pflichten des Vorstands (§ 59a Abs. 4 WPO). Sie entscheiden selbständig und sind an Weisungen des Vorstands nicht gebunden. Der Vorstand kann eine Angelegenheit jedoch an sich ziehen und dann selbst entscheiden. Auch auf Antrag der Abteilung oder ihres Vorsitzenden kann die Entscheidung dem Gesamtvorstand übertragen werden (§ 59a Abs. 5 WPO).

5.3 Präsident

Der Präsident hat eine herausgehobene Stellung und ist ein eigenes Organ der WPK. Er zeichnet für den gesamten Vorstand und vertritt die WPK gerichtlich und außergerichtlich, seine Wahl erfolgt durch den gesamten Beirat (§ 59 Abs. 3 Satz 5 WPO). Der Präsident muss WP sein (§ 59 Abs. 2 Satz 4).

5.4 Kommission für Qualitätskontrolle

Die Kommission für Qualitätskontrolle ist das vierte selbständige Organ der WPK. Sie betreibt das System der Qualitätskontrolle nach §§ 57a ff. WPO und trifft alle diesbezüglichen Entscheidungen und Maßnahmen, soweit nicht die Abschlussprüferaufsichtsstelle zuständig ist (§ 66a Abs. 6 WPO). Die Kommission ist dabei unabhängig und nicht weisungsgebunden (§ 57e Abs. 1 Satz 3 WPO). Die Aufsicht über Prüfer für Qualitätskontrolle verbleibt also auch nach der Neuordnung der Prüferaufsicht durch das APAReG bei der Kommission für Qualitätskontrolle und damit in der Selbstverwaltung.

Die Kommission besteht aus mindestens neun Mitgliedern.[460] Es können nur solche Berufsangehörige gewählt werden, die nach § 57a Abs. 3 Satz 2 WPO als Prüfer für Qualitätskontrolle registriert sind und nicht dem Vorstand oder Beirat der WPK angehören. Die Mitglieder werden auf Vorschlag des Vorstands vom Beirat gewählt (§ 57e Abs. 1 Satz 2 WPO).

Die Kommission für Qualitätskontrolle hat insbesondere die folgenden Aufgaben:

- Erlass von Anordnungen zur Durchführung einer Qualitätskontrolle nach § 57a Abs. 2 Satz 6 WPO;
- Registrierung der Prüfer für Qualitätskontrolle;
- Entgegennahme und Auswertung der Qualitätskontrollberichte;
- Entscheidungen über die Rücknahme oder den Widerruf der Registrierung als Prüfer für Qualitätskontrolle;
- Entscheidung über Maßnahmen nach § 57e Abs. 2 und 3 WPO und die Löschung der Eintragung nach § 57a Abs. 6a Satz 2 WPO,[461] d. h. der angezeigten Tätigkeit als gesetzlicher Abschlussprüfer;
- Entscheidung über Widersprüche gegen Entscheidungen im Zusammenhang mit der Qualitätskontrolle.

Die Kommission für Qualitätskontrolle kann im Einvernehmen mit der Abschlussprüferaufsichtsstelle an Qualitätskontrollen teilnehmen und sich Arbeitsunterlagen des Prüfers für Qualitätskontrolle vorlegen lassen (§ 57e Abs. 1 Satz 6 WPO).

5.5 Ausschüsse

Der Beirat, der Vorstand sowie die Kommission für Qualitätskontrolle können im Rahmen ihrer Aufgaben Ausschüsse, auch gemeinsame Ausschüsse, zum Zweck der Vorbereitung von Entscheidungen einrichten. Größe und Zusammensetzung der Ausschüsse bestimmen der Beirat, der Vorstand bzw. die Kommission für Qualitätskontrolle nach den jeweiligen sachlichen Gegebenheiten sowie nach Maßgabe der Geschäftsordnungen (§ 10 Satzung der WPK). Die Ausschüsse tragen zu Information und Meinungsbildung in der WPK bei und haben keine Organqualität.[462]

Es gibt zurzeit (2016) folgende Ausschüsse des Vorstands:

- Ausschuss Berufsexamen
- Ausschuss Rechnungslegung und Prüfung

Der Beirat unterhält einen Haushaltsausschuss.

Die WPK unterhält des Weiteren die folgenden gemeinsamen Ausschüsse von Vorstand und Beirat:

- Ausschuss Berufsrecht
- Ausschuss kleine und mittlere Praxen

460 Die Anzahl der Mitglieder in der Amtszeit von 2016 bis zum 16. 1. 2020 beläuft sich auf 12 Mitglieder; vgl. WPK Magazin 1/2016 S. 6.

461 I.V. m. § 38 Nr. 1 Buchstabe h oder Nr. 2 Buchstabe f.

462 Die Ausschüsse sind aufgeführt unter http://go.nwb.de/m9897 (Abruf 24. 5. 2016).

- Vorstand und Kommission für Qualitätskontrolle unterhalten einen Ausschuss zur Satzung für Qualitätskontrolle

5.6 Ehrenamtliche Organmitglieder

Die Mitglieder der Organe der WPK werden ehrenamtlich und unentgeltlich tätig. Auslagen und Reisekosten werden nach der Richtlinie für Reisekosten der WPK erstattet. Vorstandsmitglieder, Vorsitzer des Beirates und die Mitglieder der Kommission für Qualitätskontrolle erhalten eine pauschale Aufwandsentschädigung für ihren zeitlichen Einsatz.[463] Persönlich stimmberechtigte Kammermitglieder sind verpflichtet, Ehrenämter zu übernehmen und für die vorgesehene Amtszeit auszuüben, soweit nicht wichtige Gründe entgegenstehen (§ 4 Abs. 4 Satzung der WPK).

6. Wirtschaftsplan, Jahresabschluss

6.1 Wirtschaftsplan

Die WPK legt dem Bundesministerium für Wirtschaft und Technologie (BMWi) jährlich einen Wirtschaftsplan für das darauf folgende Kalenderjahr vor. Die auf die Qualitätskontrolle und die Arbeit der Berufsaufsicht bezogenen Teile des Wirtschaftsplans bedürfen der Genehmigung des Ministeriums. Der Wirtschaftsplan umfasst einen Erfolgsplan, einen Finanzplan, einen Investitionsplan und eine Stellenübersicht (§ 60 Abs. 2 WPO; § 15 Abs. 2 Satz 2 Satzung der WPK). Der Wirtschaftsplan wird vom Beirat festgestellt.

6.2 Jahresabschluss

Für den Schluss eines jeden Wirtschaftsjahres sind ein Jahresabschluss sowie ein Lagebericht aufzustellen. Für die Aufstellung des Jahresabschlusses sowie des Lageberichts gelten in entsprechender Anwendung die Vorschriften des Dritten Buchs des Handelsgesetzbuches für große Kapitalgesellschaften. Die Gewinn- und Verlustrechnung ist nach dem Erfolgsplan zu gliedern (§ 15 Abs. 3 Satzung der WPK).

6.3 Prüfung und Veröffentlichung

Die Durchführung des Wirtschaftsplans, der Jahresabschluss und der Lagebericht sind von einem oder mehreren Mitgliedern der WPK in entsprechender Anwendung der Vorschriften des Dritten Buches des Handelsgesetzbuches zu prüfen (§ 15 Abs. 4 Satzung der WPK). Der festgestellte Wirtschaftsplan, der genehmigte Jahresabschluss und der Lagebericht, werden im Mitteilungsblatt der WPK, dem WPK Magazin, veröffentlicht und damit den Mitgliedern bekannt gemacht (§ 15 Abs. 5 Satzung der WPK).

463 Vgl. *Geithner*, in: WPO Kommentar, 2. Aufl., Düsseldorf 2013, § 59 Rn. 23.

7. Beiträge und Gebühren

7.1 Allgemeines

Die WPK finanziert sich durch die Erhebung von Mitgliedsbeiträgen und Gebühren. Sie hat Beitragsordnungen und Gebührenordnungen erlassen. Diese sowie deren Änderungen bedürfen der Genehmigung des BMWi (§ 61 Abs. 1 Satz 2, Abs. 2 Satz 2 WPO). Die Beiträge und Gebühren unterliegen der Verjährung, mit deren Eintritt die Forderung erlischt.[464] Die Verjährung tritt drei Jahre nach Ablauf des Kalenderjahres ein, in dem der Anspruch fällig geworden ist, oder vier Jahre nach der Entstehung des Anspruchs. Die Vollstreckung der Beiträge und Gebühren erfolgt nach dem Verwaltungsvollstreckungsgesetz. Beitrags- und Gebührenbescheide sind Verwaltungsakte und als solche anfechtbar. Nach Durchführung des Widerspruchsverfahrens sind die Verwaltungsgerichte zuständig.

7.2 Beiträge

Die Mitglieder der WPK sind verpflichtet, die Beiträge nach Maßgabe der Beitragsordnung zu leisten. Diese kann je nach Tätigkeitsfeld des Mitglieds verschiedene Beiträge vorsehen (§ 61 Abs. 1 Satz 1 WPO). Die Höhe der Mitgliedsbeiträge bestimmt der Beirat der WPK (§ 61 Abs. 1 Satz 4 WPO). Einzelheiten regelt die Beitragsordnung der WPK, die den Charakter einer Satzung hat.[465] Vorgesehen ist die Erhebung eines allgemeinen Beitrags von allen Mitgliedern und die Erhebung eines weiteren Beitrags von Mitgliedern, die als Abschlussprüfer gesetzliche Abschlussprüfungen bei Unternehmen nach § 319a Abs. 1 Satz 1 HGB durchführen (§ 2 Beitragsordnung der WPK). Letzteres galt nur bis zum 17. 6. 2016, weil die Zuständigkeit der WPK für Inspektionen zu diesem Zeitpunkt auf die APAS übergegangen ist.[466] Diese wird eigene Gebühren erheben.

7.3 Gebühren

Die WPK kann für die Inanspruchnahme von besonderen Einrichtungen und Tätigkeiten Gebühren nach Maßgabe einer Gebührenordnung erheben (§ 61 Abs. 2 Satz 1 WPO). Das Gesetz nennt insbesondere die folgenden gebührenpflichtigen Tätigkeiten der WPK:

- Zulassungs-, Prüfungs- und Widerspruchsverfahren
- Qualitätskontroll- und Berufsaufsichtsverfahren
- Bestellung und Wiederbestellung als WP
- Anerkennung als WPG
- Erteilung von Ausnahmegenehmigungen nach § 28 Abs. 2 und 3 WPO

Die Einzelheiten sind in der Gebührenordnung der WPK geregelt.

464 § 61 Abs. 1 Satz 5 WPO; § 20 Abs. 1 Satz 3 des VwKostG findet entsprechende Anwendung.

465 Vgl. *Uhlmann*, in: WPO Kommentar, 2. Aufl., Düsseldorf 2013, § 61 Rn. 3.

466 Vgl. WPK Magazin 4/2015 S. 27.

IX. Berufsaufsicht (§§ 61a–71 WPO)

1. Neuordnung der Berufsaufsicht durch das APAReG

1.1 Die alte Rechtslage

Am 17. 6. 2016 trat das Abschlussprüferaufsichtsreformgesetz (APAReG) in Kraft und damit auch die Neustrukturierung der Berufsaufsicht. Ein kurzer Rückblick soll die Unterschiede zur heutigen Rechtslage verdeutlichen:

Vor dem Inkrafttreten des APAReG wurde die Berufsaufsicht von der WPK und der Abschlussprüferaufsichtskommission (APAK) wahrgenommen (§§ 57, 61a, 66a a. F. WPO). Diese war ein eigenständiges und weisungsunabhängiges Gremium, das aus berufsunabhängigen Privatpersonen bestand, die ehrenamtlich tätig wurden. Der APAK stand eine öffentliche Fachaufsicht über die WPK zu. Sie hatte darüber zu wachen, dass die WPK die Aufsicht über ihre Mitglieder geeignet, angemessen und verhältnismäßig ausübte. Die Überwachungstätigkeit der APAK erstreckte sich auf die Aufgaben, die die WPK gegenüber Mitgliedern wahrzunehmen hatte, die gesetzlich vorgeschriebene Abschlussprüfungen durchführten. Die WPK hatte die direkte Berufsaufsicht gegenüber allen ihren Mitgliedern in vollem Umfang. Ihre Instrumente waren das Rücknahme- und Widerrufsverfahren, das System der Qualitätskontrolle, die anlassbezogene Berufsaufsicht und die Abschlussdurchsicht. Bei leichten bis mittelschweren Berufspflichtverletzungen führte die WPK das Rügeverfahren durch. Schwere Berufspflichtverletzungen wurden durch die Berufsgerichtsbarkeit geahndet. Es galt also bei der Verhängung von berufsaufsichtlichen Maßnahmen ein zweistufiges Verfahren.

Außerdem gab es noch die anlassunabhängigen Sonderuntersuchungen. Diese wurden stichprobenweise bei Praxen durchgeführt, die Abschlussprüfungen bei Unternehmen von öffentlichem Interesse (PIE) durchgeführten. Für die Organisation und Durchführung der Sonderuntersuchungen war die APAK zuständig. Eigene Sanktionsbefugnisse bei Berufspflichtverletzungen hatte die APAK nicht. Sie hatte aber die Möglichkeit, der WPK ein disziplinarisches Vorgehen zu empfehlen oder es von ihr zu verlangen.

Die WPK war bei der Ahndung von Berufspflichtverletzungen im Wesentlichen auf die Verhängung von Rügen bei leichten und mittelschweren Fällen beschränkt. Schwere Berufspflichtverletzungen fielen in den Zuständigkeitsbereich der Berufsgerichtsbarkeit.

1.2 Die neue Rechtslage

Die Rechtslage nach Inkrafttreten des APAReG am 17. 6. 2016 stellt sich wie folgt dar:

Für die Berufsaufsicht ist unbeschadet des § 66a WPO die WPK nach § 61a Satz 1 WPO zuständig. Liegen konkrete Anhaltspunkte für einen Verstoß gegen Berufspflichten vor, ermittelt die WPK den Sachverhalt und entscheidet, ob berufsaufsichtliche Maßnahmen nach § 68 WPO veranlasst sind (§ 61a Satz 2 WPO). Es wird nicht mehr zwischen einfacher und schwerer Schuld unterschieden. Die WPK ist für alle, also auch für schwere Berufspflichtverletzungen zuständig. Die Berufsgerichtsbarkeit ist zu einer reinen Rechtsmittelinstanz geworden. Die WPK ist zur Verhängung sämtlicher berufsaufsichtlicher Maßnahmen berechtigt, nicht nur für den Ausspruch einer Rüge. Sie kann z. B. auch Geldbußen bis zu 500.000,00 € sowie Tätigkeits- und Berufsverbote verhängen. Dies gilt, soweit nicht die Abschlussprüferaufsichtsstelle nach § 66a Abs. 6

WPO zuständig ist. Diese ermittelt bei Berufsangehörigen und WPG, die gesetzlich vorgeschriebene Abschlussprüfungen bei kapitalmarktorientierten Unternehmen durchgeführt haben und entscheidet in diesem Bereich über die Verhängung berufsaufsichtlicher Maßnahmen und die Verhängung von Tätigkeits- und Berufsverboten. Die bisherige Berufsgerichtsbarkeit bleibt zwar bestehen, wird aber zur reinen „Rechtsmittelinstanz".[467] Darin liegt eine Strukturveränderung gegenüber der alten Rechtslage, die bei der WPK zu einem deutlichen Machtzuwachs führt, ihr aber auch eine größere Verantwortung auferlegt.

Eine wichtige Funktion in der Berufsaufsicht nimmt die Abschlussprüferaufsichtsstelle (APAS) ein (§§ 57, 61a, 66a WPO). Die APAS hat die öffentliche Fachaufsicht über die WPK, soweit diese Aufgaben nach § 4 Abs. 1 Satz 1 WPO erfüllt, die gegenüber Berufsangehörigen und Gesellschaften wahrzunehmen sind, die zur Durchführung gesetzlich vorgeschriebener Abschlussprüfungen befugt sind oder diese unbefugt tatsächlich durchführen (§ 66a Abs. 1 Satz 1 WPO). Die APAS steht damit über der WPK. Sie beaufsichtigt die WPK, ob diese die Berufsaufsicht und die damit verbundenen Aufgaben geeignet, angemessen und verhältnismäßig erfüllt (§ 66a Abs. 3 Satz 1 WPO). In strittigen Fällen steht der APAS die Letztentscheidungsbefugnis zu (§ 66a Abs. 4 Satz 2 WPO). Die WPK hat der APAS über aufsichtsrelevante Vorgänge nach Sachverhaltsaufklärung zeitnah und in angemessener Form zu berichten (§ 66a Abs. 5 Satz 1 WPO). Diese Befugnisse der APAS im Verhältnis zur WPK entsprechen weitgehend denjenigen der früheren APAK. Ein wichtiger Unterschied besteht aber darin, dass die APAS im Gegensatz zur APAK eine staatliche Behörde mit eigenem Personal ist, die dem Amt für Wirtschaft und Ausfuhrkontrolle eingegliedert wurde.

Die APAS hat daneben einen eigenen Zuständigkeitsbereich gegenüber bestimmten Mitgliedern der WPK. Sie ist vor allem zuständig für regelmäßige anlassunabhängige Inspektionen bei Abschlussprüfern von „PIE"-Mandanten.[468] Betroffen sind Berufsangehörige, die gesetzlich vorgeschriebene Abschlussprüfungen bei Unternehmen von öffentlichem Interesse nach § 319a Abs. 1 Satz 1 HGB durchgeführt haben (§ 66a Abs. 6 Satz 1 Nr. 1 bis 3 WPO). Die APAS kann – soweit es um die Prüfung bei PIE geht – Sanktionen verhängen und über berufsaufsichtliche Maßnahmen entscheiden, wenn sie im Rahmen ihrer Zuständigkeit Berufspflichtverletzungen bei „PIE"-Prüfern festgestellt hat oder diese ihr mitgeteilt worden sind. Mit dieser Regelung wurden EU-Vorgaben für Aufgaben umgesetzt, die zwingend von einer unabhängigen Aufsichtsbehörde (APAS) selbst wahrgenommen werden müssen und die nicht an die WPK delegiert werden können.[469]

Darin liegt eine wesentliche Änderung der Berufsaufsicht gegenüber dem alten Rechtszustand. Die APAK konnte anlassunabhängige Sonderuntersuchungen zwar organisieren und leiten. Dabei setzte sie aber Personal ein, dass ihr von der WPK zu Verfügung gestellt wurde. Eigene Ermittlungsbefugnisse und Sanktionsmöglichkeiten bei Berufspflichtverletzungen hatte sie aber nicht. Sie war darauf beschränkt, in diesen Fällen die WPK einzuschalten.

467 Vgl. *Kelm/Schneiß/Schmitz-Herkendell*, WPg 2016 S. 60 ff.

468 PIE = Public Interest Entities = Unternehmen von öffentlichem Interesse; vgl. § 66a Abs. 6 WPO.

469 Art. 24 Abs. 1 Verordnung (EU) 537/2014; vgl. auch *Kelm/Schneiß/Schmitz-Herkendell*, WPg 2016 S. 60 ff.

1.3 Abgrenzung der Berufsaufsicht zwischen WPK und APAS

Die APAS führt eine öffentliche fachbezogene Aufsicht über die WPK. Daneben hat sie aber in bestimmtem Umfang auch Aufsichtsrechte gegenüber den „PIE"-Prüfern. Durch die Zuständigkeit der APAS für „PIE"-Prüfer ist die Berufsaufsicht der WPK teilweise beschränkt. Die WPK übt die Berufsaufsicht als eine ihrer Kernaufgaben grundsätzlich gegenüber allen Berufsangehörigen aus (§§ 57 Abs. 2 Nr. 4, 61a WPO). Uneingeschränkt gilt dies für alle WP- und vBP-Praxen, die keine „PIE"-Mandaten prüfen. Deren Gesamtzahl belief sich im Jahre 2015 auf 12.931 Praxen.[470] Aber auch die etwa 85 „PIE"-Prüfer[471] fallen nicht allein unter die Berufsaufsicht der APAS. Die WPK ist auch für sie zuständig, soweit es nicht um Verstöße bei der Durchführung von gesetzlichen Abschlussprüfungen bei „PIE-Mandaten" geht. Auch die Durchführung der Qualitätskontrolle nach § 57a WPO bei diesen Praxen liegt weiterhin in der Hand der Prüfer für Qualitätskontrolle und der WPK, nämlich bei der Kommission für Qualitätskontrolle. Nach § 57a Abs. 5a WPO dürfen Prüfer für Qualitätskontrolle bei gemischten Praxen aber „auf der Grundlage des aktuellen Inspektionsberichts" ausschließlich die Wirksamkeit des Qualitätssicherungssystems bei Nicht-PIE-Mandaten beurteilen. Für diese Abgrenzung wird man noch klarstellende Regelungen entwickeln müssen.[472]

Nicht nur WP und vBP, sondern auch die EU- und EWR-Abschlussprüfungsgesellschaften unterstehen der Berufsaufsicht der WPK und in beschränktem Maße auch der Berufsaufsicht der APAS (§ 131b WPO). Bei den Inspektionen ist die Aufsichtsstelle des Herkunftsstaates zuständig.

In dieser Weise sind die Berufsaufsicht der WPK und diejenige der Abschlussprüferaufsichtsstelle über die WPK-Mitglieder aufgeteilt. Demnach bilden WPK und APAS das deutsche Aufsichtssystem.[473]

2. Berufsaufsicht der WPK, Bereiche (§§ 20, 34, 61a WPO)

2.1 Überblick

Die Berufsaufsicht umfasst verschiedene Bereiche, die z.T. auch präventive Ansätze verfolgen. Ihnen ist gemeinsam, dass Feststellungen berufswidrigen Verhaltens zu berufsaufsichtlichen Maßnahmen führen können.[474] Die Berufsaufsicht schließt umfangreiche Ermittlungsmöglichkeiten der WPK und die Ahndung von Berufspflichtverletzungen ein. Ermittlungen werden vorgenommen, wenn konkrete Anhaltspunkte für einen Verstoß gegen die Berufspflichten vorliegen (§ 61a Satz 1 WPO). Die WPK ist von Amts wegen zu Ermittlungen verpflichtet (§ 36a Abs. 1 WPO).

Die Berufsaufsicht der WPK umfasst:

- das Rücknahme- und Widerrufsverfahren (§§ 20, 34 WPO);
- die Abschlussdurchsicht;

470 Vgl. Website der WPK: www.wpk.de/organisation/mitgliedertatistik zum 01. 07. 2015 (Abruf 15. 2. 16).

471 Vgl. Website der APAK: www.apak-aoc.de/Jahresberichte/Tätigkeitsbericht für das Jahr 2014, S. 9 (Abruf 15. 2. 16).

472 Vgl. die Begründung zum Regierungsentwurf des APAReG in BT-Drucks. 18/6282, S. 56 (Neuordnung der präventiven Berufsaufsicht).

473 Vgl. *Röhricht*, WPK Magazin 3/2007 S. 11 ff., seinerzeit für die APAK.

474 Vgl. Website der WPK: http://go.nwb.de/8egsr (Abruf 24. 5. 2016).

- die Verhängung von berufsaufsichtlichen Maßnahmen bei Berufspflichtverletzungen (§ 61a Satz 2 WPO).

Diese Verfahren werden nachfolgend näher dargestellt. Als Instrument der Berufsaufsicht kommt seit dem 17.6.2016 das System der Qualitätskontrolle nach § 57a WPO hinzu. Vorher galt für Berufspflichtverletzungen, die bei der Durchführung der Qualitätskontrolle festgestellt wurden, ein Verwertungsverbot (§ 57e Abs. 5 a. F. WPO). Dieses international unübliche Verbot wurde durch das APAReG abgeschafft. Nunmehr kann und muss die WPK die bei der Qualitätskontrolle festgestellten Berufspflichtverletzungen beachten und sanktionieren. Das ist für die Betroffenen problematisch. Bei der Qualitätskontrolle besteht durch das Gebot der Mitwirkungspflicht die Gefahr einer Selbstbelastung. Berufsangehörige dürfen allerdings die Aussage verweigern, wenn sie sich selbst belasten würden.[475]

Nach dem Tätigkeitsbericht der WPK für das Jahr 2015 wurden in diesem Jahr 209 anlassbezogene Berufsaufsichtsverfahren und 77 neue Rücknahme- und Widerrufsverfahren eingeleitet.[476]

2.2 Rücknahme- und Widerrufsverfahren (§§ 20, 34 WPO)

Die WPK hat im Rahmen der Berufsaufsicht die Bestellung zum WP/vBP oder die Anerkennung einer Berufsgesellschaft unter bestimmten Voraussetzungen zurückzunehmen oder zu widerrufen. Die Rücknahme und der Widerruf der Bestellung als WP oder der Anerkennung als WPG sind in §§ 20, 34 WPO geregelt.[477] Die häufigsten Widerruftatbestände stellen das Fehlen einer Berufshaftpflichtversicherung oder ungeordnete wirtschaftliche Verhältnisse dar.

Nicht geordnete wirtschaftliche Verhältnisse liegen regelmäßig dann vor, wenn über das Vermögen der Berufsangehörigen das Insolvenzverfahren eröffnet oder mangels Masse nicht eröffnet worden ist, oder wenn der Berufsangehörige in das Schuldnerverzeichnis eingetragen wurde.[478]

Nach § 20 Abs. 2 Nr. 4 WPO ist die Bestellung zwingend zu widerrufen, wenn selbständige WP nicht den nach § 54 Abs. 1 WPO notwendigen Versicherungsschutz unterhalten oder diesen innerhalb der letzten fünf Jahre wiederholt mit nennenswerter Dauer nicht aufrechterhalten haben und diese Unterlassung auch künftig zu befürchten ist.

Zum Widerruf der Bestellung führt auch die Ausübung einer **unvereinbaren Tätigkeit**, z. B. die gewerbliche Tätigkeit eines WP. Bereits die Eintragung als Organ einer gewerblichen Gesellschaft kann den Widerruf rechtfertigen.[479]

In den beiden vorgenannten Fällen ist vom Widerruf abzusehen, wenn anzunehmen ist, dass die Berufsangehörigen künftig eigenverantwortlich tätig sein, die unvereinbare Tätigkeit aufgeben oder die vorgeschriebene Haftpflichtversicherung künftig laufend unterhalten werden (§ 20 Abs. 4 Satz 1 WPO). Den Berufsangehörigen kann dafür eine angemessene Frist gesetzt werden.

475 § 57d Satz 2 WPO verweist auf § 62 Abs. 2 und 3 WPO; vgl. dazu auch *Kelm/Schneiß/Schmitz-Herkendell*, WPg 2016 S. 60 ff.

476 WPK Magazin 2/2016 S. 16 ff.

477 Vgl. dazu auch die Ausführungen oben im Kap. III, Ziffer 7 und Kap. IV, Ziffer 5.10.

478 BGH vom 17. 8. 2005 – 6 C 15.04, WPK Magazin 1/2006 S. 48 ff.

479 VG Berlin vom 30. 8. 2007, WPK Magazin 4/2007 S. 69.

Kommen sie ihrer Verpflichtung innerhalb der gesetzten Frist nicht nach, so ist der Widerruf der Bestellung auszusprechen.

Beurteilungszeitpunkt für den Widerruf der Bestellung nach § 20 Abs. 2 WPO ist der Abschluss des Verwaltungsverfahrens.[480] Mit dem Ausspruch des Widerrufs muss i. d. R. die sofortige Vollziehung angeordnet werden.

2.3 Abschlussdurchsicht

Die WPK hat nach § 57 Abs. 1 WPO die Aufgabe, die Erfüllung der beruflichen Pflichten ihrer Mitglieder zu überwachen. In diesem Rahmen überprüft sie anhand öffentlich zugänglicher Quellen, ob die von ihren Mitgliedern geprüften Jahres- und Konzernabschlüsse von Unternehmen und die hierzu erteilten Bestätigungsvermerke den allgemein anerkannten fachlichen Regeln entsprechen. Die WPK sichtet hierzu stichprobenweise die Veröffentlichungen von geprüften Jahres- und Konzernabschlüssen sowie die hierzu erteilten Bestätigungsvermerke. Als Quelle steht dabei insbesondere der Bundesanzeiger zur Verfügung.

Die WPK sichtet die von ihren Mitgliedern geprüften und im Bundesanzeiger veröffentlichten Jahres- und Konzernabschlüsse im Wege einer formalen Kontrolle. Geprüft wird, ob die publizierten Bestätigungsvermerke den gesetzlichen Vorschriften und den allgemein anerkannten Regeln zur Rechnungslegung und Prüfung entsprechen.

Die Durchsicht orientiert sich dabei insbesondere an folgenden Kriterien:[481]

- Einhaltung der Handels- und berufsrechtlichen Vorschriften bei der Erteilung von Bestätigungsvermerken;
- Einhaltung von Ausweisvorschriften (insbesondere Gliederungsvorschriften zur Bilanz und Gewinn- und Verlustrechnung);
- Vollständigkeit der Angaben in den Abschlüssen
- Schlüssigkeit von Zahlenangaben.

Die WPK berichtet jährlich in ihrem Bericht über die Berufsaufsicht auch über die Ergebnisse der Abschlussdurchsicht.[482]

Ergeben sich bei der Abschlussdurchsicht Anhaltspunkte für Fehler oder Pflichtverletzungen, so nimmt die WPK Ermittlungen auf und fordert die Betroffenen zur Stellungnahme auf. Bei Verstößen müssen die Betroffenen mit einem berufsaufsichtlichen Verfahren rechnen. Die WPK entdeckt bei der Abschlussdurchsicht immer wieder zahlreiche Fehler, so z. B. die Nichtbeanstandung fehlender oder fehlerhafter Ausweis- und Abgabepflichten, wesentlicher Fehler bei der Rechnungslegung, mangelhafte Bestätigungsvermerke, Nichtbeachtung fachlicher Regelungen bei der Prüfungsdurchführung und sonstige Beanstandungen (z. B. Fehler bei der Siegelung).

480 OVG NRW WPK-Mitt. 2003 S. 259; BFH vom 22. 9. 1995, BStBl 1995 II S. 909.

481 Vgl. Website der WPK: http://go.nwb.de/stxes (Abruf 24. 5. 2016).

482 Vgl. Website der WPK: http://go.nwb.de/stxes (Abruf 24. 5. 2016); im Jahr 2015 unterlagen der Durchsicht 1667 Bestätigungsvermerke und 1.026 Abschlüsse; WPK Magazin 2/2016 S. 16, 17.

2.4 Anlassbezogene Berufsaufsicht (§ 61a Satz 1 WPO)

Die WPK ist nicht zuletzt auch für die anlassbezogene Berufsaufsicht zuständig. Sie prüft bei konkreten und ausreichenden Anhaltspunkten, ob der WP seine Pflichten verletzt hat (§ 61a Satz 1 Nr. 1 und 2 WPO). Diese können sich ergeben

- aus einem der vorgenannten Verfahren (Widerrufsverfahren und Abschlussdurchsicht) oder
- aus sonstigen Hinweisen und Mitteilungen, die die WPK erreichen.

Zu den sonstigen Hinweisen zählen z. B. Beschwerden Dritter, Mitteilungen der Deutschen Prüfstelle für Rechnungslegung (§ 342b Abs. 8 Satz 2 HGB), der Bundesanstalt für Finanzdienstleistungsaufsicht (BAFin) (§ 37r Abs. 2 Satz 1 WpHG) oder anderer öffentlicher Stellen wie z. B. Gerichte, Staatsanwaltschaften oder Steuerbehörden (§ 36a Abs. 3 Nr. 2 WPO). Seit dem 17. 6. 2016 gibt es für die WPK eine weitere Quelle. Seitdem werden Berufspflichtverletzungen, die bei Qualitätskontrollen festgestellt wurden, an die WPK weitergeleitet. Das bis dahin geltende Verwertungsverbot besteht nicht mehr (§ 57e Abs. 5 a. F. WPO).

3. Verfahren bei berufsaufsichtlichen Maßnahmen (§ 68 WPO)

3.1 Überblick zum Verfahrensablauf

Die WPK leitet, wenn sich ein Anfangsverdacht ergibt, ein berufsaufsichtliches Verfahren (Disziplinarverfahren) ein. Anders als noch vor dem 17. 6. 2016 ist die WPK sowohl für leichte als auch für schwere Berufspflichtverletzungen zuständig. Die Rechte und Zuständigkeiten der WPK wurden dadurch erheblich erweitert. Ihr steht nunmehr der gesamte Maßnahmen- und Sanktionskatalog des § 68 WPO zu Verfügung.[483]

Die WPK ermittelt den Sachverhalt und entscheidet darüber, ob berufsaufsichtliche Maßnahmen nach § 68 WPO zu verhängen sind. Dazu gehören neben dem Ausspruch einer Rüge auch die Verhängung von Bußgeld, der Erlass eines Tätigkeits- oder Berufsverbots und der Ausschluss aus dem Beruf. Eine Ausnahme gilt bei Berufspflichtverletzungen, die von Berufsangehörigen begangen werden, die „PIE"-Mandate prüfen, wenn diese Pflichtverletzungen mit solchen Mandaten in sachlichem Zusammenhang stehen (§ 66a Abs. 6 WPO). Für die Ahndung dieser Berufspflichtverletzungen ist nicht die WPK, sondern die Abschlussprüferaufsichtsstelle zuständig. Diese kann im Rahmen ihrer Zuständigkeit bei Berufspflichtverletzungen eigene Ermittlungen anstellen und berufsaufsichtliche Maßnahmen verhängen.

Die Einleitung eines berufsaufsichtlichen Verfahrens (Disziplinarverfahrens) setzt voraus, dass konkrete Anhaltspunkte für einen Verstoß gegen Berufspflichten vorliegen. Die WPK ermittelt dann den Sachverhalt und entscheidet, ob berufsaufsichtliche Maßnahmen nach § 68 WPO veranlasst sind (§ 61a Satz 1 WPO). Dafür muss wenigstens ein Anfangsverdacht bestehen. Den betreffenden Berufsangehörigen ist rechtliches Gehör zu gewähren. Die WPK entscheidet nach Abschluss der Ermittlungen darüber, ob und ggf. welche der berufsaufsichtlichen Maßnahmen verhängt werden sollen (§ 68 Abs. 3 WPO). Der betroffene Berufsangehörige kann gegen den Bescheid, mit dem die Maßnahme verhängt wurde, Einspruch einlegen (§ 68 Abs. 5 WPO), über

483 Vgl. *Kelm/Schneiß/Schmitz-Herkendell*, WPg 2016 S. 60.

den der Vorstand der WPK zu entscheiden hat. Im Fall der Zurückweisung des Einspruchs kann der Berufsangehörige einen Antrag auf berufsgerichtliche Entscheidung stellen (§ 71a WPO).

Das berufsaufsichtliche Verfahren (Disziplinarverfahren) ist abzugrenzen von der Belehrung durch die WPK (§ 57 Abs. 2 Nr. 1 WPO). Es liegt im Ermessen des Vorstands der WPK, ob er bei Vorliegen einer geringfügigen Pflichtverletzung noch ein Belehrung oder bereits eine Rüge ausspricht.[484]

Das Disziplinarverfahren richtet sich in erster Linie gegen Einzelpersonen. Seit dem Inkrafttreten des APAReG können berufsaufsichtliche Maßnahmen aber unter bestimmten Voraussetzungen auch gegen WPG verhängt werden (§ 71 Abs. 2 Satz 1 WPO).

3.2 Maßnahmenkatalog (§ 68 Abs. 1 WPO)

Nach dem Katalog für berufsaufsichtliche Maßnahmen sind folgende Sanktionen möglich:

1. Rüge;
2. Geldbuße bis zu 500.000,00 €;
3. Verbot, auf bestimmten Tätigkeitsgebieten für die Dauer von einem bis zu fünf Jahren tätig zu werden;
4. Verbot, bei Unternehmen von öffentlichem Interesse nach § 319a Abs. 1 Satz 1 HGB für die Dauer von einem Jahr bis zu drei Jahren tätig zu werden;
5. Berufsverbot von einem bis zu fünf Jahren;
6. Ausschließung aus dem Beruf;
7. Feststellung, dass der Bestätigungsvermerk nicht die Anforderungen der §§ 322 und 322a HGB und, soweit Unternehmen von öffentlichem Interesse betroffen sind, des Art. 10 der Verordnung (EU) Nr. 537/2014 erfüllt.

Diese Maßnahmen können im Rahmen ihrer jeweiligen Zuständigkeit von der WPK oder von der APAS verhängt werden. Die Berufsaufsicht über Berufsangehörige und WPG, die „PIE"-Mandate prüfen, steht weitgehend der APAS zu. Deshalb können die Sanktionen nach den Ziffern 4 und 7 nicht von der WPK, sondern nur von der APAS verhängt werden. Alle übrigen Maßnahmen werden jeweils im Rahmen ihrer Zuständigkeit entweder von der WPK oder der APAS ausgesprochen.

3.3 Ermittlungsbefugnisse der WPK

3.3.1 Pflicht zum Erscheinen vor der WPK, Auskunfts- und Vorlagepflichten

Die WPK hat den Sachverhalt von Amts wegen zu ermitteln (§ 36a Abs. 1 WPO). Sie hat **weitgehende Ermittlungsbefugnisse** nach § 62 WPO:

Persönliche Mitglieder der WPK haben in Aufsichts- und Beschwerdesachen vor der WPK zu erscheinen, wenn sie zur Anhörung geladen werden. Sie haben auf Verlangen Auskunft zu geben und ihre Handakten oder sonstige Unterlagen vorzulegen (§ 62 Abs. 1 WPO). Vorlagepflichtig

484 Vgl. *Grabarse-Wilde*, in: WPO Kommentar, 2. Aufl., Düsseldorf 2013, § 63 Rn. 9.

sind die Handakten im weiteren Sinn (§ 51b Abs. 1 WPO). Dadurch soll eine umfassende Sachverhaltsaufklärung gewährleistet werden. Sind die Unterlagen mit Hilfe eines Datenverarbeitungssystems elektronisch gespeichert, sind sie auf einem maschinell verwertbaren Datensystem zur Verfügung zu stellen. Diese Pflichten gelten sinngemäß für sonstige Mitglieder der WPK (z. B. WPG), soweit die Auskunft oder die Vorlage von Unterlagen die gesetzlich vorgeschriebene Abschlussprüfung betreffen.

Die Auskunft oder Vorlage von Unterlagen kann verweigert werden, wenn dadurch die Pflicht zur Verschwiegenheit verletzt würde. Hat der Mandant den WP von der Verschwiegenheitspflicht entbunden, kann die Auskunft dennoch verweigert werden, wenn für den WP die Gefahr besteht, wegen einer Straftat, Ordnungswidrigkeit oder Berufspflichtverletzung verfolgt zu werden (§ 62 Abs. 2 WPO). Die Vorlage von Unterlagen kann bei der Gefahr von Selbstbelastung allerdings nicht verweigert werden. Auf das Recht zur Auskunftsverweigerung ist hinzuweisen. Wird Auskunft gegeben und werden Unterlagen vorgelegt, besteht die Verpflichtung, dies vollständig und richtig zu tun.

3.3.2 Einschränkung der Verschwiegenheitspflicht

Auskunft und Vorlage von Unterlagen können unter Berufung auf die Verschwiegenheitspflicht nicht verweigert werden, wenn sie in Zusammenhang mit der Prüfung eines der gesetzlichen Pflicht zur Abschlussprüfung unterliegenden Unternehmens stehen (§ 62 Abs. 3 WPO). Betroffen sind also diejenigen Mitglieder der WPK, die zur Durchführung gesetzlich vorgeschriebener Abschlussprüfungen befugt sind oder solche ohne Befugnis tatsächlich durchführen. Damit ist die Möglichkeit, sich auf den Verschwiegenheitsgrundsatz zu berufen, eng begrenzt. Das verfassungsrechtlich geschützte Aussageverweigerungsrecht, wonach keine Auskünfte erteilt werden müssen, mit denen der Betroffene sich selbst belastet, bleibt aber erhalten (§ 62 Abs. 3 Satz 2 i. V. m. Abs. 2 Satz 2 WPO). Die Vorlagepflicht von (auch belastenden) Unterlagen bleibt hiervon allerdings unberührt.

Vorstehendes gilt entsprechend für Prüfer für Qualitätskontrolle für Auskünfte und die Vorlage von Unterlagen, die mit dieser Tätigkeit in Zusammenhang stehen (§ 62 Abs. 3 Satz 2 WPO).

3.3.3 Betreten von Praxen und Einsichtnahme in Unterlagen

Die WPK darf zur allgemeinen Sachverhaltsaufklärung die Grundstücke und Geschäftsräume von Berufsangehörigen und WPG sowie der sonstigen Personen, die den Beruf gemeinsam mit diesen ausüben, innerhalb der üblichen Betriebs- und Geschäftszeiten betreten und besichtigen. Dazu sind die Angestellten der WPK sowie sonstige Personen, derer sich die WPK bei der Berufsaufsicht bedient, berechtigt. Sie können Einsicht in Unterlagen nehmen und hieraus Abschriften und Ablichtungen anfertigen. Sind die Unterlagen elektronisch gespeichert, kann die WPK Einsicht in die gespeicherten Daten nehmen, das Datenverarbeitungssystem zur Prüfung dieser Unterlagen nutzen und Kopien der elektronischen Daten anfertigen (§ 62 Abs. 4 WPO). Der Grundsatz der Verhältnismäßigkeit ist zu beachten. Die Geschäftsräume dürfen nur nach einer erfolglosen oder verweigerten Anhörung betreten werden.[485] Das Recht zum Betreten der Geschäftsräume und auf Einsichtnahme in Unterlagen geht nicht so weit, dass eine Durchsuchung

485 Vgl. *Krauß*, in: WPO Kommentar, 2. Aufl., Düsseldorf 2013, § 62 Rn. 57.

der Geschäftsräume zulässig wäre.[486] Abgesehen davon gehen die Ermittlungsmöglichkeiten der WPK bei Berufspflichtverletzungen sehr weit und greifen stark in die berufliche Sphäre der Berufsangehörigen ein.

3.3.4 Zwangsgeld

Um die Mitglieder der WPK zur Erfüllung ihrer Pflichten nach § 62 Abs. 1–3 WPO anzuhalten, kann die WPK ein Zwangsgeld festsetzen (§ 62a WPO). Dies geschieht in mehreren Schritten. Wurde das Kammermitglied erfolglos z. B. zum Erscheinen vor der WPK aufgefordert, wird das Zwangsgeld zunächst schriftlich angedroht. Gegen die Androhung des Zwangsgelds kann innerhalb eines Monats die Entscheidung des Gerichts beantragt werden (§ 62a Abs. 3 i.V. m. § 72 Abs. 1 WPO). Weist das Gericht den Antrag zurück oder wird das Gericht nicht angerufen und der Aufforderung der WPK nicht Folge geleistet, wird das Zwangsgeld festgesetzt. Kommt das Mitglied der Aufforderung zum Erscheinen vor der WPK dann immer noch nicht nach, wird das Zwangsgeld vollstreckt. Das einzelne Zwangsgeld darf 1.000,00 € nicht übersteigen.

3.3.5 Verwertungsverbot außerhalb der Berufsaufsicht

Für die Auskünfte, Unterlagen und Daten besteht ein Verwertungsverbot außerhalb berufsaufsichtlicher Verfahren. Sobald die Unterlagen und Daten nicht mehr erforderlich sind, sind sie unverzüglich zurückzugeben oder zu löschen (§ 62 Abs. 5 WPO).

3.4 Feststellung der Schuld

Hat die WPK die Pflichtverletzung eines Berufsangehörigen festgestellt, dann hat sie eine berufsaufsichtliche Maßnahme zu verhängen (§ 67 Abs. 1 WPO). Voraussetzung ist, dass der Sachverhalt umfassend ermittelt wurde und dass ein Verschulden vorliegt.

Zunächst muss ein objektiver Verstoß gegen die Berufspflichten festgestellt werden. Pflichtverstöße außerhalb des beruflichen Bereichs können nur im Ausnahmefall des § 67 Abs. 2 WPO zu berufsgerichtlichen Maßnahmen führen.

Die WPK hat eine schuldhafte Pflichtverletzung nachzuweisen. Verschulden ist die persönliche Vorwerfbarkeit eines objektiv rechtswidrigen Verhaltens.[487] Das Verschulden kann in einem Tun oder Unterlassen liegen. Es liegt vor bei fahrlässigen oder vorsätzlichen Pflichtverletzungen. Ein fahrlässiges Verschulden ist anzunehmen, wenn ein rechtswidriger Tatbestand verwirklicht wird, der Betroffene dies jedoch nicht wollte oder nicht erkannt hat, dass sein Verhalten vorwerfbar ist.[488]

Eine Pflichtverletzung ist nach den Grundsätzen des Zivilrechts schuldhaft, wenn sie vorsätzlich oder fahrlässig geschieht (§ 276 BGB). Das gilt für das berufsaufsichtliche Verfahren nicht ohne Einschränkung. Hier sind die spezifischen berufsrechtlichen Besonderheiten zu berücksichtigen. Nicht jeder Flüchtigkeitsfehler wie z. B. Schreibfehler, Rechen- oder Übertragungsfehler oder die unrichtige Beurteilung von Rechtsfragen hat eine berufsaufsichtliche Maßnahme zur Folge. Eine

486 Amtliche Begründung zur 7. WPO-Novelle 2007, BT-Drucks. 16/2858 S. 37.

487 Vgl. *Grabarse-Wilde*, in: WPO Kommentar, 2. Aufl., Düsseldorf 2013, § 63 a. F. Rn. 21 mit Hinweis auf BGH vom 6. 12. 1956, BGHSt 10, 35, 38.

488 Vgl. *Grabarse-Wilde*, in: WPO Kommentar, 2. Aufl., Düsseldorf 2013, § 63 a. F. Rn. 24.

völlig fehlerfreie Ausübung des Berufs eines WP in jeder Hinsicht kann nicht erwartet werden. Ein ahndungswürdiges, schuldhaftes Verhalten liegt nur dann vor, wenn ein offensichtlicher Fehler vorliegt, der eine gewisse, über den Bagatellbereich hinausgehende Wertigkeit hat.[489] Das Interesse des betroffenen Mandanten ist in einem solchen Fall durch die Möglichkeit des zivilrechtlichen Schadensersatzes gewahrt.

Bei einfacher und normaler Fahrlässigkeit mit geringen Tatfolgen ist ein geringer bis mittlerer Schuldgrad gegeben. Eine schwere Schuld wird regelmäßig bei vorsätzlichen Pflichtverletzungen mit hohen Schadensfolgen gegeben sein. Eine schwere Pflichtverletzung kann ausnahmsweise aber auch bei grober Fahrlässigkeit anzunehmen sein, wenn der Berufsangehörige die erforderliche Sorgfalt in besonders schwerem Maße verletzt hat und nachteilige Tatfolgen in großem Umfang eingetreten sind.

3.5 Rechtliches Gehör

Bevor Maßnahmen verhängt werden, sind die Berufsangehörigen anzuhören (§ 63 Abs. 4 WPO). Das rechtliche Gehör erfolgt i. d. R. durch eine schriftliche Stellungnahme des Mitglieds. Ein Recht auf mündliches rechtliches Gehör wird verneint.[490] Das Mitglied kann sich durch einen RA oder einen WP als Beistand vertreten lassen. Es ist auch ein Recht auf Akteneinsicht nach allgemeinen rechtsstaatlichen Grundsätzen zu bejahen, obwohl es an einer entsprechenden Vorschrift fehlt.[491]

3.6 Verjährung und Verfahrenshindernisse

Die Verfolgung einer Pflichtverletzung, die nicht eine weitergehende Maßnahme, sondern „nur" eine Rüge mit oder ohne Geldbuße rechtfertigt, verjährt in fünf Jahren (§ 70 Abs. 1 Satz 1 WPO). Der Eintritt der Verjährung hindert eine Verfolgung durch die WPK nach § 68 WPO. Die strafprozessualen Vorschriften zum Beginn der Verjährung, zur Unterbrechung oder Hemmung der Verjährung finden entsprechende Anwendung (§ 70 Abs. 1 Satz 2 WPO). Ist vor Ablauf der Verjährungsfrist wegen desselben Sachverhalts ein Strafverfahren eingeleitet worden, wird der Ablauf der Verjährungsfrist gehemmt (§ 70 Abs. 2 WPO).

Ist durch ein Gericht oder eine Behörde eine Strafe, eine Disziplinarmaßnahme, eine anderweitige berufsgerichtliche Maßnahme oder eine Ordnungsmaßnahme verhängt worden, so ist von einer berufsaufsichtlichen Ahndung wegen desselben Verhaltens abzusehen, wenn nicht eine berufsaufsichtliche Maßnahme zusätzlich erforderlich ist, um den Berufsangehörigen zur Erfüllung seiner oder ihrer Pflichten anzuhalten und das Ansehen des Berufs zu wahren (§ 69a Abs. 1 WPO).

Durch diese Bestimmung soll verhindert werden, dass dieselbe Pflichtverletzung mehrfach verfolgt wird, wenn der WP z. B. noch einem anderen Freien Beruf angehört (z. B. als StB) und nach dem dafür zuständigen Disziplinarrecht belangt wurde. Nur im Ausnahmefall ist ein Verfahren einzuleiten, so u. a. dann, wenn mit einem Tätigkeitsverbot oder Ausschluss aus dem Beruf zu

489 Vgl. LG Berlin 12. 5 .2006, WPK Magazin 1/2007 S. 49 ff.

490 Vgl. *Grabarse-Wilde*, in: WPO Kommentar, 2. Aufl., Düsseldorf 2013, § 63 Rn. 33, 34.

491 Vgl. *Grabarse-Wilde*, in: WPO Kommentar, 2. Aufl., Düsseldorf 2013, § 63 Rn. 38 mit weiteren Nachweisen.

rechnen ist. Einem befristeten Tätigkeitsverbot nach § 68 Abs. 1 Satz 2 Nr. 3 WPO steht eine anderweitig verhängte Strafe oder Maßnahme nicht entgegen (§ 69a Abs. 1 WPO).

3.7 Entscheidung der WPK

Nach Durchführung der Ermittlungen und nach Anhörung des Betroffenen entscheidet die WPK, ob eine berufsaufsichtliche Maßnahme zu verhängen oder das Verfahren einzustellen ist. Bei Verfahrenshindernissen wird das Verfahren aus formellen Gründen eingestellt. Hat sich der Vorwurf einer schuldhaften Pflichtverletzung als unbegründet herausgestellt, ist das Verfahren aus sachlichen Gründen einzustellen. In diesem Fall hat der Vorstand den Vorgang im Falle der beabsichtigten Einstellung aus sachlichen Gründen vor der Bekanntgabe des Bescheids der APAS vorzulegen (§ 61a Satz 3 WPO). Dieser steht dann das Letztentscheidungsrecht zu.

3.8 Art und Höhe der Maßnahmen

Bei der Festlegung der Art und der Höhe der berufsaufsichtlichen Maßnahmen sind alle relevanten Umstände zu berücksichtigen. Dazu gehören insbesondere (§ 68 Abs. 3 Satz 1 und 2 WPO):

- die Art, die Schwere und die Dauer der Pflichtverletzung,
- die Schwere der Schuld,
- die Höhe etwaiger durch die Pflichtverletzung erzielter Mehrerlöse oder verhinderter Verluste,
- das Vorliegen früherer Verstöße und
- die Finanzkraft der Berufsangehörigen.

Zugunsten der Berufsangehörigen ist zudem zu berücksichtigen, wenn sie an der Aufklärung der Pflichtverletzung mitgewirkt haben. Das Gesetz gibt einen weiteren Hinweis für die Verhängung einer Maßnahme bei einer fahrlässigen Pflichtverletzung: Eine Rüge für einen fahrlässig begangenen fachlichen Fehler kann i. d. R. nur dann verhängt werden, wenn der Fehler von einigem Gewicht ist (§ 68 Abs. 3 Satz 4 Satz 1 WPO). Der Vorstand kann z. B. bei sehr geringer Schuld und langjähriger unbeanstandeter Berufsausübung von einer Rüge absehen. In diesen Fällen von geringem Gewicht spricht die WPK eine Belehrung aus (§ 57 Abs. 2 Nr. 1 WPO).

Die berufsaufsichtlichen Maßnahmen nach § 68 Abs. 1 WPO können nebeneinander verhängt werden. Der Vorstand der WPK soll in die Entscheidung über die Verhängung berufsaufsichtlicher Maßnahmen alle Pflichtverletzungen einbeziehen, die ihm im Zeitpunkt der Verhängung der Maßnahme bekannt sind (§ 68 Abs. 2 WPO). Es gilt der Grundsatz der Einheitlichkeit. Bescheide, durch die Maßnahmen verhängt werden, sind zu begründen und dem Berufsangehörigen versehen mit einer Rechtsmittelbelehrung zuzustellen (§ 68 Abs. 4 WPO).

In den allermeisten Fällen wird die Maßnahme im Ausspruch einer Rüge bestehen, die mit einer Geldbuße verbunden sein kann. Das ist bisher in der überwiegenden Anzahl der von der WPK ausgesprochenen Rügen der Fall gewesen.[492]

492 Vgl. Website der WPK: http://go.nwb.de/ziwte, S. 9 (Abruf 15. 2. 16).

Die berufsaufsichtlichen Maßnahmen können seit dem Inkrafttreten des APAReG auch schwerwiegende Rechtsfolgen wie die Verhängung einer Geldbuße bis zu 500 000 €, im Ausnahmefall auch Tätigkeits- und Berufsverbote sowie die Ausschließung aus dem Beruf umfassen.

Der Ausspruch von Tätigkeits- und Berufsverboten bedeutet einen einschneidenden Eingriff in den Kernbereich der Berufsfreiheit nach Art. 12 GG. Deswegen können diese Maßnahmen nur im Ausnahmefall einer besonders schwerwiegenden Berufspflichtverletzung verhängt werden.[493] Dabei kann nach dem Grundsatz der Verhältnismäßigkeit ein befristetes Tätigkeitsverbot für einen bestimmten Bereich (z .B. das Verbot treuhänderischer Tätigkeit) anstelle eines Berufsverbots oder gar eines Ausschlusses aus dem Beruf ausreichend und geboten sein. Wird das Tätigkeits- oder Berufsverbot oder der Ausschluss aus dem Beruf von dem Betroffenen nicht akzeptiert, erhebt er dagegen also Einspruch oder beantragt er nach dessen Zurückweisung ein berufsgerichtliches Verfahren, dann entfalten diese Verbote noch keine Wirkung. Es fehlt an der Rechtskraft des Verfahrens. Die WPK kann auch kein vorläufiges Tätigkeits- oder Berufsverbot verhängen. Da ist allein Sache des Gerichts im berufsgerichtlichen Verfahren.

BEISPIELE AUS DER PRAXIS

- Die WPK erteilte eine Rüge, da ein WP trotz Fehlens eines Anlagespiegels (§ 268 Abs. 2 HGB) den Bestätigungsvermerk nicht eingeschränkt hatte.[494]
- Die Durchführung einer Pflichtprüfung ohne Teilnahme an der Qualitätskontrolle wurde mit einer Rüge und einer Geldbuße geahndet.[495] In einem ähnlichen Fall erteilte die WPK eine Rüge mit einer Geldbuße von 14.000 € wegen Durchführung einer Jahresabschlussprüfung ohne Teilnahmebescheinigung oder Ausnahmegenehmigung für das Qualitätskontrollverfahren. Das LG Berlin betätigte dies durch Beschluss vom 8. 11. 2012.[496]
- Wegen Nichterscheinens zur persönlichen Anhörung nach § 62 WPO hat die WPK eine Rüge erteilt.[497]
- Berufsangehörige, die eine absehbare Insolvenzeröffnung über ihre Berufsgesellschaft nicht rechtzeitig durch einen Auflösungsbeschluss oder einen Verzicht auf die Anerkennung abwenden und ihren Mitwirkungspflichten im Insolvenzverfahren nicht nachkommen, verletzen damit die Berufspflicht zur gewissenhaften Berufsausübung und schädigen das Ansehen des Berufs. Dieses Verhalten rechtfertigt den Ausspruch einer Rüge.[498]
- Der Prüfer für Qualitätskontrolle begeht eine schwerwiegende Berufspflichtverletzung, wenn für die Prüfung ein nicht angemessener Zeitaufwand verwendet wurde. Das VG Berlin[499] sah einen Zeitaufwand von insgesamt 12 Stunden und eine auftragsbezogene Funktionsprüfung von nur einer Stunde als völlig unzureichend an. Darin liegt eine nicht ordnungsgemäße Durchführung der Qualitätskontrolle. Deswegen hatte die Kommission für Qualitätskontrolle die Teilnahmebescheinigung widerrufen. Das Gericht gab der Kommission recht und hielt den Widerruf der Teilnahmebescheinigung für zwingend.
- Nach § 29 Abs. 1 BS WP/vBP ist bei der Firmierung einer WPG die Bezeichnung „Wirtschaftsprüfungsgesellschaft" nach der Rechtsformbezeichnung aufzunehmen. Wird diese Reihenfolge nicht eingehal-

493 Vgl. *Pickel*, in: WPO Kommentar, 2. Auf., Düsseldorf 2013, § 68 Rn. 1 und 10; solche Verbote sind in der Praxis sehr selten.

494 Vgl. LG Berlin, WPK Magazin 1/2006 S. 53.

495 Vgl. WPK Magazin 2/2010 S. 7.

496 Vgl. WPK Magazin 1/2012 S. 46 f.

497 Vgl. WPK Magazin 3/2009 S. 35.

498 Vgl. WPK Magazin 2/2007 S. 28.

499 Urteil vom 21. 1. 2010, WPK Magazin 2/2010 S. 55 ff.

ten (Firmierung z. B.: „Müller Wirtschaftsprüfungsgesellschaft mbH"), so ist es gerechtfertigt, wenn die WPK dem verantwortlichen Berufsangehörigen eine Rüge erteilt.[500]

- Das LG Berlin hat ein befristetes Tätigkeitsverbot von einem Jahr auf dem Gebiet der treuhänderischen Verwaltung ausgesprochen, da ein WP wegen Vorteilsnahme als Verantwortlicher bei einem Versorgungswerk in schwerem Maße gegen seine Berufspflichten verstoßen hatte. Der Berufsangehörige war deswegen auch strafrechtlich verurteilt worden. Ohne das Strafverfahren und die dadurch erlittenen faktischen Nachteile hätte das LG ein Tätigkeitsverbot in der Nähe der Maximaldauer von fünf Jahren verhängt.[501]
- Ein fünfjähriges Berufsverbot, das vom Landgericht Berlin ausgesprochen worden war, hat das Kammergericht Berlin bestätigt,[502] weil ein Schaden von 3,3 Mio. DM entstanden war und der WP gerade die Werbung mit der Vertrauenswürdigkeit des Berufsstands und dessen zentrale Kontrollfunktion dazu benutzt hatte, die Anleger eines Fonds zu veranlassen, an die Sicherheit des Investments zu glauben und so Gelder in beträchtlicher Höhe anzulegen, obwohl er vom bevorstehenden Scheitern des Fonds Kenntnis hatte.
- Wegen wahrheitswidriger Angaben bei Erstellung von Fondsprospekten wurde gegen einen Berufsangehörigen ein befristetes Tätigkeitverbot von vier Jahren auf dem Gebiet der Steuerberatung und der treuhänderischen Verwaltung nebst einer Geldbuße von 10.000,00 € verhängt.[503]

3.9 Untersagungsverfügung (§§ 68a, 68b WPO)

Wird gegen Berufsangehörige eine berufsaufsichtliche Maßnahme wegen einer Pflichtverletzung, die im Zeitpunkt der Verhängung der Maßnahme noch nicht abgeschlossen ist, verhängt, so kann die WPK neben der Verhängung der Maßnahme die Aufrechterhaltung des pflichtwidrigen Verhaltens untersagen. Ist die Pflichtverletzung zum Zeitpunkt der Verhängung der Maßnahme bereits abgeschlossen, kann die WPK die künftige Vornahme einer gleichgearteten Pflichtverletzung den Berufsangehörigen untersagen (§ 68a WPO). Voraussetzung dafür ist, dass gegen die betreffenden Berufsangehörigen wegen einer solchen Berufspflichtverletzung zuvor eine berufsaufsichtliche Maßnahme verhängt worden war oder sie von der WPK über die Pflichtwidrigkeit ihres Verhaltens belehrt worden waren (§ 68a WPO).

Kommt es zu einer Untersagungsverfügung nach § 68a WPO, kann die WPK mit zwei Dritteln der Stimmen des Vorstands bis zur Einleitung eines berufsgerichtlichen Verfahrens eine vorläufige Untersagungsverfügung erlassen (§ 68b WPO), die dann eine sofortige Wirksamkeit erlangt.

3.10 Einspruchsverfahren (§ 68 Abs. 5 WPO)

Der Bescheid der WPK, mit dem eine berufsaufsichtliche Maßnahme verhängt wird, ist ein belastender Verwaltungsakt und kann mit dem Rechtsmittel des Einspruch binnen eines Monats nach Zustellung angefochten werden (§ 68 Abs. 5 WPO). Über den Einspruch entscheidet der Vorstand der WPK. Der Vorstand kann nach Prüfung der Zulässigkeit dem Einspruch stattgeben und den Bescheid aufheben oder den Einspruch gegen den Bescheid zurückweisen. Geschieht dies, so kann der Betroffene nach § 71a WPO den Antrag auf berufsgerichtliche Entscheidung stellen.

500 LG Berlin vom 10. 4. 2012, WPK Magazin 3/2012 S. 64.
501 LG Berlin vom 25. 11. 2011, WPK Magazin 2/2012 S. 50 f.
502 KG Berlin vom 1. 12. 2004, WPK Magazin 2/2005 S. 36.
503 LG Berlin, Urteil vom 5. 7. 2013, WPK Magazin 3/2014 S. 43 ff.

3.11 Vorschriften für WPG und Mitglieder der WPK, die nicht WP sind (§ 71 Abs. 2 WPO)

Durch das APAReG wurde erstmals eine Sanktionierung auch von Berufsgesellschaften eingeführt, wenn eine der dort aufgezählten Personen Pflichten, die die WPG treffen, verletzt hat. Damit ist der Gesetzgerber einen Schritt zum Unternehmensstrafrecht gegangen, das es in Deutschland bisher nicht gegeben hat (§ 71 Abs. 2 WPO).[504]

Die Vorschriften des Fünften und Sechsten Teils der WPO (Berufsaufsicht und Berufsgerichtsbarkeit) gelten entsprechend für Vorstandsmitglieder, Geschäftsführer oder persönlich haftende Gesellschafter einer WPG, die nicht WP sind (§ 71 Abs. 1 Satz 1 WPO). Diese Personen, die keine WP sind, gehören zu den Mitgliedern der WPK (§ 58 Abs. 1 Satz 1 WPO). Sie unterliegen also vollen Umfangs der Berufsaufsicht. Gegen sie können auch berufsaufsichtliche Maßnahmen verhängt werden.

Die Vorschriften des Fünften und Sechsten Teils der WPO gelten ferner entsprechend für WPG (§ 71 Abs. 2 Satz 1 WPO), wenn jemand

- als vertretungsberechtigtes Organ der WPG oder als Mitglied eines solchen Organs,
- als Generalbevollmächtigter oder in leitender Stellung als Prokurist oder Handlungsbevollmächtigter der WPG,
- als verantwortlicher Prüfungspartner nach § 319a Abs. 1 Satz 4 WPO des HGB oder,
- als sonstige Person, die für die Leitung der WPG verantwortlich handelt, wozu auch die Überwachung der Geschäftsführung oder die sonstige Ausübung von Kontrollbefugnissen in leitender Stellung gehören,

Berufspflichten der WPG betreffend die Durchführung von gesetzlichen Abschlussprüfungen verletzt hat.

Der Vorstand der WPK hat alle relevanten Umstände zu berücksichtigen, wenn er darüber entscheidet, ob berufsaufsichtliche Maßnahmen gegen eine WPG verhängt werden, und ob diese zusätzlich auch gegen die die Gesellschaft vertretenden Berufsangehörigen verhängt werden. Der Grundsatz der Verhältnismäßigkeit und die in § 68 Abs. 3 WPO genannten Kriterien sind zu beachten (§ 71 Abs. 2 Satz 2 und 3 WPO).

4. Pflicht zur Verschwiegenheit (§ 64 WPO)

4.1 Allgemeines

Die WPO geht davon aus, dass die WPK ihre Aufgaben insbesondere im Bereich der Berufsaufsicht nur effektiv erfüllen kann, wenn die Vertraulichkeit der ihr gegenüber gemachten Angaben sichergestellt ist.[505] WP sind nach § 62 WPO der WPK gegenüber zur umfassenden Auskunft verpflichtet. Sie erwarten – auch mit Rücksicht auf ihre eigene Schweigepflicht –, dass diese Auskünfte nicht jedermann offen zur Verfügung stehen. Deshalb ordnet § 64 WPO eine Pflicht zur Verschwiegenheit an.

504 Vgl. *Kelm/Schneiß/Schmitz-Herkendell*, WPg 2016 S. 60.

505 Vgl. *Thorn*, in: WPO Kommentar, 2. Aufl., Düsseldorf 2013, § 64 Rn. 1.

4.2 Personenkreis

Die Verschwiegenheitspflicht richtet sich gem. § 64 Abs. 1 WPO an folgenden Personenkreis:

- Vorstand,
- Beirat,
- Abteilungen der WPK,
- Ausschüsse,
- Kammermitglieder, die in diesen Gremien zur Mitarbeit herangezogen werden,
- Kammermitglieder, die nach § 62 WPO zur Anhörung geladen werden, oder
- im Rahmen einer Aufsichts- und Beschwerdesache sowie eines Widerrufsverfahrens um Auskunft gebeten werden, oder
- an einer nichtöffentlichen Verhandlung nach § 99 WPO teilgenommen haben, sowie
- an Angestellte und sonstige Beauftrage der WPK.

Der von der Verschwiegenheitspflicht betroffene Personenkreis ist sehr weit gezogen. Auch das Personal der APAS ist nach § 66b WPO ebenfalls zur Verschwiegenheit verpflichtet. Für die Beteiligten an einem Qualitätskontroll-Verfahren ist eine besondere Verschwiegenheitspflicht in § 57b WPO geregelt.

4.3 Gegenstand der Verschwiegenheitspflicht

Die Verschwiegenheitspflicht gilt umfassend gegenüber jedermann, und zwar innerhalb der WPK auch gegenüber anderen Personen, seien es Gremienmitglieder oder Mitarbeiter, die mit der Angelegenheit nicht befasst sind.[506] Keine Verschwiegenheitspflicht besteht für offenkundige Tatsachen und personenbezogene Tatsachen, die aus dem Berufsregister ersichtlich sind. Gleiches gilt für sachbezogene Informationen allgemeiner Art. Darunter fällt z. B. die Darstellung der Tätigkeit der WPK in ihrem Geschäftsbericht. In anonymisierter Form werden zulässigerweise auch Entscheidungen im berufsaufsichtlichen Verfahren und Urteile im berufsgerichtlichen Verfahren veröffentlicht.

Wird von einem Dritten bei der WPK eine Beschwerde gegen ein Kammermitglied erhoben, die zu einem berufsaufsichtlichen Verfahren führt, ist nach der derzeitigen Gesetzeslage eine Weitergabe von Informationen an den Beschwerdeführer in dieser Angelegenheit nicht möglich. Es wird aber angenommen, dass er in engen Grenzen über den Ausgang des von ihm veranlassten Verfahrens unterrichtet werden darf.[507]

Im gerichtlichen Verfahren und vor Behörden dürfen die zur Verschwiegenheit verpflichteten Personen nur mit Genehmigung der WPK Auskunft geben. Die Genehmigung darf nur in engen Grenzen versagt werden (§ 64 Abs. 2 und 3 WPO).

Die Verschwiegenheitspflicht hindert die WPK nicht daran, Nichtkammerangehörige zur Sachverhaltsaufklärung um Auskunft zu bitten. Diese sind aber nicht zu einer Auskunft verpflichtet, es sei denn die Auskunft bezieht sich auf gesetzlich vorgeschriebene Abschlussprüfungen bei Unternehmen von öffentlichen Interesse und die Nichtkammerangehörigen gehören zu den Per-

506 Vgl. *Thorn*, in: WPO Kommentar, 2. Aufl., Düsseldorf 2013, § 64 Rn. 6.

507 Vgl. *Thorn*, in: WPO Kommentar, 2. Aufl., Düsseldorf 2013, § 64 Rn. 10, 11.

sonen, die unter Art. 23 Abs. 3 Unterabsatz 2 Buchst. b bis d der Verordnung (EU) Nr. 537/2014 fallen (§ 64 Abs. 4 WPO). Das sind solche, die in einem besonderen Verhältnis zu der Abschlussprüfung, dem geprüften Unternehmen oder dem Abschlussprüfer stehen.

Wird von einem Vertreter, z. B. dem Geschäftsführer einer WPG, eine Berufspflichtverletzung begangen, darf die WPK die Vertretenen, d. h. im Beispiel die WPG, über ein gegen ein Mitglied der WPK geführtes berufsaufsichtliches Verfahren unterrichten (§ 64 Abs. 5 WPO).

4.4. Grenzen der Verschwiegenheitspflicht

Die Verschwiegenheitspflicht hat ihre Grenze dort, wo Kenntnis von einer Straftat besteht. Erhalten die WPK oder die APAS Kenntnis von Tatsachen, die den Verdacht begründen, dass Berufsangehörige Straftaten im Zusammenhang mit der Berufsausübung begangen haben, teilen sie die Tatsachen der zuständigen Staatsanwaltschaft unverzüglich oder nach Ermittlung mit (§ 65 Abs. 1 Satz 1 WPO).

Erhält umgekehrt die Staatsanwaltschaft Kenntnis von Tatsachen, die den Verdacht einer schuldhaften, eine berufsaufsichtliche Maßnahme nach § 68 WPO rechtfertigenden Pflichtverletzung eines Mitglieds der WPK begründen, teilt sie die Tatsachen der APAS mit. Soweit die Mitteilung den Zuständigkeitsbereich der WPK betrifft, leitet die APAS die Mitteilung an die WPK weiter (§ 65 Abs. 2 WPO).

5. Bekanntmachung von Maßnahmen (§ 69 WPO)

Art 30 Abs. 3 der Abschlussprüferrichtline (EU) Nr. 158 /2014 sieht vor, dass Maßnahmen und Sanktionen gegen Abschlussprüfer oder Prüfungsgesellschaften in angemessener Weise öffentlich bekanntgemacht werden. Das ist in § 69 WPO umgesetzt worden und gilt für Maßnahmen, die die WPK oder die APAS verhängt haben. Die Bekanntmachung darf keine personenbezogenen Daten enthalten.[508] Im Ausnahmefall sind die verhängten Maßnahmen anonymisiert bekanntzumachen, wenn z. B. den Beteiligten ein unverhältnismäßig großer Schaden entstehen würde. Die Veröffentlichung soll für fünf Jahre bestehen bleiben. Wird in einem Beschwerdeverfahren eine Maßnahme veröffentlicht, so ist dies dem Beschwerdeführer mitzuteilen.

508 § 69 Abs. 1 Satz 2 WPO; die Richtlinie gewährt hier ein Wahlrecht.

X. Berufsaufsicht durch die Abschlussprüferaufsichtsstelle (§§ 66a–66c WPO)

1. Organisation der APAS

Die APAS wurde innerhalb des Bundesamtes für Wirtschaft und Ausfuhrkontrolle eingerichtet. Sie wird von Nichtberufsausübenden geleitet. Dadurch soll die Unabhängigkeit der Behörde sichergestellt werden. Die Definition, wer als „Nichtberufsausübender" anzusehen ist, ergibt sich aus § 1 APAS-Einrichtungsgesetz.[509] Danach handelt es sich um natürliche Personen, die in den letzten drei Jahren vor ihrer Tätigkeit bei der APAS

- keine Abschlussprüfungen durchgeführt haben,
- keine Stimmrechte in einer Prüfungsgesellschaft gehalten haben,
- nicht Mitglied eines Verwaltungs-, Leitungs- oder Aufsichtsorgans einer Prüfungsgesellschaft gewesen sind,
- nicht bei einer Prüfungsgesellschaft angestellt gewesen sind und
- nicht in sonstiger Weise mit einer Prüfungsgesellschaft verbunden gewesen sind.

Das sind die Ausschlussgründe, die dem Begriff des „Nichtberufsausübenden" in Art. 2 Nr. 15 der Richtlinie 2014/56/EU und den Vorgaben an ein unabhängiges Leitungsorgan in Art. 21 der Verordnung (EU) Nr. 537/2014 entsprechen. Sie gelten für die Leiter der APAS[510] und für die unterhalb der Leitungsebene tätigen Personen, wenn sie als Inspektoren tätig werden sollen (vgl. auch Art. 26 Abs. 5b VO (EU) Nr. 537/2014).

Bei der APAS wurde ein Fachbeirat eingerichtet. Dieser muss mit unabhängigen Personen besetzt sein (§ 3 Abs. 2 Satz 3 APAS-EinrichtungsG). Die Mitglieder der Leitung der APAS und des Fachbeirats müssen über Fachwissen auf den Gebieten der Abschlussprüfung und Rechnungslegung verfügen. Dazu gehören auch Kenntnisse und Erfahrungen im Bereich von Inspektionen oder in der Qualitätssicherung und Qualitätskontrolle. Der Fachbeirat trifft keine Entscheidungen und hat beratende Funktion.

Die APAS kann sich auch von Sachverständigen unterstützen lassen (Art. 26 Abs. 12c und Art. 21 VO (EU) Nr. 537/2014), die aber nicht in den Entscheidungsprozess eingebunden sein dürfen.[511]

Im Bereich der APAS werden „Beschlusskammern" eingerichtet, die innerhalb der Behörde unabhängig entscheiden können (§ 1 Abs. 5 bis 7 APAS-EinrichtungsG). Da diese Kammern erhebliche Entscheidungsbefugnisse haben, sollte ein geregeltes Verfahren für die Besetzung und Zuständigkeit vorhanden sein.[512]

509 Gesetz zur Einrichtung einer Abschlussprüferaufsichtsstelle beim Bundesamt für Wirtschaft und Ausfuhrkontrolle = APAS-EinrichtungsG (siehe den Regierungsentwurf in BT-Drucks. 18/6282, S. 109 ff.).

510 Voraussichtlich ein Leiter und zwei Stellvertreter (§ 1 Abs. 3 APAS-EinrichtungsG).

511 Vgl. *Kelm/Schneiß/Schmitz-Herkendell*, WPg 2016 S. 60; zur Organisation und Aufgaben der APAS vgl. *BMW*, Schlaglichter der Wirtschaftspolitik, Monatsbericht 8/2016 S. 22 ff.

512 Vgl. *Kelm/Schneiß/Schmitz-Herkendell*, WPg 2016 S. 60.

2. Öffentliche Fachaufsicht über die WPK (§ 66a Abs. 1 WPO)

Die APAS führt eine öffentliche fachbezogene Aufsicht über die WPK. Sie ist eine Behörde mit eigenem Personal und gehört zum Bundesamt für Ausfuhrkontrolle. Der Umfang der öffentlichen Aufsicht ergibt sich aus den in § 4 Abs. 1 Satz 1 WPO genannten Aufgabenbereichen der WPK, einschließlich der Prüfung, Zulassung und Registrierung.

Die Fachaufsicht der APAS betrifft die Aufgaben der WPK nach § 4 Abs. 1 Satz 1 WPO gegenüber den Mitgliedern, die befugt sind, gesetzliche Abschlussprüfungen durchzuführen oder die solche ohne diese Befugnis tatsächlich durchführen (§ 66a Abs. 1 Satz 1 WPO).

Aufgaben in diesem Sinne sind gem. § 4 Abs. 1 Satz 1 WPO:

- WP-Prüfung (Examen),
- Eignungsprüfung zum WP für im Ausland qualifizierter Abschlussprüfer,
- Bestellung zum WP oder vBP,
- Anerkennung von Prüfungsgesellschaften,
- Registrierung,
- Widerruf von Anerkennungen oder Bestellungen,
- Qualitätskontrolle,
- Berufsaufsicht,
- Erlass von Berufsgrundsätzen durch die WPK.

Die Überwachung dieser Aufgaben hat die APAS Mitte Juni 2016 von der früheren Abschlussprüferaufsichtskommission übernommen, die aufgelöst wurde.

Die WPK kann gem. § 57 Abs. 3 WPO Berufsausübungsregeln erlassen, was in Form der Berufssatzung und der Satzung für Qualitätskontrolle geschehen ist (§ 57c WPO). Vor dem Erlass und vor Änderungen der Berufsausübungsregeln hat die WPK die Stellungnahme der APAS einzuholen und dem Bundesministeriums für Wirtschaft und Energie vorzulegen (§ 66a Abs. 1 Satz 2 WPO). Auch insoweit steht der APAS die Fachaufsicht zu. Die APAS beaufsichtigt die WPK, ob diese ihre Aufgaben gem. § 4 Abs. 1 Satz 1 WPO geeignet, angemessen und verhältnismäßig erfüllt. Zu diesem Zweck hat die APAS ein Aufsichts- und Informationsrecht. Sie kann

- an den Sitzungen der WPK teilnehmen,
- an Qualitätskontrollen teilnehmen,
- die WPK beauftragen bei Hinweisen auf Berufspflichtverletzungen und bei Anfragen auf Zusammenarbeit nach § 66c WPO berufsaufsichtliche Ermittlungen nach § 61a Satz 2 WPO durchzuführen,
- an den Ermittlungen der WPK teilnehmen (§ 66a Abs. 3 Satz 1 bis 5 WPO),
- Vertreter der WPK, Berufsangehörige und Dritte als Sachverständige zur Beratung hinzuziehen (§ 66a Abs. 3 Satz 6 und 7 WPO).

3. Eigene Aufsichtsbefugnisse der APAS bei „PIE"-Prüfern (§ 66a Abs. 6 WPO)

Die APAS ermittelt im Rahmen ihrer Zuständigkeit bei Berufsangehörigen und WPG, die gesetzlich vorgeschriebene Abschlussprüfungen bei Unternehmen von öffentlichem Interesse („PIE") nach § 319a Abs. 1 Satz 1 HGB durchgeführt haben. Damit hat die APAS nicht nur Kontrollaufgaben gegenüber der WPK, sondern einen eigenen Bereich der Berufsaufsicht bei „PIE“-Prüfern. Im Jahr 2014 gab es 85 Praxen, die gesetzliche Abschlussprüfungen bei den 771 Unternehmen von öffentlichem Interesse durchführten.[513]

Bei diesen Praxen, deren Anzahl sich nur geringfügig geändert haben dürfte, ermittelt die APAS nach § 66a Abs. 6 WPO

1. ohne besonderen Anlass im Rahmen der von ihr durchgeführten Inspektionen,
2. soweit sich aus den Inspektionen oder sonstigen Umständen konkrete Anhaltspunkten für Verstöße gegen Berufspflichten bei der Durchführung von gesetzlich vorgeschriebenen Abschlussprüfungen bei „PIE“-Unternehmen ergeben,
3. aufgrund von Mitteilungen der DPR sowie der BaFin oder einer anderen nationalen oder internationalen Stelle (§ 66a Abs. 6 Satz 1 Nr. 1 bis 3 WPO).

Diese Ermittlungen erfolgen zum Teil präventiv ohne besonderen Anlass (Inspektionen) oder anlassbezogen aufgrund von Anhaltspunkten für Verstöße oder durch Hinweise auf die Verletzung von Berufspflichten.

3.1 Präventive Aufsicht durch Inspektionen der APAS (§ 62b WPO)

Ohne besonderen Anlass ermittelt die APAS in ihrem Zuständigkeitsbereich aufgrund der von ihr durchgeführten Inspektionen gem. Art. 26 der Verordnung (EU) Nr. 537/2014 (§ 62b WPO). „Inspektionen“ sind nach dieser Verordnung Qualitätssicherungsprüfungen bei Abschlussprüfern und Prüfungsgesellschaften.

Die Inspektionen erstrecken sich nach den Vorgaben dieser Verordnung mindestens auf

- die Bewertung des Aufbaus des internen Qualitätssicherungssystems,
- die angemessene Prüfung der Einhaltung des Qualitätssicherungssystems und der Qualitätssicherungsmaßnahmen,
- eine Bewertung des nach Art. 13 der Verordnung veröffentlichten jährlichen Transparenzberichts.

Überprüft werden mindestens die folgenden Grundsätze:

- Einhaltung der geltenden Prüfungs- und Qualitätssicherungsstandards,
- Einhaltung der Berufsgrundsätze und Unabhängigkeitsanforderungen,
- Einhaltung der einschlägigen Rechts- und Verwaltungsvorschriften des betreffenden Mitgliedstaats durch den Abschlussprüfer oder die Prüfungsgesellschaft,
- Quantität und Qualität der eingesetzten Ressourcen einschließlich Einhaltung bezüglich der Anforderungen an eine kontinuierliche Fortbildung.

Die Prüfungsakten werden von der APAS anhand einer Risikoanalyse zur Überprüfung der Einhaltung von Anforderungen und Standards ausgewählt. Die von den Abschlussprüfern angewandte Methodik für die Durchführung der Abschlussprüfung wird regelmäßig untersucht.

513 Vgl. Website der APAK: www.apak-aoc.de/Jahresberichte/Tätigkeitsberichtfür das Jahr 2014, S. 9 (Abruf 15. 2. 16).

3.2 Anlassbezogene Berufsaufsicht der APAS (§ 66a Abs. 6 Satz 1 Nr. 2 und 3 WPO)

Soweit sich aus den Inspektionen oder sonstigen Umständen konkrete Anhaltspunkte für Verstöße gegen Berufspflichten bei Durchführung von gesetzlich vorgeschriebenen Abschlussprüfungen bei Unternehmen von öffentlichem Interesse ergeben, ermittelt die APAS selbst von Amts wegen. Entsprechend ermittelt die APAS aufgrund von Mitteilungen der DPR – *Enforcement* – (§ 342b Abs. 8 Satz 2 HGB), der BaFin (§ 37r Abs. 2 Satz 1 WPHG) oder einer anderen nationalen oder internationalen Stelle.

Werden bei den Ermittlungen Verletzungen von Berufsrecht festgestellt, kann die APAS Auflagen zur Beseitigung der Mängel erteilen oder eine Sonderprüfung anordnen (§ 66a Abs. 6 Satz 2 WPO; § 57e Abs. 2, 3 und 5 WPO gilt entsprechend).

3.3 Sanktionsbefugnisse (§ 66a Abs. 6 Satz 2 WPO)

Die APAS entscheidet auch über die Verhängung von berufsaufsichtlichen Maßnahmen, Untersagungsverfügungen sowie vorläufigen Untersagungsverfügungen. Die APAS kann also gegen WP und WPG, die gesetzlich vorgeschriebene Abschlussprüfungen bei Unternehmen von öffentlichem Interesse durchführen, insbesondere selbst Rügen aussprechen und Geldbußen verhängen. Die Vorschriften der §§ 67–68a, 68b Abs. 1 Satz 1 und 3 bis 4, 68c sowie die §§ 69a–71 WPO gelten entsprechend (§ 66a Abs. 6 Satz 3 WPO). Damit sind nahezu sämtliche Vorschriften, die für die Ahndung von Pflichtverletzungen durch die WPK gelten, für die APAS im Bereich ihrer Zuständigkeit analog anwendbar.

3.4 Ermittlungen der APAS bei Prüfern für Qualitätskontrolle (§ 66a Abs. 6 Satz 4 WPO)

Im Übrigen ermittelt die APAS bei Prüfern für Qualitätskontrolle (§ 57a Abs. 3 WPO), ob diese bei den Prüfungen für Qualitätskontrolle die gesetzlichen Anforderungen und die Berufsausübungsregelungen eingehalten haben. Stellt sie dabei Mängel fest, kann sie gegen die Berufsangehörigen berufsaufsichtliche Maßnahmen verhängen (§ 66a Abs. 6 Satz 4 WPO).

3.5 Ermittlungsbefugnisse der APAS (§ 66a Abs. 7 WPO)

Die für die WPK geltenden Vorschriften zur Ermittlung relevanter Sachverhalte gelten entsprechend auch für die APAS im Inspektions- und Berufsaufsichtsverfahren. Die APAS hat im Rahmen ihrer Zuständigkeit das Recht, Auskünfte einzuholen, die Vorlage von Unterlagen zu verlangen, WP und WPG zur Anhörung zu laden, deren Grundstücke und Geschäftsräume zu betreten, zu besichtigen, Einsicht in Unterlagen zu nehmen und sich Abschriften und Ablichtungen anzufertigen.[514] Die Rechte und Pflichten der betreffenden WP und WPG nach § 62 WPO gelten entsprechend. Bei der Verletzung von Mitwirkungspflichten ist die APAS zur Festsetzung von Zwangsgeldern berechtigt.

514 Gem. § 66a Abs. 7 Satz 1 WPO gelten die §§ 62 und 62a WPO entsprechend.

Ermittlungsmaßnahmen darf die APAS auch gegenüber bestimmten Dritten ergreifen, die bei Abschlussprüfungen bei Unternehmen von öffentlichem Interesse mit diesen in Berührung kommen oder ihnen nahestehen.[515] Das sind z. B.:

- Personen, die an der Abschlussprüfung beteiligt sind,
- die geprüften Unternehmen selbst und ihre Tochtergesellschaften und ihnen verbundene Dritte,
- Personen, an die Aufgaben der Abschlussprüfung ausgelagert wurden.

Die APAS kann bestimmte Überprüfungen und Untersuchungen auch durch Sachverständige vornehmen lassen, die in die Entscheidungsprozesse der APAS nicht eingebunden sind (§ 66a Abs. 7 Satz 3 WPO).

4. Berichterstattung der APAS (§ 66a Abs. 8 WPO)

Die APAS veröffentlicht jährlich ein Arbeitsprogramm und einen Tätigkeitsbericht. Das entspricht dem Grundsatz der Transparenz, der in Art. 28 der Verordnung (EU) 537/2014 verankert ist.

5. Verschwiegenheitspflicht (§ 66b WPO)

Beamte und Angestellte, die in der APAS tätig sind, Mitglieder des bei ihr eingerichteten Fachbeirats und sonstige von ihr Beauftragte sind nach § 66b Abs. 1 WPO zur Verschwiegenheit verpflichtet. Die Vorschrift des § 64 WPO über die Pflicht zur Verschwiegenheit bei der WPK gilt sinngemäß. Das betrifft auch die im Ausnahmefall zu erteilende Genehmigung zur Aussage in gerichtlichen Verfahren oder vor Behörden. Eine erforderliche Genehmigung erteilt das Bundesministerium für Wirtschaft und Energie. Auch nach der Beendigung ihrer Tätigkeit dürfen die genannten Personen ein fremdes Geheimnis, namentlich ein Geschäfts- oder Betriebsgeheimnis, das ihnen bei ihrer Tätigkeit bekannt geworden ist, nicht offenbaren und nicht verwerten (§ 66b Abs. 2 WPO).

6. Zusammenarbeit der APAS mit anderen Stellen (§ 66c WPO)

Die Regeln zur internationalen Zusammenarbeit der APAS mit anderen Stellen und Organisationen sind sehr weitgehend und in § 66c WPO zusammengefasst. Die APAS kann bestimmten anderen Stellen vertrauliche Informationen übermitteln, soweit es zur Erfüllung der jeweiligen Aufgaben dieser Stellen erforderlich ist (§ 66c Abs. 1 WPO). Das Gesetz nennt folgende Stellen:

1. die Prüfstelle nach § 342b Abs. 1 HGB (DPR),
2. die BaFin,
3. die Aufsichtsbehörden über die genossenschaftlichen Prüfungsverbände,
4. die Prüfungsstellen der Sparkassen- und Giroverbände,
5. die Deutsche Bundesbank,
6. die Europäische Zentralbank,

515 § 66a Abs. 7 Satz 2 i.V. mit Art. 23 Abs. 3 Unterabs. 2 Buchst. b bis e der Verordnung (EU) 537/2014.

7. die Zentralbanken der EU-Mitgliedstaaten sowie
8. den Europäischen Ausschuss für Systemrisiken.

An die in Nr. 1 genannte Stelle übermittelt die APAS Informationen nur, soweit konkrete Anhaltspunkte für einen Verstoß gegen Rechnungslegungsvorschriften vorliegen. Die in Nr. 1 bis 5 genannten Stellen können der APAS Informationen übermitteln, soweit dies zur Erfüllung der Aufgaben der APAS erforderlich ist.

Die APAS hat mit den entsprechend zuständigen Stellen der EU-Mitgliedstaaten und EWR-Vertragsstaaten sowie mit den europäischen Aufsichtsbehörden zusammenzuarbeiten, soweit dies für die Wahrnehmung der jeweiligen Aufgaben der zuständigen Stellen im Einzelfall erforderlich ist (§ 66c Abs. 2 Satz 1 WPO). In diesem Rahmen leisten die Stellen sich Amtshilfe, tauschen Informationen aus und arbeiten bei Untersuchungen zusammen (§ 66c Abs. 2 Satz 2 WPO; § 57 Abs. 6 Satz 2 bis 4 gilt entsprechend). Das gilt insbesondere, wenn konkrete Hinweise darauf bestehen, dass Berufsangehörige aus einem anderen EU-Mitgliedstaat oder EWR-Vertragsstaat gegen das europäische Recht über die Abschlussprüfungen von Jahresabschlüssen verstoßen. Dann hat die APAS dies der zuständigen ausländischen Stelle mitzuteilen. Erhält die APAS entsprechende Hinweise von der zuständigen Stelle eines anderen Mitglied- oder Vertragsstaates in Bezug auf deutsche Berufsangehörige, hat sie geeignete Maßnahmen zu treffen. Diese und weitere Einzelheiten zur Zusammenarbeit sind in § 66c Abs. 4 bis 6 WPO geregelt.

ABB. 7: Das System der Prüferaufsicht in Deutschland

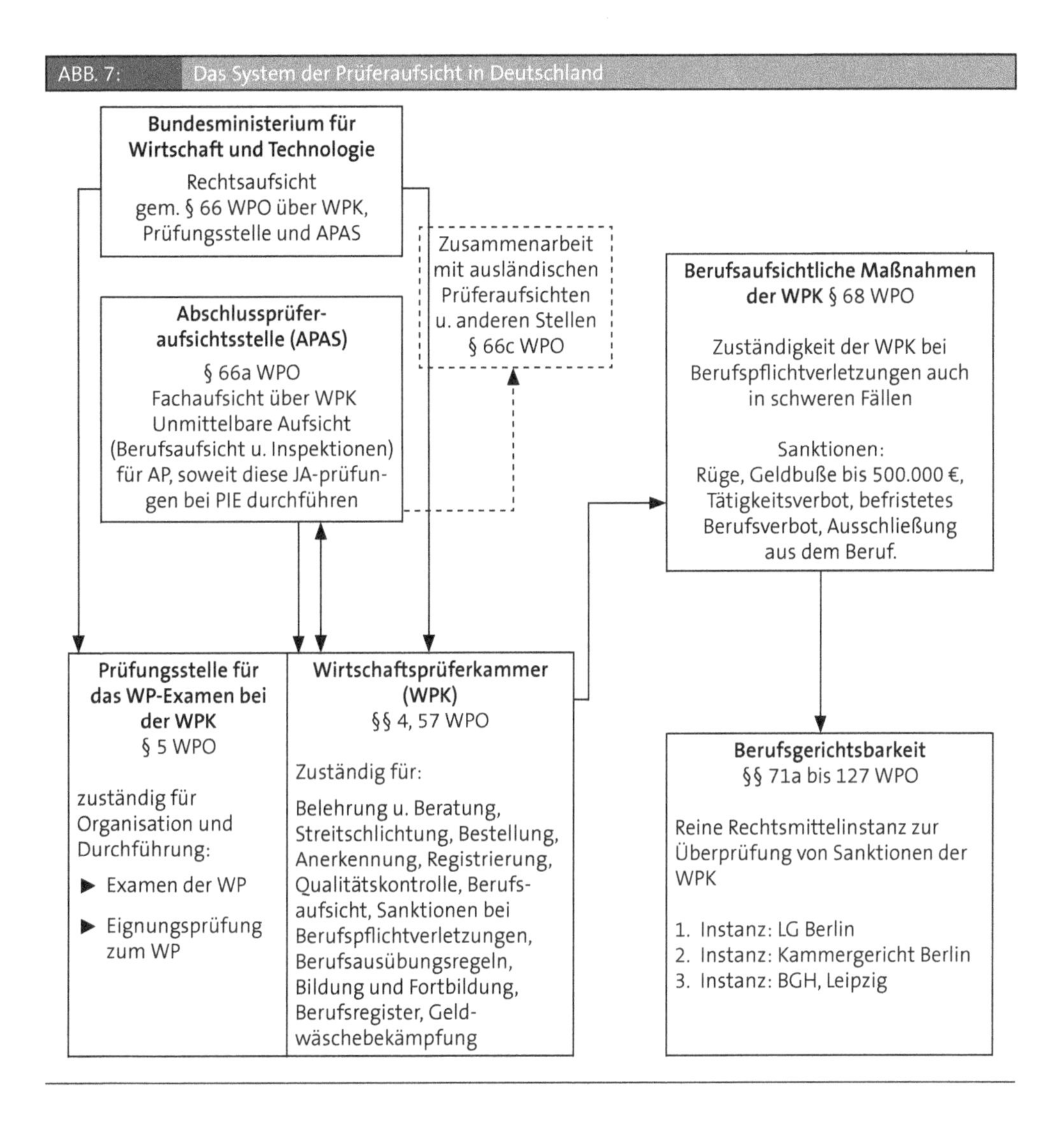

XI. Berufsgerichtsbarkeit (§§ 71a–127 WPO)

1. Die Bedeutung der Berufsgerichtsbarkeit

Die Berufsgerichte waren bis zum Inkrafttreten des APAReG am 17. 6. 2016 für die Ahndung von schweren Berufspflichtverletzungen zuständig. Ein berufsgerichtliches Verfahren wurde durch die Staatsanwaltschaft eingeleitet. Die WPK hatte nur bei leichten Verstößen das Recht zur Rüge und zur Verhängung von Geldbußen. Ähnlich verhält es sich noch jetzt in der Berufsgerichtsbarkeit der Steuerberater (§§ 89 ff. StBerG).

Diese Regelung hat sich für den Berufsstand der WP durch das APAReG grundlegend geändert. Die Ahndung von Berufspflichtverletzungen liegt jetzt allein in der Zuständigkeit der WPK und der APAS. Die Berufsgerichtsbarkeit hat nur noch die Aufgabe, die Entscheidungen der WPK und der APAS zu überprüfen. Das ist, was den Verfahrensweg betrifft, vergleichbar mit der Tätigkeit der Verwaltungs- und Finanzgerichte, die die Verwaltungsakte bzw. die Steuerbescheide der Behörden nach Klagerhebung der Betroffenen auf ihre Rechtmäßigkeit hin überprüfen.

2. Antrag auf berufsgerichtliche Entscheidung (§ 71a WPO)

Wird der Einspruch gegen die berufsaufsichtliche Maßnahme, die Untersagungsverfügung oder das vorläufige Tätigkeits- oder Berufsverbot nach § 68 Abs. 5 WPO von der WPK oder der APAS zurückgewiesen, kann der Betroffene innerhalb eines Monats nach der Zustellung die berufsgerichtliche Entscheidung beantragen (§ 71a Abs. 1 WPO). Das berufsgerichtliche Verfahren wird dadurch eingeleitet, dass der Berufsangehörige den Antrag nach § 71 WPO schriftlich bei dem Landgericht einreicht (§ 85 WPO).

Durch die Neuordnung der Berufsgerichtsbarkeit im APAReG übernimmt diese die Aufgabe der gerichtlichen Überprüfung nicht nur von Rügebescheiden sondern auch der sonstigen berufsaufsichtlichen Maßnahmen der WPK und der APAS, die nicht im Einspruchsverfahren aufgehoben worden sind.

3. Zuständige Gerichte und Besetzung (§§ 72–80 WPO)

Für berufsgerichtliche Verfahren besteht ein Gerichtsaufbau von drei Instanzen:

- Kammer für Wirtschaftsprüfersachen beim LG Berlin (§ 72 WPO),
- Senat für Wirtschaftsprüfersachen beim Kammergericht Berlin (OLG des Landes Berlin; § 73 WPO),
- Senat für Wirtschaftsprüfersachen beim BGH (§ 74 WPO).

In dem berufsgerichtlichen Verfahren entscheidet im ersten Rechtszug eine Kammer des Landgerichts (Kammer für Wirtschaftsprüfersachen), in dessen Bezirk die WPK ihren Sitz hat (§ 72 Abs. 1 WPO). Das ist die Kammer für Wirtschaftsprüfersachen bei dem LG Berlin.

Die Kammer für Wirtschaftsprüfersachen des LG Berlin entscheidet außerhalb der Hauptverhandlung in der Besetzung von drei Mitgliedern des Gerichts unter Einschluss des Vorsitzenden. In der Hauptverhandlung ist sie mit dem Vorsitzenden und zwei Berufsangehörigen als Beisitzer besetzt (§ 72 Abs. 2 WPO).

Der Senat für Wirtschaftsprüfersachen des Kammergerichts ist außerhalb der Hauptverhandlung mit drei Mitgliedern unter Einschluss des Vorsitzenden besetzt. In der Hauptverhandlung wirken außerdem zwei WP als Beisitzer mit (§ 73 Abs. 2 WPO).

Der Senat für Wirtschaftsprüfersachen beim BGH besteht aus einem Vorsitzenden sowie zwei Mitgliedern des BGH und zwei WP als Beisitzer (§ 74 Abs. 2 WPO).

Die Beisitzer aus den Reihen der Berufsangehörigen sind ehrenamtliche Richter. Sie werden den Vorschlagslisten entnommen, die der Vorstand der WPK im Einvernehmen mit der APAS der Landesjustizverwaltung für den ersten und zweiten Rechtszug bzw. dem Bundesjustizministerium für den BGH einreicht (§ 75 Abs. 1 und 3 WPO). Zum ehrenamtlichen Richter kann nur ein WP berufen werden, der in den Vorstand der WPK berufen werden kann. Die ehrenamtlichen Richter dürfen nicht gleichzeitig dem Vorstand oder dem Beirat der WPK angehören oder bei der WPK im Haupt- oder Nebenberuf tätig sein (§ 76 Abs. 1 und 2 WPO). Die ehrenamtlichen Richter haben in der Sitzung, in der sie herangezogen werden, die Stellung eines Berufsrichters und unterliegen der Verschwiegenheitspflicht (§ 78 Abs. 1 und 2 WPO).

4. Verfahrensvorschriften (§§ 81–83c, 127 WPO)

Für das berufsgerichtliche Verfahren gelten die Vorschriften der §§ 81 ff. und § 62 WPO entsprechend. Für die Berufsgerichtsbarkeit sind ergänzend das Gerichtsverfassungsgesetz und die Strafprozessordnung sinngemäß anzuwenden (§ 127 WPO). Am Verfahren ist deshalb auch die Staatsanwaltschaft beteiligt (§§ 84, 106, 108 WPO).

Berufsangehörige dürfen zur Durchführung des berufsgerichtlichen Verfahrens weder vorläufig festgenommen noch verhaftet oder vorgeführt werden. Sie dürfen zudem nicht zur Vorbereitung eines Gutachtens über ihren psychischen Zustand in ein psychiatrisches Krankenhaus gebracht werden (§ 82 WPO).

Nach § 62 WPO sind sie zum Erscheinen vor dem Gericht verpflichtet, können dazu aber nicht gezwungen werden. Ist der ordnungsgemäß geladene WP zur Hauptverhandlung nicht erschienen, kann das Gericht in seiner Abwesenheit verhandeln. Darauf ist in der Ladung hinzuweisen (§ 98 WPO).

Der WP kann zu seiner Verteidigung vor dem LG und dem Kammergericht auch Berufsangehörige wählen (§ 82a Abs. 1 WPO). Selbstverständlich kann er auch einen RA beauftragen.

Der beschuldigte Berufsangehörige und auch die WPK und die APAS haben bei Gericht das Recht zur Akteneinsicht und können amtlich verwahrte Beweisstücke besichtigen (§ 82b Abs. 1 WPO).

Die WPK und die APAS sind berechtigt an der Hauptverhandlung teilzunehmen. Die dorthin entsandten Personen können in der Verhandlung auf Verlangen das Wort ergreifen (§ 82b Abs. 2 WPO).

5. Verfahren im ersten Rechtszug (§§ 84–104 WPO)

Die Staatsanwalt bei dem OLG, bei dem der Senat für Wirtschaftsprüfersachen besteht, nimmt in den Verfahren vor der Kammer für Wirtschaftsprüfersachen die Aufgaben der Staatsanwaltschaft wahr (§ 84 WPO). Das berufsgerichtliche Verfahren wird durch den schriftlichen Antrag des Berufsangehörigen nach § 71a WPO eingeleitet.

Die Hauptverhandlung vor der Kammer für Wirtschaftsprüfersachen ist grundsätzlich nicht öffentlich (§ 99 Abs. 1 Satz 1 WPO). Auf Antrag des betroffenen Berufsangehörigen muss, auf Antrag der Staatsanwaltschaft kann die Öffentlichkeit hergestellt werden. Die Hauptverhandlung ist stets öffentlich, wenn die vorgeworfene Pflichtverletzung in Zusammenhang mit einer Prüfung nach § 316 HGB steht (§ 99 Abs. 1 WPO).

In der Hauptverhandlung wird der Tenor der angefochtenen Entscheidung über die Verhängung der berufsaufsichtlichen Maßnahme verlesen (§ 94 WPO). Bei einer Beweisaufnahme kann das LG auch ein Amtsgericht kommissarisch mit der Beweisaufnahme betrauen. Dies ist eine Abweichung vom Grundsatz der Unmittelbarkeit, den das Gesetz im Disziplinarverfahren für zulässig erachtet. Auf Antrag des WP oder der Staatsanwaltschaft ist ein Zeuge oder Sachverständiger aber in der Hauptverhandlung zu vernehmen (§ 101 WPO).

Die Hauptverhandlung schließt mit der auf die Beratung folgenden Verkündung des Urteils (§ 103 Abs. 1 WPO). Das Gericht entscheidet in der Sache selbst über alle Berufspflichtverletzungen, die Gegenstand der angefochtenen berufsaufsichtlichen Entscheidung nach § 68 WPO sind. Es entscheidet auf Zurückweisung des Antrags auf berufsgerichtliche Entscheidung oder unter Aufhebung der angefochtenen Entscheidung auf Verurteilung zu einer oder mehrerer der in § 68 Abs. 1 und § 68a WPO genannten Maßnahmen, auf Freisprechung oder auf Einstellung des Verfahrens nach § 103 Abs. 3 WPO (§ 103 Abs. 1 WPO).

Zu einer Einstellung des Verfahrens kommt es auch, wenn die Bestellung als WP oder die Anerkennung als WPG erloschen, zurückgenommen oder widerrufen ist (§ 103 Abs. 3 Nr. 1 WPO). Gleiches gilt, wenn wegen des Vorrangs eines anderen Verfahrens (Strafverfahren, Verfahren einer anderen Berufsgerichtsbarkeit) bereits eine Ahndung der Berufspflichtverletzung erfolgt und von einer berufsgerichtlichen Ahndung abzusehen ist (§ 103 Abs. 3 Nr. 2 i.V.m. § 69a WPO).

6. Berufung (§§ 105–106 WPO)

Gegen das Urteil der Kammer für Wirtschaftsprüfersachen ist die Berufung an den Senat für Wirtschaftsprüfersachen (Kammergericht Berlin) zulässig (§ 105 Abs. 1 WPO). Die Berufung muss binnen einer Woche nach Urteilsverkündung schriftlich bei der Kammer für Wirtschaftsprüfersachen eingelegt werden. Ist das Urteil in Abwesenheit des WP ergangen, beginnt die Wochenfrist mit der Zustellung des Urteils (§ 105 Abs. 2 WPO). Die Berufung ist nach näherer Maßnahme des § 317 StPO innerhalb einer weiteren Woche zu begründen.

7. Revision (§§ 107–108 WPO)

Gegen das Urteil des Senats für Wirtschaftsprüfersachen ist unter bestimmten Voraussetzungen die Revision an den BGH zulässig (§ 107 WPO). Die Revision ist binnen einer Woche bei dem Kammergericht schriftlich einzulegen. Die Frist beginnt mit der Bekanntgabe des Urteils der Vorinstanz (§ 107a Abs. 1 WPO).

Revisionsgründe sind gegeben, wenn

- auf Ausschließung aus dem Beruf erkannt wird,
- entgegen dem Antrag der Staatsanwaltschaft nicht auf Ausschließung erkannt worden ist,
- Revision zugelassen worden ist.

Die Revision darf vom Senat für Wirtschaftsprüfersachen beim Kammergericht nur zugelassen werden, wenn über Rechtsfragen oder Fragen der Berufspflichten zu entscheiden ist, die von grundsätzlicher Bedeutung sind (§ 107 Abs. 2 WPO). Wenn die Revision nicht zugelassen wurde, kann binnen eines Monats Nichtzulassungsbeschwerde beim Kammergericht eingelegt werden (§ 107 Abs. 3 WPO). Wird ihr nicht abgeholfen, entscheidet der BGH durch Beschluss (§ 107 Abs. 5 WPO).

8. Vorläufiges Tätigkeits- oder Berufsverbot (§§ 111–121 WPO)

8.1 Voraussetzungen

Im besonderen Ausnahmefall kann gegen WP vom Gericht ein vorläufiges Tätigkeits- oder Berufsverbot verhängt werden (§§ 111, 112 WPO). In der Praxis werden diese Vorschriften äußerst selten angewandt.[516]

Für die Verbotsverhängung müssen dringende Gründe gegeben sein. Es muss eine große Wahrscheinlichkeit bestehen, dass gegen einen WP auf Ausschließung aus dem Beruf erkannt werden wird. Dafür muss ein dringender Tatverdacht für eine besonders schwere Berufspflichtverletzung bestehen. Die WPK und die APAS können bereits vor der Einleitung des berufsgerichtlichen Verfahrens den Antrag auf Verhängung eines vorläufiges Tätigkeits- oder Berufsverbots stellen (§ 111 Abs. 2 WPO).

Das Gericht hat bei seiner Entscheidung den Grundsatz der Verhältnismäßigkeit zu beachten. Es hat also wegen der einschneidenden Wirkungen eines solchen Verbots zu prüfen, ob nicht ein milderes Mittel gegeben ist. Als milderes Mittel, durch das ein vorläufiges Berufsverbot ausgeschlossen wird, kommt ein vorläufiges Tätigkeitsverbot in Betracht. Als milderes Mittel gegen beide Maßnahmen kommt unter Umständen auch die Einleitung eines Widerrufsverfahrens nach § 20 WPO in Frage, da dieses an kein Verschulden gebunden ist und deshalb weniger rufschädigend sein kann.[517]

8.2 Gerichtlicher Beschluss

Ein vorläufiges Tätigkeit- oder Berufsverbot kann nur vom Gericht und nur aufgrund mündlicher Verhandlung ergehen (§ 112 Abs. 1 WPO). Die Besetzung des Gerichts entspricht derjenigen, die für die Hauptverhandlung des erkennenden Gerichts maßgebend ist. Den Umfang der Beweisaufnahme bestimmt das Gericht, ohne an die Anträge der Staatsanwaltschaft oder des Berufsangehörigen gebunden zu sein. Zur Verhängung des Verbots ist eine Mehrheit von zwei Dritteln der Stimmen erforderlich. Hat das Gericht in der Hauptverhandlung auf Ausschluss aus dem Beruf erkannt, so kann es in unmittelbarem Anschluss an die Hauptverhandlung über die Verhängung des vorläufigen Tätigkeits- oder Berufsverbots entscheiden (§ 114 WPO).

516 Vgl. *Pickel*, in: WPO Kommentar, 2. Aufl., Düsseldorf 2013, § 111 Rn. 1; in den letzten 15 Jahren gab es nur ein einziges Verfahren.

517 Vgl. *Pickel*, in: WPO Kommentar, 2. Aufl., Düsseldorf 2013, § 111 Rn. 7.

8.3 Wirkung eines vorläufigen Tätigkeits- oder Berufsverbots

Berufsangehörige, gegen die ein vorläufiges Berufsverbot verhängt ist, dürfen ihren Beruf nicht ausüben (§ 116 Abs. 2 WPO). Bei einem vorläufigen Tätigkeitsverbot dürfen sie bestimmte Tätigkeiten (z. B. als Treuhänder) nicht ausüben. Wurde ein vorläufiges Tätigkeits- oder Berufsverbot verhängt, können sie ihre eigenen Angelegenheiten, diejenigen ihres Ehegatten und ihres Lebenspartners und ihrer minderjährigen Kinder wahrnehmen, soweit es sich nicht um die Erteilung von Prüfungsvermerken handelt (§ 116 Abs. 2 und 3 WPO). Handelt der Berufsangehörige dem Verbot zuwider, wird er aus dem Beruf ausgeschlossen, es sei denn, es liegen ausnahmsweise mildernde Umstände vor (§ 117 Abs. 1 WPO).

8.4 Außerkrafttreten des Verbots

Das Berufsverbot tritt außer Kraft, wenn das ihm zugrundeliegende berufsgerichtliche Verfahren eingestellt oder rechtskräftig abgeschlossen wird. Ein vorläufiges Berufsverbot tritt darüber hinaus außer Kraft, wenn nicht auf Ausschließung aus dem Beruf oder ein Berufsverbot erkannt wird. Ein vorläufiges Tätigkeitsverbot tritt außer Kraft, wenn ein Urteil ergeht, in dem weder auf eine Ausschließung aus dem Beruf oder ein Berufsverbot noch ein dem vorläufigen entsprechendes Tätigkeitsverbot erkannt wird (§ 119 WPO).

Das vorläufige Tätigkeits- oder Berufsverbot wird aufgehoben, wenn die Voraussetzungen für seine Verhängung nicht mehr vorliegen (§ 120 Abs. 1 WPO).

8.5 Rechtsmittel

Gegen den Beschluss, durch welchen ein vorläufiges Tätigkeits- oder Berufsverbot ausgesprochen wurde, ist das Rechtsmittel der sofortigen Beschwerde zulässig (§ 118 WPO). Die Beschwerde hat keine aufschiebende Wirkung.

XII. Gremien und Organisationen im Bereich der Rechnungslegung und Abschlussprüfung, national und international

1. Allgemeines

Neben der APAS und der WPK gibt es eine Reihe von nationalen und internationalen Gremien und Organisationen im Bereich der Rechnungslegung und Abschlussprüfung. Nachfolgend werden die wichtigsten vorgestellt. Im internationalen Bereich haben die europäischen Gremien und Organisationen eine besondere Bedeutung für die Berufsausübung des WP. Deshalb werden sie gesondert herausgestellt. Die WPK hat im WPK Magazin 1/2016 S. 16 ff. einen ausführlichen Überblick über die internationalen und europäischen Gremien und Organisationen im Bereich der Rechnungslegung und Abschlussprüfung gegeben. Daneben spielen auch die nationalen Organisationen in diesem Bereich eine wichtige Rolle. Die nachfolgende Übersicht nimmt Bezug auf die Zusammenstellung der WPK und auf die Selbstdarstellung der Organisationen auf ihren Webseiten.

2. Nationale Gremien und Organisationen

2.1 Deutsches Rechnungslegungs Standards Committee e. V. (DRSC) (§ 342 HGB)

2.1.1 Allgemeines

Die zunehmende Bedeutung der internationalen Kapitalmärkte für deutsche Unternehmen und Konzerne veranlasste schon 1998 den deutschen Gesetzgeber, Möglichkeiten für eine stärkere Annäherung der deutschen Rechnungslegungsvorschriften an die internationalen Grundsätze zu erkunden und umzusetzen. Um dieses Ziel zu erreichen, sollte auf Wunsch des Gesetzgebers ein privates, mit unabhängigen Fachleuten besetztes Gremium tätig werden. Damit sollte die Entwicklung der Rechnungslegungsgrundsätze als Selbstverwaltungsaufgabe durch einen unabhängigen Standardsetzer vorangetrieben werden. Die gesetzliche Grundlage dafür findet sich in § 342 HGB.

Als nationale Standardisierungsorganisation wurde das Deutsche Rechnungslegungs Standards Committee (DRSC) im Jahre 1998 geschaffen und vom Bundesjustizministerium als privates Rechnungslegungsgremium i. S.v. § 342 HGB anerkannt.[518] Ergänzt und erneut bestätigt wurde diese Eigenschaft als zuständige Standardisierungsorganisation für Deutschland durch den Standardisierungsvertrag vom 2. 12. 2011.

Das DRSC ist seinen Grundzügen als privates Rechnungslegungsgremium dem *International Accounting Standards Board* (IASB) nachempfunden.

2.1.2 Ziele und Aufgaben

Nach der Satzung des DRSC verfolgt die Arbeit des Vereins vor allem die folgenden Ziele:

518 Vgl. Website des DRSC: www.drsc.de > Service > Über uns > Ziele (Abruf 31. 1. 2013).

- **Entwicklung von Empfehlungen (Standards)** zur Anwendung der Grundsätze über die Konzernrechnungslegung
- **Beratung** bei Gesetzgebungsvorhaben auf nationaler und EU-Ebene zu Rechnungslegungsvorschriften
- **Vertretung** der Bundesrepublik Deutschland in internationalen Gremien der Rechnungslegung
- Erarbeitung von **Interpretationen** der internationalen Rechnungslegungsstandards i. S. v. § 315a Abs. 1 HGB
- Erhöhung der **Qualität** der Rechnungslegung
- Förderung der **Forschung und Ausbildung** in den vorgenannten Bereichen

Das DRSC ist ein Bindeglied zwischen nationaler und internationaler Rechnungslegung. Es ist das übergeordnete Ziel der Arbeit des DRSC und seiner Fachausschüsse, im öffentlichen Interesse die Qualität der Rechnungslegung und Finanzberichterstattung zu erhöhen. Das Arbeitsprogramm des DRSC orientiert sich mit Rücksicht auf die Globalisierung der Rechnungslegungsvorschriften in besonderem Maße an den internationalen Aufgaben. Auf dem Gebiet der internationalen Rechnungslegung werden ausgewählte Projekte des IASB begleitet und betreut.

Auf dem Gebiet der nationalen Rechnungslegung stehen die Entwicklung von handelsrechtlichen **Rechnungslegungsstandards** (DSR) und Gesetzgebungsvorhaben der Bundesrepublik und der EU im Vordergrund.[519] Eine ganze Reihe solcher DSR zur Konzernrechnungslegung liegen inzwischen vor. Sie sind auf der Website des DRSC veröffentlicht.[520]

Die Standards interpretieren die Rechnungslegungsvorschriften des **HGB**. Sie füllen auch Regelungslücken. Dabei orientieren sie sich an internationalen Rechnungslegungsvorschriften. Die DRS wurden im Wesentlichen vom BMJ bekannt gemacht. Damit gilt die gesetzliche Vermutung des § 342 Abs. 2 HGB, dass bei der Beachtung dieser Standards Konzernabschlüsse nach deutschem Bilanzrecht den **Grundsätzen ordnungsgemäßer Buchführung** entsprechen. Die Standards erlangen zwar mit offizieller Bekanntmachung nicht Gesetzeskraft, wohl aber die Qualität von GoB für Konzernunternehmen, jedenfalls soweit sie Gesetzeslücken oder gesetzliche Vorschriften ausfüllen.[521] Die DRS richten sich bis auf Regelungen zum Lagebericht ausschließlich an nicht kapitalmarktorientierte Unternehmen, die einen Konzernabschluss nach HGB erstellen. Sie betreffen nicht Unternehmen, die für eine Konzernrechnungslegung nach internationalen Vorschriften optiert haben.

Das DRSC hat im Jahre 2012 Grundsätze und Leitlinien für seine künftige Arbeit entwickelt. In den Grundsätzen und Leitlinien werden neben der Zielrichtung der Arbeit des DRSC u. a. auch die Zusammenarbeit mit internationalen Institutionen und Gremien und die Arbeit der Fachausschüsse definiert. Neben den Rechnungslegungsstandards erarbeitet das DRSC Anwendungshinweise zu Rechnungslegungsstandards und Stellungnahmen zu aktuellen Rechnungslegungsthemen.[522]

---

519 Vgl. Website des DRSC: www.drsc.de > Service > Über uns > Arbeitsweise (Abruf 31. 1. 2013).

520 Vgl. Website des DRSC: www.drsc.de > Service > Dokumente (Abruf 31. 1. 2013).

521 Vgl. *Baumbach/Hopt/Merkt*, HGB, § 342 Rn. 2.

522 Vgl. Website des DRSC: www.drsc.de > Service > News > Grundsätze und Leitlinien für die Arbeit des DRSC vom 22. 11. 2012 (Abruf 31. 1. 2013).

Interpretationen der deutschen und internationalen Rechnungslegungsvorschriften werden auch vom IDW in Form von Stellungnahmen zur Rechnungslegung herausgegeben.[523]

2.1.3 Organisation und Finanzierung

Mitglieder des DRSC sind Unternehmen und Verbände. Die Mitgliederversammlung wählt einen Verwaltungsrat, der das Präsidium wählt. Die projektbezogene Arbeit erfolgt durch Fachausschüsse. Es gibt einen IFRS-Fachausschuss und einen HGB-Fachausschuss. Ein Wissenschaftsbeirat berät die Fachausschüsse. Ein Mitarbeiterstab unterstützt die Fachausschüsse und gebildete Arbeitsgruppen. Das DRSC hat sich eine Satzung gegeben, in der alle organisatorischen Fragen geregelt sind.[524]

Es finanziert seine Tätigkeit aus den Mitgliedsbeiträgen und Spenden sowie durch Lizenzvergabe, Veröffentlichungen und sonstige Einnahmen.

2.2 Deutsche Prüfstelle für Rechnungslegung (DPR) – Enforcement (§ 342b HGB)

Die Deutsche Prüfstelle für Rechnungslegung (DPR) prüft seit dem 1.7.2005 die Rechnungslegung von Unternehmen, die am regulierten Markt in Deutschland vertreten sind (*Enforcement*).

Die rechtlichen Grundlagen finden sich in § 342b ff. HGB und § 37n ff. WpHG. Die Prüfstelle ist ein privatrechtlich organisierter Verein auf vertraglicher Grundlage, der vom Bundesjustizministerium anerkannt ist. Mitglieder sind verschiedene Bundesverbände sowie weitere Mitglieder wie z. B. die WPK, die StBK und das IDW.

Die DPR hat gem. § 342b Abs. 2 Satz 3 Nr. 3 HGB Konzern- und Jahresabschlüsse nebst Lageberichten von kapitalmarktorientierten Unternehmen i. S. des § 342b Abs. 2 Satz 2 HGB auf die Einhaltung der gesetzlichen Vorschriften zu prüfen. Die Prüfung erfolgt als

- **Anlassprüfung**, soweit konkrete Anhaltspunkte für einen Verstoß gegen Rechnungslegungsvorschriften vorliegen;
- **Verlangensprüfung** auf Veranlassung der Bundesanstalt für Finanzdienstleitung oder als
- **Stichprobenprüfung** ohne besonderen Anlass.

Anlassprüfungen haben Vorrang vor Stichprobenprüfungen.[525] Das bedeutet, dass Stichprobenprüfungen nur in dem Umfang durchgeführt werden, soweit die Kapazitäten der DPR nicht durch Anlassprüfungen in Anspruch genommen sind.

Durch diese Prüfungen – die zusätzlich zur Prüfung der Abschlüsse durch den Aufsichtsrat und den Abschlussprüfer stattfinden – soll das Vertrauen der Kapitalanleger in eine vollumfängliche und strenge Anwendung der Rechnungslegungsstandards gestärkt werden.

523 Vgl. *IDW* (Hrsg.), WP Handbuch 2012, Band I, 14. Aufl., Düsseldorf 2012, S. 3010.

524 Siehe Website des DRSC: www.drsc.de > Service > Über uns (Abruf 31. 1. 2013).

525 Zu den Prüfungsverfahren vgl. §§ 17 ff. der Verfahrensordnung der DPR, Website der DPR: www.frep.info > Dokumente > Verfahrensordnung (Abruf 31. 1. 2013).

In Deutschland ist das Enforcement-Verfahren zweistufig ausgestaltet, so dass neben der privatrechtlich organisierten DPR noch die mit hoheitlichen Mitteln ausgestattete Bundesanstalt für Finanzdienstleistungsaufsicht (BaFin) beteiligt ist.

Die Aufgabenstellung orientiert sich an folgendem Leitspruch der DPR:

„Im Interesse des Kapitalmarktes wollen wir zu einer wahrhaften und transparenten Rechnungslegung der kapitalmarktorientierten Unternehmen beitragen. Maßstäbe unseres Handelns sind der Zweck und die maßgeblichen Normen der Rechnungslegung, höchste fachliche Qualität, persönliche Integrität und Unabhängigkeit, Exzellenz der Arbeit und ein vernünftiges Augenmaß."

Die DPR legt jährlich ihre Prüfungsschwerpunkte für das kommende Jahr fest und veröffentlicht einen Tätigkeitsbericht.[526] Im Jahr 2015 hat die DPR 81 Prüfungen abgeschlossen, davon 71 Stichprobenprüfungen, sechs Anlassprüfungen und vier auf Verlangen der BaFin durchgeführte Prüfungen. Die Fehlerquote lag mit 15 % leicht über dem Vorjahreswert.[527]

2.3 Institut der Wirtschaftsprüfer e. V. (IDW)

Das IDW vereint als Berufsorganisation Wirtschaftsprüfer und Wirtschaftsprüfungsgesellschaften in Deutschland auf freiwilliger Basis. Es handelt sich um einen eingetragenen Verein, dessen Zweck gem. Satzung nicht auf einen wirtschaftlichen Geschäftsbetrieb gerichtet ist.

2.3.1 Aufgaben und Leistungen

Das IDW fördert die Fachgebiete des WP und tritt für die Interessen des WP-Berufs ein.[528] Es bietet seinen Mitgliedern nach eigener Aussage:[529]

- wirksame Vertretung der Berufsstandsbelange in Politik, Verwaltung und anderen Institutionen sowohl national als auch international;
- Entwicklung der fachlichen Regeln der Berufsausübung zur Gewährleistung eines einheitlichen und hochwertigen Qualitätsniveaus;
- fachliche Unterstützung der Tagesarbeit unserer Mitglieder durch den Anfragenservice;
- ein anspruchsvolles und am aktuellen Bedarf ausgerichtetes Aus- und Fortbildungsprogramm einschließlich der Förderung von WP-Examenskandidaten;
- ein leistungsfähiges Infocenter für Literaturrecherchen und andere Serviceleistungen.

2.3.2 Mitglieder und Organisationsstruktur

Im Februar 2016 waren ca. 83 % der WP Mitglied im IDW.[530] Das IDW repräsentiert ca. 13.000 WP und WPG.

Diese hohe Mitgliederzahl macht den herausragenden Stellenwert des IDW innerhalb des Berufsstands deutlich.

526 Vgl. Website der DPR: www.frep.info > Prüfungsverfahren > Prüfungsschwerpunkte (Abruf 31. 1. 2013).
527 Vgl. Website der DPR: www.frep.info > Presse > 28. 1. 2016 (Tätigkeitsbericht 2015) (Abruf 7. 9. 2016).
528 Vgl. *IDW* (Hrsg.), WP Handbuch 2012, Band I, 14. Aufl., Düsseldorf 2012, S. 227.
529 Siehe Website des IDW: www.idw.de > Wir über uns (Abruf 31. 1. 2013).
530 Vgl. Website des IDW: http://go.nwb.de/h8165 (Abruf 25. 5. 2016).

Das IDW hat seinen Sitz in Düsseldorf und unterhält sieben Landesgeschäftsstellen in Berlin, Düsseldorf, Frankfurt, Hamburg, Leipzig, München und Stuttgart.

Die Mitglieder sind in zwölf Landesgruppen organisiert. Die Landesgruppen und der „Wirtschaftsprüfertag“[531] wählen den Verwaltungsrat, der aus 51 ehrenamtlichen Mitgliedern besteht. Dieser wählt die ehrenamtlichen Mitglieder des Vorstands und nimmt weitere Aufgaben wahr wie z. B. die Festsetzung des Wirtschaftsplans, die Genehmigung des Jahresabschlusses und des Geschäftsberichts sowie die Bestellung des Abschlussprüfers.

Der IDW-Vorstand besteht aus sechs ehrenamtlichen und drei geschäftsführenden Mitgliedern.

Das IDW unterhält folgende Fachabteilungen:

- Rechnungslegung und Prüfung
- Steuern und Recht
- Aus- und Fortbildung
- Europäische Angelegenheiten
- Öffentlichkeitsarbeit/Mitgliederservice

2.3.3 Facharbeit

Die Facharbeit wird von den ehrenamtlich im IDW tätigen IDW-Mitgliedern getragen. Sie erfolgt in Fachausschüssen, Arbeitskreisen und Arbeitsgruppen.

Es bestehen derzeit folgende Fachausschüsse:

- Hauptfachausschuss (HFA)
- Ausschuss für Aus- und Fortbildung (AAF)
- Bankenfachausschuss (BFA)
- Fachausschuss für Informationstechnologie (FAIT)
- Fachausschuss für öffentliche Unternehmen und Verwaltungen (ÖFA)
- Fachausschuss für Unternehmensbewertung und Betriebswirtschaft (FAUB)
- Fachausschuss Recht (FAR)
- Fachausschuss für Sanierung und Insolvenz (FAS)
- Immobilienwirtschaftlicher Fachausschuss (IFA)
- Investmentfachausschuss (IVA)
- Krankenhausfachausschuss (KHFA)
- Steuerfachausschuss (StFA)
- Versicherungsfachausschuss (VFA)

In den Fachausschüssen werden die fachlichen Fragen themenbezogen diskutiert. Die Arbeitsergebnisse sind in folgenden Verlautbarungen zusammengefasst:

- IDW Prüfungsstandards (IDW PS)
- IDW Stellungnahmen zur Rechnungslegung (IDW RS)
- IDW Standards (IDW S)

531 Mitgliederversammlung des IDW.

- IDW Prüfungshinweise (IDW PH)
- IDW Rechnungslegungshinweise (IDW RH)
- IDW Praxishinweise
- IDW Steuerhinweis
- IDW Fragen & Antworten zu IDW Prüfungsstandards (F&A IDW PS)
- IDW Verlautbarungen bis 1998
- Gemeinsame Stellungnahmen mit der WPK
- Sonstige Verlautbarungen/Eingaben

Die Mitglieder des IDW sind in die fachliche Diskussion insbesondere dadurch einbezogen, dass sie zu Verlautbarungsentwürfen, die im Internet einsehbar sind, Stellung nehmen und eigene Vorschläge machen können. Die Beachtung der IDW Fachgutachten, IDW PS, IDW RS und IDW S im Rahmen der beruflichen Eigenverantwortlichkeit ist zugleich Satzungsverpflichtung für alle Mitglieder des IDW.[532] Die fachlichen Verlautbarungen des IDW geben die Berufsauffassung der IDW-Mitglieder zu Rechnungslegungsfragen und zu den Grundsätzen ordnungsmäßiger Abschlussprüfung wieder; wer als WP im Ausnahmefall von diesen Grundsätzen abweichen will, muss dies im Prüfungsbericht darlegen und überzeugend begründen.[533]

Das IDW gibt für seine Mitglieder monatlich das Mitgliedermagazin „IDW Life“ und daneben die Zeitschrift „Die Wirtschaftsprüfung“ (WPg) als eigenes Fachorgan heraus.

2.3.4 Fortbildung mit dem IDW

Die Fortbildung erfolgt durch regelmäßige dezentrale Fortbildungsveranstaltungen in den Landesgruppen und durch regionale Fachtagungen. Ferner ist die IDW Akademie Träger wesentlicher Aus- und Fortbildungsangebote des IDW.

2.4 wp.net. e.V. – Verband für die mittelständische Wirtschaftsprüfung

Der wp.net e.V. mit Sitz in München[534] ist nach seiner Satzung eine Vereinigung von Wirtschaftsprüfern und vereidigten Buchprüfern, die freiberuflich oder in Kanzleien/Sozietäten/ Gesellschaften unternehmerisch oder angestellt tätig sind, und ihren Beruf nicht in Wirtschaftsprüfungsgesellschaften ausüben, die als Großgesellschaften organisiert sind.

Der wp.-net fördert die Berufsausübung der mittelständisch tätigen Wirtschaftsprüfer und den Erhalt der Freiberuflichkeit als typische Ausprägung des mittelständischen Unternehmertums im WP-Beruf.

Er nimmt unter anderem die folgenden Aufgaben wahr:

- alle berufspolitischen Aufgaben für die mittelständische Wirtschaftsprüfung
- Fortbildung von mittelständischen Berufsträgern und Berufsangehörigen sowie von deren Mitarbeitern

---

532 Vgl. *IDW* (Hrsg.), WP Handbuch 2012, Band I, 14. Aufl., Düsseldorf 2012, S. 3012.
533 Vgl. *IDW* (Hrsg.), WP Handbuch 2012, Band I, 14. Aufl., Düsseldorf 2012, S. 3011.
534 Vgl. Website des wp.net e.V.: www. wp.net-verband.de (Abruf 31. 1. 2013).

- Beratung und Unterstützung der Berufsträger in Fragen des Kanzleimanagements und der Kanzleiorganisation und bei der Einrichtung von Qualitätssicherungssystemen
- Fachliche Wissensvermittlung und Information zu Spezialthemen für die Ausübung des WP/StB-Berufs
- Förderung des Zusammenhalts und der -arbeit innerhalb der mittelständischen Berufsträger, Stärkung der Kommunikation mit den Vertretern des Berufsstandes in allen beruflichen Organisationen und Gremien

Der Verein gibt seinen Mitgliedern fachliche Unterstützung und hält Fach- und Fortbildungsveranstaltungen ab. Er unterhält sieben Landesgruppen und hat nach eigenen Angaben aktuell (2016) über 1.100 Mitglieder.

3. Europäische und internationale Gremien im Bereich der Rechnungslegung[535]

3.1 Europäische Kommission

Die Europäische Kommission wird von folgenden Gremien beraten:

Contact Committee[536]

Es handelt sich um den Kontaktausschuss der Obersten Rechnungskontrollbehörden der EU. Vertreter der Mitgliedstaaten und der Kommission stimmen sich in diesem Gremium über die einheitliche Umsetzung von Rechnungslegungsrichtlinien ab und beraten die Kommission.

EFRAG – European Financial Reporting Advisory Group[537]

Die EFRAG ist um eine europäische Interessengruppierung (gegründet von elf europäischen Wirtschafts- und Berufsverbänden), die sich mit der fachlichen Qualität der Rechnungslegungsstandards (insbesondere IFRS) befasst und die Kommission berät.

SARG – Standards Advice Review Group

Die SARG ist eine Sachverständigengruppe, die die EU-Kommission hinsichtlich des Übernahmeprozesses für IFRS und Auslegungen des *IFRS Interpretations Committee* berät. Ziel ist es, die EU-Kommission bei der Übernahme der IFRS zu unterstützen.

ARC – Accounting Regulatory Committee

Das ARC ist ein Regelungsausschuss auf dem Gebiet der Rechnungslegung unter dem Vorsitz der EU-Kommission; Mitglieder sind die Vertreter der Fachministerin der Mitgliedstaaten. Das Gremium hat Befugnisse im Bereich der Annahme oder Ablehnung der IFRS.

3.2 Internationale Gremien und Organisationen

IFRS Foundation – International Financial Reporting Standards Foundation[538]

535 Vgl. dazu und zu den internationalen Gremien und Organisationen WPK Magazin 2/2012 S. 38 ff.
536 Website: www.eca.europa.eu/sites/cc (Abruf 25. 5. 2016).
537 Website: www.efrag.org (Abruf 25. 5. 2016).
538 Website: www.ifrs.org (Abruf 25. 5. 2016).

Die IFRS Foundation wurde von den Berufsverbänden der Industrieländer in den 70er Jahren des vorigen Jahrhunderts mit Sitz in London gegründet. Sie ist die Organisation, unter der das IASB tätig ist. Die Stiftung wird von einem Vorstand aus 22 Treuhändern (*Trustees*) geleitet. Die Treuhänder ernennen die Mitglieder des IASB und beaufsichtigen und kontrollieren die Wirksamkeit seiner Arbeit. Die IFRS Foundation ist im Verbund mit dem IASB international die wichtigste Organisation im Bereich der Rechnungslegung.

Monitoring Board[539]

Als Überwachungsgremium für die IFRS Foundation wurde das *Monitoring Board* geschaffen, bestehend aus Vertretern öffentlicher Kapitalmarktbehörden. Das *Monitoring Board* wirkt bei der Wahl der Treuhänder mit und überwacht diese bei der Erfüllung ihrer Aufgaben und Verantwortlichkeiten. Die Treuhänder berichten einmal jährlich dem *Monitoring Board* schriftlich über ihre Tätigkeit.

IASB – International Accounting Standards Board[540]

Das *International Accounting Standards Board* (IASB) ist ein **privater, unabhängiger Standardsetzer**. Der Sitz ist London. Das Ziel des IASB ist die Entwicklung von einheitlichen internationalen Rechnungslegungsstandards. Es arbeitet hierbei mit den nationalen Standardsetzern zusammen. Die Vereinbarkeit der nationalen Regelungen mit den internationalen Rechnungslegungsvorschriften soll dadurch gefördert werden.[541] Das Gremium tagt regelmäßig, meist monatlich und öffentlich. Die 14 Mitglieder werden von den *Trustees* der IFRS Foundation ernannt.

Eng verbunden mit dem IASB ist das IFRS *Interpretation Committee*. Es entwickelt Interpretationen, die dem IASB zur Genehmigung vorgelegt werden und übernimmt anderweitige Aufgaben auf Bitten des IASB.

Das IASB entwickelt die IFRS (*International Financial Reporting Standards*) und genehmigt die vom *IFRS Reporting Committee* verabschiedeten IFRS Interpretationen. Neben den allgemeinen IFRS werden auch IFRS für KMU (kleine und mittlere Unternehmen) entworfen. Die IFRS haben in den europäischen Mitgliedsstaaten inzwischen große praktische Bedeutung erlangt.

Nach der sog. IFRS-Verordnung der EU vom 19. 7. 2002[542] müssen europäische kapitalmarktorientierte Unternehmen ihren Konzernabschluss seit 2005 grundsätzlich nach IFRS aufstellen und veröffentlichen. Für die Konzernabschlüsse der übrigen europäischen Unternehmen und für die Einzelabschlüsse besteht nach der Verordnung für die Mitgliedstaaten die Möglichkeit, IFRS-Abschlüsse wahlweise zuzulassen oder vorzuschreiben. Nach § 315a HGB haben nicht kapitalmarktorientierte Unternehmen in Deutschland das Recht, die IFRS in ihren Konzernabschlüssen anzuwenden. Entsprechendes gilt nach § 324a HGB auch für den Einzelabschluss, jedoch mit der Besonderheit, dass ergänzend ein handelsrechtlicher Einzelabschluss für gesellschaftsrechtliche Zwecke aufzustellen ist.[543]

539 Vgl. *IDW* (Hrsg.), WP Handbuch 2012, Band I, 14. Aufl., Düsseldorf 2012, S. 244.

540 Vgl. Website der IFRS Foundation: www.ifrs.org; *IDW* (Hrsg.), WP Handbuch 2012, Band I, 14. Aufl., Düsseldorf 2012, S. 243.

541 Siehe Website des DRSC: www.drsc.de > IFRS | Organisation und Ziele des IASB; dort findet sich ein guter Überblick und eine ausführliche Beschreibung der Organisationsstruktur und der Aufgaben.

542 Verordnung (EG) Nr. 1606/2002 des Europäischen Parlaments und des Rates, Amtsblatt Nr. L 243 vom 11. 9. 2002 S. 0001 – 0004.

543 ABl. EG 2002, Nr. I 243, S. 1; vgl. *IDW* (Hrsg.), WP Handbuch 2012, Band I, 14. Aufl., Düsseldorf 2012, S. 244.

IFRS Advisory Council[544]

Dieses Gremium trifft in regelmäßigen gemeinsamen Sitzungen mit dem IASB zusammen und berät dieses in Grundsatzfragen und informiert über die Auswirkungen vorgeschlagener Normen auf die Bilanzierenden und andere Adressaten von Jahresabschlüssen. Eine weitere Aufgabe ist die Benennung der Mitglieder des IFRS *Interpretations Committee*.

IFRS Interpretations Committee[545]

Die Aufgabe dieses Gremiums ist es, Auslegungen für die IFRS zu entwickeln und zu veröffentlichen, um eine einheitliche Anwendung zu gewährleisten. Neben dem Vorsitzenden gehören dem Gremium 14 Mitglieder an. Es arbeitet eng mit den nationalen Standardsettern zusammen.

IRC – International Integrated Reporting Committee[546]

Ziel dieses im Jahre 2010 gegründeten Gremiums ist die Entwicklung eines weltweit anerkannten Rahmenkonzepts für eine integrierte Berichterstattung.

ABB. 8: IFRS-Foundation[547]

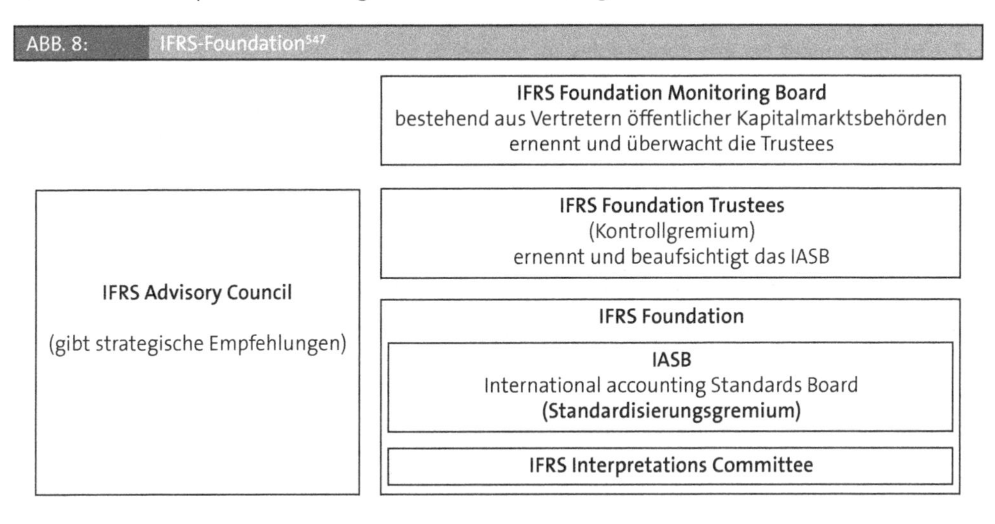

544 Vgl. Website der IFRS Foundation: http://www.ifrs.org/The-organisation/Advisory-bodies (Abruf 1. 2. 2013).

545 Vgl. Website der IFRS Foundation: http://www.ifrs.org/The-organisation (Abruf 1. 2. 2013).

546 Vgl. www.theiirc.org.

547 In Anlehnung an das Organigramm der IFRS-Foundation, vgl. Website der IFRS Foundation: http://www.ifrs.org/The-organisation/Pages/How-we-are-structured.aspx (Abruf 9. 6. 2016).

4. Europäische und internationale Gremien und Organisationen im Bereich der Abschlussprüfung

4.1 Europäische Gremien und Organisationen

AuRC – Audit Regulatory Committee[548]

Das AuRC ist ein Regelungsausschuss auf dem Gebiet der Abschlussprüfung. Dieser unterstützt die EU-Kommission unter anderem bei der Anerkennung internationaler Prüfungsstandards. Der Vorsitz wird von der EU-Kommission geführt. Der Ausschuss ist besetzt mit Vertretern der Fachministerien der Mitgliedstaaten der EU.

EGAOB – European Group of Auditors' Oversight Bodies[549]

Es handelt sich um einen Ausschuss, der für die Koordination der öffentlichen Prüferaufsichten in den Mitgliedstaaten der EU zuständig ist. Die Kooperation zwischen den Aufsichtsstellen, die Bewertung der Aufsichtssysteme von Drittstaaten sowie die Beratung des AuRC und der EU-Kommission gehören zu den Aufgaben der EGAOB. Den Vorsitz führt die EU-Kommission.

FEE – Federation des Experts Comptables Europeens[550]

Die FEE ist ein europäischer **Berufsverband** der Abschlussprüfer mit 47 Berufsorganisationen aus 33 Ländern. Vertreten werden mehr als 800.000 Berufsangehörige. Zu den Aufgaben gehören die Abstimmung fachlicher und berufsrechtlicher Fragen sowie die Beratung und Stellungnahmen gegenüber der EU-Kommission.

4.1.1 Berufsverbände und Interessengruppen mit Sonderinteressen

EFAA – European Federation of Accountants and Auditors for SMEs[551]

Es handelt sich um einen europäischen Berufsverband für Abschlussprüfer kleiner und mittelständischer Unternehmen.

EGIAN – European Group of International Accounting Networks und Associations[552]

Diese Interessengruppe besteht aus Vertretern mittelständischer international tätiger Netzwerke.

ECG – European Contact Group

Die ECG ist eine Interessengruppe aus Vertreten der sechs größten europäischen Netzwerke.

---

548 Vgl. Website der EU-Kommission: www.ec.europa.eu/internal_market/auditing/committe/index.de (Abruf 1. 2. 2013).

549 Vgl. Website der EU-Kommission: www.ec.europa.eu/internal_market/auditing/egaob/index.de (Abruf 1. 2. 2013).

550 Vgl. Website der FEE: www.fee.be (Abruf 1. 2. 2013); *IDW* (Hrsg.), WP Handbuch 2012, Band I, 14. Aufl., Düsseldorf 2012, S. 245 f.

551 Vgl. Website der EFAA: www.efaa.com (Abruf 1. 2. 2013); *IDW* (Hrsg.), WP Handbuch 2012, Band I, 14. Aufl., Düsseldorf 2012, S. 240 ff.; die WPK ist seit Januar 2013 Mitglied der EFAA, WPK Magazin 1/2013 S. 17.

552 Vgl. Website der EGIAN: www.egian.eu (Abruf 30. 5. 2016).

4.2 Internationale Gremien und Organisationen

IFAC – International Federation of Accountants[553]

Die IFAC ist der **Weltverband der Abschlussprüfer** mit Sitz in New York. Er zählt derzeit (2016) 175 Mitgliedsorganisationen und *„Associates"* aus 130 Ländern. Vertreten werden insgesamt ca. 2,8 Mio. Abschlussprüfer.[554] Mitglieder aus Deutschland sind die WPK und das IDW. Die IFAC ist die für WP weltweit wichtigste internationale Berufsorganisation.

Die IFAC entwickelt und veröffentlicht **Prüfungs- und Berufsgrundsätze**, **Standards** und **Studien**. Angestrebt werden weltweit einheitliche Standards. Dazu gehören als wichtigste die ISA (*International Standards on Auditing*), die ISQC (*International Standards on Quality Control*), die *Codes of Ethics*, die IES (*International Education Standards*) und die IPSAS (*International Public Sector Accounting Standards*). Die Verlautbarungen der IFAC sind an die nationalen Mitgliedsorganisationen gerichtet und verpflichten deshalb die Berufsangehörigen nicht unmittelbar.[555] Die Mitgliedsorganisationen allerdings sind verpflichtet, für die Einhaltung der Standards (ISA, *Code of Ethics*, Aus- und Fortbildung) Sorge zu tragen. Das geschieht in Deutschland dadurch, dass die ISA in die IDW-Prüfungsstandards, die Standards zur Qualitätssicherung und zur Unabhängigkeit in die Berufssatzung und (bisher) in die gemeinsame Verlautbarung der Vorstände von IDW und WPK (VO 1/2006) übernommen werden.[556]

Die **IFAC-Council** ist die Versammlung der Mitgliedsorganisationen und *„Associates"* der IFAC und wählt das *IFAC-Board*. Dieses besteht aus 20 Vertretern der Mitgliedsorganisationen zuzüglich des Präsidenten. Die Mitglieder des *IFAC-Board* werden für 3 Jahre gewählt. Das IFAC-Board bestimmt die Leitlinien der IFAC-Politik.

Bei der Besetzung der IFAC Gremien wirkt das ***Nominating Committee*** beratend mit. Es besteht zurzeit aus 7 Mitgliedern, dem IFAC-Präsidenten und -Vizepräsidenten sowie fünf Vertretern der Mitgliedsorganisationen.

Das IFAC-Board unterhält insgesamt eine ganze Anzahl von Unterorganisationen, die sich nach Art von Fachabteilungen mit den einzelnen beruflichen Problemen und Fachgebieten befassen. Dazu gehören unter anderem

- das IESBA (*International Ethics Standards Board for Accountants*), in dem berufsethische Fragen behandelt werden (*Code of Ethics*);[557]
- das IAASB (*International Auditing und Assurance Standards Board*), in dem die internationalen Prüfungs- und Qualitätssicherungsstandards entwickelt werden;[558]
- das SMPC (*Small and Medium Practices Committee*), welches sich mit den Belangen kleiner und mittlerer Praxen befasst und
- das IPSASB (*International Public Sector Accounting Standards Board*), welches sich mit der Rechnungslegung und Prüfung öffentlicher Unternehmen beschäftigt.

553 Vgl. Website der IFAC: www.ifac.org (Abruf 1. 2. 2013).

554 Vgl. *Schruff*, WPK Magazin 4/2015 S. 57.

555 Vgl. *IDW* (Hrsg.), WP Handbuch 2012, Band I, 14. Aufl., Düsseldorf 2012, S. 240.

556 Vgl. *Schruff*, WPK Magazin 4/2015 S. 57 ff.; *Noodt*, WPK Magazin 4/2015 S. 61 ff., gibt einen guten Überblick über IFAC und die standardsetzenden Gremien.

557 Zur Erweiterung des Arbeitsprogramms des IESBA vgl. WPK Magazin 3/2012 S. 33.

558 Zur Strategie und zum Arbeitsprogramm des IAASB vgl. WPK Magazin 3/2012 S. 32.

PIOB – Public Interest Oversight Board[559]

Das PIOB ist ein Gremium zur Beaufsichtigung der im öffentlichen Interesse liegenden Aktivitäten der IFAC. Ziel ist es, dadurch das Vertrauen der Öffentlichkeit in die IFAC und den Berufsstand der Abschlussprüfer zu stärken. Es wurde im Jahre 2005 von Vertretern der Weltbank und der internationalen Wertpapierorganisation IOSCO gebildet. Unter der Aufsicht des PIOB überprüft die IFAC bei den Mitgliedsorganisationen zudem regelmäßig, ob sie ihre Verpflichtungen aus der Mitgliedschaft einhalten.[560]

Monitoring Group[561]

Die *Monitoring Group* ist ein Gremium, das sich die Qualitätsverbesserung der internationalen Abschlussprüfung zum Ziel gesetzt hat. Deshalb beobachtet und bewertet die *Monitoring Group* die Aktivitäten der IFAC, insbesondere die Umsetzung von Reformen. Sie berät das PIOB und benennt dessen Mitglieder. Zu den Mitgliedern der *Monitoring Group* gehören unter anderem das *Basel Committee on Banking*, das *Financial Stability Board* (FSB), die Weltbank und die EU-Kommission.

559 Vgl. Website des PIOB: www.ipiob.org (Abruf 1. 2. 2013); *IDW* (Hrsg.), WP Handbuch 2012, Band I, 14. Aufl., Düsseldorf 2012, S. 242.

560 Vgl. *Schruff*, WPK Magazin 4/2015 S. 57.

561 Vgl. Website der IOSCO: http://go.nwb.de/j4a1t (Abruf 30. 5. 2016); IDW (Hrsg.), WP Handbuch 2012, Band I, 14. Aufl., Düsseldorf 2012, S. 242.

XIII. Die zivilrechtlichen Vertragsverhältnisse des WP

1. Tätigkeitsbereiche eines Wirtschaftsprüfers

Der Tätigkeitsbereich eines Wirtschaftsprüfers ist weitgehend gesetzlich geregelt. Zu unterscheiden ist zwischen den Kernaufgaben des Wirtschaftsprüfers und den damit vereinbaren oder unvereinbaren Tätigkeiten.

Die Kernaufgaben finden sich in § 2 WPO. Hierzu gehören:

- Die Prüfungstätigkeit
- Die Steuerberatung
- Die Sachverständigentätigkeit
- Die Beratung und Interessenvertretung in wirtschaftlichen Angelegenheiten
- Die treuhänderische Verwaltung

Eine Aufzählung der mit diesem Kernbereich vereinbaren Tätigkeiten findet sich in § 43a Abs. 4 Nr. 1–8 WPO. Die mit dem Beruf des Wirtschaftsprüfers nicht vereinbaren Tätigkeiten finden sich in § 43a Abs. 3 WPO. Hervorzuheben ist das absolute Verbot einer gewerblichen Tätigkeit (siehe dazu auch Kapitel II, Ziffer 2).

Weitere Beschränkungen werden dem WP durch das Rechtsdienstleistungsgesetz und das darin verankerte Verbot der allgemeinen Rechtsberatung auferlegt. Im Grundsatz ist festzuhalten, dass die Rechtsberatung lediglich eine Annextätigkeit zu einer erlaubten Tätigkeit darstellen darf. Eine allgemeine, von einem konkreten Mandat losgelöste Rechtsberatung, ist ausschließlich den Rechtsanwälten vorbehalten und dem WP verwehrt.[562]

2. Rechtliche Einordnung der Tätigkeitsbereiche

Die Mandatsbeziehungen eines Wirtschaftsprüfers sind i. d. R. als Geschäftsbesorgungsverträge mit werkvertraglichem (§ 675 i. V. m. § 631 ff. BGB) oder dienstvertraglichem (§ 675 i. V. m. §§ 611 ff. BGB) Charakter oder als echte Werk- oder Dienstverträge einzuordnen.

2.1 Abgrenzung zwischen Werk- und Dienstvertrag

Die Abgrenzung zwischen Werk- und Dienstvertrag kann im Einzelfall schwierig sein. Ein Werkvertrag zeichnet sich dadurch aus, dass der Auftragnehmer (WP), dem Auftraggeber (Mandanten) die Herstellung eines Werkes schuldet. Der Vertrag ist nicht auf eine Dienstleistung, sondern auf die Herbeiführung eines bestimmten Erfolges gerichtet.

Beim Dienstvertrag schuldet der Berater dagegen nicht die Erstellung eines bestimmten Werkes oder die Herbeiführung eines Erfolges. Bei den als Dienstverträgen zu qualifizierenden Verträgen eines Wirtschaftsprüfers oder steuerlichen Beraters ist vielmehr die Erbringung einer Beratungshandlung Gegenstand des Vertrages.

Häufig haben Mandatsverträge sowohl Beratungshandlungen, als auch die Herstellung konkreter Arbeitsergebnisse zum Inhalt. Zu erwähnen sind die Erstellung von Jahresabschlüssen,

562 Siehe dazu ausführlich Kapitel II, Ziffer 4.

Steuererklärungen, Buchhaltungsarbeiten und die Lohnbuchhaltung. Das geschuldete Werk ist dabei nicht die objektive Rechtmäßigkeit der Ergebnisse, sondern die ordnungsgemäße Verarbeitung der vom Mandanten gelieferten Daten. Sind diese, für den Berater nicht erkennbar, unzutreffend, die Verarbeitung auf dieser Grundlage aber zutreffend, ist eine Haftung des Beraters ausgeschlossen. Werden neben der Erstellung von Arbeiten auch Beratungshandlungen vorgenommen, überwiegen diese i. d. R., so dass sich an der Qualifizierung des Steuerberatungsvertrages als Dienstvertrag nichts ändert.[563] Beschränkt sich das Mandat dagegen auf die Ausführung von Buchführungsarbeiten und den Entwurf der Jahresabschlüsse, kann auch ein Werkvertrag oder ein typengemischter Vertrag vorliegen, bei dem die erfolgsbezogenen Leistungen im Vordergrund stehen.[564] Maßgeblich ist eine Gesamtbetrachtung unter Berücksichtigung der vom Auftraggeber gewählten Zielrichtung.

Als Unterscheidungsmerkmale zwischen Dienst- und Werkvertrag können die nachfolgenden Gesichtspunkte dienen:[565]

- Wird die Herbeiführung eines bestimmten Erfolges – Arbeitsergebnis – versprochen oder bleibt dieser Erfolg lediglich Vertragszweck? Bleibt dieser Erfolg lediglich Vertragszweck, ist das „Tätigwerden" entscheidend.
- Liegt die Erreichung des Erfolges in der Macht des Verpflichteten?
- Wer ist für die Erreichung des Erfolges verantwortlich?

Haftungsrechtlich ist die Unterscheidung zwischen Dienst- oder Werkvertrag von untergeordneter Bedeutung. In beiden Fällen unterscheiden sich die Vertragspflichten, die zu einer Verpflichtung zum Schadenersatz führen können, nicht.[566]

Die Unterscheidung zwischen Dienst- und Werkvertrag kann aber erhebliche Bedeutung für die Frage eines Nachbesserungsrechts, die Vergütung, den Beginn der Verjährung und die Mandatskündigung haben.

2.2 Werkverträge

Werkverträge können immer dann vorliegen, wenn Gegenstand des Mandates die Erstellung eines konkreten Arbeitsergebnisses ist. Dies ist regelmäßig der Fall bei:

- Buchführungsarbeiten und Entwurf des Jahresabschlusses;[567]
- Prüfung von Jahresabschlüssen;[568]
- Mittelverwendungskontrollen;[569]
- Prüfung der Insolvenzreife eines Unternehmens;[570]
- Gutachteraufträgen.[571]

563 Vgl. BGH vom 1. 5. 2006 – IX ZR 63/05, WM 2006 S. 1411, NJW-RR 2006 S. 1490.

564 BGH vom 7. 3. 2002 – III ZR 12/01, BB 2002 S. 750, GI 2002 S. 187.

565 *Gräfe/Lenzen/Schmeer*, Steuerberaterhaftung, Rz. 121.

566 BGH vom 20. 6. 1996 – IX ZR 106/95, WM 1996 S. 1832, GI 1997 S. 16.

567 BGH vom 7. 3.2002 – III ZR 12/01, BB 2002 S. 750, GI 2002 S. 187.

568 BGH vom 1. 2.2000 – X ZR 198/97, DB 2000 S. 2028; OLG Düsseldorf vom 19. 11. 1998 – 8 U 59/98, NZG 1999 S. 901, GI 2011 S. 108.

569 BGH vom 26. 9. 2000 – X ZR 94/98, WM 2000 S. 2447, GI 2001 S. 10.

570 BGH vom 14. 6. 2012 – IX ZR 145/11, DB 2012 S. 1559, DStR 2012 S. 1825.

571 BGH vom 10. 11. 1994 – III ZR 50/94, BGHZ 127, 378, BB 1995 S. 209.

Entsprechend dürften auch sonstige Gutachteraufträge oder Unterschlagungsprüfungen als Werkverträge zu qualifizieren sein.

2.2.1 Vertragsabschluss und Beendigung

Der Vertragsabschluss erfordert eine konkrete Vereinbarung in Bezug auf das zu erstellende Werk und seine Beschaffenheit. Der Vertrag kann jederzeit ohne besondere Begründung vom Auftraggeber gem. § 649 BGB gekündigt werden. Der Auftragnehmer behält dann allerdings nach Maßgabe des § 649 Satz 2 BGB seinen Anspruch auf die vereinbarte Vergütung.

2.2.2 Besonderheiten bei Pflichtprüfung von Jahresabschlüssen

Die Hauptaufgabe des Wirtschaftsprüfers ist nach § 2 Abs. 1 WPO, betriebswirtschaftliche Prüfungen, insbesondere gesetzlich vorgeschriebene Jahresabschlussprüfungen durchzuführen und Bestätigungsvermerke über das Ergebnis solcher Prüfungen zu erteilen.

2.2.2.1 Bestellung durch Wahl und Beauftragung

Nach § 318 Abs. 1 Satz 1 HGB wählen die Gesellschafter den Abschlussprüfer des Jahresabschlusses. In der AG erteilt der Aufsichtsrat den Prüfungsauftrag (§ 111 Abs. 2 Satz 3 AktG). Bei Kapitalmarkt orientierten Unternehmen (§ 264d HGB) ist der Vorschlag des Aufsichtsrats auf die Empfehlung des Prüfungsausschusses zu stützen (§ 124 Abs. 3 AktG). Der WP kann frei und ohne Begründung ablehnen, muss dies aber unverzüglich tun (§ 51 WPO, § 663 BGB). Die gesetzlichen Vertreter (bei Zuständigkeit des Aufsichtsrats dieser) haben unverzüglich nach der Wahl den Prüfungsauftrag zu erteilen. Fehlt die Wahl oder die Auftragserteilung, kommt kein wirksamer Prüfungsauftrag zustande. Erst mit der Annahme wird der WP zum Abschlussprüfer. Eine schriftliche Annahmeerklärung ist dringend zu empfehlen.

Den Auftrag hat der WP höchstpersönlich durchzuführen. Der Einsatz von Mitarbeitern ist erlaubt, jedoch nicht die Stellvertretung durch einen anderen WP.

Der Prüfungsauftrag ist nach § 134 BGB nichtig, wenn der WP gegen die Prüfungsverbote nach §§ 319 Abs. 2 und 3, 319a und b HGB verstößt, da damit gegen ein Verbotsgesetz verstoßen wird. Rechtsfolge: Der WP hat keinen Honoraranspruch; er muss bereits empfangenes Honorar nach § 812 BGB herausgeben[572]. Der geprüfte Abschluss selbst ist nicht nichtig.

2.2.2.2 Wechsel des Abschlussprüfers

Der einmal erteilte Prüfungsauftrag kann nur widerrufen werden, wenn nach § 318 Abs. 3 HGB durch das Gericht ein anderer Abschlussprüfer bestellt worden ist (§ 318 Abs. 1 Satz 5 HGB). Der WP kann den Auftrag selbst nur aus wichtigem Grund kündigen (§ 318 Abs. 6 Satz 1 HGB). Meinungsverschiedenheiten über den Inhalt des Bestätigungsvermerks, seine Einschränkung oder Versagung sind kein wichtiger Grund.

---

572 BGH vom 11. 5. 2006 – IX ZR 63/05, DStR 2006 S. 1247, WM 2006 S. 1411; BGHZ 111 S. 308; OLG Brandenburg WPK-Mitt 2001 S. 330, S. 334.

2.2.2.3 Ablehnung des Prüfungsauftrages

Der WP hat die Verpflichtung zur Erklärung, wenn ein Auftrag abgelehnt wird; sonst droht eine Schadenersatzverpflichtung (§ 51 WPO; § 663 BGB).

Die Besonderheiten gelten ausschließlich für die gesetzlich vorgeschriebenen Pflichtprüfungen, nicht aber für freiwillige Prüfungen. Diese unterliegen den Regelungen des allgemeinen Schuldrechts und dem allgemeinen Prinzip der Vertragsfreiheit.

2.2.3 Vergütung

Eine Vergütung gilt stillschweigend als vereinbart (§ 632 Abs. 1 BGB). Ist keine Vergütung festgelegt worden, wird die übliche Vergütung geschuldet (§ 632 BGB).

2.2.4 Verjährung

Die Vergütungsansprüche des WP verjähren in drei Jahren ab Jahresultimo (§§ 195, 199 BGB). Für die Verjährung von Schadenersatzansprüchen des Auftraggebers gem. § 634 Nr. 4 BGB gelten ebenfalls die allgemeinen Verjährungsvorschriften. Für den Anspruch auf Mängelbeseitigung gilt § 634a BGB.

2.2.5 Nachbesserung

Grundsätzlich besteht bei einem Werkvertrag ein Nachbesserungsanspruch des Auftraggebers und ein Nachbesserungsrecht des Auftragnehmers (§§ 633, 635 BGB).

Der isolierte Auftrag zur Erstellung eines Jahresabschlusses stellt regelmäßig einen Werkvertrag dar. Häufig ist die Erstellung des Jahresabschlusses aber in einen allgemeinen Beratungsvertrag eingebunden. Regelmäßig ist dann von einem einheitlichen Vertrag auszugehen, der sowohl dienst- als auch werkvertragliche Komponenten beinhaltet.

2.3 Dienstverträge

Dienstverträge oder Geschäftsbesorgungsverträge, die eine Dienstleistung zum Inhalt haben, sind immer dann anzunehmen, wenn die Beratung des Mandanten im Vordergrund steht.

Als solche kommen insbesondere in Betracht:

- Steuerberatungsmandate, auch wenn diese die Erstellung von Buchführungsarbeiten, Steuererklärungen und Jahresabschlüssen zum Inhalt haben;[573]
- Buchführungsarbeiten, soweit lediglich die ordnungsgemäße Verarbeitung vom Mandanten gelieferter Informationen und Unterlagen geschuldet ist;[574]
- Vertretung vor Finanzbehörden und Finanzgerichten.[575]

Entsprechend sind auch Beratungsverträge über wirtschaftliche Angelegenheiten als Geschäftsbesorgungsverträge zu betrachten, die eine Dienstleistung zum Inhalt haben.

---

573 BGH NJW 1970 S. 1596; BGH WM 1997 S. 330; BGH WM 1982 S. 515.

574 BGH vom 15. 7. 2004 – IX ZR 256/03, NJW 2004 S. 2817; OLG Zweibrücken, GI 1997 S. 117; OLG Nürnberg DStR 1974 S. 710.

575 BGH WM 1985 S. 203; OLG Zweibrücken, GI 1997 S. 117.

Enthält ein Auftrag sowohl dienst- als auch werkvertragliche Komponenten, kann er nicht in einen dienst- und einen werkvertraglichen Teil aufgespaltet werden. Vielmehr treten, wenn der dienstvertragliche Charakter überwiegt, die werkvertraglichen Komponenten hinter dem Gesamtcharakter des Vertrages als Dienstvertrag zurück.[576]

2.3.1 Vertragsabschluss

Der Beratungsvertrag kann schriftlich oder mündlich, ausdrücklich oder konkludent abgeschlossen werden. Ein besonderes Risiko beinhalten telefonische Auskünfte eines steuerlichen Beraters. Nach der Rechtsprechung können bereits telefonische Auskünfte einen Auskunftsvertrag begründen.[577]

2.3.2 Vertragsinhalt

Der Inhalt des Beratungsvertrages wird durch die Vertragsparteien bestimmt. Es empfiehlt sich, den genauen Vertragsumfang schriftlich zu vereinbaren. Grundsätzlich kommt eine Haftung des Beraters nur in Bezug auf Rechtsbereiche in Betracht, die Gegenstand des Mandatsverhältnisses sind. Eine schriftliche Fixierung führt damit zu einer erheblichen Reduzierung der Haftungsrisiken.

Während die Vereinbarung des Beratungsgegenstandes Sache der Vertragsparteien ist, hat die Rechtsprechung eine Reihe von Pflichten entwickelt, die sowohl eine ordnungsgemäße Erfüllung der Hauptleistungspflicht gewährleisten sollen, als auch der Rollenverteilung innerhalb der Mandatsbeziehung (auf der einen Seite der um Rat suchende Mandant, auf der anderen Seite der hoch spezialisierte Berater) gerecht werden soll. Diese Pflichten gehen weit über die einfache Erfüllung hinaus. Eine ausführliche Darstellung erfolgt im Rahmen der Haftung des Wirtschaftsprüfers.

2.3.3 Vergütung

Die Vergütung richtet sich nach § 612 BGB. Sie wird fällig nach Leistung der Dienste, bei Bemessung nach Zeitabschnitten jeweils nach Ablauf (§ 614 BGB). Auch bei einer mangelhaften Dienstleistung bleibt der Vergütungsanspruch grundsätzlich bestehen.

2.3.4 Verjährung

Die Verjährung des Honorars beträgt beim WP und bei der WPG gem. §§ 195, 199 BGB drei Jahre; die Verjährung beginnt Ende des Jahres, in dem der Anspruch entstanden ist. Auch für Schadenersatzforderungen des Mandanten gelten die allgemeinen Verjährungsvorschriften.

2.3.5 Nachbesserung

Das Dienstvertragsrecht kennt keine Mängelbeseitigung. Der Auftraggeber hat bei Mangelhaftigkeit der Beratung ein Kündigungsrecht sowie einen verschuldensabhängigen Schadenersatzanspruch.

576 BGH NJW 1970 S. 1052.

577 BGH vom 18. 12. 2008 – IX ZR 12/05, DB 2009 S. 391, DStR 2009 S. 818.

2.3.6 Kündigung

Eine Kündigung durch den Auftraggeber und WP ist grundsätzlich jederzeit möglich (§ 621 Nr. 5 BGB). Der WP sollte jedoch eine Kündigung zur Unzeit möglichst unterlassen, um sich nicht schadensersatzpflichtig zu machen. Bei Bemessung nach Zeitabschnitten gilt für die Kündigungsfrist die Dauer des Zeitabschnitts (§ 621 Nr. 1 – 4 BGB).

Zu beachten ist ferner § 627 BGB, der ein außerordentliches fristloses Kündigungsrecht für Dienstverhältnisse höherer Art vorsieht, die aufgrund besonderen Vertrauens übertragen zu werden pflegen. Das ist beim WP, StB und RA der Fall. Dieses außerordentliche Kündigungsrecht kann nicht durch AGB oder Formularvertrag abbedungen werden, wohl aber durch Individualabrede. Es ist nach § 627 Abs. 1 BGB also eine beiderseitige fristlose aber auch befristete Kündigung jederzeit zulässig. Kündigung zur Unzeit durch den WP kann eine Schadensersatzpflicht nach sich ziehen (vgl. § 627 Abs. 2 BGB).

Ferner treffen den Berater auch bei Kündigung des Mandatsverhältnisses nachvertragliche Beratungspflichten, wenn schon vor Mandatsende Anlass zu einem entsprechenden Handeln bestanden hat.[578] Dies ist insbesondere dann der Fall, wenn ein Fristbeginn noch innerhalb des Mandatszeitraums erfolgte und zur Einhaltung der Fristen Maßnahmen erforderlich sind.[579]

2.4 Gerichtliche Sachverständigentätigkeit

Der WP kann in einem gerichtlichen Verfahren zu Sachverhalten, die seinem Tätigkeitsbereich zuzuordnen sind, vom Gericht als Sachverständiger ernannt werden. In Betracht kommen alle Zweige der Gerichtsbarkeit, also ebenso die ordentliche wie auch die Verwaltungs-, die Straf- oder die freiwillige Gerichtsbarkeit.

Die gerichtliche Sachverständigentätigkeit unterscheidet sich in ihrer rechtlichen Ausgestaltung wesentlich von der außergerichtlichen Sachverständigentätigkeit. Den gerichtlich bestellten Sachverständigen verbindet, anders als den außergerichtlich beauftragten Sachverständigen, mit keiner der beteiligten Parteien oder dem Gericht ein Vertragsverhältnis. Vor diesem Hintergrund kommen grundsätzlich vertragliche Anspruchsgrundlagen nicht in Betracht.

2.4.1 Berufung zum gerichtlichen Sachverständigen

Der gerichtliche Sachverständige wird von einem staatlichen Gericht ernannt. Eine Verpflichtung des Wirtschaftsprüfers, einer Anfrage eines Gerichts zu folgen, besteht nicht. I. d. R. werden die Parteien des Rechtsstreits aufgefordert, ihre Zustimmung zu einem vom Gericht vorgeschlagenen Sachverständigen zu erklären. Das Gericht beugt auf diese Weise Einwänden gegen das fertige Gutachten vor.

2.4.2 Inhalt des Auftrages

Der Inhalt des Gutachterauftrages wird durch den Inhalt des gerichtlichen Beweisbeschlusses festgelegt. Das Gutachten ist dann auf der Grundlage des gerichtlichen Schriftwechsels unter Einbeziehung der vorgelegten Unterlagen zu erstellen. Ist die Fragestellung des Gerichts unklar oder erlauben die Unterlagen keine abschließende Beurteilung, ist darauf hinzuweisen.

578 OLG Koblenz vom 8. 8. 2005 – 12 U 267/04, GI aktuell 2007 S. 60, WM 2006 S. 449.
579 Vgl. OLG Schleswig vom 4. 5. 2005 – 13 UF 247/04, GI 2005 S. 154.

2.4.3 Vergütung

Die gesetzlichen Vergütungssätze ergeben sich aus dem Gesetz über die Entschädigung von Zeugen und Sachverständigen bzw. dem JVEG. Die dort vorgesehenen Sätze entsprechen regelmäßig weder den berufsüblichen Stundensätzen noch den erheblichen Haftungsrisiken des Wirtschaftsprüfers. Üblich ist es daher, dass der Wirtschaftsprüfer eine Entlohnung für das Gutachten vorschlägt und die Parteien ihre Zustimmung erklären. Wird diese verweigert, wird das Gericht einen anderen Sachverständigen suchen.

2.4.4 Kündigung

Eine Kündigung kommt mangels Vertragsverhältnis nicht in Betracht. Sieht sich der Sachverständige aber aus privaten oder rechtlichen Gründen (z. B. Auftauchen einer Interessenkollision) nicht in der Lage, das Gutachten zu erstellen, kann ihm der Auftrag vom Gericht entzogen werden.

2.5 Treuhandtätigkeit

Treuhandtätigkeiten kommen in den unterschiedlichsten Ausgestaltungen vor. Eine eindeutige Klassifizierung ist daher nicht möglich, sondern hat nach dem konkreten Inhalt zu erfolgen. In Betracht kommen Auftrag- oder Geschäftsbesorgungsrecht, Dienst- oder Werkvertragsrecht oder auch Gesellschaftsrecht.

Der Vertragsinhalt ergibt sich aus dem vertraglichen Inhalt des Treuhandvertrages und den dort niedergelegten gegenseitigen Rechten und Pflichten. Neben diesem Pflichtenkreis ergeben sich aber zahlreiche zusätzliche Aufklärungs- und Beratungspflichten, die gerade aus den Vorstellungen des Treugebers, die dieser mit der besonderen Qualifizierung des Wirtschaftsprüfers als staatlich geprüften Fachmann verbindet, folgen. Diese bestehen teilweise nicht erst nach Abschluss des Treuhandvertrages, sondern auch im Vorfeld des Vertragsabschlusses.

Treuhandverhältnisse von Wirtschaftsprüfern finden sich häufig im Bereich von Kapitalanlagen, z. B. als Mittelverwendungskontrolleur, Zentraltreuhänder bei Bauherrenmodellen oder Treuhandkommanditist. Gerade die umfangreichen Beratungs- und Hinweispflichten gegenüber den Anlegern beinhalten ein erhebliches Haftungspotential, das in der jüngeren Vergangenheit aufgrund der wiederholten Wirtschaftskrisen in zahlreichen Fällen die Gerichte beschäftigt hat.

XIV. Die Haftung des Wirtschaftsprüfers

1. Grundlagen des Haftungsrechts

1.1 Rechtsbeziehung

Eine Haftung setzt zunächst voraus, dass zwischen dem Geschädigten und dem Schädiger ein gesetzliches oder vertragliches Rechtsverhältnis begründet wurde. Ein gesetzliches Schuldverhältnis wird, ohne dass ein Vertrag erforderlich ist, dadurch begründet, dass die Tatbestandsvoraussetzungen einer gesetzlichen Haftungsnorm, z. B. § 823 Abs. 1 BGB, auf Seiten des Geschädigten und des Schädigers erfüllt werden. Im Beispielfall des § 823 Abs. 1 BGB erfolgt dies dadurch, dass der Geschädigte Inhaber eines von § 823 BGB geschützten Rechtsgutes ist und der Schädiger dieses Rechtsgut verletzt hat. Dies ist z. B. bei Verletzung von Eigentumsrechten der Fall, die bloße Verletzung des Vermögens reicht dagegen nicht aus.

Ein vertragliches Rechtsverhältnis wird durch ausdrücklichen oder konkludenten Abschluss eines Vertrages begründet. Die jeweiligen Pflichten ergeben sich dann aus der Natur des Vertrages und den konkreten Vereinbarungen.

1.2 Pflichtverletzung

Die Feststellung einer Pflichtverletzung ist die zentrale Frage des Haftungsrechts. Zu diesem Zweck ist zunächst die Klärung erforderlich, welche Pflichten der Berater im konkreten Mandatsverhältnis zu erfüllen hat. Die Pflichten können sich aus dem Gesetz oder dem Inhalt und der Ausgestaltung der Vertragsbeziehung zwischen dem Berater und dem Mandanten ergeben.

1.2.1 Gesetzliche Pflichten

Im Bereich der Haftung des Wirtschafsprüfers ist vor allem der gesetzlich normierte Pflichtenkreis im Bereich der gesetzlich vorgeschriebenen Pflichtprüfung von Bedeutung. Diese Pflichten finden sich in § 323 Abs. 1 HGB, der zentralen Haftungsnorm für die gesetzliche Pflichtprüfung. § 323 Abs. 1 HGB verdrängt in seinem Anwendungsbereich als Spezialvorschrift alle sonstigen vertraglichen Haftungsnormen des BGB.

1.2.2 Vertragliche Pflichten

Nicht gesetzlich geregelt ist dagegen der vertragliche Pflichtenkreis bzw. der konkrete Inhalt der vertraglich geschuldeten Leistung. Dieser wird im Rahmen der Vertragsfreiheit durch die Parteien des Mandatsverhältnisses und den Inhalt des konkreten Vertragsverhältnisses bestimmt. Neben den von den Vertragsparteien selbst bestimmten Hauptleistungspflichten, hat die Rechtsprechung eine Reihe vertraglicher Nebenpflichten entwickelt. Daneben sind noch vorvertragliche und nachvertragliche Pflichten zu beachten. Die zentrale Haftungsnorm im Bereich der Vertragshaftung ist § 280 BGB.

1.3 Rechtswidrigkeit

Die Pflichtverletzung muss rechtswidrig sein. Grundsätzlich indiziert die Pflichtverletzung die Rechtswidrigkeit. Maßgeblich ist die Verletzung einer vertraglichen Pflicht, nicht dagegen, ob der Mandant womöglich ein rechtswidriges Ziel verfolgt oder diesem durch die konkret erteilte

Maßnahmen Nachteile drohen. Hat der Berater den Mandanten über die nachteiligen Folgen hinreichend gewarnt und beraten, begeht der Berater gegenüber dem Mandanten keine rechtswidrige Pflichtverletzung.[580]

1.4 Verschulden

Eine Haftung setzt grundsätzlich ein schuldhaftes Handeln gem. § 276 BGB voraus. Danach haftet der WP für Vorsatz und Fahrlässigkeit. Für vorsätzliches Handeln genügt bedingter Vorsatz. Danach reicht es aus, wenn der WP seine Pflichtverletzung und eine Schadenverursachung nur als möglich erkennt, diese aber billigend in Kauf nimmt.

Fahrlässig handelt gem. § 276 Abs. 2 BGB, wer die im Verkehr erforderliche Sorgfalt außer Acht lässt. Anzusetzen ist ein objektiver Maßstab. Es muss die Sorgfalt beachtet werden, die nach den Erfordernissen des Verkehrs in der konkreten Lage erwartet werden darf. Nicht entscheidend sind dagegen die persönliche Eigenart des Haftpflichtigen, seine individuellen Fähigkeiten, Kenntnisse und Erfahrungen. Vielmehr ist auf die berechtigte Verkehrserwartung an die Berufsgruppe allgemein abzustellen, also auf das Maß an Fähigkeiten, Umsicht und Sorgfalt, das von Angehörigen bei Erledigung der betreffenden Aufgabe typischerweise verlangt werden kann. Dieser objektive Maßstab führt dazu, dass bei Feststellung einer Pflichtverletzung unter Berücksichtigung des erheblichen Vertrauens der Allgemeinheit in den Berufsstand der Wirtschaftsprüfer, i. d. R. zumindest eine Fahrlässigkeit angenommen werden kann.

Nur in Ausnahmefällen kann das Verschulden unter Berücksichtigung der Besonderheiten des Einzelfalles entfallen. So z. B. bei einer plötzlichen Erkrankung, die den WP an der Einhaltung einer Frist hindert. Bei lang anhaltender Erkrankung besteht dagegen die Pflicht, für eine anderweitige Bearbeitung Sorge zu tragen. Eine Arbeitsüberlastung allein führt nicht zu einem Verschuldensausschluss.

Bei der Haftung gem. § 823 Abs. 2 BGB ist die Verletzung eines Schutzgesetzes erforderlich. Hier richtet sich das erforderliche Verschulden nach dem Haftungsmaßstab des verletzten Schutzgesetztes. Setzt dieses, wie z. B. bei der Unterschlagung gem. § 246 StGB oder Betrug gem. § 263 StGB ein vorsätzliches Handeln voraus, ist Vorsatz erforderlich.

Für das Verschulden von Personen, derer sich der WP bei der Erfüllung des übernommenen Auftrags bedient, haftet er gem. § 278 BGB. Eine Eigenhaftung der Erfüllungsgehilfen, zu denen auch der Freie Mitarbeiter gehört, gegenüber dem Mandanten kommt nur in Ausnahmefällen in Betracht. Für den Bereich der gesetzlichen Pflichtprüfung sieht § 323 Abs. 1 HGB dagegen eine Eigenhaftung der Gehilfen des Wirtschaftsprüfers vor.

Eine WPG haftet gem. § 31 BGB für das Verschulden Ihrer Organe und gem. § 278 BGB für das Verschulden ihrer Erfüllungsgehilfen.

1.5 Kausalität

Eine Schadenersatzpflicht setzt voraus, dass der Schaden durch das zum Schadenersatz verpflichtende Ereignis, die Pflichtverletzung, verursacht worden ist. Zu klären ist hier der Ursachenzusammenhang zwischen dem Handeln des Schädigers, der hieraus resultierenden Pflicht-

580 Vgl. *Fischer*, in: Zugehör, Handbuch der Anwaltshaftung, Rz. 1057.

verletzung und dem Schaden des Geschädigten. Erforderlich ist zunächst, dass die Pflichtverletzung nicht hinweggedacht, bzw. im Falle eines pflichtwidrigen Unterlassens nicht hinzugedacht, werden kann, ohne dass der Erfolg in Form des konkreten Schadeneintritts entfällt (*conditio sine qua non*).

Zu unterscheiden ist zwischen der haftungsbegründenden und der haftungsausfüllenden Kausalität. Die haftungsbegründende Kausalität setzt voraus, dass das pflichtwidrige Handeln oder Unterlassen des Schädigers für die ihm vorgeworfene Pflichtverletzung ursächlich geworden ist. Im Bereich der haftungsbegründenden Kausalität ist der Geschädigte zum Vollbeweis gem. § 286 ZPO verpflichtet. Der Geschädigte muss also das Handeln oder Unterlassen des Schädigers vollständig beweisen. Die haftungsausfüllende Kausalität setzt voraus, dass die Pflichtverletzung für den entstandenen Schaden ursächlich geworden ist. Im Rahmen der haftungsausfüllenden Kausalität bestehen die Beweiserleichterungen des § 287 ZPO.

In den Bereich der haftungsausfüllenden Kausalität gehört auch die Frage, wie der Mandant sich bei ordnungsgemäßer Beratung verhalten hätte. Bestanden objektiv mehrere Handlungsalternativen, muss sich der Mandant für eine entscheiden. An dieser Stelle kann von Bedeutung sein, ob die vom Mandanten vorgetragene Vorgehensweise im Falle einer zutreffenden Beratung mit den bei Mandatserteilung formulierten Zielen vereinbar war. Es empfiehlt sich daher, die Ziele des Mandanten eingehend zu erörtern und diese schriftlich festzuhalten. Dem Mandanten ist es dann im Falle eines Prozesses verwehrt, die für ihn in der Nachschau in Bezug auf den behaupteten Schaden günstigste Variante zu wählen, sofern auf diesem Weg das Ziel nicht erreicht worden wäre. Jedenfalls wird er dann nicht ohne Weiteres mit der allerdings regelmäßig auftauchenden Behauptung gehört werden können, er hätte bei ordnungsgemäßer Beratung von einer beabsichtigten Gestaltung Abstand genommen.

Im Bereich der Beratungshaftung wendet die Rechtsprechung die Grundsätze des Anscheinsbeweises an. Danach gilt zu Gunsten des Mandanten die Vermutung, dass dieser bei pflichtgemäßer Beratung den zutreffenden Hinweisen gefolgt wäre, sofern für ihn bei vernünftiger Betrachtungsweise aus damaliger Sicht nur eine Entscheidung nahe gelegen hätte.

Die *conditio sine qua non* Betrachtung oder Äquivalenz, hat durch die Rechtsprechung zwei erhebliche Regulative erfahren: die Adäquanz und die Lehre von dem Schutzzweck der Norm.

Unter Adäquanz ist zu verstehen, dass die Pflichtverletzung im Allgemeinen und nicht nur unter besonders eigenartigen, unwahrscheinlichen und nach dem gewöhnlichen Lauf der Dinge außer Betracht zu lassenden Umständen geeignet sein muss, einen Schaden der eingetretenen Art herbeizuführen.[581] Andernfalls würde schon jeder entfernte Ursachenzusammenhang die Kausalität begründen. Pflichtverletzungen von Wirtschaftsprüfern führen regelmäßig zu Vermögensschäden bei Mandanten oder Dritten. Solche Schadenfolgen sind immer adäquat kausal durch die Pflichtverletzung des Wirtschaftsprüfers verursacht. Im Bereich der Wirtschaftsprüferhaftung spielt damit die Adäquanz keine wesentliche die Haftung einschränkende Rolle.

Die Lehre von dem Schutzzweck der Norm besagt, dass der geltend gemachte Schaden nach Art und Entstehungsweise unter den Schutzzweck der verletzten Norm oder Verpflichtung fallen muss. Eine Schadenersatzverpflichtung besteht also nur dann, wenn es sich um Nachteile han-

581 BGHZ 57, 137; BGH NJW 1986 S. 1329; BGH NJW 2000 S. 947.

delt, die aus dem Bereich der Gefahren stammen, zu deren Abwendung die verletzte Norm oder die bestehende Verpflichtung übernommen worden ist.

WP befassen sich im Rahmen der übertragenen Aufgaben mit den wirtschaftlichen Verhältnissen Ihrer Mandanten. Vermögensnachteile des Mandanten, die im unmittelbaren Zusammenhang mit der übertragenen Aufgabe stehen, werden daher vom Schutzzweck der Norm erfasst. Vermögensschäden können aber auch zu erheblichen gesundheitlichen oder psychischen Belastungen des Mandanten führen. Solche Folgen, die grundsätzlich zur Begründung von Schmerzensgeldforderungen angeführt werden können, werden nicht vom Schutzzweck der Norm bzw. des Wirtschaftsprüfermandats erfasst.[582]

1.6 Schaden

Ob und inwieweit ein nach §§ 249 ff. BGB zu ersetzender Schaden vorliegt, beurteilt sich nach der sog. Differenzhypothese nach einem rechnerischen Vergleich der durch das schädigende Ereignis bewirkten Vermögenslage mit derjenigen, die ohne diesen Umstand eingetreten wäre.[583] Der geschädigte Mandant ist vermögensmäßig so zu stellen, wie dieser bei pflichtgemäßem Verhalten des Beraters stünde. Zu diesem Zweck muss die tatsächliche Gesamtvermögenslage nach der Pflichtverletzung derjenigen gegenübergestellt werden, die sich ohne den Fehler des Beraters ergeben hätte. Die Differenzrechnung darf nicht nur auf einzelne Rechnungsposten beschränkt werden, sondern erfordert einen Gesamtvermögensvergleich, der alle von dem haftungsbegründenden Ereignis betroffenen Vermögensdispositionen umfasst.[584]

BEISPIEL Im Falle einer nach dem Beratungsinhalt nicht erwarteten Schenkungssteuer, die zum Gegenstand einer Schadenersatzforderung gemacht wird, ist der Wert der erhaltenen Schenkung den Schaden mindernd zu berücksichtigen. Da der Wert der Schenkung die Steuerbelastung übersteigt, ist damit ein Schaden regelmäßig auszuschließen, sofern die Steuerbelastung nicht durch eine andere Gestaltung vermeidbar war.

1.7 Verjährung

Nach Aufhebung der Sonderregelungen für WP (§§ 51a, 56 Abs. 1 WPO und 323 Abs. 5 HGB zum 31. 12. 2003) und StB (§§ 68, 72 Abs. 1 StBerG zum 14. 12. 2004) gelten auch für diese Berufsgruppen die allgemeinen Verjährungsvorschriften der §§ 194 BGB. Das alte Verjährungsrecht gilt nur noch für Altfälle, verliert damit zunehmend an Bedeutung und soll daher hier nicht mehr näher behandelt werden.[585]

Schadenersatzansprüche unterliegen gem. § 194 BGB der Verjährung. Die Verjährung führt nicht dazu, dass ein Anspruch erlischt. Vielmehr begründet sie ein dauerhaftes Durchsetzungshindernis (§ 214 BGB). Wird eine Schadenersatzforderung trotz Verjährung erfüllt, besteht kein Rückforderungsanspruch (§ 214 Abs. 2 BGB). Als Einrede muss sich der Schuldner auf die Verjährung berufen. Das Gericht hat diese nicht von Amts wegen zu berücksichtigen.

582 Vgl. für einen Rechtsanwalt BGH vom 9. 7. 2009 – IX ZR 88/08, WM 2009 S. 1722; VersR 2010 S. 211.

583 Vgl. nur BGH vom 19. 5. 2009 – IX ZR 43/08, WM 2009 S. 1376.

584 Vgl. nur BGH vom 7. 2. 2008 – IX ZR 149/04, WM 2008 S. 946.

585 Vgl. hierzu und zu den Übergangsregelungen *Gräfe/Lenzen/Schmeer*, Steuerberaterhaftung, Neunter Abschnitt; *Zugehör*, WM Sonderbeilage 1/2010 S. 23 ff.

Die regelmäßige Verjährungsfrist beträgt gem. § 195 BGB drei Jahre. Rechtskräftig durch Urteil oder Vollstreckungsbescheid festgestellte Forderungen verjähren in dreißig Jahren (§ 197 Abs. 1 Nr. 3 BGB). Entsprechendes gilt für Ansprüche aus vollstreckbaren Vergleichen (§ 197 Abs. 1 Nr. 4 BGB).

Gem. § 202 Abs. 1 BGB kann die Verjährung bei Haftung wegen Vorsatz nicht durch Rechtsgeschäft erleichtert werden. Gem. § 202 Abs. 2 BGB kann durch Rechtsgeschäft die Verjährung nicht über eine Verjährungsfrist von 30 Jahren ab dem gesetzlichen Verjährungsbeginn hinaus erschwert werden. Entsprechende Vereinbarungen verstoßen gegen ein gesetzliches Verbot und sind gem. § 134 BGB nichtig. An die Stelle der unwirksamen Vereinbarung tritt die gesetzliche Regelung.[586] Im Übrigen sind abweichende Regelungen über die Verjährung zulässig, bedürfen aber grundsätzlich einer (nicht formbedürftigen) Vereinbarung der Parteien. Unbeschränkt möglich sind Vereinbarungen über die Verjährung nach Entstehen des Schadenersatzanspruchs. Grundsätzlich möglich sind Verjährungsverzichtserklärungen nach Entstehen der Schadenersatzforderungen, die auch konkludent abgegeben werden können.[587]

PRAXISTIPP

Regelmäßig fordern anwaltliche Vertreter von Anspruchstellern von den vermeintlich zum Schadenersatz Verpflichteten Erklärungen über einen unbeschränkten Verjährungsverzicht; häufig verbunden mit dem Hinweis, dass Forderungen noch näher geprüft werden müssen. Haftpflichtversicherer sind zur Abgabe entsprechender Erklärungen im Rahmen der Deckungssumme berechtigt.[588] Die Entscheidung über die Abgabe eines Verjährungsverzichts liegt beim Haftpflichtversicherer, dem ein Weisungsrecht in Bezug auf die Behandlung und Bearbeitung von versicherten Schadenersatzforderungen zusteht. Unbefristete Verjährungsverzichtserklärungen werden von Haftpflichtversicherern nicht abgegeben. Gibt ein Versicherungsnehmer eine solche Erklärung ohne Zustimmung seines Haftpflichtversicherers ab, gefährdet er seinen Versicherungsschutz. Dies gilt insbesondere dann, wenn der Anspruch tatsächlich bereits verjährt war. Werden entsprechende Aufforderungen an den Berater herangetragen, ist der Sachverhalt umgehend dem Haftpflichtversicherer anzuzeigen und seine Entscheidung einzuholen. Dies gilt selbst dann, wenn die angeblichen Schadenersatzforderungen nicht konkretisiert werden oder der Berater diese für haltlos hält.

Ein ohne zeitliche Einschränkung ausgesprochener Verzicht auf die Einrede der Verjährung ist regelmäßig dahin zu verstehen, dass dieser auf die dreißigjährige Maximalfrist des § 202 Abs. 2 BGB begrenzt ist, soweit sich aus der Auslegung der Erklärung nichts Abweichendes ergibt.[589]

Regelungen zur Verjährung in Allgemeinen Geschäftsbedingungen sind nach §§ 305 ff. BGB zu beurteilen.

1.7.1 Beginn der Verjährung und Höchstfristen

Der Beginn der regelmäßigen Verjährung ist bei Schadenersatzforderungen gem. § 199 Abs. 1 BGB an zwei Voraussetzungen geknüpft:

1. der Anspruch muss entstanden sein (§ 199 Abs. 1 Nr. 1 BGB);

586 Vgl. *Palandt/Ellenberger*, § 202 Rz. 11.

587 Vgl. *Palandt/Ellenberger*, § 202 Rz. 7.

588 Vgl. *Palandt/Ellenberger*, § 202 Rz. 7; vgl. BGH vom 7. 10. 2003 – VI ZR 392/02, NJW-RR 2004 S. 109.

589 BGH vom 18. 9. 2007 – XI ZR 447/06, BB 2007 S. 2591, VersR 2008 S. 366.

2. der Geschädigte muss von den den Anspruch begründenden Umständen und der Person des Schädigers Kenntnis erlangt oder grob fahrlässig nicht erlangt haben (§ 199 Abs. 1 Nr. 2 BGB).

Die Verjährung beginnt mit dem Schluss des Jahres, in dem diese Voraussetzungen vorliegen.

Unabhängig von der Kenntnis oder der grob fahrlässigen Unkenntnis verjähren Schadenersatzforderungen gem. § 199 Abs. 3 BGB in 10 Jahren ab ihrer Entstehung und unabhängig von Schadenentstehung und Kenntnis in 30 Jahren ab der Pflichtverletzung.

Es gilt der Grundsatz der Schadeneinheit. Das bedeutet, dass der aus ein und derselben Pflichtverletzung entstandene Schaden als einheitliches Ganzes zu betrachten ist.[590] Aus diesem Grund läuft für einen Anspruch auf Ersatz dieses Schadens einschließlich aller weiteren adäquat verursachten, zurechenbaren und voraussehbaren Nachteile eine einheitliche Verjährungsfrist, sobald irgendein Teilschaden entstanden ist.[591]

BEISPIEL Führt eine Pflichtverletzung zu einer nachteiligen Steuerbelastung, beginnt auch für ggf. erst später festgesetzte Aussetzungszinsen, Säumnis- und Verspätungszuschläge und etwaige Rechtsverfolgungskosten eine einheitliche Verjährungsfrist zusammen mit der Hauptforderung.

Weist ein neuer steuerlicher Berater den Mandanten auf eine fehlerhafte steuerliche Gestaltungsberatung des vormaligen Beraters hin und ergreift der Mandant Maßnahmen, die ihm zur Beseitigung der Folgen der fehlerhaften Beratung empfohlen worden sind, beginnt die Verjährung des durch die weitere Beratung entstandenen Kostenschadens spätestens mit der Bezahlung der Leistungen des neuen Beraters; mit einem späteren, aufgrund der fehlerhaften Gestaltungsberatung noch entstehenden Steuerschaden bildet der Kostenschaden eine Schadeneinheit.[592]

Begeht ein Berater mehrere Pflichtverletzungen, die jeweils eigene Schadenfolgen haben, ist für jede auf eine gesonderte Pflichtverletzung zurückzuführende Schadenfolge der Verjährungsbeginn gesondert zu bestimmen.[593]

BEISPIEL Der steuerliche Berater begeht in mehreren aufeinander folgenden Jahren die gleiche Pflichtverletzung bei der Veranlagung eines Mandanten, weil er den Sachverhalt nicht zutreffend ermittelt. Der Berater ist aber verpflichtet, jedes Veranlagungsjahr gesondert und umfassend zu beurteilen, so dass von jährlichen Fehlern und Schadenfolgen auszugehen ist. Fraglich ist, ob dies auch dann der Fall ist, wenn der Berater einer rechtlichen Fehleinschätzung unterliegt und er im Rahmen der jährlichen Bearbeitung der Steuererklärungen keinen Anlass hat, diese zu überprüfen.

Hiervon zu unterscheiden ist der Fall, dass der Berater bei der Bearbeitung des Folgejahres einen Fehler, der ihm im Vorjahr unterlaufen ist, nicht bemerkt. Grundsätzlich begründet die unterbliebene Überprüfung oder Korrektur eines Fehlers keine neue Pflichtverletzung.[594]

1.7.1.1 Schadenentstehung

Für die Frage der Schadenentstehung bei der Beraterhaftung ist die noch zum alten Verjährungsrecht von der Rechtsprechung entwickelte „Risiko-Schaden-Formel" maßgeblich. Danach

590 Vgl. *Zugehör*, WM Sonderbeilage 1/2010 S. 25.

591 BGH vom 7. 2. 2008 – IX ZR 198/06, WM 2008 S. 1612; BGH vom 23. 3. 2011 – IX ZR 212/08, NJW 2011 S. 2443.

592 BGH vom 23. 4. 2015 – IX ZR 176/12, MDR 2015 S. 649.

593 BGH vom 9. 11. 2007 – V ZR 25/07, WM 2008 S. 89.

594 Vgl. *Gräfe/Lenzen/Schmeer*, Steuerberaterhaftung, Rz. 879 f., mit weiteren Beispielen.

ist ein pflichtwidriges Verhalten des Beraters, das zu einem Schaden führen kann, für die Entstehung eines Schadenersatzanspruches nicht ausreichend.[595]

BEISPIELE

- Die Verjährung bei einer fehlerhaften Steuerberatung beginnt erst mit der Bekanntgabe des nachteiligen fehlerhaften Steuerbescheides, nicht bereits mit der Einreichung der Steuererklärung.[596] Bei einem Grundlagebescheid ist auf diesen und nicht auf den Folgebescheid abzustellen.[597] Eine Ausnahme gilt im Bereich der Umsatzsteuer, da die Erklärung einem Bescheid gleichsteht.
- Die Verjährung aufgrund eines fehlerhaften Jahresabschlusses beginnt erst mit der Bekanntgabe des auf diesem Abschluss beruhenden Steuerbescheides.
- Hat der steuerliche Berater seinen Mandanten aufgrund einer fehlerhaften Beratung zu einer verdeckten Sacheinlage veranlasst, beginn die Verjährung erst, wenn die Gesellschaft oder der Insolvenzverwalter die fortbestehende Verpflichtung zur Bareinlage geltend macht.[598]
- Bei pflichtwidriger Freigabe von Geldern durch einen Mittelverwendungskontrolleur beginnt die Verjährung mit der Auszahlung des Geldes.[599]
- Bei Versäumnis einer Frist, z. B. einer Einspruchsfrist, beginnt die Verjährung mit dem Tag, der auf den Tag des Fristablaufs folgt. Auf den Ausgang eines ggf. eingeleiteten Verfahrens auf Wiedereinsetzung ist nicht abzustellen.[600]
- Bei Aussetzungszinsen mit der Bekanntgabe des ersten Bescheids, durch den die Vollziehung ausgesetzt wird.[601]

1.7.1.2 Kenntnis des Geschädigten

Der BGH greift hier auf die Rechtsprechung zurück, die zum ebenfalls aufgehobenen § 852 Abs. 1 BGB ergangen ist.[602] Danach ist Kenntnis dann anzunehmen, wenn der Geschädigte von seinem Schaden und dessen Urheber soviel erfährt, dass er eine hinreichend aussichtsreiche, nicht unbedingt risikolose Ersatzklage, zumindest in Form einer Feststellungsklage, gegen den Schädiger erheben kann.[603] Nicht erforderlich ist grundsätzlich eine zutreffende rechtliche Würdigung des Sachverhalts oder das Bewusstsein des Bestehens einer Schadenersatzforderung. Es genügt vielmehr die Kenntnis der den Ersatzanspruch begründenden tatsächlichen Umstände.[604] Nur in Ausnahmefällen kann die Rechtsunkenntnis des Gläubigers den Verjährungsbeginn hinausschieben, wenn eine unsichere und zweifelhafte Rechtslage vorliegt, die selbst ein rechtskundiger Dritter nicht zuverlässig einzuschätzen vermag. In diesem Fall fehlt es an der Zumutbarkeit der Klageerhebung.[605]

595 Siehe hierzu mit zahlreichen Beispielen *Gräfe/Lenzen/Schmeer,* Steuerberaterhaftung, Rz. 875 ff.; vgl. auch LG Stuttgart vom 26. 10. 2011 – 27 O 503/10, WPK-Magazin 2012 S. 54 ff.

596 BGH vom 7. 2. 2008 – IX ZR 198/06, WM 2008 S. 1612.

597 BGH vom 10. 1. 2008 – IX ZR 53/06, WM 2008 S. 613.

598 BGH vom 19. 5. 2009 – IX ZR 43/08, WM 2009 S. 1376.

599 KG Berlin vom 18. 6. 1993 – 15 U 2932/92, GI 1993 S. 367.

600 Vgl. BGH vom 26. 1. 2012 – IX ZR 69/11, BRAK-Mitt 2012 S. 122; BGH vom 25. 4. 2013 – IX ZR 65/12, WM 2013 S. 1081, VersR 2014 S. 706.

601 BGH vom 24. 1. 2013 – IX ZR 108/12, DB 2013 S. 753.

602 BGH, Beschluss vom 19. 3. 2008 – III ZR 220/07, WM 2008 S. 1077.

603 BGH vom 9. 11. 2007 – V ZR 25/07, NJW 2008 S. 506; BGH vom 27. 5. 2008 – XI ZR 132/07, NJW-RR 2008 S. 1495; BGH vom 3. 6. 2008 – XI ZR 319/06, NJW 2008 S. 2576.

604 BGH, Beschluss vom 19. 3. 2008 – III ZR 220/07, WM 2008 S. 1077.

605 BGH vom 15. 6. 2010 – XI ZR 309/09, NJW-RR 2010 S. 1574; BGH, Beschluss vom 19. 3. 2008 – III ZR 220/07, WM 2008 S. 1077.

Besteht die Schadenursache im Unterlassen einer Aufklärung, beginnt die Verjährung, sobald der Geschädigte die Umstände, insbesondere die wirtschaftlichen Zusammenhänge kennt, aus denen sich die Aufklärungspflicht ergibt.[606] Unterlässt der Berater pflichtwidrig die Einlegung eines Rechtsbehelfs, beginnt die Verjährung mit Kenntnis des Mandanten von der unterbliebenen Einlegung.[607]

Im Bereich der Beraterhaftung liegt eine Kenntnis nicht bereits dann vor, wenn dem Mandanten Umstände bekannt werden, nach denen zu seinen Lasten ein Rechtsverlust eingetreten ist. Er muss auch Kenntnis von solchen Tatsachen erlangen, aus denen sich für ihn – zumal wenn er juristischer Laie ist – ergibt, dass der Rechtsberater von dem üblichen Vorgehen abgewichen ist oder er Maßnahmen nicht eingeleitet hat, die aus rechtlicher Sicht zur Vermeidung eines Schadens erforderlich waren.[608]

In der Folge kann sich ein Steuerberater, der durch Übersendung einer Abschrift des auftragswidrig nicht eingelegten Einspruchs den Anschein erweckt, der Steuerbescheid, der angefochten werden sollte, sei nicht in Rechtskraft erwachsen, bis zur Aufdeckung seines Fehlers und des eingetretenen Schadens nicht auf die Verjährung berufen.[609]

Rät der Berater nach Ergehen eines nachteiligen Bescheids zur Fortsetzung des Rechtsstreits, weil er die vom Gericht oder der Finanzverwaltung vertretene Auffassung für unzutreffend hält, fehlt es i. d. R. an der Kenntnis des Mandanten. Dies gilt selbst dann, wenn der Mandant vom Gericht oder der Gegenseite auf die Fehlerhaftigkeit der Rechtsauffassung des rechtlichen Beraters hingewiesen wird.[610]

Hinsichtlich der Kenntnis des Schädigers ist die Kenntnis von Namen und Adresse des Schuldners erforderlich.[611]

Die Kenntnis eines Wissensvertreters, z. B. eines Geschäftsführers, muss sich der Geschädigte entsprechend § 166 BGB zurechnen lassen.[612]

Grobe Fahrlässigkeit ist anzunehmen, wenn dem Gläubiger die Kenntnis fehlt, weil er die im Verkehr erforderliche Sorgfalt in ungewöhnlich grobem Maße verletzt und auch ganz nahe liegende Überlegungen nicht angestellt oder dasjenige beachtet hat, was jedem hätte einleuchten müssen.[613] Die grob fahrlässige Unkenntnis ist der positiven Kenntnis gleichzusetzen. Die Kenntnis ist ab dem Zeitpunkt anzunehmen, an dem der Geschädigte die erforderliche Kenntnis hätte erhalten können.

1.7.1.3 Verjährungsbeginn bei rechtskräftig festgestellten Forderungen

Die Verjährung rechtkräftig festgestellter Forderungen bzw. aus rechtkräftigen Vergleichen beginnt gem. § 201 BGB mit dem Eintritt der Rechtskraft.

606 BGH vom 9. 11. 2007 – V ZR 25/07, WM 2008 S. 89.
607 OLG Celle vom 23. 2. 2011 – 3 U 174/10, DB 2011 S. 524, DStR 2011 S. 835.
608 BGH vom 6. 2. 2014 – IX ZR 217/12, GI aktuell 2014 S. 106.
609 BGH vom 14. 11. 2013 – IX ZR 215/12, WM 2014 S. 854, VersR 2014 S. 706.
610 BGH vom 6. 2. 2014 – IX ZR 245/12, GI aktuell 2014 S. 66.
611 BGH vom 23. 9. 2008 – XI ZR 395/07, WM 2008 S. 2165; siehe im Einzelnen *Palandt/Ellenberger*, § 199 Rz. 35 f.
612 OLG Hamm vom 24. 4. 2012 – I-28 U 152/11, OLG-Report NRW 21/2012.
613 BGH vom 23. 9. 2008 – XI ZR 262/07, WM 2008 S. 2155.

1.7.1.4 Verjährungsbeginn bei Werkverträgen

Für Verträge, die als Werkverträge einzustufen sind (z. B. bei Jahresabschlussprüfungen), beginnt die Verjährung gem. § 634a Abs. 2 BGB mit der Abnahme des Werkes. Eine Abnahme ist jedenfalls dann anzunehmen, wenn die vereinbarte Entlohnung vorbehaltslos entrichtet wird.

1.7.2 Hemmung der Verjährung

Der Gesetzgeber hat in den §§ 203 ff. BGB eine Reihe von Hemmungstatbeständen formuliert. Die Hemmung der Verjährung hat gem. § 209 BGB die Wirkung, dass der Zeitraum der Hemmung in die Verjährungsfrist nicht eingerechnet wird.

Näher behandelt werden soll hier nur die in der Praxis sehr bedeutsame Hemmung der Verjährung durch Verhandlungen gem. § 203 BGB.[614]

Dieser bestimmt, dass Verhandlungen zwischen dem Schuldner und dem Gläubiger über den Anspruch oder die den Anspruch begründenden Umstände, zu einer Hemmung der Verjährung führen, bis der eine oder andere Teil die Fortsetzung der Verhandlungen verweigert. Die Verjährung tritt gem. § 203 Satz 2 BGB frühestens drei Monate nach dem Ende der Hemmung ein.

Für Verhandlungen i. d. S. genügt jeder Meinungsaustausch über den Schadenfall zwischen dem Berechtigten und dem Verpflichteten, sofern nicht sofort und eindeutig jeder Ersatz abgelehnt wird. Verhandlungen schweben bereits dann, wenn der in Anspruch Genommene Erklärungen abgibt, die dem Geschädigten die Annahme gestatten, der Verpflichtete lasse sich auf Erörterungen über die Berechtigung von Schadenersatzansprüchen ein. Für solche Verhandlungen ist es nicht erforderlich, dass eine Bereitschaft zu einem Entgegenkommen oder Vergleich angezeigt wird.[615] Erforderlich sind allerdings Verhandlungen über einen Schadenersatzanspruch, was zumindest erfordert, dass ein entsprechender Vorwurf formuliert wird. Nicht ausreichend sind dagegen Verhandlungen über die Schadenverhinderung, Schadenbegrenzung, Folgenbeseitigung oder Nachbesserung. Die Wirkung der Hemmung durch Verhandlungen bezieht sich nur auf die Forderungen, die Gegenstand der Gespräche sind.[616]

Für Verhandlungen kann es ausreichend sein, dass der Anspruchsgegner mitteilt, er habe die Angelegenheit seiner Haftpflichtversicherung zur Prüfung übersandt.[617] Eine entsprechende Mitteilung ist allerdings dann für die Annahme von Verhandlungen nicht ausreichend, wenn der Berater zugleich äußert, zur Haftung dem Grunde und der Höhe nach keine Erklärungen abzugeben.[618]

PRAXISTIPP

Grundsätzlich ist es nicht zwingend erforderlich, den Mandanten, der Forderungen erhebt, über die Einschaltung der Haftpflichtversicherung zu unterrichten. Sachgem. ist es vielmehr, der Versicherung zu überlassen, ob diese in Erörterungen über die erhobene Schadenersatzforderung mit der Gegenseite eintreten möchte oder nicht. Eine entsprechende Erklärung gegenüber dem Anspruchsteller sollte in jedem Fall mit einem Hinweis verbunden werden, dass mit der Schadenanzeige kein Anerkenntnis einer Rechtspflicht oder Erklärung zur Haftung dem Grunde oder der Höhe nach verbunden wird.

614 Zu den übrigen Hemmungstatbeständen siehe ausführlich *Gräfe/Lenzen/Schmeer*, Steuerberaterhaftung S. 573 ff.; *Zugehör*, WM Sonderbeilage 1/2010 S. 28 ff.

615 BGH vom 26. 10. 2006 – VII ZR 194/05, NJW 2007 S. 587.

616 BGH, Beschluss vom 7. 7. 2011 – IX ZR 100/08, n. v.

617 BGH vom 1. 2. 2007 – IX ZR 180/04, WM 2007 S. 801.

618 BGH vom 3. 2. 2011 – IX ZR 105/10, WM 2011 S. 796.

Nach Aufnahme von Verhandlungen können diese nicht nur durch einen ausdrücklichen Abbruch der Gespräche, sondern auch durch Einschlafen enden. Dies ist der Fall, wenn der Berechtigte den Zeitpunkt versäumt, zu dem spätestens seitens des Ersatzpflichtigen eine Antwort auf die letzte Anfrage zu erwarten gewesen wäre.[619] Die Vorinstanz hatte, vom BGH unbeanstandet, im konkreten Fall eine Frist von sechs Monaten angenommen.

1.7.3 Verjährungsverzicht und Stillhalteabkommen

Unabhängig von der Hemmung durch Verhandlungen kann die Wirkung eines Verjährungseintritts durch die Abgabe befristeter oder unbefristeter Verjährungsverzichtserklärungen oder Stillhalteabkommen verhindert werden.

1.7.3.1 Verjährungsverzicht

Die Abgabe eines befristeten oder unbefristeten Verjährungsverzichts führt nicht zu einer Hemmung der Verjährung durch Verhandlungen. Diese Möglichkeiten stehen selbständig nebeneinander.[620] Anders als bei der Hemmung durch Verhandlungen, beinhaltet ein befristeter Verjährungsverzicht lediglich die Erklärung, sich innerhalb einer bestimmten Frist nicht auf die Einrede der Verjährung berufen zu wollen. Dem Erklärenden ist es dann nach Treu und Glauben verwehrt, sich entgegen seiner Erklärung zu verhalten.[621] Die Wirkung dieser Erklärung endet mit dem Ablauf der Frist. Ist zu diesem Zeitpunkt Verjährung eingetreten, kann sich der in Anspruch Genommene auf die Verjährung berufen.

1.7.3.2 Stillhalteabkommen

Die Hemmung der Verjährung durch ein Stillhalteabkommen wird von § 205 BGB erfasst. Sie erfordert eine Vereinbarung zwischen Gläubiger und Schuldner, dass ein Anspruch einstweilen nicht geltend gemacht wird.[622] Der Abschluss ist auch stillschweigend möglich, erfordert aber aufgrund der weitreichenden Folgen ein eindeutiges äußeres Verhalten, welches als Ausdruck einer solchen einvernehmlichen Entschließung ausgelegt werden kann. Die Vereinbarung einer nachträglichen Haftungsbegrenzung, die sicherlich ein erhebliches Entgegenkommen beinhaltet, ist dafür nicht ausreichend.[623]

2. Haftung gegenüber Dritten

Eine Haftung gegenüber Dritten, die mit einem WP nicht oder noch nicht in einem unmittelbaren Vertragsverhältnis stehen, kommt unter mehreren Gesichtspunkten in Betracht. Es geht hier insbesondere um Fälle, bei denen aus der Verwendung fehlerhafter Testate, Auskünfte oder Gutachten des Wirtschaftsprüfers, bei einem Dritten ein Schaden entstanden ist.

619 BGH vom 6. 11. 2008 – IX ZR 158/07, WM 2009 S. 282.

620 BGH vom 17. 2. 2004 – VI ZR 429/02, VersR 2004 S. 656, MDR 2004 S. 809.

621 BGH vom 17. 2. 2004 – VI ZR 429/02, VersR 2004 S. 656, MDR 2004 S. 809.

622 Vgl. *Palandt/Ellenberger*, § 205 Rz. 2.

623 BGH vom 15. 7. 2010 – IX ZR 180/09, VersR 2011 S. 768, MDR 2010 S. 1184.

Zu nennen sind die nachfolgenden Möglichkeiten:

- Auskunftsvertrag
- Vertrag zugunsten Dritter
- Vertrag mit Schutzwirkung zugunsten Dritter
- Garantievertrag
- Haftung nach § 311 Abs. 3 BGB
- Deliktsrecht

2.1 Auskunftsvertrag

Beim (konkludenten) Auskunftsvertrag handelt es sich streng genommen um einen eigenen Vertrag, den der WP neben dem Mandat mit einem Dritten abschließt und der die Erteilung einer Auskunft oder Beratung im Zusammenhang mit dem Mandat zum Inhalt hat. Das Besondere an diesem Vertrag ist, dass er nicht ausdrücklich abgeschlossen wird, sondern sich die Begründung des Vertragsverhältnisses aus den Umständen des Umganges zwischen dem WP und dem Dritten ergibt.

Ein konkludenter oder stillschweigender Auskunftsvertrag wird nach der Rechtsprechung angenommen, wenn die Gesamtumstände unter Berücksichtigung der Verkehrsauffassung und des Verkehrsbedürfnisses den Rückschluss erlauben, dass nach dem Inhalt der Erklärungen, die erteilte Auskunft zum Inhalt vertraglicher Rechte und Pflichten gemacht wurde.[624] Als erhebliche Indizien, die nicht alle erfüllt sein müssen, kommen in Betracht:

- besondere Sachkunde des Auskunftsgebers;
- erkennbare erhebliche Bedeutung der Auskunft für den Empfänger;
- erkennbar, dass die Auskunft zur Grundlage wesentlicher Entschlüsse gemacht wird;
- eigenes wirtschaftliches Interesse des Auskunftsgebers;
- persönliches Engagement des Auskunftsgebers in der Form von Zusicherungen nach Art einer Garantieübernahme;
- das Versprechen eigener Nachprüfung der Angaben des Geschäftspartners;
- die Hinzuziehung des Auskunftsgebers zu Vertragsverhandlungen auf Verlangen des Auskunftsempfängers oder
- die Einbeziehung in solche Verhandlungen als unabhängige neutrale Person.

Tritt der WP im Verlauf der Mandatserfüllung in Kontakt zu Dritten und gibt er bei dieser Gelegenheit Erklärungen oder Stellungnahmen ab oder wird er zur Abgabe veranlasst, werden regelmäßig mehrere der aufgeführten Indizien erfüllt sein.[625] Entscheidend sind aber darüber hinaus die Umstände des Einzelfalles, die selbst bei Erfüllung einzelner Indizien die Annahme eines Auskunftsvertrages ausschließen können.

Ein konkludenter Auskunftsvertrag kann auch mit einem Mandanten geschlossen werden, wenn der Berater auf Nachfrage eine Auskunft erteilt, die über den Inhalt des bereits bestehenden Mandates hinausgeht. Es ist dann von einem gesonderten Mandatsverhältnis in Bezug auf

624 BGH vom 17. 9. 1985 – VI ZR 73/84, BB 1986 S. 25, VersR 1986 S. 158.

625 Vgl. *Seibt/Wollenschläger*, DB 2011 S. 1378 ff.

die konkrete Auskunft/Beratung auszugehen. Im Verhältnis zum Mandanten sind insbesondere die ersten vier genannten Indizien von besonderer Bedeutung. Die weiteren Indizien spielen dagegen vor allem für den Abschluss eines konkludenten Vertrags mit einem außerhalb einer bestehenden Mandatsbeziehung stehenden Dritten eine Rolle.

BEISPIELE

- Der Mandant erkundigt sich telefonisch bei seinem StB, ob die beabsichtigte Veräußerung einer vermieteten Wohnung zum Einstandspreis günstig sei. Der Berater bejaht dies unter Hinweis auf den bestehenden Immobilienmarkt, ohne darauf hinzuweisen, dass die erfolgten steuerlichen Abschreibungen zu einem erheblichen Veräußerungsgewinn führen.[626] Obwohl der Mandant nicht ausdrücklich nach den steuerlichen Folgen gefragt hatte, war der StB verpflichtet, die korrekte Berechnungsmethode des Veräußerungsgewinns zu erläutern und dem Mandanten die drohenden steuerlichen Nachteile aufzuzeigen.
- Der Berater ist mit der Führung der Lohnkonten und der Erstellung des Jahresabschlusses betraut. Daneben berät er den Mandanten auch zur steuerlichen Behandlung eines Geschäftsführergehalts einschließlich steuerlicher Gestaltungsmöglichkeiten.[627]
- Der Berater erteilt auf Nachfrage eine Auskunft zur Höhe des negativen Eigenkapitals einer GmbH. Seine Auskunft erfolgt auf der Grundlage einer groben Schätzung ohne dass er darauf hinweist, dass ihm eine verlässliche Auskunft nicht möglich ist.[628]
- Der Berater bestätigt der Kredit gewährenden Bank des Mandanten ein Steuerguthaben des Mandanten beim Finanzamt.[629]

Wird ein konkludenter Auskunftsvertrag abgeschlossen, ist der Berater zu einer umfassenden und zutreffenden Beratung und Auskunft verpflichtet. Unzureichende oder unvollständige Auskünfte begründen die Haftung. Erfolgt die Auskunft ohne hinreichende Grundlage oder lediglich aufgrund einer Schätzung, ohne dass auf diese Umstände hingewiesen wird, ist eine schuldhafte Pflichtverletzung anzunehmen.[630]

Da es sich beim konkludenten Auskunftsvertrag um einen eigenen Vertrag mit dem Dritten handelt, braucht sich der Dritte ein Mitverschulden des außerhalb dieser Vertragsbeziehung stehenden Mandanten nicht zurechnen zu lassen.[631]

Nicht von Belang ist grundsätzlich, ob der Berater für seine Auskunft Gebühren verlangt oder in Rechnung gestellt hat. Die Entgeltlichkeit einer erbrachten Leistung ist nicht Voraussetzung für die Haftung des Beraters.

2.2 Vertrag zugunsten Dritter

Der Vertrag zugunsten Dritter ist geregelt in den §§ 328 ff. BGB. § 328 BGB bestimmt, dass durch Vertrag eine Leistung an einen Dritten mit der Wirkung bedungen werden kann, dass der Dritte unmittelbar das Recht erwirbt, die Leistung zu fordern. Der Dritte wird also nicht Vertragspartner, erhält aber einen unmittelbaren Anspruch auf eine Vertragsleistung.

626 BGH vom 18. 12. 2008 – IX ZR 12/05, WM 2009 S. 369, DB 2009 S. 391.
627 OLG München vom 22. 11. 2002 – 21 U 2517/01, OLGR München 2003 S. 93.
628 OLG Düsseldorf vom 9. 9. 2003 – 23 U 191/02, GI 2004 S. 12, DStRE 2004 S. 664.
629 BGH vom 1. 12. 1994 – IX ZR 53/94, GI 1995 S. 130.
630 BGH vom 1. 12. 1994 – IX ZR 53/94, GI 1995 S. 130; OLG Düsseldorf vom 9. 9. 2003 – 23 U 191/02, DStRE 2004 S. 664.
631 BGH vom 1. 12. 1994 – IX ZR 53/94, GI 1995 S. 130.

BEISPIEL Ein Vertrag zugunsten Dritter ist anzunehmen, wenn der Berater von seinem Mandanten angewiesen wird, einem evtl. Kapitalgeber Auskunft über die wirtschaftliche Lage des Unternehmens zu erteilen. Ein solcher Vertrag verpflichtet den Auskunftsgeber, die Auskunft nach bestem Wissen und Gewissen richtig und vollständig zu erteilen und weder durch positives Verfälschen noch durch Weglassen ein falsches Bild zu vermitteln.[632]

Die Annahme eines echten Vertrages zugunsten Dritter setzt eine besondere Bestimmung des Inhalts voraus, dass dem Dritten ein eigener Anspruch auf eine Hauptleistungspflicht (z. B. Prüfung eines Jahresabschlusses oder Auskunft über Prüfungsergebnisse) gegen den Berater zustehen soll.[633]

Von besonderer Bedeutung ist die Regelung des § 334 BGB. Danach stehen dem Versprechenden (Berater) Einwendungen aus dem Vertrag (z. B. Verjährung oder Mitverschulden des Vertragspartners) auch gegenüber dem Dritten zu.

In der Praxis sind Verträge über die Mittelverwendungskontrolle bei Kapitalanlagen regelmäßig als echte Verträge zugunsten der Anleger ausgestaltet.

2.3 Vertrag mit Schutzwirkung zugunsten Dritter[634]

Neben dem gesetzlich geregelten Vertrag zugunsten Dritter hat die Rechtsprechung den Vertrag mit Schutzwirkung zugunsten Dritter entwickelt. Während ein echter Vertrag zugunsten Dritter im Rahmen der Beraterhaftung nur von untergeordneter Bedeutung ist, stellt der Vertrag mit Schutzwirkung zugunsten Dritter die wesentliche Anspruchsgrundlage für die Haftung des Beraters gegenüber Dritten dar.[635]

Den Vertragsparteien steht es frei, bestimmte Dritte ausdrücklich in den Schutzbereich eines Vertrages ein- oder auszuschließen.[636] Haben die Parteien an diese Möglichkeit nicht gedacht, ist durch Vertragsauslegung zu ermitteln, ob eine Einbeziehung eines konkreten Dritten in den Schutzbereich des Vertrages erfolgte.[637] Ist dies der Fall, hat der Dritte zwar keinen Anspruch auf die Hauptleistungspflicht des Beraters; der Dritte kann aber im Falle einer Schlechterfüllung des Beratervertrages einen unmittelbaren Schadenersatzanspruch gegen den Berater haben.[638] Dabei beschränkt sich die Verpflichtung zum Schadenersatz nicht allein auf die Verletzung von Hauptleitungs- oder Obhutspflichten gegenüber dem Vertragspartner. Vielmehr erwachsen dem Berater eigenständige Obhuts- und Warnpflichten gegenüber dem Dritten, bei deren Verletzung er diesem zum Schadenersatz verpflichtet ist. Diese Pflichten bestehen auch dann, wenn der Mandant und der Dritte gegenläufige Interessen verfolgen.[639]

632 OLG Düsseldorf vom 26. 4. 1989 – GI 1990 S. 280.

633 OLG Düsseldorf vom 2. 6. 2009 – I-23 U 108/08, GI aktuell 2011 S. 48, WM 2009 S. 2375.

634 Vgl. hierzu *Fischer*, DB 2012 S. 1489 ff.; *Gräfe/Lenzen/Schmeer*, Steuerberaterhaftung Rz. 434 ff.

635 Vgl. OLG Düsseldorf vom 2. 6. 2009 – I-23 U 108/08, GI aktuell 2011 S. 48, WM 2009 S. 2375; vgl. zur Entwicklung der Rechtsprechung des BGH, BGH vom 7. 9. 2009 – III ZR 277/08, VersR 2009 S. 1412; BGH vom 14. 6. 2012 – IX ZR 145/11, WM 2012 S. 1359, MDR 2012 S. 1089; OLG Düsseldorf vom 2. 6. 2009 – I-23 U 108/08, GI aktuell 2011 S. 48, WM 2009 S. 2375.

636 Vgl. BGH vom 14. 6. 2012 – IX ZR 145/11, WM 2012 S. 1359, MDR 2012 S. 1089.

637 BGH vom 7. 9. 2009 – III ZR 277/08; BGH vom 20. 4. 2004 – X ZR 250/02, VersR 2004 S. 1328, WM 2004 S. 1887.

638 BGH vom 14. 6. 2012 – IX ZR 145/11, WM 2012 S. 1359, MDR 2012 S. 1089.

639 BGH vom 20. 4. 2004 – IX ZR 250/02, VersR 2004 S. 1328, WM 2004 S. 1887.

BEISPIEL[640] Der steuerliche Berater empfahl eine für die Mandantin (eine KG, die Kommanditisten als Anleger für ein Steuersparmodell geworben hatte) günstige steuerliche Gestaltung, die aber für die Kommanditisten mit der Gefahr von Steuernachforderungen und einer Verzinsung der Nachforderungen verbunden war. Während die KG vom Berater auf das Risiko hingewiesen wurde, unterblieb ein Hinweis an die Anleger. Obwohl die vorgenommene Gestaltung für die Mandantin selbst vorteilhaft war, hätte der Berater auch alle Anleger unterrichten müssen.

Die Auslegung, ob ein bestimmter Dritter in den Schutzbereich eines Beratervertrages einbezogen wurde, erfolgt nach der Rechtsprechung anhand der nachfolgenden vier Kriterien:[641]

- Vertragsnähe (Leistungsnähe)
- Interesse am Schutz des Dritten (Gläubigernähe)
- Erkennbarkeit des geschützten Personenkreises
- Schutzbedürfnis des Dritten

2.3.1 Vertragsnähe

Vertragsnähe (Leistungsnähe) ist gegeben, wenn der Dritte typischerweise mit der geschuldeten Leistung in Berührung kommt. Ein nur zufälliger Leistungskontakt genügt nicht. Vielmehr muss sich der Dritte durch Vermittlung oder mit dem Willen des primären Gläubigers bestimmungsgem. im Leistungsbereich aufhalten. Der Dritte muss den Gefahren von Schutzpflichtverletzungen ebenso ausgesetzt sein, wie der Gläubiger selbst.

BEISPIEL Der Mandant leitet den vom WP erstellten Jahresabschluss an einen potentiellen Kreditgeber weiter, der diesen dann zur Grundlage seiner Kreditentscheidung macht.

2.3.2 Gäubigernähe

Gläubigernähe ist anzunehmen, wenn allein aufgrund der objektiven Interessenlage – also ohne einen konkreten Anhaltspunkt in ausdrücklichen Parteierklärungen oder im sonstigen Parteiverhalten – die stillschweigende Vereinbarung einer Schutzpflicht für Dritte anzunehmen ist.

Entscheidend ist, dass die Vertragsleistung auch zugunsten des Dritten erbracht wird, der oft der eigentlich an der Vertragsleistung Interessierte ist; lediglich mittelbare Auswirkungen des Vertrages auf das Vermögen des Dritten genügen nicht.

Der Gläubigernähe steht nicht entgegen, dass bei Vertragspartner und Dritten gegenläufige Interessen bestehen.

BEISPIEL Der WP erhält vom Mandanten den Auftrag, für einen potentiellen Anleger oder Kreditgeber einen Zwischenabschluss zu erstellen.

2.3.3 Erkennbarkeit

Leistungsnähe und Gläubigernähe müssen für den Schuldner zum Zeitpunkt des Vertragsabschlusses erkennbar gewesen sein.

640 OLG Köln vom 13.11.2008 – 8 U 26/08, GI aktuell 2009 S. 80, DStR 2009 S. 555.

641 Vgl. zu den vier Kriterien z. B. BGH vom 7. 5. 2009 – III ZR 277/08, VersR 2009 S. 1412.

Nicht erforderlich ist, dass dem Schuldner die geschützten Personen oder deren Anzahl bekannt sind.[642] Das mit dem Vertrag verbundene Risiko muss für den Schuldner aber problemlos übersehbar, kalkulierbar und ggf. versicherbar sein.

BEISPIEL ▸ Der WP erstellt für den Mandanten ein Wertgutachten und weiß, dass dieses Gutachten potentiellen Anlegern zur Verfügung gestellt werden soll. Die genaue Anzahl der Anlageinteressenten muss dem Berater nicht bekannt sein.

2.3.4 Schutzbedürftigkeit

Einen über das Deliktsrecht hinausgehenden vertraglichen Anspruch gegen den Schuldner soll nur derjenige erhalten, dessen Interesse nicht bereits durch eigene vertragliche Ansprüche abgedeckt ist.

Die Schutzbedürftigkeit kann daher fehlen, wenn der geschädigte Dritte eigene vertragliche Ansprüche, auch gegen andere Schuldner, z. B. den Gläubiger, hat, die denselben oder einen gleichwertigen Inhalt haben wie diejenigen, die er auf dem Weg über seine Einbeziehung in den Schutzbereich eines zwischen anderen geschlossenen Vertrages durchsetzen will.[643]

BEISPIEL ▸ Wurde der Dritte selbst von einem eigenen Berater beraten, fehlt es regelmäßig an der Schutzbedürftigkeit.

Unter Ansatz dieser Kriterien wurde eine Einbeziehung folgender Dritter in den Schutzbereich eines Prüfungsauftrages bzw. Steuerberatungsmandats festgestellt:

- Kreditgeber oder Kapitalanleger in einen Gutachterauftrag zur Wertermittlung[644]
- Anleger in den Vertrag über die Prüfung eines Jahresabschlusses[645]
- Kreditgeber in den Vertrag über die Erstellung eines Jahresabschlusses[646]
- die Kommanditisten einer Mandantin in den allgemeinen Steuerberatungsvertrag[647]
- die Gesellschafter der Mandantin in einen Beratungsvertrag über eine beabsichtigte Kapitalerhöhung[648]
- die Ehefrau des Mandanten in den Vertrag über die Erstellung einer Einkommensteuererklärung bei gemeinsamer Veranlagung[649]
- ein Anleger in einen Prospektprüfungsauftrag[650]

642 BGH vom 2. 11. 1983 – IVa ZR 20/82, WM 1984 S. 34, NJW 1984 S. 355; BGH vom 20. 04. 2004 – X ZR 250/02, VersR 2004 S. 1328, WM 2004 S. 1887.

643 Zur Gleichwertigkeit siehe BGH vom 13. 10. 2011 – IX ZR 193/10, MDR 2011 S. 1471, WM 2011 S. 2334; OLG Köln vom 13. 11. 2008 – 8 U 26/08, GI aktuell 2009 S. 80, DStR 2009 S. 555.

644 BGH vom 20. 4. 2004 – X ZR 250/02.

645 BGH vom 2. 4. 1998 – III ZR 245/96, BB 1998 S. 1152, VersR 1998 S. 907.

646 BGH vom 21. 1. 1993 – III ZR 15/92, WM 1993 S. 897, GI 1993 S. 283; BGH vom 19. 12. 1996 – IX ZR 327/95, WM 1997 S. 359, DStRE 1997 S. 271.

647 OLG Köln vom 13. 11. 2008 – 8 U 26/08, GI aktuell 2009 S. 80, DStR 2009 S. 555.

648 BGH vom 19. 5. 2009 – IX ZR 43/08, DB 2009 S. 1642, WM 2009 S. 1376.

649 BGH vom 5. 6. 1985 – IVa ZR 55/83, DB 1985 S. 2040.

650 BGH vom 8. 6. 2004 – X ZR 283/02, BB 2004 S. 2180, VersR 2005 S. 517.

- der Geschäftsführer einer GmbH in ein Umsatzsteuermandat[651]
- der Geschäftsführer einer GmbH in den Vertrag über die Prüfung der Insolvenzreife der Gesellschaft[652]

Grundsätzlich soll der Dritte nicht besser gestellt werden als der Vertragspartner selbst. Der Dritte muss sich daher ein Mitverschulden des Mandanten in entsprechender Anwendung des § 334 BGB zurechnen lassen.[653] Darüber hinaus muss er sich auch eigenes Mitverschulden zurechnen lassen.

Die Rechtsprechung geht allerdings davon aus, dass die Regelung des § 334 BGB stillschweigend abbedungen werden kann. Dies wird insbesondere in den Gutachterfällen angenommen, wenn der Mandant und der Dritte gegenläufige Interessen verfolgen.[654]

2.4 Garantievertrag

Die Annahme eines Garantievertrages setzt eine ausdrückliche Erklärung des Wirtschaftsprüfers voraus, dass er für eine bestimmte Erklärung und deren Erfolg einstehen möchte. Regelmäßig ist allerdings nicht davon auszugehen, dass die Arbeiten eines Wirtschaftsprüfers eine solche Erklärung beinhalten.[655] Der WP schuldet die Ordnungsmäßigkeit seiner Arbeiten auf der Grundlage der ihm mitgeteilten oder von ihm zutreffend ermittelten Tatsachen. Damit ist aber grundsätzlich nicht die Garantie verbunden, dass seine Auffassung von Dritten auch geteilt wird oder die von ihm auf der Grundlage der übergebenen Unterlagen und Informationen zutreffend erstellten Arbeiten auch objektiv zutreffend sind.

2.5 Haftung des Wirtschaftsprüfers aus Verschulden bei Vertragsanbahnung (§ 311 Abs. 3 BGB)

§ 311 Abs. 3 Satz 1 BGB bestimmt, dass ein Schuldverhältnis mit Pflichten nach § 241 Abs. 2 BGB auch zu Personen entstehen kann, die nicht selbst Vertragspartei werden sollen. § 241 Abs. 2 BGB stellt klar, dass ein Schuldverhältnis nach seinem Inhalt jeden Vertragspartner zur Rücksicht auf die Rechte, Rechtsgüter und Interessen des Anderen verpflichten kann. Die Verletzung einer bestehenden Verpflichtung zur Rücksichtnahme begründet eine Haftung auf Schadenersatz gem. § 280 Abs. 1 BGB.

Vertreter und Verhandlungsgehilfen können i. d. R. nur aus Delikt in Anspruch genommen werden. § 311 Abs. 3 BGB knüpft an die von der Rechtsprechung entwickelten Grundsätze an, dass eine Haftung aus Verschulden bei Vertragsanbahnung ausnahmsweise dann in Betracht kommt, wenn er am Vertragsabschluss ein unmittelbares eigenes wirtschaftliches Interesse hat oder wenn er ein persönliches Vertrauen in Anspruch genommen und hierdurch die Vertragsver-

651 BGH vom 13. 11. 2011 – IX ZR 193/10, MDR 2011 S. 1471, WM 2011 S. 2334.

652 BGH vom 14. 6. 2012 – IX ZR 145/11, WM 2012 S. 1359, MDR 2012 S. 1089.

653 BGH vom 10. 11. 1994 – III ZR 50/94, DB 1995 S. 209; BGH vom 13. 11. 1997 – X ZR 144/94, DB 1998 S. 515, WM 1998 S. 440.

654 BGH vom 10. 11. 1994 – III ZR 50/94, DB 1995 S. 209.

655 Vgl. hierzu für die steuerliche Beratung durch einen RA OLG Düsseldorf vom 30. 10. 2007 – 23 U 199/06, GI aktuell 2008 S. 81.

handlungen oder den Vertragsschluss erheblich beeinflusst hat.[656] Wird ein WP von seinem Mandanten in Vertragsverhandlungen einbezogen, kommt eine Haftung gegenüber dem Dritten gem. § 311 Abs. 3 BGB in Betracht.

Entsprechend den von der Rechtsprechung entwickelten Grundsätzen, kommt eine Eigenhaftung des Wirtschaftsprüfers aber nur dann in Betracht, wenn er gem. § 311 Abs. 3 Satz 2 BGB bei den Verhandlungen ein besonderes persönliches Vertrauen in Anspruch nimmt oder ein eigenes wirtschaftliches Interesse an dem Vertragsabschluss hat.

a) Der Verhandelnde haftet, wenn er in besonderem Maße **persönliches Vertrauen** in Anspruch genommen und dadurch die Verhandlungen beeinflusst hat. Voraussetzung ist damit zunächst einmal eine Teilnahme – persönlich oder durch eine für ihn handelnde Person – an den Verhandlungen.[657] Es ist nicht ausreichend, dass vom WP gefertigte Arbeiten in die Vertragsverhandlungen eingebracht werden. Allein der Umstand, dass Expertisen und Aussagen von Wirtschaftsprüfern aufgrund ihrer Qualifikation Vertrauen entgegengebracht wird, ist nicht ausreichend. Erforderlich ist vielmehr, dass der WP durch sein Auftreten eine über das normale Verhandlungsvertrauen hinausgehende persönliche Gewähr für die Seriosität und die Erfüllung des Vertrages übernommen hat oder gleichsam als Sachwalter aufgetreten ist.[658] Diese Voraussetzung wird sicherlich nur in besonderen Fällen erfüllt sein. Zurückhaltung bei der Teilnahme an Verhandlungen ist allerdings sicherlich ratsam.

b) Ein eigenes **wirtschaftliches Interesse** an dem Vertragsabschluss ist nur dann anzunehmen, wenn der Vertreter, wirtschaftlich betrachtet, gleichsam in eigener Sache tätig wird; er muss als Quasipartei, als wirtschaftlicher Herr des Geschäfts oder eigentlicher wirtschaftlicher Interessenträger anzusehen sein.[659] Allein das Honorarinteresse oder das Interesse des Wirtschaftsprüfers am Fortbestand des Mandanten und damit des Mandatsverhältnisses, sind nicht ausreichend.

656 Vgl. *Palandt Grüneberg*, 74. Aufl. 2015, § 311 Rz. 60.
657 Vgl. *Palandt/Grüneberg*, 74. Aufl. 2015, § 311 Rz. 63.
658 Vgl. *Palandt/Grüneberg*, 74. Aufl. 2015, § 311 Rz. 63.
659 Vgl. *Palandt/Grüneberg*, 74. Aufl. 2015, § 311 Rz. 61.

ABB. 9: Dritthaftung des WP aus Vertrag

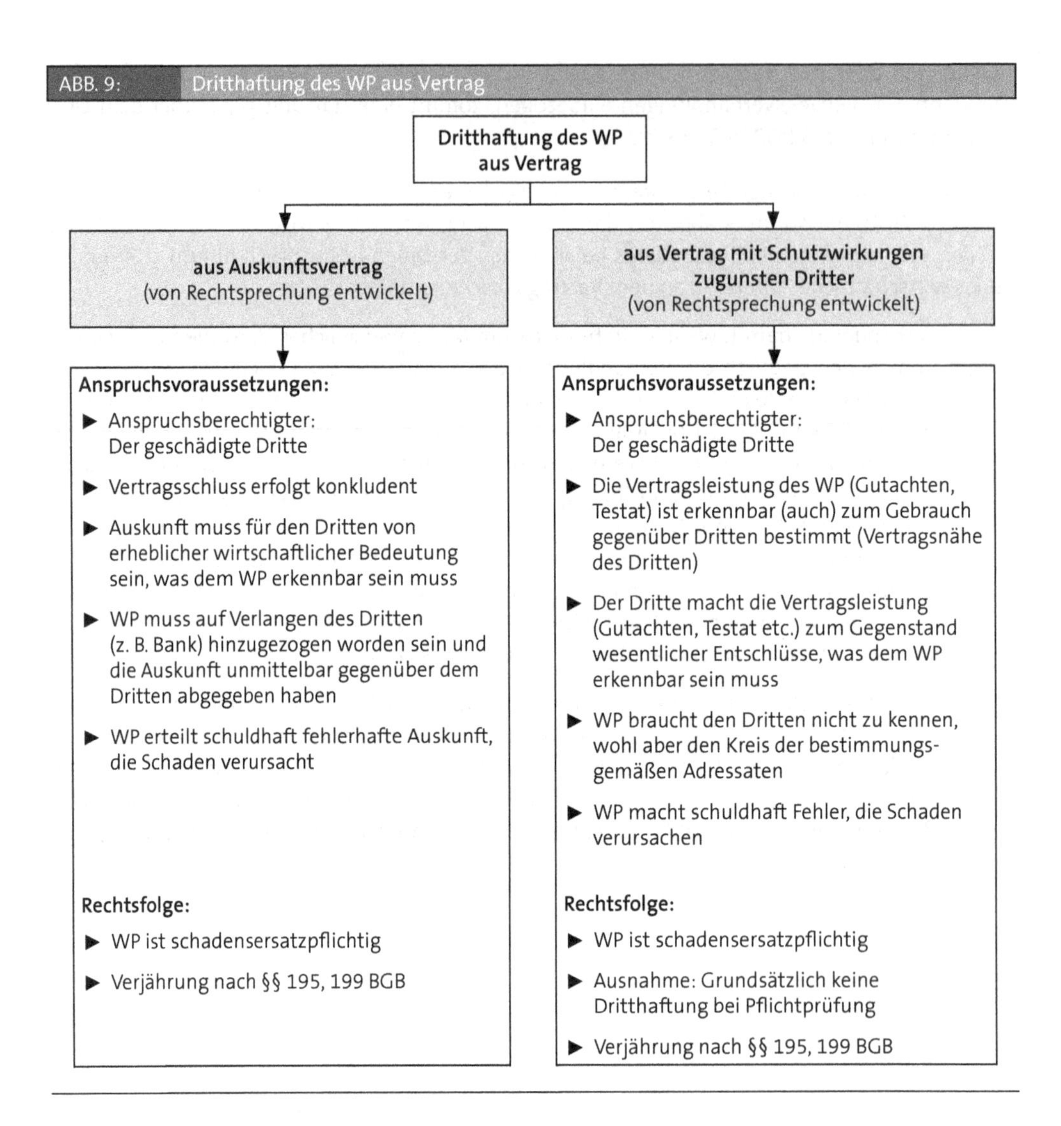

3. Haftung des Abschlussprüfers

Bei Prüfungen von Jahresabschlüssen ist zu unterscheiden zwischen gesetzlich vorgeschriebenen Pflichtprüfungen und freiwilligen Prüfungen. Zentrale Haftungsnorm für gesetzliche Pflichtprüfungen ist § 323 Abs. 1 HGB. In ihrem Anwendungsbereich geht die Regelung des § 323 Abs. 1 HGB den allgemeinen schuldrechtlichen Regeln über Pflichtverletzungen vor.[660] Für den Fall einer vorsätzlichen Pflichtverletzung finden daneben die Regelungen des Deliktrechts, insbesondere § 826 BGB, Anwendung. Auf die sonstige Tätigkeit des Wirtschaftsprüfers einschließlich der freiwilligen Prüfungen, findet § 323 HGB keine, auch keine analoge Anwendung.

660 Vgl. *Ebke*, in: Münchener Kommentar zum Handelsgesetzbuch, 3. Aufl. 2013, § 323 Rz. 14; *Bormann/Greulich*, in: Münchener Kommentar zum Bilanzrecht, 1. Aufl. 2012, § 323 Rz. 3.

Dies gilt selbst dann, wenn die freiwillige Prüfung nach Art, Gegenstand und Umfang einer gesetzlichen Abschlussprüfung entspricht.[661] Hier gelten die Regelungen des Allgemeinen Schuldrechts, insbesondere § 280 BGB, sowie für die Haftung des gerichtlichen Sachverständigen § 839a BGB.

3.1 Gesetzliche Pflichtprüfung

3.1.1 Anwendungsbereich des § 323 HGB

§ 323 HGB findet unmittelbar Anwendung auf die im HGB gem. §§ 316 ff., 264a HGB vorgesehen Pflichtprüfungen. Ferner findet die Regelung Anwendung in folgenden Fällen[662]:

- prüferische Durchsicht von Finanzinformationen nach §§ 34w ff. WpHG;[663]
- Zwischenabschlüsse nach §§ 10 Abs. 3 und 10a Abs. 10 KWG, auch wenn hier eine ausdrückliche Verweisung fehlt;[664]
- sonstige gesetzlich vorgeschriebene Prüfungen, unabhängig davon, ob eine ausdrückliche Verweisung erfolgt;[665]
- zahlreiche gesellschaftsrechtliche Vorgänge, deren Prüfungsgegenstand gesetzlich festgelegt ist;[666]
- zahlreiche branchenspezifische Regelungen, die gesetzlich den Prüfungsinhalt der Jahresabschlussprüfung erweitern oder besondere Prüfungen mit entsprechenden Prüfungsgegenständen anordnen.[667]

§ 323 HGB finde keine Anwendung auf Ergänzungen des Prüfungsauftrages, die über den gesetzlich vorgesehenen Prüfungsumfang hinausgehen. Zu diesen Ergänzungen zählen:[668]

- Prüfung der Ordnungsmäßigkeit der Geschäftsführung und der wirtschaftlichen Verhältnisse;
- gezielte Aufdeckung und Aufklärung strafrechtlicher Tatbestände (z. B. Untreuehandlungen oder Unterschlagungen) oder Compliance Verstöße;
- die Feststellung außerhalb der Rechnungslegung begangener Ordnungswidrigkeiten;
- die Prüfung des Risikofrüherkennungssystems nicht börsennotierter Gesellschaften;

661 Vgl. *Ebke*, in: Münchener Kommentar zum Handelsgesetzbuch, 3. Aufl. 2013, § 323 Rz. 15; *Bormann/Greulich*, in: Münchener Kommentar zum Bilanzrecht, 1. Aufl. 2012, § 323 Rz. 26.

662 Siehe hierzu auch die Übersicht bei *Ebke*, in: Münchener Kommentar zum Handelsgesetzbuch, 3. Aufl. 2013, § 323 Rz. 16.

663 Vgl. *Bormann/Greulich*, in: Münchener Kommentar zum Bilanzrecht, 1. Aufl. 2012, § 323 Rz. 20; eingehend *Müller*, in: Wellhöfer/Peltzer/Müller, Die Haftung von Vorstand, Aufsichtsrat und Wirtschaftsprüfer, § 23 Rz. 13.

664 Vgl. *Bormann/Greulich*, in: Münchener Kommentar zum Bilanzrecht, 1. Aufl. 2012, Rz. 20.

665 Vgl. *Bormann/Greulich*, in: Münchener Kommentar zum Bilanzrecht, 1. Aufl. 2012, Rz. 21; *Müller*, in: Wellhöfer/Peltzer/Müller, Die Haftung von Vorstand, Aufsichtsrat und Wirtschaftsprüfer, § 23 Rz. 14, jeweils mit zahlreichen Beispielen.

666 Vgl. *Bormann/Greulich*, in: Münchener Kommentar zum Bilanzrecht, 1. Aufl. 2012, Rz. 22; *Müller*, in: Wellhöfer/Peltzer/Müller, Die Haftung von Vorstand, Aufsichtsrat und Wirtschaftsprüfer, § 23 Rz. 15, jeweils mit zahlreichen Beispielen.

667 Eingehend *Müller*, in: Wellhöfer/Peltzer/Müller, Die Haftung von Vorstand, Aufsichtsrat und Wirtschaftsprüfer, § 23 Rz. 18; *Bormann/Greulich*, in: Münchener Kommentar zum Bilanzrecht, 1. Aufl. 2012, Rz. 23; siehe auch *IDW* (Hrsg.), WP Handbuch 2006, Band I D Rz. 10 f., S. 244 ff.

668 Vgl. *Bormann/Greulich*, in: Münchener Kommentar zum Bilanzrecht, 1. Aufl. 2012, Rz. 24; *Ebke*, in: Münchener Kommentar zum Handelsgesetzbuch, 3. Aufl. 2013, § 323 Rz. 18.

- die Feststellung von Möglichkeiten der Verbesserung und Rationalisierung des Rechnungswesens aufgrund der bei der Abschlussprüfung gewonnen Erkenntnisse;
- die Feststellung von Möglichkeiten zur Verbesserung der betriebswirtschaftlichen Organisation aufgrund der bei der Abschlussprüfung gewonnenen Erkenntnisse;
- die projektbegleitende Prüfung EDV-gestützter Systeme;
- die Untersuchung der Unternehmens- und Rechnungslegungspolitik im Hinblick auf das Shareholder/Stakeholder Value-Prinzip.

Solche Ergänzungen stellen einen eigenständigen Vertrag dar, auf den die allgemeinen Regeln des vertraglichen und außervertraglichen Haftungsrechts gegenüber dem Auftraggeber und Dritten Anwendung finden. Anders als im Anwendungsbereich des § 323 HGB, ist hier eine Begrenzung der Haftung durch vorformulierte Vertragsbedingungen gem. § 54a WPO möglich.[669] Ergänzungen des Prüfungsauftrages können auch während einer laufenden Abschlussprüfung erteilt oder aufgehoben werden. Im Gegensatz dazu ist eine vorzeitige Beendigung des Pflichtprüfungsauftrages nur unter den engen Bedingungen des § 318 Abs. 1 Satz 5 HGB und § 318 Abs. 6 HGB möglich.

Von den Ergänzungen sind die Erweiterungen des Prüfungsauftrages zu unterscheiden. Hierzu zählen:[670]

- die Festlegung von Einzelheiten über die Art und Weise der tatsächlichen, rechtlichen und sonstigen Ermittlungen, die der Prüfer im Rahmen des gesetzlichen Prüfungsauftrages anzustellen hat, soweit die im Prüfungsauftrag festgelegten Anforderungen an die Prüfung über die gesetzlichen Mindestanforderungen hinausgehen (z. B. die Prüfung der Geschäftsführung);
- die Festlegung von Prüfungsschwerpunkten.

Auf Erweiterungen des Prüfungsgegenstandes ist § 323 HGB anwendbar.

3.1.2 Die Haftungsparteien des § 323 HGB

§ 323 Abs. 1 HGB regelt die zivilrechtliche Verantwortlichkeit für Pflichtverletzungen im Rahmen der gesetzlich vorgeschriebenen Jahresabschlussprüfung.

3.1.2.1 Kreis der Verpflichteten

§ 323 Abs. 1 Satz 1 HGB bestimmt, dass neben dem Abschlussprüfer selbst auch seine Gehilfen und die bei der Prüfung mitwirkenden gesetzlichen Vertreter einer Prüfungsgesellschaft persönlich haften. Damit durchbricht § 323 Abs. 1 HGB den im sonstigen Haftungsrecht geltenden Grundsatz, dass Erfüllungsgehilfen und Vertreter nur in Ausnahmefällen persönlich haften (vgl. § 278 BGB).

---

669 Vgl. *Bormann/Greulich*, in: Münchener Kommentar zum Bilanzrecht, 1. Aufl. 2012, Rz. 24; *Ebke*, in: Münchener Kommentar zum Handelsgesetzbuch, 3. Aufl. 2013, § 323 Rz. 18.

670 Vgl. *Bormann/Greulich*, in: Münchener Kommentar zum Bilanzrecht, 1. Aufl. 2012, Rz. 25; *Ebke*, in: Münchener Kommentar zum Handelsgesetzbuch, 3. Aufl. 2013, § 323 Rz. 19, mit Hinweisen auf IDW PS 220.20, WPg 2001.

Abschlussprüfer

Abschlussprüfer ist die natürliche Person oder WPG, die nach § 318 Abs. 1 HGB vom zuständigen Organ der prüfungspflichtigen Gesellschaft oder vom Gericht gem. § 318 Abs. 3 oder 4 bestellt wurde.[671]

Gehilfen

Gehilfen sind alle Personen, die vom Abschlussprüfer zur Durchführung der Abschlussprüfung herangezogen werden, unabhängig davon, ob sie mit dem Abschlussprüfer in einem Anstellungsverhältnis stehen oder die in § 50 WPO vorgesehene Verpflichtungserklärung abgegeben haben.[672] Hierzu gehören Prüfungsleiter, Prüfer, Prüfungsassistenten, Mitarbeiter aus der Berichtskritik und der Berichtsfertigung, aber auch Sachverständige, die der Abschlussprüfer im Rahmen der Abschlussprüfung heranzieht.[673] Allein solche mitwirkenden Personen, die keinen Zugang zu extern nutzbaren Informationen haben, können nicht als Gehilfen betrachtet werden. Damit wird regelmäßig auch das gesamte Büropersonal als Gehilfen zu betrachten sein.[674]

Gesetzliche Vertreter

Ist eine Prüfungsgesellschaft Abschlussprüfer, treffen die Pflichten des § 323 Abs. 1 Satz 1 und 2 HGB auch ihre bei der Prüfung mitwirkenden gesetzlichen Vertreter. Für eine Mitwirkung ist ausreichend, dass der gesetzliche Vertreter in irgendeiner Weise mit der Abschlussprüfung befasst ist.[675] Damit soll der innerhalb der Prüfungsgesellschaft maßgebliche Kreis der Entscheidungsträger umfassend an die Verschwiegenheitspflicht gebunden und so bedenkliche Schutzlücken vermieden werden. Obwohl es sich um rein innerbetriebliche Maßnahmen handelt, ist bereits die Auswahl von Mitarbeitern oder sonstigen Gehilfen für die Abschlussprüfung sowie deren Überwachung als Mitwirkungshandlung zu qualifizieren.[676]

Kreis der Berechtigten

§ 323 Abs. 1 Satz 3 HGB beschränkt den Kreis der Anspruchsberechtigten auf die geprüfte Gesellschaft selbst sowie die mit ihr verbundene Unternehmen. Eine Haftung gegenüber sonstigen Dritten ist grundsätzlich nicht vorgesehen.

3.1.3 Gesetzliche Prüfungspflichten

Mit Prüfung sind die eigentliche Prüfungstätigkeit sowie die Erstellung von Prüfungsbericht und Bestätigungsvermerk gemeint.[677]

§ 323 HGB legt eine Reihe gesetzlicher Pflichten fest, nämlich die Verpflichtungen zur gewissenhaften und unparteiischen Prüfung (Abs. 1 Satz 1) sowie zur Verschwiegenheit (Abs. 1 Satz 1 und Abs. 3). Ferner wird ein umfassendes Verwertungsverbot (Abs. 1 Satz 2) ausgesprochen.

---

671 Vgl. *Bormann/Greulich*, in: Münchener Kommentar zum Bilanzrecht, 1. Aufl. 2012, § 323 Rz. 31.

672 Vgl. *Bormann/Greulich*, in: Münchener Kommentar zum Bilanzrecht, 1. Aufl. 2012, § 323 Rz. 32.

673 Vgl. *Bormann/Greulich*, in: Münchener Kommentar zum Bilanzrecht, 1. Aufl. 2012, Rz. 32; *Ebke*, in: Münchener Kommentar zum Handelsgesetzbuch, 3. Aufl. 2013, § 323 Rz. 20.

674 Vgl. *Habersack/Schürnbrand*, in: Staub Großkommentar, 5. Aufl. 2010, § 323 Rz. 10.

675 Vgl. *Bormann/Greulich*, in: Münchener Kommentar zum Bilanzrecht, 1. Aufl. 2012, Rz. 33.

676 Vgl. *Habersack/Schürnbrand*, in: Staub, Großkommentar, 5. Aufl. 2010, § 323 Rz. 11.

677 Vgl. *Habersack/Schürnbrand*, in: Staub, Großkommentar, 5. Aufl. 2010, § 323 Rz. 15.

Aus den gesetzlichen Regelungen für andere Pflichtprüfungen können sich weitere erforderliche Prüfungshandlungen oder -inhalte ergeben.

Die Begriffe „gewissenhaft" und „unparteiisch" sowie Inhalt und Reichweite der Verschwiegenheitspflicht sowie des Verwertungsverbotes, werden durch Veröffentlichungen nationaler und internationaler Berufsorganisationen in vielfältiger Weise konkretisiert.[678] Inwieweit diesen Verlautbarungen im Rahmen der zivilrechtlichen Haftung des Wirtschaftsprüfers Bedeutung zukommt, ist umstritten.[679] Da den Berufsorganisationen aber keine Rechtssetzungskompetenz zukommt, können diese lediglich Wirkung im Verhältnis zwischen der Berufsorganisation und deren Mitgliedern entfalten. Eine Bindungswirkung im Verhältnis zum Mandanten oder für die Gerichte können diese Regelungen dagegen nicht entfalten. Sie stellen aber jedenfalls für die Gerichte wichtige Rechtserkenntnisquellen oder Entscheidungshilfen bei der Auslegung dar.[680]

3.1.3.1 Gewissenhaftigkeit

Die Pflicht zur Gewissenhaftigkeit steht als zentrale Verhaltenspflicht[681] oder Kardinalpflicht[682] im Zentrum der Tätigkeit des Abschlussprüfers. Das Merkmal der Gewissenhaftigkeit ist ein unbestimmter Rechtsbegriff, der normativ und nicht empirisch auszulegen ist. Das Zivilrecht geht im Allgemeinen von der im Verkehr erforderlichen Sorgfalt aus (§ 276 Abs. 2 BGB). Man wird davon ausgehen müssen, dass die im Verkehr erforderliche Sorgfalt im Begriff der Gewissenhaftigkeit enthalten ist, diese aber darüber hinausgeht.[683] Es kommt darauf an, was objektiv nach Sinn und Zweck der Abschlussprüfung erforderlich ist. Erforderlich ist nicht das, was unter Abschlussprüfern üblich oder nach den Ansichten eines ordentlichen und ehrbaren Abschlussprüfers erforderlich ist, sondern was von einem WP angesichts der übertragenen Aufgaben und den Zielen der Abschlussprüfung zu fordern ist.[684]

Über die Gewissenhaftigkeit werden damit die Berufspflichten, soweit sie prüfungsrelevant sind, Bestandteil des Pflichtenrahmens gegenüber dem Auftraggeber.[685] Eine Konkretisierung erfährt der Begriff der Gewissenhaftigkeit in § 4 BS WP/vBP. Hieraus lassen sich nachfolgende Pflichten herleiten:[686]

- Bindung an das Gesetz und Unterrichtung über die für Ihre Berufsausübung geltenden Bestimmungen;
- Beachtung dieser Bestimmungen sowie der einschlägigen fachlichen Regeln;

678 Siehe hierzu ausführlich *Ebke*, in: Münchener Kommentar zum Handelsgesetzbuch 3. Aufl. 2013, § 323 Rz. 27 ff.; siehe auch *Habersack/Schürnbrand*, in: Staub, Großkommentar, 5. Aufl. 2010, § 323 Rz. 12 ff.

679 Zum Streitstand siehe *Bormann/Greulich*, in: Münchener Kommentar zum Bilanzrecht, 1. Aufl. 2012, Rz. 38; *Ebke*, in: Münchener Kommentar zum Handelsgesetzbuch, 3. Aufl. 2013, § 323 Rz. 31 f.

680 Zum Streitstand siehe *Bormann/Greulich*, in: Münchener Kommentar zum Bilanzrecht, 1. Aufl. 2012, § 323 Rz. 38; *Ebke*, in: Münchener Kommentar zum Handelsgesetzbuch, 3. Aufl. 2013, § 323 Rz. 32 f.

681 Vgl. *Gehringer*, Abschlussprüfung, S. 43 f.

682 Vgl. *Müller*, in: Wellhöfer/Peltzer/Müller, Die Haftung von Vorstand, Aufsichtsrat und Wirtschaftsprüfer, § 24 Rz. 16.

683 Vgl. *Müller*, in: Wellhöfer/Peltzer/Müller, Die Haftung von Vorstand, Aufsichtsrat und Wirtschaftsprüfer, § 24 Rz. 16; *Ebke*, in: Münchener Kommentar zum Handelsgesetzbuch, 3. Aufl. 2013, § 323 Rz. 40.

684 Vgl. *Müller*, in: Wellhöfer/Peltzer/Müller, Die Haftung von Vorstand, Aufsichtsrat und Wirtschaftsprüfer, § 24 Rz. 16; *Bormann/Greulich*, in: Münchener Kommentar zum Bilanzrecht, 1. Aufl. 2012, § 323 Rz. 36.

685 Vgl. *Müller*, in: Wellhöfer/Peltzer/Müller, Die Haftung von Vorstand, Aufsichtsrat und Wirtschaftsprüfer, § 24 Rz. 16.

686 Vgl. *Ebke*, in: Münchener Kommentar zum Handelsgesetzbuch, 3. Aufl. 2013, § 323 Rz. 35; *Bormann/Greulich*, in: Münchener Kommentar zum Bilanzrecht, 1. Aufl. 2012, § 323 Rz. 40.

- Notwendigkeit beruflicher Fortbildung zur Erhaltung und Sicherstellung der fachlichen Kompetenz;
- Übernahme von Prüfungsaufträgen nur dann, wenn der WP über die erforderliche Sachkunde und Zeit für die Ausführung des Auftrages verfügt;
- angemessene Organisation und Gesamtplanung aller Aufträge;
- Ordnungsgemäße Darstellung von Sachverhalten und planvolle Dokumentation der Abschlussprüfung;
- Überprüfung der Einhaltung von Prüfungsanweisungen;
- bei Interpretations- und Zweifelsfragen muss sich der Prüfer am Gebot des relativ sichersten Weges orientieren. Dies schließt nicht aus, dass der Prüfer bei ungeklärten oder streitigen Bilanzierungs- oder Bewertungsfragen eine von der prüfungspflichtigen Gesellschaft mit beachtlichen Argumenten vertretene Auffassung akzeptiert;
- bei der Zusammenstellung des Prüfungsteams ist darauf zu achten, dass ausreichende praktische Erfahrungen, Verständnis der fachlichen Regeln, die notwendigen Branchenkenntnisse sowie Verständnis für das Qualitätssicherungssystem des Prüfers vorhanden ist;
- verlangt eine Abschlussprüfung spezifische Fachkenntnisse, muss der Abschlussprüfer bei Bedarf auch externen fachlichen Rat einholen.

3.1.3.2 Unparteilichkeit

Der Abschlussprüfer hat bei der Prüfung unparteiisch vorzugehen. Er darf sich nicht von einzelnen Gruppeninteressen leiten lassen. Vielmehr muss er neben den Interessen der prüfungspflichtigen Gesellschaft auch die berechtigten Interessen der anderen Adressaten der Abschlussprüfung beachten. Hierzu zählen z. B. Aufsichtsgremien, Anteilseigner, Gläubiger, Mitarbeiter und die Allgemeinheit.[687] Der Prüfer darf sich von den Organen der geprüften Gesellschaft nicht darin beeinflussen lassen, welche Gegenstände er zu prüfen hat, wie und wann er die Prüfung vorzunehmen hat, wie und wann er über das Ergebnis der Prüfung zu berichten hat und wie und wann er den Bestätigungsvermerk abzufassen hat.[688] Die Pflicht zur Unparteilichkeit steht damit in einem engen Zusammenhang zur Unabhängigkeit des Abschlussprüfers.

Die Verpflichtung zur Unparteilichkeit wird konkretisiert in § 20 BS WP/vBP. Danach muss der Abschlussprüfer den zugrunde liegenden Sachverhalt vollständig erfassen, die wesentlichen Aspekte ohne Bevorzugung oder Benachteiligung einer Partei objektiv abwägen und bei der Berichterstattung alle wesentliche Gesichtspunkte vollständig wiedergeben.

Bereits wenn die Besorgnis der Befangenheit bei Durchführung der Prüfung vorliegt, muss der Prüfer seine Tätigkeit versagen. Die Befangenheitsgründe werden in §§ 319, 319a HGB geregelt.[689]

687 Vgl. *Bormann/Greulich*, in: Münchener Kommentar zum Bilanzrecht, 1. Aufl. 2012, § 323 Rz. 41.

688 Vgl. *Ebke*, in: Münchener Kommentar zum Handelsgesetzbuch, 3. Aufl. 2013, § 323 Rz. 46.

689 Siehe hierzu *Ebke*, in: Münchener Kommentar zum Handelsgesetzbuch, 3. Aufl. 2013, § 323 Rz. 47 ff.

3.1.3.3 Verschwiegenheitspflicht

Die Verschwiegenheitspflicht erstreckt sich grundsätzlich auf alles, was dem Abschlussprüfer bei der Durchführung der Abschlussprüfung bekannt wird. Nicht erforderlich ist, dass ihm eine Tatsache von der prüfpflichtigen Gesellschaft ausdrücklich mitgeteilt oder offen gelegt wird. Erfasst werden sowohl objektive (z. B. Pläne, Projekte, Geschäftsverbindungen, Kalkulationsgrundlagen, Produktionsmodelle, etc.) als auch subjektive Umstände (z. B. Erwartungen, Meinungen, Einschätzungen, Absichten, etc.).[690]

Konkretisiert wird die Verschwiegenheitspflicht in § 9 BS WP/vBP. Danach darf der Prüfer Tatsachen und Umstände die ihm bei seiner Prüfungstätigkeit anvertraut oder bekannt werden, nicht unbefugt offenbaren. Ferner hat er dafür Sorge zu tragen, dass solche Tatsachen und Umstände anlässlich seiner Tätigkeiten Unbefugten nicht bekannt werden. Die Verschwiegenheitspflicht gilt zeitlich unbegrenzt und auch gegenüber Mitarbeitern des Abschlussprüfers oder der Prüfungsgesellschaft, die nicht an der Prüfung beteiligt sind; ebenso gegenüber Mitgliedern und Mitarbeitern einer Wirtschaftsprüfungssozietät, die nicht an der Bearbeitung des Mandats beteiligt sind. Wenn eine Prüfungsgesellschaft Abschlussprüferin ist, bestimmt § 323 Abs. 3 HGB, dass die Verschwiegenheitspflicht auch gegenüber dem Aufsichtsrat und den Mitgliedern des Aufsichtsrats der Prüfungsgesellschaft gilt. Erst recht gilt die Verschwiegenheitspflicht gegenüber den Gesellschaftern der Prüfungsgesellschaft.[691]

Die Pflicht zu Verschwiegenheit bezieht sich auf das Verhältnis der Normadressaten zu Außenstehenden. Keine Verschwiegenheitspflicht besteht gegenüber den gesetzlichen Vertretern des geprüften Unternehmens. Diese sind aufgrund ihrer Verantwortung für das Unternehmen als die an sich „Wissenden" zu betrachten und sollen über das Ergebnis der Prüfung informiert werden. Da dem Vorstand aber gem. §321 HGB erst der endgültige Prüfungsbericht zuzuleiten ist, verbieten sich Mitteilungen über den laufenden Stand der Prüfung. Auch gegenüber dem Aufsichtsrat des Unternehmens als Organ besteht keine Verschwiegenheitspflicht.[692]

Die Verschwiegenheitspflicht wird prozessual durch das Zeugnisverweigerungsrecht des Prüfers und seiner Gehilfen im Zivil- und Strafprozess (§ 383 Abs. 1 Nr. 6 ZPO; §§ 53 Abs. 1 Nr. 3, 161a Abs. 1 Nr. 3b StPO; § 84 FGO; § 102 Abs. 1 Nr. 3b AO) sowie strafrechtlich durch §§ 203 und 333 StGB sowie § 38 WpHG flankiert.

Grenzen der Verschwiegenheitspflicht

Die Verschwiegenheitspflicht gilt nicht unbegrenzt. Ausnahmen sind anerkannt[693]

- bei Entbindung von der Schweigepflicht;
- hinsichtlich solcher Tatsachen, die keinen Geheimnischarakter haben, weil sie bereits einem unüberschaubaren Kreis von Personen oder Unternehmen bekannt gemacht worden sind oder weil an ihrer Gemeinhaltung ganz offensichtlich kein sachlich begründetes Interesse besteht;

690 Vgl. *Bormann/Greulich*, in: Münchener Kommentar zum Bilanzrecht, 1. Aufl. 2012, § 323 Rz. 46; *Ebke*, in: Münchener Kommentar zum Handelsgesetzbuch, 3. Aufl. 2013, § 323 Rz. 52 f.

691 Vgl. *Ebke*, in: Münchener Kommentar zum Handelsgesetzbuch, 3. Aufl. 2013, § 323 Rz. 54; *Bormann/Greulich*, in: Münchener Kommentar zum Bilanzrecht, 1. Aufl. 2012, § 323 Rz. 58.

692 Vgl. *Habersack/Schürnbrand*, in: Staub, Großkommentar, 5. Aufl. 2010, § 323 Rz. 22.

693 Vgl. *Ebke*, in: Münchener Kommentar zum Handelsgesetzbuch, 3. Aufl. 2013, § 323 Rz. 56.

- gegenüber Dritten, welche der Abschlussprüfer wegen ihrer Sachkunde zur Erörterung von Zweifelsfragen im Rahmen der Prüfung herangezogen hat, soweit die Offenlegung zur Durchführung der Beratung erforderlich ist;
- gegenüber den Mitgliedern der Vertretungsorgane der prüfpflichtigen Gesellschaft;[694]
- gegenüber den Gehilfen, die der Abschlussprüfer zur Prüfung hinzugezogen hat sowie im Verhältnis der Gehilfen untereinander.[695]

Durchbrechung der Verschwiegenheitspflicht

Die Verschwiegenheitspflicht wird durchbrochen, wenn der Abschlussprüfer aufgrund gesetzlicher Bestimmungen verpflichtet ist, ein Geheimnis seines Mandanten zu offenbaren.[696]

Rederecht des Abschlussprüfers

Neben dem in § 321a Abs. 2 Satz 2 HGB gesetzlich normierten Fall eines Rederechts, kann ein Rederecht des Abschlussprüfers bei der Wahrnehmung erheblicher eigener schutzwürdiger Interessen bestehen. Die Interessen des Abschlussprüfers sind im Einzelfall gegen das Gemeinhaltungsinteresse der Gesellschaft abzuwägen, wobei im Zweifel der Wahrung der Vertraulichkeit der Vorrang zukommt.[697] Die Offenbarung von Geheimnissen ist in jedem Fall *ultima ratio*.[698] Die Geheimhaltungsinteressen der Gesellschaft sind soweit wie möglich zu wahren und die Offenlegung auf das zur Wahrung der eigenen Interessen unbedingt Erforderliche zu beschränken.[699]

Anerkannt sind nachfolgende Fallgestaltungen für die Durchbrechung einer Verschwiegenheitspflicht:[700]

- soweit die Offenlegung zur gerichtlichen Durchsetzung der Honoraransprüche des Abschlussprüfers erforderlich ist;[701]
- bei der Inanspruchnahme des Prüfers auf Schadenersatz durch die Auftraggeberin oder ein verbundenes Unternehmen, soweit es zur Wahrung der Rechte des Abschlussprüfers erforderlich ist;
- bei der Inanspruchnahme auf Schadenersatz gegenüber seinem Berufshaftpflichtversicherer;
- im Strafprozess, soweit die Offenlegung für die Verteidigung des Abschlussprüfers erforderlich ist;
- in berufsrechtlichen Verfahren, soweit die Offenlegung für die Verteidigung des Abschlussprüfers erforderlich ist;

694 Eingehend zur Informationsweitergabe innerhalb der geprüften Gesellschaft: *Bormann/Greulich*, in: Münchener Kommentar zum Bilanzrecht, 1. Aufl. 2012, § 323 Rz. 51–54.

695 Eingehend zur Informationsweitergabe innerhalb der Sphäre des Abschlussprüfers: *Bormann/Greulich*, in: Münchener Kommentar zum Bilanzrecht, 1. Aufl. 2012, § 323 Rz. 55–58.

696 Siehe hierzu *Müller*, in: Wellhöfer/Peltzer/Müller, Die Haftung von Vorstand, Aufsichtsrat und Wirtschaftsprüfer, § 24 Rz. 27; *Bormann/Greulich*, in: Münchener Kommentar zum Bilanzrecht, 1. Aufl. 2012, § 323 Rz. 75 f.

697 Vgl. *Bormann/Greulich*, in: Münchener Kommentar zum Bilanzrecht, 1. Aufl. 2012, § 323 Rz. 73.

698 Vgl. *Ebke*, in: Münchener Kommentar zum Handelsgesetzbuch, 3. Aufl. 2013, § 323 Rz. 57.

699 Vgl. *Bormann/Greulich*, in: Münchener Kommentar zum Bilanzrecht, 1. Aufl. 2012, § 323 Rz. 74, unter Hinweis auf BGH NJW 1996 S. 775 f.

700 Vgl. *Ebke*, in: Münchener Kommentar zum Handelsgesetzbuch, 3. Aufl. 2013, § 323 Rz. 58 ff., mit weiteren Nachweisen.

701 Siehe hierzu BGH vom 5. 12. 1995 – X ZR 121/93, NJW 1996 S. 775 f.; BGH vom 23. 6. 1993 – VIII ZR 226/92, NJW 1993 S. 2371 f. (für Ärzte).

- bei bewusst unwahren oder unvollständigen und von der geprüften Gesellschaft ausgehenden öffentlichen Angriffen aufgrund eines angeblichen Fehlverhaltens des Prüfers. Nicht aber bei bloßer negativer Presseberichterstattung. Ebenso nicht, wenn die Mandantin gutgläubig ist. Dann ist eine Offenlegung erst nach erfolgloser Abmahnung zulässig.

3.1.3.4 Verwertungsverbot

Der Abschlussprüfer darf gem. § 323 Abs. 1 Satz 2 HGB unbefugt keine Geschäfts- und Betriebsgeheimnisse verwerten. Das Verwertungsverbot steht selbständig neben der Verschwiegenheitspflicht. Er hat sich außerhalb der Abschlussprüfung so zu verhalten, als wisse er nichts von den ihm bekannt gewordenen Vorgängen bzgl. der prüfungspflichtigen Gesellschaft.[702]

Das Verwertungsverbot gilt zeitlich unbegrenzt fort[703] und wird auch unbeschadet der Regelung des § 321a Abs. 1 und 2 HGB durch die Eröffnung eines Insolvenzverfahrens oder die Ablehnung einer Eröffnung mangels Masse nicht berührt.[704]

Dem Wortlaut nach erfasst das Verwertungsverbot nur Geschäfts- und Betriebsgeheimnisse. In § 10 BS WP/vBP wird die Regelung konkretisiert. Danach darf der Prüfer Kenntnisse „von Tatsachen und Umständen, insbesondere geschäftlichen Entschlüssen oder Transaktionen, die ihre Auftraggeber oder Dritte betreffen, ... nicht unbefugt für eigene oder fremde Vermögensdispositionen nutzbar machen." Nach einhelliger Ansicht in der Literatur ist der Begriff der Geschäfts- und Betriebsgeheimnisse damit weit zu verstehen und erfasst alle Geheimnisse, die das Geschäft oder den Betrieb der geprüften Gesellschaft oder Dritte betreffen.[705]

Verwertung ist jedes Ausnutzen des Geschäfts- oder Betriebsgeheimnisses, das nach der Vorstellung des Handelnden unmittelbar darauf gerichtet ist, sich oder einen Dritten einen Vermögens- oder sonstigen Vorteil zu verschaffen.[706]

Fraglich ist, ob der Mandant auf das Verwertungsverbot verzichten kann, wenn er z. B. in eine Verwertung einwilligt, und welche Folgen dies hat.[707] Angesichts des öffentlichen Interesses an einer unabhängigen und unbeeinflussten Prüfung ist eine solche Einwilligung abzulehnen.[708]

Neben dem Verwertungsverbot gem. § 323 Abs. 1 Satz 2 HGB besteht bei der Prüfung kapitalmarktaktiver Gesellschaften das Verbot von Insiderhandelsgeschäften gem. §§ 12 ff., 14 WpHG. Die Insiderregeln sind nicht disponibel, so dass in diesem Bereich eine Genehmigung in keinem Fall zulässig wäre.[709]

702 Vgl. *Bormann/Greulich*, in: Münchener Kommentar zum Bilanzrecht, 1. Aufl. 2012, § 323 Rz. 79.

703 Vgl. *Bormann/Greulich*, in: Münchener Kommentar zum Bilanzrecht, 1. Aufl. 2012, § 323 Rz. 80.

704 Vgl. *Bormann/Greulich*, in: Münchener Kommentar zum Bilanzrecht, 1. Aufl. 2012, § 323 Rz. 80; *Ebke*, in: Münchener Kommentar zum Handelsgesetzbuch, 3. Aufl. 2013, § 323 Rz. 67.

705 Vgl. *Bormann/Greulich*, in: Münchener Kommentar zum Bilanzrecht, 1. Aufl. 2012, § 323 Rz. 81; *Ebke*, in: Münchener Kommentar zum Handelsgesetzbuch, 3. Aufl. 2013, § 323 Rz. 65, jeweils mit weiteren Nachweisen.

706 Vgl. *Bormann/Greulich*, in: Münchener Kommentar zum Bilanzrecht, 1. Aufl. 2012, § 323 Rz. 83; *Ebke*, in: Münchener Kommentar zum Handelsgesetzbuch, 3. Aufl. 2013, § 323 Rz. 66.

707 Zum Meinungsstand siehe *Baumbach/Hueck/Schulze-Osterloh*, GmbHG, 18. Aufl. 2006, § 41 Rz. 172.

708 Vgl. *Bormann/Greulich*, in: Münchener Kommentar zum Bilanzrecht, 1. Aufl. 2012, § 323 Rz. 84; zweifelnd auch *Müller*, in: Wellhöfer/Peltzer/Müller, Die Haftung von Vorstand, Aufsichtsrat und Wirtschaftsprüfer, § 24 Rz. 30.

709 Vgl. *Bormann/Greulich*, in: Münchener Kommentar zum Bilanzrecht, 1. Aufl. 2012, § 323 Rz. 84 f.; *Müller*, in: Wellhöfer/Peltzer/Müller Die Haftung von Vorstand, Aufsichtsrat und Wirtschaftsprüfer, § 24 Rz. 31.

3.1.4 Sonstige Pflichten des Abschlussprüfers

Nach weit überwiegender Ansicht[710] bezieht sich § 323 HGB nicht allein auf die eigentlichen Prüfungshandlungen, sondern erfasst alle Tätigkeiten des Abschlussprüfers gem. § 316 HGB ff. Demnach haften die in § 323 Abs. 1 HGB genannten Personen außer für die Verletzung der Pflichten gem. § 323 Abs. 1 Satz 1 und 2 HGB bei Ausübung der Prüfung auch für Verstöße gegen andere Vorschriften über die gesetzlich vorgeschriebene Abschlussprüfung.

Im Rahmen der Prüfung gem. § 317 HGB gehören hierzu:[711]

- die Entgegennahme von Unterlagen und Einholung von Auskünften (§ 320 HGB);
- die fehlerhafte Berichterstattung (§§ 321, 316 Abs. 3 Satz 3 HGB);
- die Verletzung der Redepflicht (§ 321 Abs. 1 Satz 3 HGB);
- die unberechtigte Verzögerung des Prüfungsberichts (§ 321 HGB);
- die unberechtigte Beschränkung oder Versagung des Bestätigungsvermerks (§ 322 HGB);
- die Erteilung falscher Auskünfte.

Bei einem weiten Verständnis des Begriffes „Gewissenhaft" lassen sich diese Verpflichtungen auch unmittelbar aus § 323 Abs. 1 BGB herleiten. Auf dieser Grundlage lassen sich weitere diverse Pflichten[712] formulieren. Z. B.:

- die Verpflichtung zur Sachverhaltsaufklärung. Hier darf sich der Prüfer, anders als bei der allgemeinen Beratung, nicht auf die Angaben des zu prüfenden Unternehmens verlassen. Die Prüfung, nicht die Beratung auf der Grundlage eines mitgeteilten Sachverhalts, steht im Vordergrund.
- die Verpflichtung, das Gebot des sichersten Weges bei der Beurteilung von Auslegungs-, Streit- und Zweifelsfragen zu beachten
- die Rede- und Warnpflicht bei Feststellung von Unrichtigkeiten oder Sachverhalten, die Verstöße gegen gesetzliche Vorschriften darstellen oder den Bestand des geprüften Unternehmens gefährden oder seine Entwicklung wesentlich beeinträchtigen können.
- die Verpflichtung, über anlässlich der Prüfung festgestellte Tatsachen zu berichten, die schwerwiegende Verstöße der gesetzlichen Vertreter oder von Arbeitnehmern gegen Gesetz, Gesellschaftsvertrag oder die Satzung erkennen lassen. Damit wird nicht eine Unterschlagungsprüfung in die Abschlussprüfung integriert. Der Abschlussprüfer genügt seinen Pflichten, wenn er die zuständigen Stellen des Unternehmens über seine Feststellungen unterrichtet. Es obliegt dann diesen, über die weiteren Schritte zu entscheiden.[713]

3.1.5 Pflichtverletzung des Abschlussprüfers

Bei der Beurteilung, ob dem WP eine Pflichtverletzung vorzuwerfen ist, ist nicht in jedem Fall die objektive Unrichtigkeit des Jahresabschlusses maßgeblich. Das vom WP erteilte Testat beinhaltet keine Gewähr für die objektive Richtigkeit des Jahresabschlusses.

---

710 Zur Mindermeinung siehe *Ebke*, in: Münchener Kommentar zum Handelsgesetzbuch, 3. Aufl. 2013, § 323 Rz. 23.

711 Vgl. *Bormann/Greulich*, in: Münchener Kommentar zum Bilanzrecht, 1. Aufl. 2012, Rz. 28 und 87; *Ebke*, in: Münchener Kommentar zum Handelsgesetzbuch, 3. Aufl. 2013, § 323 Rz. 24.

712 Vgl. *Müller*, in: Wellhöfer/Peltzer/Müller, Die Haftung von Vorstand, Aufsichtsrat und Wirtschaftsprüfer, § 24 Rz. 32 ff., dort als „vertragliche Pflichten bei der Pflichtprüfung" bezeichnet.

713 OLG München vom 9. 11. 2000 – 14 U 181/99, GI 2002 S. 174.

Aufgabe der Prüfung nach den §§ 316 ff. HGB ist die Feststellung, ob die Buchführung und der Jahresabschluss einschließlich des Lageberichts den gesetzlichen Vorschriften entsprechen. Gegenstand und Umfang der Prüfung ergeben sich aus § 317 Abs. 1 HGB. Danach ist unter Einbeziehung der Buchführung zu prüfen, ob die gesetzlichen Vorschriften und die sie ergänzenden Bestimmungen der Satzung beachtet worden sind, der Lagebericht mit dem Jahresabschluss im Einklang steht und ob sonstige Angaben im Lagebericht nicht eine falsche Vorstellung von der Lage des Unternehmens erwecken.[714] Die Prüfung erstreckt sich auf den Jahresabschluss und den Geschäftsbericht, wie er von der Geschäftsführung erstellt worden ist. Der WP muss deren Darstellung und Rechnungslegung auf ihre sachliche Richtigkeit, Ordnungsmäßigkeit und Gesetzlichkeit prüfen.[715] Nur dann, wenn sich bei der Überprüfung mit den berufsüblichen Methoden besondere Anhaltspunkte für Fehler ergeben, muss er diesen nachgehen.[716] Die gesetzlich vorgeschriebene Abschlussprüfung ist keine Vollprüfung sämtlicher Geschäftsvorgänge eines abgelaufenen Jahres. Vielmehr legt der WP eigenverantwortlich Prüfungsfelder fest und folgt dabei einem risikoorientierten Prüfungsansatz.

Gem. § 322 HGB hat der Abschlussprüfer einen uneingeschränkten Bestätigungsvermerk zu erteilen, wenn nach dem abschließenden Ergebnis seiner Prüfung gegen die Buchführung, den Jahresabschluss und den Lagebericht keine Einwendungen zu erheben sind. Inhaltlich unrichtig ist ein Bestätigungsvermerk nur dann, wenn das Ergebnis der Prüfung, wie es sich dem Abschlussprüfer darstellt, dem erteilten Bestätigungsvermerk nicht entspricht. Eine inhaltliche Unrichtigkeit i. S. d. § 332 HGB liegt selbst dann nicht vor, wenn der Abschlussprüfer zwar objektiv unrichtig den Bestätigungsvermerk erteilt hat, ihm dies aufgrund seiner Feststellungen aber nicht bekannt war und auch nicht bekannt sein musste.[717]

Zum Gegenstand der Prüfung gehören demnach insbesondere nicht die wirtschaftlichen Verhältnisse der Gesellschaft oder unterjährige Zwischenberichte. Bei der Prüfung handelt es sich nicht um eine umfassende Rechts- und Wirtschaftlichkeitsprüfung, sondern um eine Rechnungslegungsprüfung.[718] Ebenso wenig handelt es sich um eine Kreditwürdigkeits-, Organisations-, Steuer-, Rentabilitätsprüfung oder Prüfung der Geschäftsführung auf kaufmännische Vernünftigkeit.[719] Entsprechende Prüfungen können allenfalls zum Inhalt eines Ergänzungsauftrages gemacht werden.

Eine Haftung des Wirtschaftsprüfers kommt danach in Betracht, wenn er unter Nichtbeachtung der objektiv erforderlichen Sorgfalt unwahre oder unvollständige Angaben im Jahresabschluss nicht aufdeckt und einen Bestätigungsvermerk für einen nicht gesetzes- bzw. satzungskonformen Jahresabschluss erteilt.[720]

Die Prüfung selbst unterliegt dem Wesentlichkeitsgrundsatz des § 317 Abs. 1 HGB. Dieser erlaubt eine sachgerechte Auswahl von Prüfungshandlungen und schreibt keine lückenlose Prü-

714 OLG Köln vom 22.4.2004 – 8 U 68/03; DStRE 2006 S. 698 f.; OLG Celle vom 5.1.2000 – 3 U 17/99, NZG 2000 S. 613 ff.; OLG Düsseldorf vom 19.11.1998 – 8 U 59/98, NZG 1999 S. 901 ff.

715 OLG Düsseldorf vom 19.11.1998 – 8 U 59/98, NZG 1999 S. 901 ff.

716 OLG Köln vom 22.4.2004 – 8 U 68/03, DStRE 2006 S. 698 ff.

717 OLG Celle vom 5.1.2000 – 3 U 17/99, NZG 2000 S. 613 ff.

718 BGH vom 15.12.2005 – III ZR 424/04, DB 2006 S. 385, BB 2006 S. 770.

719 OLG Köln vom 22.4.2004 – 8 U 68/03, DStRE 2006 S. 698 ff.

720 Zum Sorgfaltsmaßstab siehe oben.

fung vor. Ausreichend ist eine Stichprobenprüfung nach dem Zufalls- und/oder Saldenprinzip.[721] Eine Intensivierung oder Ausweitung einzelner Prüfungsarbeiten ist nur dann erforderlich, wenn bei den Stichproben Unregelmäßigkeiten hervortreten.[722] Tatsächlich ist es auch nicht Aufgabe des Wirtschaftsprüfers, den Jahresabschluss neu zu erstellen, sondern nur, diesen zu prüfen.

Welche Prüfungshandlungen vorzunehmen sind, wird insbesondere durch die Verlautbarungen der WPK und die Verlautbarungen des IDW konkretisiert. Diese werden von der Rechtsprechung aufgegriffen und bei der Beurteilung der Pflichtverletzung berücksichtigt.[723] Zu berücksichtigen sind aber auch einschlägige und anerkannte Rechtsprechung (auch des EUGH) und Verlautbarungen der Finanzverwaltung.[724]

BEISPIELE für Prüfungspflichten und Haftung bei fehlerhafter Prüfung[725]

- Prüfung des internen Kontrollsystems (Doppelfunktion eines Mitarbeiters als Chef und Ausführender der Buchhaltung und allein verfügungsberechtigter Prokurist), stichprobenartige Einholung von Saldenbestätigungen, Prüfung des EDV-Systems[726]
- wiederholte Mängel der Buchführung, Verquickung von Tätigkeiten von Aufsichtsratsmitgliedern im Vorstand und bei der Buchhaltung, unzureichende Prüfung einer erheblichen aktivierten Forderung[727]
- stichprobenartige Prüfung der verbuchten Forderungen auf Bestand und Werthaltigkeit durch Einholung von Auskünften und Durchsicht von Unterlagen und bei Zweifeln an der Werthaltigkeit und am Bestand der Forderungen aufgrund von Forderungsausfällen eine Intensivierung der Prüfungstätigkeit[728]
- stichprobenartige Prüfung der Inventurbewertungen[729]
- Einholung von Saldenbestätigungen der Banken sowie Rechtsanwaltsbestätigungen über schwebende Rechtsstreitigkeiten. Erteilung eines uneingeschränkten Bestätigungsvermerks ohne Erhalt aller erbetenen Bestätigungen[730]
- Durchführung einer technischen Manipulationskontrolle sowie der betriebsinternen Kontrolle der Inventur[731]

721 OLG München vom 9. 11. 2000 – 14 U 181/99, GI 2002 S. 174.

722 OLG Düsseldorf vom 12. 6. 2003 – I-6 U 244/02, n.v.

723 Vgl. BGH vom 19. 4. 2012 – III ZR 224/10, VersR 2013 S. 69, WM 2012 S. 954 für WP-Handbuch 1996; BGH vom 10. 12. 2009 – VII ZR 42/08, MDR 2010 S. 295 zu IDW PS 302; OLG München vom 9. 11. 2000 – 14 U 181/99, GI 2002 S. 174 zu IDW Fachgutachten 1/1988 und WP-Handbuch; OLG Dresden vom 30. 6. 2011 – 8 U 1603/08, DStR 2012 S. 2098, anschließend BGH vom 4. 12. 2012 – VI ZR 381/11; OLG Dresden vom 30. 6. 2011 – 8 U 1215/09, anschließend BGH vom 7. 5. 2012 – VI ZR 377/11, zu IDW PS 322 und IDW PS 255.

724 Vgl. *Müller*, in: Wellhöfer/Peltzer/Müller, Die Haftung von Vorstand, Aufsichtsrat und Wirtschaftsprüfer, § 24 Rz. 66.

725 Vgl. auch die Ausführungen bei *Bormann/Greulich*, in: Münchener Kommentar zum Bilanzrecht, 1. Aufl. 2012, § 323 Rz. 88; *Müller*, in: Wellhöfer/Peltzer/Müller, Die Haftung von Vorstand, Aufsichtsrat und Wirtschaftsprüfer, § 24 Rz. 32 ff.

726 OLG München vom 9. 11. 2000 – 14 U 181/99, GI 2002 S. 174.

727 OLG Stuttgart vom 29. 9. 2009 – 12 U 147/05, WM 2009 S. 2382.

728 LG Köln vom 6. 5. 2010 – 2 O 553/09, n.v.

729 OLG Düsseldorf vom 12. 6. 2003 – I-6 U 244/02, n.v.

730 OLG Stuttgart vom 15. 1. 2008 – 12 U 75/07, n.v., nachgehend BGH vom 10. 12. 2009 – VII ZR 42/08, DB 2010 S. 159; vgl. auch BGH vom 19. 4. 2012 – III ZR 224/10, VersR 2013 S. 69, WM 2012 S. 954.

731 LG Nürnberg-Fürth vom 5. 10. 2009 – 6 O 11424/08, GI aktuell 2010 S. 100.

- fehlerhafte Bewertung der Lagerbestände (Verstoß gegen das Niederstwertprinzip)[732]
- fehlende Übereinstimmung von Lagebericht und Inhalt der Bilanz, Überprüfung der Plausibilität eines Gutachtens[733]

Erkennt der WP einen Fehler in seiner bisherigen Tätigkeit, hat er diesen unverzüglich zu korrigieren. Auch ein Unterlassen kann zu einer Haftung führen. Eine Verpflichtung zur Nachbesserung besteht aber selbst dann nicht, wenn ihm die Umstände, die die Fehlerhaftigkeit begründen, erst nach dem Testierstichtag bekannt werden.[734]

Nimmt der Abschlussprüfer überobligatorische Prüfungshandlungen vor, z. B., indem er nicht vorgeschriebene Prüfungsunterlagen anfordert, hat er auch insoweit den Rücklauf zu überwachen. Erfolgt ein Rücklauf nicht, begründet dies hinreichende Verdachtsmomente, die zu einer intensiveren Prüfung verpflichten.[735]

3.1.5.1 Sonderproblem Unterschlagung und Bilanzfälschung

Die Gerichte hatten sich wiederholt mit der Problematik zu befassen, dass die zur Prüfung vorgelegten Jahresabschlüsse von der Geschäftsführung, Prokuristen oder sonstigen Mitarbeitern durch Manipulationen, z. B. der Buchführung, gefälscht wurden, insbesondere, um Unterschlagungen zu vertuschen.[736] Unstreitig beinhaltet die Prüfung des Jahresabschlusses keine Unterschlagungsprüfung. Stellt der Abschlussprüfer allerdings Unregelmäßigkeiten fest, hat er diesen nachzugehen und das zuständige Organ der geprüften Gesellschaft umgehend zu unterrichten, damit die Missstände ausgeräumt und bei Bedarf eine Unterschlagungsprüfung eingeleitet wird.[737] Es besteht insoweit eine umfassende Rede- und Warnpflicht des Jahresabschlussprüfers.[738] Ferner kommt eine Haftung des Wirtschaftsprüfers in Betracht, wenn bei ordnungsgemäßer Prüfung die Manipulationen aufgedeckt worden wären.[739] Grundsätzlich muss sich das geschädigte Unternehmen das Verschulden seiner Geschäftsführer und Prokuristen über § 31 BGB gem. § 254 BGB als Mitverschulden anrechnen lassen. Auch vorsätzliches Handeln der bestellten Organe des geprüften Unternehmens schließt eine Haftung des Wirtschaftsprüfers nicht zwingend aus. In die Abwägung der jeweiligen Verursachungsbeiträge sind auf Seiten des geprüften Unternehmens nicht nur die Verursachungsbeiträge des Geschäftsführers während der Prüfung selbst, sondern auch solche vor der Prüfung zu berücksichtigen.[740] Hat der Rechtsträger sich allerdings lediglich das Verschulden eines sonstigen Erfüllungs- und Verrichtungsgehilfen zurechnen zu lassen, führt auch vorsätzliches Handeln des Gehilfen grundsätzlich nicht zu einem Haftungsausschluss des nur fahrlässig handelnden Wirtschaftsprüfers. Hier kommt lediglich eine Minderung des Schadenersatzanspruches in Betracht.[741]

---

732 OLG Düsseldorf vom 15. 12. 1998 – 24 U 27/98, GI 1999 S. 218.

733 OLG Dresden vom 30. 6. 2011 – 8 U 1603/08, DStR 2012 S. 2098; OLG Dresden vom 30. 06. 2011 – 8 U 1215/09.

734 BGH vom 15. 12. 2005 – III ZR 424/04, NJW-RR 2006 S. 611; DB 2006 S. 423.

735 BGH vom 10. 12. 2009 – VII ZR 42/08, VersR 2010 S. 1508, MDR 2010 S. 295.

736 Z. B. OLG München vom 9. 11. 2000 – 14 U 181/99, GI 2002 S. 174; BGH vom 10. 12. 2009 – VII ZR 42/08; LG Nürnberg-Fürth vom 5. 10. 2009 – 6 O 11424/08.

737 Vgl. OLG München vom 9. 11. 2000 – 14 U 181/99, GI 2002 S. 174, Hinweis auf IDW-Verlautbarungen.

738 Vgl. *Müller*, in: Wellhöfer/Peltzer/Müller, Die Haftung von Vorstand, Aufsichtsrat und Wirtschaftsprüfer, § 24 Rz. 39.

739 BGH vom 10. 12. 2009 – VII ZR 42/08, DB 2010 S. 159.

740 BGH vom 10. 12. 2009 – VII ZR 42/08, DB 2010 S. 159, Mitverschulden des geprüften Unternehmens 2/3.

741 BGH vom 15. 4. 2010 – IX ZR 79/09, n. v.

3.1.6 Kausalität

Von einem adäquaten Kausalzusammenhang zwischen der festgestellten Pflichtverletzung und der Schadenfolge wird im Rahmen der Haftung gem. § 323 Abs. 1 HGB regelmäßig auszugehen sein. Die Haftung setzt einen Verstoß gegen die berufsübliche Sorgfalt, wobei ein objektiver und kein subjektiver Maßstab anzulegen ist, voraus. Dies wird in aller Regel auch zu einer Vorhersehbarkeit des Schadens führen.[742]

Trifft der Geschädigte in Kenntnis des Prüfungsergebnisses Vermögensdispositionen, werden diese auch vom Schutzzweck der Norm erfasst. Eine eigenständige Entscheidung auf der Grundlage des Prüfungsergebnisses unterbricht den Kausalverlauf nicht.[743]

Die zeitliche Reichweite eines Testats ist nicht unbegrenzt. Es bezieht sich lediglich rückblickend auf den Zeitraum des geprüften Jahresabschlusses. Eine Kausalität endet aber nicht bereits dann, wenn die Erwartung besteht, dass neue oder aktuellere Zahlen vorliegen müssten, also in etwa nach einem Jahr.[744]

Auch ein überholter Bestätigungsvermerk begründet vielmehr zumindest das Vertrauen, dass keine Mängel vorlagen, die zur Verweigerung oder Einschränkung des Testats hätten führen müssen. Erst wenn zwischen dem Prüfungsstichtag und der (auch) darauf beruhenden Entscheidung des Geschädigten eine so lange Zeit verstrichen ist, dass mit wesentlichen, auch die Grundlagen des Unternehmens erfassenden Änderungen der Verhältnisse gerechnet werden muss, kann eine durch die Lebenserfahrung begründete Vermutung der Kausalität nicht mehr eingreifen.[745]

Erteilt ein Abschlussprüfer zunächst einen fehlerhaften Bestätigungsvermerk und widerruft er diesen später, so entfällt hierdurch nicht die Kausalität für vor dem Widerruf schon eingetretene Schäden. Entsprechendes gilt, wenn der Bestätigungsvermerk zunächst zu Unrecht verweigert wurde.[746]

3.1.7 Verschulden

Gem. § 323 Abs. 1 Satz 3 HGB haften die genannten Personen für vorsätzliche oder fahrlässige Pflichtverletzungen. Im Hinblick darauf, dass der Pflichtenkreis nach objektiven Kriterien zu ermitteln ist, wird bei Vorliegen einer Pflichtverletzung auch von einem Verschulden, zumindest in der Form der Fahrlässigkeit, auszugehen sein.

Die Unterscheidung zwischen einer fahrlässigen oder einer vorsätzlichen Pflichtverletzung ist aber wichtig für die Haftungssummenbegrenzung des § 323 Abs. 2 HGB. In diesem Zusammenhang ist zu beachten, dass bei einer vorsätzlichen Pflichtverletzung zwar die Haftungsbegrenzung auf eine bzw. vier Mio. Euro nicht mehr eingreift, der WP dann aber i. d. R. auch über keinen Versicherungsschutz für den verursachten Schaden mehr verfügen wird. Bei Vorliegen von Vor-

742 Ebenso *Müller*, in: Wellhöfer/Peltzer/Müller, Die Haftung von Vorstand, Aufsichtsrat und Wirtschaftsprüfer, § 24 Rz. 72; *Bormann/Greulich*, in: Münchener Kommentar zum Bilanzrecht, 1. Aufl. 2012, § 323 Rz. 90.

743 Vgl. *Müller*, in: Wellhöfer/Peltzer/Müller, Die Haftung von Vorstand, Aufsichtsrat und Wirtschaftsprüfer, § 24 Rz. 73; *Bormann/Greulich*, in: Münchener Kommentar zum Bilanzrecht, 1. Aufl. 2012, § 323 Rz. 90.

744 So aber OLG Stuttgart vom 29. 9. 2009 – 12 U 147/05, WM 2009 S. 2382.

745 BGH vom 21. 2. 2013 – III ZR 139/12, DB 2013 S. 931 ff., unter ausdrücklicher Fortführung der Entscheidung vom 15. 12. 2005 – III ZR 424/04, DB 2006 S. 423.

746 Vgl. *Bormann/Greulich*, in: Münchener Kommentar zum Bilanzrecht, 1. Aufl. 2012, § 323 Rz. 91.

satz wird in aller Regel auch der versicherungsrechtliche Ausschlusstatbestand einer wissentlichen Pflichtverletzung erfüllt sein. Sofern der Abschlussprüfer nicht über erhebliches Vermögen verfügt, werden dem Anspruchsteller der Nachweis einer Vorsatztat und die damit verbundene Aufhebung der gesetzlichen Haftungsbegrenzung, nicht zum Vorteil gereichen.

Ist eine Prüfungsgesellschaft Abschlussprüfer, ist ihr das Verschulden ihrer Vertretungsorgane gem. § 31 BGB zuzurechnen. Dieses kann auch in einem Organisations- (z. B. Einsatz von nicht hinreichend qualifizierten Mitarbeitern bei einer Prüfung) oder Überwachungsverschulden hinsichtlich der eingesetzten Mitarbeiter liegen.[747] Eine Pflichtverletzung durch einen Gehilfen schließt damit eine Eigenhaftung des Abschlussprüfers nicht aus.

Im Anschluss an die Entscheidung des BGH vom 10. 12. 2008, VII ZR 42/08, muss sich ein geprüftes Unternehmen das Verschulden seines Geschäftsführers gem. § 254 Abs. 1, § 31 BGB analog entgegenhalten lassen.[748] Dieser Einwand des Mitverschuldens ist nicht auf einen Geschäftsführer zu beschränken, sondern erfasst alle Personen, die von § 31 BGB erfasst werden. Neben dem Vorstand, einem Mitglied des Vorstandes oder einem anderem berufenen Vertreter, werden von dieser Regelung auch Mitarbeiter erfasst, denen durch die allgemeine Betriebsregelung und Handhabung bedeutsame wesensmäßige Funktionen der juristischen Person zur selbständigen eigenverantwortlichen Erfüllung zugewiesen werden.[749] Bei Mitarbeitern, die in der Lage sind dem Unternehmen durch Manipulationen erheblichen Schaden zuzufügen, wird dies regelmäßig der Fall sein. Andernfalls wird regelmäßig von einem Organisationsmangel oder -verschulden des Unternehmens auszugehen sein.[750]

3.1.8 Schaden und Haftungsobergrenzen

3.1.8.1 Schaden

Als Schaden, der durch die Pflichtverletzung eines Abschlussprüfers entstehen kann, kommt nur ein Vermögensschaden der geprüften Gesellschaft in Betracht, d. h., der Wert des Vermögens der Gesellschaft muss geringer geworden sein, als er es ohne die Pflichtverletzung wäre. Ein Vermögensschaden der Gesellschaft setzt voraus, dass konkrete Unrichtigkeiten früherer Bilanzen sich im rechnerischen Ergebnis für die Schuldnerin konkret vermögensmäßig nachteilig auswirken.[751] Nicht ausreichend ist damit allein eine reine Vermögensgefährdung, wie sie in der Ablieferung eines fehlerhaften Bestätigungsvermerks liegen kann.[752]

Der Abschlussprüfer ist für den Jahresabschluss, den er prüft, nicht verantwortlich. Eine Verpflichtung zur Erstattung der Kosten für die Nichtigkeitsfeststellung eines Jahresabschlusses sowie Neuerstellung und weiterer damit in Verbindung stehender Kosten, kann von ihm daher nicht mit der Begründung gefordert werden „dass die Neuaufstellung der Jahresabschlüsse wirtschaftlich geboten und damit vernünftig“ gewesen sei.[753]

---

747 Vgl. *Bormann/Greulich*, in: Münchener Kommentar zum Bilanzrecht, 1. Aufl. 2012, § 323 Rz. 96.

748 Zum Streitstand im Übrigen vgl. *Ebke*, in: Münchener Kommentar zum Handelsgesetzbuch, 2. Aufl. 2008, § 323 Rz. 44 f.; *Bormann/Greulich*, in: Münchener Kommentar zum Bilanzrecht, 1. Aufl. 2012, § 323 Rz. 104 ff.

749 Vgl. *Palandt/Ellenberger*, 74. Aufl. 2015, § 31 Rz. 6.

750 Vgl. *Palandt/Ellenberger*, 74. Aufl. 2015, § 31 Rz. 7.

751 OLG Köln vom 22. 4. 2004 – 8 U 68/03, DStRE 2006 S. 698.

752 BGH vom 28. 10. 1993 – IX ZR 21/93, BGHZ 124, 27, DB 1994 S. 926.

753 OLG Köln vom 22. 4. 2004 – 8 U 68/03, DStRE 2006 S. 698; a. A. *Müller*, in: Wellhöfer/Peltzer/Müller, Die Haftung von Vorstand, Aufsichtsrat und Wirtschaftsprüfer, § 24 Rz. 82.

Als mögliche Schäden des geprüften Unternehmens oder mit ihm verbundener Unternehmen kommen in Betracht:

- Ausschüttung tatsächlich nicht vorhandener Gewinne, sofern diese von den Gesellschaftern oder Aktionären nicht zurückerhalten werden können (§ 62 Abs. 1 Satz 2 AktG; § 32 GmbHG);
- an ein verbundenes Unternehmen gewährte Kredite, die in Vertrauen auf den Bestätigungsvermerk gewährt wurden;
- Kosten für die erforderliche erneute Prüfung des Jahresabschlusses;
- ein Verzögerungsschaden wegen schuldhaft verzögerter oder zu Unrecht verweigerter Ausfertigung des Bestätigungsvermerks, z. B. in Form erforderlicher Zwischenfinanzierungen, da die Gewährung eines Kredites vom Prüfergebnis abhängig gemacht wurde;
- Finanzierungsnachteile, weil die Finanzlage vom WP fehlerhaft beurteilt wurde;
- Unterschlagungen, die bei ordnungsgemäßer Prüfung aufgedeckt worden wären.[754]

In Betracht kommt auch ein Schaden in Form der höheren Verbindlichkeiten des geprüften Unternehmens vom Testierstichtag bis zur tatsächlichen Eröffnung des Insolvenzverfahrens, wenn bei ordnungsgemäßer Prüfung die Insolvenzreife festgestellt worden wäre.[755]

3.1.8.2 Haftungsobergrenzen und Haftungsbegrenzung

Die Haftung des Abschlussprüfers ist nach § 323 Abs. 2 HGB bei Fahrlässigkeit auf einen Höchstbetrag von 1 Mio. €, bei einer Aktiengesellschaft, deren Aktien an einem regulierten Markt (vgl. § 33 BörsG) zugelassen sind, auf 4 Mio. € begrenzt.

Die Haftungsobergrenze findet erst auf die nach Berücksichtigung eines Mitverschuldens verbleibende Haftsumme Anwendung. Sie gilt für eine Abschlussprüfung, unabhängig von der Anzahl der Pflichtverletzungen, der zum Schadenersatz verpflichteten Personen sowie unabhängig von der Zahl der Anspruchsberechtigten. Die Prüfung der Abschlüsse der Konzernmutter sowie der Tochterunternehmen stellen eigenständige Abschlussprüfungen dar. Setzt sich ein vom Abschlussprüfer vorwerfbar nicht erkannter Fehler in mehreren aufeinander folgenden Jahresabschlüssen fort, handelt es sich bei jedem Jahresabschluss um eine eigenständige Abschlussprüfung.[756]

Die Haftungsobergrenze gilt nur für fahrlässige Pflichtverletzungen. Haben von mehreren zum Schadenersatz verpflichteten Personen einzelne fahrlässig und andere vorsätzlich gehandelt, haften alle bis zur Haftungsobergrenze gesamtschuldnerisch und die vorsätzlich Handelnden darüber hinaus gesamtschuldnerisch unbeschränkt.[757]

Die Haftung gem. § 323 HGB kann darüber hinaus gem. § 323 Abs. 4 HGB durch Vertrag weder beschränkt noch ausgeschlossen werden. Entgegenstehende Haftungsbeschränkungen in Allgemeinen Geschäftsbedingungen sind unwirksam.

---

754 Vgl. hierzu *Bormann/Greulich*, in: Münchener Kommentar zum Bilanzrecht, 1. Aufl. 2012, § 323 Rz. 103.

755 LG München I vom 14. 3. 2008 – 14 O 8038/06, ZIP 2008 S. 1124 und Anmerkung von *Gräfe* hierzu in DStR 2010 S. 623 f.

756 Vgl. *Bormann/Greulich*, in: Münchener Kommentar zum Bilanzrecht, 1. Aufl. 2012, § 323 Rz. 111 ff.

757 Vgl. *Bormann/Greulich*, in: Münchener Kommentar zum Bilanzrecht, 1. Aufl. 2012, § 323 Rz. 114.

3.1.9 Gesamtschuld

Die zum Schadenersatz verpflichteten Personen haften dem oder den Geschädigten gesamtschuldnerisch gem. § 426 BGB. Dies bedeutet, dass die Geschädigten berechtigt sind, vollständige oder teilweise Befriedigung von einem oder mehreren zum Schadenersatz verpflichteten Personen zu verlangen. Die Erbringung einer Schadenersatzleistung hat auch befreiende Wirkung für die anderen verpflichteten Personen. Im Ergebnis kann die Schadenersatzleistung von den verpflichteten Personen nur einmal gefordert werden.

Wenn und soweit einer der Gesamtschuldner den oder die Anspruchsberechtigten entschädigt, hat er gem. § 426 BGB einen gesetzlichen Ausgleichsanspruch gegen die anderen Gesamtschuldner. Grundsätzlich haften alle Gesamtschuldner zu gleichen Teilen, sofern nicht etwas anderes bestimmt ist. Eine abweichende Aufteilung kann sich u. a. aus einer entsprechenden Anwendung des § 254 BGB nach dem jeweiligen Maß der Schadenverursachung ergeben. Bei Prüfungsgehilfen sind ferner im Innenverhältnis die arbeitsrechtlichen Grundsätze über die Arbeitnehmerhaftung zu berücksichtigen.[758]

3.1.10 Verjährung

Es gilt die allgemeine Regelverjährung gem. § 195 BGB. Der Eintritt des Schadens ist nicht bereits mit Erteilung des fehlerhaften Bestätigungsvermerkes zu sehen. Durch den Bestätigungsvermerk wird erst eine Vermögensgefährdung begründet. Der Schaden tritt erst mit der ersten Vermögensminderung des geprüften Unternehmens ein. Im Falle eines zu viel ausgezahlten Bilanzgewinnes, ist der Zeitpunkt des Gewinnverwendungsbeschlusses maßgeblich.[759]

Liegt der haftungsauslösende Fehler des WP in einer falschen Rechtsanwendung, beginnt die regelmäßige Verjährungsfrist nicht bereits mit dem Schluss des Jahres, in dem der Geschädigte Kenntnis von dieser Rechtsanwendung als solcher erlangt hat; vielmehr muss der Geschädigte Kenntnis der grob fahrlässige Unkenntnis davon haben, dass die Rechtsanwendung fehlerhaft gewesen ist.[760]

3.1.11 Haftung aus Delikt

Der Abschlussprüfer kann für eigenes Verschulden nach den §§ 823 ff. BGB oder für vermutetes Auswahlverschulden mit der Möglichkeit einer Exkulpation gem. § 831 BGB haften. Eine Haftung aus Deliktsrecht gegenüber der Mandantin ist zwar möglich, hat aber bisher keine Bedeutung erlangt. Zu beachten ist in diesem Zusammenhang, dass § 323 HGB kein Schutzgesetz i. S. des § 823 Abs. 2 BGB ist.[761] Bei einer Haftung des Wirtschaftsprüfers aus § 823 BGB neben § 323 HGB gilt die Haftungsobergrenze des § 323 Abs. 2 HGB nicht. Da eine Haftung aus Delikt regelmäßig Vorsatz erfordert, würde diese allerdings ohnehin nicht eingreifen.[762] Der deliktischen Haftung des Wirtschaftsprüfers kommt aber im Bereich der Haftung gegenüber Dritten erhebliche Bedeutung zu.

---

758 Vgl. hierzu *Ebke*, in: Münchener Kommentar zum HGB, 3. Aufl. 2013, § 323 Rz. 78 f.; *Bormann/Greulich*, in: Münchener Kommentar zum Bilanzrecht, 1. Aufl. 2012, § 323 Rz. 126.

759 BGH vom 28. 10. 1993 – IX ZR 21/93, DB 1994 S. 926, BGHZ 124 S. 27, S. 31 f.

760 BGH vom 24. 4. 2014 – III ZR 156/13, DB 2014 S. 1126, DStR 2014 S. 2345, im Anschluss an BGH vom 6. 2. 2014 – IX ZR 245/12, WM 2014 S. 575.

761 OLG Düsseldorf vom 19. 11. 1998 – 8 U 59/98, NZG 1999 S. 901; OLG Dresden vom 30. 6. 2011 – 8 U 1215/09.

762 Vgl. *Bormann/Greulich*, in: Münchener Kommentar zum Bilanzrecht, 1. Aufl. 2012, § 323 Rz. 131.

3.1.12 Dritthaftung bei der gesetzlichen Pflichtprüfung

Dritthaftung bedeutet in diesem Zusammenhang die Möglichkeit einer Haftung des Abschlussprüfers gegenüber solchen Personen oder Unternehmen, die nicht zu dem von § 323 Abs. 1 HGB erfassten Personenkreis (geprüftes Unternehmen und mit ihm verbundene Unternehmen) gehören. Hierzu gehören neben allen außerhalb dieser Unternehmen stehenden Personen und Unternehmen (z. B. Banken, Gläubiger, Investoren) auch die Gesellschafter, Organe und Aktionäre der von § 323 Abs. 1 HGB erfassten Unternehmen.[763] Die in § 323 HGB vorgesehene Beschränkung der möglichen Anspruchsberechtigten führt dazu, dass an die Haftung gegenüber Dritten grundsätzlich erhebliche Anforderungen zu stellen sind.

3.1.12.1 Haftung gem. Auskunftsvertrag

Wirtschaftsprüfer können einem Dritten gegenüber haften, wenn mit Ihnen – auch konkludent – ein Auskunftsvertrag geschlossen wurde.[764] Dies setzt voraus, dass ein Abschlussprüfer zumindest auch auf Verlangen eines Dritten zur Prüfung eines Jahresabschlusses hinzugezogen wird.[765] Erforderlich ist damit ein Kontakt zwischen dem Abschlussprüfer und dem Dritten, der im Hinblick auf die intendierte rechtsgeschäftliche Haftung dahin gehen muss, dass eine als verbindliche Willenserklärung anzusehende Auskunft gegenüber dem Dritten erteilt wird, der sie zur Grundlage seiner Entschließung machen möchte.[766]

Erforderlich ist damit neben einem persönlichen Kontakt, dass dem Abschlussprüfer bekannt oder zumindest erkennbar ist, dass er auch für den Dritten tätig wird. Dies ist z. B. der Fall, wenn eine Bank die Gewährung eines Kredits von der Testierung des Abschlusses durch den Abschlussprüfer abhängig macht, dem Abschlussprüfer dies bekannt ist und er dem Ansinnen nachkommt und weitere Auskünfte erteilt. Nicht ausreichend ist dagegen die Teilnahme an einem Gespräch mit dem Dritten.[767] Hier wird der Abschlussprüfer regelmäßig nur für seinen Mandanten aktiv. Nicht ausreichend ist ferner die Übergabe eines testierten Jahresabschlusses durch den Mandanten an die kreditgebende Bank. Die Annahme eines (konkludenten) Auskunftsvertrages erfordert, dass der Abschlussprüfer seine Prüfergebnisse entweder unmittelbar dem Dritten oder mittelbar über seinen Auftraggeber zwecks Weiterleitung an den Dritten übersendet.[768]

Weitere Dritte können aus einem mit einem bestimmten Dritten abgeschlossenen Auskunftsvertrag im Zusammenhang mit einer Abschlussprüfung regelmäßig keine Ansprüche erheben. Dies wäre mit der gesetzlichen Wertung, die sich aus § 323 Abs. 1 Satz 3 HGB ergibt, nicht vereinbar.[769]

763 Vgl. BGH vom 26. 11. 1986 – IVa ZR 86/85, DStR 1987 S. 377; BGH vom 15. 12. 2005 – III ZR 424/04, WM 2006 S. 423; BGH vom 6. 4. 2006 – III ZR 256/04; BGH vom 30. 10. 2008 – III ZR 307/07, NZG 2009 S. 37; OLG Bremen vom 30. 8. 2006 – 1 U 33/04b, GI 2007 S. 92.

764 BGH vom 26. 9. 2000 – X ZR 94/98, BGHZ 145 S. 187; BGH vom 8. 6. 2004 – X ZR 283/02, NJW 2004 S. 3420.

765 OLG Düsseldorf vom 2. 6. 2009 – I-23 U 108/07.

766 OLG Stuttgart vom 30. 6. 2009 – 8 U 1215/09, mit weiteren Nachweisen; OLG Düsseldorf vom 2. 6. 2009 – I-23 U 108/07.

767 Vgl. OLG Düsseldorf vom 2. 6. 2009 – I-23 U 108/08, DB 2009 S. 2369, DStRE 2010 S. 449.

768 OLG Düsseldorf vom 15. 12. 1998 – 24 U 27/98, GI 1999 S. 218; BGH vom 13. 11. 1997 – X ZR 144/94, NJW 1998 S. 1059.

769 BGH vom 30. 10. 2008 – III ZR 307/07, NZG 2009 S. 37; ausführlich hierzu *Bormann/Greulich*, in: Münchener Kommentar zum Bilanzrecht, 1. Aufl. 2012, § 323 Rz. 150.

3.1.12.2 Haftung gem. Vertrag zugunsten Dritter

Ein echter Vertrag zugunsten Dritter setzt eine besondere Vereinbarung zwischen dem Abschlussprüfer und seiner Auftraggeberin voraus, durch die dem Dritten unmittelbar ein eigener Anspruch gegen den Abschlussprüfer auf Prüfung der Jahresabschlüsse oder auf Auskunft über die Prüfungsergebnisse zustehen soll.[770] An einer solchen Vereinbarung zwischen dem Abschlussprüfer und seiner Mandantin wird es regelmäßig fehlen.[771]

3.1.12.3 Haftung gem. § 311 Abs. 3 BGB/Sachwalterhaftung bei Vertragsanbahnung

Ein eigenes wirtschaftliches Interesse des Wirtschaftsprüfers im Verhältnis zum Dritten wird regelmäßig nicht anzunehmen sein. In diesem Fall wäre eine Verletzung seiner Berufspflicht zur Unabhängigkeit und konfliktfreien Beratung anzunehmen.[772]

Für die Haftung des Abschlussprüfers nach den Grundsätzen der Sachwalterhaftung bzw. gem. § 311 Abs. 3 BGB unter dem Gesichtspunkt der Inanspruchnahme besonderen Vertrauens, ist das typisierte Vertrauen, das einem WP aufgrund seiner besonderen Fachkenntnisse und seinem Ansehen in der Allgemeinheit entgegengebracht wird, nicht ausreichend. Erforderlich ist, dass der Abschlussprüfer im Rahmen der Vertragsverhandlungen zwischen dem Dritten und dem Mandanten des Abschlussprüfers ein besonderes persönliches Vertrauen in Anspruch nimmt.[773]

Es ist fraglich, ob die Regelungen zur Sachwalterhaftung bzw. des § 311 Abs. 3 BGB im Rahmen der Haftung des Abschlussprüfers gegenüber Dritten neben dem Vertrag mit Schutzwirkung zugunsten Dritter Anwendung finden. In der Rechtsprechung besteht eine Neigung, dies abzulehnen.[774] In jedem Fall dürfte auch der Regelungsbereich des § 311 Abs. 3 BGB nur den vorvertraglichen Bereich erfassen; also die Fälle, in denen der WP oder seine Arbeiten in Vertragsverhandlungen seines Auftraggebers mit Dritten einbezogen werden.

3.1.12.4 Haftung gem. Vertrag mit Schutzwirkung zugunsten Dritter

In der Rechtsprechung ist anerkannt, dass eine Haftung des Abschlussprüfers gegenüber Dritten nach den Grundsätzen des Vertrages mit Schutzwirkung zugunsten Dritter in Betracht kommt. Die Dritthaftung beruht darauf, dass es Sache der Vertragsparteien ist zu bestimmen, gegenüber welchen Personen eine Schutzpflicht begründet werden soll. Die Beschränkung der Anspruchsberechtigten in § 323 Abs. 1 HGB entfaltet insoweit keine Sperrwirkung. Allerdings erfordert die in § 323 HGB zum Ausdruck kommende gesetzgeberische Intention, auch im Rahmen der vertraglichen Dritthaftung des Abschlussprüfers das Haftungsrisiko des Abschlussprüfers angemessen zu begrenzen.[775]

770 OLG Bremen vom 30. 8. 2006 – 1 U 33/04, GI 2007 S. 92.

771 Beispiel für einen echten Vertrag zugunsten Dritter eines Steuerberaters, OLG Hamm vom 26. 4. 1989 – 25 U 10/86, GI 1990 S. 280.

772 Vgl. *Müller*, in: Wellhöfer/Peltzer/Müller, Die Haftung von Vorstand, Aufsichtsrat und Wirtschaftsprüfer, § 23 Rz. 40.

773 OLG Dresden vom 30. 6. 2011 – 8 U 1603/08, DStR 2012 S. 2098; OLG Dresden vom 30. 6. 2011 – 8 U 1215/09; ausführlich hierzu *Bormann/Greulich*, in: Münchener Kommentar zum Bilanzrecht, 1. Aufl. 2012, § 323 Rz. 152 ff.

774 OLG Düsseldorf vom 2. 6. 2009 – I-23 U 108/08, DB 2009 S. 2369; vgl. auch BGH vom 30. 10. 2008 – III ZR 307/07, MDR 2009 S. 83, VersR 2009 S. 791; a. A. OLG Dresden vom 30. 6. 2011 – 8 U 1215/09.

775 Grundlegend BGH vom 2. 4. 1998 – III ZR 245/96, BGHZ 138 S. 257 ff.; DStR 1998 S. 1073 ff.

Vertragsnähe

Ein Dritter kommt immer dann mit der Hauptleistung eines zwischen zwei anderen Parteien bestehenden Vertrages bestimmungsgemäß in Kontakt, wenn er nach der Anlage des Vertrages den Leistungsgefahren in ähnlicher Weise ausgesetzt ist wie der Gläubiger selbst. Die Pflichtprüfung dient u. a. den Interessen der Gesellschafter, Gläubiger und der Öffentlichkeit. Der vom Abschlussprüfer erteilte Bestätigungsvermerk ist dabei die abschließende, gerade zur Kenntnisnahme durch Dritte bestimmte Aussage des Abschlussprüfers zum Ergebnis seiner Tätigkeit. Dritte sind damit den mit der Schlechtleistung durch den Abschlussprüfer verbundenen Gefahren ebenso wie die geprüfte Gesellschaft selbst unmittelbar ausgesetzt.[776] Die Leistungsnähe wird bei einem Dritten, der sich auf einen von ihm zur Kenntnis genommenen Bestätigungsvermerk zur Begründung seiner Forderungen bezieht, regelmäßig anzunehmen sein.

Gläubigernähe

Im Bereich der Einbeziehung eines Dritten in den Schutzbereich eines Vertrages über die Prüfung eines Jahresabschlusses, hat die Rechtsprechung erhebliche Anforderungen entwickelt.[777]

Die Einbeziehung einer unbekannten Anzahl Dritter in den Schutzbereich des Prüfauftrages würde der gesetzgeberischen Intention, das Haftungsrisiko des Abschlussprüfers angemessen zu begrenzen, zuwiderlaufen.[778] Allein der Umstand, dass Bestätigungsvermerken nach § 325 Abs. 1 HGB die Bedeutung zukommt, Dritten Einblick in die wirtschaftliche Situation des publizitätspflichtigen Unternehmens zu gewähren, ist nicht ausreichend.[779]

Es ist auch nicht ausreichend, dass dem WP aufgrund der Regelung des § 18 KWG bekannt war, dass testierte Unternehmensabschlüsse im Geschäftsverkehr zwischen Kreditnehmern und Banken benötigt werden.[780] Ebenso wenig ist es ausreichend, dass gem. § 30 Abs. 1 Börsenzulassungs-Verordnung[781] oder § 8f Verkaufsprospekte i.V. m. § 11 VermVerkProspV[782] (jetzt § 7 VermAnlG i.V. m. § 11 VermVerkProspV), die Aufnahme eines Bestätigungsvermerks in einen Prospekt erforderlich machen. Entsprechendes muss auch gelten, soweit das zum 4. 7. 2013 eingeführte KAGB ein Handeln von Wirtschaftsprüfern vorsieht oder vorschreibt.[783] Gesetzliche Vorschriften die eine Verwendung geprüfter Jahresabschlüsse und Bestätigungsvermerke im Rechtsverkehr vorschreiben, begründen damit nicht die automatische Einbeziehung Dritter in den Schutzbereich des Prüfauftrages, die mit dem Prüfungsergebnis bestimmungsgem. in Kontakt kommen.

776 Vgl. *Bormann/Greulich*, in: Münchener Kommentar zum Bilanzrecht, 1. Aufl. 2012, § 323 Rz. 137.

777 Zur Entwicklung der Rechtsprechung des BGH siehe OLG Düsseldorf vom 2. 6. 2009 – I-23 U 108/08, WM 2009 S. 2375.

778 BGH vom 2. 4. 1998 – III ZR 245/96, BGHZ 138, 257 ff., DStR 1998 S. 823 ff.; BGH vom 15. 12. 2005 – III ZR 424/04, BB 2006 S. 770; BGH vom 6. 4. 2006 – III ZR 256/04, BB 2006 S. 1441, MDR 2006 S. 881.

779 BGH vom 30. 10. 2008 – III ZR 307/07, MDR 2009 S. 83, VersR 2009 S. 791.

780 BGH vom 26. 11. 1986 – IVa ZR 86/85, NJW 1987 S. 1758.

781 Siehe hierzu BGH vom 6. 4. 2006 – III ZR 256/04, BB 2006 S. 1441.

782 Siehe hierzu OLG Dresden vom 30. 6. 2011 – 8 U 1603/08, DStR 2012 S. 2098; OLG Dresden vom 30. 6. 2012 – 8 U 1215/09 – 8 U 1215/09.

783 Ausführlich zur Dritthaftung von WP nach dem KAGB *Schultheiß*, BKR 2015 S. 133.

Prüfungsaufträge, die einem WP durch eine Behörde im Rahmen der ihr im öffentlichen Interesse obliegenden Verwaltungsaufgaben erteilt werden, entfalten grundsätzlich keine drittschützende Wirkung im privatrechtlichen Bereich.[784]

Erforderlich für die Einbeziehung ist, dass die Vertragsparteien bei Auftragserteilung oder im Verlauf der Prüfung übereinstimmend davon ausgehen, dass die Prüfung auch im Interesse eines bestimmten Dritten durchgeführt werde und dem Dritten als Grundlage für eine (konkrete) Entscheidung dienen soll.[785] Erforderlich ist regelmäßig ein persönlicher Kontakt zwischen dem Prüfer und dem Dritten im Verlauf der Prüfung. Eine Einbeziehung in den Schutzbereich des Prüfungsauftrages nach Beendigung der Prüfung ist nicht möglich.[786]

Ein Vertrag mit Schutzwirkung zugunsten Dritter kommt danach im Bereich der gesetzlichen Abschlussprüfung in Betracht, wenn der Abschlussprüfer im Verlauf der Prüfung Kontakt zu einem Dritten hat, diesem gegenüber Auskünfte zum Inhalt des Testats macht und der Dritte, für den Prüfer erkennbar, auf dieser Grundlage seine Investitionsentscheidung trifft.[787] Ferner dann, wenn der Abschlussprüfer im Verlauf der Prüfung zu Gesprächen mit der Bank im Hinblick auf eine konkrete Kreditentscheidung hinzugezogen wird und auf der Grundlage der gemachten Auskünfte über den Inhalt und das Ergebnis der Prüfung, die Entscheidung über die Gewährung des Darlehens getroffen wird.[788]

Nach § 7 Abs. 2 der Allgemeinen Auftragsbedingungen Klausel, haftet der WP Dritten nur, wenn die Voraussetzungen des Abs. 1 gegeben sind. Danach bedarf die Weitergabe beruflicher Äußerungen des Wirtschaftsprüfers (Berichte, Gutachten und dgl.) an Dritte der schriftlichen Zustimmung des Wirtschaftsprüfers, soweit sich nicht bereits aus dem Auftragsinhalt die Einwilligung der Weitergabe an einen bestimmten Dritten ergibt. Hat der WP diese Regelung wirksam in den Prüfauftrag einbezogen und liegen die Voraussetzungen nicht vor, hindert dies die Einbeziehung Dritter in den Schutzbereich des Prüfauftrages.[789]

Erkennbarkeit

Sind die strengen Voraussetzungen für die Einbeziehung eines Dritten erfüllt, ist auch die Voraussetzung der Erkennbarkeit ohne Weiteres erfüllt.

Schutzbedürfnis

Hinsichtlich des Schutzbedürfnisses bestehen keine Besonderheiten. Hier ist jeweils eine Einzelfallbetrachtung erforderlich.

784 BGH vom 26. 6. 2001 – X ZR 231/99, MDR 2001 S. 1164 und BGH vom 7. 5. 2009 – III ZR 277/08, VersR 2009 S. 1412, für eine Prüfung nach § 44 KWG.

785 Vgl. BGH vom 2. 4. 1998 – III ZR 245/98, BGHZ 138 S. 257 ff., DStR 1998 S. 823 ff.; OLG Düsseldorf vom 15. 12. 1998 – 24 U 27/98, GI 1999 S. 218 ff.

786 BGH vom 6. 4. 2009 – III ZR 256/04, BB 2006 S. 1441.

787 BGH vom 2. 4. 1998 – III ZR 245/98, BGHZ 138 S. 257 ff., DStR 1998 S. 823 ff.

788 Vgl. OLG Düsseldorf vom 15. 12. 1998 – 24 U 27/98, GI 1999 S. 218 ff.

789 OLG Düsseldorf vom 15. 12. 1998 – 24 U 27/98, GI 1999 S. 218 ff.; OLG Düsseldorf vom 12. 6. 2003 – I – U 244/02, n.v.

Kausalität

Für die Herstellung eines adäquaten Kausalzusammenhanges zwischen der Pflichtverletzung des Abschlussprüfers und dem Schaden des Dritten reichen die Fehlerhaftigkeit des Testats und die Kenntnis von einer durchgeführten Prüfung nicht aus.

Behauptet z. B. ein Anleger, dass für seine Anlageentscheidung auch das Vorliegen eines Testats mitursächlich war, ist es nicht ausreichend, dass das fehlerhafte Testat nicht hinweggedacht werden kann, ohne dass der Erfolg in Gestalt der streitgegenständlichen Geldanlage entfiele, z. B. weil der Handel dann ausgesetzt worden wäre, ein Börsengang nicht möglich gewesen wäre oder das geprüfte Unternehmen Insolvenz hätte beantragen müssen. Erforderlich ist, dass der Anleger gerade in Vertrauen auf das ihm bekannte Testat seine Anlageentscheidung getroffen hat.

Mitverschulden

Die Rechtsprechung wendet die Regelungen zum gesetzlich geregelten Vertrag (§§ 328 ff. BGB) zugunsten Dritter entsprechend auf den Vertrag mit Schutzwirkung zugunsten Dritter an. Gem. § 334 BGB analog stehen dem Abschlussprüfer damit alle Einwendungen aus dem Grundvertrag mit der Gesellschaft auch gegenüber dem Dritten zu. Hierzu gehört auch ein etwaiges Mitverschulden der Gesellschaft. Dies ist auch sachgerecht. Der Dritte leitet seinen Anspruch aus dem Vertragsverhältnis zwischen der Gesellschaft und dem Abschlussprüfer her. Würden dem Abschlussprüfer nicht alle Einwendungen aus dem Prüfvertrag auch gegenüber dem Dritten zustehen, würde der Dritte besser gestellt, als das Unternehmen selbst.[790] Die Regelung des § 334 BGB kann aber – sogar stillschweigend – abbedungen werden.[791]

Haftungsbegrenzung

Auf dieser Grundlage ist davon auszugehen, dass die Haftungssummenbegrenzung des § 323 Abs. 2 HGB auch im Verhältnis zum Dritten gilt. Offen ist allerdings, ob der Abschlussprüfer nur einmal bis zur Haftungsobergrenze haftet oder ob die prüfungspflichtige Gesellschaft einerseits und die Gesamtheit der in den Schutzbereich des Vertrages einbezogenen Dritten andererseits jeweils Haftung bis zur Haftungsobergrenze verlangen können.[792] Gerade in den Fällen, in denen ausnahmsweise eine Vielzahl von geschädigten Dritten in den Schutzbereich einbezogen wird, wird die Anwendung der Haftungssummenbegrenzung kritisiert.[793]

3.1.13 Deliktische Haftung gegenüber Dritten

Bestätigungsvermerke von Wirtschaftsprüfern haben im Rechtsverkehr, nicht zuletzt aufgrund zahlreicher gesetzlicher Regelungen, die eine Prüfung des Jahresabschlusses erforderlich machen, erhebliche Bedeutung im Rechtsverkehr. Die Abschlussprüfung erfolgt auch nicht allein im Interesse des geprüften Unternehmens, sondern auch und gerade im Interesse der Allgemeinheit und der Geschäftspartner des geprüften Unternehmens. Dennoch sieht § 323 HGB eine Haftung gegenüber Dritten nicht vor. Für sonstige vertragliche Anspruchsgrundlagen hat die Rechtsprechung erhebliche Hürden geschaffen, die häufig einen Schadenersatzanspruch des

790 OLG Düsseldorf vom 15. 12. 1998 – 24 27/28, GI 1999 S. 218 ff.

791 OLG München – GI 1997 S. 191, S. 196; BGH NJW 1998 S. 1059; BGH NJW 1995 S. 392.

792 Vgl. *Bormann/Greulich*, in: Münchener Kommentar zum Bilanzrecht, 1. Aufl. 2012, § 323 Rz. 146.

793 Vgl. hierzu *Ebke*, in: Münchener Kommentar zum Handelsgesetzbuch, 3. Aufl. 2013, § 323 Rz. 159 ff.

geschädigten Dritten gegenüber dem Abschlussprüfer verhindern. Vor diesem Hintergrund ist das Deliktsrecht als Anspruchsgrundlage in den Fokus der Forderungsbegründung getreten.

3.1.13.1 Haftung gem. § 823 Abs. 1 BGB

§ 823 Abs. 1 BGB erfasst lediglich die Verletzung der dort genannten absoluten Rechtsgüter. Im Falle der Abschlussprüfung liegt beim Dritten regelmäßig lediglich ein Vermögensschaden vor. Das Vermögen gehört aber nicht zu den von § 823 Abs. 1 BGB geschützten Rechtsgütern. Denkbar ist lediglich eine Verletzung des Rechts des Dritten am eingerichteten und ausgeübten Gewerbebetrieb. Auch unter diesem Gesichtspunkt scheidet eine Haftung regelmäßig aus, da das Handeln des Wirtschaftsprüfers keinen unmittelbaren Eingriff in die gewerbliche Tätigkeit des Dritten beinhaltet. Es fehlt an einem sog. betriebsbezogenen Handeln.[794] Möglich ist ein Eingriff in den eingerichteten und ausgeübten Gewerbebetrieb eines Dritten dann, wenn der Abschlussprüfer im Zusammenhang mit der Prüfung erlangte und durch die Pflicht zur Verschwiegenheit geschützte Informationen über die Kreditwürdigkeit eines Dritten preisgibt und dies zu nachteiligen Folgen für den Dritten führt.[795]

3.1.13.2 Haftung gem. § 823 Abs. 2 BGB

Schutzgesetze sind solche Rechtsnormen, die zumindest auch dazu dienen sollen, den Einzelnen oder einzelne Personenkreise gegen die Verletzung eines bestimmten Rechtsgutes zu schützen. Darunter fallen nicht solche Normen, die in erster Linie der öffentlichen Ordnung und Sicherheit dienen sollen.[796]

Im Bereich der Haftung des Abschlussprüfers kommen insbesondere die Strafvorschriften des StGB, des HGB, PublG, VAG und GenG als Schutzgesetze in Betracht.[797]

Hierzu gehören:[798]

- §§ 263, 264, 264a Abs. 1 Nr. 1, 266, 267, 283 bis 283d StGB, ggf. auch in Form der Beihilfe gem. § 27 StGB;
- § 332 HGB und § 403 AktG;
- §§ 18 und 19 PublG;
- §§ 137 und 138 VAG;
- §§ 150 und 151 GenG;
- § 333 HGB und § 404 AktG;
- das Verbot der Allgemeinen Rechtsberatung (RDLG).

794 Vgl. *Gräfe/Lenzen/Schmeer*, in: Steuerberaterhaftung, 5. Aufl., Rz. 482.

795 Vgl. *Müller*, in: Wellhöfer/Peltzer/Müller, Die Haftung von Vorstand, Aufsichtsrat und Wirtschaftsprüfer, § 23 Rz. 47.

796 Vgl. hierzu eingehend *Palandt/Sprau*, 74. Aufl. 2015, § 823m Rz. 56 ff.

797 Vgl. *Ebke*, in: Münchener Kommentar zum Handelsgesetzbuch, 3. Aufl. 2013, § 323 Rz. 95; *Müller*, in: Wellhöfer/Peltzer/Müller, Die Haftung von Vorstand, Aufsichtsrat und Wirtschaftsprüfer, § 23 Rz. 48.

798 Eingehend zu den Schutzgesetzen mit zahlreichen Beispielen und Gegenbeispielen *Gräfe/Lenzen/Schmeer*, Steuerberaterhaftung, 5. Aufl., Rz. 486 ff.

Nicht dazu gehören:

- § 323 HGB;[799]
- §§ 316 ff. HGB;
- die Rechnungslegungsvorschriften des HGB und die internationalen Rechnungslegungsvorschriften;
- berufsrechtliche Regelungen (z. B. §§ 2, 43, 49 WPO);
- Gemeinsame Stellungnahmen der WPK und des IDW;
- §§ 18 und 29 KWG;[800]
- § 43 WPO.

Liegt ein Schutzgesetz vor, muss der Abschlussprüfer den Verschuldensgrad erfüllen, den das Schutzgesetz erfordert. Regelmäßig ist Vorsatz erforderlich, der i. d. R. nicht vorliegen oder nur schwer nachzuweisen sein wird.

3.1.13.3 Haftung gem. § 826 BGB

§ 826 BGB erfordert eine vorsätzliche Zufügung eines Schadens in einer gegen die guten Sitten verstoßenden Weise. Im Rahmen der Haftung des Abschlussprüfers bedarf es für eine Sittenwidrigkeit keiner wissentlich falschen Angabe des Prüfers. Ausreichend ist bereits ein leichtfertiges, gewissenloses Verhalten bei der Ausübung seiner Berufspflichten.[801] Aufgrund dieser weiten Auslegung des Begriffes der Sittenwidrigkeit, finden die Berufsregeln der Wirtschaftsprüfer unmittelbar Eingang in die Prüfung der Haftung. Sittenwidrigkeit kann nach der Rechtsprechung bereits bei grob leichtfertigen und gewissenlosen Verhalten vorliegen.[802] Ein sittenwidriges Verhalten liegt danach vor

- bei Erteilung eines Bestätigungsvermerks ohne Vornahme einer Prüfung;
- wenn der Prüfer sich gewissenlos über erkannte Bedenken hinwegsetzt;[803]
- bei ungeprüfter Übernahme von Angaben und Unterlagen;[804]
- bei einem Handeln aus Eigennutz oder im eigennützigen Interesse des Auftraggebers, das ersichtlich zur Beeinträchtigung fremder Vermögensinteressen führen kann;
- bei bewusstem Verzicht auf eine notwendige Prüfung bei Fragen von erheblicher wirtschaftlicher Bedeutung;[805]
- bei Erteilung eines Bestätigungsvermerks bei erkannten erheblichen und nicht abgestellten Mängeln der Buchführung;[806]
- bei Erteilung eines Testats aus Gefälligkeit ohne ernsthafte eigene Prüfungshandlungen;[807]

799 Allg. Ansicht, siehe z. B. OLG Celle vom 5. 1. 2000 – 3 U 17/99, NZG 2000 S. 613.

800 Zu § 18 KWG BGH vom 5. 12. 1972 – VI ZR 120/71, NJW 1973 S. 321; BGH vom 3. 2. 1970 – VI ZR 245/67, WM 1970 S. 633.

801 OLG Düsseldorf vom 19. 11. 1998 – 8 U 59/98, NZG 1999 S. 901.

802 BGH vom 26. 11. 1986 – IVa ZR 86/85, WM 1987 S. 257, DStR 1987 S. 377; OLG Düsseldorf vom 15. 12. 1998 – 24 U 27/98, GI 1999 S. 218; OLG Saarbrücken vom 7. 3. 2007 – 1 U 555/05-196, MDR 2007 S. 1193.

803 OLG Dresden vom 30. 6. 2011 – 8 U 1215/09, GL aktuell 2014 S. 48.

804 Siehe zu diesen Punkten OLG Düsseldorf vom 19. 11. 1998 – 8 U 59/98, NZG 1999 S. 901.

805 Siehe zu diesen Punkten OLG Saarbrücken vom 7. 3. 2007 – 1 U 555/05-196, MDR 2007 S. 1193.

806 BGH vom 26. 11. 1986 – IVa ZR 86/85, WM 1987 S. 257, DStR 1987 S. 377.

807 LG Hamburg WM 1998 S. 139.

- wenn sich der Prüfer bei Erteilung des Bestätigungsvermerkes grob fahrlässig der Einsicht in die Unrichtigkeit seines Prüfungsurteils verschließt;[808]
- wenn der Abschlussprüfer kritische Prüffelder „umschifft" sowie grundlegende Berufspflichten unberücksichtigt lässt;[809]
- bei Erteilung eines unbeschränkten Bestätigungsvermerks, wenn im Lagebericht Risiken kaschiert werden, obwohl es bereits zu erheblichen Verlusten gekommen war und Forderungen der Gesellschaft gegen verbundene Unternehmen zweifelhaft waren.[810]

Nicht ausreichend ist allerdings die bloße Fehlerhaftigkeit des Jahresabschlusses. Ebenso begründet auch eine Fälschung des Jahresabschlusses keine Gewissenlosigkeit, wenn der Prüfer auf die Richtigkeit der Zahlen berechtigterweise vertrauen konnte und dem für die Buchführung Verantwortlichen der geprüften Gesellschaft eine Fälschung nicht zutrauen musste.[811] Entsprechendes gilt, wenn der Prüfer die Einbuchung von Scheinforderungen nicht aufdecken konnte.[812]

Erforderlich ist ferner, dass der Abschlussprüfer vorsätzlich handelt. Erforderlich ist die Kenntnis der Umstände, aus denen sich die Sittenwidrigkeit seines Handelns ergibt, nicht aber das Bewusstsein sittenwidrig zu handeln. Ebenso ist keine positive Kenntnis von der Unrichtigkeit des Testats erforderlich. Ausreichend ist die Kenntnis der Umstände, die die Leichtfertigkeit und Gewissenlosigkeit begründen.[813]

Hinsichtlich der Schadenfolge ist bedingter Vorsatz ausreichend. In einem Fall, in dem es um die Gewährung eines Darlehens ging, hielt es der BGH für den Vorsatz der Drittschädigung für ausreichend, dass der Prüfer mit der Möglichkeit rechnete, der Jahresabschluss könne bei Kreditverhandlungen mit einem Geldgeber verwendet werden und diesen zu einer nachteiligen Disposition veranlassen. Nicht ausreichend ist dagegen die abstrakte Möglichkeit einer Kreditaufnahme. Nicht erforderlich ist wiederum, dass dem Prüfer die Person des Darlehensgebers bekannt ist.[814]

3.2 Freiwillige Prüfung

Freiwillig sind alle Prüfungen, die nicht gesetzlich vorgeschrieben sind. Inhalt und Umfang der Prüfung können vertraglich vereinbart werden. Wird vereinbart, dass die Prüfung dem Pflichtenumfang bei einer Pflichtprüfung entsprechen soll, bestehen hinsichtlich des Pflichtenkreises keine Besonderheiten. Soll die Prüfung mit einem Bestätigungsvermerk gem. § 322 HGB abgeschlossen werden, so müssen hinsichtlich Prüfungsgegenstand und Prüfungsumfang die Vorschriften über die gesetzliche Prüfung gem. §§ 316 ff. HGB eingehalten werden. Andernfalls darf die Prüfung lediglich mit einer sog. Bescheinigung abgeschlossen werden. Aus der Bescheinigung oder aus dem Bericht müssen sich Art und Umfang der Tätigkeit des Prüfers ergeben.[815]

808 Vgl. *Bormann/Greulich*, in: Münchener Kommentar zum Bilanzrecht, 1. Aufl. 2012, § 323 Rz. 160.
809 Vgl. BGH vom 19. 4. 2012 – III ZR 224/10, MDR 2012 S. 765, VersR 2013 S. 69; OLG Dresden vom 30. 6. 2011 – 8 U 1603/08.
810 OLG Dresden vom 6. 2. 2014 – 8 U 1695/11, DStRE 2014 S. 829.
811 OLG Karlsruhe vom 22. 6. 1999 – 3 U 61/97, WPK-Mitt. 1999 S. 231.
812 OLG Düsseldorf vom 15. 12. 1998 – 24 U 27/98, GI 1999 S. 218.
813 Vgl. *Bormann/Greulich*, in: Münchener Kommentar zum Bilanzrecht, 1. Aufl. 2012, § 323 Rz. 163.
814 BGH vom 26. 11. 1986 – IVa ZR 86/85, WM 1987 S. 257, DStR 1987 S. 377.
815 Vgl. *Müller*, in: Wellhöfer/Peltzer/Müller, Die Haftung von Vorstand, Aufsichtsrat und Wirtschaftsprüfer, § 24 Rz. 43.

3.2.1 Pflichten bei der freiwilligen Prüfung

Wird hinsichtlich des Prüfungsinhaltes auf die Regelungen zur gesetzlichen Abschlussprüfung verwiesen, gilt der entsprechende Pflichtenkreis. I. d. R. ist davon auszugehen, dass der übereinstimmende Wille der Vertragsparteien dahin geht, einen entsprechenden Prüfungsumfang zu vereinbaren. Sollen einzelne Pflichten eingeschränkt werden, ist es Aufgabe des Prüfers, eine entsprechende vertragliche Regelung herbeizuführen.[816] Mit einer entsprechenden Vereinbarung wird auch klar gestellt, für welche Pflichten und Prüfungshandlungen der Prüfer die Haftung übernehmen möchte. Wird vereinbart, dass die Prüfung der Buchhaltung nicht Gegenstand der Vereinbarung ist, kann einem Prüfer nicht zum Vorwurf gemacht werden, Mängel an der Buchführung nicht erkannt zu haben, sofern diese nicht aufgrund des sonstigen Prüfungsinhaltes offenkundig waren.

Anders als bei der gesetzlichen Prüfung besteht ein Weisungsrecht des Auftraggebers. Erfolgt eine Weisung, die den Prüfungsumfang einschränkt, muss dies dokumentiert werden. Das Berufsrecht des Abschlussprüfers verpflichtet ihn dazu, Weisungen, die auf unerlaubte, unredliche, rechtlich unzulässige oder völlig unzureichende Ziele gerichtet sind, abzulehnen (§ 43 Abs. 2 Satz 1 WPO, § 49 WPO). Die Verletzung dieser Verpflichtung begründet keine Verletzung eines Schutzgesetztes i. S. v. § 823 Abs. 2 BGB für geschädigte Dritte, da die Regelungen des Berufsrechts keine Schutzgesetze darstellen. In Betracht kommt allerdings eine Haftung gem. § 826 BGB.

3.2.2 Haftung bei der freiwilligen Prüfung

§ 323 Abs. 1 HGB findet auf freiwillige Prüfungen keine, auch keine analoge, Anwendung. Insbesondere gilt nicht die gesetzlich vorgesehene Haftung der Prüfungsgehilfen. Eine Eigenhaftung der Gehilfen ist, vorbehaltlich einer persönlichen deliktischen Haftung, ausgeschlossen. Der Prüfer bzw. die Prüfungsgesellschaft muss sich das Verschulden eines Gehilfen gem. § 278 BGB zurechnen lassen. Wird das Prüfungsmandat einer Prüfungsgesellschaft übertragen, haftet regelmäßig nur diese.

Die Haftungssummenbegrenzung des § 323 Abs. 2 HGB gilt nicht. Auf der anderen Seite ist eine vertragliche Beschränkung der Haftung im Rahmen der gesetzlichen Regelungen zulässig.

Da sich der gesetzliche Pflichtenkreis des § 323 HGB auch aus dem allgemeinen Berufsrecht der Wirtschaftsprüfer ergibt, bestehen insoweit i. d. R. keine Unterschiede. Unterschiede können sich aber, sofern der gesetzliche Prüfungsumfang nicht vertraglich vereinbart wird, aus dem konkreten Mandatsumfang ergeben. Allerdings kann bei geringerem Prüfungsumfang kein Testat, sondern nur eine Bescheinigung erteilt werden.

Erfolgt eine freiwillige Prüfung auf Veranlassung eines Dritten, z. B. einer Kredit gebenden Bank, bestehen diesem gegenüber i. d. R. keine Warn- und Hinweispflichten. Die Verschwiegenheitspflicht des Prüfers hat hier den Vorrang.[817]

816 Vgl. *Müller*, in: Wellhöfer/Peltzer/Müller, Die Haftung von Vorstand, Aufsichtsrat und Wirtschaftsprüfer, § 24 Rz. 44.
817 Vgl. *Müller*, in: Wellhöfer/Peltzer/Müller, Die Haftung von Vorstand, Aufsichtsrat und Wirtschaftsprüfer, § 24 Rz. 45.

Gegenüber Dritten gelten im Bereich des Vertrages mit Schutzwirkung zugunsten Dritter die für den Regelungsbereich der gesetzlichen Pflichtprüfung entwickelten Rechtsgrundsätze. Denn der Rechtsverkehr kann billigerweise aus der Durchführung einer freiwilligen Prüfung keinen weitergehenden Schutz erwarten als in Fällen der Pflichtprüfung.[818] Dies gilt insbesondere dann, wenn der gesetzliche Prüfungsumfang gem. §§ 316 ff. HGB vereinbart wird.[819]

818 OLG Saarbrücken vom 5. 6. 2007 – 4 U 136/06-38, GI aktuell 2007 S. 187.

819 BGH vom 15. 12. 2005 – III ZR 434/04, DB 2006 S. 385, WM 2006 S. 423; OLG Bremen vom 30. 8. 2006 – 1 U 33/04b, GI 2007 S. 92.

ABB. 10: Haftung des WP bei Prüfungsaufträgen

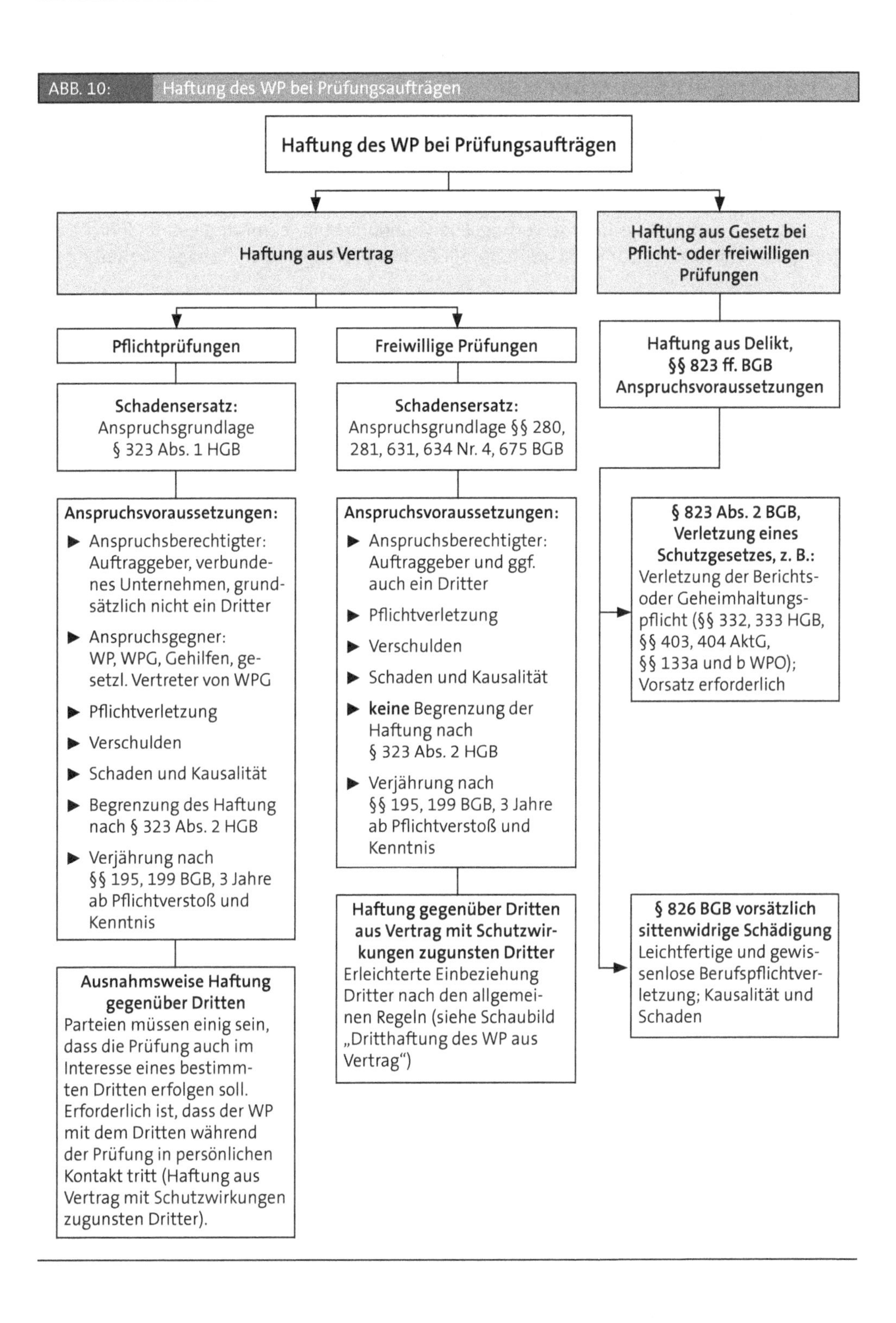

4. Haftung als Steuerberater

4.1 Grundpflichten des Beratungsmandats

In ständiger Rechtsprechung hat der Berater im Rahmen seines Auftrags den Mandanten umfassend zu beraten und ungefragt über alle bedeutsamen Einzelheiten und deren Folgen zu unterrichten. Dies umfasst bestimmte vertragliche Grundpflichten, nämlich die Grundpflicht zur Klärung des Sachverhalts, zur Rechtsprüfung, zur Rechtsberatung und zur Schadenverhütung.[820]

4.1.1 Mandatsumfang

Für den Umfang der Pflichten des Beraters ist zunächst der konkrete Mandatsinhalt entscheidend.[821] Dieser wird von den Mandatsparteien festgelegt. Um im Streitfall Unklarheiten zu vermeiden, empfiehlt sich eine schriftliche Vereinbarung mit einem abschließenden Pflichten- und Aufgabenkatalog des Beraters. Zu beachten ist, dass auch bei Abschluss einer schriftlichen Vereinbarung eine Erweiterung des Mandatsinhaltes oder der Abschluss weiterer Mandate während des Mandatszeitraums in Betracht kommen. Dies kann nicht nur ausdrücklich, sondern auch im Rahmen der Erteilung telefonischer Auskünfte des Beraters zu Sachverhalten erfolgen, die bisher nicht zum Mandatsinhalt zählten.

Hat der StB einen auf bestimmte Aufgaben beschränkten Auftrag erhalten, ist er grundsätzlich nicht verpflichtet, Vorgänge, die ihm bei Gelegenheit dieser Tätigkeit bekannt werden, auf steuerliche Fragen zu überprüfen, die nicht in unmittelbarer Beziehung zu der übernommenen Aufgabe stehen. Er hat den Mandanten aber auf außerhalb seines Auftrages liegende Fehlentscheidungen hinzuweisen, wenn sie für einen durchschnittlichen Berater auf den ersten Blick ersichtlich sind oder er sie aufgrund seines persönlichen Wissens positiv kennt[822] und er Grund zu der Annahme hat, dass sein Auftraggeber sich dieser Gefahr nicht bewusst ist.[823] Erteilt der Berater einen entsprechenden Warnhinweis, obliegt es dem Mandanten zu entscheiden, ob er den Berater mit einer vertieften Prüfung des aufgetretenen Problems beauftragen möchte. Der Berater ist nicht verpflichtet, ohne konkreten Auftrag ein aufgetretenes Problem, das nicht Gegenstand seines Mandates ist, einer eingehenden Prüfung zu unterziehen, sofern er hierzu nicht ohne Weiteres in der Lage ist, z. B. weil die Lösung weitere umfangreiche Aufklärungsmaßnahmen erforderlich macht. Der Berater ist aber auch im Rahmen eines beschränkten Mandats verpflichtet, den Mandanten ungefragt auf die innerhalb des Mandatsgegenstands liegenden Gestaltungsfragen, aus denen sich steuerliche Nachteile ergeben können, hinzuweisen.[824]

Hat der Mandant einen Spezialisten beauftragt, darf sich der allgemeine StB darauf verlassen, dass der Mandant in den entscheidenden Fragen durch den Spezialisten sachkundig beraten wird. Der allgemeine Berater muss den Spezialisten nicht überwachen. Er darf die Ergebnisse des Spezialisten ungeprüft seinen weiteren Arbeiten zugrunde legen. Er muss den Mandanten

820 BGH vom 11. 5. 1995 – IX ZR 140/94, BB 1995 S. 1373; VersR 1995 S. 1062.

821 BGH vom 26. 1. 1995 – IX ZR 10/94, BB 1995 S. 537; BGH vom 13. 8. 2008 – IX ZR 136/07, VersR 2008 S. 1112.

822 BGH vom 26. 1. 1995 – IX ZR 10/94, BB 1995 S. 537, VersR 1995 S. 798.

823 BGH vom 13. 8. 2008 – IX ZR 136/07, VersR 2008 S. 1112.

824 BGH vom 23. 2. 2012 – IX ZR 92/08, DB 2012 S. 799, DStR 2012 S. 1202.

aber vor einer Fehlleistung warnen, wenn er diese erkennt und zugleich annehmen muss, dass der Mandant die Gefahr möglicherweise nicht erkennt.[825]

PRAXISTIPP

Werden im Rahmen eines Beratungsvertrages, z. B. bei einer gesellschaftsrechtlichen Umstrukturierung, neben dem laufenden Berater weitere Berater und Spezialisten hinzugezogen, empfiehlt sich eine eindeutige schriftliche Abgrenzung der jeweiligen Aufgaben- und Zuständigkeitsbereiche. Im Streitfall kann dann die Verantwortlichkeit für einen etwaigen Fehler dem Zuständigkeitsbereich eines Beraters zugeordnet werden, wodurch die Gefahr einer Gesamtschuld aller Berater für den Fehler eines Beraters reduziert wird.

Erfasst die dem steuerlichen Berater übertragene steuerliche Gestaltung neben den steuerrechtlichen Aspekten auch die zivil- und gesellschaftsrechtlichen Auswirkungen einer vorgeschlagenen steuerlichen Gestaltung, so hat der Berater auch diese zu klären. Wenn er diese nicht überblickt oder Verstöße gegen das Verbot der unerlaubten Rechtsberatung drohen, muss er den Mandanten an einen Rechtsanwalt überweisen.[826] Will der Mandant dem steuerlichen Berater einen über die steuerliche Beratung hinausgehenden Auftrag erteilen, so muss er dies allerdings klar und eindeutig zum Ausdruck bringen.[827] (Siehe hierzu auch Kapitel II, Ziffer 4.)

Da ein steuerberatendes Mandat grundsätzlich nur die steuerrechtlichen Fragen, nicht aber die Prüfung allgemeiner zivilrechtlicher Fragegestellungen beinhaltet, ist ein Steuerberater grundsätzlich nicht verpflichtet, auf Fehler des Vorberaters, dessen mögliche Haftung und eine drohende Verjährung von Schadenersatzforderungen hinzuweisen. Nur wenn ihm der Auftrag erteilt wird, eine mögliche Haftung zu prüfen, ist er zu einer umfassenden Prüfung verpflichtet.[828] In diesem Zusammenhang ist allerdings zu beachten, dass die Durchsetzung von Schadenersatzforderungen beim Vorberater der allgemeinen Rechtsberatung zuzuordnen und damit allein den Rechtsanwälten zugewiesen ist. Soweit die Fehler des Vorberaters Auswirkungen auf die dem Steuerberater übertragenen Aufgaben haben, muss der Berater eine Korrektur vornehmen.

4.2 Sachverhaltsaufklärung

Grundsätzlich obliegt es dem Mandanten, den steuerlichen Berater wahrheitsgemäß und vollständig über den wesentlichen Sachverhalt zu unterrichten.[829] Der Berater ist grundsätzlich nicht verpflichtet, die Angaben des Mandanten auf Richtigkeit zu überprüfen, sofern keine Widersprüche zu Tage treten.

Eine allgemeine Belehrungspflicht in Fragen der Vermögenslage und Lebensvorsorge sowie über theoretische Steuerersparnismöglichkeiten unabhängig vom konkreten Auftrag und wirtschaftlichen oder steuerlichen Gestaltungswünschen des Mandanten besteht nicht.[830] Die Pflicht zur Sachverhaltsaufklärung ist also immer mandats- und anlassbezogen.

825 BGH vom 21. 7. 2005 – IX ZR 6/02, VersR 2007 S. 114, MDR 2005 S. 1379.

826 OLG Köln vom 27. 1. 2005 – 8 U 66/04, VersR 2006 S. 87.

827 OLG Zweibrücken vom 10. 2. 2006 – 2 U 3/05, GI 2006 S. 159.

828 OLG Schleswig vom 18. 7. 2014 – 17 U 21/14, n.v.; vgl. aber zur bestehenden Verpflichtung eines Rechtsanwalts BGH vom 8. 5. 2008 – IX ZR 145/05, WM 2008 S. 1563.

829 BGH vom 12. 2. 2004 – IX ZR 246/02, VersR 2004 S. 553, MDR 2004 S. 746.

830 OLG Celle vom 9. 12. 2015 – 4 U 100/15, n.v.

Da der Mandant regelmäßig nicht übersehen kann, welche Unterlagen und Informationen relevant sind, obliegt es aber dem Berater, bei seinem Mandanten die für die Abgabe einer steuerlichen Erklärung erforderlichen Unterlagen substantiiert anzufordern[831] und den Sachverhalt von sich aus durch Einsichtnahme in Belege oder durch Rückfrage beim Mandanten aufzuklären.[832]

Hierzu gehört es auch, sich einen Geschäftsführervertrag[833] vor seiner steuerlichen Verwertung vorlegen zu lassen oder sich über die erfolgte Eintragung eines Gewinnabführungsvertrages ins Handelsregister[834] Gewissheit zu verschaffen. Im Ergebnis darf der steuerliche Berater eine steuerliche Rechtsfolge nur dann vornehmen, wenn er die rechtlichen Grundlagen selbst geprüft hat.

Bei einer Mandatsübernahme ist der steuerliche Berater verpflichtet, den übernommenen Bestand innerhalb angemessener Frist daraufhin zu überprüfen, ob Handlungsbedarf besteht und den Mandanten vollständig und richtig zum Stand laufender Verfahren zu unterrichten.[835] Der Berater darf zwar grundsätzlich an die Arbeitsergebnisse des Vorberaters anknüpfen, wenn dessen Arbeiten keine offenkundigen Mängel anhaften. Eine Neuberatung ist jedoch stets erforderlich, wenn es gerade auf tatsächliche Umstände im Bereich des Steuerpflichtigen ankommt, die sich jährlich ändern können und deren Einhaltung durch den Steuerpflichtigen auf einen Ratschlag des Beraters zurückzuführen ist. Hier ist eine jährliche Nachfrage erforderlich, ob sich an den Verhältnissen etwas geändert hat.[836]

4.3 Rechtsprüfung

Der steuerliche Berater hat für die Kenntnis des Steuerrechts einzustehen. Die mandatsbezogenen erheblichen Gesetzes- und Rechtskenntnisse muss er besitzen oder sich verschaffen. Neue oder geänderte Rechtsnormen hat er in diesem Rahmen zu ermitteln. Insbesondere kann von einem steuerlichen Berater erwartet werden, dass er die im Einzelfall einschlägigen Steuergesetze, Verordnungen, die Rechtsprechung des BFH in gleich gelagerten Fällen und die ständige Verwaltungspraxis der Finanzämter kennt.[837]

4.3.1 Kenntnis der Rechtsprechung

Der Berater hat seine Tätigkeit für den Mandanten in erster Linie an der höchstrichterlichen Rechtsprechung auszurichten, denn diese hat Richtung weisende Bedeutung für die Entwicklung und Anwendung des Rechts.[838] Zur höchstrichterlichen Rechtsprechung gehört im Bereich des Steuerrechts neben den Entscheidungen des BFH auch die Rechtsprechung des EuGH.

Eine Verpflichtung darüber hinaus die veröffentlichte Instanzrechtsprechung und das Schrifttum sowie insbesondere die Aufsatzliteratur heranzuziehen, besteht nur eingeschränkt. Dies

831 OLG Bamberg vom 28.4.2006 – 6 U 23/05, MDR 2006 S. 1199.

832 OLG Düsseldorf vom 9.1.2004 – I-23 U 34/03, GI 2004 S. 150.

833 Siehe hierzu KG Berlin vom 31.7.2001 – 13 U 4954/00, GI 2003 S. 94.

834 OLG Düsseldorf vom 11.12.2002 – I-18 U 248/01, n.v.

835 BGH vom 14.11.2013 – IX ZR 215/12, DStR 2014, 1023.

836 OLG Celle vom 26.2.2014 – 4 U 18/13, GI aktuell 2015; zur Haftung von Vor- und Nachberater vgl. auch WPK Magazin 1/2016 S. 42.

837 OLG Köln vom 12.7.2007 – 8 U 6/07, DB 2007 S. 1749, DStR 2007 S. 1838.

838 BGH vom 3.6.1993 – IX ZR 173/92, BB 1993 S. 1682; BGH vom 21.9.2000 – IX ZR 127/99, BB 2000 S. 2332; BGH vom 6.11.2008 – IX ZR 140/07, BGHZ 178 S. 258, WM 2009 S. 90; BGH vom 23.9.2010 – IX ZR 26/09, MDR 2010 S. 1455.

gilt selbst dann, wenn die höchstrichterliche Rechtsprechung im Schrifttum bekämpft wird.[839]

Fehlt eine höchstrichterliche Rechtsprechung, ist ein steuerlicher Berater verpflichtet, weitere Quellen für die Rechtsprüfung auszuschöpfen, wie vor allem die Rechtsprechung der Untergerichte und das einschlägige Schrifttum. Darüber hinaus hat er auch eine feste Verwaltungsübung der zuständigen Finanzbehörden zu beachten.[840]

Fehlt zu einer steuerrechtlichen Einzelfrage jegliche auch untergerichtliche Rechtsprechung und ergibt sich aus der vorliegenden steuerrechtlichen Literatur kein eindeutiger Meinungsstand, begründet dies Zweifel an der voraussichtlichen Entscheidung der Finanzverwaltung und der finanzgerichtlichen Rechtsprechung. Dies gilt auch dann, wenn beim maßgeblichen OFD-Bezirk zwar eine bestimmte Verwaltungsübung besteht, die Verwaltungspraxis in anderen Bezirken aber insgesamt uneinheitlich ist. Über diese Zweifel sowie über Wege, steuerliche Nachteile zu vermeiden, muss der Berater seinen Mandanten aufklären.[841]

Stellt der steuerliche Berater fest, dass es keine BFH-Rechtsprechung gibt und dass die Kommentierungen kein einheitliches Bild bieten, ist der Mandant darauf hinzuweisen, einen Veranlagungsbescheid vorsorglich offen zu halten.[842]

I. d. R. darf der steuerliche Berater auf den Fortbestand höchstrichterlicher Entscheidungen vertrauen. Das gilt insbesondere in den Fällen einer gefestigten höchstrichterlichen Rechtsprechung, weil von einer solchen nur in besonderen Ausnahmefällen abgegangen zu werden pflegt.[843]

Der Berater darf sich auf den Fortbestand der höchstrichterlichen Rechtsprechung aber nicht blind verlassen. Entscheidend sind stets die besonderen Umstände des Einzelfalls. Grundsätzlich wird darauf abzustellen sein, mit welchem Grad an Deutlichkeit (Evidenz) eine neue Rechtsentwicklung in eine bestimmte Richtung weist und eine neue Antwort auf eine bisher anders entschiedene Frage nahe legt.[844]

Als mögliche Kriterien werden angeführt:[845]

- Alter der letzten Entscheidung (BGH vom 30. 9. 1993: 18 Jahre);
- Auswirkungen neuer Gesetze auf eine zu dem alten Rechtszustand ergangenen Judikatur;
- neue Entwicklungen in der Rechtsprechung, namentlich das Entstehen neuer Rechtsfiguren;
- ein Rechtsgebiet ist ersichtlich in der Entwicklung begriffen und eine weitere höchstrichterliche Rechtsprechung ist zu erwarten.

Auch bei Anwendung dieser Kriterien dürfte es für einen steuerlichen Berater bei lebensnaher Betrachtung schwierig sein, die Änderung einer gefestigten höchstrichterlichen Rechtsprechung vorherzusehen. Nicht möglich wird es sein, den Inhalt der neuen Rechtsprechung vorherzusehen. Sind Ansätze erkennbar, obliegt es dem steuerlichen Berater, seinen Mandanten auf das Risiko einer Änderung und die möglichen Handlungsalternativen hinzuweisen. Dieser Verpflich-

839 BGH a. a. O.

840 OLG Düsseldorf vom 20. 1. 2004 – 23 U 28/03, GI 2005 S. 92.

841 OLG Düsseldorf a. a. O.

842 OLG Hamm vom 7. 7. 2009 – 25 U 92/08, GI aktuell 2014 S. 121 (rechtskräftig BGH vom 12. 1. 2012 – IX ZR 143/09).

843 BGH vom 30. 9. 1993 – IX ZR 211/92, BB 1993 S. 2267; BGH vom 23. 9. 2010 – IX ZR 26/09, MDR 2010 S. 1455.

844 BGH vom 30. 9. 1993 – IX ZR 211/92, BB 1993 S. 2267.

845 Siehe BGH vom 30. 9. 1993 – IX ZR 211/92, BB 1993 S. 2267 und BGH vom 21. 9. 2000 – IX ZR 127/99, BB 2000 S. 2332.

tung wird der Berater nur dann nachkommen können, wenn er seiner allgemeinen Verpflichtung, die höchstrichterliche Rechtsprechung zu verfolgen, laufend entspricht. Strengere Anforderungen bestehen dann, wenn der Berater, z. B. aufgrund ergangener Entscheidungen des EUGH, erkannt hat, dass sich die Rechtsprechung in der Entwicklung befindet und er gerade vor diesem Hintergrund zugesagt hat, die weitere Entwicklung zu beobachten. In diesem Fall ist der Berater zu weitergehenden Nachforschungen über die Anhängigkeit einschlägiger Entscheidungen des BFH und eingehender Literaturrecherche auch in Spezialzeitschriften verpflichtet.[846]

4.3.2 Kenntnis des Steuerrechts

Grundsätzlich wird vom steuerlichen Berater die Kenntnis der steuerlichen Gesetze, Verordnungen und BMF-Schreiben[847] sowie der Verwaltungsübung der zuständigen Finanzbehörde[848] erwartet, die sich auf die von ihm betreuten Aufgabengebiete beziehen. Jede Unkenntnis geht zu seinen Lasten und begründet seine Haftung. Eine Kenntnis des übrigen Rechts kann von ihm nicht erwartet werden.

Befasst sich der steuerliche Berater aber mit Gegenständen außerhalb des Steuerrechts, hat er sich auch insoweit über die einschlägigen Gesetze und die hierzu ergangene Rechtsprechung zu unterrichten.

BEISPIEL Ein mit der Lohnabrechnung beauftragter StB muss die gesetzlichen sozialversicherungsrechtlichen Regelungen und die hierzu ergangene Rechtsprechung des Bundessozialgerichts kennen.[849]

Betreibt ein steuerlicher Berater unerlaubte Rechtsberatung, muss er sich mindestens an dem Verschuldensmaßstab messen lassen, der für zugelassene Rechtsanwälte gilt. Eine Privilegierung, die ihm erlauben würde sich auf Unkenntnis der gesetzlichen Regelungen zu berufen, da diese nicht dem Steuerrecht zuzuordnen sind, besteht nicht.[850]

Ähnlich wie der Berater von dem Fortbestand einer höchstrichterlichen Rechtsprechung ausgehen kann, darf er im Grundsatz auf die Verfassungsmäßigkeit der auf den Steuerfall anzuwendenden Gesetze vertrauen. Die Verwaltung hat Gesetze trotz bestehender Zweifel an deren Verfassungsmäßigkeit anzuwenden. Gleiches gilt für die Gerichte. Einfache Zweifel reichen für eine Vorlage im Normenkontrollverfahren nicht aus. Das Gericht muss von der Verfassungswidrigkeit überzeugt sein.[851]

Der Berater kann gehalten sein, auf eine mögliche Verfassungswidrigkeit hinzuweisen, wenn:[852]

- das BVerfG in ähnlichem Zusammenhang eine Verfassungsfrage behandelt und dabei eine aussagekräftige Vorentscheidung auch für den vorliegenden Fall getroffen hat;
- ein Gericht einen Vorlagebeschluss an das BVerfG nach Art. 10 Abs. 1 GG gefasst hat;

846 OLG Celle vom 23. 2. 2011 – 3 U 174/10, DB 2011 S. 524, DStR 2011 S. 835.

847 BGH vom 7. 12. 2006 – IX ZR 37/04, WM 2007 S. 564, NJW-RR 2007 S. 857.

848 Vgl. BGH, Beschluss vom 14. 12. 2006 – IX ZR 182/03, n.v.

849 OLG Brandenburg vom 7. 11. 2006 – 6 U 23/06, DB 2007 S. 1459, zur Sozialversicherungspflicht eines Gesellschafter-Geschäftsführers; eingehend zur Haftung des Steuerberaters in Zusammenhang mit sozialversicherungsrechtlichen Fragestellungen RAe *Dr. Pallas* und *Gerke*, Stbg 12/12 S. 557 ff.

850 OLG Düsseldorf vom 12. 7. 2005 – 1 U 8/05, n.v.

851 BGH vom 6. 11. 2008 – IX ZR 140/07, MDR 2009 S. 323 (zur Spekulationssteuer) und BGH vom 23. 9. 2010 – IX ZR 26/09, MDR 2010 S. 1455 (zur Umsatzbesteuerung von Einkünften aus Spielautomaten).

852 BGH vom 6. 11. 2008 – IX ZR 140/07, MDR 2009 S. 323.

- der Berater einen hinreichend konkreten Anlass für ein Beratungsgespräch hatte (Zulassung der Revision wegen verfassungsrechtlicher Bedenken).

Liegen diese Voraussetzungen vor, ist der Berater gehalten den Mandanten zu unterrichten und ihm die Handlungsmöglichkeiten, z. B. die Einlegung eines Einspruchs unter Hinweis auf das anhängige Verfahren und die dort geäußerten verfassungsrechtlichen Bedenken, aufzuzeigen.

Ein Steuerberater ist nicht verpflichtet, eine Entscheidung eines Finanzgerichts zur Kenntnis zu nehmen, die ein Steuertatbestand wegen Europarechtswidrigkeit nicht anwendet, wenn diese Frage bislang in Rechtsprechung und Literatur nicht diskutiert worden war.[853]

Eine Verpflichtung, laufende Gesetzgebungsverfahren grundsätzlich zu beobachten, besteht nicht. Wird allerdings ein Gesetzgebungsverfahren in der Fachpresse eingehend erörtert, hat er die Folgen der zu erwartenden Gesetzesänderung in seine Beratung einzubinden und den Mandanten entsprechend zu beraten, z. B. in dem er dazu rät, eine beabsichtigte Gestaltung vorzuziehen oder zurückzustellen. Er kann grundsätzlich darauf vertrauen, dass eine rückwirkende Änderung von Steuergesetzen unterbleibt.[854]

4.3.3 Pflichtverletzung bei Änderung der Rechtsprechung oder Unkenntnis von Gesetzesentwicklungen

Erfährt ein Berater von bevorstehenden Gesetzesänderungen, drohenden Änderungen in der Rechtsprechung oder geäußerten verfassungsrechtlichen Bedenken nicht, stellt sich die Frage, wann ihm eine schuldhafte Unkenntnis mit der Folge einer Verpflichtung zum Schadenersatz vorzuwerfen ist. Klar ist, dass jede Form positiver Kenntnis schädlich ist. Verfügt ein Berater über Sonderwissen, das auf eine Änderung hinweist, muss er dieses auch zugunsten seiner Mandanten einbringen. Allein der Umstand, dass der Berater für einige Mandanten auf deren Wunsch Änderungsanträge gestellt hat, ohne das objektive Anhaltspunkte für eine Änderung der bisherigen Rechtsprechung bestanden, begründet keine Haftung.[855] Im Übrigen wird eine schuldhafte Unkenntnis nur bei Veröffentlichung in bestimmten Organen angenommen. Schädlich ist die Veröffentlichung in:

- Fachzeitschriften, bei Tätigkeit in Spezialbereichen auch Spezialzeitschriften;[856]
- Spezialzeitschriften, wenn das Rechtsgebiet ersichtlich in der Entwicklung begriffen ist;[857]
- Amtlichen Entscheidungssammlungen, nicht aber BFH NV;[858]
- Bundessteuerblatt II;[859]
- Deutsches Steuerrecht.[860]

853 OLG Stuttgart vom 15. 12. 2009 – 12 U 110/09, DStR 2010 S. 407, GI aktuell 2010 S. 127.

854 Vgl. hierzu OLG Schleswig vom 14. 5. 2004 – 14 U 205/02, GI 2006 S. 27 bestätigt durch BGH vom 26. 4. 2007 – IX ZR 118/04, GI aktuell 2007 S. 177.

855 OLG Hamm vom 5. 5. 2015 – I-25 U 26/14, n. v.

856 BGH vom 21. 9. 2000 – IX ZR 127/99, BB 2000 S. 2332.

857 BGH vom 23. 9. 2010 – IX ZR 26/09, MDR 2010 S. 1455, WM 2010 S. 2050.

858 BGH vom 23. 9. 2010 – IX ZR 26/09, MDR 2010 S. 1455, WM 2010 S. 2050.

859 BGH vom 6. 11. 2008 – IX ZR 140/07, MDR 2009 S. 323, VersR 2010 S. 777.

860 OLG Köln vom 22. 5. 2007 – 8 W 10/07, GI aktuell 2008 S. 94; OLG Hamburg vom 4. 7. 2007 – 8 U 114/06, DStR 2007 S. 1839.

Zum Handwerkszeug eines jeden steuerlichen Beraters gehören damit neben der amtlichen Entscheidungssammlung des BFH, die Zeitschriften Bundessteuerblatt II und Deutsches Steuerrecht. Der Berater kann sich nicht mit der Angabe exkulpieren, er würde diese Organe nicht beziehen.

Ob der Berater daneben auch die Tagespresse beachten muss, ist unklar. Der BGH hatte dies erwogen[861] und in einer späteren Entscheidung relativiert.[862] Ungeklärt ist auch, ob der Berater ggf. Veröffentlichungen im Internet beobachten oder sich die Möglichkeiten der zeitnahen Unterrichtung über entsprechende Serviceleistungen einzelner Gerichte nutzbar machen muss.

Nur bei besonderem Anlass zu konsultieren bzw. unschädlich sind Veröffentlichungen in:

- Schrifttum und Kommentarliteratur[863],
- Liste der beim Bundesfinanzhof anhängigen Verfahren in der Beilage zu Bundesteuerblatt II[864],
- Jahresberichte des BFH[865].

Nach bisheriger Rechtsprechung ist dem Berater eine angemessene Karenzfrist für die Kenntnisnahme zu gewähren.[866] Diese soll 4 bis 6 Wochen betragen.[867] Ist der Steuerberater ausnahmsweise verpflichtet, sonstige Beiträge zum Steuerrecht, seien es Fachaufsätze oder Entscheidungen der Finanzgerichte, zur Kenntnis zu nehmen, soll die Karenzfrist drei Monate betragen. [868] Erst nach Ablauf dieser Frist soll eine Unkenntnis schuldhaft sein und damit schadenersatzrechtlich relevant. Es bleibt abzuwarten, ob diese Karenzfrist im Hinblick auf die Erkenntnismöglichkeiten des Internets und die vergleichsweise erheblich kürzeren Fristen bei anderen beratenden Berufen, Bestand haben wird.[869]

4.4 Inhalt der steuerrechtlichen Beratung

Der Berater hat seinem Mandanten diejenigen Schritte anzuraten, die zu dem erstrebten Ziel zu führen geeignet sind.[870] Hierzu hat er zunächst den Sachverhalt aufzuklären und zu prüfen, ob dieser geeignet ist, den erstrebten Erfolg herbeizuführen.[871] Neben der Klärung des Sachverhalts ist damit also auch eine eindeutige Bestimmung der vom Mandanten verfolgten Ziele erforderlich.

PRAXISTIPP

Sowohl die Ziele als auch der Ausgangssachverhalt sollten schriftlich festgehalten werden. Kommt es anschließend zum Streit, begründen abweichende Darstellungen der verfolgten Ziele oder des Ausgangssachverhalts ein erhebliches Risiko. Umfang und Inhalt der geschuldeten Beratung richten sich nach dem fest-

861 BGH vom 15. 7. 2004 – IX ZR 472/00, BB 2004 S. 2211 (Handelsblatt).

862 BGH vom 29. 3. 2007 – IX ZR 102/06, DB 2007 S. 1400 (Capital).

863 BGH vom 21. 9. 2000 – IX ZR 127/99, GI 2001 S. 2431.

864 BGH vom 6. 11. 2008 – IX ZR 140/07, GI aktuell 2009 S. 40; DStR 2009 S. 450.

865 BGH vom 25. 9. 2014 – IX ZR 199/13, MDR 2014 S. 854, VersR 2014 S. 756.

866 BGH vom 6. 11. 2008 – IX ZR 140/07, MDR 2009 S. 323, VersR 2010 S. 777.

867 OLG Köln vom 22. 5. 2007 – 8 W 10/07, GI aktuell 2008 S. 94; OLG Stuttgart vom 15. 12. 2009 – 12 U 110/09, GI aktuell 2011 S. 20 (3 Monate bei FG-Entscheidung, die im DStRE veröffentlicht wurde).

868 OLG Stuttgart vom 15. 12. 2009 – 12 U 110/09, DStR 2010 S. 407, GI aktuell 2010 S. 127.

869 Vgl. zum Anlageberater BGH vom 5. 11. 2009 – III ZR 302/08, BB 2010 S. 725 (weniger als 3 Tage).

870 Ständige Rechtsprechung, z. B. BGH vom 13. 3. 2008 – IX ZR 136/07, MDR 2008 S. 890, VersR 2008 S. 1112.

871 BGH vom 8. 2. 2007 – IX ZR 188/05, BB 2007 S. 905, VersR 2007 S. 1526.

gestellten Sachverhalt und den verfolgten Zielen. Diese Gesichtspunkte spielen auch bei der Frage eines Alternativverhaltens des Mandanten eine Rolle. Wurde eine Zielsetzung eindeutig festgehalten, kann der Mandant später nicht vortragen, er hätte bei anderer Beratung eine Zielsetzung verfolgt, die mit dem zunächst geäußerten Willen nicht vereinbar ist.

Es ist grundsätzlich nicht Aufgabe des steuerlichen Beraters, die Entscheidung an Stelle des Mandanten zu treffen.[872] Seine Aufgabe ist es, den Mandanten eingehend alle Handlungsmöglichkeiten und Risiken aufzuzeigen und diesen in die Lage zu einer eigenverantwortlichen Entscheidung zu versetzen.[873] Eine Ausnahme gilt nur dann, wenn der Mandant eindeutig zu erkennen gibt, dass er des Rates nur in einer bestimmten Richtung bedarf.[874] Auch eine solche Beschränkung sollte eindeutig dokumentiert werden.

Vor diesem Hintergrund hat er den Mandanten auch dann über die Möglichkeit eines Einspruchs und die Einspruchsfrist zu unterrichten, wenn er selbst das Rechtsmittel für aussichtslos hält.[875]

Grundsätzlich ist der rechtliche Berater verpflichtet, die Weisungen seines Mandanten zu befolgen. Nach §§ 675 Abs. 1, 665 BGB ist er zwar berechtigt, von Weisungen des Auftraggebers abzuweichen, wenn er annehmen darf, dass der Auftraggeber die Abweichung bei Kenntnis der Sachlage billigen würde. Vorher hat er aber (nach Möglichkeit) dem Auftraggeber Anzeige zu machen und dessen Entschließung abzuwarten.[876]

Nach dem Gebot des sichersten Weges ist der Berater verpflichtet, dem Mandanten den Weg zur Erreichung seiner Ziele aufzuzeigen, der mit den wenigsten Risiken verbunden ist.[877] Entscheidet der Mandat sich gegen den empfohlenen Weg, sollten diese Entscheidung sowie die Gründe für diese dokumentiert werden.

Warn- und Gestaltungshinweise hat der steuerliche Berater grundsätzlich an die Geschäftsführung zu richten.[878]

4.5 Pflicht zur Schadenverhütung

Der Berater ist verpflichtet, seinen Mandanten insgesamt vor Schaden zu bewahren und diesen von nachteiligen Entscheidungen abzuhalten. Erkennt ein Berater Risiken, muss er den Mandanten auf diese hinweisen, ihm den zur Vermeidung relativ sichersten und ungefährlichsten Weg zu dem angestrebten Ziel aufzeigen und die für den Erfolg notwendigen Schritte vorschlagen. Nur dann kann der Mandant eine sachgerechte Entscheidung treffen.[879] Diese Verpflichtung be-

872 Vgl. BGH vom 15. 11. 2007 – IX ZR 34/04, MDR 2008 S. 234, WM 2008 S. 41, zur Frage der Einholung einer verbindlichen Auskunft.

873 BGH vom 26. 6. 2008 – IX ZR 145/05, WM 2008 S. 1563, für einen RA; BGH vom 22. 9. 2005 – IX ZR 205/01, NJW-RR 2006 S. 195.

874 BGH vom 13. 3. 2008 – IX ZR 136/07, MDR 2008 S. 890, VersR 2008 S. 1112.

875 BGH vom 11. 5. 1999 – IX ZR 298/97, BB 1999 S. 1460; OLG Köln vom 12. 7. 2007 – 8 U 6/07, DB 2007 S. 1749.

876 BGH vom 25. 9. 2014 – IX ZR 199/13, für den Fall der Rücknahme eines Einspruchs ohne vorherige Rücksprache mit dem Mandanten; zum Verbot der eigenmächtigen Rücknahme eines Einspruchs siehe auch BGH vom 25. 9. 2014 – IX ZR 199/13, MDR 2014 S. 1315, VersR 2015 S. 463.

877 BGH vom 13. 3. 2008 – IX ZR 136/07, VersR 2008 S. 1112; BGH vom 8. 2. 2007 – IX ZR 188/05, VersR 2007 S. 1526.

878 BGH vom 23. 2. 2012 – IX ZR 92/08, DB 2012 S. 799, DStR 2012 S. 1202.

879 BGH vom 19. 3. 2009 – IX ZR 214/07, DB 2009 S. 953.

schränkt sich nicht allein auf steuerliche Nachteile, sondern kann auch sonstige wirtschaftliche Nachteile erfassen, sofern diese für den Berater erkennbar waren.[880]

Die Pflicht zur Schadenverhütung, die durch das Gebot des sichersten Weges geprägt wird, überlagert die übrigen vertraglichen Grundpflichten eines Rechtsberaters.[881] Auf dieser Grundlage ist ein rechtlicher Berater auch gehalten, gerichtlichen Fehlentscheidungen entgegenzuwirken, indem er die zugunsten seines Mandanten sprechenden tatsächlichen und rechtlichen Gesichtspunkte so umfassend wie möglich gegenüber dem Gericht geltend macht.[882] Daran ändert auch der im Finanzgerichtsprozess geltende Amtsermittlungsgrundsatz nichts. Entsprechend ist der rechtliche Berater verpflichtet, Fehlentscheidungen einer Finanzbehörde entgegenzuwirken.[883] In diesem Zusammenhang besteht auch die Pflicht dafür Sorge zu tragen, dass der rechtzeitige Zugang außergerichtlicher oder gerichtlicher Schreiben nachgewiesen werden kann.[884]

PRAXISTIPP

Auch wenn berufsrechtlich keine Verpflichtung zur Führung eines Postausgangsbuchs bestehen mag, ist dies unbedingt zu empfehlen. Die umfangreiche Rechtsprechung des BGH zur Wiedereinsetzung zeigt, dass ohne eine entsprechende Posteingangs- und Postausgangskontrolle, eine Wiedereinsetzung kaum zu erreichen ist. Zu beachten ist, dass eine ggf. elektronisch geführte Kontrolle nicht die Möglichkeit einer nachträglichen Änderung oder Ergänzung eröffnen darf. Es empfiehlt sich daher die Anschaffung eines professionellen Programms.

WEITERE BEISPIELE AUS DER RECHTSPRECHUNG ▸ **Einholung einer verbindlichen Auskunft[885]:**

Grundsätzlich ist es Aufgabe des Steuerberaters, selbst den ihm vorgetragenen Sachverhalt daraufhin zu überprüfen, ob er geeignet ist, den vom Mandanten erstrebten Erfolg herbeizuführen. Erst wenn die Rechtslage nach Ausschöpfung aller Erkenntnismöglichkeiten ungeklärt und die Angelegenheit von schwerwiegender Bedeutung für die Entscheidung des Mandanten ist, hat er die Einholung einer verbindlichen Erklärung zu empfehlen. Dies ist der Fall, wenn die Beratung eine einschneidende, dauerhafte und später praktisch nicht mehr rückgängig zu machende rechtliche Gestaltung betrifft.[886]

Schöpft der Berater nicht zunächst alle Erkenntnisquellen aus oder irrt er bei seiner Einschätzung, hat er dem Mandanten den hieraus erwachsenden Schaden zu ersetzen.[887]

Bestand eine Verpflichtung, auf die Möglichkeit einer verbindlichen Auskunft hinzuweisen, ist haftungsrechtlich weiter zu prüfen, ob die Finanzverwaltung dem Antrag entsprochen hätte und welchen Inhalt die Auskunft gehabt hätte. Das Regressgericht hat eigenständig zu prüfen, wie die Finanzverwaltung ihr Ermessen ausgeübt hätte und welchen Inhalt die Auskunft nach der objektiven Rechtslage haben musste.[888]

Die Verpflichtung zur Empfehlung der Einholung einer verbindlichen Auskunft besteht immer dann, wenn eine höchstrichterliche Rechtsprechung oder gesicherte Instanzrechtsprechung nicht vorhanden ist.[889]

880 BGH vom 18. 1. 2007 – IX ZR 122/04, VersR 2007 S. 702, zu Kursverlusten; BGH vom 7. 12. 2006 – IX ZR 37/04, VersR 2007 S. 1380 zu einem Verzögerungsschaden bei einem Bauvorhaben.

881 Vgl. *Zugehör*, WM Sonderbeilage 1/2010 S. 14.

882 Vgl. BGH vom 18. 12. 2008 – IX ZR 179/07, WM 2009 S. 324.

883 OLG Düsseldorf vom 30. 10. 2007 – I-23 U 199/06, GI aktuell 2008 S. 81.

884 Vgl. *Zugehör*, WM Sonderbeilage 1/2010 S. 14.

885 Vgl. hierzu BGH vom 7. 12. 2006 – IX ZR 37/04, VersR 2007 S. 1380; BGH vom 8. 2. 2007 – IX ZR 188/05, BB 2007 S. 905; BGH vom 15. 11. 2007 – IX ZR 34/04, MDR 2008 S. 234.

886 BGH vom 8. 2. 2007 – IX ZR 188/05, VersR 2007 S. 807, MDR 2007 S. 807.

887 BGH vom 7. 12. 2006 – IX ZR 37/04, VersR 2007 S. 1380.

888 BGH vom 15. 11. 2007 – IX ZR 34/04, MDR 2008 S. 234.

889 Siehe hierzu oben unter Rechtsprüfung.

Ist der steuerliche Berater verpflichtet, den Mandanten auf die Möglichkeit einer verbindlichen Auskunft hinzuweisen, hat der Berater dennoch die Entscheidung, ob ein solcher Antrag gestellt werden soll, dem Mandanten zu überlassen.[890]

Vorkehrung für ein Fehlschlagen eines Rechtsbehelfs:

Der StB muss bei seiner Beratung auch in Rechnung stellen, dass Behörden oder Gerichte den von ihm eingenommenen Rechtsstandpunkt nicht teilen. Der Steuerpflichtige kann auch dann, wenn er gegen einen Gewerbesteuermessbescheid mit der Begründung vorgeht, er sei Freiberufler, die gegen ihn festgesetzte Einkommensteuer anfechten, um Rückstellungen wegen der Gewerbesteuer Steuer mindernd geltend zu machen. Vor diesem Hintergrund hat der Berater seinen Mandanten auf diese Möglichkeit hinzuweisen. Der Berater haftet auch dann für einen etwaigen Zinsschaden seines Mandanten, wenn seine rechtliche Auffassung bestätigt wird.[891]

Unbestimmter Rechtsbegriff:

Ist die Auslegung des unbestimmten Rechtsbegriffs einer Steuernorm (hier z. B. die verdeckte Gewinnausschüttung) offen und für die vom Steuerpflichtigen zu treffende Entscheidung bedeutsam, muss der verantwortliche Berater grundsätzlich auf das mit der ungewissen Beurteilung verbundene Risiko hinweisen.[892]

4.5.1 Exkurs – Pflicht zur Insolvenzprüfung[893] und Beratungsfehler des Vorberaters

Das steuerberatende Mandat begründet bei üblichem Zuschnitt keine Pflicht, den Mandanten selbst im Falle einer Unterdeckung in der Handelsbilanz auf die Verpflichtung des Geschäftsführers hinzuweisen, eine Überprüfung in Auftrag zu geben oder selbst vorzunehmen, ob Insolvenzreife besteht.[894] Entgegen einer in der Literatur vor Ergehen dieser Entscheidung vertretenen Auffassung, besteht damit keine allgemeine Verpflichtung des steuerlichen Beraters zu einer (ungefragten) Insolvenzprüfung oder -beratung.[895] Hintergrund ist, dass der steuerliche Berater grundsätzlich nur zur Steuerberatung verpflichtet ist. Die Beratung zur Insolvenz ist dagegen der wirtschaftlichen oder allgemeinen Rechtsberatung zuzuordnen.[896]

Eine Haftung kommt allerdings dann in Betracht, wenn dem steuerlichen Berater ein ausdrücklicher Auftrag zur Prüfung der Insolvenzreife erteilt wird.[897] Haftungsbegründend wirkt es sich ferner aus, wenn der steuerliche Berater schuldhaft eine unzutreffende oder unvollständige Auskunft zur Frage der Insolvenzreife erteilt[898] oder der Berater in konkrete Erörterungen über eine etwaige Insolvenzreife der von ihm beratenen Gesellschaft eintritt, ohne die Frage nach dem Insolvenzgrund zu beantworten.[899] In diesem Fall hat der Berater das Vertretungsorgan darauf hinzuweisen, dass eine verbindliche Klärung nur erreicht werden kann, indem dem Berater oder einem fachlich geeigneten Dritten ein entsprechender Prüfauftrag erteilt wird.

---

890 BGH vom 15. 11. 2007 – IX ZR 34/04, GI aktuell 2008 S. 113, DStR 2008 S. 321.

891 BGH vom 23. 3. 2006 – IX ZR 140/03, MDR 2006 S. 1018.

892 BGH vom 20. 10. 2005 – IX ZR 127/04, MDR 2006 S. 298.

893 Hierzu ausführlich *Prof. Dr. Manfred Polanz*, DStR 2014 S. 818 ff.

894 BGH vom 7. 3. 2013 – IX ZR 64/12, GI aktuell 2013 S. 67, DStR 2013 S. 1151; BGH vom 6. 6. 2013 – IX ZR 204/12, DB 2013 S. 1542; OLG Dresden vom 18. 2. 2015 – 13 U 1963/13, GI aktuell 2016, 15; OLG Saarbrücken vom 9. 12. 2015 – 1 U 13/12, GI aktuell 2016, 75.

895 Vgl. *Dr. Schwarz*, NZI 2012 S. 869; *Gräfe*, DStR 2010 S. 618 ff.; *Zugehör*, NZI 2008 S. 652 ff.; *Wagner/Zabel*, NZI 2008 S. 660 ff.

896 So bereits OLG Schleswig vom 28. 5. 1993 – 10 U 13/92, GI 1993 S. 373, bestätigt durch BGH vom 24. 2. 1994 – IX ZR 126/93.

897 BGH vom 6. 6. 2013 – IX ZR 204/12, DB 2013 S. 1542.

898 BGH vom 6. 6. 2013 – IX ZR 204/12, DB 2013 S. 1542, Auskunft, dass lediglich eine bilanzielle Überschuldung vorläge.

899 BGH vom 6. 2. 2014 – IX ZR 53/13, GI aktuell 2014 S. 68, DB 2014 S. 655.

Die Entscheidungen des BGH beruhen auf der ständigen Rechtsprechung, dass Mandatsinhalt eines Steuerberatermandats grundsätzlich nur die Steuerberatung ist. Sollen darüber hinausgehende Fragestellungen ebenfalls Mandatsgegenstand werden, bedarf dies eines ausdrücklichen Auftrags.[900] Übernimmt der Berater allerdings konkludent oder ausdrücklich die Prüfung außerhalb des allgemeinen Steuerrechts liegender Fragestellungen oder gibt er hierzu Auskünfte, müssen seine Auskünfte umfassend und zutreffend sein.[901]

Der bei Vorliegen der Haftungsvoraussetzungen drohende Schaden erfasst den sog. Insolvenzverschleppungsschaden. Dieser Schaden bemisst sich nach der Differenz zwischen der Vermögenslage des betreuten Unternehmens im Zeitpunkt rechtzeitiger Antragstellung zu der Vermögenslage im Zeitpunkt des tatsächlichen Antrags.[902]

Liegen die Haftungsvoraussetzungen vor, kommt auch eine Einbeziehung des Geschäftsführers der beratenen Gesellschaft in den Schutzbereich des Steuerberatungsmandats in Betracht.[903]

Die Haftung des Beraters für eine fehlerhaft erstellte Bilanz bleibt von dieser Rechtsprechung allerdings unberührt.[904] Hat der Berater eine Bilanz falsch erstellt, so dass eine tatsächlich bestehende Überschuldung nicht ausgewiesen wird, kommt eine Haftung in Betracht.

Aus ähnlichen Erwägungen besteht auch grundsätzlich keine Verpflichtung, den Mandanten auf einen möglichen Regressanspruch gegen einen Vorberater und die drohende Verjährung eines solchen Anspruchs hinzuweisen. Eine solche Beratungspflicht wäre der allgemeinen Rechtsberatung zuzuordnen, die nicht Gegenstand eines steuerlichen Mandats ist.[905] Erfasst das dem Steuerberater übertragene Mandat allerdings ausnahmsweise auch allgemeine Rechtsfragen, kommt eine Haftung in Betracht.[906] Übernimmt es der Folgeberater, eine Haftung des Vorberaters zu prüfen oder sogar entsprechende Forderungen beim Vorberater anzumelden, gibt es keinen Grund für eine Beschränkung der Beratungspflichten gegenüber dem Mandanten. Die Haftung des Beraters misst sich dann am Haftungsmaßstab eines Rechtsanwalts.[907] Ein Mandatsvertrag mit einem solchen Inhalt dürfte allerdings gegen das Rechtsdienstleistungsgesetz verstoßen und aus diesem Grund wegen Verstoß gegen ein Verbotsgesetz gem. §134 BGB nichtig sein. Eine Haftung des Beraters wird hierdurch nicht ausgeschlossen.

Der Umstand, dass der Nachberater nicht verpflichtet ist, auf eine mögliche Haftung des Vorberaters hinzuweisen, bedeutet nicht, dass er nicht auf mögliche Fehler hinweisen muss, wenn er diese erkennt. Dies gilt insbesondere dann, wenn diese Fehler Auswirkungen auf seine eigenen Arbeiten haben. Der Folgeberater darf grundsätzlich an die Arbeitsergebnisse des Vorberaters anknüpfen, wenn dessen Arbeiten nicht offenkundige Mängel anhaften. Eine Neuberatung

900 Vgl. z. B. für die allgemeine Rechtsberatung OLG Zweibrücken vom 10. 2. 2006 – 2 U 3/05, GI 2006 S. 159.

901 Vgl. OLG Köln vom 27. 1. 2005 – 8 U 66/04, GI 2006 S. 24 für eine allgemeine Rechtsberatung; OLG Düsseldorf vom 9. 9. 2003 – 23 U 191/02, GI 2004 S. 12, DStRE 2004 S. 664 für eine Mitteilung eines negativen Eigenkapitals zu einem bestimmten Stichtag; BGH vom 1. 12. 1994 – IX ZR 53/94, GI 1995 S. 130 für eine Auskunft zu einem vorhandenen Steuerguthaben.

902 BGH vom 6. 6. 2013 – IX ZR 204/12, DB 2013 S. 1542.

903 BGH vom 14. 6. 2012 – IX ZR 145/11, GI aktuell 2012 S. 130; DStR 2012 S. 1825.

904 OLG Saarbrücken vom 9. 12. 2015 – 1 U 13/12, GI aktuell 2016, 75.

905 BGH vom 7. 5. 2015 – IX ZR 186/14, n. v.; vgl. aber für eine entsprechende Hinweispflicht eines Rechtsanwaltes BGH vom 29. 4. 1993 – IX ZR 101/92, WM 1993 S. 1508.

906 Vgl. OLG Köln vom 27. 1. 2005 – 8 U 66/04 (s. o.); OLG Zweibrücken vom 10. 2. 2006 – 2 U 3/05 (s. o.).

907 Vgl. OLG Düsseldorf vom 12. 7. 2005 – 1 U 8/05, n. v.; OLG Brandenburg vom 7. 11. 2006 – 6 U 23/06, DStR 2007 S. 1789, DB 2007 S. 1459.

ist aber stets erforderlich, wenn es gerade auf die tatsächlichen Umstände im Bereich des Steuerpflichtigen auf einen Ratschlag des Steuerberaters zurückzuführen ist. In diesem Fall ist eine jährliche Nachfrage erforderlich, ob sich an den Verhältnissen etwas geändert hat.[908] Der Folgeberater ist daher im Rahmen des erteilten Mandats verpflichtet zu prüfen, ob eine von einem Vorberater empfohlene Gestaltung noch mit den aktuellen Verhältnissen vereinbar ist.

4.6 Verschulden

Der steuerliche Berater hat grundsätzlich jede fahrlässige und vorsätzliche Pflichtverletzung zu vertreten. Nur in Ausnahmefällen wird eine objektiv vorhandene Pflichtverletzung nicht zumindest den Fahrlässigkeitsmaßstab erfüllen.

Diskutiert werden Ausnahmefälle insbesondere im Bereich von Fristversäumnissen, die auf eine Erkrankung zurückzuführen sind. Im Grundsatz gilt, dass ein rechtlicher Berater für den Fall, dass er unvorhergesehen ausfällt, Vorkehrungen treffen muss. Er muss seinem Personal für diesen Fall entsprechende Anweisungen erteilen und für den Fall, dass er als Einzelberater tätig ist, für einen Vertreter sorgen.[909] Ein Verschuldensausschluss kommt damit grundsätzlich nur dann in Betracht, wenn die Erkrankung plötzlich und unerwartet erfolgt. Liegt eine solche Situation vor, hat er nur das zu unternehmen, was ihm in der konkreten Lage noch möglich und zumutbar ist. Eine solche Situation kann allerdings dann nicht angenommen werden, wenn es sich um eine vorhersehbare Erkrankung handelt, etwa bei wiederholt auftretenden Sehstörungen. In diesem Fall hat er Vorkehrungen zu treffen, um Nachteile für seine Mandanten zu verhindern.[910]

Ist für den Berater allerdings vorhersehbar, dass er aufgrund persönlicher oder gesundheitlicher Belastungen bei der Bearbeitung eines Mandates in seiner Leistungsfähigkeit beschränkt sein wird, hat er entweder für die Wahrung der Interessen seines Mandanten Sorge zu tragen oder diesen auf die Beschränkung seiner Leistungsfähigkeit hinzuweisen, damit dieser entscheiden kann, ob er unter den gegebenen Umständen an seinem Berater festhalten möchte. Andauernde Überlastung ist grundsätzlich nicht geeignet, das Verschulden auszuschließen. Ebenso wenig kann sich ein steuerlicher Berater auf mangelnde Kenntnisse oder Erfahrung berufen. Hat der Berater insoweit Bedenken, hat er das Mandat abzulehnen. Der Mandant darf nicht deswegen schlechter gestellt werden, weil er an einen Berufsanfänger geraten ist.[911]

Da der Berater den ihm vorgetragenen Sachverhalt grundsätzlich selbst zu prüfen hat bzw. zu einer eigenständigen Prüfung der maßgeblichen Gesichtspunkte verpflichtet ist, darf er sich nicht auf Vorarbeiten des Vorberaters verlassen. Fehler eines Vorberaters, die im Vertrauen auf dessen anerkannte Fachkompetenz oder einfach ungeprüft übernommen werden, können ein Verschulden grundsätzlich nicht ausschließen. Etwas anderes gilt nur dann, wenn die Arbeiten des Beraters ausdrücklich auf den Vorarbeiten aufbauen sollen. In diesem Fall dürfte allerdings auch von einem insoweit beschränkten Mandat auszugehen sein. Allerdings dürfte auch keine allgemeine Verpflichtung bestehen, die Arbeiten des Vorberaters auf Ordnungsgemäßheit zu überprüfen. Stellt der Nachberater einen Fehler des Vorberaters fest, besteht keine Verpflichtung, den Mandanten auf einen möglichen Regressanspruch und auf die drohende Verjährung

908 OLG Celle vom 26. 2. 2014 – 4 U 18/13, GI aktuell 2015 S. 146.

909 BGH vom 18. 9. 2008 – V ZB 32/08, NJW 2008 S. 3571.

910 BGH vom 18. 9. 2008 – V ZB 32/08, NJW 2008 S. 3571.

911 Siehe hierzu *Fischer*, in: Zugehör, Handbuch der Anwaltshaftung, Rz. 1083 f.

eines solchen Anspruchs hinzuweisen. Eine solche allgemeine Rechtsberatung ist regelmäßig nicht Gegenstand eines steuerberatenden Mandats.[912]

4.7 Kausalität

Hat der steuerliche Berater eine Aufklärungs-, Hinweis- oder Warnpflicht verletzt, stellt sich die Frage, wie der Mandant gehandelt hätte, wenn er ordnungsgemäß beraten worden wäre. Insoweit ist der Mandant vortrags- und beweispflichtig, wobei ihm im Rahmen der haftungsausfüllenden Kausalität die Beweiserleichterung des § 287 ZPO zugute kommt. Dennoch stellt dieser hypothetische Sachverhalt den Mandanten regelmäßig vor erhebliche Beweisschwierigkeiten.

4.7.1 Anscheinsbeweis

Eine nicht unerhebliche Beweiserleichterung erfährt der Mandant durch die Anwendung der Regeln über den Anscheinsbeweis. Danach gilt eine tatsächliche Vermutung, dass sich der Mandant bei ordnungsgemäßer Beratung nach der Empfehlung des Beraters gerichtet hätte, wenn für ihn bei vernünftiger Betrachtungsweise aus damaliger Sicht nur eine Entscheidung nahe gelegen hätte. Die Rechtsprechung wendet insoweit eine rein wirtschaftliche Betrachtungsweise an, ist aber bei der Annahme eines Anscheinsbeweises sehr zurückhaltend.

Die Rechtsprechung hat in nachfolgenden Fällen die Voraussetzungen eines Anscheinsbeweises erkannt:

- Hätte der Berater ordnungsgemäß beraten, hätte der Mandant auf die Einholung einer verbindlichen Auskunft verzichtet und das Bauvorhaben ohne Verzögerung fortgeführt, so dass ein Verzögerungsschaden vermieden worden wäre.[913]
- Hätte der Berater den Mandanten ordnungsgemäß darüber belehrt, dass auf einen Gewinn aus einer Veräußerung seiner Eigentumswohnung eine hohe Steuer anfalle, weil bei der Ermittlung des Veräußerungsgewinns erfolgte Abschreibungen erhöhend zu berücksichtigen sind, hätte der Mandant seine Wohnung nicht verkauft.[914]

Die zuletzt genannte Entscheidung darf allerdings meines Erachtens nicht verallgemeinert werden, da bei der Veräußerung einer Wohnung viele Faktoren eine Rolle spielen. Wäre die Veräußerung allerdings nach Ablauf einer kurzfristig auslaufenden Behaltensfrist steuerfrei gewesen, ist ein Anscheinsbeweis sicherlich angemessen.

In nachfolgenden Fällen hat die Rechtsprechung die Anwendung eines Anscheinsbeweises abgelehnt:

- bei der Veräußerung von Grundstücken, da bei der Entscheidung über ein solches Geschäft regelmäßig zahlreiche Faktoren eine Rolle spielen;[915]
- bei Entscheidungen im höchstpersönlichen Lebensbereich, z. B. bei Fragen des Kirchenaustritts;[916]

---

912 BGH vom 7. 5. 2015 – IX ZR 186/14, n.v.

913 BGH vom 7. 12. 2006 – IX ZR 37/09, WM 2007 S. 564, NJW-RR 2007 S. 857.

914 BGH vom 18. 12. 2008 – IX ZR 12/05, WM 2009 S. 369, NJW 2009 S. 1141.

915 BGH vom 5. 2. 2009 – IX ZR 6/06, NJW 2009 S. 1591.

916 BGH vom 18. 05. 2006 – IX ZR 53/05, DB 2006 S. 2004, WM 2006 S. 1736.

- wenn der Mandant behauptet, er hätte zur Vermeidung einer Betriebsaufspaltung wesentliche Teile des Betriebsvermögens auf seine Ehefrau übertragen;[917]
- bei einer fehlerhaften Beratung über die Versteuerung von Auslandseinkünften, wenn zwar die Möglichkeit einer insgesamt steuerlich günstigeren Besteuerung nach dem Recht des Betriebsstättenlandes bestand, diese Vorgehensweise aber mit einem erheblichen Mehraufwand verbunden gewesen wäre.[918]

Liegen die Voraussetzungen für die Annahme eines Anscheinsbeweises vor, liegt es am Berater, diese zu entkräften, indem er Tatsachen beweist, die für ein atypisches Verhalten des Mandanten sprechen.[919] Dies kann z. B. in der Form erfolgen, dass nachgewiesen wird, dass der Mandant sich gegen einen richtige Vorschlag entschieden, sich also bereits in der Vergangenheit nicht beratungsgerecht verhalten hat.[920] Gelingt es dem steuerlichen Berater, den Anscheinsbeweis zu entkräften, trifft wieder den Mandanten die volle Beweislast in Bezug auf sein Alternativverhalten bei ordnungsgemäßer Beratung.

Bestanden von Anfang an mehrere Handlungsalternativen, besteht die Verpflichtung des steuerlichen Beraters darin, den Mandanten vollumfänglich zu beraten um diesen in die Lage zu einer eigenverantwortlichen Entscheidung zu versetzen. In diesem Fall hat der Mandant auch im Rahmen eines Regressprozesses dazulegen und zu beweisen, wie er sich entschieden hätte. Die Anwendung eines Anscheinsbeweises kommt damit nur dann in Betracht, wenn der Berater bei ordnungsgemäßer Beratung nur eine Empfehlung erteilen konnte. Der Anscheinsbeweis ist auch nicht gleichzustellen mit der im Bereich der Anlageberatung von der Rechtsprechung angenommenen Beweislastumkehr.[921]

4.7.2 Unterbrechung des Kausalzusammenhanges

Pflichtverletzungen durch steuerliche Berater führen regelmäßig nicht unmittelbar zum schädigenden Ereignis. Häufig spielen Entscheidungen des Mandanten oder Handlungen Dritter eine nicht unerhebliche Rolle. Es stellt sich dann die Frage, ob diese Handlungen den Kausalzusammenhang zwischen der Pflichtverletzung des steuerlichen Beraters und dem Schadeneintritt in seiner konkreten Form zu unterbrechen vermögen.

4.7.2.1 Handlungen des Mandanten

Hat der steuerliche Berater eine Pflichtverletzung begangen und damit einen Kausalverlauf in Gang gesetzt, unterbricht eine anschließende selbständige Entscheidung des Mandanten i. d. R. den Kausalzusammenhang nicht. Dies gilt insbesondere dann, wenn die Pflichtverletzung des Beraters eine für den Mandanten ungünstige Situation geschaffen hat und die Reaktion des Mandanten auf diese Situation durch das Fehlverhalten des Beraters geradezu herausgefordert wurde.[922] Auf dieser Grundlage führen z. B. nachfolgende Handlungen des Mandanten i. d. R. nicht zu einer Unterbrechung des Kausalzusammenhanges:

917 BGH vom 20. 3. 2008 – IX ZR 140/05, WM 2008 S. 1042.
918 BGH, Beschluss vom 5. 7. 2007 – IX ZR 230/04, BRAK-Mitt 2007 S. 198.
919 Vgl. BGH vom 30. 9. 1993 – IX ZR 73/93, BGHZ 123 S. 311; BGH vom 13. 03. 2008 – IX ZR 136/07, WM 2008 S. 1560.
920 Vgl. BGH vom 29. 4. 1993 – IX ZR 109/92, WM 1993 S. 1513.
921 BGH vom 15. 4. 2014 – IX ZR 267/12, WM 2014 S. 1379, VersR 2015 S. 69.
922 Vgl. BGH vom 18. 1. 2007 – IX ZR 122/04, WM 2007 S. 567.

- der Abschluss eines Vergleiches[923]
- der Abschluss einer tatsächlichen Verständigung im Rahmen einer Betriebsprüfung[924]
- das Absehen von der Veräußerung von Wertpapieren aufgrund einer fehlerhaften steuerlichen Beratung, obwohl diese nachfolgend weiter an Wert verlieren[925]
- die Kündigung des Mandatsverhältnisses, obwohl zu diesem Zeitpunkt der Fehler noch korrigierbar war und der Folgeberater dies unterlässt[926]

Nur wenn der Mandant in völlig ungewöhnlicher und unsachgemäßer Weise in den Geschehenslauf eingreift und damit weitere Ursachen setzt, kommt eine Unterbrechung des Kausalverlaufs in Betracht.[927]

4.7.2.2 Handlungen eines Dritten

Der steuerliche Berater ist zu einer umfassenden eigenständigen Prüfung und Beratung des Mandanten verpflichtet. Ist diese fehlerhaft oder unzureichend, wird der Kausalzusammenhang zum dadurch verursachten Schaden durch das Eingreifen Dritter grundsätzlich nicht unterbrochen. Dies gilt insbesondere für den Fall, dass der Mandant einen anderen Berater hinzuzieht oder das Mandatsverhältnis kündigt und der neue Berater den gleichen Fehler begeht oder eine zu diesem Zeitpunkt noch mögliche Korrektur unterlässt.[928]

Nur dann, wenn die Beratung des Folgeberaters gemessen an einer sachgerechten Berufsausübung sachfremd und nicht nachvollziehbar erscheint und er mit seiner Beratung eine eigenständige Schadenursache setzt, kommt eine Unterbrechung des Kausalverlaufs in Betracht.[929] In diesem Fall wird allerdings zu überprüfen sein, ob der Schaden nicht tatsächlich allein auf die Fehlberatung des zweiten Beraters zurückzuführen ist.

Auch Fehler eines Gerichts bei der Entscheidungsfindung unterbrechen den Kausalverlauf regelmäßig nicht.[930] Es obliegt dem Berater, durch einen vollständigen Sachvortrag und geeignete Rechtsausführungen gerichtliche Fehler zu vermeiden.

Zusammenfassend vermögen regelmäßig weder Handlungen des Mandanten noch Dritter den von einem Berater in Gang gesetzten Kausalverlauf zu unterbrechen.

4.7.3 Schutzzweck der Norm

Dem Schädiger darf nur der Schaden zugerechnet werden, der innerhalb des Schutzbereichs der verletzten Norm eingetreten ist. Im Bereich der Vertragshaftung wird die Haftung durch den Schutzzweck der verletzten Vertragspflicht beschränkt. Der Schutzzweck der Beratung ergibt

923 BGH, Beschluss vom 18. 6. 2009 – IX ZR 5/07, n. v.; BGH, Beschluss vom 19. 7. 2007 – IX ZR 204/04, n. v.; BGH, Beschluss vom 22. 10. 2009 – IX ZR 237/06, DStR 2010 S. 624.

924 BGH, Beschluss vom 22. 10. 2009 – IX ZR 237/06, DStR 2010 S. 624.

925 BGH vom 18. 1. 2007 – IX ZR 122/04, WM 2007 S. 567.

926 Vgl. BGH vom 29. 11. 2001 – IX ZR 278/00, NJW 2002 S. 1117.

927 Vgl. BGH, Beschluss vom 18. 6. 2009 – IX ZR 5/07, n. v.

928 Vgl. BGH vom 18. 10. 1993 – IX ZR 120/92, NJW 1993 S. 1779; BGH vom 10. 5. 1990 – IX ZR 113/98, NJW 1990 S. 2882; BGH vom 19. 12. 2013 – IX ZR 46/12, GI aktuell 2014 S. 107.

929 BGH vom 10. 5. 1990 – IX ZR 113/98, NJW 1990 S. 2882; BGH vom 14. 7. 1994 – IX ZR 204/93, NJW 1994 S. 2822.

930 Hierzu ausführlich *Fischer*, in: Handbuch der Anwaltshaftung, Rz. 1141 ff.

sich aus dem für den Berater erkennbaren Ziel des Mandanten und ist objektiv aus Inhalt und Zweck der konkret geschuldeten Tätigkeit zu ermitteln.

Im Bereich der steuerlichen Beratung werden damit zunächst alle steuerlichen Nachteile, soweit diese vom Umfang des Mandatsverhältnisses erfasst werden, vom Schutzzweck der Norm erfasst. Ob darüber hinaus auch sonstige wirtschaftliche Nachteile erfasst werden, ist vom Einzelfall abhängig. So hat die Rechtsprechung in nachfolgenden Fällen die Kausalität auch unter dem Gesichtspunkt des Schutzzweckes der Norm bejaht:

- Ersatz weiterer Kursverluste, wenn der Mandant für den StB erkennbar aufgrund einer fehlerhaften Beratung von einer Veräußerung absieht;[931]
- Ersatz eines Verzögerungsschadens bei einem Bauvorhaben, der auf eine fehlerhafte Beratung zurückzuführen ist, wenn dem Berater bewusst ist, dass der Mandant die Fortsetzung der Arbeiten von seiner Beratung abhängig macht;[932]
- Steuerstrafrechtliche Folgen für den Mandanten; denn es gehört zum Pflichtenkreis des steuerlichen Beraters, den Mandanten davor zu bewahren, die Grenzen zu überschreiten. Eine Ausnahme gilt nur dann, wenn der Mandant vorsätzlich handelt.[933] Bleibt offen, ob der Mandant vorsätzlich gehandelt hat, geht dies zu Lasten des steuerlichen Beraters.[934]

Nicht vom Schutzzweck der Vertragspflicht erfasst wurden dagegen die nachfolgenden Schäden:

- der durch den ausbleibenden Unternehmenserfolg entstandene Schaden, wenn sich die geschuldete Beratung ausschließlich auf die steuerlichen Folgen einer gesellschaftsrechtlichen Beteiligung bezog und der Misserfolg auf andere Faktoren zurückzuführen ist;[935]
- Nachteile aus der Investition in ein Hausgrundstück, wenn sich die Beratung lediglich auf den steuerlichen Bereich beschränkte und die Entscheidung sich aus anderen Gründen als nachteilig herausstellte;[936]
- Gesundheitsschäden des Mandanten in Folge der mangelhaften Beratung. Dies gilt trotz der durch die Einführung des § 253 Abs. 2 BGB eröffneten Möglichkeit eines Schmerzensgeldes auch bei Vertragsverletzungen, da das Steuerberatermandat regelmäßig nur dem Schutz der Vermögensinteressen des Mandanten dient;[937]
- Entgangene Steuervorteile, die nur unter Verstoß gegen ein gesetzliches Verbot oder die guten Sitten hätten erlangt werden können.[938]

Die ersten beiden genannten Fälle, in denen der BGH einen Kausalzusammenhang unter dem Gesichtspunkt des Schutzzweckes der verletzten Vertragspflicht verneint hat, zeigen, dass die Erwartungen des Mandanten über den tatsächlichen Vertragsinhalt häufig weit hinaus gehen. Die steuerlichen Berater werden als allgemeine wirtschaftliche Berater betrachtet und daher für jeden wirtschaftlichen Misserfolg haftbar gemacht. Auch hier zeigt sich, dass eine klare Formu-

931 BGH vom 18. 1. 2007 – IX ZR 122/04, WM 2007 S. 567.
932 BGH vom 7. 12. 2006 – IX ZR 37/04, WM 2007 S. 564.
933 BGH vom 14. 11. 1996 – IX ZR 215/95, NJW 1997 S. 518, BGH vom 15. 4. 2010 – IX ZR 189/09, WM 2010 S. 993.
934 BGH vom 15. 4. 2010 – IX ZR 189/09, WM 2010 S. 993.
935 BGH vom 13. 2. 2003 – IX ZR 62/02, WM 2003 S. 1621.
936 BGH vom 30. 1. 1990 – XI ZR 63/89, NJW 1990 S. 2057.
937 Vgl. aber für den RA BGH vom 9. 7. 2009 – IX ZR 88/08, WM 2009 S. 1722.
938 BGH vom 5. 7. 2007 – IX ZR 230/04, BRAK Mitt. 2007 S. 198.

lierung des Mandatsinhaltes und der vom Mandanten verfolgten Ziele bei Beginn des Mandates im Falle einer anschließenden Auseinandersetzung von erheblicher Bedeutung sein können.

4.8 Schaden

Ein ersatzfähiger Schaden gem. § 249 Abs. 1 BGB besteht in dem Unterschied zwischen der Vermögenslage des Betroffenen infolge des Schadenereignisses und der Vermögenslage, die ohne das Ereignis bestehen würde. Ob und in welchem Umfang ein Schaden entstanden ist, ist danach durch einen rechnerischen Vergleich zu ermitteln, dessen Ergebnis allerdings einer normativen Wertung unterliegt.[939] Ersatzfähig ist nur die Vermögensminderung, die durch das schädigende Ereignis verursacht wurde, also ohne dieses nicht eingetreten wäre.[940] Der steuerliche Berater hat den Mandanten vermögensmäßig so zu stellen, wie er bei pflichtgemäßen Verhalten des Beraters stünde. Dazu muss die tatsächliche Gesamtvermögenslage derjenigen gegenüber gestellt werden, die sich ohne den Fehler ergeben hätte. Die erforderliche Differenzrechnung darf nicht auf einzelne Rechnungsposten beschränkt werden, sondern erfordert einen Gesamtvermögensvergleich, der alle von dem haftungsbegründenden Ereignis betroffenen Vermögenspositionen umfasst.[941]

In der Folge stellen nicht vermeidbare berechtigte Steuernachforderungen selbst dann keinen ersatzfähigen Schaden dar, wenn der steuerliche Berater das Risiko einer Besteuerung nicht gesehen oder falsch eingeschätzt hat. Als mögliche Schadenersatzpositionen kommen dagegen im Falle einer Steuernachforderung festgesetzte Zinsen oder Säumniszuschläge in Betracht. Durch die verzögerte Steuerzahlung erwirtschaftete Vorteile in Form ersparter Darlehenszinsen oder Anlagegewinne sind allerdings anzurechnen.

Entsprechendes gilt, wenn der Mandant aufgrund des Fehlers seines Steuerberaters in der Vergangenheit (unrechtmäßige) Steuervorteile erhalten hat, die ihm aufgrund zwischenzeitlich eingetretener Festsetzungsverjährung verbleiben. Diese Vorteile sind im Rahmen des Gesamtvermögensvergleichs vom Anspruchsteller bei der Darstellung seines ersatzfähigen Schadens zu berücksichtigen.[942]

Führt die Veräußerung eines Grundstückes zu einer unerwarteten Steuerlast, kann dennoch ein ersatzfähiger Schaden entfallen, wenn ein günstiger Verkaufsgewinn selbst unter Abzug der Steuern den Verkehrswert des Grundstücks übersteigt.[943]

Eine normative Begrenzung erfährt der Schadensbegriff insoweit, als der Geschädigte im Wege des Schadenersatzes nur das erhalten darf, was er nach der materiellen Rechtslage verlangen kann. Der Verlust oder die Vorenthaltung einer tatsächlichen oder rechtlichen Position, auf die nach der Rechtsordnung kein Anspruch besteht, begründet keinen ersatzfähigen Schaden.[944] Versäumt ein steuerlicher Berater gegen einen Steuerbescheid Einspruch einzulegen, erwächst dem Mandanten dann kein ersatzfähiger Schaden, wenn der Mandant keinen Anspruch auf die

939 BGH vom 17. 1. 2008 – IX ZR 172/06, WM 2008 S. 748.

940 BGH vom 19. 5. 2008 – IX ZR 43/08, WM 2009 S. 1376.

941 BGH vom 7. 2. 2008 – IX ZR 149/04, WM 2008 S. 946.

942 OLG Celle vom 26. 2. 2014 – 4 U 18/13, GI aktuell 2015 S. 146; vgl. BGH vom 23. 9. 2004 – IX ZR 148/03, VersR 2006 S. 230.

943 BGH vom 20. 1. 2005 – IX ZR 416/00, WM 2005 S. 999.

944 BGH vom 6. 7. 2006 – IX ZR 88/02, WM 2006 S. 2057.

Steuerbefreiung hatte. Dies gilt selbst dann, wenn die Finanzverwaltung zum maßgeblichen Zeitpunkt einen anderen Standpunkt vertrat.[945] Ferner kann ein entgangener Steuervorteil nur dann einen Schaden im Rechtssinne begründen, wenn er rechtmäßig und ohne Verstoß gegen ein gesetzliches Verbot oder gegen die guten Sitten hätte erlangt werden können.[946]

Unterlässt es ein steuerlicher Berater allerdings, seinen Mandanten darauf hinzuweisen, dass dieser einen Anspruch auf eine steuerliche Sonderbehandlung aufgrund eines Erlasses haben könnte, kann der steuerliche Berater zum Schadenersatz selbst dann verpflichtet sein, wenn sich der Erlass später als rechtswidrig herausstellen sollte.[947] In diesem Fall hätte die Inanspruchnahme der Sonderbehandlung dem seinerzeit geltenden Recht entsprochen und der Mandant hätte keinen rechtswidrigen Vermögensvorteil erlangt. Voraussetzung ist allerdings, dass der Mandant tatsächlich einen Anspruch auf die steuerliche Sonderbehandlung gehabt hätte. Sofern der Mandant aufgrund der Rechtswidrigkeit des Erlasses zu einer Erstattung des erlangten Steuervorteils verpflichtet gewesen wäre, würde dieser Umstand einen ersatzfähigen Schaden ausschließen.

Vorteile, die der Mandant im adäquaten Zusammenhang mit dem schädigenden Ereignis erlangt, sind im Wege des Vorteilsausgleichs bei der Ermittlung des ersatzfähigen Schadens zu berücksichtigen.[948] Zu denken ist hier insbesondere an Steuervorteile, die der Geschädigte ohne das schädigende Ereignis nicht erhalten hätte.[949] In diesem Zusammenhang sind nicht nur Vorteile zu berücksichtigen, die im jeweiligen Schadenzeitraum eingetreten sind, sondern auch solch, GI aktuelle Vorteile, die der Geschädigte dadurch erfahren hat, dass mögliche Nachforderungen aufgrund einer eingetretenen Festsetzungsverjährung beim Geschädigten nicht mehr durchsetzbar sind. Hierbei kann es sich zum Beispiel um Sozialversicherungsbeiträge[950] oder verbleibende Steuervorteile[951] handeln. Bei diesen Vorteilen handelt es sich nicht um einen Vorteilsausgleich, für den der Berater vortrags- und beweispflichtig wäre. Vielmehr handelt es sich um Umstände, die der Geschädigte im Rahmen der Darstellung des Gesamtvermögensvergleichs zu berücksichtigen hat.[952]

Führt die Pflichtverletzung nicht nur zu Nachteilen beim Mandanten, sondern auch zu Vorteilen bei Dritten, werden diese Vorteile nicht bei der Ermittlung des ersatzfähigen Schadens berücksichtigt. Dies gilt auch dann, wenn die Vorteile bei einer Kapitalgesellschaft eintreten, an der der Mandant wirtschaftlich beteiligt ist. Bezugspunkt für den Gesamtvermögensvergleich ist grundsätzlich nur das Vermögen des Geschädigten.[953] Eine Berücksichtigung der Vorteile Dritter in Form der sog. konsolidierenden Schadenberechnung nimmt der BGH nur in Ausnahmefällen

945 BGH vom 6. 7. 2006 – IX ZR 88/02, WM 2006 S. 2057.

946 BGH, Beschluss vom 5. 7. 2007 – IX ZR 230/04, BRAK-Mitt 2007 S. 198.

947 BGH vom 13. 3. 2014 – IX ZR 23/10, WM 2014 S. 858, VersR 2014 S. 1346.

948 Eingehend zum Vorteilsausgleich *Ganter*, NJW 2012 S. 801 ff.

949 BGH vom 18. 1. 2007 – IX ZR 122/04, WM 2007 S. 567.

950 BGH vom 23. 9. 2004 – IX ZR 148/03, DStR 2004, 1979.

951 OLG Celle vom 26. 2. 2014 – 4 U 18/13, GI aktuell 2015, 146; LG Aschaffenburg vom 25. 11. 2014 – 13 O 204/14, GI aktuell 2016, 30.

952 BGH vom 23. 9. 2004 – IX ZR 148/03, DStR 2004, 1979.

953 BGH vom 5. 2. 2015 – IX ZR 167/13, GI aktuell 2015, 71; BGH vom 18. 2. 2016 – IX ZR 191/13, DB 2016, 887.

vor, insbesondere im Zusammenhang mit der Übertragung von Vermögenswerten an Familienangehörige.[954] Voraussetzung ist allerdings, dass die Interessen des Dritten nach dem Beratungsvertrag in die Beratung einbezogen werden sollten.[955]

4.9 Mitverschulden[956]

Ein Mitverschulden des Mandanten entfällt insoweit, als der Berater den Schaden nach dem Vertragsinhalt zu verhüten hatte. Die steuerliche Bearbeitung des Mandates obliegt allein dem StB. Dies gilt auch dann, wenn der Mandant selbst über steuerrechtliche Kenntnisse verfügt. Dieser darf grundsätzlich darauf vertrauen, dass der beauftragte StB die anstehenden steuerrechtlichen Fragen fehlerfrei bearbeitet, ohne dass es einer Kontrolle bedarf.[957] Folgerichtig wird der steuerliche Berater nicht mit dem Einwand gehört, der Mandant hätte das, worüber er ihn hätte aufklären oder unterrichten sollen, bei entsprechenden Bemühungen auch ohne fremde Hilfe erkennen können.[958]

Diese Grundsätze gelten grundsätzlich auch dann, wenn der steuerliche Berater Beratungshandlungen außerhalb des Kernbereichs der Steuerberatung, z. B. im Bereich der Insolvenzprüfung, vornimmt.[959]

Auf dieser Grundlage kommt nur in Einzelfällen ein Mitverschulden des Mandanten in Betracht. Dies kann der Fall sein, wenn Warnungen oder ohne Weiteres erkennbare Umstände, die gegen die Richtigkeit des von dem Berater eingenommenen Standpunktes sprechen, nicht genügend beachtet werden.[960] Ferner kann der Mandant nach dem Gebot der Wahrung der eigenen Interessen gehalten sein, seinen Berater über eine fundierte Auskunft, die er von einer sachkundigen Person erhalten hat, zu unterrichten.[961]

Ein Mitverschulden des Mandanten bei der Schadenentstehung kann damit i. d. R. nur dann angenommen werden, wenn eine Mitwirkungspflicht des Mandanten besteht, eine Mitursache für die Schadenentstehung also aus der Sphäre des Mandanten kommt. Dies ist insbesondere im Bereich der Sachverhaltsaufklärung denkbar, da der Berater auf die Mitwirkung des Mandanten und die Vorlage der für eine zutreffende Beurteilung erforderlichen Unterlagen und Informationen durch den Mandanten angewiesen ist. Da die Aufklärung des maßgeblichen Sachverhalts aber zu den Kernpflichten des Beraters gehört, kann ein Mitverschulden nur dann angenommen werden, wenn dem Mandanten die Relevanz der einbehaltenen Informationen und Unterlagen bewusst war oder sein musste.[962]

954 BGH vom 20. 3. 2008 – IX ZR 104/05, DStR 2008, 1306; BGH vom 5. 2. 2015 – IX ZR 167/13, GI aktuell 2015, 71.

955 BGH vom 5. 2. 2015 – IX ZR 167/13, WM 2015 S. 790, VersR 2015 S. 857; BGH vom 5. 12. 1996 – IX ZR 61/96, DB 1997, 523; BGH vom 18. 2. 2016 – IX ZR 191/13, DB 2016, 887; vgl. zur konsolidierenden Schadensbetrachtung BGH vom 10.12.2015 - IX ZR 56/15, n.v.; OLG Köln vom 16. 1. 2014 – I-8 U 7/13, DStR 2014, 1355.

956 Zum Mitverschuldenseinwand in der Haftung des steuerlichen Beraters siehe *Fischer*, DB 2010 S. 2600 ff.

957 Vgl. BGH vom 18. 12. 2008 – IX ZR 12/05, MDR 2009 S. 495, WM 2009 S. 369; BGH vom 15. 4. 2010 – IX ZR 189/09, MDR 2010 S. 925, WM 2010 S. 993.

958 BGH vom 20. 3. 2008 – IX ZR 238/06, WM 2008 S. 950; BGH vom 15. 4. 2010 – IX ZR 189/09, MDR 2010 S. 925, WM 2010 S. 993.

959 BGH vom 14. 6. 2012 – IX ZR 145/11, DStR 2012 S. 1825, GI aktuell 2012 S. 130.

960 BGH, Beschluss vom 23. 9. 2010 – IX ZR 132/08, n.v. (für einen RA).

961 BGH, Beschluss vom 23. 9. 2010 – IX ZR 132/08, n.v.

962 Vgl. BGH vom 20. 6. 1996 – IX ZR 106/95, NJW 1996 S. 2929.

Ein Mitverschulden des Mandanten wegen unterlassener Mitwirkung kommt ferner in Betracht,

- bei verzögerter Einzahlung von Gerichtskostenvorschüssen, sofern er seitens seines Beraters über die Dringlichkeit ordnungsgemäß unterrichtet wurde;[963]
- bei unterbliebener Information über den weiteren Verlauf von Vertragsverhandlungen, um dem Berater Gelegenheit zu einer Anpassung der Beratung zu geben;[964]
- wenn der Mandant trotz eines für ihn ungünstigen Urteils seinen Prozessbevollmächtigten nicht über seine bevorstehende Abwesenheit unterrichtet und damit keine Entscheidung über die Einlegung eines Rechtsmittels getroffen werden kann;[965]
- bei der Haftung des Steuerberaters für einen Insolvenzverschleppungsschaden, da es grundsätzlich der Eigenverantwortung der Geschäftsführung obliegt, einen Insolvenzantrag zu stellen.[966]

Ein Mitverschulden kommt schließlich in Betracht, wenn der Mandant eine ihm zumutbare Möglichkeit zur Minderung des Schadens nicht ergreift. Dies ist insbesondere dann der Fall, wenn er davon absieht, ein zulässiges und aussichtsreiches Rechtsmittel zur Minderung oder Abwendung des Schadens einzulegen.[967] Der Mandant ist allerdings nicht gehalten, den entstandenen Schaden durch ein teures, mit neuen Risiken behaftetes Kompensationsgeschäft auszugleichen.[968]

Das Verschulden ihrer Organe muss sich die Mandantin grundsätzlich zurechnen lassen. Bei Vorsatz oder erheblichem Verschulden der Organe und nur einfacher Fahrlässigkeit des Beraters, kann der Schadenersatzanspruch der Mandantin erheblich gemindert oder sogar ausgeschlossen sein.[969]

4.10 Verjährung[970]

Der Eintritt der Verjährung eines Schadenersatzanspruchs gegen einen steuerlichen Berater erfordert nach den allgemeinen Regelungen des BGB gem. § 199 BGB die Kenntnis oder grob fahrlässige Unkenntnis von der Schadenentstehung und des Schädigers.

4.10.1 Schadenentstehung

Entstanden ist ein Schaden, sobald sich die Vermögenslage des Betroffenen durch die Pflichtverletzung des Schädigers objektiv verschlechtert hat. Das Risiko eines Vermögensnachteils und damit eine reine Vermögensgefährdung sind nicht ausreichend. Im Falle einer fehlerhaften Beratung zu einer verdeckten Sacheinlage entsteht der Schaden in der Folge erst dann, wenn die Gesellschaft oder der Insolvenzverwalter die fortbestehende Verpflichtung zur Bareinlage geltend machen[971] Erfolgt eine Verrechnung der Steuernachforderung mit einem Verlustvortrag,

963 Vgl. BGH vom 17. 11. 1994 – IX ZR 208/93, WM 1995 S. 212.
964 BGH vom 7. 2. 2008 – IX ZR 149/04, DB 2008 S. 1261.
965 Vgl. BGH, Beschluss vom 18. 2. 2009 – IV ZR 193/07, MDR 2009 S. 644, VersR 2009 S. 701.
966 Eingehend zur Haftung des Steuerberaters bei Insolvenzverschleppung *Gräfe*, DStR 2010 S. 618 ff.
967 BGH vom 20. 2. 2003 – IX ZR 384/99, DB 2003 S. 1899.
968 BGH vom 17. 3. 2011 – IX ZR 162/08, MDR 2011 S. 978, WM 2011 S. 1529.
969 Vgl. BGH vom 6. 6. 2013 – IX ZR 204/12, DB 2013 S. 1542; OLG Köln vom 21. 2. 2013 – 8 U 2/10, DStRE 2015 S. 125.
970 Siehe hierzu ausführlich Kap. XIV 1.7.
971 BGH vom 19. 5. 2009 – IX ZR 43/08, WM 2009 S. 1376.

entsteht noch kein Schaden.[972] Der Schaden entsteht erst mit der ersten Steuerforderung, die ohne das schädigende Ereignis aufgrund des dann noch bestehenden Verlustvortrags entfallen wäre. Der Verlust oder die Verminderung eines Verlustvortrags begründet damit grundsätzlich keinen ersatzfähigen Schaden.

Im Bereich der Steuerberaterhaftung sind als Zeitpunkte für die Schadenentstehung anerkannt:

- Bei fehlerhafter Steuerberatung mit der Bekanntgabe des nachteiligen Steuerbescheids.[973]
- Bei einem Grundlagenbescheid ist auf diesen, nicht auf den Folgebescheid abzustellen.[974]
- Bei Aussetzungszinsen mit der Bekanntgabe des (ersten) Bescheids, durch den die Vollziehung ausgesetzt wird.[975]
- Mit Ablauf einer Rechtsbehelfsfrist.[976] Die Möglichkeit einer Wiedereinsetzung hat auf den Verjährungsbeginn keinen Einfluss.
- Im Falle der Abgabe von Umsatzsteuervoranmeldungen, die innerhalb der Festsetzungsverjährung durch einen einfachen Antrag änderbar sind, mit Ablauf der Festsetzungsfrist.[977] Wird der Vorbehalt der Nachprüfung aufgehoben, ist auf den Ablauf der Einspruchsfrist gegen diesen Bescheid abzustellen.

In diesem Zusammenhang gilt der Grundsatz der Schadeneinheit. Dies bedeutet, dass der aus einem Beratungsfehler erwachsene Schaden als einheitliches Ganzes aufzufassen ist. Daher läuft für den Anspruch auf Ersatz dieses Schadens einschließlich aller weiteren adäquat verursachten, zurechenbaren und voraussehbaren Nachteile eine einheitliche Verjährungsfrist, sobald irgendein Teilschaden entstanden ist.[978] Die Verjährung kann also bereits beginnen, obwohl der Prozess der vollständigen Schadenentwicklung noch nicht abgeschlossen ist. Auf dieser Grundlage ist ausnahmsweise dann nicht auf die Bekanntgabe des belastenden Steuerbescheids als maßgeblichen Zeitpunkt der Schadenentstehung abzustellen, wenn der Mandant bereits vorher auf eine Fehlberatung des steuerlichen Beraters hingewiesen wurde und Maßnahmen zur Beseitigung der Folgen der fehlerhaften Beratung ergreift, die selbst als Schadenpositionen in Betracht kommen. Der erste aus der Fehlberatung resultierende Teilschaden ist bei dieser Konstellation spätestens mit der Bezahlung der Gegenmaßnahmen eingetreten.[979]

Begeht ein steuerlicher Berater allerdings mehrere Pflichtverletzungen, die jeweils eigene Schadenfolgen haben, ist für jede auf eine gesonderte Pflichtverletzung zurückzuführende Schadenfolge der Verjährungsbeginn gesondert zu bestimmen.[980]

Die Einlegung eines Rechtsbehelfs gegen einen Steuerbescheid lässt den Schaden nicht entfallen. Der Mandant kann Ersatz des durch die Pflichtverletzung verursachten Steuerschadens Zug

972 BGH vom 5. 2. 2009 – IX ZR 6/06, WM 2009 S. 715.

973 BGH vom 7. 2. 2008 – IX ZR 198/06, WM 2008 S. 1612.

974 BGH vom 10. 1. 2008 – IX ZR 53/06, WM 2008 S. 613; BGH vom 15. 11. 2012 – IX ZR 184/09, WM 2013 S. 94, VersR 2013 S. 1186.

975 BGH vom 24. 1. 2013 – IX ZR 108/12, DB 2013 S. 753.

976 BGH vom 26. 1. 2012 – IX ZR 69/11, BRAK Mitt. 2012 S. 11; BGH vom 25. 4. 2013 – IX ZR 65/12, WM 2013 S. 1081, VersR 2014 S. 706.

977 BGH vom 23. 9. 2010 – IX ZR 26/09, MDR 2010 S. 1455.

978 BGH vom 7. 2. 2008 – IX ZR 198/06, WM 2008 S. 1612.

979 BGH vom 23. 4. 2015 – IX ZR 176/12, MDR 2015 S. 649.

980 BGH vom 9. 11. 2007 – V ZR 25/07, WM 2008 S. 89.

um Zug gegen Abtretung eines etwaigen Erstattungsanspruchs gegen die Finanzverwaltung verlangen (§ 255 BGB).[981]

4.10.2 Kenntnis des Geschädigten

Eine Kenntnis der den Anspruch begründenden Umstände i. S.v. § 199 Abs. 1 Nr. 2 BGB liegt nicht schon dann vor, wenn dem Mandanten Umstände bekannt werden, nach denen zu seinen Lasten ein Rechtsverlust eingetreten ist. Er muss auch Kenntnis von solchen Tatsachen erlangen, aus denen sich für ihn – zumal wenn er juristischer Laie ist – ergibt, dass der Berater von den üblichen Vorgehen abgewichen ist oder er Maßnahmen nicht eingeleitet hat, die aus rechtlicher Sicht zur Vermeidung eines Schadens erforderlich waren.[982] Allein die Bekanntgabe eines Steuerbescheids, durch den eine nicht erwartete Steuernachforderung festgesetzt wird, begründet damit für sich allein noch nicht die erforderliche Kenntnis. Auf der anderen Seite kann ein Hinweis eines Dritten auf eine Fehlberatung eine Kenntnis begründen, ohne dass es bereits zu einer Steuerfestsetzung gekommen ist.[983]

Eine nach § 199 BGB erforderliche Kenntnis kann durch das Verhalten des Beraters hinausgeschoben werden. So führt der Rat des Beraters zur Fortsetzung des Rechtsstreits, weil er die von der Finanzverwaltung vertretene Auffassung für unzutreffend hält, dazu, dass die erforderliche Kenntnis i. d. R. nicht vorliegt.[984] Hat der Berater durch Übersendung einer Abschrift eines auftragswidrig nicht eingelegten Einspruchs den Anschein erweckt, der Steuerbescheid, der angefochten werden sollte, sei nicht in Bestandskraft erwachsen, ist eine Berufung auf die Verjährung ausgeschlossen, bis der Fehler des Beraters aufgedeckt wird.[985]

4.11 Vertrag mit Schutzwirkung zugunsten Dritter

In der Rechtsprechung[986] ist anerkannt, dass ein Steuerberatungsmandat Schutzwirkung zugunsten von Kreditgebern, auch Banken, entfalten kann, wenn dem Berater bekannt ist, dass seine Arbeiten (z. B. ein Zwischenabschluss) nicht nur zur Belehrung des Mandanten dienen sollten, sondern auch als Entscheidungsgrundlage für einen Dritten.[987] Eine Einbeziehung ist allerdings ausgeschlossen, wenn dem Berater nicht bekannt ist, dass seine Arbeiten in Verhandlungen mit Dritten Verwendung finden sollen.[988]

Ferner ist anerkannt, dass regelmäßig die Gesellschafter einer Mandantin in den Schutzbereich eines Steuerberatungsmandates einbezogen werden. Dies gilt insbesondere für den Fall von Personengesellschaften[989], aber auch für Gesellschafter einer GmbH.[990]

981 Vgl. BGH, Beschluss vom 21. 12. 2006 – IX ZR 277/03, n. v.

982 BGH vom 6. 2. 2014 – IX ZR 217/12, GI aktuell 2014 S. 106; BGH vom 6. 2. 2014 – IX ZR 245/12, GI aktuell 2014 S. 66.

983 BGH vom 23. 4. 2015 – IX ZR 176/12, MDR 2015 S. 649.

984 BGH vom 6. 2. 2014 – IX ZR 245/12, GI aktuell 2014 S. 66.

985 BGH vom 14. 11. 2013 – IX ZR 215/12, WM 2014 S. 854, VersR 2014 S. 756.

986 Eingehend zum Vertrag zugunsten Dritter beim Anwalts- und Steuerberatervertrag BGH vom 21. 7. 2016 - IX ZR 252/15, WM 2016, 1601, ZIP 2016, 1586.

987 BGH vom 26. 11. 1986 – IVa ZR 86/85, GI 1987 S. 27, DStR 1987 S. 377.

988 OLG Karlsruhe vom 15. 4. 2003 – 8 U 276/01, OLGR Karlsruhe 2003 S. 389.

989 Z. B. OLG Köln vom 13. 11. 2008 – 8 U 26/08, GI aktuell 2009 S. 80, DStR 2009 S. 555.

990 BGH vom 14. 6. 2012 – IX ZR 145/11, MDR 2012 S. 1089, WM 2012 S. 1359.

Bei der Einbeziehung von Geschäftsführern der Mandantin war die Rechtsprechung dagegen bisher sehr zurückhaltend.[991] Nach Ansicht der Oberlandesgerichte mangelt es an der Leistungsnähe des Geschäftsführers bzw. an dem Willen zur Einbeziehung (Gläubigernähe).

Der BGH hat dagegen in zwei Entscheidungen aus den Jahren 2011[992] und 2012[993] eine Einbeziehung des Geschäftsführers in den Schutzbereich des konkreten Beratervertrages erkannt.[994]

Der Entscheidung vom 14. 6. 2012 lag der Sachverhalt zugrunde, dass der StB den Auftrag erhalten haben sollte, die Insolvenzreife der GmbH zu überprüfen, was dieser versäumte.[995] In der Folge wurde der Geschäftsführerin vom Insolvenzverwalter vorgeworfen, die Insolvenz verspätet beantragt zu haben. Die Geschäftsführerin wurde gem. § 64 Abs. 2 GmbHG auf Schadenersatz in Anspruch genommen.

Dieser Entscheidung ist sicherlich zuzustimmen. Der Auftrag zur Prüfung der Insolvenzreife sollte für den StB erkennbar auch dem Geschäftsführer als Grundlage für die ihm obliegende Entscheidung dienen, ob er einen Antrag auf Insolvenz stellen sollte. Dies war dem StB im konkreten Fall auch bewusst. Die Entscheidung begründet eine Verpflichtung des steuerlichen Beraters, den Geschäftsführer vor einer Inanspruchnahme gem. § 64 Abs. 2 GmbHG zu bewahren.

Die Entscheidung des BGH vom 13. 10. 2011 zeigt, wie komplex Haftungsfälle für den steuerlichen Berater sein können. In Folge einer Betriebsprüfung erfolgte eine erhebliche Steuernachforderung, für die der Geschäftsführer gem. §§ 34, 69 AO als Haftungsschuldner in Anspruch genommen wurde. Der Geschäftsführer verlangte wiederum vom steuerlichen Berater der Gesellschaft Freistellung von dieser Inanspruchnahme im Wege des Schadenersatzrechts. Die erforderliche Leistungsnähe leitet der BGH aus dem Risiko des Geschäftsführers her, gem. §§ 34, 69 AO in Anspruch genommen zu werden. Die Gläubigernähe will der BGH darin erkennen, dass die GmbH, die für die Steuerschuld gem. § 44 AO gesamtschuldnerisch haftet, ein Interesse daran habe, den Geschäftsführer nicht selbst schadlos halten zu müssen. Die Erkennbarkeit setzt der BGH offenbar voraus. Der Geschäftsführer sei auch schutzwürdig, weil er zwar einen Anspruch gegen die Gesellschaft aufgrund des gesamtschuldnerischen Innenausgleichs habe, dieser aber in der Durchsetzung unsicher sei. Eine Inanspruchnahme des Geschäftsführers käme nämlich nur dann in Betracht, wenn eine Durchsetzung gegenüber der Gesellschaft nicht möglich sei (§ 219 AO). Eine Schadloshaltung des Geschäftsführers aus einem übergangenen Schadenersatzanspruch gegen den StB gem. § 426 Abs. 2 Satz 1 BGB sei ebenfalls unsicher, weil berechtigte Steuernachforderungen für die Gesellschaft des Geschäftsführers selbst keinen ersatzfähigen Schaden darstellen. Die anderweitige Ersatzmöglichkeit ist damit nach Ansicht des BGH nicht gleichwertig.

Diese Entscheidung begegnet erheblichen Zweifeln. Die Inanspruchnahme des Geschäftsführers als Haftungsschuldner kommt nach der AO ausschließlich bei vorsätzlicher oder grob fahrlässiger Verletzung seiner Pflichten gegenüber der Gesellschaft in Betracht. Die Pflichtenkreise des

991 OLG Köln vom 21. 10. 2010 – 8 U 12/10, DStR 2011 S. 737; OLG Saarbrücken vom 5. 6. 2007 – 4 U 136/06, GI aktuell 2007 S. 187; OLG Celle vom 30. 5. 2007 – 3 U 260/06, GI aktuell 2009 S. 66.

992 BGH vom 13. 10. 2011 – IX ZR 193/10, MDR 2011 S. 1471, WM 2011 S. 2334.

993 BGH vom 14. 6. 2012 – IX ZR 145/11, MDR 2012 S. 1089, WM 2012 S. 1359.

994 Vgl. hierzu *Fischer*, VersR 2013 S. 525 ff. und S. 535 – laut *Fischer*, selbst Mitglied des IX. Zivilsenats, handelt es sich um Grundsatzentscheidungen.

995 Zu dem abweichend zu beurteilenden Fall, dass kein konkreter Auftrag erteilt wurde, siehe BGH vom 7. 3. 2013 – IX ZR 64/12, GI aktuell 2013 S. 67; DStR 2013 S. 1151.

Steuerberaters und des Geschäftsführers gegenüber der GmbH bei Erfüllung der steuerlichen Pflichten der GmbH stehen selbständig nebeneinander. Es ist nicht ersichtlich, aus welchen Gründen die Parteien des Mandatsvertrages ein Interesse daran haben sollten, den Geschäftsführer von seinen Pflichten und den daraus resultierenden Konsequenzen zu entlasten. Abweichend von der grundlegenden Rechtsprechung des BGH zum Vertrag mit Schutzwirkung zugunsten Dritter, wird hier der Vertrag nicht unter Zugrundelegung der Interessen und des Willens der Vertragsparteien ausgelegt, sondern unter Berücksichtigung der Interessen des Geschäftsführers als Dritten. Dieser Argumentation kann aus der Sicht des Beraters nicht zugestimmt werden.

In der Vergangenheit hat der BGH dem Umstand, dass eine anderweitige Ersatzmöglichkeit unter Umständen wegen mangelnder Leistungsfähigkeit des anderen nicht durchsetzbar sein könnte, keine Bedeutung gegeben. Hintergrund war, dass der Vertrag mit Schutzwirkung zugunsten Dritter nicht die Absicherung des Risikos bezweckte, dass die vertraglich verpflichtete Person nicht leistungsfähig ist.[996] Die Begründung zur Schutzbedürftigkeit des Geschäftsführers erweckt den Eindruck, dass der Grundsatz, wonach der Anwendungsbereich des Vertrages mit Schutzwirkung zugunsten Dritter eingedämmt werden soll, nicht beachtet wird.

Der BGH knüpft die Schadenersatzpflicht des Steuerberaters an eine Pflichtverletzung des Beraters, die von der Berufung jedoch nicht festgestellt wurde. Maßgeblich ist aber nicht allein eine Verletzung der Pflichten aus dem Mandatsvertrag. Der BGH entwickelt vielmehr eine Verpflichtung gegenüber dem Geschäftsführer, diesen vor der Inanspruchnahme gem. §§ 34, 69 AO zu bewahren. Eine Schadenersatzpflicht des Beraters gegenüber dem Geschäftsführer kommt nach Auffassung des BGH damit auch dann in Betracht, wenn die Steuernachforderung als solche unvermeidbar war, um die persönliche Inanspruchnahme des Geschäftsführers auszugleichen. Im Ergebnis wird der StB damit für unvermeidbare Steuernachforderungen haftbar gemacht, die in der Person der Gesellschaft keinen ersatzfähigen Schaden darstellen würden.

5. Haftung als Sachverständiger

Der WP wird im Rahmen seines gesetzlich umrissenen Tätigkeitsbereichs in vielfältiger Form als Sachverständiger zur Prüfung wirtschaftlicher und gesellschaftsrechtlicher Maßnahmen und Vorgänge herangezogen. Eine Reihe gesellschaftsrechtlicher Vorschriften schreibt eine Prüfung durch einen WP ausdrücklich vor (z. B. § 293d Abs. 2 AktG, § 327c Abs. 2 Satz 4 AktG, §§ 11 Abs. 2 Satz 2, 125 UmwG). Daneben kann der WP als Sachverständiger zur Prüfung, z. B. der Insolvenzreife eines Unternehmens[997], Wertermittlungen[998], oder im Rahmen von Kapitalanlagen (z. B. Prospektprüfung)[999], beauftragt werden. Schließlich kommt noch die Tätigkeit als gerichtlich bestellter Sachverständiger in Betracht.

996 Vgl. *Fischer*, DB 2012 S. 1490 unter Hinweis auf BGH vom 22. 7. 2004 – IX ZR 132/03, WM 2004 S. 1825.

997 Vgl. hierzu BGH vom 14. 6. 2012 – IX ZR 145/11, MDR 2012 S. 1089, WM 2012 S. 1359.

998 Vgl. hierzu OLG Düsseldorf vom 16. 4. 2002 – 4 U 147/01, VersR 2003 S. 743; OLG Celle vom 20. 9. 1989 – 3 U 240/88, GI 1990 S. 3 f.

999 Siehe hierzu Kapitel VI.

5.1 Gesetzlich vorgeschriebene Sachverständigentätigkeit

Eine Prüfung durch einen WP ist insbesondere bei gesellschaftsrechtlich bedeutenden Maßnahmen und Verträgen sowie einschneidenden Maßnahmen für einzelne Gesellschafter vorgesehen. Zu nennen sind hier:

- Prüfung von Unternehmensverträgen i. S. v. §§ 291, 292 AktG gem. § 293d AktG;
- Verschmelzungsprüfung gem. § 11 UmwG;
- Spaltungsvorgänge i. S. v. § 123 UmwG gem. § 125 UmwG;
- Ausschluss von Minderheitsaktionären (§§ 327a ff. AktG) gem. § 327c Abs. 2 Satz 4 AktG;
- Ausschluss von Aktionären gem. §§ 39a ff. WpÜG.

Inhalt und Umfang der Prüfung ergeben sich aus den einschlägigen gesetzlichen Regelungen zum jeweiligen Prüfungsvorgang. Hinsichtlich der Haftung verweisen diese Vorschriften direkt oder indirekt auf § 323 HGB. Insoweit kann auch die obigen Ausführungen verwiesen werden.

Im Rahmen des Drittschutzes ist darauf hinzuweisen, dass die gesetzlichen Regelungen den Kreis der Anspruchsberechtigten abweichend von § 323 HGB regeln. Einbezogen werden die jeweiligen Partner des gesellschaftsrechtlichen Vorganges, also bei den Unternehmensverträgen die Vertragsparteien, bei der Verschmelzung die an diesem Vorgang beteiligten Unternehmen und beim Ausschluss von Aktionären sowohl die ausgeschlossenen als auch die verbleibenden Aktionäre. Entgegen § 323 HGB erfolgt allerdings kein Einschluss verbundener Unternehmen, obwohl diese ggf. dem Prüfer im Rahmen der Prüfung zur Auskunft verpflichtet sind.[1000]

Unbeschadet dessen kommt eine Haftung gegenüber Dritten nach den allgemeinen Grundsätzen eines Auskunftvertrages oder Vertrages mit Schutzwirkung zugunsten Dritter in Betracht. Auch hier sind allerdings hohe Anforderungen zu stellen.

5.2 Sonstige Sachverständigentätigkeit

WP werden häufig im Rahmen von Verhandlungen über den Erwerb oder die Veräußerung von Unternehmensanteilen oder bei Entscheidungen über Investitionen in Unternehmen mit der Bewertung des Unternehmenswertes bzw. der wirtschaftlichen Lage beauftragt. Der Auftrag kann seitens des Kauf- oder Anlageinteressenten aber auch seitens des Verkäufers bzw. Investitionssuchenden erfolgen, der das Gutachten jeweils im Rahmen der Verhandlungen verwenden möchte. Denkbar ist auch ein Auftrag durch beide Vertragsteile, die das Gutachten des Wirtschaftsprüfers zur gemeinsamen Grundlage der weiteren Verhandlungen machen möchten.

Gegenüber seinen Vertragspartnern haftet der WP für jede schuldhafte Pflichtverletzung insbesondere aus Vertrag nach allgemeinen Grundsätzen. Eine Haftung kommt in jedem Fall für einfache Berechnungsfehler u. ä. in Betracht. Wann im Übrigen ein Fehler des Gutachtens vorliegt, richtet sich nach dem Sinn und Zweck des Auftrages. Danach haben sich die Beurteilungsmethoden und der Umfang der Prüfungstätigkeiten zu richten. Grundsätzlich ist es Aufgabe des Sachverständigen, den relevanten Sachverhalt und die entscheidenden Tatsachen selbst zu ermitteln und zu bewerten. Das Gutachten muss geeignet sein, als alleinige Entscheidungsgrund-

1000 Vgl. *Müller*, in: Wellhöfer/Peltzer/Müller, die Haftung von Vorstand, Aufsichtsrat, Wirtschaftsprüfer, § 23 Rz. 54.

lage zu dienen, ohne dass der Auftraggeber im Rahmen des Gutachterauftrages weitere eigene Ermittlungen anzustellen hat.[1001]

Problematisch ist auch hier die Haftung gegenüber Dritten, insbesondere dem Käufer/Investor oder den finanzierenden Banken, denen regelmäßig das Gutachten des Wirtschaftsprüfers als Entscheidungsgrundlage vorgelegt wird. Gerade im Bereich der Wertermittlungsgutachten droht dem Sachverständigen die Einbeziehung einer Vielzahl namentlich nicht bekannter Dritter in den Schutzbereich des Gutacherauftrages.[1002] Von entscheidender Bedeutung sind der Zweck und Inhalt des Gutachterauftrages sowie die Angaben, die der Sachverständige hierzu sowie zu den Umständen des Gutachterauftrags in seinem Gutachten macht. Erfolgt insoweit keine konkrete Abgrenzung, kommt eine Haftung gegenüber allen Dritten in Betracht, denen das Gutachten in diesem Rahmen bestimmungsgemäß zur Kenntnis gebracht wurde und die auf dieser Grundlage eine wirtschaftliche Entscheidung getroffen haben.

Erforderlich aber auch ausreichend ist, dass dem WP bekannt oder erkennbar war, dass sein Gutachten einem abgrenzbaren, nicht aber zwingend namentlich oder zahlenmäßig abgegrenzten, Personenkreis vorgelegt werden soll.[1003]

Eine Haftung gegenüber einem Dritten kommt dagegen nicht in Betracht, wenn der Vertragspartner des Wirtschaftsprüfers bestimmungswidrig das Gutachten auch gegenüber anderen Dritten missbraucht.[1004]

Weiß der Sachverständige, dass sein Gutachten auch Dritten zur Verfügung gestellt werden soll, muss er seine Sorgfalt nach dem Verkehrskreis ausrichten, in dem er mit einer Verwendung seines Gutachtens rechnen muss. Das Gutachten muss geeignet sein, als alleinige Entscheidungsgrundlage für die Entscheidung des Dritten zu dienen. Der Sachverständige nimmt bei der Erstellung des Gutachtens das besondere Vertrauen des Dritten in Anspruch. Diesem Vertrauen hat der Sachverständige dadurch zu entsprechen, dass er das Gutachten unparteiisch und nach bestem Wissen und Gewissen erstellt. Hierzu gehört auch, dass er alle für die Beurteilung maßgeblichen Umstände und Tatsachen selbst ermittelt und sich nicht auf die Angaben seines Auftraggebers verlässt. Soweit er Angaben übernimmt oder ihm eine eigene Ermittlung nicht möglich ist, hat er dies im Gutachten kenntlich zu machen.[1005] Ein Mitverschulden des Auftraggebers kann der Sachverständige auch dem Dritten entgegenhalten.

Aufträge von Behörden zur Erstellung von Gutachten entfalten grundsätzlich keine Schutzwirkung zugunsten Dritter.[1006]

Bei der Frage, ob dem Dritten durch das Gutachten ein Schaden entstanden ist, muss festgestellt werden, ob dieser bei ordnungsgemäßer Ausführung von seiner Entscheidung Abstand genommen hätte. Hierzu ist der Dritte vortrags- und beweispflichtig. Im Bereich von Kaufver-

1001 Siehe hierzu auch die Ausführungen beim gerichtlichen Sachverständigen.

1002 Vgl. BGH vom 20. 4. 2004 – X ZR 250/02, BGHZ 159 S. 1 ff., NZM 2004 S. 756 ff., für eine Grundstücksbewertung.

1003 Vgl. BGH vom 20. 4. 2004 – X ZR 250/02, BGHZ 159 S. 1 ff., NZM 2004 S. 756 ff.; OLG Düsseldorf vom 16. 4. 2002 – 4 U 147/01, VersR 2003 S. 743; BGH vom 13. 11. 1997 – X ZR 144/94, NJW 1998 S. 1059 ff., NZM 1998 S. 243 ff.

1004 OLG Düsseldorf vom 16. 4. 2002 – 4 U 147/01, VersR 2003 S. 743.

1005 Vgl. hierzu BGH vom 13. 11. 1997 – X ZR 144/94, MDR 1998 S. 646, für ein Verkehrswertgutachten eines Grundstücks.

1006 BGH vom 26. 6. 2001 – X ZR 231/99, WM 2001 S. 1428 ff., NJW 2001 S. 3115 ff.

handlungen oder Investitionsentscheidungen erfordert dies eine substantiierte Offenlegung der Kalkulation des Dritten.[1007]

Von den „echten“ Gutachteraufträgen, die der WP als unabhängiger und unparteiischer Sachverständiger wahrnimmt, sind die Parteigutachten zu unterscheiden.[1008] Solche Parteigutachten dürfen nicht als Gutachten bezeichnet werden (§ 20 Abs. 2 BS WP/vBP). Um Missverständnisse und Haftungsfolgen zu vermeiden, sollten Parteigutachten als solche bezeichnet und klar gestellt werden, auf welcher Tatsachengrundlage die sachverständigen Ausführungen erfolgen.

5.3 Gerichtlich bestellter Sachverständiger

WP können in einem konkreten Gerichtsverfahren als Sachverständige ernannt werden. Diese Tätigkeit gehört zum Berufsbild des Wirtschaftsprüfers. In Betracht kommen Gutachten z. B. im Bereich der wirtschaftlichen Betriebsfortführung, der Unternehmensbewertung aber auch im Rahmen von Regressprozessen gegen andere WP, z. B. zur Prüfung einer etwaigen Pflichtverletzung.

Den gerichtlich bestellten Sachverständigen verbindet mit keiner der am Prozess beteiligten Personen oder dem Gericht ein Vertragsverhältnis. Vertragliche oder quasivertragliche Schadenersatzansprüche, z. B. aus einem Vertrag mit Schutzwirkung zugunsten Dritter, kommen nicht in Betracht. Im Rahmen seines Anwendungsbereichs wird die Haftung des gerichtlichen Sachverständigen in § 839a BGB abschließend geregelt. Sachlich gilt § 839a BGB nur für Schäden durch gerichtliche Entscheidungen, die auf dem Gutachten beruhen. Für hiervon nicht erfasste Schäden bleiben die Regelungen der §§ 823 und 826 BGB anwendbar.[1009] Denkbar ist eine solche Haftung z. B. dann, wenn der Sachverständige auf ihm bekannte Befangenheitsgründe nicht hinweist, die Erstattung des Gutachtens schuldhaft verzögert oder Unterlagen, die ihm ausgehändigt wurden, zurückhält. Anders als § 823 Abs. 1 BGB, erfasst § 839a BGB insbesondere Vermögensschäden.

Die Bezahlung des gerichtlichen Sachverständigen richtet sich grundsätzlich nach den Regelungen des Gesetzes über die Entschädigung von Zeugen und Sachverständigen bzw. Justizvergütungs- und -Entschädigungsgesetz. Die dort festgelegten Sätze entsprechen nicht der üblichen Entlohnung von Wirtschaftsprüfern und werden dem mit der Begutachtung verbundenen Haftungsrisiko nicht gerecht. Üblich und zulässig ist es daher, dass der WP nach Erhalt des Auftrages eine Entlohnung vorschlägt, die dann vom Gericht und den Prozessparteien bestätigt wird. Eine Verpflichtung zur Annahme eines Auftrages besteht nicht.

§ 839a BGB bestimmt, dass ein gerichtlich bestellter Sachverständiger, der vorsätzlich oder grob fahrlässig ein unrichtiges Gutachten erstattet, den Schaden zu erstatten hat, der einem Verfahrensbeteiligten durch eine gerichtliche Entscheidung entsteht, die auf dem Gutachten beruht. § 839a Abs. 2 BGB verweist auf die Regelung des § 839 Abs. 3 BGB. Danach ist eine Inanspruchnahme des Sachverständigen ausgeschlossen, wenn der Verletzte es vorsätzlich oder fahrlässig unterlassen hat, den Schaden durch Gebrauch eines Rechtsmittels abzuwenden.

1007 OLG Celle vom 20. 9. 1989 – 3 U 240/88, GI 1990 S. 3; OLG Schleswig vom 10. 4. 2012 – 11 U 18/10, OLG Report Nord 21/2012, Anm. 7.

1008 Siehe hierzu § 20 BS WP/vBP.

1009 Vgl. *Palandt/Sprau*, § 839a Rz. 1b.

5.3.1 Gerichtlicher Sachverständiger

Gerichtlicher Sachverständiger ist der durch ein staatliches Gericht in einem gerichtlichen Verfahren gleich welcher Art wirksam bestellte Sachverständige. Gleichgültig ist, ob es sich um ein Verfahren der ordentlichen Gerichtsbarkeit, der Strafgerichtsbarkeit, der freiwilligen Gerichtsbarkeit oder Verwaltungsgerichtsbarkeit handelt. Ebenfalls anwendbar bei einem Sachverständigen, der durch die Staatsanwaltschaft in einem Strafverfahren beauftragt wurde.[1010]

Nicht in den Regelungsbereich des § 839a BGB fallen dagegen Sachverständige im Schiedsverfahren[1011] (diese stehen in vertraglichen Beziehungen zu den Parteien oder zum Schiedsgericht), Sachverständige im Verwaltungsverfahren zur Vorbereitung einer behördlichen Entscheidung, Sachverständige im staatsanwaltlichen Ermittlungsverfahren sowie die Aussage als sachverständiger Zeuge. Tritt der Sachverständige in Ausübung eines öffentlichen Amtes, z. B. als behördlicher Mitarbeiter, auf, ist § 839 BGB einschlägig. Nicht unter § 839a BGB fallen schließlich Privatgutachten einer Partei, die in das Verfahren eingeführt werden, oder die Verwertung von Gerichtsgutachten, die in einem anderen Verfahren erstattet wurden. Zeitlich endet der Anwendungsbereich des § 839a BGB mit der Erstattung des Gutachtens.[1012]

Eine Reihe gesetzlicher Regelungen sehen die Beauftragung eines Wirtschaftsprüfers durch ein Gericht vor. Hierzu gehören die oben genannten Verfahren gem. § 293c AktG, § 327c AktG, § 10 Abs. 1 UmwG und § 125 UmwG. Auch der Jahresabschlussprüfer kann unter den besonderen Umständen des § 318 Abs. 3 HGB vom Gericht bestimmt werden. Die Tätigkeit in diesem Zusammenhang erfolgt aber nicht im Rahmen eines Gerichtsverfahrens. Außerdem stehen die WP in diesen Fällen in vertraglichen Beziehungen zu den Beteiligten des Verfahrens. In diesen Fällen richtet sich die Haftung unmittelbar oder durch Verweis ausschließlich nach § 323 HGB. § 839a BGB ist nicht einschlägig.

Gerichtlich bestellter Sachverständiger kann nur eine natürliche Person sein.[1013] Eine Haftung der Gesellschaft oder Sozietät, der der Sachverständige angehört, ist damit grundsätzlich auszuschließen. In Betracht kommt nur eine persönliche Haftung des Sachverständigen. Für diese Tätigkeit benötigt der Sachverständige persönlichen Versicherungsschutz.

5.3.2 Erstattung eines unrichtigen Gutachtens

Ob ein Gutachten unrichtig ist, ist objektiv zu beurteilen. Auf die Vorstellungen des Sachverständigen kommt es nicht an. Eine Fehlerhaftigkeit kann sich insbesondere daraus ergeben, dass der Sachverständige von einem unzutreffenden Sachverhalt (z. B. fehlerhafte und unvollständige Sachverhaltsaufklärung) ausgeht oder aus dem Sachverhalt fehlerhafte Schlüsse zieht.[1014] Einen vom Gericht zugrunde gelegten Sachverhalt (vgl. § 404a Abs. 3 ZPO) hat auch der Sachverständige zugrunde zu legen. Nur bei einem vom Gericht objektiv erkennbar unzutreffend vorgegebenen Sachverhalt oder bei einer erkennbar unzutreffenden Fragestellung, hat der Sachverständige auf eine Korrektur oder Klarstellung hinzuwirken. Streitige Fachfragen hat der Sachverständige offen zu legen. Einer vertretenen und vertretbaren Meinung kann der Sachver-

1010 Vgl. *Palandt/Sprau*, § 839a Rz. 2.

1011 Vgl. *Palandt/Sprau*, § 839a Rz. 1a.

1012 Zum Anwendungsbereich siehe *Müller*, in: Wellhöfer/Peltzer/Müller, Die Haftung von Vorstand, Aufsichtsrat, Wirtschaftsprüfer, § 23 Rz. 58; *Palandt/Sprau*, § 839a Rz. 1–2.

1013 OLG Hamm vom 7. 6. 2010 – 6 U 213/08, BauR 2010 S. 1811.

1014 Vgl. *Palandt/Sprau*, § 839a Rz. 3.

ständige sich mit hinreichender Begründung anschließen. Ein Gutachten kann aber auch dadurch unrichtig werden, dass der unzutreffende Eindruck erweckt wird, eine getroffene Aussage sei unzweifelhaft.[1015] Ist eine vom Sachverständigen vertretene Auffassung wissenschaftlich vertretbar, fehlt es allerdings regelmäßig an einem Verschulden. Diese Anforderungen an ein gerichtliches Gutachten gelten grundsätzlich auch für außergerichtliche Gutachten.

In welcher Form das Gutachten erstattet wird, ist unerheblich. In Betracht kommt ein schriftliches Gutachten oder eine mündliche Darstellung. I. d. R. werden Gerichtsgutachten eines Wirtschaftsprüfers aber schriftlich erstattet, wobei sich eine Anhörung oder Erläuterung im Termin anschließen kann. Die Verwendung in einem anderen Verfahren ist dagegen nicht ausreichend.[1016]

5.3.3 Vorsatz oder grobe Fahrlässigkeit

Der Sachverständige muss die Unrichtigkeit des Gutachtens vorsätzlich oder grob fahrlässig herbeigeführt haben. Vorsatz ist Wissen und Wollen der Erstellung eines unrichtigen Gutachtens. Der weitere Schadenverlauf und die Schadenhöhe müssen nicht vom Vorsatz erfasst werden. Es genügt die billigende Inkaufnahme des als möglich erkannten Erfolges in Form des unrichtigen Gutachtens. Grob fahrlässig handelt ein Gutachter, wenn er die erforderliche Sorgfalt in ungewöhnlich hohem Maße verletzt und nicht beachtet, was im gegebenen Fall jedem hätte einleuchten müssen oder ganz nahe liegende Überlegungen nicht angestellt worden sind.[1017] Beim WP wird insoweit wohl ein objektiver Maßstab anzusetzen sein. Unzureichende Kenntnisse des konkreten Wirtschaftsprüfers müssen im Hinblick auf seine Stellung als anerkannter Sachverständiger außer Betracht bleiben. Grobe Fahrlässigkeit kann angenommen werden, wenn ein Ergebnis mitgeteilt wird, das aus der Begründung oder erläuternden Ausführungen nicht nachvollziehbar ist oder wenn der Sachverständige den Gegenstand seines Gutachtens nicht in Augenschein genommen oder ihn gar nicht untersucht hat.[1018] Ebenso wie beim Vorsatz knüpft die grobe Fahrlässigkeit an das unrichtige Gutachten an. Es entlastet den Gutachter daher nicht, wenn er darauf vertraut, dass ein Schaden nicht eintreten werde.

Das Gutachten ist höchstpersönlich zu erstellen. Der Gutachter kann aber grundsätzlich Mitarbeiter oder Hilfspersonen bei der Erstellung des Gutachtens einsetzen. Für grob fahrlässige Fehler seiner Mitarbeiter haftet er. Eine Exkulpationsmöglichkeit besteht nicht, da der Einsatz von Personal ihn nicht von seiner alleinigen Verantwortlichkeit für den Inhalt des Gutachtens befreit. Fehler, die er ungeprüft übernimmt, begründen seine persönliche Haftung.

Der Nachweis der vorsätzlichen oder grob fahrlässigen Erstellung eines Gutachtens bedarf eines ausreichenden Sachvortrages des Geschädigten. Beweiserleichterungen, wie sie im zugrunde liegenden Verfahren bestanden, bestehen hier nicht. Nicht ausreichend ist der Verweis auf ein eingeholtes Privatgutachten oder die Auffassung anderer Sachverständiger. Dies gilt insbesondere dann, wenn der Gutachter sich mit der dort vertretenen Auffassung auseinandergesetzt und mit vertretbarer Begründung zu seinem abweichenden Ergebnis gelangt ist.[1019]

1015 Vgl. *Müller*, in: Wellhöfer/Peltzer/Müller, Die Haftung von Vorstand, Aufsichtsrat, Wirtschaftsprüfer, § 23 Rz. 60.

1016 Vgl. *Palandt/Sprau*, § 839a Rz. 3.

1017 Vgl. *Palandt/Grüneberg*, § 277 Rz. 5.

1018 Vgl. *Müller*, in: Wellhöfer/Peltzer/Müller, Die Haftung von Vorstand, Aufsichtsrat, Wirtschaftsprüfer, § 23 Rz. 61.

1019 Vgl. OLG Köln vom 30. 1. 2012 – 5 U 222/11, VersR 2012 S. 1128; OLG Köln vom 27. 3. 2012 – 4 U 11/11, FamFR 2012 S. 279.

5.3.4 Kausalität

Kausalität muss in zweierlei Hinsicht vorliegen. Zunächst muss die gerichtliche Entscheidung auf dem Gutachten beruhen und weiter muss die gerichtliche Entscheidung für den geltend gemachten Schaden ursächlich sein.

5.3.4.1 Ursächlichkeit des Gutachtens für die gerichtliche Entscheidung

Hier genügt eine Mitursächlichkeit. Das ist der Fall, wenn die Entscheidung dem Gutachten zumindest teilweise folgt und die Möglichkeit nicht auszuschließen ist, dass sie ohne das Gutachten oder bei anderem Inhalt oder Ergebnis weniger ungünstig für den betroffenen Verfahrensbeteiligten ausgefallen wäre.[1020] Ob dies der Fall ist, ergibt sich meist aus den Entscheidungsgründen, i. d. R. aus der Beweiswürdigung. Beruht das Urteil dagegen darauf, dass sonstige objektive Beweismittel fehlen, fehlt es an der Kausalität.[1021]

5.3.4.2 Ursächlichkeit der gerichtlichen Entscheidung für den Schaden

Der Schaden muss auf einer gerichtlichen Entscheidung beruhen. Dabei kann es sich um ein Urteil, einen Beschluss oder ein Zwischenbeschluss handeln. Der Schaden beruht nicht auf einer gerichtlichen Entscheidung, wenn das Verfahren nicht durch eine solche endet. Dies ist z. B. dann der Fall, wenn das Verfahren durch einen Vergleich, eine Klagerücknahme oder eine Erledigungserklärung endet. Eine Haftung nach § 839a BGB kommt selbst dann nicht in Betracht, wenn diese Entscheidung unter Einfluss des Gutachtens erfolgt. Hier sind dann die Regelungen des sonstigen Deliktrechts einschlägig.

Beruht der Schaden auf einer gerichtlichen Entscheidung, ist nur der Schaden ersatzfähig, der wiederum auf dem Gutachten beruht. Bei Wertgutachten, denen das Gericht gefolgt ist, liegt der Schaden in der Differenz zwischen dem vom Gericht auf der Grundlage des Gutachtens angenommen Wert und dem richtigen Wert. Erweist sich die gerichtliche Entscheidung trotz des unrichtigen Gutachtens und seiner Verwertung als in der Sache zutreffend, ist ein ersatzfähiger Schaden nicht anzunehmen.[1022]

5.3.5 Verfahrensbeteiligte

Anspruchsberechtigt sind die Verfahrensbeteiligten. Dabei handelt es sich zunächst um die nach der jeweiligen Prozessordnung förmlich am Gerichtsverfahren beteiligten Personen. Im Zivilverfahren sind das der Kläger, der Beklagte, der Streitverkündete, Nebenintervenienten, Rechtsnachfolger und ggf. auch der Insolvenzverwalter, Testamentsvollstrecker oder Prozessstandschafter. Im Strafverfahren gelten der Angeklagte und der Privat- oder Nebenkläger als Verfahrensbeteiligte. Im Verwaltungs-, Finanz- und Sozialgerichtsbarkeit der Kläger, Beklagte und Beigeladene.

1020 Vgl. *Palandt/Sprau*, § 839a Rz. 4.

1021 Vgl. OLG München vom 19. 7. 2011 – 1 W 999/11, n.v.

1022 Vgl. *Müller*, in: Wellhöfer/Peltzer/Müller, Die Haftung von Vorstand, Aufsichtsrat, Wirtschaftsprüfer, § 23 Rz. 64.

Die Rechtsprechung beschränkt den Kreis des Verfahrensbeteiligten nicht auf die formell am Verfahren beteiligten Personen, sondern wendet die im Rahmen der Amtshaftung gem. § 839 BGB entwickelten Grundsätze der drittschützenden Wirkung von Amtspflichten entsprechend an.[1023]

5.3.6 Haftungsausschluss gem. § 839a Abs. 2 i. V. m. § 839 Abs. 3 BGB

§ 839a Abs. 2 BGB schreibt die entsprechende Anwendung des § 839 Abs. 3 BGB vor. Danach ist ein Anspruch ausgeschlossen, wenn der Verletzte es vorsätzlich oder fahrlässig unterlassen hat, den Schaden durch Gebrauch eines Rechtsmittels abzuwenden. Rechtsmittel in diesem Sinne sind Rechtsbehelfe, die sich unmittelbar gegen das fehlerhafte Gutachten richten und bestimmt und geeignet sind, dessen Auswirkungen auf die Instanz beendende Entscheidung zu verhindern;[1024] ferner die im Instanzenzug vorgesehenen Rechtsbehelfe zur Korrektur der aufgrund des Gutachtens ergangenen gerichtlichen Entscheidung.

Der Geschädigte muss bereits im laufenden Verfahren alle vorgesehenen Maßnahmen ergreifen, um noch vor der gerichtlichen Entscheidung eine Korrektur des von ihm für fehlerhaft gehaltenen Gutachtens zu erreichen. Hierzu gehören:

- Gegenvorstellungen und Hinweise auf die Unrichtigkeit des Gutachtens (vgl. § 411 Abs. 4 ZPO);
- Anträge, den Sachverständigen zur mündlichen Erläuterung seines Gutachtens zu laden;
- Einholung eines Privatgutachtens, um auf diesem Weg und durch formellen Beweisantrag die Einholung eines neuen (Ober-)Gutachtens (§ 412 ZPO) zu erreichen.[1025]

Einzulegen sind alle Rechtsmittel, die nicht von vornherein aussichtslos sind. Gegendarstellung und Einholung eines Privatgutachtens führen nicht zur Entbehrlichkeit einer persönlichen Anhörung des Gutachters.[1026]

Sind diese Maßnahmen nicht erfolgreich, hat er alle zumutbaren Rechtsmittel gegen die gerichtliche Entscheidung einzulegen.

Es muss ein Kausalzusammenhang zwischen dem unterbliebenen Rechtsmittel und dem eingetretenen Schaden bestehen. Ist davon auszugehen, dass bei Einlegung des Rechtsmittels das erkennende Gericht bei pflichtgemäßem Vorgehen die Verwertbarkeit des fehlerhaften Gutachtens als Grundlage der gerichtlichen Entscheidung beseitigt hätte, ist ein Kausalzusammenhang gegeben.[1027]

Schuldhafte Nichteinlegung eines Rechtsbehelfs bedeutet Vorwerfbarkeit i. S. d. § 254 BGB. Abzustellen ist darauf, welches Maß an Sorgfalt und Umsicht von Angehörigen des Verkehrskreises, dem der Geschädigte angehört, zu erwarten ist.[1028]

1023 Vgl. für den Sachverständigen im Zwangsversteigerungsverfahren BGH vom 9. 3. 2006 – III ZR 143/05, NJW 2006 S. 1733.

1024 Vgl. *Palandt/Sprau*, § 839a Rz. 5.

1025 BGH vom 5. 7. 2007 – III ZR 240/06, MDR 2007 S. 1210, VersR 2007 S. 1379; OLG Hamm vom 9. 12. 2010 – I-6 U 131/10, GesR 2011 S. 227.

1026 BGH vom 5. 7. 2007 – III ZR 240/06, MDR 2007 S. 1210, VersR 2007 S. 1379.

1027 BGH vom 5. 7. 2007 – III ZR 240/06, MDR 2007 S. 1210, VersR 2007 S. 1379.

1028 Vgl. *Palandt/Sprau*, § 839 Rz. 71.

ABB. 11: Haftung des WP bei Beratung und Sachverständigentätigkeit

Haftung des WP bei Beratung und Sachverständigentätigkeit

Schadensersatz bei Beratungsfehlern – Anspruchsgrundlage:
Geschäftsbesorgungsvertrag mit Dienstvertragscharakter (§§ 611, 675, 280, 281 BGB)

Anspruchsvoraussetzungen:

- Anspruchsberechtigter: Auftraggeber und ggf. auch ein Dritter
- Pflichtverletzung
- Schaden und Kausalität; **keine** Begrenzung der Haftung nach Gesetz
- Verjährung: §§ 195, 199 BGB, 3 Jahre nach Pflichtverstoß und Kenntnis

Haftung gegenüber Dritten evtl. aus Auskunftsvertrag oder nach den Grundsätzen des Vertrages mit Schutzwirkungen gegenüber Dritten (siehe Schaubild „Dritthaftung des WP")

Schadensersatz bei Tätigkeit als Sachverständiger

Privatrechtliche Gutachter- und Sachverständigentätigkeit

Anspruchsgrundlage:
Geschäftsbesorgungsvertrag mit Werkvertragscharakter (§§ 631, 675, 280, 281 BGB)

Anspruchsvoraussetzungen:

- Anspruchsberechtigter: Auftraggeber und evtl. auch ein Dritter
- Pflichtverletzung (Gutachter muss unparteilich sein); bei Schiedsgutachten Haftung nur bei offenbarer Unrichtigkeit oder Unbilligkeit (§§ 317, 319 BGB)
- Schaden und Kausalität
- Verjährung: §§ 195, 199 BGB, 3 Jahre nach Pflichtverstoß und Kenntnis

Gerichtliche Sachverständigentätigkeit

Anspruchsgrundlage:
§ 839a BGB
Öffentlichrechtliche Bestellung.
Es bestehen keine Vertragsbeziehungen zu den Prozessparteien oder Dritten.

Anspruchsvoraussetzungen:

- Unrichtigkeit des Gutachtens
- Verschulden: Nur Vorsatz und grobe Fahrlässigkeit!
- Kausalität und Schaden
- evtl. Haftungsausschluss nach §§ 839a Abs. 2, 839 Abs. 3 BGB

6. Treuhandtätigkeit[1029]

6.1 Treuhandtätigkeit

Der Treuhandvertrag ist gesetzlich nicht geregelt. Aufgrund des Treuhandvertrages hat ein Treuhänder die Vermögensinteressen seines Auftraggebers, des Treugebers, und/oder eines Dritten nach Maßgabe der Treuhandabrede zu wahren. Der Treugeber überträgt dem Treuhänder ein Treugut oder gibt diesem über eine Bevollmächtigung oder Ermächtigung Rechtsmacht über das Treugut. Die sich daraus gegenüber einem Dritten ergebende Rechtsmacht über das Treugut wird im Verhältnis zum Treugeber durch die schuldrechtliche Treuhandabrede nach § 137 Abs. 2 BGB beschränkt.[1030]

Die Treuhandtätigkeit gehört zu den berufstypischen Leistungen eines Wirtschaftsprüfers (§ 2 Abs. 3 Nr. 3 WPO). Neben dem Bereich der Kapitalanlagen kommen Treuhandtätigkeiten z. B. bei der Abwicklung fremdfinanzierter Verträge, Sanierungsmaßnahmen und Durchführung von Liquidationsvergleichen in Betracht. Der WP wird hier als neutrale Instanz eingesetzt, die bei der Abwicklung die Interessen des Treugebers aber auch der an dem Verfahren beteiligten Dritten zu wahren hat. Entsprechende Treuhandverträge dienen damit regelmäßig nicht allein den Interessen des Treugebers, sondern auch Dritter, die entweder über einen echten Vertrag zugunsten Dritter oder aber jedenfalls über einen Vertrag mit Schutzwirkung zugunsten Dritter in den Schutzbereich des Treuhandvertrages einbezogen werden. Der Umstand, dass Treugeber und Dritter mitunter widerstreitende Interessen und Ziele verfolgen, hindert die Einbeziehung in den Schutzbereich grundsätzlich nicht.

Nach dem Berufsrecht gehören zu den Treuhandtätigkeiten auch die Testamentsvollstreckung, die Nachlassverwaltung, die Insolvenzverwaltung und die Tätigkeiten als Pfleger, Vormund, Liquidator und Nachlasspfleger.[1031] Wird der WP in diesen Bereichen tätig, empfiehlt sich zunächst die Überprüfung, ob der bestehende Versicherungsschutz diese Bereiche ausreichend abdeckt.

Ein Treuhandvertrag mit einem WP bzw. einer WPG, der die rechtliche Abwicklung eines Grundstückserwerbs im Rahmen eines Bauträgermodells für den Erwerber zum Inhalt hat, kann gegen das Rechtsberatungsgesetz verstoßen und daher nichtig (§ 134 BGB) sein.[1032] Die Nichtigkeit des Treuhandvertrages erfasst auch die dem Treuhänder übertragenen Vollmachten.[1033] Dem Treugeber bleibt es überlassen, die vom Treuhänder für ihn vorgenommenen Erklärungen zu genehmigen. Hat der Treuhänder, was regelmäßig der Fall war, mehrere Verträge für den Treugeber abgeschlossen, steht es dem Treugeber frei, auch nur einzelne Verträge zu genehmigen. Erfolgt keine Genehmigung, sind die Verträge mangels wirksamer Vollmacht für den Treugeber nicht bindend. Für etwaige Leistungen des Treugebers entfällt der Rechtsgrund und ihm steht ein Erstattungsanspruch gegen den Vertragspartner (z. B. gegen die finanzierende Bank auf Erstattung von Leistungen auf eine Zwischenfinanzierung) nach bereicherungsrechtlichen Grundsät-

1029 Vgl. hierzu auch die Ausführungen zum Treuhandkommanditisten.

1030 Zu den unterschiedlichen Formen einer Treuhand siehe *Zugehör*, Handbuch der Anwaltshaftung, 3. Aufl. Rz. 1790 ff.

1031 *Wollburg*, in: WPO-Kommentar, Düsseldorf 2008, § 2 Rn. 21.

1032 BGH vom 28. 9. 2000 – IX ZR 279/99, MDR 2011 S. 178; BGH vom 1. 2. 2007 – III ZR 281/05, BB 2007 S. 517; differenzierend BGH vom 20. 1. 2009 – XI ZR 487/07, MDR 2009 S. 517, WM 2009 S. 542.

1033 BGH vom 26. 3. 2003 – IV ZR 222/02, BB 2003 S. 1035, WM 2003 S. 914, mit weiteren Nachweisen.

zen (§§ 812 ff. BGB) zu. Der Treuhänder ist dann der verschuldensunabhängigen Haftung als vollmachtsloser Vertreter gem. § 179 BGB ausgesetzt.

Unter dem Anwendungsbereich des Rechtsdienstleistungsgesetzes dürfte nichts anderes gelten.

6.1.1 Vertragliche Pflichten

Bei einem Treuhandvertrag, der im Rahmen eines echten Wirtschaftsprüfermandats abgeschlossen wird, handelt es sich um einen Geschäftsbesorgungsvertrag, der ein Dienst- oder Werkvertrag sein kann (§ 675 Abs. 1 BGB). Neben den anzuwendenden Vorschriften zum Dienst- (§§ 611 ff. BGB) oder Werkvertrag (§§ 631 ff. BGB), finden die Regelungen der §§ 663, 665–670 und 672–674 BGB zum Auftrag Anwendung. Es ergeben sich daraus eine Reihe wechselseitiger Pflichten:

- Pflicht zur Anzeigepflicht bei Ablehnung des Auftrages (§ 663 BGB)
- Auskunft und Rechenschaftspflicht des Treugebers (§ 666 BGB)
- Pflicht des Treuhänders, das bei der Treuhandtätigkeit Erlangte an den Treugeber herauszugeben (§ 667 BGB)
- Verpflichtung des Treugebers, dem Treuhänder für die zur Ausführung erforderlichen Aufwendungen auf Verlangen einen Vorschuss zu leisten (§ 669 BGB)
- Verpflichtung des Treugebers zum Aufwendungsersatz (§ 670 BGB)

Darüber hinaus hat der Treuhänder das Verbot der Vertretung widerstreitender Interessen zu beachten. Gerade im Bereich von Kapitalanlagen, in denen Dritte unmittelbar oder mittelbar in den Schutzbereich des Treuhandvertrages einbezogen werden und damit auch deren Interessen zu beachten sind, kann der WP leicht der Gefahr ausgesetzt werden, gegen dieses Prinzip zu verstoßen.

6.1.2 Die Treuhandabrede

Inhalt und Umfang der hauptsächlichen Pflichten des Treuhänders gegenüber dem Treugeber und Dritten aufgrund eines Vertrages zugunsten Dritter oder eines Vertrages mit Schutzwirkung zugunsten Dritter, ergeben sich aus der im Einzelfall getroffenen Treuhandvereinbarung, der Treuhandabrede. Aus der Treuhandabrede können sich eine Reihe vertraglicher Pflichten zur Beratung, zum Beistand, zur Mitwirkung, Prüfung, Aufklärung und Überwachung ergeben. Beispielhaft zu nennen sind hier:

- die vereinbarte Verwendung des Treuguts zu sichern. Z. B. durch Überwachung des vertragsgerechten Einsatzes von Anlegermitteln;[1034]
- ordnungsgemäße Weiterleitung der auf ein Treuhandkonto eingezahlten Anlegergelder und Überwachung des Rücklaufs nicht verwendeter Gelder im Rahmen eines Sicherungssystems für die Anleger;[1035]

1034 BGH vom 19. 6. 1986 – VII ZR 25/05, WM 1986 S. 1320; BGH vom 10. 3. 1988 – III ZR 195/86, WM 1988 S. 986.
1035 BGH vom 13. 5. 2004 – III ZR 368/03, VersR 2005 S. 562, WM 2004 S. 1287.

- Verpflichtung die Anleger darüber zu informieren, dass aufgrund einer Änderung der Treuhandabrede eine Überwachung des Rücklaufs nicht mehr geschuldet wird bzw. eine Prüfung/Überwachung des Rücklaufs der Gelder nicht möglich ist;[1036]
- Durchführung von Prüfungen im Interesse des Treugebers;[1037]
- Weitergabe von Bürgschaftsurkunden erst nach vollständiger Erfüllung der Bedingungen der Treuhandauflage;[1038]
- soweit vereinbart die Wahrnehmung der steuerlichen Interessen von Anlegern.[1039]

Der Treuhandvertrag ist grundsätzlich unter Berücksichtigung der mit dem konkreten Vertrag verbundenen Interessen und Ziele auszulegen. Maßgeblich ist damit nicht allein der Wortlaut der Treuhandabrede. Ein Treuhandvertrag, der zur Absicherung der Anleger abgeschlossen wurde und nach dem Wortlaut nur die Einzahlung der Anlagegelder auf dem Treuhandkonto vorsieht, ist daher dahingehend auszulegen, dass auch der Rücklauf von Geldern über das Treuhandkonto zu erfolgen hat und der Treuhänder zu einer Überwachung verpflichtet ist.[1040] Der Leistungsumfang, den ein Treugeber mit dem üblichen Berufsbild des Treuhänders verbinden darf, ist bei der Auslegung zu berücksichtigen.[1041] Dies erlaubt es, an die Treuhandtätigkeit eines Wirtschaftsprüfers oder Rechtsanwalts einen höheren Maßstab zu setzen, als an einen sonstigen Treuhänder. Es ist davon auszugehen, dass ein WP, über den eine Zahlungsabwicklung erfolgen soll, im Falle einer Veruntreuung oder Fehlleitung der Gelder, nicht mit dem Argument gehört werden kann, er sei nur zur Entgegennahme und Weiterleitung der Gelder ohne weitere Prüfung verpflichtet gewesen.

Grundsätzlich ist der Treuhänder an die Weisungen des Treugebers gebunden. Der Treuhänder darf den Weisungen aber nicht blind folgen. Sind die Weisungen unklar, sachwidrig oder entsprechen diese veränderten Umständen nicht mehr und droht dem Treugeber eine Gefahr oder ein Nachteil, ist der Treuhänder verpflichtet, den Treugeber zu warnen. Der Treuhänder ist gem. § 665 BGB berechtigt von den Weisungen abzuweichen, wenn er den Umständen nach annehmen darf, dass der Treugeber bei Kenntnis der Sachlage die Abweichung billigen würde. Grundsätzlich ist der Treuhänder aber gem. § 665 Satz 2 BGB verpflichtet, dem Treugeber vor der Abweichung Anzeige zu machen und seine Entschließung abzuwarten. Nur wenn mit dem Aufschub eine Gefahr verbunden ist, darf die Abweichung von der Weisung ohne vorherige Genehmigung erfolgen. Eine solche Maßnahme birgt erhebliche Risiken für den Treuhänder. Dies gilt insbesondere dann, wenn der Treuhänder die Interessen mehrerer Treugeber und/oder weiterer in den Schutzbereich einbezogener Personen zu berücksichtigen hat. In diesem Fall ist der Treuhänder gut beraten, die beteiligten Parteien zu einer einvernehmlichen Regelung aufzufordern.

1036 BGH vom 13. 5. 2004 – III ZR 368/03, VersR 2005 S. 562, WM 2004 S. 1287.
1037 BGH vom 5. 7. 1990 – VII ZR 26/89, WM 1990 S. 1623; BGH vom 25. 10. 1990 – VII ZR 230/88, WM 1991 S. 10.
1038 BGH vom 6. 6. 2002 – III ZR 206/01, WM 2002 S. 1440.
1039 BGH vom 7. 12. 1983 – IVa ZR 52/82, WM 1984 S. 240; BGH vom 19. 11. 1987 – VII ZR 39/87 BGHZ 102 S. 220.
1040 BGH vom 13. 5. 2004 – III ZR 368/03, VersR 2005 S. 562, WM 2004 S. 1287.
1041 Vgl. BGH vom 19. 1. 1987 – VII ZR 39/87, BB 1988 S. 165, DB 1988 S. 330.

6.2 Haftung bei Treuhandtätigkeiten

Der Treuhänder hat dem Treugeber jeden durch die schuldhafte Verletzung der sich aus dem konkreten Treuhandvertrag ergebenden Haupt- aber auch Nebenpflichten, in Form etwaiger Warn- und Hinweispflichten, kausal verursachten Schaden zu ersetzen.

In Betracht kommen z. B.:

- die Erstattung eines Wertverfalls des Treugutes wegen unterbliebener Sicherung;
- ein Zinsschaden wegen unterbliebener verzinslicher Anlage der anvertrauten Gelder;
- die Erstattung zu Unrecht oder vor Fälligkeit erbrachter Zahlungen;
- die Erstattung einer ausgefallenen Bürgschaft wegen verfrühter Weitergabe der Bürgschaftserklärung;
- Freistellung von Leistungspflichten aus einem Vertrag, der bei ordnungsgemäßer Erfüllung des Treuhandvertrages nicht abgeschlossen worden wäre.

Gegenüber Dritten kommt eine Haftung aus einem Vertrag mit Schutzwirkung zugunsten Dritter aber auch aus einem echten Vertrag zugunsten Dritter in Betracht, wenn die Treuhandabrede einen entsprechenden Inhalt aufweist.

Als ersatzfähige Schäden kommen z. B. in Betracht:

- die Erstattung angelegter Gelder bei Veruntreuung und Verletzung der vereinbarten Sicherungsaufgabe;
- die Erstattung anvertrauter Gelder bei zweckwidriger Verwendung.

Im Bereich der Insolvenzverwaltung sind die Haftungsvorschriften der §§ 60, 61 InsO zu beachten.

6.3 Verjährung

Hinsichtlich der Verjährung gelten die allgemeinen Regeln.

7. Haftung für Fehler Dritter – Haftung von Sozietät und Partnerschaft

7.1 Allgemeines

Eine Haftung des Wirtschaftsprüfers kommt nicht nur für eigene Fehler, sondern auch für Fehler Dritter in Betracht. So bestimmt § 278 BGB, dass er gegenüber Vertragspartnern auch für Fehler seiner Erfüllungsgehilfen einzustehen hat. Erfüllungsgehilfen sind alle Personen, derer er sich bei der Erfüllung seiner vertraglichen Pflichten gegenüber dem Mandanten bedient. Zu nennen ist hier zunächst das Büropersonal, aber auch von ihm eingeschaltete freie Mitarbeiter. Zwischen dem freien Mitarbeiter und dem Mandanten wird kein Mandatsverhältnis begründet. Eine eigene vertragliche Haftung des freien Mitarbeiters scheidet daher grundsätzlich aus. Eine Eigenhaftung des freien Mitarbeiters gegenüber dem Mandanten kommt nur auf der Grundlage des Deliktsrechts in Betracht. Einen Sondertatbestand enthält § 323 Abs. 1 Satz 1 HGB für den Bereich der Prüfung von Jahresabschlüssen. Dort ist eine Eigenhaftung der Gehilfen ausdrücklich vorgesehen.

PRAXISTIPP

Versicherungsrechtlich sind Erfüllungsgehilfen dem Mandatsträger zuzuordnen. Während das Büropersonal i. d. R. mitversichert ist, sind freie Mitarbeiter mit einer eigenen Berufsqualifikation (StB, RA, WP), dem Versicherer anzuzeigen. Unterbleibt eine Anzeige, kann dies zu einer Reduzierung der Versicherungsleistung führen.

Im Bereich der deliktischen Haftung sieht § 831 BGB eine Haftung für Verrichtungsgehilfen vor. Dem Geschäftsherrn steht allerdings die Möglichkeit einer Exkulpation gem. § 831 Abs. 1 Satz 2 BGB offen.

Eine erhebliche Haftungserweiterung ergibt sich allerdings, wenn ein WP sich mit anderen Berufsträgern oder Freiberuflern in einer Sozietät oder Partnerschaft verbindet. Mit Einführung der Rechtsfähigkeit der BGB-Gesellschaft, zu der auch die Sozietät gehört, hat sich das Risiko der persönlichen Inanspruchnahme aufgrund eines Fehlers eines Sozius noch erheblich verschärft.

7.2 Die Haftung der Sozietät

Mit Urteil vom 29. 1. 2001[1042] hat der BGH die Teilrechtsfähigkeit der BGB-Gesellschaft festgestellt. Die Sozietät ist rechtlich als solche einzustufen. Damit kann die Sozietät Trägerin von Rechten und Pflichten sein, aber auch als rechtsfähige Gesellschaft auf Schadenersatz in Anspruch genommen werden. Neben den Regelungen zur BGB-Gesellschaft (§§ 705 ff. BGB) werden die Vorschriften des HGB zur OHG (§§ 105 ff., insbesondere die Haftungsnormen der §§ 128 ff. HGB) entsprechend angewandt.

Die grundlegende Entscheidung des BGH, die nicht zu einer freiberuflichen Gesellschaft getroffen wurde, hat weitreichende Folgen für die Haftungsverfassung der Sozietät.[1043] Im Vergleich zur alten Rechtslage bis zum 29. 1. 2001 ergeben sich erhebliche Unterschiede bei Abschluss des Mandatsvertrages, bei der Haftung für Altverbindlichkeiten der Sozietät, bei der Nachhaftung und bei der Haftung der gemischten sowie der Scheinsozietät.

7.2.1 Alte Rechtslage

7.2.1.1 Doppelverpflichtungstheorie

Bis zum 29. 1. 2001 wurde die von der Rechtsprechung entwickelte Doppelverpflichtungstheorie angewandt. Danach wurde, sofern keine besonderen Umstände vorlagen[1044], grundsätzlich davon ausgegangen, dass ein Sozius, der ein Mandatsverhältnis begründete, dabei nicht nur für sich aktiv wurde, sondern auch als Vertreter für alle anderen Sozien.[1045] Verpflichtet wurden damit der handelnde und auch alle anderen Sozien.[1046] Der Mandant erwarb im Falle einer Pflichtverletzung des handelnden Sozius einen vertraglichen Schadenersatzanspruch gegen alle seine Vertragspartner.

1042 BGH vom 29. 1. 2001 – II ZR 331/00, BB 2001 S. 374, VersR 2001 S. 510.

1043 Vgl. hierzu eingehend *Brügge*, NJW 2011, NJW-aktuell Nr. 40 S. 16.

1044 Vgl. hierzu Ziffer 7.2.2.2.

1045 Grundlegend BGH vom 6. 7. 1971 – VI ZR 94/69, VersR 1971 S. 936.

1046 Vgl. *Gräfe/Lenzen/Schmeer*, Steuerberaterhaftung, 5. Aufl. Rn. 39; ständige Rechtsprechung z. B. BGH vom 21. 4. 1982 – IVa ZR 291/80 BGHZ 83 S. 328.

7.2.1.2 Gemischte Sozietät

Bei Vorliegen einer gemischten Sozietät aus Rechtsanwälten, Steuerberatern und/oder Wirtschaftsprüfern, kam das Mandat nur mit den Sozien zustande, die berufsrechtlich zur Ausübung des jeweiligen Mandats berechtigt waren. Ein Vertrag über eine allgemeine Rechtsberatung kam daher nur mit den Anwälten der Sozietät zustande, nicht aber mit den Steuerberatern/Wirtschaftsprüfern.[1047] Im Falle einer Pflichtverletzung konnten nur die Sozien zur Haftung herangezogen werden, die Vertragspartner geworden waren.

7.2.1.3 Haftung für Altverbindlichkeiten und Nachhaftung

Eine Haftung eines eintretenden Sozius für Altverbindlichkeiten, also Verbindlichkeiten die vor seinem Beitritt zur Sozietät begründet wurden, war nicht möglich. Erfolgte die Pflichtverletzung erst nach seinem Beitritt, war eine Haftung denkbar. Mit seinem Beitritt wurde, sofern dem Mandanten dieser bekannt wurde (z. B. durch Aufnahme in den Briefkopf), das bestehende Mandatsverhältnis auf diesen erweitert.[1048]

Erfolgte eine Pflichtverletzung nach dem Ausscheiden eines Sozius, war seine Haftung ausgeschlossen. Voraussetzung war, dass dem Mandanten das Ausscheiden bekannt wurde und der Sozius nicht weiterhin als Scheinsozius in Erscheinung trat.

7.2.1.4 Scheinsozietät

Die Grundsätze der Haftung echter Sozien galten auch für Scheinsozien.[1049] Haftungsrechtlich wurde nicht zwischen echten und nur scheinbaren Sozien unterschieden. Grundsätzlich war davon auszugehen, dass sich das einer Sozietät erteilte Mandat im Zweifel auch auf später (scheinbar) eintretende Sozien erstreckte. Voraussetzung war, dass der Beitritt dem Mandanten, z. B. durch Übersendung eines um den (Schein-)Sozius erweiterten Briefkopfes, bekannt wurde. Der eintretende Scheinsozius haftete dann für Pflichtverletzungen, die nach seinem Beitritt bzw. nach der Bekanntgabe gegenüber dem Mandanten, zu datieren waren.[1050] Ebenso wie die echten Sozien für die Fehler von Scheinsozien einzustehen hatten, hatten diese für die Fehler der echten Sozien sowie die Fehler anderer Scheinsozien einzustehen.[1051]

Die Haftung galt auch in den Fällen, in denen die Pflichtverletzung eine Straftat war oder vorsätzlich erfolgte. Eine Unterschlagung begründet neben der Straftat eine Schlechterfüllung des Mandatsvertrages, für die eine gesamtschuldnerische Haftung aller Sozien und Scheinsozien bestand.[1052]

1047 BGH vom 16. 12. 1999 – IX ZR 117/99, BB 2000 S. 636; BGH vom 12. 10. 2006 – IX ZR 69/03, BRAK-Mitt 2007 S. 16; OLG Köln vom 3. 5. 1996 – 11 U 252/95, VersR 1997 S. 696.

1048 OLG Celle vom 12. 9. 2007 – 3 U 44/07, OLGR Celle 2008 S. 136.

1049 Grundlegend BGH vom 24. 1. 1978 – VI ZR 264/76, VersR 1978 S. 445.

1050 Saarländisches OLG vom 22. 12. 2005 – 8 U 92/05, MDR 2006 S. 1019; vgl. auch OLG Celle vom 12. 9. 2007 – 3 U 44/07, OLGR Celle 2008 S. 136.

1051 OLG Dresden vom 19. 12. 2001 – 11 U 2765/00, n.v.

1052 BGH vom 8. 7. 1999 – IX ZR 338/97, MDR 1999 S. 1350; OLG Dresden vom 19. 12. 2001 – 11 U 2765/00, n.v.

7.2.2 Neue Rechtslage

7.2.2.1 Allgemeines

Mit Urteil vom 7. 4. 2003[1053] hat der BGH entschieden, dass die neue Rechtslage grundsätzlich auch für Sozietäten bestehend aus Angehörigen Freier Berufe gilt. Die Gesellschafter einer Sozietät haften damit akzessorisch für alle Verbindlichkeiten der Sozietät analog § 128 HGB. Seit dem Urteil des BGH vom 3. 5. 2007[1054] steht fest, dass die Rechtsprechung auch für berufshaftungsrechtliche Verbindlichkeiten, also Schadenersatzforderungen, gilt. Dieser Punkt war vom II. Zivilsenat in der Entscheidung vom 7. 4. 2003 ausdrücklich offen gelassen worden. Aufgrund der Abweichung der Entscheidung vom 29. 1. 2001 von der bis dahin geltenden gefestigten Rechtsprechung, findet die neue Rechtsprechung nur auf solche Sachverhalte Anwendung, bei denen das Vertrags- bzw. Mandatsverhältnis nach dem 29. 1. 2001 begründet wurde.[1055] Etwas anderes soll allerdings im Hinblick auf die Regelung des § 130 HGB dann gelten, wenn dem beitretenden Neugesellschafter die bereits bestehende Verbindlichkeit bekannt war oder wenn er deren Vorhandensein bei auch nur geringer Aufmerksamkeit hätte erkennen können.[1056] Sicherlich wird ein beitretender Sozius damit rechnen müssen, dass die Sozietät vor seinem Beitritt Pflichtverletzungen begangen hat, die nach seinem Beitritt zur Grundlage von Schadenersatzforderungen gemacht werden. Regelmäßig werden diese für ihn aber nicht erkennbar sein, da ihm vor seinem Eintritt der Einblick in laufende Mandatsverhältnisse fehlt. Eine Ausnahme vom Vertrauensschutz wird daher nur in den Fällen positiver Kenntnis anzunehmen sein.

7.2.2.2 Vertragsabschluss

Die Teilrechtsfähigkeit der BGB-Gesellschaft und damit der Sozietät, führt dazu, dass, sofern keine besonderen Umstände oder Vereinbarungen vorliegen, nicht mehr die einzelnen Sozien, sondern die Sozietät selbst Vertragspartner des Mandanten wird.[1057] Begeht ein Sozius eine Pflichtverletzung, wird diese über § 31 BGB der Sozietät zugerechnet. Haftet danach zunächst die Sozietät, haften gem. § 128 HGB auch die einzelnen Sozien persönlich gesamtschuldnerisch mit der Sozietät und allen anderen Sozien.[1058] Als Haftungsmasse stehen damit neben dem Vermögen der Sozietät auch die Privatvermögen aller Sozien unbeschränkt zur Verfügung. Die gesamtschuldnerische Haftung führt dazu, dass sich der Geschädigte aussuchen kann, wen er auf Ersatz seines Schadens in Anspruch nimmt. Er ist insoweit nicht auf einen Sozius oder den pflichtwidrig handelnden Sozius beschränkt.

Wie schon zur alten Rechtslage, können besondere Umstände, die Annahme eines gesonderten Mandatsverhältnisses mit nur einem Sozius begründen. Diese können sich aus einer besonderen Vereinbarung oder dem konkreten Mandatsinhalt ergeben. Es steht den Mandatsparteien frei, ein gesondertes Mandatsverhältnis mit nur einem Sozius durch ausdrückliche Erklärung abzu-

1053 BGH vom 7. 4. 2003 – II ZR 56/02, BB 2003 S. 1081, VersR 2003 S. 771.

1054 BGH vom 3. 5. 2007 – IX ZR 218/05, VersR 2007 S. 1654, WM 2007 S. 1530.

1055 BGH vom 26. 6. 2008 – IX ZR 145/05, VersR 2008 S. 1394; missverständlich BGH vom 7. 4. 2003 – II ZR 56/02, BB 2003 S. 1081, VersR 2003 S. 771.

1056 BGH vom 12. 12. 2005 – II ZR 283/03, BB 2006 S. 118, für eine BGB-Gesellschaft hinsichtlich der Verbindlichkeiten aus Versorgungsverträgen für in ihrem Eigentum stehende Miethäuser; LG Berlin vom 7. 6. 2007 – 37 O 13/07, GesR 2007 S. 514, für Darlehensvertrag einer Anwaltssozietät.

1057 Vgl. *Gräfe/Lenzen/Schmeer*, Steuerberaterhaftung, 5. Aufl., Rz. 39.

1058 BGH vom 3. 5. 2007 – IX ZR 218/05, VersR 2007 S. 1654, MDR 2007 S. 1166.

schließen. Bei Tätigkeiten außerhalb des typischen Berufsbildes wird davon ausgegangen, dass diese Aufgaben konkludent nur einem Sozius persönlich übertragen werden.[1059] Hierzu gehören Tätigkeiten als:

- Aufsichtsrat
- Testamentsvollstrecker
- Insolvenzverwalter
- Sequester
- Treuhänder
- Liquidator

In diesen Fällen sprechen das gesonderte Vertrauen, das einem Sozius persönlich entgegengebracht wird oder die Bestellung durch ein Gericht, für ein Einzelmandat. Grundsätzlich wird die Erteilung des Mandates an die Sozietät, wie in der Vergangenheit auch, nur in den Fällen anzunehmen sein, in denen eine berufstypische Tätigkeit Mandatsinhalt ist.[1060]

7.2.2.3 Gemischte Sozietät

Ob die Teilrechtsfähigkeit der Sozietät entgegen der alten Rechtsprechung zu einer Einbeziehung aller Sozien in die gesamtschuldnerische Haftung gegenüber dem Mandanten führt, war in der Rechtsprechung umstritten.[1061] Der BGH hat diesen Punkt zunächst offen gelassen und in diesem Zusammenhang eine differenzierte Betrachtung des Einzelfalles angelegt.

So soll für den Fall, dass ein Mandatsverhältnis in der Vergangenheit unter der Geltung der alten Rechtsprechung nur mit einem RA abgeschlossen wurde, ein durch die frühere Beratung ausgelöster Folgeauftrag auch nach Anerkennung der Rechtsfähigkeit nur mit dem RA abgeschlossen werden, sofern dieser nicht ausdrücklich zum Ausdruck bringt, für die Sozietät handeln zu wollen.[1062]

In einer weiteren Entscheidung stellt der BGH fest, dass sich eine aus Rechtsanwälten und Steuerberatern bestehende gemischte Sozietät einem Mandanten gegenüber zur Erbringung anwaltlicher Dienstleistungen verpflichten kann. Hat ein Mandant in der Vergangenheit eine Beratersozietät mit einer Rechtsdienstleistung beauftragt, kommt im Zweifel auch ein im engen zeitlichen Anschluss erteiltes Mandat mit der Sozietät und nicht mit dem angesprochenen Sozius zustande. Ob diese Feststellung auch zu einer Haftung aller Sozien führt, wurde ausdrücklich offen gelassen.[1063]

Diese Frage hat der BGH in seiner Entscheidung vom 10. 5. 2012 zugunsten einer gesamtschuldnerischen Haftung aller Sozien entschieden. Wird ein Anwaltsvertrag mit einer Sozietät geschlossen, der neben Rechtsanwälten auch Steuerberater angehören, so haften für einen Re-

---

1059 Vgl. *Gräfe/Lenzen/Schmeer*, Steuerberaterhaftung, 5. Aufl., Rn. 40.

1060 OLG Koblenz vom 8. 5. 2001 – 3 U 511/96.

1061 Dafür OLG München vom 28. 7. 2005 – 19 U 5139/04, WPK-Magazin 2006, Nr. 3 S. 44 (aufgehoben durch BGH vom 26. 6. 2008 – IX ZR 145/05 aus Gründen des Vertrauensschutzes); dagegen OLG Düsseldorf vom 23. 9. 2005 – I-23 U 8/05, GI 2006 S. 48.

1062 BGH vom 5. 2. 2009 – IX ZR 18/07, VersR 2009 S. 1229, MDR 2009 S. 655.

1063 BGH vom 9. 12. 2010 – IX 44/10, VersR 2011 S. 1266, MDR 2011 S. 265.

gressanspruch wegen anwaltlicher Beratungspflichten auch diejenigen Sozien persönlich, die selbst nicht Rechtsanwälte sind.[1064]

Es gibt keinen Grund für die Annahme, dass diese Rechtsprechung nicht auf alle sozietätsfähigen Berufe Anwendung findet. Die vorangehenden Entscheidungen des BGH vom 5.2.2009 und 9.12.2010 zeigen aber, dass der BGH und im Anschluss daran die übrige Rechtsprechung in jedem Einzelfall sehr genau prüfen wird, ob sich nicht Hinweise darauf ergeben, dass der Mandatsvertrag nicht mit der Sozietät, sondern nur mit einem oder einzelnen Berufsträgern, die auch berufsrechtlich zu einer Bearbeitung des Mandats berechtigt sind, abgeschlossen wurde. Die oben genannten Ausnahmen gelten auch hier und ein Mandat, das sich auf Vorbehaltsaufgaben eines Wirtschaftsprüfers oder Notars bezieht, wird auch nur mit diesem abgeschlossen.[1065]

7.2.2.4 Haftung für Altverbindlichkeiten und Nachhaftung

Die Anwendung der Regelungen zur OHG auf die Haftung der Sozietät und damit der Sozietätsmitglieder, führt im Vergleich zur Rechtslage nach der alten Rechtsprechung zu einer erheblichen Haftungserweiterung. Diese ergibt sich aus den Regelungen der §§ 128, 130 und 160 HGB.

Von zentraler Bedeutung bei der Anwendung des § 130 HGB (Haftung für Altverbindlichkeiten) und des § 160 HGB (Nachhaftung) auf Haftungsfälle ist der Begriff der „Begründung einer Verbindlichkeit". Dieser Begriff findet sich in beiden gesetzlichen Regelungen. Die herrschende Lehre definiert diesen Begriff unter Bezugnahme auf die Entscheidung des BGH vom 12.12.2005 – II ZR 283/03[1066] wie folgt:

„Eine rechtsgeschäftliche Verbindlichkeit ist bereits dann begründet, wenn das Rechtsgeschäft abgeschlossen ist und sich ohne Hinzutreten weiterer rechtsgeschäftlicher Akte die konkrete, einzelne Verbindlichkeit ergibt."

Übertragen auf das Haftungsrecht bedeutet dies, dass für die Begründung der Verbindlichkeit nicht auf die Pflichtverletzung (bei dieser handelt es sich nicht um einen rechtsgeschäftlichen Akt), sondern auf den Abschluss des Mandatsvertrags abzustellen ist.[1067]

Haftung des eintretenden Sozius für Altverbindlichkeiten

§ 128 HGB bestimmt, dass die Gesellschafter für die Verbindlichkeiten der Gesellschaft den Gläubigern als Gesamtschuldner persönlich haften. Eine entgegenstehende Vereinbarung ist Dritten gegenüber unwirksam. Eine Beschränkung der Haftung ist damit nur dann möglich, wenn bei der Begründung des Mandatsverhältnisses eine Beschränkung auf einen oder einzelne Sozien erfolgt, also kein Mandatsverhältnis mit der Sozietät begründet wird. Den einzelnen Sozien stehen gem. § 129 HGB alle Einwände gegen die Verbindlichkeit zu, die auch der Sozietät zustehen.

1064 BGH vom 10.5.2012 – IX ZR 125/10, VersR 2013 S. 102, MDR 2012 S. 1031.

1065 So auch *Gräfe/Lenzen/Schmeer*, Steuerberaterhaftung, 5. Aufl., Rz. 40; zweifelnd WPK Magazin 3/2012 S. 69.

1066 BGH vom 12.12.2005 – II ZR 283/03, DStR 2006 S. 151, NZG 2006 S. 106.

1067 Anderer Ansicht LG Bonn vom 13.4.2010 – 15 O 451/09, DStR 2010 S. 1648, das mit gewichtigen Gründen auf die Pflichtverletzung abstellen möchte; ebenso OLG Düsseldorf vom 28.4.2014 – 24 U 87/13, GI aktuell 2015, 27, das für den Fall der Nachhaftung eines Scheinsozius darauf abstellt, ob der Scheinsozius zum Zeitpunkt der Pflichtverletzung noch Mitglied der Sozietät ist.

§ 130 HGB bestimmt, dass auch die in eine Gesellschaft eintretenden Sozien für die zu diesem Zeitpunkt bereits begründeten Verbindlichkeiten gem. §§ 128,129 HGB haften. Eine Entscheidung des BGH zu der Frage, ob die Haftung für Altverbindlichkeiten auch auf Haftungsfälle Anwendung findet, steht noch aus.[1068] In den hierzu bisher vorliegenden Gerichtsentscheidungen wird dies allerdings ohne Einschränkungen angenommen.[1069] Es bestehen keine Anzeichen für die Annahme, dass der BGH dies abweichend beurteilen wird.

Für eine Sozietät bedeutet dies, dass ein eintretender Sozius auch für solche Schadenersatzforderungen haftet, die auf einer Pflichtverletzung beruhen, die vor seinem Eintritt in die Sozietät begangen wurde.

Diese Ausweitung der Haftung kann zu versicherungsrechtlichen Problemen führen. Im Rahmen der Haftpflichtversicherung für Freiberufler gilt das sog. Verstoßprinzip. Dies bedeutet, dass Versicherungsschutz für die Folgen solcher Pflichtverletzungen gewährt wird, die innerhalb des versicherten Zeitraums begangen wurden. Tritt ein Berufsanfänger in eine Sozietät ein, kann er unter Anwendung der genannten Rechtsprechung für Schadenersatzforderungen haftbar gemacht werden, die auf Pflichtverletzungen zurückzuführen sind, die vor Beginn seines persönlichen Versicherungsschutzes begangen wurden. Er hätte danach im Falle seiner persönlichen Inanspruchnahme keinen Versicherungsschutz für die erhobene Forderung. Die meisten Versicherer bieten in der Zwischenzeit Deckungskonzepte für diese Konstellation an. Teilweise aber nur auf Nachfrage.

Kein Fall der Eintrittshaftung für Altverbindlichkeiten liegt vor, wenn sich zwei Berufsträger zu einer Sozietät zusammenschließen. Bereits bestehende Mandatsverhältnisse verbleiben, sofern nichts Abweichendes bestimmt wird, beim jeweiligen Berufsträger. Bereits begründete Schadenersatzforderungen werden nicht in die Sozietät übertragen. Die Haftung gem. §§ 128, 130 HGB setzt bei Begründung einer Forderung voraus, dass die Sozietät bereits besteht.[1070] Die Einbringung einer Einzelsozietät in eine Sozietät führt nicht ohne Weiteres zu einer Haftungsübernahme von Forderungen, die in der Einzelsozietät begründet wurden.[1071]

Nachhaftung des ausscheidenden Gesellschafters

§ 160 HGB bestimmt eine 5-jährige Nachhaftung eines ausgeschiedenen Gesellschafters für Verbindlichkeiten, die bis zu seinem Ausscheiden begründet wurden. Da bei einer Gesellschaft bürgerlichen Rechts das Ausscheiden nicht wie bei der OHG an die Publizität des Handelsregisters geknüpft ist, ist hinsichtlich des Beginns der 5-Jahres Frist auf die Kenntnis des Mandanten vom Ausscheiden abzustellen.

Auch im Bereich der Nachhaftung ist hinsichtlich der Begründung der Verbindlichkeit auf den Zeitpunkt der Begründung des Mandatsabschlusses abzustellen.[1072]

1068 Bejahend für sonstige Verbindlichkeiten BGH vom 7. 4. 2003 – II ZR 56/02, VersR 2003 S. 71, MDR 2003 S. 756.

1069 OLG Koblenz vom 1. 2. 2008 – 8 U 751/07, BRAK-Mitt 2008 S. 161; LG Frankenthal vom 21. 7. 2004 – 2 S 75/04, NJW 2004 S. 3190; LG Hamburg vom 11. 5. 2004 – 321 O 433/03, NJW 2004 S. 3492.

1070 BGH vom 22. 1. 2004 – IX ZR 65/01, BB 2004 S. 794, VersR 2004 S. 536.

1071 BGH vom 17. 11. 2011 – IX ZR 161/09, MDR 2012 S. 256, WM 2012 S. 87.

1072 OLG Saarbrücken vom 30. 4. 2007 – 1 U 148/06-40, DStR 2008 S. 527, für den Fall einer Haftung des austretenden Rechtsanwalts bei Unterschlagung von Mandantengeldern nach dem Ausscheiden. Vgl. auch OLG Koblenz vom 1. 2. 2008 – 8 U 751/07, BRAK Mitt. 2008 S. 161.

Auf dieser Grundlage kann auch eine Nachhaftung zu einer Lücke im Versicherungsschutz führen. Dies wäre der Fall, wenn zwar die Mandatsbegründung in den versicherten Zeitraum fällt, die Pflichtverletzung eines Sozius aber nach der Beendigung des eigenen Versicherungsschutzes, z. B. aufgrund der Aufgabe der versicherten Tätigkeit, erfolgt. Auch für diese Konstellation bieten die meisten Versicherer Deckungskonzepte an.

Eine Entscheidung des BGH zur Nachhaftung gem. § 160 HGB steht noch aus. Der BGH hat die Anwendung dieser Regelung allerdings im Zusammenhang mit der Hemmung der Verjährung gegenüber der Gesellschaft und ihren Gesellschaftern nicht infrage gestellt.[1073]

7.2.2.5 Besonderheiten bei der Scheinsozietät

Eine Scheinsozietät liegt vor, wenn Angehörige sozietätsfähiger Berufe ohne gesellschaftsrechtliche Verbindung durch ihren gemeinsamen Auftritt auf Briefbögen, Stempel, Praxisschild etc. nach außen den Anschein einer Sozietät erwecken.[1074] Diese Voraussetzung ist erfüllt, wenn der Briefkopf die beschäftigten Berufsträger ohne einschränkenden Zusatz aufführt und das Kanzleischild mehrere Namen aufführt, auch wenn ein Name hervorgehoben ist.[1075] Für die Frage des Vorliegens einer Scheinsozietät kommt es auf den Kenntnisstand und die Sicht des konkreten Mandanten an.[1076] Der Zusatz „angestellter Steuerberater/Rechtsanwalt/etc." steht der Annahme einer Scheinsozieät unter Einschluss des angestellten Berufsträgers entgegen.[1077] Die Angabe „In Kanzleigemeinschaft", „Bürogemeinschaft" oder „Anwaltsgemeinschaft" steht der Annahme einer Scheinsozietät nicht zwingend entgegen.[1078] Eine „Kooperation" begründet dagegen nicht die Annahme einer Scheinsozietät.[1079] Eine Scheinsozietät ist ebenfalls anzunehmen, wenn neben echten Sozien auch Scheinsozien nach außen gemeinsam in Erscheinung treten.[1080]

Die Grundsätze der Rechtsscheinhaftung gelten auch im Rahmen der neuen Rechtsprechung. Soweit der Anschein einer Sozietät gesetzt wurde, haften die Scheingesellschafter für die Fehler der wirklichen Gesellschafter ebenso, wie die echte Gesellschaft und die wirklichen Gesellschafter für die Fehler von Scheingesellschaftern einzustehen haben.[1081] Voraussetzung für eine Rechtsscheinhaftung eines Scheinsozius ist allerdings, dass die Forderung auf einem berufstypischen Mandatsverhältnis beruht. Eine Rechtsscheinhaftung für sonstige Verbindlichkeiten oder Forderungen aufgrund von Aufträgen, die keine berufstypische Tätigkeit zum Inhalt haben, ist nicht anzunehmen.[1082]

1073 BGH vom 10. 5. 2012 – IX ZR 125/10, VersR 2013 S. 102, MDR 2012 S. 1031.

1074 BGH vom 17. 10. 1989 – IX ZR 158/98; ausführlich zur Scheinsozietät: *Wetter*, Scheinsozietäten und Scheinsozien, BRAK-Mitteilungen 3/2016 S. 109.

1075 OLG Dresden vom 19. 12. 2001 – 11 U 2765/00, für eine Anwaltssozietät, n. v.

1076 Saarländisches OLG vom 22. 12. 2005 – 8 U 92/05, MDR 2006 S. 1019.

1077 OLG Frankfurt vom 16. 2. 2011 – 14 U 261/10, n. v.

1078 OLG Köln vom 17. 12. 2002 – 22 U 168/02, MDR 2003 S. 900, VersR 2003 S. 1047; OLG Hamm vom 28. 09. 2010 – I-28 U 238/09, NZG 2011 S. 137.

1079 BGH vom 18. 5. 2011 – IV ZR 168/09, VersR 2011 S. 1003, MDR 2011 S. 853.

1080 BGH vom 17. 11. 2011 – IX ZR 161/09, MDR 2012 S. 6, WM 2012 S. 87.

1081 BGH vom 17. 11. 2011 – IX ZR 161/09, MDR 2012 S. 256, WM 2012 S. 87.

1082 BGH vom 16. 4. 2008 – VIII ZR 230/07, WM 2008 S. 1136, Kauf einer EDV-Ausstattung für die Sozietät, unter Hinweis auch die entsprechende Rechtslage zur alten Rechtsprechung; OLG Celle vom 5. 7. 2006 – 3 U 57/06, NJW 2006 S. 3431, und 31. 5. 2006 – 3 U 14/06 zum Treuhandauftrag.

Noch nicht höchstrichterlich geklärt ist dagegen die Anwendung der §§ 130, 160 HGB auf Scheinsozien, also die Haftung eintretender oder austretender Scheinsozien.[1083]

Einige Oberlandesgerichte wenden die Regelung des § 130 HGB auf eintretende Scheinsozien nicht an.[1084] Zur Begründung wird angeführt, dass der BGH die analoge Anwendung des § 130 HGB auf die Gesellschaft Bürgerlichen Rechts damit begründe, dass eine solche umfassende Haftung des Neugesellschafters auch für vor seinem Beitritt begründete Verbindlichkeiten dem Wesen der Personengesellschaft und auch dem Verkehrsschutzinteresse entspreche, da die BGB-Gesellschaft kein eigenes, zu Gunsten ihrer Gläubiger gebundenes garantiertes Haftungskapital besitze. Das Gesellschaftsvermögen steht dem Zugriff der Gesellschafter jederzeit uneingeschränkt und sanktionslos offen. Mit dem Erwerb der Gesellschafterstellung erlangt der neu eintretende Gesellschafter dieselben Zugriffsmöglichkeiten auf das Gesellschaftsvermögen wie die Altgesellschafter. Dies rechtfertigt die Einbeziehung der neu eintretenden Gesellschafter auch in die Haftung für Altverbindlichkeiten. Diese Überlegungen können allerdings auf Scheingesellschafter nicht übertragen werden. Diese erhalten keinen Zugriff auf das Gesellschaftsvermögen, so dass eine Einbeziehung in die Haftung für Altverbindlichkeiten nicht gerechtfertigt ist.

Die Konstellation der Einbeziehung des Scheinsozius in das bereits bestehende Mandatsverhältnis ist dagegen von der Anwendung des § 130 HGB zu unterscheiden. Erfolgt die Pflichtverletzung nachdem gegenüber dem Mandanten der Rechtsschein erweckt wurde, dass der Scheinsozius in die bestehende Gesellschaft eingetreten ist, haftet der Scheinsozius unbeschränkt.[1085]

Der BGH hat sich zu dieser Problematik noch nicht verbindlich geäußert. Fest steht nur, dass eine Haftung der Scheinsozietät selbst nicht in Betracht kommt. Diese ist rechtlich nicht existent und kann damit auch nicht selbst verklagt werden. Die entsprechende Anwendung des § 130 HGB auf Scheinsozietäten kann damit allenfalls zu einer Haftung weiterer Gesellschafter führen, nicht aber der Scheinsozietät selbst.[1086]

Entscheidungen, die sich mit der Anwendbarkeit des § 160 HGB auf ausscheidende Scheinsozien befassen, stehen noch aus. Die wirtschaftlichen Überlegungen zur Anwendung des § 130 HGB auf Scheinsozien dürften allerdings übertragbar sein. Mit dem Ausscheiden endet die wirtschaftliche Verbindung des Scheinsozius mit der Gesellschaft. Am zum Zeitpunkt des Ausscheidens vorhandenen Gesellschaftsvermögen wird er nicht partizipieren. Es erscheint auch hier nicht gerechtfertigt, ihn für Forderungen haften zu lassen, die auf Pflichtverletzungen zurückzuführen sind, die nach seinem Ausscheiden erfolgten.[1087] Auf der anderen Seite verbleibt seine uneingeschränkte Haftung für die Folgen solcher Pflichtverletzungen, die während seiner Mitgliedschaft als Scheinsozius begangen wurden.

1083 Vgl. zu dem Fall eines ausgeschiedenen Scheinsozius OLG Düsseldorf vom 28.4.2014 – 24 U 87/13, GI aktuell 2015 S. 27. Hier bestand aber zum maßgeblichen Zeitpunkt kine Scheinsozietät mehr.

1084 OLG Saarbrücken vom 22.12.2005 – 8 U 91/05, VersR 2007 S. 361; OLG München vom 31.10.2007 – 15 U 2571/07, BRAK-Mitt 2009 S. 18 und vom 12.12.2007 – 15 U 3973/07, BRAK-Mitt 2009 S. 18.

1085 Vgl. OLG Saarbrücken vom 22.12.2005 – 8 U 91/05, VersR 2007 S. 361.

1086 BGH vom 17.11.2011 – IX ZR 161/09, MDR 2012 S. 256, WM 2012 S. 87.

1087 So auch OLG Düsseldorf vom 28.4.2014 – 24 U 87/13, GI aktuell 2015, 27, das allerdings nicht auf die übliche Definition der Begründung einer Verbindlichkeit abstellt, sondern vielmehr auf den Zeitpunkt der Pflichtverletzung.

7.3 Die Haftung der Partnerschaft

Die Haftung der Partnerschaftsgesellschaft sowie ihrer Partner ist in § 8 PartGG geregelt. Die Haftung nach dieser Regelung setzt voraus, dass es sich um eine echte, ins Partnerschaftsregister eingetragene Partnerschaft handelt. Bei sonstigen Gesellschaften, die noch den Zusatz „und Partner" tragen, handelt es sich um BGB-Gesellschaften, also um Sozietäten.

§ 8 Abs. 1 PartGG sieht vor, dass den Gläubigern neben dem Vermögen der Partnerschaft auch die Partner als Gesamtschuldner haften. Eine besondere Regelung gilt für die Haftung der Partner bei beruflichen Fehlern. Sind nur einzelne Partner mit der Bearbeitung des Mandates befasst, so haften gem. § 8 Abs. 2 PartGG nur diese für berufliche Fehler neben der Partnerschaft. Befasst ist ein Partner mit der Bearbeitung eines Auftrages dann, wenn er diesen selbst bearbeitet oder seine Bearbeitung überwacht oder dies nach der internen Zuständigkeitsverteilung hätte tun müssen. Bearbeitet der nach der internen Zuständigkeitsregelung zuständige Partner den Auftrag nicht selbst und wird er von dem sachbearbeitenden Partner auch nicht hinzugezogen, ist er mit der Bearbeitung nicht befasst.[1088] Erforderlich ist aber in diesem Fall die Bearbeitung durch einen Partner. Die Bearbeitung durch einen sonstigen Mitarbeiter führt nicht zur Entlastung des zuständigen Partners.

Nach dem Inhalt des § 8 Abs. 2 PartGG ist in jedem Fall erforderlich, dass die Zuordnung eines Mandates zu einem Partner eindeutig gewährleistet und geregelt ist. Ist eine solche Zuordnung nicht eindeutig geregelt, greift die Haftungsprivilegierung auf den oder die bearbeitenden Partner nicht.

7.3.1 Haftung eintretender Partner für Altverbindlichkeiten

§ 8 Abs. 1 Satz 2 PartGG verweist auf die Regelungen der §§ 129, 130 HGB. Es gilt also eine unbeschränkte Haftung neu eintretender Partner für Altverbindlichkeiten. Diese Haftung erfasst auch bereits begründete Schadenersatzforderungen gegen die Partnerschaft. Voraussetzung ist allerdings auch hier, dass der neu eintretende Partner mit der Bearbeitung des Mandates, aus dem die Schadenersatzforderung hergeleitet wird, befasst ist. Nicht erforderlich ist dagegen, dass er selbst den Fehler begangen hat. Unerheblich ist ferner, ob er bei Übernahme des Mandates den Fehler noch korrigieren kann.[1089]

7.3.2 Nachhaftung ausscheidender Partner

Für den Fall des Ausscheidens eines Partners sieht § 10 Abs. 2 PartGG eine Nachhaftung gem. §§ 159, 160 HGB vor.

7.3.3 Scheinpartnerschaft

Wird das Mandat nicht durch einen Partner, sondern durch einen Scheinpartner bearbeitet, würde eine konsequente Anwendung des § 8 PartGG neben der Haftung der Partnerschaft zu einer Haftung des nach der internen Aufgabenverteilung zuständigen Partners oder, sofern insoweit eine Regelung fehlt, aller Partner führen. Denn § 8 PartGG enthält keine Regelung für Scheinpartner. Da allerdings der Mandant vom Vorliegen einer echten Partnerschaft unter Einbezie-

1088 OLG Hamm vom 14. 02. 2010 – 28 U 151/09.

1089 BGH vom 19. 11. 2009 – IX ZR 12/09, MDR 2010 S. 322, WM 2010 S. 139.

hung auch des Scheinpartners ausgeht, ist es gerechtfertigt, die Haftung auf die Partnerschaft und den handelnden (Schein-)Partner durch entsprechende Anwendung des § 8 Abs. 2 PartGG zu beschränken.[1090]

8. Haftung in Anlagemodellen

Wirtschaftsprüfer werden in vielfältiger Form im Rahmen von Geldanlagemodellen aktiv. Sie können als Treuhänder, insbesondere in der Form eines Treuhandkommanditisten, als Mittelverwendungskontrolleur oder als Prospektprüfer aktiv werden. Ferner werden Testate von Wirtschaftsprüfern in Prospekte aufgenommen. Die in immer kürzerem Abstand aufeinander folgenden Wirtschaftskrisen und das (auch) damit verbundene Scheitern von Geldanlagen hat dazu geführt, dass die in Anlagemodellen involvierten WP neben den Initiatoren der Geldanlage und den Anlagevermittlern und -beratern immer mehr in den Fokus der geschädigten Anleger geraten sind. Dies vor allem vor dem Hintergrund, dass eine Geldanlage nach ihrem Scheitern regelmäßig wertlos und die Initiatoren, häufig Kapitalgesellschaften in Form einer GmbH, nicht über die notwendigen Mittel zum Ausgleich aller Forderungen verfügen. Beim WP wird dagegen zumindest eine solvente und (vermeintlich) eintrittspflichtige Haftpflichtversicherung vermutet.

Nachteilig hat sich für die beteiligten WP ferner ausgewirkt, dass Ansprüche aus Prospekthaftung gegen die Initiatoren der Geldanlage häufig kürzeren Verjährungsfristen unterfielen, während für vertragliche oder quasivertragliche Ansprüche gegen die beteiligten WP längere oder die allgemeinen Verjährungsregelungen galten. Waren die Verjährungsfristen gegen die anderen in Betracht kommenden Anspruchsadressaten bereits abgelaufen, kam häufig nur noch der WP als möglicher Anspruchsgegner in Betracht.[1091]

8.1 Prospekthaftung

Im Rahmen der Prospekthaftung ist zu unterscheiden zwischen der Prospekthaftung im engeren und im weiteren Sinne.

8.1.1 Prospekthaftung im engeren Sinne

Die ursprünglich von der Rechtsprechung entwickelte Prospekthaftung im engeren Sinne (bürgerlich-rechtliche Prospekthaftung) knüpft an das typisierte Vertrauen an, das Anleger einem Prospekt, mit dem über die Ausgestaltung einer Geldanlage aufgeklärt und für diese geworben wird, entgegenbringen. Der zur Anwerbung von Anlegern verwendete Prospekt ist häufig die einzige Informationsquelle für den interessierten Anleger und wird aus diesem Grund als Teil der vorvertraglichen Aufklärung angesehen. Die Haftung ist hier nicht an ein konkret von einer Person gegenüber dem Anlageinteressenten in Anspruch genommenes Vertrauen geknüpft, sondern an die Verantwortlichkeit für den Inhalt des Prospekts. Ein persönlicher Kontakt zwischen dem Haftenden und dem Geschädigten im Vorfeld der Geldanlage ist nicht erforderlich. Der Prospekthaftung im engeren Sinne unterfallen damit die Personen, die für die Herausgabe

1090 OLG München vom 18. 1. 2001 – 29 U 2962/00, NJW-RR 2001 S. 1358, Revision durch Beschluss vom 8. 11. 2001 – I ZR 109/01, NJW-RR 2002 S. 288, nicht angenommen.

1091 Vgl. z. B. BGH vom 8. 6. 2004 – X ZR 283/02, VersR 2005 S. 517 und BGH vom 29. 5. 2008 – III ZR 59/07, BB 2008 S. 1529.

oder den Inhalt des Prospekts als Ganzes oder für Teile des Prospekts die Verantwortung übernehmen oder tragen. In der Zwischenzeit haben die von der Rechtsprechung entwickelten Grundsätze weitgehend Eingang in gesetzliche Regelungen gefunden.

8.1.1.1 Entwicklung

Die Prospekthaftung im engeren Sinne fand neben der gesetzlich geregelten Prospekthaftung (vor allem 44 ff. BörsG) auf den nicht organisierten Kapitalmarkt („grauer" Kapitalmarkt) Anwendung.[1092]

In mehreren Schritten wurden auch für den grauen Kapitalmarkt gesetzliche Regelungen geschaffen, die für die in den jeweiligen Gesetzen geregelten Kapitalanlagen gesetzliche Prospekthaftungstatbestände enthielten. So enthielten die mittlerweile aufgehobenen §§ 20 KAGG und 127 InvG für die von diesen Gesetzen erfassten offenen Fonds und § 13 VerkProspG sowie § 20 VermAnlG für sonstige Vermögensanlagen, zu denen auch die geschlossenen Fonds gehörten, gesetzliche Haftungstatbestände.

Aktuell werden offene und geschlossene Fonds von dem zum 22. 7. 2013 eingeführten KAGB erfasst, das in § 306 KAGB eine gesetzliche Grundlage für Prospekthaftung vorsieht. § 20 VermAnlG erfasst nur noch die in § 1 VermAnlG aufgeführten Kapitalanlagen.[1093]

8.1.1.2 Die Haftungsadressaten der bürgerlich-rechtlichen Prospekthaftung

Die Rechtsprechung hatte als mögliche Prospektverantwortliche im Wesentlichen drei Fallgruppen entwickelt.

Die Initiatoren

Prospekthaftungsansprüche im engeren Sinne richteten sich gegen Personen, die für die Geschicke des Unternehmens und damit die Herausgabe des Prospekts verantwortlich waren. Dazu zählten die Initiatoren, Gründer und Gestalter der Gesellschaft, soweit sie das Management bildeten oder beherrschten.[1094] Es handelte sich damit um die Personen, die offensichtlich für das Unternehmen und den Prospekt verantwortlich zeichneten.

Die Hintermänner

Darüber hinaus hafteten auch Personen, die hinter der Gesellschaft standen und neben der Geschäftsleitung besonderen Einfluss bei der Initiierung des Prospekts ausübten und deshalb Mitverantwortung trugen, ohne dass es darauf ankam, dass sie in der Einflussnahme nach außen in Erscheinung traten.[1095] Als solche Personen kamen Geschäftsführer und Mehrheitsgesellschafter in Betracht[1096] aber auch Generalbevollmächtigte.[1097] Entscheidend war nicht die gesellschaftsrechtliche Ausgestaltung der wahrgenommenen Funktion, sondern der „Leitungsgruppe" konnten alle Personen zugerechnet werden, denen ähnliche Schlüsselfunktionen zukamen. Die-

1092 Zum Anwendungsbereich vgl. *Zugehör*, Handbuch der Anwaltshaftung, Rz. 1894; *Palandt/Grüneberg*, § 311 Rz. 67; *Gräfe/Lenzen/Schmeer*, Rz. 467.

1093 Zur Entwicklung siehe *Tilman Schultheiß*, BKR 2015 S. 133 ff.

1094 BGH vom 1. 12. 1994 – III ZR 93/93, NJW 1995 S. 1025; BGH vom 19. 11. 2008 – III ZR 109/08, BB 2010 S. 144.

1095 BGH vom 14. 6. 2007 – III ZR 125/06, m. w. N., WM 2007 S. 1503.

1096 Vgl. BGH vom 31. 5. 1990 – VII ZR 340/88, BGHZ 111 S. 314 ff.

1097 Vgl. BGH vom 6. 10. 1980 – II ZR 60/80, BHZ 79 S. 337 ff.

se Schlüsselfunktion konnte sich auch aus der Verbindung mehrerer wesentlicher Tätigkeiten ergeben, bei denen jede für sich zur Begründung einer Prospektverantwortlichkeit nicht ausreichend gewesen wäre.[1098] Auch persönliche gesellschaftsrechtliche Verstrickungen konnten in der Gesamtschau die Prospektverantwortlichkeit einer Person begründen.[1099]

Die Garanten

Als Prospektverantwortlich kamen schließlich solche Personen in Betracht, die wegen ihrer herausgehobenen beruflichen und wirtschaftlichen Stellung oder als berufsmäßige Sachkenner eine „Garantenstellung" einnahmen. Hierzu konnten neben das Projekt finanzierenden Banken[1100] insbesondere auch Rechtsanwälte, Steuerberater und Wirtschaftsprüfer gehören. Voraussetzung war, dass diese Personen mit ihrer Zustimmung als Fachkundige im Prospekt (namentlich) genannt wurden und darin Erklärungen abgaben. Sie mussten durch ihre erkennbare Mitwirkung an der Prospektgestaltung nach außen einen besonderen Vertrauenstatbestand schaffen.[1101] Nicht ausreichend waren Prospektprüfung und Mittelverwendungskontrolle durch eine WPG, wenn die Unbedenklichkeitserklärung im Prospekt nicht veröffentlicht wurde[1102] oder diese Tätigkeiten nicht im Prospekt offen gelegt wurden.[1103] Erforderlich war, dass der WP im Prospekt genannt und seine Arbeiten veröffentlicht wurden. Die bloße Namensnennung allein war nicht ausreichend.[1104] Garanten trugen anders als die sonstigen Prospektverantwortlichen aber keine Verantwortung für die Richtigkeit und Vollständigkeit des ganzen Prospektinhaltes, sondern nur für den Teil, für den sie verantwortlich zeichneten.[1105]

8.1.1.3 Die Haftungsadressaten der gesetzlichen Prospekthaftung

Dieser Kreis der Verantwortlichen hat nicht vollständig Eingang in die gesetzlichen Regelungen zur Prospekthaftung gefunden. Den gesetzlichen Regelungen ist gemeinsam, dass die Haftung wegen eines unrichtigen oder unvollständigen Prospekts hinsichtlich der von der Rechtsprechung entwickelten Prospektverantwortlichen auf die Personen beschränkt wird, die für den Verkaufsprospekt die Verantwortung übernommen haben oder von denen der Erlass des Verkaufsprospekts ausgeht.

Die Verantwortung für den Prospekt übernommen hat jeder, der nach außen erkennbar zu denen gehört, die den Prospekt erlassen haben. Dies sind auf jeden Fall jene, die den Prospekt unterzeichnet und damit erklärt haben, für seinen Inhalt verantwortlich zu sein.

Haftbar gemacht werden können ferner die Personen, von denen der Erlass des Prospekts ausgeht. Damit sollen vor allem die hinter dem Prospekt Stehenden, das heißt diejenigen erfasst werden, welche nicht durch ihre Unterschrift die Verantwortung übernommen haben, aber als

1098 BGH vom 14.6.2007 – III ZR 125/06, WM 2007 S.1503.

1099 Vgl. BGH vom 7.12.2009 – II ZR 15/08, ZIP 2010 S.176, WM 2010 S.262; BGH vom 15.7.2010 – III ZR 321/08, WM 2010 S.1537.

1100 Vgl. BGH vom 27.1.2004 – XI ZR 37/03, BB 2004 S.738 ff.

1101 Vgl. BGHZ 111 S.314, WM 1990 S.1276; BGHZ 126 S.166, WM 1994 S.1371; BGH vom 19.11.2008 – III ZR 109/08, WM 2010 S.25.

1102 BGH vom 14.6.2007 – III ZR 125/06, WM 2007 S.1503; BGH vom 14.6.2007 – III ZR 185/05, NJW-RR 1479.

1103 BGH vom 19.11.2009 – III ZR 109/08, WM 2010 S.25.

1104 OLG München vom 10.8.2001 – 21 U 5224/00, WM 2002 S.689 für eine Steuerberatungsgesellschaft.

1105 BGH vom 14.6.2007 – III ZR 125/06, WM 2007 S.1503; BGH vom 19.11.2008 – III ZR 109/08, WM 2010 S.25.

tatsächliche Urheber zu betrachten sind. Gemeint ist die Personengruppe, die von der Rechtsprechung unter die Kategorie Hintermänner gefasst wurde.[1106]

Von den gesetzlichen Haftungsnormen wird damit nur die Gruppe der Initiatoren und der Hintermänner erfasst. Eine Prospekthaftung der Garanten hat dagegen keinen Eingang in die gesetzlichen Regelungen gefunden.[1107]

WP kamen als Haftungsadressaten der bürgerlich-rechtlichen Prospekthaftung regelmäßig nur als Garanten in Betracht. Regelmäßig wird der WP nur für Teile des Prospekts verantwortlich sein, z. B. für ein Testat oder ein Prospektprüfungsgutachten, das ggf. unter Hinweis auf den WP bzw. die WPG im Prospekt veröffentlicht wird.

Die Haftung eines Wirtschaftsprüfers wird also nur dann angenommen werden können, wenn er durch ausdrückliche Erklärung im Prospekt zu erkennen gibt, dass er für diesen die (Mit-)Verantwortung übernehmen möchte. Der Abdruck eines Testats oder Prospektprüfungsgutachtens unter Hinweis oder Nennung des Wirtschaftsprüfers wird dafür allein nicht ausreichen.[1108]

8.1.1.4 Anwendungsbereich Richterrecht – gesetzliche Regelungen

Nach überwiegender und zutreffender Auffassung findet die von der Rechtsprechung entwickelte bürgerlich-rechtliche Prospekthaftung nur noch auf solche Fälle Anwendung, die in sachlicher oder zeitlicher Hinsicht nicht von den gesetzlichen Regelungen erfasst werden.[1109] Die Rechtsprechung wollte mit der Entwicklung der bürgerlich-rechtlichen Prospekthaftung eine Regelungslücke schließen. Mit den gesetzlichen Regelungen hat der Gesetzgeber diese Regelungslücke geschlossen, so dass für das Richterrecht kein Raum mehr besteht.[1110]

Durch das KAGB und das VermAnlG wird nahezu der gesamte Bereich des Grauen Kapitalmarkts der Prospektpflicht und der gesetzlichen Prospekthaftung unterworfen.[1111]

Für die bürgerlich-rechtliche Prospekthaftung verbleiben danach nur noch Bauträgermodelle und neue, nicht vom KAGB und dem VermAnlG erfasste Anlagen, wie z. B. *Crowdlendig*-Modelle.[1112] Die bürgerlich-rechtliche Prospekthaftung findet ferner auf Altfälle vor Einführung der gesetzlichen Haftungstatbestände Anwendung. Entsprechende Schadenersatzforderungen dürften in der Zwischenzeit allerdings verjährt sein.[1113] Im Ergebnis entfaltet die von der Rechtsprechung entwickelte bürgerlich-rechtliche Prospekthaftung (Prospekthaftung im engeren Sinne) im Bereich der Wirtschaftsprüferhaftung keine wesentliche Rolle mehr, da diese von den einge-

1106 Vgl. *Assmann*, in: Assmann/Schlitt/von Kopp-Colomb, Wertpapierprospektgesetz/Verkaufsprospektgesetz, 2. Aufl. 2010, § 13 Rz. 74 f.

1107 Siehe auch *Hahn*, VersR 2012 S. 393 ff.; *Assmann*, in: Assmann/Schlitt/von Kopp-Colomb, Wertpapierprospektgesetz/Verkaufsprospektgesetz, 2. Aufl. 2010, § 13 Rz. 76 f.

1108 Vgl. *Assmann/Schlitt/von Kopp-Colomb*, Wertpapierprospektgesetz/Verkaufsprospektgesetz, 2. Aufl. 2010, § 13 Rz. 77.

1109 Vgl. zum Streitstand *Hahn*, VersR 2012 S. 393 ff.; *Palandt/Grüneberg*, § 311 Rz. 68.; OLG Dresden vom 23. 12. 2013 – 8 U 999/12, WM 2014 S. 687; *Wolfgang Schlick*, WM 2015 S. 309 ff. unter Hinweis auf BGH vom 24. 4. 2014 – III ZR 156/13, WM 2014 S. 935.

1110 Ebenso *Assmann*, in: Assmann/Schlitt/von Kopp-Colomb (Hrsg.), Wertpapierprospektgesetz/Verkaufsprospektgesetz, Aufl. 2010, § 13 VerkProspG, Rz. 77, m. w. N.

1111 Vgl. *Palandt/Grüneberg*, § 311 Rz. 68.

1112 Gesetzesbegründung zum „Kleinanlegerschutzgesetz", BT-Drs. 18/3994, S. 38 ff.

1113 Vgl. *Hahn*, VersR 2012 S. 393 f.

führten gesetzlichen Regelungen weitgehend verdrängt wird. Auf der anderen Seite gehören Wirtschaftsprüfer nur in seltenen Fällen zu den Haftungsadressaten der gesetzlichen Regelungen.

8.1.2 Prospekthaftung im weiteren Sinne

Während die Prospekthaftung im engeren Sinne an ein typisiertes Vertrauen anknüpft, unterfallen der Prospekthaftung im weiteren Sinn all jene, denen auf vertraglicher oder vertragsähnlicher Grundlage für in Anspruch genommenes persönliches Vertrauen eine Aufklärungspflicht obliegt und die sich zur Erfüllung derselben eines Prospekts bedienen und inhaltlich zu eigen machen oder einen „aus ihrer Person hergeleiteten zusätzlichen Vertrauenstatbestand" schaffen, um so ihrem Verhandlungspartner eine zusätzliche, wenn nicht gar die ausschlaggebende Gewähr für die Richtigkeit der in dem Werbeprospekt oder anderweitig über die Kapitalanlage gemachten Angaben bieten.[1114]

Die Inanspruchnahme persönlichen Vertrauens erfordert, anders als bei der Prospekthaftung im engeren Sinne, einen persönlichen Kontakt zwischen dem Haftenden und dem Geschädigten. Ein solcher Kontakt kann z. B. durch Abschluss eines Treuhandvertrages, eines Vertrages über die Mittelverwendungskontrolle oder die Übersendung eines Prospektprüfungsgutachtens im Zusammenhang mit dem Erwerb der Geldanlage zustande kommen. Der persönliche Kontakt darf aber nicht dahingehend missverstanden werden, dass der Geschädigte und der Haftende sich auch persönlich kennen oder kennen gelernt haben müssen.

Die Prospekthaftung im weiteren Sinne steht selbständig neben der Prospekthaftung im engeren Sinne und wird durch diese weder verdrängt noch in ihrem Anwendungsbereich beschränkt.

Als Haftungsadressaten kommen neben Wirtschaftsprüfern, die z. B. als Treuhandkommanditist, Mittelverwendungskontrolleur oder Prospektprüfer im Rahmen eines Anlagemodells tätig werden, insbesondere Anlageberater und -vermittler in Betracht. Die Haftung beruht auf der Verletzung von Pflichten aufgrund eines vorvertraglichen Schuldverhältnisses (§ 311 BGB) oder eines tatsächlich abgeschlossenen Vertrages (§ 280 BGB).

Die gesetzlichen Regelungen zur Prospekthaftung begründen nur in Ausnahmefällen eine Haftung der innerhalb einer Kapitalanlage aktiven WP, da diese nur selten als Haftungsadressaten in Betracht kommen werden. Ferner führt die in einigen gesetzlichen Regelungen enthaltene Ausschlussfrist von 2 Jahren (vgl. z. B. § 20 Abs. 1 VermAnlG und § 306 Abs. 4 KAGB) dazu, dass ein Anspruch gegen die Haftungsadressaten der gesetzlichen Regelungen häufig nicht möglich sein wird. Diese Umstände haben dazu geführt, dass die Haftung der an einer Kapitalanlage beteiligten Personen auf vertraglicher oder quasivertraglicher Grundlage und damit nach den Grundsätze der Prospekthaftung im weiteren Sinne, in den Fokus der Rechtsprechung zur Haftung bei Kapitalanlagen geraten ist.

1114 OLG Dresden vom 30. 6. 2011 – 8 U 1603/08, DStR 2012 S. 2098, GI aktuell 2013 S. 52.

8.2 Haftung als Treuhandkommanditist

8.2.1 Allgemeines

Häufig werden WP im Rahmen von Kapitalanlagen als Treuhandkommanditisten eingesetzt. Der Anleger erwirbt über den Treuhänder einen Gesellschaftsanteil an einer Kommanditgesellschaft, den dieser dann treuhänderisch für den Anleger verwaltet. Diese Konstruktion wird von den Initiatoren vorgegeben und ist regelmäßig nicht verhandelbar. Mit Abschluss der Beteiligung schließt der Anleger, wenn auch i. d. R. mit gesonderter Unterschrift, einen im Prospekt abgedruckten Treuhandvertrag mit einem vorgegebenen Treuhänder. Dieser kümmert sich dann nach Maßgabe des für alle Anleger gleich lautenden Treuhandvertrages um die weitere Abwicklung der Anlage. I. d. R. gibt es keinen unmittelbaren persönlichen Kontakt zwischen den Parteien des Treuhandvertrages.

Erfolgt der Beitritt zur Anlagegesellschaft dagegen nicht über einen Treuhänder, kommt auch eine Haftung gegenüber dem Beitretenden nicht in Betracht.[1115] In diesem Fall ist eine Haftung des Treuhandkommanditisten nur dann möglich, wenn der Treuhandkommanditist auch Gründungsgesellschafter oder einem solchen gleichzustellen ist, so dass ihn aufgrund dieser gesellschaftsrechtlichen Stellung Pflichten gegenüber allen Beitretenden treffen können.[1116]

8.2.2 Pflichten des Treuhandkommanditisten

Nach gefestigter Rechtsprechung des BGH ist der Treuhandkommanditist bereits vor Abschluss des Treuhandvertrages verpflichtet, die künftigen Treugeber über alle wesentlichen Punkte aufzuklären, die für die zu übernehmende mittelbare Beteiligung von Bedeutung sind. Die Aufklärungspflicht bezieht sich auch auf alle Umstände, die dem Treuhänder bekannt werden, also auch auf solche, die ihm aufgrund einer anderweitigen Tätigkeit bei der Geldanlage, z. B. als Mittelverwendungskontrolleur, bekannt werden.[1117] Der Umstand, dass der Treuhänder keinen persönlichen Kontakt mit den Anlegern hat und die Tätigkeit sich auf eine Beteilungs- und Abwicklungstreuhand beschränkt, hat auf diese Verpflichtung keinen Einfluss. Maßgeblich, aber auch erforderlich ist, dass der Beitritt ohne Mitwirkung des Treuhänders nicht möglich ist und über diesen vollzogen wird.[1118]

Auf dieser Grundlage ist der Treuhandkommanditist z. B. verpflichtet, die Anleger hinzuweisen auf:[1119]

- erhebliche Vertriebsprovisionen (20 %), die sich nicht aus der Lektüre des Emissionsprospekts erschließen;[1120]
- Verwendung von Anlegergeldern entgegen dem Investitionsplan;[1121]

1115 Vgl. BGH vom 15. 7. 2010 – III ZR 321/08, NZG 2010 S. 1031; KG Berlin vom 8. 12. 2011 – 23 U 162/11, n. v.; OLG München vom 26. 11. 2015 – 8 U 516/15, n. v.

1116 Siehe hierzu Ziffer 8.2.7.

1117 BGH vom 29. 5. 2008 – III ZR 59/07, BB 2008 S. 1529; BGH vom 6. 11. 2008 – III ZR 231/07, MDR 2009 S. 160; BGH vom 22. 4. 2010 – III ZR 318/08, MDR 2010 S. 742, jeweils mit weiteren Nachweisen.

1118 Vgl. z. B. BGH vom 29. 5. 2008 – III ZR 59/07, BB 2008 S. 1529.

1119 Ausführlich zum Pflichtenkreis der Treuhänders mit weiteren zahlreichen Beispielen *Meixner/Schröder*, Wirtschaftsprüferhaftung, München 2013, S. 179 ff.

1120 BGH vom 29. 5. 2008 – III ZR 59/07, BB 2008 S. 1529; BGH vom 6. 11. 2008 – III ZR 231/07, MDR 2009 S. 160.

1121 BGH vom 12. 2. 2009 – III ZR 90/08, MDR 2009 S. 565.

- persönliche Verflechtungen zwischen der Komplementärin und einer Vertriebsgesellschaft;[1122]
- persönliche und kapitalmäßige Verflechtungen zwischen den beteiligten Unternehmen sowie den handelnden Personen; z. B. zwischen dem Anlage-Unternehmen sowie den Gesellschaften, in deren Hand die Beteiligungsgesellschaft die nach dem Emissionsprospekt durchzuführenden Vorhaben ganz oder wesentlich gelegt hat;[1123]
- Vorstrafen einer Person, die auf das Geschäftsgebaren und die Gestaltung des Kapitalanlagemodells entscheidenden Einfluss ausübt, sofern es sich um zahlreiche, zum Teil einschlägige Straftaten handelt.[1124]

8.2.3 Verschulden

Verletzt ein Treuhänder seine Pflichten aus dem Treuhandvertrag, hat er Fahrlässigkeit und Vorsatz zu vertreten. Ferner haftet er gem. § 278 BGB für das Verschulden der Hilfspersonen, derer er sich bei Erfüllung seiner Pflichten bedient.

Verletzt ein Treuhandkommanditist seine Hinweis- und Warnpflichten gegenüber einem zukünftigen Treugeber, hängt sein Verschulden von seinem Kenntnisstand ab.[1125] Ein Rechtsirrtum in Bezug auf seine Warnpflichten entschuldigt den Treuhänder nur dann, wenn er bei Ansatz der gebotenen Sorgfalt mit einer abweichenden Beurteilung durch ein Gericht nicht zu rechnen brauchte.[1126] In den oben aufgeführten Beispielfällen für bestehende Hinweispflichten kann dies allerdings nicht angenommen werden.

Es ist allerdings davon auszugehen, dass das Verschulden indiziert wird.[1127]

8.2.4 Kausalität

Bei der Verletzung von Hauptleistungspflichten aus dem Treuhandvertrag gelten die allgemeinen Regeln.

Liegt eine schuldhafte Verletzung einer vorvertraglichen Aufklärungspflicht vor, ist zu prüfen, wie der Anleger sich verhalten hätte, wenn er ordnungsgemäß unterrichtet worden wäre.[1128] Wurden wesentliche für einen Anleger bedeutsame Umstände falsch oder unvollständig dargestellt, besteht eine tatsächliche Vermutung dafür, dass diese für die Anlageentscheidung ursächlich waren.[1129] Diese Kausalitätsvermutung sichert das Recht des Anlegers, in eigener Entscheidung und Abwägung des Für und Wider darüber zu befinden, ob er in ein bestimmtes Projekt investieren will oder nicht.[1130] Um diese Vermutung zu widerlegen muss der Aufklärungs-

1122 BGH vom 22. 4. 2010 – III ZR 318/08, VersR 2011 S. 530.

1123 BGH vom 15. 7. 2010 – III ZR 321/08, MDR 2010 S. 1050.

1124 Siehe hierzu BGH vom 9. 7. 2013 – II ZR 193/11, NJW-Spezial 2013 S. 687; BGH vom 9. 7. 2013 – II ZR 9/12; KG Berlin vom 6. 9. 2011 – 19 U 68/11, WM 2012 S. 127; KG Berlin vom 8. 12. 2011 – 23 U 162/11, n.v.; OLG Celle vom 10. 8. 2011 – 9 U 130/10, WM 2012 S. 794, GWR 2011 S. 422.

1125 BGH vom 12. 2. 2009 – III ZR 90/08, WM 2009 S. 593; BGH vom 22. 4. 2010 – III ZR 318/08, WM 2010 S. 1017.

1126 BGH vom 22. 3. 2010 – II ZR 66/08, WM 2010 S. 972.

1127 *Meixner/Schröder*, Wirtschaftsprüferhaftung, München 2013, S. 216.

1128 BGH vom 12. 2. 2009 – III ZR 90/08, WM 2009 S. 593.

1129 Ebenso *Meixner/Schröder*, Wirtschaftsprüferhaftung, München 2013, S. 207.

1130 BGH vom 15. 7. 2010 – III ZR 321/08, MDR 2010 S. 1050, mit weiteren Nachweisen.

pflichtige darlegen, dass der einzelne Anleger den unterlassenen Hinweis unbeachtet gelassen hätte.[1131] Die Vermutung ist erschüttert, wenn der hinweispflichtige Umstand dem Anleger bereits bekannt war oder für die Werthaltigkeit der Anlage keine Bedeutung hat.[1132] Ist dagegen streitig, ob der behauptete Schaden auf der Verletzung der Treuhandpflicht beruht, ist der Anleger im vollen Umfang darlegungs- und beweispflichtig.

8.2.5 Schaden

Der Treuhänder, der seine Pflichten aus dem Treuhandvertrag verletzt, hat den Treugeber so zu stellen, als hätte er sich pflichtgemäß verhalten.

Verletzt der Treuhänder eine Aufklärungspflicht, kann der Treugeber verlangen, dass entweder der Treuhandvertrag und die darauf beruhende Vermögensanlage rückgängig gemacht werden oder ihm die Mehraufwendungen aufgrund des pflichtwidrigen Verhaltens bei Festhalten an der Geldanlage erstattet werden.[1133]

Bei der Ermittlung des Schadens sind erhaltene Steuervorteile im Zusammenhang mit der Geldanlage grundsätzlich zu berücksichtigen. Dies gilt aber nicht, wenn die Schadeneratzleistung selbst zu versteuern ist.[1134] Droht eine Aberkennung einer erhaltenen steuerlichen Verlustzuweisung, kann dieses Risiko vom Anleger mit einem Feststellungsantrag gesichert werden.[1135]

8.2.6 Verjährung

Es gilt auch hier die allgemeine Regelverjährung gem. §§ 195, 199 BGB. Entstanden ist der Schaden bereits mit dem Beitritt des Geschädigten zur Kapitalanlage. Hat der Treuhänder mehrere Beratungspflichten verletzt, ist hinsichtlich jeder Pflichtverletzung die Frage der Verjährung gesondert zu beurteilen.[1136] Vertragliche Haftungsbeschränkungen sind grundsätzlich möglich, müssen sich aber an den Regelungen für allgemeine Geschäftsbedingungen messen lassen.[1137]

8.2.7 Treuhandkommanditist als Gründungsgesellschafter

Ist der Treuhandkommanditist auch Gründungskommanditist, führt dies zu einer erheblichen Ausweitung seiner Haftung. Er hat sich das Verschulden von Vermittlern gem. § 278 BGB zurechnen zu lassen, denen er den Vertrieb der Anlage und die geschuldete Beratung überlässt. Diese gelten insoweit als seine Erfüllungsgehilfen. Ist mit dem Einsatz weiterer Untervermittler zu rechnen, gelten auch diese als Erfüllungsgehilfen der Gründungsgesellschafter. Zu diesen Vermittlern gehören auch Anlagevermittler, die direkt oder indirekt zum Vertrieb der Kapitalanlage eingesetzt werden.[1138] Haben die Gründungsgesellschafter einen von Ihnen ermächtigt,

1131 BGH vom 22. 4. 2010 – III ZR 318/08, VersR 2011 S. 530; BGH vom 7. 12. 2009 – II ZR 15/08, NJW 2010 S. 107.

1132 BGH vom 2. 3. 2009 – II ZR 266/07, WM 2009 S. 789.

1133 Siehe zu den beiden Möglichkeiten auch *Meixner/Schröder*, Wirtschaftsprüferhaftung, München 2013, S. 209 ff.

1134 Siehe zur Anrechnung von Steuervorteilen BGH vom 17. 7. 2014 – III ZR 218/13, WM 2014 S. 1667.

1135 BGH vom 15. 7. 2010 – III ZR 321/08, MDR 2010 S. 1050.

1136 BGH vom 19. 11. 2009 – III ZR 169/08, BKR 2010 S. 118; *Meixner/Schröder*, Wirtschaftsprüferhaftung, München 2013, S. 218 f.

1137 BGH vom 29. 5. 2008 – III ZR 59/07, BB 2008 S. 1529; vgl. hierzu *Meixner/Schröder*, Wirtschaftsprüferhaftung, München 2013, S. 222 f.

1138 BGH vom 14. 5. 2012 – II ZR 69/12, MDR 2012 S. 859; BGH Beschluss vom 26. 11. 2015 – III ZR 78/15; BGH vom 14. 7. 2003 – II ZR 202/02, DStR 2003, 1760.

für sie die Vertragsverhandlungen mit beitrittswilligen Personen zu führen, müssen sie sich Pflichtwidrigkeiten des beauftragten Gründungsgesellschafters zurechnen lassen.[1139] Dies gilt auch dann, wenn der Vertrag mit dem Anleger durch die Komplementärin abgeschlossen wird.[1140] Auf dieser Grundlage kommt auch eine Haftung für Prospektfehler in Betracht, wenn der Prospekt bei den Beitrittsverhandlungen verwendet wurde.[1141] Die Haftung als Gründungskommanditist kommt bereits dann zum Tragen, wenn der Treuhandkommanditist zwar nicht zu den Gründungsgesellschaftern der Anlagegesellschaft gehörte, er aber bereits vor Beginn des Vertriebs bzw. bevor der erste Anleger einen Gesellschaftsanteil erworben hat, selbst einen Gesellschaftsanteil erworben hat.[1142] Nicht entscheidend ist ferner, ob der Treuhänder zum Zeitpunkt des Beitritts bereits als Gesellschafter im Handelsregister eingetragen war. Die Eintragung hat lediglich deklaratorische Wirkung. Ausreichend kann sein, dass die Eintragung des Treuhänders als Gesellschafter im Prospekt vorgesehen ist oder bereits veranlasst wurde.[1143]

Der wesentliche Unterschied zwischen der Haftung als Treuhandkommanditist und der Haftung als Gründungsgesellschafter besteht darin, dass der Treuhandkommanditist aus einer Verletzung des Treuhandvertrags und der sich hieraus ergebenden Hinweispflichten haftet, während der Gründungsgesellschafter aus einer Verletzung des Gesellschaftsvertrags haftet. Der Treuhänder hat sich daher grundsätzlich das fremde Verschulden der bei den Beitrittsverhandlungen und dem Vertrieb der Gesellschaftsanlage beteiligten Personen nicht zurechnen zu lassen, sondern haftet für eigenes Verschulden, was insbesondere eine eigene Kenntnis voraussetzt.[1144] Die gesellschaftsrechtliche Haftung des Gründungsgesellschafters begründet dagegen die erhebliche Ausweitung des Haftungsrisikos durch die Zurechnung fremden Verschuldens. Diese Verschuldenszurechnung begründet im Ergebnis eine eigene (Quasi-)Prospektverantwortung des Gründungsgesellschafters.[1145]

Die Haftung als Treuhandkommanditist beruht auf einem Treuhandvertrag und damit auf einer nach dem Berufsrecht zulässigen Tätigkeit. Die gesellschaftsrechtliche Haftung als Gründungsgesellschafter kann dagegen keiner nach dem Berufsrecht zulässigen Tätigkeit zugerechnet werden. Dies ergibt sich bereits daraus, dass der BGH die (mittlerweile aufgehobene) gesetzliche Regel zur Verjährung des § 51a WPO auf die Haftung des Gründungsgesellschafters nicht anwendet.[1146]

Zu beachten ist, dass ein WP nicht gewerblich tätig werden darf (§ 43a WPO). Die Übernahme der Stellung eines Gründungsgesellschafters dürfte einen Verstoß gegen dieses Verbot darstellen, da sie über die bloße Beteiligung hinausgeht. Eine auf dieser Grundlage beruhende Haftung

1139 BGH vom 21. 9. 1987 – II ZR 265/86, NJW-RR 1988 S. 161.

1140 BGH vom 1. 3. 2011 – II ZR 16/10, WM 2011 S. 792, MDR 2011 S. 676.

1141 BGH vom 1. 3. 2011 – II ZR 16/10, WM 2011 S. 792, MDR 2011, S. 676, mit weiteren umfangreichen Hinweisen.

1142 BGH vom 9. 7. 2013 – II ZR 9/12, WM 2013 S. 1597, MDR 2013 S. 1290.

1143 LG Berlin vom 27. 2. 2015 – 3 O 160/14, bestätigt durch Kammergericht Berlin, 23 U 25/15.

1144 Vgl. BGH vom 29. 5. 2008 – III ZR 59/07, BB 2008 S. 1529, WM 2008 S. 1205; vgl. aber BGH vom 26. 11. 2015 – III ZR 78/15, n.v., wonach auch beim Treuhandkommanditisten eine Verschuldungszurechnung nach § 278 BGB möglich sein soll.

1145 Vgl. zur Haftung des Gründungsgesellschafters für Prospektfehler auch OLG Karlsruhe vom 14. 2. 2013 – 9 U 33/12, WM 2013 S. 1182 ff.

1146 BGH vom 14. 5. 2012 – II ZR 69/12, WM 2012 S. 1298, VersR 2013 S. 1442; ebenso für Steuerberater und § 68 StBerG, BGH vom 20. 3. 2006 – II ZR 326/04, DStR 2006, 1007 und BGH vom 13. 7. 2006 – III ZR 361/04, DStR 2007, 131.

wäre auch nicht vom Versicherungsschutz im Rahmen der üblichen Deckungsmodelle für WP erfasst.[1147] Die Haftung bezieht sich nicht allein auf Prospektfehler. Eine Haftung besteht vielmehr auch dann, wenn im Rahmen der Beratung durch den Erfüllungsgehilfen Hinweise im Prospekt entwertet oder gemindert, z. B. Risikohinweise relativiert werden.[1148]

Kapitalanlagen werden häufig über beauftragte Vertriebsunternehmen vertrieben, die regelmäßig auch (selbständige) Untervermittler einsetzen. Die eingesetzten Vermittler entziehen sich der unmittelbaren Kontrolle der Gründungsgesellschafter. Über deren Qualifikation und die im Rahmen der Beratung erfolgten Erklärungen, ist den Gründungsgesellschaftern nichts bekannt. Ein möglicher Regressanspruch gegen den handelnden Vermittler wird, sofern der Vermittler nicht über eigenes Vermögen verfügte,[1149] häufig wirtschaftlich wertlos sein. Sofern der Vermittler zum Zeitpunkt der Vermittlung überhaupt über eine Vermögensschaden-Haftpflichtversicherung verfügt, wird diese bei wahrheitswidrigen oder im Widerspruch zum Prospektinhalt abgegebenen Erklärungen regelmäßig ihre Eintrittspflicht verweigern.

8.3 Haftung als Mittelverwendungskontrolleur

Einen Unterfall der Treuhandtätigkeit in Anlagemodellen stellt die Mittelverwendungskontrolle dar.[1150] Diese verpflichtet den Mittelverwendungskontrolleur nach Maßgabe des konkreten Vertrages über die Mittelverwendungskontrolle die ordnungsgemäße Verwendung der Gelder sowie den vorgesehen Geldfluss zu überwachen. Regelmäßig wird der Treuhandkommanditist auch als Mittelverwendungskontrolleur aktiv, so dass ihn die entsprechenden vorvertraglichen Warn- und Hinweispflichten treffen.[1151] Der Mittelverwendungskontrollvertrag kann unmittelbar mit den Anlegern abgeschlossen werden[1152] oder bei Abschluss mit der Anlagegesellschaft als echter Vertrag zugunsten Dritter ausgestaltet sein.[1153] In jedem Fall ist davon auszugehen, dass die Anleger in den Schutzbereich eines Mittelverwendungskontrollvertrages einbezogen werden. Obwohl der Mittelverwendungskontrolleur regelmäßig erst nach Einzahlung des Anlagebetrages für den Anleger aktiv wird, können diesen, unabhängig davon, wie der konkrete Vertrag über die Mittelverwendung ausgestaltet ist, Warn- und Hinweispflichten in Zusammenhang mit den von ihm geschuldeten Aufgaben treffen.[1154]

1147 Zum Versicherungsschutz für die Haftung als Gründungsgesellschafter siehe *Martin Kreft*, WPK-Magazin 2015 S. 42 f.; OLG München vom 27. 2. 2014 – 13 U 3365/13, BeckRS 2015 S. 00345; siehe auch ausführlich *Martin Lehmann*, r + s 2016, S. 1 ff. Instanzenzug LG Wiesbaden vom 19. 12. 2013 – 2 O 65/13; Beschlüsse des OLG Frankfurt vom 15. 7. 2014 und 9. 9. 2014 – 3 U 27/14; Instanzenzug LG Köln vom 3. 7. 2013 – 20 O 431/12, GI aktuell 2015, 62; OLG Köln vom 2. 6. 2014 – 9 U 157/13, GI aktuell 2015, 175; BGH vom 24. 6. 2015 – IV ZR 248/14, DStR 2015, 2629 mit Anmerkung Meixner.

1148 BGH vom 14. 5. 2012 – II ZR 69/12, MDR 2012 S. 859, mit zahlreichen Hinweisen zur Haftung der Gründungsgesellschafter.

1149 Eine Pflichtversicherung wurde erst durch § 34f GewO zum 1. 1. 2013 eingeführt.

1150 Vgl. OLG Frankfurt vom 14. 12. 2012 – 7 U 21/12, n. v.

1151 Vgl. BGH vom 22. 3. 2007 – III ZR 98/06, BB 2007 S. 1105.

1152 BGH vom 26. 9. 2000 – X ZR 94/98, BB 2001 S. 1090.

1153 BGH vom 19. 11. 2009 – III ZR 109/08, BB 2010 S. 144; OLG Koblenz vom 15. 1. 2016 – 8 U 1268/14, DStR 2016, 1054.

1154 BGH vom 22. 3. 2007 – III ZR 98/06, BB 2007 S. 1105; BGH vom 19. 11. 2009 – III ZR 109/08, BB 2010 S. 144.

8.3.1 Pflichten des Mittelverwendungskontrolleurs

Die vom Mittelverwendungskontrolleur durchzuführenden Prüfungsmaßnahmen ergeben sich nach Inhalt und Umfang aus dem konkreten Mittelverwendungskontrollvertrag, der regelmäßig im Anlageprospekt enthalten ist. In der Rechtsprechung wurden nachfolgende Pflichten des Mittelverwendungskontrolleurs behandelt:[1155]

- Sicherstellung, dass die Voraussetzungen für eine ordnungsgemäße Verwendungskontrolle vor Aufnahme der Tätigkeit der Anlagegesellschaft vorliegen (Verfügungsgewalt eines Geschäftsführers über ein Sonderkonto ohne Mitwirkung des Mittelverwendungskontrolleurs);[1156]
- Einhaltung der im Prospekt vorgesehenen Zahlungswege (Zwischenschaltung eines im Prospekt nicht vorgesehenen Zahlungsempfängers);[1157]
- Pflicht zur Auskunftserteilung gegenüber einem Anleger über die genehmigten Verfügungen;[1158]
- Verpflichtung in den Bescheinigungen auf Abweichungen des tatsächlichen Geldflusses oder der Mittelverwendung von den Angaben im Prospekt hinzuweisen.[1159]

Unterlässt der Mittelverwendungskontrolleur die nach dem Inhalt des Vertrages erforderlichen Prüfungen und bescheinigt er dennoch eine ordnungsgemäße Mittelverwendung, kommt auch eine Haftung gegenüber zukünftigen Anlegern in Betracht, wenn diese im Vertrauen auf die Richtigkeit der Bescheinigungen die Geldanlagen getätigt haben und der Mittelverwendungskontrolleur damit rechnen musste. Dies setzt zunächst einmal voraus, dass die Anleger von den Bescheinigungen Kenntnis erhalten haben und dem Mittelverwendungskontrolleur bewusst war oder sein musste, dass seine Bescheinigungen bei der Anwerbung neuer Anleger Verwendung finden.[1160] Ferner haftet der Mittelverwendungskontrolleur für durch ihn oder unter seiner Mitwirkung vorgenommene Fehlverwendungen von Mitteln der Gesellschaft.

Dagegen besteht keine Verpflichtung des Mittelverwendungskontrolleurs, den Anlageinteressenten, der vor seinem Beitritt einen Prospekt liest, in dem unter anderen der allgemein verständliche Text des abzuschließenden Mittelverwendungskontrollvertrages enthalten ist, über Reichweite und Inhalt dieses Vertrages aufzuklären.[1161] Der Mittelverwendungskontrolleur ist ferner, sofern nichts Abweichendes vereinbart ist, nicht verpflichtet, die Bonität oder Seriosität der Vertragspartner der Anlagegesellschaft zu prüfen. Er darf sich, sofern keine konkreten Anhaltspunkte für eine gegenteilige Annahme vorliegen, darauf verlassen, dass die Anlagegesellschaft nur seriöse Vertragspartner hat.[1162] Den Mittelverwendungskontrolleur trifft damit keine Gesamtprospektverantwortung.[1163]

1155 Vgl. hierzu auch *Meixner/Schröder*, Wirtschaftsprüferhaftung, München 2013, S. 228 ff.
1156 BGH vom 19. 11. 2009 – III ZR 109/08, BB 2010 S. 144 und vom 11. 2. 2010 – III ZR 9/09, GWR 2010 S. 145.
1157 BGH vom 26. 9. 2000 – X ZR 94/98, BGHZ 145 S. 187, WM 2000 S. 2447.
1158 KG Berlin vom 20. 1. 2011 – 19 U 70/10, NZG 2011 S. 553.
1159 BGH vom 26. 9. 2000 – X ZR 94/98, BGHZ 145 S. 187, WM 2000 S. 2447.
1160 BGH vom 26. 9. 2000 – X ZR 94/98, BGHZ 145 S. 187, WM 2000 S. 2447.
1161 BGH vom 22. 3. 2007 – III ZR 98/06, BB 2007 S. 1105.
1162 BGH vom 22. 3. 2007 – III ZR 98/06, BB 2007 S. 1105.
1163 Vgl. OLG München vom 22. 7. 2013 – 17 U 80/13, n.v.

Entspricht der Umfang der Mittelverwendungskontrolle nicht den durch keine Angaben im Vertrag getragenen Erwartungen des Anlegers, kommt insoweit eine Haftung des Mittelverwendungskontrolleurs unter dem Gesichtspunkt der unterlassen Beratung nicht in Betracht. Entscheidend für die Haftung ist der ggf. durch Auslegung zu ermittelnde Inhalt des konkreten Mittelverwendungskontrollvertrags. Nicht geklärt ist, ob eine vertragliche Haftung in Betracht kommt, wenn die im Mittelverwendungskontrollvertrag beschriebene Kontrolle tatsächlich nicht greifen konnte und großflächig durch im Vertrag ebenfalls vorgesehene Ermessensentscheidungen des Mittelverwendungskontrolleurs ersetzt wurde.[1164] Der BGH hält allerdings bei dieser Konstellation eine deliktische Haftung für möglich.

8.3.2 Kausalität

Für die Haftung des Mittelverwendungskontrolleurs ist nicht zwingend erforderlich, dass es bei der Pflichtverletzung tatsächlich zu einer zweckwidrigen Verwendung von Anlegergeldern gekommen ist.[1165] Da es zum Pflichtenkreis des Mittelverwendungskontrolleurs gehört, bereits die Möglichkeit einer zweckwidrigen Verwendung durch Einrichtung einer effektiven Kontrolle zu verhindern, treffen ihn bereits dann, wenn in der Vergangenheit eine solche Möglichkeit bestand, Warn- und Hinweispflichten gegenüber neuen Anlegern. Dies gilt selbst dann, wenn die vorhandene Lücke zum Zeitpunkt der Zeichnung des Geschädigten bereits geschlossen war.[1166]

8.3.3 Schaden

Sofern Bescheinigungen des Mittelverwendungskontrolleurs nicht im Prospekt veröffentlicht werden, hat er keinen Anteil an der Anwerbung neuer Anleger. Umfang und Inhalt der Mittelverwendungskontrolle ergeben sich aus dem im Prospekt abgedruckten Vertrag. Es erscheint damit zunächst ausgeschlossen, dass der Anleger auch vom Mittelverwendungskontrolleur eine Rückabwicklung des Anlagevertrages verlangen kann. Die schuldhafte Versäumnis vorvertraglicher Warn- und Hinweispflichten kann aber zu einer solchen Ersatzpflicht führen. Der Mittelverwendungskontrolleur hat daher dem Anleger den durch die Zeichnung der Anlage entstandenen Schaden, Zug um Zug gegen Übertragung der Geldanlage, zu erstatten.[1167] Es bestehen hier keine Besonderheiten zu den übrigen Beteiligten bei Anlagegeschäften.

8.3.4 Haftungsbeschränkung

Enthält ein Mittelverwendungskontrollvertrag zwischen der Anlagegesellschaft und dem Mittelverwendungskontrolleur eine individuell ausgehandelte Haftungsbeschränkung, kann diese im Verhältnis zu den Anlegern dennoch der Inhaltskontrolle nach dem Recht der Allgemeinen Geschäftsbedingungen unterliegen.[1168]

1164 Vgl. BGH vom 11.4.2013 – III ZR 79/12, DStR 2013 S. 1411, und III ZR 80/12, GI aktuell 2013 S. 101, da in beiden Fällen vertragliche Ansprüche bereits verjährt waren.

1165 Vgl. BGH vom 19.11.2009 – III ZR 109/08, BB 2010 S. 144.

1166 BGH vom 19.11.2009 – III ZR 109/08, BB 2010 S. 144.

1167 Vgl. BGH vom 19.11.2009 – III ZR 109/08, BB 2010 S. 144.

1168 BGH vom 19.11.2009 – III ZR 108/08, MDR 2010 S. 146 (Vereinbarung einer unbeschränkten Subsidiaritätsklausel).

8.4 Haftung als Prospektprüfer

8.4.1 Allgemeines

Aufträge zur Prospektprüfung werden nicht vom einzelnen Anleger erteilt, sondern von der Anlagegesellschaft oder einer der an der Anlagegesellschaft beteiligten Personen oder Gesellschaften. Neben der Frage der Pflichtverletzung des Prüfungsauftrages stellt sich damit die Frage, unter welchen Voraussetzungen ein Anleger Schadenersatzansprüche gegen den Prospektprüfer durchsetzen kann. Neben deliktischen Anspruchsgrundlagen kommt hier die Rechtsfigur des Vertrages mit Schutzwirkung zugunsten Dritter in Betracht. Echte Verträge zugunsten Dritter oder Auskunftsverträge haben in der Rechtsprechung keine Rolle gespielt.

8.4.2 Pflichten des Prospektprüfers

Beim Auftrag zur Prospektprüfung handelt es sich um einen Gutachterauftrag, so dass zunächst auf die Ausführungen zur Haftung des Wirtschaftsprüfers als Gutachter verwiesen werden kann. Maßgeblich ist auch hier zunächst der Inhalt des konkreten Gutachterauftrages. So kann dieser sich auf den gesamten Prospekt oder aber nur auf Teilbereiche, z. B. die steuerliche Konzeption, beziehen. Für Inhalt und Umfang des Gutachterauftrages ist damit zunächst die konkrete Vereinbarung maßgeblich.

Das IDW hat am 1. 9. 2000 den IDW-Standard 4 „Grundsätze ordnungsgemäßer Beurteilung von Prospekten über öffentlich angebotene Kapitalanlagen" herausgegeben und mit Wirkung vom 18. 5. 2006 neu gefasst. Dieser IDW-Standard regelt die Beurteilung von Verkaufsprospekten über im Inland öffentlich angebotene, nicht in Wertpapieren verbriefte Anteile an Unternehmen nach § 8f des Verkaufsprospektgesetzes (jetzt § 1 Abs. 2 VermAnlG[1169]). Bei der Beurteilung von Verkaufsprospekten über Vermögensanlagen durch WP soll mit hinreichender Sicherheit festgestellt werden, ob in den Verkaufsprospekten die für eine Anlageentscheidung erheblichen Angaben vollständig und richtig enthalten snd und ob diese Angaben klar – d. h. gedanklich geordnet, eindeutig und verständlich – gemacht werden (IDW S 4, Rn. 7).

Der Inhalt des Verkaufsprospekts ist durch § 7 Abs. 2 VermAnlG und durch die VermVerkProsV im Einzelnen geregelt. Das Gesetz und die Verordnung sind am 1. 6. 2012 in Kraft getreten. Dort sind auch zahlreiche neue Mindestangaben normiert. Durch das zum 4. 7. 2013 in Kraft getretene Kapitalanlagengesetz (KAGB) wurden die geschlossenen Fonds aus dem Vermögensanlagengesetz herausgenommen. Gleichzeitig wurde das Investmentgesetz, in dem offene Fonds geregelt waren, in das KAGB übertragen. Das KAGB enthält nun abschließende Regelungen für offene und geschlossene Fonds. Ebenso wie das VermAnlG enthält das KAGB in mehreren Vorschriften Regelungen über den erforderlichen Inhalt von Verkaufsprospekten (vgl. §§ 165, 173, 228, 269 KAGB). Die durch die Einführung der neuen gesetzlichen Regelungen umgesetzten Änderungen machten eine Überarbeitung des aus dem Jahr 2006 stammenden IDW S 4 erforderlich, die nunmehr in dem Entwurf vom 6. 12. 2013[1170] vorliegt.

Der IDW S 4 hat grundsätzlich für die Gerichte keine bindende Wirkung, kann von diesen allerdings als Auslegungshilfe herangezogen werden. Etwas anderes gilt dann, wenn dem Gutach-

1169 In Kraft seit dem 1. 6. 2012.

1170 Abrufbar auf der Internetseite des IDW: http://go.nwb.de/b2upm (Abruf 26. 8. 2015).

terauftrag ausdrücklich der IDW S 4 zugrunde gelegt wird. Dann muss sich auch das Gericht bei der Prüfung der ordnungsgemäßen Erfüllung des Auftrages zur Prospektprüfung nach dem Inhalt der IDW S 4 richten.

Beachtet der Prospektprüfer die nach dem Inhalt des Vertrages erforderliche Sorgfalt, haftet er nicht. In der Folge begründet auch nicht jeder Prospektfehler zwingend einen Fehler des Prospektgutachtens.

Neben dem VermAnlG und dem KAGB enthalten auch andere gesetzliche Regelungen Vorgaben über den erforderlichen Inhalt von Verkaufsprospekten. Zu nennen sind hier das Wertpapierprospektgesetz (WpPG)[1171] und das Börsengesetz (BörsG)[1172]. Auf diese Regelungen findet der IDW S 4 keine Anwendung. Der IDW S 4 findet Anwendung auf offene und geschlossene Investmentvermögen.[1173]

8.4.2.1 Haftung gegenüber dem Auftraggeber

Sinn der Prospektprüfung ist nach Ansicht der Rechtsprechung vor allem eine nähere Prüfung und Darlegung, ob der Prospekt die aus der Sicht des verständigen und durchschnittlich vorsichtigen Anlegers für eine Anlageentscheidung erheblichen Angaben mit hinreichender Sicherheit vollständig und richtig enthält und ob diese Angaben klar, eindeutig und verständlich gemacht werden.[1174] Es ist dagegen nicht Aufgabe des Prospektprüfers, eine Haftung des Prospektherausgebers wegen eines unrichtigen Prospekts zu vermeiden.[1175]

Enthält der Prospekt die erforderlichen Angaben nicht oder sind diese nicht eindeutig und klar verständlich, drohen dem Prospektprüfer Schadenersatzforderungen. In Abgrenzung dazu garantiert der Prospektprüfer nicht die Vollständigkeit und Richtigkeit des Prospekts und ebenso wenig, dass der Prospektherausgeber in der Folge nicht von Anlegern aus dem Gesichtspunkt der Prospekthaftung in Anspruch genommen werden kann.

Die erheblichen Angaben müssen auch nur mit hinreichender Sicherheit vollständig, richtig und klar enthalten sein. Der Prospektprüfer kann sowohl die wirtschaftliche Entwicklung als auch die steuerliche Beurteilung seitens der Finanzämter in der Zukunft bzw. die Entwicklung der Steuerrechtslage nicht mit vollständiger Sicherheit voraussehen. Ferner kann er deliktisches oder kollusives Zusammenwirken beteiligter Personen nicht ausschließen. Auch die Erfüllung vertraglicher Pflichten von Vertragspartnern kann er nur als wahrscheinlich unterstellen, nicht aber garantieren. Letztendlich kann er nicht ausschließen, dass es mündliche Nebenabreden zu den vorgelegten Verträgen gibt oder die vorgelegten Unterlagen nicht vollständig sind.[1176]

Im Ergebnis garantiert das Prospektgutachten weder die Vollständigkeit und Richtigkeit des Prospekts noch den wirtschaftlichen oder steuerlichen Erfolg der Anlage. Aufgabe des Prospektprüfers gegenüber seinem Auftraggeber ist lediglich die Überprüfung, ob in dem Prospekt die für die Anlageentscheidung erheblichen, wesentlichen Angaben (so wie sie dem Prospektprüfer

---

1171 Vgl. hierzu *Meixner/Schröder*, Wirtschaftsprüferhaftung, München 2013, S. 251 ff.

1172 Vgl. hierzu *Meixner/Schröder*, Wirtschaftsprüferhaftung, München 2013, S. 259 f.

1173 Einleitung zum Entwurf der IDW ES 4 n. F. vom 6. 12. 2013.

1174 BGH vom 14. 6. 2007 – III ZR 300/05, BB 2007 S. 1726.

1175 Vgl. BGH vom 14. 6. 2007 – III ZR 125/06, BB 2007 S. 1724.

1176 Vgl. zu diesen Einschränkungen IDW S 4 vom 18. 5. 2006, Rz. 13–15 und Entwurf IDW ES 4 vom 6. 12. 2013, Rz. 12–16.

bekannt gegeben wurden bzw. sich aus den Unterlagen ergeben) vollständig und richtig enthalten sind und diese Angaben gedanklich geordnet, eindeutig und verständlich gemacht werden.[1177]

8.4.2.2 Die Haftung gegenüber Anlegern

Der wirtschaftliche Erfolg einer Geldanlage setzt sich regelmäßig aus der erhofften Rendite und der Gewährung steuerlicher Vorteile, z. B. in Form von Verlustzuweisungen in der Anfangsphase der Kapitalanlage[1178], zusammen. Das Prospektprüfungsgutachten bietet grundsätzlich keine Gewähr für den in Aussicht gestellten wirtschaftlichen oder steuerlichen Erfolg der Geldanlage. Ansatzpunkt für eine Haftung des Prospektprüfers ist damit, dass sich beim Fehlschlagen des Anlagemodells Risiken verwirklicht haben, welche nicht in der gebotenen Deutlichkeit im Prospektmaterial abgebildet wurden, obwohl diese Risiken im Zeitpunkt der Zeichnung bereits erkennbar waren. Unterlässt der Prospekt die erforderliche Darstellung und stellt das Prüfungsgutachten dies nicht richtig, kommt eine Haftung des Prüfers in Betracht.[1179]

Eine Haftung des Prospektprüfers gegenüber Dritten, insbesondere den Anlegern, kam vor Inkrafttreten der gesetzlichen Regelungen zur Prospekthaftung unter dem Gesichtspunkt der Prospekthaftung im engeren Sinne[1180] und aus Deliktsrecht[1181], wegen einer Beteiligung an einem Kapitalanlagebetrug oder einer sittenwidrigen Schädigung gem. § 826 (s. hierzu oben) in Betracht. Insoweit reicht allein der Umstand, dass es sich bei der Kapitalanlage um ein betrügerisches Modell handelt, nicht aus.

Die gesetzlichen Regelungen zur Prospekthaftung erfassen den Prospektprüfer regelmäßig nicht als haftenden Prospektverantwortlichen, sofern er nicht die Verantwortung für den Prospekt übernimmt. Bereits zuvor waren die Anforderungen auf der Grundlage der hierzu ergangenen Rechtsprechung hoch. Eine deliktische Haftung erfordert regelmäßig vorsätzliches Handeln. Vor diesem Hintergrund geriet die Frage, ob und unter welchen Umständen eine Einbeziehung eines Anlegers in den Schutzbereich des Gutachterauftrages möglich ist, in den Fokus der Rechtsprechung.

Nach gefestigter Rechtsprechung erfordert die Einbeziehung eines Anlegers in den Schutzbereich des Gutachterauftrages zunächst, dass dem Prospektprüfer bekannt ist, dass sein Gutachten auch interessierten Anlegern zur Kenntnis gebracht und zur Gewinnung neuer Anleger verwendet werden soll. Dies kann z. B. dadurch erfolgen, dass im Prospekt ausgeführt wird, dass ein entsprechendes Gutachten besteht und interessierten Anlegern auf Wunsch zur Verfügung gestellt wird.[1182]

1177 Vgl. *Zoller*, Die Haftung bei Kapitalanlagen, § 7 Rz. 20.

1178 Bestehen von Anfang an oder dauerhaft keine Gewinnaussichten, droht die nachträgliche Aberkennung gewährter Verlustabzüge durch die Finanzverwaltung.

1179 Vgl. *Zoller*, Die Haftung bei Kapitalanlagen, § 7 Nr. I 4.

1180 Vgl. hierzu BGH vom 8. 6. 2004 – X ZR 283/02, BB 2004 S. 2180; BGH vom 14. 6. 2007 – III ZR 300/05, BB 2007 S. 1726, mit jeweils insoweit abschlägigen Entscheidungen.

1181 Vgl. hierzu OLG München vom 21. 11. 2008 – 10 U 2839/08, dargestellt in *Zoller*, § 7 Rz. 79 ff.

1182 BGH vom 14. 6. 2007 – III ZR 300/05, BB 2007 S. 1726.

Eine Einbeziehung in den Gutachterauftrag setzt allerdings nach der Rechtsprechung voraus, dass der Anleger von dem Gutachten auch Gebrauch macht. Ein Gebrauchmachen liegt nach der Rechtsprechung vor, wenn

- der Anleger das Gutachten angefordert hat und
- der Anleger das Gutachten durchgearbeitet hat und
- das Gutachten für die Anlegeentscheidung ausschlaggebend war.

Sämtliche Punkte hat der Anleger nachzuweisen.[1183]

Nicht ausreichend für die Einbeziehung in den Schutzbereich ist dagegen, dass lediglich der Vertriebsmitarbeiter das Gutachten angefordert hat und im Rahmen der Vermittlung von dem Gutachten Gebrauch macht.[1184] Das Vertrauen in die Angaben des Vertriebsmitarbeiters ist für die Einbeziehung in den Schutzbereich des Gutachterauftrages nicht ausreichend.[1185]

Es ist nicht zwingend erforderlich, dass der Anleger vor seiner Anlageentscheidung in diesem Sinne Gebrauch von dem Gutachten macht. Ausreichend ist es auch, wenn der Anleger das Gutachten vor Ablauf einer eingeräumten Widerrufsfrist erhält und auf dieser Grundlage vom Gebrauch des Widerrufsrechts absieht.[1186]

Kommt danach eine Einbeziehung in den Schutzbereich des Gutachterauftrages in Betracht, stellt sich die Frage, ob der Anleger überhaupt schutzwürdig ist. Ist das Prospektprüfungsgutachten fehlerhaft, wird auch ein Prospektfehler vorliegen, so dass die Prospektverantwortlichen als anderweitige Ersatzpflichtige in Betracht kommen.

Hierzu hat der BGH entschieden, dass Prospekthaftungsansprüche gegen die Initiatoren der Geldanlage grundsätzlich Ansprüche gegen den Prospektprüfer unter dem Gesichtspunkt eines Vertrages mit Schutzwirkung zugunsten Dritter nicht ausschließen.[1187] Ebenso wenig vermögen Ansprüche aus Prospekthaftung gegen den WP parallel hierzu bestehenden Schadenersatz aus einem Vertrag mit Schutzwirkung zugunsten Dritter auszuschließen. Die Frage der Verjährung der jeweiligen Ansprüche richtet sich nach den jeweils geltenden Regelungen. Nicht verjährte Forderungen aus einem Vertrag mit Schutzwirkung zugunsten Dritter können also auch noch dann durchgesetzt werden, wenn die konkurrierenden Ansprüche aus Prospekthaftung bereits verjährt sind.[1188]

Ebenso wie bei der Jahresabschlussprüfung, hindert ein eindeutiger Hinweis im Prospektgutachten, wonach die Weitergabe des Gutachtens an Anleger der schriftlichen Zustimmung des Prospektprüfers bedarf, die Einbeziehung eines Anlegers in den Schutzbereich des Gutachterauftrages, wenn dieser eine solche Erklärung nicht vorweisen kann.[1189]

1183 BGH vom 14. 6. 2007 – III ZR 300/05, BB 2007 S. 1726.

1184 BGH vom 14. 6. 2007 – III ZR 185/05, NJW-RR 2007 S. 1479; BGH vom 14. 6. 2007 – III ZR 125/06, BB 2007 S. 1724.

1185 Siehe hierzu auch OLG München vom 15. 10. 2009 – 8 U 2267/08, GWR 2009 S. 451.

1186 BGH vom 6. 3. 2008 – III ZR 219/06, n. v.

1187 BGH vom 8. 6.2004 – X ZR 283/02, BB 2004 S. 2180.

1188 BGH vom 8. 6. 2004 – X ZR 283/02, BB 2004 S. 2180.

1189 OLG München vom 21. 11. 2008 – 10 U 2839/08, n. v.

8.4.3 Änderungen durch das VermAnlG

Das VerkProspG sah lediglich eine Vorlagepflicht bei der BaFin gem. § 8i VerkProspG vor. Eine inhaltliche Kontrolle erfolgte dagegen nicht, worauf gem. § 8g Abs. 1 Satz 3 VerkProspG ausdrücklich hinzuweisen war.

Nach § 8 VermAnlG erfolgt nunmehr eine eingehende Prüfung des Prospekts auf Vollständigkeit, Kohärenz und Verständlichkeit durch die BaFin, die gem. § 17 VermAnlG zur Untersagung der Veröffentlichung führen kann.

Für Wertpapier-Prospekte enthält § 13 WpPG ein Billigungsverfahren. Im Rahmen des Geltungsbereichs des KAGB enthalten die Regelungen über die Zulassung zum Vertrieb auch die Verpflichtung zur Vorlage der jeweiligen Prospekte bei der Bafin.

Einige Aufgaben, die nach Sinn und Zweck ursprünglich vom Prospektprüfer auszuführen waren, werden nunmehr innerhalb des Regelungsbereichs des VermAnlG von der BaFin übernommen. Es erfolgt aber keine Prüfung der inhaltlichen Richtigkeit der Angaben im Verkaufsprospekt. Hierauf ist gem. § 7 Abs. 2 Satz 1 VermAnlG bereits auf dem Deckblatt hinzuweisen. Das gem. § 13 VermAnlG erforderliche Vermögensanlagen-Informationsblatt unterliegt keiner Prüfung durch die BaFin, worauf dort ebenfalls hinzuweisen ist.

Damit wird der Einsatz eines Prospektprüfers für die Initiatoren sicherlich nicht weniger reizvoll. Der Prüfungsumfang der BaFin erlaubt keinen Rückschluss darauf, ob der Prospekt tatsächlich im Sinne der gesetzlichen Haftungsregelungen für die Prospektverantwortlichen vollständig und richtig ist.[1190] Ferner kann eine Genehmigung durch die BaFin nicht als Entschuldigungsgrund zur Begründung eines fehlenden Verschuldens angeführt werden.[1191]

8.5 Haftung als Jahresabschlussprüfer

8.5.1 Allgemeines

Die §§ 23 f. VermAnlG[1192] schreiben die Erstellung von Jahresabschlüssen und Jahresberichten des Emittenten sowie deren Veröffentlichung im Bundesanzeiger vor. Emittent einer Vermögensanlage ist gem. § 1 Abs. 3 VermAnlG die Person oder Gesellschaft, deren Anteile oder deren Genussrechte oder von ihr ausgegebene Namensschuldverschreibungen im Inland öffentlich angeboten werden. Die gesetzlichen Regelungen schreiben damit die Erstellung und Veröffentlichung von Jahresabschlüssen bzw. Jahresberichten der Anlagegesellschaft selbst vor.

Der Jahresabschluss ist gem. § 25 VermAnlG nach den Regeln des HGB zu prüfen und mit einem Bestätigungsvermerk oder einem Vermerk über die Versagung der Bestätigung zu versehen. § 25 VermAnlG enthält gesonderte Regelungen zum erforderlichen Inhalt der Prüfung.

Gem. § 11 VermVerkProspV muss der Prospekt den Namen, die Anschrift und die Berufsbezeichnung des Abschlussprüfers, der den Jahresabschluss des Emittenten nach Maßgabe der gesetzlichen Vorschriften geprüft hat, enthalten. Ferner ist der Bestätigungsvermerk einschließlich zu-

1190 Vgl. *Assmann*, in: Assmann/Schlitt/von Kopp-Colomb, Wertpapierprospektgesetz/VerkaufsprospG, 2. Aufl. 2010, § 13 Rz. 23.

1191 Vgl. *Assmann*, in: Assmann/Schlitt/von Kopp-Colomb, Wertpapierprospektgesetz/VerkaufsprospG, 2. Aufl. 2010, § 13 Rz. 94.

1192 Vgl. zur Rechtslage vorher § 8h VerkProspG.

sätzlicher Bemerkungen aufzunehmen. Wurde der Bestätigungsvermerk des Jahresabschlusses eingeschränkt oder versagt, so müssen der volle Wortlaut der Einschränkung oder der Versagung und deren Begründung wiedergegeben werden.

Auch das KAGB enthält zu den einzelnen dort geregelten Kapitalanlagen entsprechende Vorschriften.

8.5.2 Haftung des Jahresabschlussprüfers

Der Verweis auf die Regelungen des HGB führt zur Anwendung der Haftungsvorschrift des § 323 HGB. Es kann daher zunächst auf die diesbezüglichen Ausführungen zur Haftung des Abschlussprüfers[1193] verwiesen werden.

Der Abdruck eines Testats unter Nennung des Wirtschaftsprüfers reicht nicht aus, um den Jahresabschlussprüfer zum Prospektverantwortlichen i. S. der gesetzlichen Haftungsregelungen zur Prospekthaftung zu machen.[1194]

An den Voraussetzungen für einen Vertrag mit Schutzwirkung zugunsten Dritter wird es regelmäßig fehlen. Die Einbeziehung einer unbekannten Anzahl Dritter in den Schutzbereich des Prüfauftrages würde der gesetzgeberischen Intention, das Haftungsrisiko des Abschlussprüfers angemessen zu begrenzen, zuwiderlaufen.[1195] Es ist nicht ausreichend, dass die gesetzlichen Regelungen[1196] die Aufnahme eines Bestätigungsvermerks in einen Prospekt erforderlich machen. Gesetzliche Vorschriften, die eine Verwendung geprüfter Jahresabschlüsse und Bestätigungsvermerke im Rechtsverkehr vorschreiben, begründen regelmäßig nicht die automatische Einbeziehung Dritter in den Schutzbereich des Prüfauftrages, die mit dem Prüfungsergebnis bestimmungsgemäß in Kontakt kommen.

Der Jahresabschlussprüfer kann damit von Anlegern i d. R. nur auf der Grundlage deliktischer Anspruchsgrundlagen, insbesondere § 826 BGB, in die Haftung genommen werden.[1197]

8.5.2.1 Besonderheiten im Rahmen der Kausalität

Behauptet ein Anleger, dass für seine Anlageentscheidung auch das Testat mitursächlich war, ist es nicht ausreichend, dass das fehlerhafte Testat nicht hinweggedacht werden kann, ohne dass der Erfolg in Gestalt der streitgegenständlichen Geldanlage entfiele, z. B. weil der Handel dann ausgesetzt worden wäre oder das geprüfte Unternehmen Insolvenz hätte beantragen müssen. Erforderlich ist, dass der Anleger gerade im Vertrauen auf das ihm bekannte Testat seine Anlageentscheidung getroffen hat.

1193 Siehe Kapitel X, Abschnitt III.

1194 Vgl. in *Assmann/Schlitt/von Kopp-Colomb*, Wertpapierprospektgesetz/Verkaufsprospektgesetz, 2. Aufl. 2010, § 13 Rz. 77; dies galt auch schon im Bereich der bürgerlich-rechtlichen Prospekthaftung, vgl. BGH vom 15. 12. 2005 – III ZR 424/04, BB 2006 S. 770, DB 2006 S. 385.

1195 BGH vom 2. 4. 1998 – III ZR 245/96, BGHZ 138 S. 257 ff., DStR 1998 S. 823 ff.; BGH vom 15. 12. 2005 – III ZR 424/04, BB 2006 S. 770; BGH vom 6. 4. 2006 – III ZR 256/04, BB 2006 S. 1441, MDR 2006 S. 881; zum KAGB vgl. *Tilmann/Schultheiß*, BKR 2015 S. 133 ff.

1196 Siehe zu § 8 f VerkProspG i. V. m. § 11 VermVerkProspV OLG Dresden vom 30. 6. 2011 – 8 U 1603/08, DStR 2012 S. 2098; OLG Dresden vom 30. 6. 2012 – 8 U 1215/09.

1197 Siehe hierzu eingehend oben Kapitel XIV, Ziffer 3.1.13, OLG Dresden vom 30. 6. 2011 – 8 U 1603/08, DStR 2012 S. 2098; OLG Dresden vom 30. 6. 2011 – 8 U 1215/09.

Die zeitliche Reichweite eines Testats ist nicht unbegrenzt. Es bezieht sich lediglich rückblickend auf den Zeitraum des geprüften Jahresabschlusses. Eine Kausalität endet aber nicht bereits dann, wenn die Erwartung besteht, dass neue oder aktuellere Zahlen vorliegen müssten, also in etwa nach einem Jahr.

Auch ein überholter Bestätigungsvermerk begründet vielmehr zumindest das Vertrauen, dass keine Mängel vorlagen, die zur Verweigerung oder Einschränkung des Testats hätten führen müssen. Erst wenn zwischen dem Prüfungsstichtag und der (auch) darauf beruhenden Entscheidung des Geschädigten eine so lange Zeit verstrichen ist, dass mit wesentlichen, auch die Grundlagen des Unternehmens erfassenden Änderungen der Verhältnisse gerechnet werden muss, kann eine durch die Lebenserfahrung begründete Vermutung der Kausalität nicht mehr eingreifen.[1198]

Eine Aktualisierungspflicht für den Fall, dass dem Abschlussprüfer eine wesentliche Verschlechterung des Unternehmens bekannt wird, trifft den Abschlussprüfer nicht.[1199]

Im Falle einer pflichtwidrigen Erteilung eines unbeschränkten Bestätigungsvermerks ist bei der Kausalitätsprüfung damit darauf abzustellen, ob die Anlageentscheidung auch dann getroffen worden wäre, wenn der WP den Bestätigungsvermerk (pflichtgemäß) nicht erteilt hätte und ein solcher daher nicht im Prospekt veröffentlicht worden wäre. Insoweit besteht eine tatsächliche Vermutung zugunsten des Anlegers[1200], die aber vom WP widerlegt werden kann. Dies kann z. B. dadurch erfolgen, dass der WP darlegt, dass sein Testat nicht wesentlich für die Beurteilung der wirtschaftlichen Lage des Unternehmens war.[1201]

8.5.2.2 Schaden

Der ersatzfähige Schaden liegt in der getroffenen Anlageentscheidung selbst. Der Anleger ist daher so zu stellen, wie er stehen würde, wenn er die Anlage nicht gezeichnet hätte.[1202] Er hat damit Anspruch auf Erstattung des eingezahlten Betrages, Zug um Zug gegen Übertragung der Anlage. Ferner ist davon auszugehen, dass das angelegte Kapital nicht ungenutzt geblieben wäre, so dass der Anleger auch Erstattung des entgangenen Gewinns verlangen kann.[1203] Erfahrene Steuervorteile sind nicht anzurechnen, wenn die Schadenersatzleistung selbst zu versteuern ist.

8.6 Haftung bei Mehrfachtätigkeiten

WP oder Wirtschaftsprüfungsgesellschaften können in zahlreichen Funktionen im Rahmen von Geldanlagen eingesetzt werden. Sie können als Treuhandkommanditisten, Mittelverwendungskontrolleure, Prospektgutachter, Jahresabschlussprüfer oder Steuerberater[1204] der Anlagegesellschaft fungieren.

1198 BGH vom 21. 2. 2013 – III ZR 139/12, DB 2013 S. 931 ff., unter ausdrücklicher Fortführung der Entscheidung vom 15. 12. 2005 – III ZR 424/04, DB 2006 S. 423.

1199 Vgl. BGH vom 15. 12. 2005 – III ZR 424/05, BB 2006 S. 770, DB 2006 S. 385; OLG Bamberg vom 21. 2. 2006 – 5 U 196/05, GI 2006 S. 186, WM 2006 S. 960.

1200 BGH vom 15. 12. 2005 – III ZR 424/05, BB 2006 S. 770, DB 2006 S. 385.

1201 OLG Bamberg vom 21. 2. 2006 – 5 U 196/05, GI 2006 S. 186, WM 2006 S. 960.

1202 BGH vom 8. 3. 2005 – XI ZR 170/04, ZIP 2005 S. 802; BGH vom 26. 9. 1991 – VII ZR 376/89, BGHZ 115 S. 213.

1203 OLG Dresden vom 30. 6. 2011 – 8 U 1603/08, DStR 2012 S. 2098; OLG Dresden vom 30. 6. 2011 – 8 U 1215/09.

1204 Zur Haftung des Steuerberaters einer Anlagegesellschaft gegenüber den zahlreichen Anlegern siehe OLG Köln vom 13. 11. 2008 – 8 U 26/08, GI aktuell 2009 S. 80, DB 2009 S. 278.

Grundsätzlich ist es möglich und auch sehr häufig, dass ein WP innerhalb eines Anlagemodells in unterschiedlichen Funktionen tätig wird. Die Haftung des Wirtschaftsprüfers richtet sich dann nach den für den jeweiligen Tätigkeitsbereich entwickelten Grundsätzen. Erkenntnisse, die dem WP im Rahmen einer Tätigkeit bekannt werden, hat er auch bei seinen anderen Tätigkeiten zu berücksichtigen, so dass sich insoweit Warn- und Hinweispflichten gegenüber den (zukünftigen) Anlegern ergeben können.[1205]

Der Übernahme von Mehrfachfunktionen wird allerdings durch das Gebot der Unabhängigkeit des Wirtschaftsprüfers gem. § 43 Abs. 1, 49 WPO Grenzen gesetzt. Von besonderer Bedeutung ist in diesem Zusammenhang der Grundsatz des Selbstprüfungsverbots. So ist es grundsätzlich nicht zulässig, wenn der WP an der Erstellung des Prospekts oder der steuerlichen Konzeption des Anlagemodells mitwirkt und anschließend als Prospektprüfer fungiert. Unbedenklich ist es allerdings, wenn er im Rahmen der Prospektprüfung Fehler feststellt und der Auftraggeber diese in der abschließenden zu prüfenden Version des Prospekts korrigiert.

PRAXISTIPP

Die Ausführungen zur Haftung bei Tätigkeiten im Rahmen von Anlagemodellen zeigen, dass dieser sicherlich wirtschaftlich lukrative Bereich mit erheblichen Haftungsrisiken verbunden ist, die sich häufig nicht mit Sicherheit voraussagen lassen. Jeder Anleger stellt einen potentiellen Anspruchsteller dar und das wirtschaftliche Risiko umfasst neben dem angeworbenen Kapital zusätzlich entgangene Gewinne und Rechtsverfolgungskosten. Es zeichnet sich ab, dass im Falle gescheiterter Anlagemodelle spezialisierte Rechtsanwaltskanzleien die betroffenen Anleger gezielt ansprechen und die gescheiterten Modelle eingehend auf etwaige Fehler im Prospekt und/oder in der Beratungspraxis überprüfen – nicht selten mit Erfolg. Die Folgen können, sofern kein oder kein ausreichender Versicherungsschutz besteht, für den in Anspruch genommenen WP ruinös sein.

Es empfiehlt sich daher, vor Annahme eines entsprechenden Auftrages zu überprüfen, ob die konkrete Tätigkeit vom Versicherungsschutz erfasst wird und die vereinbarten Versicherungssummen dem Risiko entsprechen. In diesem Zusammenhang ist zu beachten, dass die Versicherungssumme pro Schadenfall nur einmal zur Verfügung steht, die Inanspruchnahme durch mehrere oder zahlreiche Anspruchsteller aber nicht zwingend zur Annahme mehrerer Schadenfälle in versicherungsrechtlicher Hinsicht führt.

8.7. Fazit

Die Haftung von Wirtschaftsprüfern für ihre unterschiedlichen Tätigkeiten innerhalb von Kapitalanlagen[1206] hat in den letzten Jahren in zahlreichen Fällen die Gerichte und auch den BGH beschäftigt. Der BGH hat in den einschlägigen Entscheidungen die haftungsrechtlichen Anforderungen zum Teil klar definiert und damit der Tätigkeit von Wirtschaftsprüfern innerhalb von Kapitalanlagen ein insgesamt ungenügendes Zeugnis ausgestellt. Entsprechende Tätigkeiten sind damit als erheblich haftungsträchtig zu betrachten. Bereits Äußerungen von Wirtschaftsprüfern bei Schulungsmaßnahmen für Vertriebsmitarbeiter können eine Haftung gegenüber den Anlegern begründen.[1207]

1205 Vgl. BGH vom 29. 5. 2008 – III ZR 59/07, BB 2008 S. 1529; BGH vom 6. 11. 2008 – III ZR 231/07, MDR 2009 S. 160; BGH vom 22. 4. 2010 – III ZR 318/08, MDR 2010 S. 742, jeweils mit weiteren Nachweisen.

1206 Zu der hier nicht näher behandelten Haftung der Verwahrstellen nach dem KAGB siehe *Tilman Schultheiß*, WM 2015 S. 603 ff.

1207 BGH vom 19. 11. 2013 - VI ZR 343/12, GWR 2014 S. 39.

Die Haftungsrisiken werden durch die rege Betriebsamkeit von Anlegeranwälten verschärft, die geschädigte Anleger gezielt ansprechen, sammeln und anschließend nicht selten hunderte von Forderungen und Klagen gegen die innerhalb der konkreten Kapitalanlage tätigen Wirtschaftsprüfer erheben. Die Arbeit der Anlegeranwälte wird durch die aktuelle Rechtsprechung des BGH zu bestehenden Auskunftspflichten zu anderen Gesellschaftern der gescheiterten Kapitalanlage erheblich unterstützt.[1208]

Besteht für diese Forderungen kein oder nur unzureichender Versicherungsschutz, können sich die Folgen der sicherlich wirtschaftlich interessanten Tätigkeit innerhalb von Kapitalanlagemodellen letztendlich als ruinös erweisen.

1208 BGH vom 5. 2. 2013 - II ZR 134/11, BB 2013 S. 719, und II ZR 136/11, MDR 2013 S. 536; BGH vom 16. 12. 2014 - II ZR 277/13, BB 2015 S. 53, WM 2015 S. 328.

ABB. 12: Haftung des WP bei Prospektverantwortlichkeit

Haftung des WP bei Prospektverantwortlichkeit

Prospektprüfung (Prospektbeurteilung) nach Verlautbarung IDW S 4

Geschäftsbesorgungsvertrag mit Werkvertragscharakter, §§ 675, 631 BGB

Haftung bei fehlerhafter Prüfung gegenüber

- dem **Auftraggeber** nach §§ 280, 281 BGB
- dem **Erwerber** aus Vertrag mit Schutzwirkungen zugunsten Dritter. Voraussetzung: WP muss als Prüfer im Prospekt genannt werden, oder der Prüfungsbericht wird dem Erwerber bekannt gemacht. Damit besteht für den WP eine Garantenstellung. Er haftet für die Richtigkeit seiner Beurteilung. Der unrichtige Prüfungsbericht muss für den Erwerb der Vermögensanlage ursächlich gewesen sein.

Verjährung: Regelverjährung nach §§ 195, 199 BGB (3 Jahre ab Kenntnis)

Prospekthaftung

im engeren Sinn aus typisiertem Vertrauen

Anspruchsberechtigter ist der Erwerber.

Anspruchsgrundlage:

Zunächst Richterrecht
Später gesetzliche Prospekthaftung

zunächst nach §§ 13, 13a VerkProspG i. V. m. §§ 44 ff. BörsG, § 20 KAGG und § 127 InvG

aktuell ab 1. 6. 2012 nach §§ 20–22 **Vermögensanlagengesetz** (VermAnlG) und ab 22. 7. 2013 § 306 **KAGB**

Anspruchsvoraussetzungen:
Siehe dazu gesonderte Schaubilder zu § 20 VermAnlG und § 306 KAGB

Ausschlussfrist: § 20 Abs. 1 VermAnlG und § 306 Abs. 5 KAGB sehen für den Anwendungsbereich des VermAnlG bzw. den Fall eines fehlenden Verkaufsprospekts jeweils eine Ausschlussfrist von zwei Jahren vor.

Prospekthaftung

im weiteren Sinn aus Inanspruchnahme persönlichen Vertrauens

Anspruchsberechtigter ist der Erwerber.

Anspruchsgrundlage:
§ 311 Abs. 2 u. 3 BGB

Anspruchsvoraussetzungen:
WP tritt dem Erwerber gegenüber persönlich in Erscheinung und gibt Auskünfte zum Prospekt oder Anlageobjekt. Die Auskünfte sind fehlerhaft oder unvollständig oder es wird ein fehlerhafter Prospekt vorgelegt.

WP hat als Sachkundiger eine Garantenstellung.

Der durch den Fehler kausal verursachte Schaden ist vom WP zu ersetzen. Der Erwerber kann Übernahme der Vermögensanlage und Erstattung des Erwerbspreises verlangen.

Verjährung: Regelverjährung nach §§ 195, 199 BGB (3 Jahre ab Kenntnis)

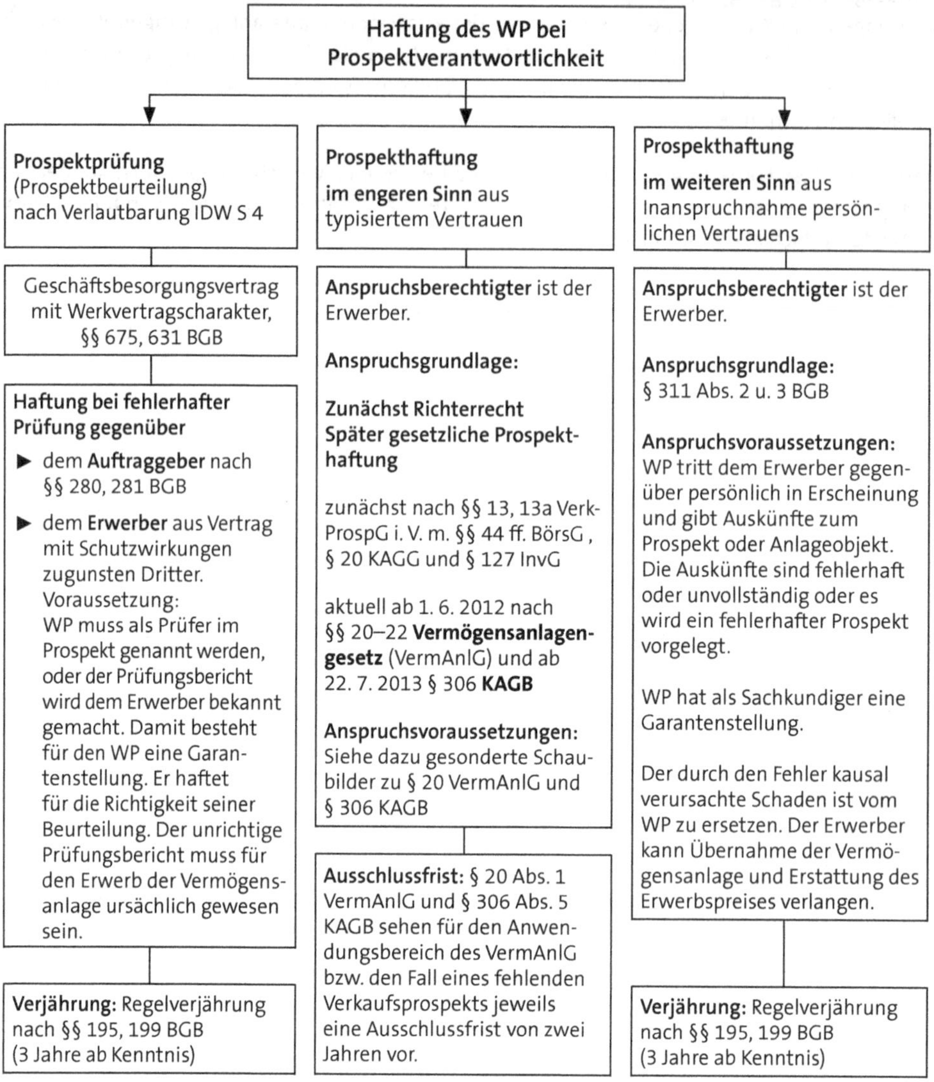

ABB. 13: Prospekthaftung bei fehlerhaftem oder fehlendem Verkaufsprospekt

Prospekthaftung bei fehlerhaftem oder bei fehlendem Verkaufsprospekt nach § 306 KAGB

Haftung bei fehlerhaftem oder fehlendem Verkaufsprospekt (§ 306 Abs. 1 und 4 KAGB)	**Haftung bei unrichtiger Anlegerinformation (§ 306 Abs. 2 KAGB)**
Anspruchsberechtigter ist der Erwerber.	**Anspruchsberechtigter ist der Erwerber.**
Anspruchsgegner sind diejenigen, die neben der Verwaltungsgesellschaft für den Verkaufsprospekt die Verantwortung übernommen haben oder von denen der Erlass des Prospekts ausgeht; gem. § 306 Abs. 4 KAGB auch, wer gewerbsmäßig Anteile oder Aktien im fremden Namen verkauft und die Unrichtigkeit oder Unvollständigkeit kennt. Der WP haftet dem Erwerber nur bei Übernahme der Prospektverantwortung. Gegenüber dem Auftraggeber kann für den WP im Innenverhältnis aber Regresspflicht bestehen.	**Anspruchsgegner** sind die Verwaltungsgesellschaft und derjenige, der die Anteile oder Aktien gewerbsmäßig im eigenen Namen verkauft hat; gem. § 306 Abs. 4 KAGB auch, wer gewerbsmäßig Anteile oder Aktien im fremden Namen verkauft und die Unrichtigkeit oder Unvollständigkeit kennt. Das ist regelmäßig nicht der WP. Bei Verschulden des WP kann aber gegenüber dem Auftraggeber im Innenverhältnis Regresspflicht bestehen (z. B. dann, wenn der WP die fehlerhafte Anlegerinformation mitverfasst hat).
Anspruchsvoraussetzungen: Unrichtigkeit oder Unvollständigkeit wesentlicher Angaben im Verkaufsprospekt. Der Anspruch entfällt, wenn der Erwerber die Unrichtigkeit kannte oder die Anteile oder Aktien nicht aufgrund des Verkaufsprospekts erworben wurden.	**Anspruchsvoraussetzungen:** Wesentliche in der Anlegerinformation enthaltene Angaben sind irreführend, unrichtig oder nicht mit einschlägigen Stellen des Verkaufsprospekts vereinbar. Der Anspruch entfällt, wenn der Erwerber die Unrichtigkeit kannte oder die Anteile oder Aktien nicht auf Grund der wesentlichen Anlegerinformationen erworben wurden.
Rechtsfolge: Erwerber kann Übernahme der Anteile oder Aktien gegen Erstattung des Erwerbspreises und der üblichen Kosten verlangen.	**Rechtsfolge:** Erwerber kann Übernahme der Anteile oder Aktien gegen Erstattung des Erwerbspreises und der üblichen Kosten verlangen.
Ausschlussfrist: Bei fehlenden Verkaufsprospekt 2 Jahre nach dem ersten Anbieten oder Platzieren der Anteile oder Aktien gem. § 306 Abs. 5 KAGB.	

9. Möglichkeiten der Haftungsbeschränkung

Der WP hat in seinen jeweiligen Tätigkeitsbereichen ein legitimes Interesse daran, das Risiko seiner persönlichen Haftung zu beschränken. Dies gilt insbesondere dann, wenn ein Mandat mit besonderen Risiken oder Schwierigkeiten verbunden ist oder das mit einem Mandat verbundene Haftungsrisiko die im Rahmen der Haftpflichtversicherung vereinbarte Deckungssumme überschreitet. Die Möglichkeiten der Haftungsbeschränkung unterliegen einer Reihe gesetzlicher Regelungen.

9.1 Gesetzliche Regelungen

9.1.1 § 276 Abs. 3 BGB

Gem. § 276 Abs. 3 BGB kann die Haftung wegen Vorsatz dem Schuldner nicht im Voraus erlassen werden.

Damit sind sämtliche Haftungsbeschränkungen, die ihrem Wortlaut nach nicht zwischen den unterschiedlichen Verschuldensgraden differenzieren, wegen Verstoßes gegen ein gesetzliches Verbot nichtig und unwirksam. Zu denken ist hier z. B. an vereinzelt in Briefbögen enthaltene Hinweise, wonach mündliche oder telefonische Aussagen nur nach schriftlicher Bestätigung rechtsverbindlichen Charakter haben sollen. Diese Formulierung schließt in unzulässiger Weise auch die Haftung für vorsätzliche Fehlberatungen aus.

Dagegen ist es gem. § 278 Satz 2 BGB ein Haftungsausschluss für vorsätzliches Handeln von Erfüllungsgehilfen grundsätzlich möglich.

9.1.2 § 54a WPO

§ 54a WPO hat nachfolgenden Wortlaut:

(1) Der Anspruch des Auftraggebers aus dem zwischen ihm und dem Wirtschaftsprüfer bestehenden Vertragsverhältnis auf Ersatz eines fahrlässig verursachten Schadens kann beschränkt werden

1. durch schriftliche Vereinbarung im Einzelfall bis zur Mindesthöhe der Deckungssumme nach § 54 Abs. 1 Satz 2 WPO;

2. durch vorformulierte Vertragsbedingungen auf den vierfachen Betrag der Mindesthöhe der Deckungssumme nach § 54 Abs1 Satz 2 WPO, wenn insoweit Versicherungsschutz besteht.

(2) Die persönliche Haftung von Mitgliedern einer Sozietät (§ 44b) auf Schadenersatz kann auch durch vorformulierte Vertragsbedingungen auf einzelne namentlich bezeichnete Mitglieder der Sozietät beschränkt werden, die die vertragliche Leistung erbringen sollen.

Für StB enthält § 67a StBerG eine gleichlautende Regelung unter Ansatz der dort geltenden Mindestdeckungssumme in Höhe von 250.000 €. Die gesetzlichen Regelungen für WP und StB sind damit weitgehend inhaltsgleich. Ist ein WP auch als StB aktiv, ist eine Differenzierung nach dem Schwerpunkt der Tätigkeit entbehrlich. Der WP muss in jedem Fall die nach der WPO geforderte Mindestdeckungssumme vorweisen. § 54a WPO enthält eine für den Tätigkeitsbereich eines Wirtschaftsprüfers abschließende Regelung.

9.1.3 § 323 Abs. 2 HGB

§ 323 Abs. 2 HGB sieht für den Bereich der Abschlussprüfung eine betragsmäßige Haftungsbeschränkung für fahrlässige Pflichtverletzungen vor. Diese Haftungsbeschränkung gilt nur für Pflichtprüfungen und ist auf freiwillige Prüfungen oder die sonstige Tätigkeit eines Wirtschaftsprüfers nicht entsprechend anwendbar.

9.1.4 Inhaltskontrolle

Werden Allgemeine Geschäftsbedingungen verwandt, unterliegen diese der Inhaltskontrolle gem. §§ 305 ff. BGB.

9.1.5 Einschränkung der Haftungsbegrenzung

§ 54a WPO bezieht sich ausschließlich auf Schadenersatzforderungen aus einem Mandatsvertrag und setzt damit eine dem WP erlaubte berufstypische Tätigkeit voraus. Zu beachten ist, dass Haftungsbeschränkungen nur für die persönliche vertragliche Haftung des Wirtschaftsprüfers wegen einer fahrlässigen Pflichtverletzung vorgesehen sind. Haftungsbeschränkungen sind damit nicht möglich bei:

- Haftung aus berufsfremder Tätigkeit (z. B. unerlaubte Rechtsberatung);
- Haftung aus Delikt;
- Haftung wegen Vorsatz;
- Haftung der Sozietät (selbst).

Eine Anpassung der gesetzlichen Regelungen auf die durch die Rechtsprechung entstandene neue Haftungssituation der Sozietät ist bisher nicht erfolgt, aber sicherlich wünschenswert und erforderlich.

9.2 Haftungsbeschränkung durch Individualvereinbarung

Eine Haftungsbeschränkung durch Individualvereinbarung darf nur im Einzelfall verwendet werden und bedarf eines Aushandelns zwischen den Vertragsparteien. Gibt der WP den Text vor oder handelt es sich um ein Formular, das der WP mehrfach in vergleichbaren Fällen verwendet, liegt keine Individualvereinbarung vor. Vielmehr ist in diesen Fällen von einer Allgemeinen Geschäftsbedingung auszugehen.

Eine individuelle Haftungsbeschränkung, die ein Mittelverwendungskontrolleur mit der Fondsgesellschaft abschließt, kann im Verhältnis zu den einzelnen Anlegern als Allgemeine Geschäftsbedingung betrachtet werden, die der Inhaltskontrolle unterliegt.[1209]

Die Individualvereinbarung bedarf der Schriftform gem. §§ 126 oder 126a BGB und muss von beiden Parteien unterschrieben werden. Nicht ausreichend sind E-Mail oder Fax. Eine Verbindung mit anderen Regelungen ist möglich, aber nicht empfehlenswert, um den Sondercharakter der Vereinbarung zu betonen.

1209 BGH vom 19. 11. 2009 – III ZR 108/08, MDR 2010 S. 146, VersR 2010 S. 918.

Die Vereinbarung sollte nachfolgenden Inhalt haben:[1210]

- ausführliches Risikogespräch mit ungefährer Schätzung des potentiellen Schadenrisikos unter Einbeziehung möglicher Weiterungen des Risikos;
- eine eindeutige Zielformulierung;
- Darstellung der Motive für die Haftungsbeschränkung;
- unmissverständliches und ernsthaftes Angebot alternativer Haftungssummen, z. B. in Form von erhöhten Deckungssummen und Objektdeckungen;
- Bestehen eines entsprechenden Versicherungsschutzes;
- Unterschrift beider Vertragsparteien.

Vereinbaren die Mandatsparteien, dass der Berater sich alternativ um eine Objektdeckung für das mit erheblichem Risikopotential verbundene Mandat bemühen soll, ist die Vereinbarung einer Kostenübernahme durch den Mandanten denkbar.

Im Rahmen einer Individualvereinbarung sind z. B. folgende Haftungsbeschränkungen möglich:

- Haftungsausschluss für einfache und grobe Fahrlässigkeit
- Haftungsausschluss für vorsätzliches Handeln von Hilfspersonen (vgl. § 278 Satz 2 BGB)
- Subsidiaritätsklauseln[1211]

Nicht möglich ist dagegen eine Haftungsbeschränkung für

- jegliche mündlichen oder telefonischen Auskünfte, da ein solcher allgemeiner Ausschluss auch vorsätzliche Fehlauskünfte ausschließt;
- Haftungssummen unterhalb der gesetzlichen Mindestdeckungssumme.

Zu beachten ist, dass individuelle Haftungsbeschränkungen nicht den erheblichen Einschränkungen der §§ 305 ff. BGB unterliegen.

9.3 Haftungsbeschränkung durch Allgemeine Geschäftsbedingungen

Haftungsbeschränkungen durch Allgemeine Geschäftsbedingungen haben für den Berater den Vorteil, dass er diese zu seinen Gunsten formulieren und ohne Einflussnahme durch den Mandanten seinen Verträgen zugrunde legen kann. Allerdings werden den Möglichkeiten von Haftungsbeschränkungen durch die gesetzliche Inhaltskontrolle gem. §§ 307 ff. BGB auch erhebliche Schranken gesetzt, die im Falle von Individualvereinbarungen nicht gelten.

9.3.1 Vorliegen Allgemeiner Geschäftsbedingungen

Gem. § 305 Abs. 1 BGB sind Allgemeine Geschäftsbedingungen alle für eine Vielzahl von Verträgen vorformulierten Vertragsbedingungen, die eine Vertragspartei der anderen Vertragspartei bei Abschluss eines Vertrages stellt. Gleichgültig ist, ob die Bestimmungen einen äußerlich gesonderten Bestandteil des Vertrages bilden oder in die Vertragsurkunde selbst aufgenommen werde, welchen Umfang sie haben, in welcher Schriftart sie verfasst sind und welche Form der Vertrag hat.

1210 Vgl. *Hartmann/Schwope*, WPK Magazin 4/2008 S. 46 ff.; siehe auch *Brügge*, GIservice Juni 2011 S. 3 ff.

1211 Vgl. BGH vom 19. 11. 2009 – III ZR 108/08, MDR 2010 S. 146, VersR 2010 S. 918.

Werden einzelne Bestimmungen ausgehandelt, ändert das nichts an der Qualifikation der übrigen Bedingungen als Allgemeine Geschäftsbedingungen.[1212] In diesem Fall empfiehlt es sich, die ausgehandelten Klauseln von den Allgemeinen Geschäftsbedingungen zu trennen, um damit den Individualcharakter zu betonen. Variiert lediglich der Wortlaut, nicht aber der Inhalt mehrfach verwendeter Bedingungen, ändert dies an der Qualifikation als Allgemeine Geschäftsbedingungen nichts.[1213]

10. Einbeziehung der Allgemeinen Geschäftsbedingungen

Die Allgemeinen Geschäftsbedingungen müssen gem. § 305 Abs. 2 BGB in den Vertrag einbezogen werden. Dies erfordert eine Übergabe der Bedingungen bei Vertragsabschluss und eine Einverständniserklärung des Mandanten, z. B. durch Unterschrift. Nicht ausreichend ist dagegen die Beifügung an eine Rechnung oder einen Jahresabschluss.[1214] Grundsätzlich entfalten Haftungsbegrenzungen nur Wirkung in dem Mandatsverhältnis, in das diese einbezogen wurden. Dies kann zu Problemen führen, wenn die Haftung nicht auf dem laufenden Mandatsverhältnis beruht, sondern aus einem gesondert konkludent abgeschlossenen Beratungsvertrag hergeleitet wird. Dieser Gefahr kann dadurch begegnet werden, dass mit dem Mandanten eine Rahmenvereinbarung abgeschlossen wird, in der der Mandant bestätigt, dass er von dem Klauselwerk Kenntnis genommen hat und damit einverstanden ist, dass die Regelungen für den erteilten und auch für alle künftigen Aufträge gelten sollen, ohne dass es jeweils einer neuen Vereinbarung bedarf (siehe auch § 305 Abs. 3 BGB).[1215] Auf Änderungen in den Geschäftsbedingungen ist der Vertragspartner hinzuweisen, sofern diese auch als vereinbart gelten sollen.[1216]

11. Vorhalten ausreichenden Versicherungsschutzes

Voraussetzung für die Wirksamkeit einer Haftungsbeschränkung ist, dass ausreichender Versicherungsschutz in Höhe der vierfachen Mindestdeckungssumme für WP, also in Höhe von 4 Mio. € besteht und vorgehalten wird. Steht der Versicherungsschutz in dieser Höhe während des Mandatszeitraumes nicht zur Verfügung, entfällt auch die Haftungsbeschränkung. Erforderlich ist damit neben der Vereinbarung einer ausreichenden Deckungssumme, dass die Tätigkeit, aus der die Pflichtverletzung hergeleitet wird, vom Versicherungsschutz erfasst wird und kein Deckungsausschluss eingreift. Schädlich sind damit berufsfremde Tätigkeiten oder wissentliche Pflichtverletzungen.

12. Nicht wirksame Klauseln

In der Rechtsprechung wurden nachfolgende Klauseln für unwirksam befunden:

- Die Klausel gem. § 9 Abs. 3 Nr. 1 der Allgemeinen Auftragsbedingungen für Wirtschaftsprüfer und Wirtschaftsprüfungsgesellschaften in der Fassung vom 1. 7. 2000, wonach Ansprüche nur innerhalb einer Ausschlussfrist von 12 Monaten nach Kenntnis des Mandanten vom

1212 Vgl. *Palandt/Grüneberg*, § 305, Rz. 18.

1213 Vgl. BGH vom 18. 5. 1995 – X ZR 114/93, WM 1995 S. 1455.

1214 Für Verträge mit Unternehmern i. S. v. § 14 BGB gelten Besonderheiten, siehe hierzu *Palandt/Grüneberg*, § 305 Rz. 49 ff.

1215 Vgl. OLG Düsseldorf vom 21. 4. 2009 – 24 U 27/08, DStR 2009 S. 2219.

1216 Vgl. *Palandt/Grüneberg*, § 305 Rz. 50.

Schaden und dem anspruchsbegründenden Ereignis geltend gemacht werden können, spätestens 5 Jahre nach dem anspruchsbegründenden Ereignis.[1217]

- Ausschluss der Haftung für vorsätzliches oder grob fahrlässiges Handeln von Erfüllungsgehilfen (§ 308 Nr. 7b BGB).

Die Muster AAB wurden in der Zwischenzeit entsprechend angepasst.

Umstritten ist, ob die Haftungsbeschränkung in Ziff. 9.2 AAB der Wirtschaftsprüfer, die eine Haftungsbeschränkung für Fahrlässigkeit vorsieht, wirksam ist.[1218] Der Streit entbrennt daran, dass in dieser Regelung eine Differenzierung nach einfacher und grober Fahrlässigkeit nicht erfolgt. Hintergrund ist, dass die gesetzliche Regelung für Rechtsanwälte in § 51a BRAO lediglich die Möglichkeit einer Haftungsbeschränkung für einfache Fahrlässigkeit vorsieht. Die Regelung des § 54a WPO sei entsprechend zu verstehen. Vor diesem Hintergrund sei die Regelung in den AAB, die keine Differenzierung zwischen einfacher und grober Fahrlässigkeit vorsieht, unwirksam.[1219] Der Wortlaut der gesetzlichen Regelungen der gleichlautenden §§ 67a StBerG und 54a WPO erlaubt diesen Rückschluss nicht, da dort, anders als in § 51a BRAO, nicht zwischen den unterschiedlichen Graden der Fahrlässigkeit differenziert wird. Wie *Reinhardt/Schütze*[1220] zutreffend herausgearbeitet haben, trägt auch die Entwicklungsgeschichte der in etwa zeitgleich entwickelten Regelungen den Standpunkt einer Unwirksamkeit nicht. Die Frage, ob eine Haftungsbeschränkung nur für die Fälle einfacher Fahrlässigkeit möglich sein soll, wurde in den Gesetzgebungsverfahren zu § 67a StBerG und § 51a BRAO kontrovers diskutiert. Während in § 51a BRAO eine Beschränkung auf einfache Fahrlässigkeit erfolgte, wurde einem entsprechenden Antrag im Rahmen von § 67a StBerG nicht entsprochen. Im Rahmen des anschließenden Gesetzgebungsverfahrens zu § 51a WPO unterblieb eine diesbezügliche Diskussion. Bei dieser Sachlage kann von einem Redaktionsversehen[1221] nicht ausgegangen werden.

13. Haftungskonzentration

§ 54a Abs. 2 WPO erlaubt schließlich die persönliche Haftung von Mitgliedern einer Sozietät auf Schadenersatz durch vorformulierte Vertragsbedingungen auf einzelne namentlich bezeichnete Mitglieder der Sozietät zu beschränken, die die vertragliche Leistung erbringen sollen.

Die Beschränkung setzt eine ausdrückliche namentliche Nennung der haftenden Sozien voraus. Die Haftungsbeschränkung wirkt nur für die Sozien, die benannt sind und das Mandat auch tatsächlich bearbeiten. Eine allgemeine Haftungskonzentration auf einen Sozius ist damit nicht möglich.

1217 OLG Düsseldorf vom 15. 8. 2003 – I-16 U 171/02, n.v.; OLG Düsseldorf vom 21. 4. 2009 – I-24 U 27/08, WM 2009 S. 1907.

1218 Zum Streitstand siehe *Reinhardt/Schütze*, ZIP 2015 S. 1006 ff.

1219 LG Hamburg vom 12. 6. 2013 – 309 O 425/08, GWR 2013 S. 341.

1220 ZIP 2015 S. 1006 ff.

1221 So das LG Hamburg vom 12. 6. 2013 – 309 O 425/08, GWR 2013 S. 341.

LITERATURVERZEICHNIS

Arens, W., Eintragungsfähigkeit von steuerberatungs- und Wirtschaftsprüfungs GmbH & Co. KG im Handelsregister, DStR 2011 S. 1825 ff.

Assmann/Schlitt/von Kopp-Colomb, Wertpapierprospektgesetz/Verkaufsprospektgesetz, 2. Aufl. 2010.

Baumbach, A./Hopt K. J., Handelsgesetzbuch: HGB, Kommentar, München, 35. Aufl. 2012.

Baumbach/Hueck, GmbH: Gesetz betreffend die Gesellschaften mit beschränkter Haftung, 18. Aufl. 2006.

Brügge, Haftung in Sozietät und Scheinsozietät, NJW 2011, NJW-Aktuell Nr. 40 S. 16.

ders., Haftungsbegrenzung durch Individualvereinbarung oder AAB gemäß § 671 Abs. 1 StBerG, GI service Juni 2011 S. 3–7.

Ellrot, H./Förschle, G./Kozikowski, M./Winkeljohann, N. (Hrsg.), Beck'scher Bilanzkommentar, Handels- und Steuerbilanz, 7. Aufl., München 2012.

Feuerich, W./Weyland, D., Bundesrechtsanwaltsordnung: BRAO, 7. Aufl., München 2008.

Fischer, Der Mitverschuldenseinwand in der Haftung der steuerlichen Berater, DB 2010 S. 2600–2606.

ders., Vertragliche Dritthaftung von Rechtsanwälten, Steuerberatern und Wirtschaftsprüfern, DB 2012 S. 1489–1496.

Fölsing, P., Der Widerruf der Bestellung des Wirtschaftsprüfers wegen nicht geordneter wirtschaftlicher Verhältnisse, DStR 2006 S. 1427 ff.

Ganter, Schadensberechnung und Vorteilsausgleichung in der Haftung der rechtsberatenden Berufe, NJW 2012 S. 801–806.

Gehringer, A., Abschlussprüfung, Gewissenhaftigkeit und Prüfungsstandards, 1. Aufl. 2002.

Gelhausen, H.-F., Organisation der Abschlussprüfung, Unterzeichnung von Bestätigungsvermerken und berufsrechtliche Verantwortung, WPK Magazin 4/2007 S. 58 ff.

Gräfe, Haftungsgefahren des Steuerberaters/Wirtschaftsprüfers in der Unternehmenskrise des Mandanten, DStR 2010 S. 618–624.

Gräfe/Lenzen/Schmeer, Steuerberaterhaftung, 4. Aufl. 2006.

Hahn, Die Versicherbarkeit von Prospekthaftungsansprüchen bei der Emission von geschlossenen Fonds, VersR 2012 S. 393–399.

Hartmann/Schwope, Haftungsbegrenzung gem. § 54a WPO, WPK-Magazin 4/2008 S. 46–49.

Heiniger, K./Bertram, K., Der Referentenentwurf zur 7. WPO-Novelle (BARefG), DB 2006 S. 905 ff.

Hennrichs, J./Kleindiek, D./Watrin, C., Münchener Kommentar zum Bilanzrecht, 1. Aufl., München 2012.

Hense, B./Ulrich, D. (Hrsg.), WPO Kommentar, Kommentar zum Berufsrecht der Wirtschaftsprüfer und vereidigten Buchprüfer, 2. Aufl., Düsseldorf 2013.

Henssler, M./Deckenbrock, C., Neue Regeln für den deutschen Rechtsberatungsmarkt, DB 2008 S. 41 ff.

IDW (Hrsg.), WP Handbuch 2012, Band I, 14. Aufl., Düsseldorf 2012.

Juretzek, P., Anmerkung zum BGH-Urteil vom 21. 7. 2011, IV ZR 42/10, DStR 2011 S. 2068.

Karl, R., Rechtsberatung durch Steuerberater und Wirtschaftsprüfer aus zivil- und versicherungsrechtlicher Sicht, DB 2006 S. 991 ff.

Knorr K. E./Schnepel, V., Die fünfte Änderung der Berufssatzung, WPK Magazin 1/2006 S. 44 ff.

Kuhls, C./Busse, A./Goez, C. u. a., Kommentar zum Steuerberatungsgesetz, 3. Aufl., Herne 2011.

Lehmann, M., Ausgewählte Rechtsfragen der Berufshaftpflichtversicherung der freien Berufe unter besonderer Berücksichtigung aktueller Rechtsprechung, r+s 2016 S. 1 ff.

Marten, K.-U., Die Bedeutung einer international anerkannten Abschlussprüferaufsicht für deutsche Unternehmen, DB 2006 S. 1121–1125.

Maunz/Dürig, Grundgesetz, Loseblatt-Kommentar, 76. Aufl., München 2016.

Naumann, K.-P./Hamannt, M., Reform des Berufsrechts der Wirtschaftsprüfer durch das BARefG, WPG 2007 S. 901.

Palandt, Bürgerliches Gesetzbuch – BGB, Kommentar, 72. Aufl., München 2013.

Pallas/Gercke, Die Haftung des Steuerberaters im Hinblick auf sozialversicherungsrechtliche Hinweis- und Aufklärungspflichten, Stbg 2012 S. 557–562.

Pfitzer/Maxl, Neuordnung der Berufsaufsicht und der Qualitätskontrolle, WPK Magazin 4/2009 S. 49 ff.

Pfitzer, N./Oser, P., Der Transparenzbericht gemäß § 55c WPO, WPK Magazin 4/2007.

Pulte, P., Allgemeine Aufbewahrungsfristen, NWB 2007 S. 1779.

Röhrich, V., WPK und APAK in ihrer Gemeinsamkeit bilden das deutsche Aufsichtsystem, WPK Magazin 3/2007 S. 11 ff.

Sahner, F./Schulte-Groß, H./Clauß, C., Das System der Qualitätskontrolle im Berufsstand der Wirtschaftsprüfer und vereidigten Buchprüfer, WPK Mitteilungen Sonderheft April 2001 S. 5–17.

Schaier, S./Melcher, W., Zur Umsetzung der HGB-Modernisierung durch das BilMoG: Einführung und Überblick, DB Beilage 5/2009.

Schandtner, C., Die Unabhängigkeit des Abschlussprüfers. Europäische und internationale Ansätze im Vergleich, DStR 2002 S. 323–332.

Schmidt, K., Münchener Kommentar zum Handelsgesetzbuch, 2. Aufl., München 2009.

Schmidt/Kaiser, Öffentliche Aufsicht über Abschlussprüfer, WPK Magazin 3/2004 S. 38 ff.

Schnepel, V., Die wichtigsten Änderungen für Wirtschaftsprüfer und vereidigte Buchprüfer durch die 7. WPO-Novelle, NWB 2007 S. 3809–3816.

ders., Neue berufliche Rahmenbedingungen für gesetzliche Abschlussprüfer, NWB 2009 S. 1088.

Schwarz, Steuerberaterhaftung bei unterlassener Aufklärung über die Insolvenzantragspflicht bei Insolvenzreife einer GmbH/AG, NZI 2012 S. 869–873.

Seibt/Wollenschläger, Dritthaftung des Abschlussprüfers kapitalmarktorientierter Unternehmen, DB 2011 S. 1378–1385.

Staub, Handelsgesetzbuch Großkommentar, 5. Aufl. 2010.

Wagner/Zabel, Insolvenzverschleppungshaftung nach § 64 II GmbHG wegen Überschuldung – Anreicherung der Masse durch Haftungsverlagerung auf den Steuerberater?, NZI 2008 S. 660–667.

Weidmann, Die Siebte WPO-Novelle – Auswirkungen des Berufsaufsichtsreformgesetzes auf den Berufsstand, WPK Magazin 3/2007 S. 55 ff.

Wellhöfer/Peltzer/Müller, Haftung von Vorstand, Aufsichtsrat und Wirtschaftsprüfer: mit GmbH-Geschäftsführer, 1. Aufl. 2008.

Wetter, Scheinsozietäten und Scheinsozien , BRAK-Mitteilungen 3/2016 S. 109.

Wiechers, K., Übersicht über die Änderungen der 7. WPO-Novelle, StuB 2007 S. 687.

Wulff, C.-P., Die Einheitlichkeit des Berufsvergehens, WPK Magazin 1/2007 S. 38 ff.

Zoller, M., Die Haftung bei Kapitalanlagen, 1. Aufl. 2012.

Zugehör, Die neue Rechtsprechung des Bundesgerichtshofs zur zivilrechtlichen Haftung der Rechtsanwälte und steuerlichen Berater, WM Sonderbeilage 1/2010.

ders., Haftung des Steuerberaters für Insolvenzverschleppungsschäden, NZI 2008 S. 652–660.

ders., H./Fischer, G./Vill, G./Fischer, D./Rinkler, A./Chab, B., Handbuch der Anwaltshaftung: unter Einbeziehung von Steuerberatern und Wirtschaftsprüfern, 3. Aufl. 2011.

Veröffentlichungen der WPK im WPK Magazin ohne Verfasserangabe

WPK Magazin 1/2004 S. 27 f., Formale Aspekte der Berufstätigkeit: Unterzeichnung von Erklärungen.

WPK Magazin 3/2004 S. 27, Berufsaufsicht: Unzulässige gewerbliche Tätigkeit.

WPK Magazin 4/2004 S. 29, Siegelführung und Rundstempelverwendung bei einfachen Partnerschaftsgesellschaften.

WPK Magazin 4/2004 S. 26 f., Zulässige Werbemittel nach der UWG-Reform.

WPK Magazin 2/2005 S. 22, Information für die Berufspraxis, Regeln zur Kundmachung betreffend das System der Qualitätskontrolle der WPK.

WPK Magazin 3/2005 S. 23 f., Hinweise zur Anwendung des § 48 Abs. 1 Satz 1 WPO (Pflicht zur Siegelführung), des § 27a Berufssatzung WP/vBP (Unterzeichnung von Prüfungsvermerken, Prüfungsberichten und Gutachten).

WPK Magazin 1/2006 S. 20 f., Bekanntmachung der fünften Änderung der Berufssatzung der WPK.

WPK Magazin 3/2006 S. 21 ff., Unterzeichnung von Bestätigungsvermerken bei Pflichtprüfungen durch WP/vBP, Berufsgesellschaften und Prüfungsverbände.

WPK Magazin 2/2007 S. 6 f., Siegelführung durch genossenschaftliche Prüfungsverbände und Prüfungsstellen von Sparkassen- und Giroverbänden.

WPK Magazin 2/2008 S. 25 f., Mitglieder fragen – WPK antwortet, Zur Weiterführung der Berufsbezeichnung „Wirtschaftsprüfer“ und „vereidigter Buchprüfer“ nach Verzicht.

WPK Magazin 3/2005 S. 35, Referentenentwurf eines Gesetzes zur Neuregelung des Rechtsberatungsrechts.

WPK Magazin 1/2006 S. 30, Berufsaufsicht: Erfordernis der Begründung eines Arbeitsverhältnisses als selbständiger WP nach Beendigung eines Arbeitsverhältnisses in einer WPG.

WPK Magazin 1/2006 S. 34 f., Verwendung von Steuerberater-AAB durch Wirtschaftsprüfer.

WPK Magazin 1/2007 S. 6, Wirtschaftsprüfungsgesellschaften/Buchprüfungsgesellschaften.

WPK Magazin 1/2007 S. 22, Mitglieder fragen – WPK antwortet: Versicherungspflicht in der einfachen Partnerschaft.

WPK Magazin 2/2007 S. 24 f., Werbemöglichkeiten der WP/vBP nach der Siebten WPO-Novelle.

WPK Magazin 2/2007 S. 30, Berufshaftpflichtversicherung bei Urlaub und freier Mitarbeit.

WPK Magazin 2/2007 S. 21, § 319a HGB-Mandate im Sinne der einzuführenden Sonderuntersuchungen.

WPK Magazin 2/2007 S. 23, Die Rolle des Arbeitgebers eines angestellten WP/vBP in der Berufsaufsicht.

WPK Magazin 2/2007 S. 28, Berufsaufsicht: Rüge bei Insolvenz einer Berufsgesellschaft.

WPK Magazin 4/2007 S. 12 f., Sonderuntersuchung gestartet.

WPK Magazin 3/2008 S. 32 f., Siegelführung bei MaBV-Prüfungen.

WPK Magazin 3/2008 S. 36, Der neue § 55a WPO: Erfolgshonorar für Hilfeleistung in Steuersachen.

WPK Magazin 1/2009 S. 26, Berufsaufsicht: Ein Berufsangehöriger darf nicht Geschäftsführer eines hochschulnahen Instituts in der Rechtsform einer GmbH sein.

WPK Magazin 3/2008 S. 40, Siegelführung bei der Prüfung von Verpackungsverwertungssystemen.

WPK Magazin 4/2009 S. 43, Siegelführung bei freiwilligen Abschlussprüfungen.

WPK Magazin 2/2010 S. 7 ff., Berufsaufsicht 2009, Bericht der WPK.

WPK Magazin 3/2009 S. 35, Berufsaufsicht, Rüge wegen Nichterscheinens zur persönlichen Anhörung gemäß § 62 WPO.

WPK Magazin 4/2009 S. 44 f., Zulässigkeit der Tätigkeit von Wirtschaftsprüfern und vereidigten Buchprüfern bei Drittstaatenprüfern.

WPK Magazin 4/2010 S. 43, Schaltung von Stellenanzeigen durch Berufsangehörige.

WPK Magazin, Sonderheft 2011 „WPK – Wahlrechtsänderungsgesetz".

WPK Magazin 1/2011 S. 35 f., Unterzeichnung von Bescheinigungen und Testaten ohne Vertretungszusatz bei rechtsgeschäftlich erteilter Vertretungsmacht.

WPK Magazin 2/2011 S. 16 ff., Berufsexamina 2010, Bericht der Prüfungsstelle für das WP-Examen bei der WPK.

WPK Magazin 2/2011 S. 28, Beratung von Mandanten bei der Wertpapieranlage – Merkblatt der BaFin.

WPK Magazin 3/2011 S. 45 f., Berufsrecht, Verbot der Erwähnung von Sozietäten im Bestätigungsvermerk.

WPK Magazin 4/2011 S. 29, Register für genossenschaftliche Prüfungsverbände und Prüfungsstellen der Sparkassen- und Giroverbände.

WPK Magazin 1/2012 S. 6 f., Gebührenordnung für gesetzliche Abschlussprüfungen.

WPK Magazin 1/2012 S. 29 ff., Wirtschaftsprüfer und vereidigte Buchprüfer in einfachen Partnerschaften.

WPK Magazin 1/2012 S. 10, Statistische Auswertung der Wirtschaftsprüferprüfung II/2011.

WPK Magazin 2/2012 S. 4, Beratung der Regelungsvorschläge der EU-Kommission zur Abschlussprüfung auf EU-Ebene.

WPK Magazin 2/2012 S. 17, Gebührenordnung für gesetzliche Abschlussprüfungen – Schreiben der WPK an den Deutschen Bundestag.

WPK Magazin 2/2012 S. 19 ff., Berufsaufsicht 2011, Bericht der WPK.

WPK Magazin 3/2012 S. 23, Initiative der WPK zur qualitätssichernden Entgeltregelung.

WPK Magazin 2/2012 S. 25 ff., Berufsexamina 2011, Bericht der Prüfungsstelle für das WP-Examen bei der WPK.

WPK Magazin 2/2012 S. 44, Stellungnahme der WPK zu aktuellen Gesetzgebungsvorhaben, Partnerschaftsgesellschaft mit beschränkter Berufshaftung.

WPK Magazin 3/2012 S. 14 ff., Bericht der Abschlussprüferaufsichtskommission für 2011/2012.

WPK Magazin 3/2012 S. 22 f., WPK fordert mehr Transparenz in der Aufsicht.

WPK Magazin 3/2012 S. 26 f., Leitbilder des wirtschaftsprüfenden Berufs und der Wirtschaftsprüferkammer.

WPK Magazin 3/2012 S. 47 f., Berichte über Gesetzgebungsvorhaben, Bundeskabinett beschließt Gesetzentwurf zur PartG mbB.

WPK Magazin 3/2012 S. 69, Anmerkung zum Urteil des BGH vom 10. 5. 2012 – IX ZR 125/10 (WPK Magazin 3/2012 S. 65 ff.).

WPK Magazin 4/2012 S. 44 f., Auswirkungen der BGH-Rechtsprechung bei gesetzlichen Abschlussprüfungen (Urteil des BGH vom 10. 5. 2012 – IX ZR 125/10).

WPK Magazin 2/2013 S. 8, Erhöhung der Transparenz in der Berufsaufsicht.

Veröffentlichungen IDW, WPK und IAASB

Arbeitshilfe des IDW zur Erstellung eines Qualitätskontrollberichtes, IDW FN 5/2008 Beiheft.

Gemeinsame Stellungnahme der WPK und des IDW: Anforderungen an die Qualitätssicherung in der Wirtschaftsprüferpraxis (VO 1/2006) vom 27. 3. 2006.

IDW Prüfungsstandard: Die Durchführung von Qualitätskontrollen in der Wirtschaftsprüferpraxis (PS 140) vom 22. 2. 2008, FN-IDW 4/2008, S. 152 ff.

IDW Prüfungsstandard: Grundsätze ordnungsmäßiger Berichterstattung bei Abschlussprüfungen (IDW PS 450) vom 1. 3. 2012, FN-IDW 4/2012, S. 256 f.

IDW Prüfungsstandard: Arbeitspapiere des Abschlussprüfers (IDW PS 460), FN-IDW 4/2008, S. 178 ff.

IDW Standard: Grundsätze für die Erstellung von Jahresabschlüssen (IDW S 7) vom 27. 11. 2009.

ISA 220, International Standard on Auditing 220, Quality Control for Audits of Historical Financial Information; verabschiedet vom IAASB im Februar 2004, Handbook of International Auditing, Assurance, and Ethics Pronouncements, IFAC 2005, S. 256.

ISQC 1, International Standard on Quality Control 1, Quality Control for Firms that Perform Audits and Reviews of Historical Financial Information, and Other Assurance and Related Services Engagements; verabschiedet vom IAASB im Februar 2004, Handbook of International Auditing, Assurance, and Ethics Pronouncements, IFAC 2005, S. 148.

Websites

Abschlussprüferaufsichtskommission: www.apak-aoc.de

Bundessteuerberaterkammer: www.bstbk.de

Deutscher Bundestag: www.bundestag.de

DPR: Deutsche Prüfstelle für Rechnungslegung: www.frep.info

DRSC: Deutsches Rechnungslegungs Standards Committee e. V.: www.drsc.de

EFAA: European Federation of Accountants and Auditors for Small and Medium-Sized Enterprises: www.efaa.com

EUR-Lex: www.eur-lex.europa.eu.

Europäische Kommission: www.ec.europa.eu

Fédération des Experts-comptables Européens – Federation of European Accountants: www.fee.be

IDW: Institut der Wirtschaftsprüfer e. V.: www.idw.de

IFAC: International Federation of Accountants: www.ifac.org

IFRS Foundation und IASB: www.ifrs.org

PIOB: Public Interest Oversight Board: www.ipiob.org

Wirtschaftsprüferkammer: www.wpk.de

wp.net: Verband für mittelständische Wirtschaftsprüfung: www.wp.net-verband.de

STICHWORTVERZEICHNIS

C

D

E

F

I

K

M

N

O

P

Q

R

Z